国家出版基金项目
NATIONAL PUBLICATION FOUNDATION

2021—2035年国家古籍工作规划重点出版项目

『十四五』时期国家重点图书出版物出版专项规划项目

『十四五』安徽省重点出版物规划项目

本书获国家社科基金项目『西夏文《大宝积经》整理研究集成』资助

主持人：孙伯君　批准号：16BMZ026

# 西夏文《大宝积经》整理研究集成

第一辑　第八册

孙伯君◎主编
李　雷　吴　宇◎著

黄山书社

**图书在版编目(CIP)数据**

西夏文《大宝积经》整理研究集成.第一辑.第八册/孙伯君主编;李雷,吴宇著.—合肥:黄山书社,2024.3
ISBN 978-7-5737-1206-6

Ⅰ.①西… Ⅱ.①孙… ②李… ③吴… Ⅲ.①西夏语-佛经-研究 Ⅳ.①B948

中国国家版本馆 CIP 数据核字(2024)第 031639 号

**西夏文《大宝积经》整理研究集成(第一辑)·第八册**
XIXIAWEN DABAOJIJING ZHENGLI YANJIU JICHENG

孙伯君 主编
李 雷 吴 宇 著

出 品 人 葛永波
策　　划 葛永波 李 旭 张向奎
项目统筹 李玲玲 代立媛
责任编辑 余道辉 程雅杰
责任印制 李 磊
装帧设计 尹 晨
出版发行 黄山书社(http://www.hspress.cn)
地址邮编 安徽省合肥市蜀山区翡翠路 1118 号出版传媒广场 7 层 230071
印　　刷 安徽新华印刷股份有限公司
版　　次 2024 年 3 月第 1 版
印　　次 2024 年 3 月第 1 次印刷
开　　本 890 mm × 1240 mm 1/16
字　　数 337 千字
印　　张 32.5
书　　号 ISBN 978-7-5737-1206-6
定　　价 270.00 元

服务热线 0551-63533706

销售热线 0551-63533761

官方直营书店(https://hsss.tmall.com)

# 目录

# 西夏文《大宝积经》

·卷二十六·

**《法界体性无分别会》**

**第八之一整理与研究**

## 内容和版本介绍

《法界体性无分别会》叙说的是一切法皆法界体性，无缚无脱；比丘增上慢的有无、菩萨六度、四念清净、授记、自在等义；菩萨不生自在义；佛陀为五百菩萨及宝上天子授记；菩萨的毕竟心行、善知方便及般若行。

西夏文《大宝积经》卷二十六《法界体性无分别会》第八之一，由1909年科兹洛夫率领的俄国皇家蒙古四川地理考察队发现于黑水城遗址，现藏于俄罗斯科学院东方文献研究所。据克恰诺夫《西夏佛典目录》，该卷在第一部中完全佚失①，在第二部中保存完整，入藏编号 инв.№ 435。该卷版式：写本，经折装，共58折，每折6行，每行19字。天头4厘米，地脚3厘米。黑绢护封上有题签，题签上有经名和卷次。经名后有帙号和西夏仁宗皇帝尊号之前四字——奉天显道。② 第二部首次刊布于《俄藏黑水城文献》第21册第158—161页。

下面的录文和释读依据 инв.№ 435，释读采用逐折、逐行对译的形式，并用数字标明西夏文录文的卷次、原版折面和行次，如26.1.1，为第二十六卷第一折第一行。

① Е.И.Кычанов, *Каталог тангутских буддийских памятников*, Киото: Университет Киото, 1999.p.320.

② Е.И.Кычанов, *Каталог тангутских буддийских памятников*, Киото: Университет Киото, 1999.p.338.

# 文本释读

**26.1.1**

| | | | | | | | | | | |
|---|---|---|---|---|---|---|---|---|---|---|
| [illegible] | [illegible] | [illegible] | [illegible] | [illegible] | [illegible] | [illegible] | [illegible] | [illegible] | [illegible] | [illegible] |
| ljij² | ljɨ¹ | tśiow¹ | lwər² | lhejr² | ? | njɨɨ¹ | ɣa̱² | tśhjiw¹ | tsew² | njoor² |
| 大 | 宝 | 积 | 经 | 契 | 卷 | 二 | 十 | 六 | 第 | 水 |

《大宝积经》卷第二十六　水①

**26.1.2**

| | | | |
|---|---|---|---|
| [illegible] | [illegible] | [illegible] | [illegible] |
| tshjwu¹ | bju¹ | tśja¹ | dźju¹ |
| 天 | 奉 | 道 | 显 |

奉天显道②

**26.1.3**

| | | | | | | | | | | | | |
|---|---|---|---|---|---|---|---|---|---|---|---|---|
| [illegible] | [illegible] | [illegible] | [illegible] | [illegible] | [illegible] | [illegible] | [illegible] | [illegible] | [illegible] | [illegible] | [illegible] | [illegible] |
| tsjiir¹ | rjur¹ | kwər¹ | tsjiir² | phjo² | kar² | mjij¹ | ljwu² | tjij¹ | ·jar¹ | tsew² | ·jij¹ | lew¹ |
| 法 | 界 | 体 | 性 | 分 | 别 | 无 | 会 | 品 | 八 | 第 | 之 | 一 |

《法界体性无分别会》第八之一③

**26.1.4**

| | | | | | | | | |
|---|---|---|---|---|---|---|---|---|
| [illegible] | [illegible] | [illegible] | [illegible]， | [illegible] | [illegible] | [illegible] | [illegible] | [illegible] |
| thjɨ² | sju² | mjo¹ | ŋa² | ljɨ¹ | dzjɨj¹ | tha¹ | śja¹ | we² |
| 此 | 如 | 闻 | 我， | 一 | 时 | 佛 | 舍 | 卫 |

① 西夏字“[illegible]”，为帙号，可以译作“水”。

② 当为仁宗皇帝尊号之省，汉文本无。第一卷中完整的仁宗皇帝尊号作“[illegible]”（奉天显道耀武宣文神谋睿智制义去邪惇睦懿恭皇帝嵬名）。据此可知俄藏 инв.№ 435 为仁宗皇帝（1139—1193 年在位）校译本。

③ 此处汉文本署“梁三藏法师曼陀罗奉诏译”，西夏文本无。

| | | | | | | | | |
|---|---|---|---|---|---|---|---|---|
| [illegible] | [illegible] | [illegible]① | [illegible] | [illegible] | [illegible] | [illegible] | [illegible] | [illegible] |
| lhjịj | śji$^{2}$ | tow$^{1}$ | lhejr$^{2}$ | bo$^{1}$ | mjɨr$^{1}$ | tjij$^{1}$ | ɣie$^{2}$ | sji$^{1}$ |
| 国 | 祇 | 陀 | 丛 | 林 | 孤 | 独 | 益 | 树 |

如是我闻,一时佛在舍卫国②祇陀林给孤独

**26.1.5**

| | | | | | | | | |
|---|---|---|---|---|---|---|---|---|
| [illegible] | [illegible], | [illegible] | [illegible] | [illegible] | [illegible] | [illegible] | [illegible] | [illegible] |
| ·iọ$^{2}$ | ·u$^{2}$ | ·jar$^{1}$ | tụ$^{1}$ | ljịj$^{2}$ | phji$^{2}$ | khjiw$^{2}$ | ·ji$^{1}$ | rjir$^{2}$ |
| 园 | 内, | 八 | 千 | 大 | 比 | 丘 | 众 | 与 |
| [illegible] | [illegible]。 | [illegible] | [illegible] | [illegible] | [illegible] | [illegible] | [illegible] | [illegible] |
| gu$^{2}$ | dźjiij$^{1}$ | nioow$^{1}$ | ·a | khjɨ$^{2}$ | njɨɨ$^{1}$ | tụ$^{1}$ | po$^{1}$ | tsa$^{1}$ |
| 共 | 住。 | 又 | 一 | 万 | 二 | 千 | 菩 | 萨 |

园③,与大比丘④八千人俱。菩萨摩诃萨⑤万二千人,

**26.1.6**

| | | | | | | | | |
|---|---|---|---|---|---|---|---|---|
| [illegible] | [illegible] | [illegible], | [illegible] | [illegible] | [illegible] | [illegible] | [illegible] | [illegible] |
| ma$^{2}$ | ŋạ$^{2}$ | tsa$^{1}$ | mjɨ$^{1}$ | pjụ$^{1}$ | tha$^{1}$ | lhjịj | ·u$^{2}$ | ·wjɨ$^{2}$ |
| 摩 | 诃 | 萨, | 无 | 量 | 佛 | 土 | 内 | △ |
| [illegible] | [illegible] | [illegible] | [illegible] | [illegible]。 | [illegible] | [illegible] | [illegible] | [illegible] |
| ljịj$^{2}$ | to$^{2}$ | zji$^{2}$ | ljwu$^{2}$ | dzjị$^{2}$ | nioow$^{1}$ | sọ$^{1}$ | khjɨ$^{2}$ | njɨɨ$^{1}$ |
| 来 | 皆 | 悉 | 会 | 集。 | 复 | 三 | 万 | 二 |

从无量佛土而来集会。复有三万二

**26.2.1**

| | | | | | | | | |
|---|---|---|---|---|---|---|---|---|
| [illegible] | [illegible] | [illegible] | [illegible] | [illegible] | [illegible] | [illegible] | [illegible]。 | [illegible] |
| tụ$^{1}$ | mə$^{1}$ | zjɨ$^{1}$ | zji$^{2}$ | ljịj$^{2}$ | ·ụ$^{2}$ | rjijr$^{2}$ | tshwew$^{1}$ | dzjịj$^{1}$ |

① 西夏字"[illegible]"(tow$^{1}$),常用来与"多"对音。

② 舍卫国,梵文作Śrāvastī,本都城名,后以首都代国名,以为国号。位于今印度西北部,拉普蒂河的南岸。其国本名为憍萨罗国,梵文作Kosala,又作拘萨罗、拘娑罗、居萨罗。

③ 祇陀林给孤独园,也译作"祇树给孤独园"。祇陀太子的树林,给孤独长者的园地,佛陀常在那里讲经说法。祇陀,也作"誓多",为梵文Jeta新译,旧译作"祇树"。《观弥勒上生兜率天经赞》卷一:"祇树者,应云誓多林,祇树者讹也。誓多云胜,此即太子名。太子生时邻国怨至战而得胜,遂以为名。"

④ 大比丘,比丘之德高年长者;又对于沙弥而总称比丘为大。比丘,为出家受具足戒者之通称。梵文作Bhikṣu,又名苾刍、煏刍。

⑤ 菩萨摩诃萨,梵文作Bodhisattva Mahāsattva。

| | | | | | | | | |
|---|---|---|---|---|---|---|---|---|
| 千 | 天 | 子 | 悉 | 大 | 乘 | 向 | 趣。 | 时 |
| [illegible] | [illegible] | [illegible] | [illegible] | [illegible] | [illegible] | [illegible] | [illegible]， | [illegible] |
| ljịj$^{2}$ | ·ji$^{1}$ | kha$^{1}$ | po$^{1}$ | tsa$^{1}$ | ma$^{2}$ | ŋạ$^{2}$ | tsa$^{1}$ | mjiij$^{2}$ |
| 大 | 众 | 中 | 菩 | 萨 | 摩 | 诃 | 萨， | 名 |

千天子悉向大乘。时大众中有菩萨摩诃萨，名

**26.2.2**

| | | | | | | | | |
|---|---|---|---|---|---|---|---|---|
| [illegible] | [illegible] | [illegible] | [illegible] | [illegible] | [illegible] | [illegible] | [illegible] | [illegible] |
| tja$^{1}$ | mã$^{1}$ | śjuu$^{1}$ | śjɨ$^{1}$ | lji$^{1}$ | zjɨ$^{1}$ | lji$^{2}$ | nioow$^{1}$ | ljɨ$^{1}$ |
| 者 | 文 | 殊 | 师 | 利 | 童 | 子 | 及 | 宝 |
| [illegible] | [illegible] | [illegible]。 | [illegible] | [illegible]， | [illegible] | [illegible] | [illegible] | [illegible] |
| phju$^{2}$ | mə$^{1}$ | zjɨ$^{1}$ | kja$^{1}$ | zjọ$^{2}$ | ljɨ$^{1}$ | phju$^{2}$ | mə$^{1}$ | zjɨ$^{1}$ |
| 上 | 天 | 子。 | 尔 | 时， | 宝 | 上 | 天 | 子 |

文殊师利童子及宝上天子。尔时，宝上天子

**26.2.3**

| | | | | | | | | |
|---|---|---|---|---|---|---|---|---|
| [illegible] | [illegible] | [illegible] | [illegible]： | [illegible] | [illegible] | [illegible] | [illegible] | [illegible] |
| thjɨ$^{2}$ | sju$^{2}$ | lə | ·wji$^{1}$ | tjij$^{1}$ | rjur$^{1}$ | pjụ$^{1}$ | thjɨ$^{2}$ | ·wjɨ$^{2}$ |
| 此 | 如 | 思 | 作： | 若 | 世 | 尊 | 此 | 刻 |
| [illegible] | [illegible] | [illegible] | [illegible] | [illegible] | [illegible] | [illegible] | [illegible] | [illegible] |
| mã$^{1}$ | śjuu$^{1}$ | śjɨ$^{1}$ | lji$^{1}$ | ·jij$^{1}$ | ·jɨ$^{2}$ | nji$^{2}$ | tsjiir$^{1}$ | rjɨr$^{2}$ |
| 文 | 殊 | 师 | 利 | 之 | 告 | 汝 | 法 | 所 |

作是思惟：若今世尊告文殊师利演说于法，

**26.2.4**

| | | | | | | | | |
|---|---|---|---|---|---|---|---|---|
| [illegible] | [illegible]① | [illegible]， | [illegible] | [illegible] | [illegible] | [illegible]， | [illegible] | [illegible] |
| tshjiij$^{1}$ | nja$^{2}$ | ·jɨ$^{2}$ | tjij$^{1}$ | ·jɨ$^{2}$ | nioow$^{1}$ | tshjiij$^{1}$ | ku$^{1}$ | rjur$^{1}$ |
| 说 | △ | 谓， | 若 | 告 | 已 | 说， | 则 | 诸 |
| [illegible] | [illegible] | [illegible] | [illegible] | [illegible] | [illegible] | [illegible] | [illegible] | [illegible] |
| ljiij$^{2}$ | ·jij$^{1}$ | mjii$^{1}$ | to$^{2}$ | zji$^{2}$ | ·jwɨɨ$^{1}$ | t- | pju$^{1}$ | tśhja$^{2}$ |

① [illegible]，人称呼应后缀，与第二人称单数“[illegible]”呼应。

| | | | | | | | | |
|---|---|---|---|---|---|---|---|---|
| 魔 | 之 | 宫 | 悉 | 皆 | 蔽 | 暗 | 威 | 德 |

若告已说,令诸魔宫皆悉暗蔽无复威德,

**26.2.5**

| | | | | | | | | |
|---|---|---|---|---|---|---|---|---|
| [illegible] | [illegible], | [illegible] | [illegible] | [illegible] | [illegible] | [illegible] | [illegible] | [illegible] |
| mji$^{1}$ | dju$^{1}$ | ljiij$^{2}$ | niow$^{2}$ | po$^{1}$ | sjwɨ$^{1}$ | sjwɨ$^{1}$ | źji̱$^{1}$ | mji$^{1}$ |
| 不 | 有, | 魔 | 恶 | 波 | 旬 | 忧 | 恼 | 不 |
| [illegible], | [illegible] | [illegible] | [illegible] | [illegible] | [illegible] | [illegible] | [illegible] | [illegible] |
| de$^{2}$ | rjur$^{1}$ | ljiij$^{2}$ | ·ji$^{1}$ | ·jij$^{1}$ | to$^{2}$ | zji$^{2}$ | rjur$^{1}$ | jar$^{2}$ |
| 悦, | 诸 | 魔 | 众 | 之 | 悉 | 皆 | 调 | 伏 |

使魔波旬①忧恼不悦,令诸魔众悉善调伏,

**26.2.6**

| | | | | | | | | |
|---|---|---|---|---|---|---|---|---|
| [illegible], | [illegible] | [illegible] | [illegible] | [illegible] | [illegible] | [illegible] | [illegible] | [illegible] |
| njwi$^{2}$ | rjur$^{1}$ | buu$^{2}$ | gjij$^{1}$ | khwe̱j$^{1}$ | mjijr$^{2}$ | ·jij$^{1}$ | buu$^{2}$ | gjij$^{1}$ |
| 能, | 诸 | 上 | 增 | 慢 | 者 | 之 | 上 | 增 |
| [illegible] | [illegible], | [illegible] | [illegible] | [illegible] | [illegible] | [illegible] | [illegible] | [illegible] |
| khwe̱j$^{1}$ | ljiij$^{2}$ | rjir$^{2}$ | lew$^{2}$ | ·jij$^{1}$ | la$^{1}$ | djo̱$^{2}$ | dźji̱j$^{1}$ | mjijr$^{2}$ |
| 慢 | 破, | 得 | 所 | 自 | 记 | 修 | 行 | 者 |

诸增上慢者破增上慢,自记所得善修行者

**26.3.1**

| | | | | | | | | |
|---|---|---|---|---|---|---|---|---|
| [illegible] | [illegible] | [illegible] | [illegible] | [illegible] | [illegible], | [illegible] | [illegible] | [illegible] |
| ·jij$^{1}$ | śia$^{1}$ | mẽ$^{1}$ | mjaa$^{1}$ | lhju̱$^{2}$ | phji$^{1}$ | mjaa$^{1}$ | lhju̱$^{2}$ | rjir$^{2}$ |
| 之 | 沙 | 门 | 果 | 获 | 令, | 果 | 获 | 得 |
| [illegible] | [illegible] | [illegible] | [illegible] | [illegible] | [illegible], | [illegible] | [illegible] | [illegible] |
| tja$^{1}$ | ·jij$^{1}$ | gjij$^{1}$ | njij$^{2}$ | buu$^{2}$ | gjij$^{1}$ | tha$^{1}$ | tsjiir$^{1}$ | sẽ$^{1}$ |
| 者 | 之 | 增 | 更 | 上 | 增, | 佛 | 法 | 僧 |

获沙门果,已得果者转更增上,使佛法僧

① 魔波旬,梵文作 Māra- papīyān。魔为摩罗之略,天魔之总称;波旬,魔王之别名。

**26.3.2**

| | | | | | | | | |
|---|---|---|---|---|---|---|---|---|
| [illegible] | [illegible] | [illegible] | [illegible] | [illegible] | [illegible]， | [illegible] | [illegible] | [illegible] |
| sjwɨ$^1$ | twę$^2$ | twę$^2$ | mjij$^1$ | bja$^2$ | phji$^1$ | rejr$^2$ | ·ji$^1$ | dzjwo$^2$ |
| 种 | 续 | 续 | 不 | 断 | 使， | 多 | 众 | 人 |
| [illegible] | [illegible] | [illegible] | [illegible] | [illegible] | [illegible]， | [illegible] | [illegible] | [illegible] |
| ·jij$^1$ | po$^1$ | tjɨj$^1$ | njiij$^1$ | śjwo$^1$ | phji$^1$ | thjɨ$^2$ | mjor$^1$ | jij$^2$ |
| 之 | 菩 | 提 | 心 | 发 | 令， | 此 | 如 | 来 |

种相续不断，令多众人发菩提心，此如来

**26.3.3**

| | | | | | | | | |
|---|---|---|---|---|---|---|---|---|
| [illegible] | [illegible] | [illegible] | [illegible] | [illegible] | [illegible] | [illegible] | [illegible] | [illegible] |
| ·jij$^1$ | mjɨ$^1$ | pju̧$^1$ | ·a | sẽ$^1$ | khji$^1$ | kja$^2$ | kha$^1$ | rjɨr$^2$ |
| 之 | 无 | 量 | 阿 | 僧 | 祇 | 劫 | 中 | 所 |
| [illegible] | [illegible] | [illegible] | [illegible] | [illegible] | [illegible] | [illegible] | [illegible]。 | [illegible] |
| dzjɨ̣$^2$ | po$^1$ | tjɨj$^1$ | ɣa$^2$ | rejr$^2$ | dzjɨj$^1$ | dźjiij$^1$ | phji$^1$ | tjij$^1$ |
| 集 | 菩 | 提 | 于 | 多 | 时 | 住 | 令。 | 若 |

无量阿僧祇劫①所集菩提令得久住。若

**26.3.4**

| | | | | | | | | |
|---|---|---|---|---|---|---|---|---|
| [illegible] | [illegible] | [illegible] | [illegible] | [illegible] | [illegible] | [illegible] | [illegible] | [illegible]② |
| mjor$^1$ | jij$^2$ | rjur$^1$ | dźjiij$^1$ | tjij$^1$ | gju$^1$ | dzjar$^2$ | nioow$^1$ | rjijr$^2$ |
| 如 | 来 | 世 | 在 | 及 | 度 | 灭 | 后 | 向， |
| [illegible] | [illegible] | [illegible] | [illegible] | [illegible]， | [illegible] | [illegible] | [illegible] | [illegible]， |
| ·ju$^2$ | thjɨ$^2$ | tsjiir$^1$ | tshjiij$^1$ | mji$^1$ | kju̧$^1$ | lew$^2$ | ·u̧$^2$ | bju$^1$ |
| 常 | 此 | 法 | 说 | 闻， | 随 | 所 | 乘 | 依， |

如来在世及灭度后，常闻说此法，随所向乘，

**26.3.5**

| | | | | | | | | |
|---|---|---|---|---|---|---|---|---|
| [illegible] | [illegible] | [illegible] | [illegible] | [illegible]。 | [illegible] | [illegible]， | [illegible] | [illegible] |

① 阿僧祇劫，无数劫也。亦指无数极长之时节。西夏文《佛说阿弥陀经》（仁宗校译本，инв.№ 803）也译作“[illegible]”。

② [illegible]，意为“……之后”。

| | | | | | | | | |
|---|---|---|---|---|---|---|---|---|
| xja1 | gju1 | dzjar2 | rjir1 | ljɨ1 | tśhjɨ1 | zjọ2 | rjur1 | pjụ1 |
| 疾 | 度 | 灭 | 得 | 也。 | 尔 | 时, | 世 | 尊 |
| [illegible] | [illegible] | [illegible] | [illegible] | [illegible] | [illegible] | [illegible] | [illegible] | [illegible] |
| thja2 | ljɨ1 | phju2 | mə1 | zjɨ1 | ·jij1 | njiij1 | khju1 | lə |
| 其 | 宝 | 上 | 天 | 子 | 之 | 心 | 下 | 念 |

疾得灭度。尔时,世尊于宝上天子所念,

**26.3.6**

| | | | | | | | | |
|---|---|---|---|---|---|---|---|---|
| [illegible], | [illegible] | [illegible] | [illegible] | [illegible] | [illegible] | [illegible] | [illegible] | [illegible] |
| tja1 | djwu1 | tśhjɨ2 | rjar2 | mã1 | śjuu1 | śjɨ1 | lji1 | zjɨ1 |
| 者, | 仪 | 立 | 即 | 文 | 殊 | 师 | 利 | 童 |
| [illegible] | [illegible] | [illegible]: | [illegible] | [illegible] | [illegible] | [illegible] | [illegible] | [illegible] |
| lji2 | ·jij1 | ·jɨ2 | nji2 | thjɨ2 | ·ji1 | kha1 | zjɨɨr1 | zjịj1 |
| 子 | 之 | 告: | 汝 | 此 | 众 | 中 | 少 | 时 |

即告文殊师利童子:于此众中可少

**26.4.1**

| | | | | | | | | | | |
|---|---|---|---|---|---|---|---|---|---|---|
| [illegible] | [illegible] | [illegible], | [illegible] | [illegible] | [illegible] | [illegible] | [illegible] | [illegible] | [illegible] | [illegible]。 |
| tsjiir1 | tshjiij1 | lew2 | sjij1 | thjɨ2 | ljịj2 | ·ji1 | nja2 | do2 | mji1 | kiẹj2 |
| 法 | 说 | 所, | 今 | 此 | 大 | 众 | 汝 | 于 | 闻 | 欲。 |

说法,今此大众欲从汝闻。

## 汉文本

《大宝积经》卷第二十六　水

梁三藏法师曼陀罗奉诏译

《法界体性无分别会》第八之一

如是我闻,一时佛在舍卫国祇陀林给孤独园,与大比丘八千人俱。菩萨摩诃萨万二千人,从无量佛土而来集会。复有三万二千天子悉向大乘。时大众中有菩萨摩诃萨,名文殊师利童子及宝上天子。尔时,宝上天子作是思惟:若今世尊告文殊师利演说于法,若告已说,令诸魔宫皆悉暗蔽无复威德,使魔波旬忧恼不悦,令诸魔众悉善调伏,诸增上慢者破增上慢,自记所得善修行者获沙门果,已得果者转更增上,使佛法僧种相续不断,令多众人发菩提心,此如来无量阿僧祇劫所集菩提令得久住。若如来在世及灭度后,常闻说此法,随所向乘,疾得灭度。

尔时,世尊于宝上天子所念,即告文殊师利童子:于此众中可少说法,今此大众欲从汝闻。

**26.4.1**

| | | | | | | |
|---|---|---|---|---|---|---|
| [illegible] | [illegible], | [illegible] | [illegible] | [illegible] | [illegible] | [illegible] |
| kja$^{1}$ | zjọ$^{2}$ | mã$^{1}$ | śjuu$^{1}$ | śjɨ$^{1}$ | lji$^{1}$ | zjɨ̣$^{1}$ |
| 尔 | 时, | 文 | 殊 | 师 | 利 | 童 |

尔时,文殊师利童

**26.4.2**

| | | | | | | | | |
|---|---|---|---|---|---|---|---|---|
| [illegible], | [illegible] | [illegible] | [illegible] | [illegible] | [illegible]: | [illegible] | [illegible], | [illegible] |
| lji$^{2}$ | xja$^{1}$ | tha$^{1}$ | ·jij$^{1}$ | dạ$^{2}$ | ·jɨ$^{2}$ | rjur$^{1}$ | pjụ$^{1}$ | wa$^{2}$ |
| 子, | 即 | 佛 | 之 | 言 | 白: | 世 | 尊, | 何 |
| [illegible] | [illegible] | [illegible] | [illegible]? | [illegible] | [illegible]: | [illegible] | [illegible] | [illegible] |
| sju$^{2}$ | tsjiir$^{1}$ | tshjiij$^{1}$ | lew$^{2}$ | tha$^{1}$ | dạ$^{2}$ | tsjiir$^{1}$ | rjur$^{1}$ | kwər$^{1}$ |
| 如 | 法 | 说 | 所? | 佛 | 言: | 法 | 界 | 体 |

子,即白佛言:世尊,当说何法? 佛言:说于法界体

**26.4.3**

| | | | | | | | | |
|---|---|---|---|---|---|---|---|---|
| [illegible] | [illegible] | [illegible] | [illegible] | [illegible]。 | [illegible] | [illegible] | [illegible] | [illegible] |
| tsjiir$^{2}$ | ·jiw$^{1}$ | nioow$^{1}$ | tshjiij$^{1}$ | lew$^{2}$ | mã$^{1}$ | śjuu$^{1}$ | śjɨ$^{1}$ | lji$^{1}$ |
| 性 | 因 | 缘 | 说 | 所。 | 文 | 殊 | 师 | 利 |
| [illegible]: | [illegible] | [illegible], | [illegible] | [illegible] | [illegible] | [illegible] | [illegible] | [illegible] |
| dạ$^{2}$ | rjur$^{1}$ | pjụ$^{1}$ | rjur$^{1}$ | tsjiir$^{1}$ | rjur$^{1}$ | ŋowr$^{2}$ | ŋowr$^{2}$ | tja$^{1}$ |
| 言: | 世 | 尊, | 诸 | 法 | 界 | 一 | 切 | 者 |

性因缘。文殊师利言:世尊,一切诸法界

**26.4.4**

| | | | | | | | | |
|---|---|---|---|---|---|---|---|---|
| [illegible] | [illegible] | [illegible] | [illegible] | [illegible] | [illegible]。 | [illegible] | [illegible], | [illegible] |
| tsjiir$^{1}$ | rjur$^{1}$ | ·jij$^{1}$ | kwər$^{1}$ | tsjiir$^{2}$ | ŋwu$^{2}$ | rjur$^{1}$ | pjụ$^{1}$ | tsjiir$^{1}$ |
| 法 | 界 | 之 | 体 | 性 | 是。 | 世 | 尊, | 法 |
| [illegible] | [illegible], | [illegible] | [illegible] | [illegible] | [illegible] | [illegible]。 | [illegible] | [illegible], |
| rjur$^{1}$ | rjɨr$^{2}$ | nioow$^{1}$ | mji$^{1}$ | lew$^{2}$ | ljɨ̣$^{1}$ | mjij$^{1}$ | rjur$^{1}$ | pjụ$^{1}$ |
| 界 | 出, | 又 | 闻 | 所 | 及 | 无。 | 世 | 尊, |

法界体性。世尊,出法界外,无有所闻。世尊,

**26.4.5**

| | | | | | | | | |
|---|---|---|---|---|---|---|---|---|
| [illegible] | [illegible] | [illegible] | [illegible] | [illegible] | [illegible] | [illegible] | [illegible] | [illegible] |
| thjij$^2$ | sjo$^2$ | thja$^2$ | tsjiir$^1$ | rjur$^1$ | nioow$^1$ | tsjiir$^1$ | rjɨr$^2$ | tshjiij$^1$ |
| 何 | 云 | 其 | 法 | 界 | 因 | 法 | 所 | 说 |
| [illegible] | [illegible] | [illegible]? | [illegible] | [illegible]: | [illegible] | [illegible] | [illegible] | [illegible], |
| nja$^2$ | ·jɨ$^2$ | nja$^2$ | tha$^1$ | dạ$^2$ | mã$^1$ | śjuu$^1$ | śjɨ$^1$ | lji$^1$ |
| △ | 谓 | △? | 佛 | 言: | 文 | 殊 | 师 | 利, |

云何言因法界演说于法?佛言:文殊师利,

**26.4.6**

| | | | | | | | | |
|---|---|---|---|---|---|---|---|---|
| [illegible] | [illegible] | [illegible] | [illegible] | [illegible] | [illegible] | [illegible] | [illegible] | [illegible] |
| ·jij$^1$ | khwẹj$^1$ | dźiã$^2$ | tśhju$^1$ | tjij$^1$ | thjɨ$^2$ | tsjiir$^1$ | mji$^1$ | ku$^1$ |
| 自 | 慢 | 众 | 生 | 若 | 此 | 法 | 闻 | 则 |
| [illegible] | [illegible] | [illegible] | [illegible]。 | [illegible] | [illegible] | [illegible] | [illegible] | [illegible]: |
| ɣar$^2$ | ·ju$^2$ | njiij$^1$ | śjwo$^1$ | mã$^1$ | śjuu$^1$ | śjɨ$^1$ | lji$^1$ | dạ$^2$ |
| 惊 | 怪 | 心 | 生。 | 文 | 殊 | 师 | 利 | 言: |

憍慢①众生若闻此法生于惊怪。文殊师利言:

**26.5.1**

| | | | | | | | | |
|---|---|---|---|---|---|---|---|---|
| [illegible] | [illegible], | [illegible] | [illegible] | [illegible] | [illegible] | [illegible] | [illegible] | [illegible] |
| rjur$^1$ | pjụ$^1$ | tsjiir$^1$ | rjur$^1$ | kwər$^1$ | tsjiir$^2$ | ɣar$^2$ | ·ju$^2$ | mji$^1$ |
| 世 | 尊, | 法 | 界 | 体 | 性 | 惊 | 怪 | 不 |
| [illegible]。 | [illegible] | [illegible] | [illegible] | [illegible] | [illegible] | [illegible] | [illegible] | [illegible] |
| dju$^1$ | rjur$^1$ | pjụ$^1$ | thjɨ$^2$ | ɣar$^2$ | ·ju$^2$ | tja$^1$ | tsjiir$^1$ | rjur$^1$ |
| 有。 | 世 | 尊, | 是 | 惊 | 怪 | 者 | 法 | 界 |

世尊,法界体性无有惊怪。世尊,是惊怪者即法界

**26.5.2**

| | | | | | | | | |
|---|---|---|---|---|---|---|---|---|
| [illegible] | [illegible] | [illegible]。 | [illegible] | [illegible], | [illegible] | [illegible] | [illegible] | [illegible] |

① 憍慢,西夏文本作“自慢”。

| | | | | | | | | |
|---|---|---|---|---|---|---|---|---|
| kwər$^{1}$ | tsjiir$^{2}$ | ŋwu$^{2}$ | kja$^{1}$ | zjọ$^{2}$ | ljij$^{2}$ | tśhja$^{2}$ | śja$^{1}$ | rjir$^{2}$ |
| 体 | 性 | 是。 | 尔 | 时， | 大 | 德 | 舍 | 利 |
| [illegible]， | [illegible] | [illegible] | [illegible] | [illegible] | [illegible] | [illegible] | [illegible] | [illegible] |
| gji$^{2}$ | mã$^{1}$ | śjuu$^{1}$ | śjɨ$^{1}$ | lji$^{1}$ | zjɨ$^{1}$ | lji$^{2}$ | ·jij$^{1}$ | dạ$^{2}$ |
| 子， | 文 | 殊 | 师 | 利 | 童 | 子 | 之 | 言 |

体性。尔时，大德舍利弗①，问于文殊师利童子：

**26.5.3**

| | | | | | | | | |
|---|---|---|---|---|---|---|---|---|
| [illegible]： | [illegible] | [illegible] | [illegible] | [illegible]， | [illegible] | [illegible] | [illegible] | [illegible] |
| ·jɨ$^{2}$ | mã$^{1}$ | śjuu$^{1}$ | śjɨ$^{1}$ | lji$^{1}$ | tjij$^{1}$ | tsjiir$^{1}$ | ŋowr$^{2}$ | ŋowr$^{2}$ |
| 谓： | 文 | 殊 | 师 | 利， | 若 | 法 | 一 | 切 |
| [illegible] | [illegible] | [illegible] | [illegible] | [illegible] | [illegible]， | [illegible] | [illegible] | [illegible] |
| zji$^{2}$ | tsjiir$^{1}$ | rjur$^{1}$ | kwər$^{1}$ | tsjiir$^{2}$ | ŋwu$^{2}$ | ku$^{1}$ | dźiã$^{2}$ | tśhju$^{1}$ |
| 皆 | 法 | 界 | 体 | 性 | 是， | 则 | 众 | 生 |

文殊师利，若一切法皆法界体性，众生

**26.5.4**

| | | | | | | | | |
|---|---|---|---|---|---|---|---|---|
| [illegible] | [illegible] | [illegible] | [illegible] | [illegible] | [illegible] | [illegible] | [illegible] | [illegible]？ |
| ljɨ$^{1}$ | kjɨ$^{1}$ | do$^{2}$ | sej$^{1}$ | tśior$^{2}$ | dju$^{1}$ | thjij$^{2}$ | sjo$^{2}$ | ljɨ$^{1}$ |
| 何 | 已 | 处 | 净 | 污 | 有 | 何 | 云 | 也？ |
| [illegible] | [illegible] | [illegible] | [illegible] | [illegible] | [illegible] | [illegible] | [illegible]。 | [illegible] |
| tsjiir$^{1}$ | rjur$^{1}$ | kwər$^{1}$ | tsjiir$^{2}$ | sej$^{1}$ | tśior$^{2}$ | mjij$^{1}$ | ljɨ$^{1}$ | mã$^{1}$ |
| 法 | 界 | 体 | 性 | 净 | 污 | 无 | 也。 | 文 |

何处有污染净？法界体性无污净故。文

**26.5.5**

| | | | | | | | | |
|---|---|---|---|---|---|---|---|---|
| [illegible] | [illegible] | [illegible] | [illegible] | [illegible] | [illegible] | [illegible] | [illegible] | [illegible] |
| śjuu$^{1}$ | śjɨ$^{1}$ | lji$^{1}$ | ljij$^{2}$ | tśhja$^{2}$ | śja$^{1}$ | rjir$^{2}$ | gji$^{2}$ | ·jij$^{1}$ |
| 殊 | 师 | 利 | 大 | 德 | 舍 | 利 | 子 | 之 |
| [illegible] | [illegible]： | [illegible] | [illegible] | [illegible] | [illegible] | [illegible] | [illegible] | [illegible] |

① 舍利弗，梵文Śāri putra，汉译佛经又译作“舍利子”，藏文音译作 shā ri' i bu。下同。《大宝积经》卷一作“[illegible]”（śja$^{1}$lji$^{2}$xjɨ$^{1}$），音译“舍利弗”。

| | | | | | | | | |
|---|---|---|---|---|---|---|---|---|
| dạ$^2$ | ·jɨ$^2$ | thja$^2$ | rjur$^1$ | dźiã$^2$ | tśhju$^1$ | lju̢$^2$ | ljij$^2$ | tśhjɨɨ$^2$ |
| 言 | 谓: | 是 | 诸 | 众 | 生 | 身 | 见 | 颠 |

殊师利言:大德舍利弗①,是诸众生身见颠

**26.5.6**

| | | | | | | | | |
|---|---|---|---|---|---|---|---|---|
| [illegible], | [illegible] | [illegible]、 | [illegible] | [illegible] | [illegible] | [illegible] | [illegible] | [illegible] |
| tśhjuu$^2$ | ŋa$^2$ | buu$^2$ | nioow$^1$ | ŋa$^2$ | ·jij$^1$ | buu$^2$ | ɣa$^2$ | no$^2$ |
| 倒, | 我 | 胜、 | 又 | 我 | 之 | 胜 | 所 | 安 |
| [illegible]。 | [illegible] | [illegible] | [illegible] | [illegible] | [illegible] | [illegible] | [illegible] | [illegible], |
| dźjiij$^1$ | thja$^2$ | ·ju$^2$ | mur$^1$ | dzjwo$^2$ | ŋa$^2$ | sjiij$^2$ | gu$^1$ | śjwo$^1$ |
| 住。 | 是 | 夫 | 凡 | 人 | 我 | 想 | 起 | 发, |

倒,安住我胜、我所胜。是凡夫人发起我想,

**26.6.1**

| | | | | | | | | |
|---|---|---|---|---|---|---|---|---|
| [illegible] | [illegible] | [illegible] | [illegible] | [illegible] | [illegible] | [illegible] | [illegible], | [illegible] |
| thja$^2$ | dźiã$^2$ | tśhju$^1$ | njɨ$^2$ | ŋa$^2$ | sjiij$^2$ | zow$^2$ | zjij$^1$ | nioow$^1$ |
| 是 | 众 | 生 | 等 | 我 | 想 | 执 | 著, | 及 |
| [illegible] | [illegible] | [illegible], | [illegible] | [illegible] | [illegible] | [illegible] | [illegible]。 | [illegible] |
| mjɨ$^1$ | sjiij$^2$ | zjij$^1$ | njiij$^1$ | njiij$^1$ | ·jij$^1$ | tsjiir$^1$ | śjwo$^1$ | thja$^2$ |
| 他 | 想 | 著, | 心 | 心 | 之 | 法 | 起。 | 是 |

是众生等执著我想,及著他想,起心心数法。是

**26.6.2**

| | | | | | | | | |
|---|---|---|---|---|---|---|---|---|
| [illegible] | [illegible] | [illegible] | [illegible], | [illegible] | [illegible] | [illegible] | [illegible] | [illegible] |
| njiij$^1$ | njiij$^1$ | ·jij$^1$ | tsjiir$^1$ | neew$^2$ | mji$^1$ | neew$^2$ | rjur$^1$ | sjwɨj$^1$ |
| 心 | 心 | 之 | 法, | 善 | 不 | 善 | 诸 | 业 |
| [illegible] | [illegible], | [illegible] | [illegible] | [illegible] | [illegible] | [illegible] | [illegible] | [illegible] |
| rjɨr$^2$ | wji$^1$ | thja$^2$ | rjur$^1$ | dźiã$^2$ | tśhju$^1$ | sjwɨj$^1$ | ·jiw$^1$ | dźjij$^1$ |
| 作 | 造, | 是 | 诸 | 众 | 生 | 业 | 因 | 行 |

心心数法,造作诸业若善不善,是诸众生行业因

---

① 文殊师利言:大德舍利弗,……,西夏文本作"文殊师利谓大德舍利弗言:'……'"。本卷多见此类情况,或与西夏文本译者的断句方式有关,文意并无差别。

**26.6.3**

| | | | | | | | | |
|---|---|---|---|---|---|---|---|---|
| [illegible] | [illegible] | [illegible] | [illegible] | [illegible]。 | [illegible] | [illegible] | [illegible] | [illegible] |
| ku$^{1}$ | mjaa$^{1}$ | tshja$^{2}$ | rjir$^{1}$ | ljɨ$^{1}$ | ljịj$^{2}$ | tśhja$^{2}$ | śja$^{1}$ | rjir$^{2}$ |
| 故 | 果 | 报 | 得 | 也。 | 大 | 德 | 舍 | 利 |
| [illegible]， | [illegible] | [illegible] | [illegible] | [illegible] | [illegible] | [illegible] | [illegible] | [illegible] |
| gji$^{2}$ | tjij$^{1}$ | ·wjɨ$^{2}$ | wee$^{1}$ | dju$^{1}$ | ku$^{1}$ | tśior$^{1}$ | laa$^{1}$ | tsjɨ$^{1}$ |
| 子， | 若 | 已 | 生 | 有 | 则 | 污 | 染 | 亦 |

故获得果报。大德舍利弗，若已有生即有染污，

**26.6.4**

| | | | | | | | | |
|---|---|---|---|---|---|---|---|---|
| [illegible]， | [illegible] | [illegible] | [illegible] | [illegible] | [illegible] | [illegible] | [illegible] | [illegible] |
| dju$^{1}$ | thja$^{2}$ | tśior$^{1}$ | laa$^{1}$ | tja$^{1}$ | tsjiir$^{1}$ | rjur$^{1}$ | kwər$^{1}$ | tsjiir$^{2}$ |
| 有， | 是 | 污 | 染 | 者 | 法 | 界 | 体 | 性 |
| [illegible]。 | [illegible] | [illegible] | [illegible] | [illegible] | [illegible]， | [illegible] | [illegible] | [illegible] |
| ŋwu$^{2}$ | ljịj$^{2}$ | tśhja$^{2}$ | śja$^{1}$ | rjir$^{2}$ | gji$^{2}$ | tjij$^{1}$ | tśior$^{1}$ | laa$^{1}$ |
| 是。 | 大 | 德 | 舍 | 利 | 子， | 若 | 污 | 染 |

是污染者法界体性。大德舍利弗，若知污染

**26.6.5**

| | | | | | | | | |
|---|---|---|---|---|---|---|---|---|
| [illegible] | [illegible] | [illegible] | [illegible] | [illegible] | [illegible] | [illegible]， | [illegible] | [illegible] |
| tja$^{1}$ | tsjiir$^{1}$ | rjur$^{1}$ | kwər$^{1}$ | tsjiir$^{2}$ | ŋwu$^{2}$ | nwə$^{1}$ | ku$^{1}$ | tśhjwo$^{1}$ |
| 者 | 法 | 界 | 体 | 性 | 是 | 知， | 则 | 故 |
| [illegible] | [illegible] | [illegible]。 | [illegible] | [illegible] | [illegible] | [illegible]， | [illegible] | [illegible] |
| phiow$^{1}$ | sej$^{1}$ | ·jɨ$^{2}$ | thja$^{2}$ | phju$^{2}$ | tsew$^{2}$ | wo$^{2}$ | tjij$^{1}$ | tśior$^{1}$ |
| 白 | 净 | 名。 | 其 | 上 | 第 | 义， | 若 | 污 |

是法界体性，是名白净。然第一①义，无有污净②，若污

**26.6.6**

| | | | | | | | | |
|---|---|---|---|---|---|---|---|---|
| [illegible] | [illegible] | [illegible]、 | [illegible] | [illegible] | [illegible]。 | [illegible] | [illegible] | [illegible] |

① 第一，西夏文译作“第上”。下同。
② 无有污净，西夏文本置于下句。

| | | | | | | | | |
|---|---|---|---|---|---|---|---|---|
| laa$^{1}$ | tsjiir$^{1}$ | rjur$^{1}$ | phiow$^{1}$ | sej$^{1}$ | tsjiir$^{1}$ | mã$^{1}$ | śjuu$^{1}$ | śjɨ$^{1}$ |
| 染 | 法 | 界、 | 白 | 净 | 法。 | 文 | 殊 | 师 |
| [illegible] | [illegible] | [illegible] | [illegible] | [illegible]。 | [illegible] | [illegible] | [illegible] | [illegible]， |
| lji$^{1}$ | sej$^{1}$ | tśior$^{1}$ | mjij$^{1}$ | ljɨ$^{1}$ | thja$^{2}$ | tsjiir$^{1}$ | tshjiij$^{1}$ | zjọ$^{2}$ |
| 利 | 净 | 污 | 无 | 也。 | 是 | 法 | 说 | 时， |

染法、若白净法。文殊师利说是法时，

**26.7.1**

| | | | | | | | | |
|---|---|---|---|---|---|---|---|---|
| [illegible] | [illegible] | [illegible] | [illegible] | [illegible] | [illegible] | [illegible] | [illegible] | [illegible] |
| ·jir$^{2}$ | ·jij$^{1}$ | dzjij$^{1}$ | zjij$^{1}$ | phji$^{2}$ | khjiw$^{2}$ | rjur$^{1}$ | rar$^{2}$ | zji$^{2}$ |
| 百 | 乃 | 过 | 时 | 比 | 丘 | 诸 | 漏 | 悉 |
| [illegible]， | [illegible] | [illegible] | [illegible] | [illegible]。 | [illegible] | [illegible]， | [illegible] | [illegible] |
| dzjar$^{2}$ | rar$^{2}$ | mjij$^{1}$ | njiij$^{1}$ | rjir$^{2}$ | kja$^{1}$ | zjọ$^{2}$ | ljịj$^{2}$ | tśhja$^{2}$ |
| 断， | 漏 | 无 | 心 | 得。 | 尔 | 时， | 大 | 德 |

五百①比丘悉断诸漏，得无漏心。尔时，大德

## 汉文本

尔时，文殊师利童子，即白佛言：世尊，当说何法？

佛言：说于法界体性因缘。

文殊师利言：世尊，一切诸法界法界体性。世尊，出法界外，无有所闻。世尊，云何言因法界演说于法？

佛言：文殊师利，憍慢众生若闻此法生于惊怪。

文殊师利言：世尊，法界体性无有惊怪。世尊，是惊怪者即法界体性。

尔时，大德舍利弗，问于文殊师利童子：文殊师利，若一切法皆法界体性，众生何处有污染净？法界体性无污净故。

文殊师利言：大德舍利弗，是诸众生身见颠倒，安住我胜、我所胜。是凡夫人发起我想，是众生等执著我想，及著他想，起心心数法。是心心数法，造作诸业若善不善，是诸众生行业因故获得果报。大德舍利弗，若已有生即有染污，是污染者法界体性。大德舍利弗，若知污染是法界体性，是名白净。然第一义，无有污净，若污染法、若白净法。

文殊师利说是法时，五百比丘悉断诸漏，得无漏心。

**26.7.2**

[illegible] [illegible] [illegible] [illegible] [illegible] [illegible] [illegible] [illegible] [illegible]

① 五百，西夏文译作“过百”。

| | | | | | | | | |
|---|---|---|---|---|---|---|---|---|
| śja$^{1}$ | rjir$^{2}$ | gji$^{2}$ | mã$^{1}$ | śjuu$^{1}$ | śjɨ$^{1}$ | lji$^{1}$ | ·jij$^{1}$ | dạ$^{2}$ |
| 舍 | 利 | 子 | 文 | 殊 | 师 | 利 | 之 | 言 |
| [illegible]： | [illegible] | [illegible] | [illegible] | [illegible] | [illegible] | [illegible] | [illegible] | [illegible] |
| ·jɨ$^{2}$ | nji$^{2}$ | rjɨr$^{2}$ | tshjiij$^{1}$ | tsjiir$^{1}$ | rjur$^{1}$ | dzji$^{1}$ | dạ$^{2}$ | mji$^{1}$ |
| 语： | 汝 | 所 | 说 | 法 | 界 | 谬 | 错 | 不 |

舍利弗语文殊师利童子①言：所说法界无

**26.7.3**

| | | | | | | | | |
|---|---|---|---|---|---|---|---|---|
| [illegible] | [illegible]。 | [illegible] | [illegible] | [illegible] | [illegible]， | [illegible] | [illegible] | [illegible] |
| dju$^{1}$ | ku$^{1}$ | thja$^{2}$ | tsjiir$^{1}$ | tshjiij$^{1}$ | nioow$^{1}$ | ·jir$^{2}$ | ·jij$^{1}$ | dzjij$^{1}$ |
| 有 | 故。 | 是 | 法 | 说 | 已， | 百 | 乃 | 过 |
| [illegible] | [illegible] | [illegible] | [illegible] | [illegible] | [illegible] | [illegible]， | [illegible] | [illegible] |
| zjij$^{1}$ | phji$^{2}$ | khjiw$^{2}$ | rjur$^{1}$ | rar$^{2}$ | zji$^{2}$ | dzjar$^{2}$ | rar$^{2}$ | mjij$^{1}$ |
| 时 | 比 | 丘 | 诸 | 漏 | 悉 | 断， | 漏 | 无 |

有错谬。说是法已，过百比丘悉断诸漏，得无漏

**26.7.4**

| | | | | | | | | |
|---|---|---|---|---|---|---|---|---|
| [illegible] | [illegible]。 | [illegible] | [illegible] | [illegible] | [illegible] | [illegible]： | [illegible] | [illegible] |
| njiij$^{1}$ | rjir$^{1}$ | mã$^{1}$ | śjuu$^{1}$ | śjɨ$^{1}$ | lji$^{1}$ | dạ$^{2}$ | ljij$^{2}$ | tśhja$^{2}$ |
| 心 | 得。 | 文 | 殊 | 师 | 利 | 言： | 大 | 德 |
| [illegible] | [illegible] | [illegible]， | [illegible] | [illegible] | [illegible] | [illegible]， | [illegible] | [illegible] |
| śja$^{1}$ | rjir$^{2}$ | gji$^{2}$ | thja$^{2}$ | tsjiir$^{1}$ | rjur$^{1}$ | tja$^{1}$ | pjɨ$^{1}$ | njwo$^{2}$ |
| 舍 | 利 | 子， | 此 | 法 | 界 | 者， | 昔 | 往 |

心。文殊师利言：大德舍利弗，此法界者，本是

**26.7.5**

| | | | | | | | | |
|---|---|---|---|---|---|---|---|---|
| [illegible] | [illegible]， | [illegible] | [illegible] | [illegible] | [illegible] | [illegible]？ | [illegible] | [illegible] |
| phej$^{1}$ | tśjɨɨr$^{2}$ | thjɨ$^{2}$ | ·wjɨ$^{2}$ | dja$^{2}$ | lhew$^{2}$ | mo$^{2}$ | śja$^{1}$ | rjir$^{2}$ |
| 缚 | 系， | 此 | 刻 | 已 | 解 | 耶？ | 舍 | 利 |
| [illegible] | [illegible]： | [illegible] | [illegible] | [illegible] | [illegible]， | [illegible] | [illegible] | [illegible] |

① 童子，西夏文本多处未译。

| | | | | | | | | |
|---|---|---|---|---|---|---|---|---|
| gji$^{2}$ | dạ$^{2}$ | mã$^{1}$ | śjuu$^{1}$ | śjɨ$^{1}$ | lji$^{1}$ | thja$^{2}$ | tsjiir$^{1}$ | rjur$^{1}$ |
| 子 | 言: | 文 | 殊 | 师 | 利, | 是 | 法 | 界 |

系缚,今得解耶? 舍利弗言:文殊师利,是法界

**26.7.6**

| | | | | | | | | |
|---|---|---|---|---|---|---|---|---|
| [illegible], | [illegible] | [illegible] | [illegible] | [illegible], | [illegible] | [illegible] | [illegible] | [illegible] |
| tja$^{1}$ | pjɨ$^{1}$ | njwo$^{2}$ | phej$^{1}$ | tśjɨɨr$^{2}$ | thjɨ$^{2}$ | ·wjɨ$^{2}$ | dja$^{2}$ | lhew$^{2}$ |
| 者, | 昔 | 往 | 缚 | 系, | 此 | 刻 | 已 | 解 |
| [illegible] | [illegible]。 | [illegible] | [illegible] | [illegible] | [illegible] | [illegible], | [illegible] | [illegible] |
| njaa$^{2}$ | ljɨ$^{1}$ | ljij$^{2}$ | tśhja$^{2}$ | śja$^{1}$ | rjir$^{2}$ | gji$^{2}$ | thja$^{2}$ | rjur$^{1}$ |
| 非 | 也。 | 大 | 德 | 舍 | 利 | 子, | 是 | 诸 |

者,非本系缚,今得解耶。大德舍利弗,是诸

**26.8.1**

| | | | | | | | | |
|---|---|---|---|---|---|---|---|---|
| [illegible] | [illegible] | [illegible] | [illegible] | [illegible] | [illegible] | [illegible] | [illegible] | [illegible] |
| phji$^{2}$ | khjiw$^{2}$ | sjij$^{1}$ | ljị$^{1}$ | kjɨ$^{1}$ | do$^{2}$ | njiij$^{1}$ | bie$^{2}$ | lhew$^{2}$ |
| 比 | 丘 | 今 | 何 | 已 | 处 | 心 | 脱 | 解 |
| [illegible] | [illegible]①? | [illegible] | [illegible] | [illegible] | [illegible]: | [illegible] | [illegible] | [illegible] |
| rjir$^{2}$ | sji$^{2}$ | śja$^{1}$ | rjir$^{2}$ | gji$^{2}$ | dạ$^{2}$ | mã$^{1}$ | śjuu$^{1}$ | śjɨ$^{1}$ |
| 得 | △? | 舍 | 利 | 子 | 言: | 文 | 殊 | 师 |

比丘今于何处心得解脱? 舍利弗言:文殊师

**26.8.2**

| | | | | | | | | |
|---|---|---|---|---|---|---|---|---|
| [illegible], | [illegible] | [illegible] | [illegible] | [illegible] | [illegible] | [illegible] | [illegible] | [illegible] |
| lji$^{1}$ | mjor$^{1}$ | jịj$^{2}$ | wa$^{2}$ | gji$^{2}$ | ɣię$^{2}$ | mji$^{1}$ | ·jij$^{1}$ | rjur$^{1}$ |
| 利, | 如 | 来 | 何 | 有 | 声 | 闻 | 之 | 调 |
| [illegible], | [illegible] | [illegible] | [illegible] | [illegible], | [illegible] | [illegible] | [illegible] | [illegible] |
| jar$^{2}$ | rjur$^{1}$ | rar$^{2}$ | zji$^{2}$ | dzjar$^{2}$ | njiij$^{1}$ | bie$^{2}$ | lhew$^{2}$ | lhjụ$^{2}$ |
| 伏, | 诸 | 漏 | 皆 | 断, | 心 | 脱 | 解 | 得 |

利,如来甚多②调伏声闻,皆断诸漏,心得解脱。

---

① 名物化助词。

② 甚多,西夏文译作“有何”。

**26.8.3**

| | | | | | | | | |
|---|---|---|---|---|---|---|---|---|
| [illegible]。 | [illegible] | [illegible] | [illegible] | [illegible] | [illegible]： | [illegible] | [illegible] | [illegible] |
| phji$^{1}$ | mã$^{1}$ | śjuu$^{1}$ | śjɨ$^{1}$ | lji$^{1}$ | dạ$^{2}$ | ljịj$^{2}$ | tśhja$^{2}$ | śja$^{1}$ |
| 令。 | 文 | 殊 | 师 | 利 | 言： | 大 | 德 | 舍 |
| [illegible] | [illegible]， | [illegible] | [illegible] | [illegible] | [illegible] | [illegible] | [illegible] | [illegible]① |
| rjir$^{2}$ | gji$^{2}$ | nji$^{2}$ | rjur$^{1}$ | pjụ$^{1}$ | ·jij$^{1}$ | ɣiẹ$^{2}$ | mji$^{1}$ | ·a |
| 利 | 子， | 汝 | 世 | 尊 | 之 | 声 | 闻 | △ |

文殊师利言：大德舍利弗，汝是世尊声闻不

**26.8.4**

| | | | | | | | | |
|---|---|---|---|---|---|---|---|---|
| [illegible]？ | [illegible] | [illegible] | [illegible] | [illegible]： | [illegible] | [illegible] | [illegible] | [illegible]， |
| ŋwu$^{2}$ | śja$^{1}$ | rjir$^{2}$ | gji$^{2}$ | dạ$^{2}$ | mã$^{1}$ | śjuu$^{1}$ | śjɨ$^{1}$ | lji$^{1}$ |
| 是？ | 舍 | 利 | 子 | 言： | 文 | 殊 | 师 | 利， |
| [illegible] | [illegible] | [illegible] | [illegible]， | [illegible] | [illegible] | [illegible] | [illegible]， | [illegible] |
| thjɨ$^{2}$ | sju$^{2}$ | thjɨ$^{2}$ | sju$^{2}$ | dạ$^{2}$ | mjor$^{1}$ | ŋwu$^{2}$ | nja$^{2}$ | ŋa$^{2}$ |
| 是 | 如 | 是 | 如， | 说 | 如 | 是 | △， | 我 |

耶？舍利弗言：文殊师利，如是如是，如汝所说，我

**26.8.5**

| | | | | | | | | |
|---|---|---|---|---|---|---|---|---|
| [illegible] | [illegible] | [illegible] | [illegible] | [illegible] | [illegible] | [illegible] | [illegible]② | [illegible] |
| rjur$^{1}$ | pjụ$^{1}$ | ·jij$^{1}$ | ɣiẹ$^{2}$ | mji$^{1}$ | dzjwo$^{2}$ | ŋwu$^{2}$ | ŋa$^{2}$ | mã$^{1}$ |
| 世 | 尊 | 之 | 声 | 闻 | 人 | 是 | △。 | 文 |
| [illegible] | [illegible] | [illegible] | [illegible]： | [illegible] | [illegible] | [illegible] | [illegible] | [illegible]， |
| śjuu$^{1}$ | śjɨ$^{1}$ | lji$^{1}$ | dạ$^{2}$ | ljịj$^{2}$ | tśhja$^{2}$ | śja$^{1}$ | rjir$^{2}$ | gji$^{2}$ |
| 殊 | 师 | 利 | 言： | 大 | 德 | 舍 | 利 | 子， |

是世尊声闻人也。文殊师利言：大德舍利弗，

**26.8.6**

| | | | | | | | | |
|---|---|---|---|---|---|---|---|---|
| [illegible] | [illegible] | [illegible] | [illegible] | [illegible]， | [illegible] | [illegible] | [illegible] | [illegible] |

① [illegible]（·a），助词，用在疑问句中，表示疑问。下同。

② 此处的“[illegible]”为人称呼应后缀，与之前的第一人称单数“[illegible]”呼应。

| | | | | | | | | |
|---|---|---|---|---|---|---|---|---|
| nji$^{2}$ | rjur$^{1}$ | rar$^{2}$ | ·wjɨ$^{2}$ | dzjar$^{2}$ | rar$^{2}$ | mjij$^{1}$ | bie$^{2}$ | lhew$^{2}$ |
| 汝 | 诸 | 漏 | 已 | 断， | 漏 | 无 | 脱 | 解 |
| [illegible] | [illegible] | [illegible]？ | [illegible] | [illegible] | [illegible] | [illegible]： | [illegible] | [illegible] |
| njiij$^{1}$ | ·a | rjor$^{2}$ | śja$^{1}$ | rjir$^{2}$ | gji$^{2}$ | dạ$^{2}$ | ŋa$^{2}$ | rar$^{2}$ |
| 心 | △ | 得？ | 舍 | 利 | 子 | 言： | 我 | 漏 |

汝断诸漏，得于无漏解脱心耶？舍利弗言：我

**26.9.1**

| | | | | | | | | |
|---|---|---|---|---|---|---|---|---|
| [illegible] | [illegible] | [illegible] | [illegible] | [illegible] | [illegible] | [illegible]。 | [illegible] | [illegible] |
| mjij$^{1}$ | bie$^{2}$ | lhew$^{2}$ | ·jij$^{1}$ | njiij$^{1}$ | rjor$^{2}$ | ŋa$^{2}$ | mã$^{1}$ | śjuu$^{1}$ |
| 无 | 脱 | 解 | 之 | 心 | 得 | △。 | 文 | 殊 |
| [illegible] | [illegible] | [illegible]： | [illegible] | [illegible]， | [illegible] | [illegible] | [illegible] | [illegible] |
| śjɨ$^{1}$ | lji$^{1}$ | dạ$^{2}$ | ljịj$^{2}$ | tśhja$^{2}$ | wa$^{2}$ | sju$^{2}$ | njiij$^{1}$ | ŋwu$^{2}$ |
| 师 | 利 | 言： | 大 | 德， | 何 | 如 | 心 | 以 |

得无漏解脱之心。文殊师利言：大德，以何等心

**26.9.2**

| | | | | | | | | |
|---|---|---|---|---|---|---|---|---|
| [illegible] | [illegible] | [illegible] | [illegible]？ | [illegible] | [illegible] | [illegible] | [illegible] | [illegible]， |
| bie$^{2}$ | lhew$^{2}$ | rjor$^{2}$ | nja$^{2}$ | ·wjɨ$^{2}$ | rar$^{2}$ | njiij$^{1}$ | ŋwu$^{2}$ | mo$^{2}$ |
| 脱 | 解 | 得 | △？ | 过 | 去 | 心 | 是 | 也， |
| [illegible] | [illegible] | [illegible] | [illegible] | [illegible]， | [illegible] | [illegible] | [illegible] | [illegible] |
| mjij$^{2}$ | jịj$^{2}$ | njiij$^{1}$ | ŋwu$^{2}$ | mo$^{2}$ | mjor$^{1}$ | dźjiij$^{1}$ | njiij$^{1}$ | ŋwu$^{2}$ |
| 未 | 来 | 心 | 是 | 也， | 现 | 在 | 心 | 是 |

得于解脱？为过去心，为未来心，现在心

**26.9.3**

| | | | | | | | | |
|---|---|---|---|---|---|---|---|---|
| [illegible]？ | [illegible] | [illegible]， | [illegible] | [illegible] | [illegible] | [illegible] | [illegible] | [illegible] |
| ljɨ$^{1}$ | ljịj$^{2}$ | tśhja$^{2}$ | ·wjɨ$^{2}$ | rar$^{2}$ | njiij$^{1}$ | tja$^{1}$ | ·wjɨ$^{2}$ | dzjar$^{2}$ |
| 也？ | 大 | 德， | 过 | 去 | 心 | 者 | 已 | 灭 |
| [illegible] | [illegible]， | [illegible] | [illegible] | [illegible] | [illegible] | [illegible] | [illegible] | [illegible] |
| sjiij$^{2}$ | ŋwu$^{2}$ | mjij$^{2}$ | jịj$^{2}$ | njiij$^{1}$ | tja$^{1}$ | mjij$^{2}$ | njɨ$^{2}$ | sjiij$^{2}$ |
| 想 | 是， | 未 | 来 | 心 | 者 | 未 | 至 | 想 |

耶？大德，过去世心已灭之想，未来世心未至之想，

**26.9.4**

| | | | | | | | | |
|---|---|---|---|---|---|---|---|---|
| [illegible] | [illegible] | [illegible] | [illegible] | [illegible] | [illegible] | [illegible] | [illegible] | [illegible]， |
| ŋwu$^{2}$ | mjor$^{1}$ | dźjiij$^{1}$ | njiij$^{1}$ | tja$^{1}$ | mji$^{1}$ | dźjiij$^{1}$ | sjiij$^{2}$ | ŋwu$^{2}$ |
| 是， | 现 | 在 | 心 | 者 | 不 | 住 | 想 | 是， |
| [illegible] | [illegible] | [illegible] | [illegible] | [illegible] | [illegible] | [illegible] | [illegible] | [illegible]？ |
| ljij$^{2}$ | tśhja$^{2}$ | thjij$^{2}$ | sjo$^{2}$ | njiij$^{1}$ | bie$^{2}$ | lhew$^{2}$ | rjor$^{2}$ | nja$^{2}$ |
| 大 | 德 | 何 | 云 | 心 | 脱 | 解 | 得 | △？ |

现在世心不住之想，云何大德心得解脱？

**26.9.5**

| | | | | | | | | |
|---|---|---|---|---|---|---|---|---|
| [illegible] | [illegible] | [illegible] | [illegible]： | [illegible] | [illegible] | [illegible] | [illegible]， | [illegible] |
| śja$^{1}$ | rjir$^{2}$ | gji$^{2}$ | dạ$^{2}$ | mã$^{1}$ | śjuu$^{1}$ | śjɨ$^{1}$ | lji$^{1}$ | ·wjɨ$^{2}$ |
| 舍 | 利 | 子 | 言： | 文 | 殊 | 师 | 利， | 过 |
| [illegible] | [illegible] | [illegible] | [illegible] | [illegible] | [illegible] | [illegible]， | [illegible] | [illegible]、 |
| rar$^{2}$ | njiij$^{1}$ | ŋwu$^{2}$ | bie$^{2}$ | lhew$^{2}$ | mji$^{1}$ | rjir$^{1}$ | mjij$^{2}$ | jij$^{2}$ |
| 去 | 心 | 以 | 脱 | 解 | 不 | 得， | 未 | 来、 |

舍利弗言：文殊师利，非过去心得于解脱，非未来、

**26.9.6**

| | | | | | | | | |
|---|---|---|---|---|---|---|---|---|
| [illegible] | [illegible] | [illegible] | [illegible] | [illegible] | [illegible] | [illegible] | [illegible] | [illegible]。 |
| mjor$^{1}$ | dźjiij$^{1}$ | njiij$^{1}$ | ŋwu$^{2}$ | tsjɨ$^{1}$ | bie$^{2}$ | lhew$^{2}$ | mji$^{1}$ | rjir$^{1}$ |
| 现 | 在 | 心 | 以 | 亦 | 脱 | 解 | 不 | 得。 |
| [illegible] | [illegible] | [illegible] | [illegible] | [illegible]： | [illegible] | [illegible]， | [illegible] | [illegible] |
| mã$^{1}$ | śjuu$^{1}$ | śjɨ$^{1}$ | lji$^{1}$ | dạ$^{2}$ | ljij$^{2}$ | tśhja$^{2}$ | nji$^{2}$ | thjij$^{2}$ |
| 文 | 殊 | 师 | 利 | 言： | 大 | 德， | 汝 | 何 |

现在心得于解脱。文殊师利言：大德，汝云何

**26.10.1**

| | | | | | | | | |
|---|---|---|---|---|---|---|---|---|
| [illegible] | [illegible] | [illegible] | [illegible] | [illegible] | [illegible] | [illegible] | [illegible] | [illegible] |
| sjo$^{2}$ | njiij$^{1}$ | bie$^{2}$ | lhew$^{2}$ | rjor$^{2}$ | ŋa$^{2}$ | ·jɨ$^{2}$ | nja$^{2}$ | thjij$^{2}$ |

| | | | | | | | | |
|---|---|---|---|---|---|---|---|---|
| 云 | 心 | 脱 | 解 | 得 | 我 | 言 | △ | 何 |
| [illegible]? | [illegible] | [illegible] | [illegible] | [illegible]: | [illegible] | [illegible] | [illegible] | [illegible], |
| ɣiej$^{1}$ | śja$^{1}$ | rjir$^{2}$ | gji$^{2}$ | dạ$^{2}$ | mã$^{1}$ | śjuu$^{1}$ | śjɨ$^{1}$ | lji$^{1}$ |
| 真? | 舍 | 利 | 子 | 言: | 文 | 殊 | 师 | 利, |

言心得解脱？舍利弗言:文殊师利,

**26.10.2**

| | | | | | | | | |
|---|---|---|---|---|---|---|---|---|
| [illegible] | [illegible] | [illegible] | [illegible] | [illegible] | [illegible] | [illegible] | [illegible] | [illegible]。 |
| rjur$^{1}$ | dźjar$^{2}$ | dźjiij$^{1}$ | bju$^{1}$ | njiij$^{1}$ | bie$^{2}$ | lhew$^{2}$ | rjir$^{2}$ | ·jɨ$^{2}$ |
| 世 | 谛 | 住 | 依 | 心 | 脱 | 解 | 得 | 说。 |
| [illegible] | [illegible] | [illegible] | [illegible], | [illegible] | [illegible] | [illegible] | [illegible] | [illegible] |
| phju$^{2}$ | tsew$^{2}$ | wo$^{2}$ | kha$^{1}$ | njiij$^{1}$ | phej$^{1}$ | tśjiir$^{2}$ | njiij$^{1}$ | bie$^{2}$ |
| 上 | 第 | 义 | 中, | 心 | 缚 | 系 | 心 | 脱 |

住世谛说心得解脱。第一义中,都无有心系缚解

**26.10.3**

| | | | | | | | | |
|---|---|---|---|---|---|---|---|---|
| [illegible] | [illegible] | [illegible] | [illegible]。 | [illegible] | [illegible] | [illegible] | [illegible] | [illegible]: |
| lhew$^{2}$ | zjɨ̣$^{2}$ | mjij$^{1}$ | ljɨ$^{1}$ | mã$^{1}$ | śjuu$^{1}$ | śjɨ$^{1}$ | lji$^{1}$ | dạ$^{2}$ |
| 解 | 都 | 无 | 也。 | 文 | 殊 | 师 | 利 | 言: |
| [illegible] | [illegible] | [illegible] | [illegible] | [illegible], | [illegible] | [illegible] | [illegible] | [illegible] |
| ljij$^{2}$ | tśhja$^{2}$ | śja$^{1}$ | rjir$^{2}$ | gji$^{2}$ | nji$^{2}$ | tsjiir$^{1}$ | rjur$^{1}$ | kwər$^{1}$ |
| 大 | 德 | 舍 | 利 | 子, | 汝 | 法 | 界 | 体 |

脱。文殊师利言:大德舍利弗,汝欲令法界体

**26.10.4**

| | | | | | | | | |
|---|---|---|---|---|---|---|---|---|
| [illegible] | [illegible], | [illegible] | [illegible]、 | [illegible] | [illegible] | [illegible] | [illegible] | [illegible] |
| tsjiir$^{2}$ | kha$^{1}$ | rjur$^{1}$ | dźjar$^{2}$ | phju$^{2}$ | tsew$^{2}$ | wo$^{2}$ | dźjar$^{2}$ | dju$^{1}$ |
| 性 | 中, | 世 | 谛、 | 上 | 第 | 义 | 谛 | 有 |
| [illegible] | [illegible] | [illegible] | [illegible]? | [illegible] | [illegible] | [illegible] | [illegible]: | [illegible] |
| phji$^{1}$ | kięj$^{2}$ | nja$^{2}$ | mo$^{2}$ | śja$^{1}$ | rjir$^{2}$ | gji$^{2}$ | dạ$^{2}$ | mã$^{1}$ |
| 令 | 欲 | △ | 耶? | 舍 | 利 | 子 | 言: | 文 |

性,有于世谛、第一义谛耶？舍利弗言:文

**26.10.5**

| | | | | | | | | |
|---|---|---|---|---|---|---|---|---|
| [illegible] | [illegible] | [illegible], | [illegible] | [illegible] | [illegible] | [illegible] | [illegible] | [illegible] |
| śjuu1 | śjɨ1 | lji1 | tsjiir1 | rjur1 | kwər1 | tsjiir2 | kha1 | rjur1 |
| 殊 | 师 | 利, | 法 | 界 | 体 | 性 | 中 | 世 |
| [illegible] | [illegible] | [illegible] | [illegible] | [illegible] | [illegible] | [illegible] | [illegible]。 | [illegible] |
| dźjar2 | nioow1 | phju2 | tsew2 | wo2 | dźjar2 | mjij1 | ljɨ1 | mã1 |
| 谛 | 及 | 上 | 第 | 义 | 谛 | 无 | 也。 | 文 |

殊师利,法界体性无有世谛、第一义谛。文

## 汉文本

尔时,大德舍利弗语文殊师利童子言:所说法界无有错谬。

说是法已,过百比丘悉断诸漏,得无漏心。

文殊师利言:大德舍利弗,此法界者,本是系缚,今得解耶?

舍利弗言:文殊师利,是法界者,非本系缚,今得解耶?

大德舍利弗,是诸比丘今于何处心得解脱?

舍利弗言:文殊师利,如来甚多调伏声闻,皆断诸漏,心得解脱。

文殊师利言:大德舍利弗,汝是世尊声闻不耶?

舍利弗言:文殊师利,如是如是,如汝所说,我是世尊声闻人也。

文殊师利言:大德舍利弗,汝断诸漏,得于无漏解脱心耶?

舍利弗言:我得无漏解脱之心。

文殊师利言:大德,以何等心得于解脱?为过去心,为未来心,现在心耶?大德,过去世心已灭之想,未来世心未至之想,现在世心不住之想,云何大德心得解脱?

舍利弗言:文殊师利,非过去心得于解脱,非未来、现在心得于解脱。

文殊师利言:大德,汝云何言心得解脱?

舍利弗言:文殊师利,住世谛说心得解脱。第一义中,都无有心系缚解脱。

文殊师利言:大德舍利弗,汝欲令法界体性,有于世谛、第一义谛耶?

舍利弗言:文殊师利,法界体性无有世谛、第一义谛。

**26.10.6**

| | | | | | | | | |
|---|---|---|---|---|---|---|---|---|
| [illegible] | [illegible] | [illegible] | [illegible]: | [illegible] | [illegible], | [illegible] | [illegible] | [illegible] |
| śjuu1 | śjɨ1 | lji1 | dạ2 | ljij2 | tśhja2 | nji2 | śji1 | rjur1 |
| 殊 | 师 | 利 | 言: | 大 | 德, | 汝 | 前 | 世 |
| [illegible] | [illegible] | [illegible] | [illegible] | [illegible] | [illegible] | [illegible] | [illegible] | [illegible] |

| | | | | | | | | |
|---|---|---|---|---|---|---|---|---|
| dźjar$^{2}$ | dźjiij$^{1}$ | bju$^{1}$ | njiij$^{1}$ | bie$^{2}$ | lhew$^{2}$ | rjor$^{2}$ | ŋa$^{2}$ | ·jɨ$^{2}$ |
| 谛 | 住 | 依 | 心 | 脱 | 解 | 得 | 我 | 说 |

殊师利言:大德,汝云何说住于世谛心得解脱?

**26.11.1**

| | | | | | | | | |
|---|---|---|---|---|---|---|---|---|
| [illegible] | [illegible] | [illegible]? | [illegible] | [illegible] | [illegible] | [illegible]: | [illegible] | [illegible] |
| nja$^{2}$ | thjij$^{2}$ | ɣiej$^{1}$ | śja$^{1}$ | rjir$^{2}$ | gji$^{2}$ | dạ$^{2}$ | mã$^{1}$ | śjuu$^{1}$ |
| △ | 何 | 真? | 舍 | 利 | 子 | 言: | 文 | 殊 |
| [illegible] | [illegible], | [illegible] | [illegible] | [illegible] | [illegible] | [illegible] | [illegible] | [illegible] |
| śjɨ$^{1}$ | lji$^{1}$ | bie$^{2}$ | lhew$^{2}$ | rjir$^{2}$ | sji$^{2}$ | njiij$^{1}$ | tsjɨ$^{1}$ | mjij$^{1}$ |
| 师 | 利, | 脱 | 解 | 得 | △ | 心 | 亦 | 无 |

舍利弗言:文殊师利,宁无有心得解脱耶?

**26.11.2**

| | | | | | | | | |
|---|---|---|---|---|---|---|---|---|
| [illegible] | [illegible]? | [illegible] | [illegible] | [illegible] | [illegible] | [illegible]: | [illegible] | [illegible] |
| ljɨ$^{1}$ | mo$^{2}$ | mã$^{1}$ | śjuu$^{1}$ | śjɨ$^{1}$ | lji$^{1}$ | dạ$^{2}$ | ljịj$^{2}$ | tśhja$^{2}$ |
| 也 | 耶? | 文 | 殊 | 师 | 利 | 言: | 大 | 德 |
| [illegible] | [illegible] | [illegible], | [illegible] | [illegible] | [illegible] | [illegible] | [illegible] | [illegible] |
| śja$^{1}$ | rjir$^{2}$ | gji$^{2}$ | tjij$^{1}$ | njiij$^{1}$ | ·u$^{2}$ | djɨr$^{2}$ | nioow$^{1}$ | njɨɨ$^{1}$ |
| 舍 | 利 | 子, | 若 | 心 | 内 | 外 | 及 | 二 |

文殊师利言:大德舍利弗,若心有内、有外、中①

**26.11.3**

| | | | | | | | | |
|---|---|---|---|---|---|---|---|---|
| [illegible] | [illegible], | [illegible] | [illegible] | [illegible] | [illegible] | [illegible]。 | [illegible] | [illegible], |
| źjạ$^{1}$ | dju$^{1}$ | ku$^{1}$ | bie$^{2}$ | lhew$^{2}$ | djij$^{2}$ | rjir$^{2}$ | ljịj$^{2}$ | tśhja$^{2}$ |
| 间 | 有, | 则 | 脱 | 解 | 当 | 得。 | 大 | 德, |
| [illegible] | [illegible] | [illegible] | [illegible] | [illegible] | [illegible] | [illegible], | [illegible] | [illegible]、 |
| thja$^{2}$ | njiij$^{1}$ | tja$^{1}$ | ·u$^{2}$ | djɨr$^{2}$ | njɨɨ$^{1}$ | źjạ$^{1}$ | phej$^{1}$ | tśjɨɨr$^{2}$ |
| 是 | 心 | 者 | 内 | 外 | 二 | 间, | 缚 | 系、 |

者,是得解脱。大德,而是心者无内外中,无系缚、

① 中,西夏文本作"(内外)二间"。下同。

**26.11.4**

| | | | | | | | | |
|---|---|---|---|---|---|---|---|---|
| [illegible] | [illegible] | [illegible] | [illegible] | [illegible]。 | [illegible] | [illegible]， | [illegible] | [illegible] |
| bie$^{2}$ | lhew$^{2}$ | zji$^{2}$ | mjij$^{1}$ | ljɨ$^{1}$ | kja$^{1}$ | zjọ$^{2}$ | ·ji$^{1}$ | kha$^{1}$ |
| 脱 | 解 | 皆 | 无 | 也。 | 尔 | 时， | 众 | 中 |
| [illegible] | [illegible] | [illegible] | [illegible]， | [illegible] | [illegible] | [illegible] | [illegible] | [illegible] |
| njɨɨ$^{1}$ | ·jir$^{2}$ | phji$^{2}$ | khjiw$^{2}$ | mã$^{1}$ | śjuu$^{1}$ | śjɨ$^{1}$ | lji$^{1}$ | ·jij$^{1}$ |
| 二 | 百 | 比 | 丘， | 文 | 殊 | 师 | 利 | 之 |

解脱。尔时，众中有二百比丘，闻于文殊师利

**26.11.5**

| | | | | | | | | |
|---|---|---|---|---|---|---|---|---|
| [illegible] | [illegible] | [illegible] | [illegible]， | [illegible] | [illegible] | [illegible] | [illegible]， | [illegible] |
| rjɨr$^{2}$ | tshjiij$^{1}$ | dạ$^{2}$ | mji$^{1}$ | dzuu$^{2}$ | tjị$^{2}$ | ·a | wor$^{1}$ | thjɨ$^{2}$ |
| 所 | 说 | 言 | 闻， | 坐 | 处 | △ | 起， | 是 |
| [illegible] | [illegible] | [illegible]： | [illegible] | [illegible] | [illegible] | [illegible]， | [illegible] | [illegible] |
| sju$^{2}$ | dạ$^{2}$ | ·jɨ$^{2}$ | tjij$^{1}$ | bie$^{2}$ | lhew$^{2}$ | mjij$^{1}$ | bie$^{2}$ | lhew$^{2}$ |
| 如 | 言 | 说： | 若 | 脱 | 解 | 无， | 脱 | 解 |

所说，即从坐起，说如是言：若无解脱，无解脱

**26.11.6**

| | | | | | | | | |
|---|---|---|---|---|---|---|---|---|
| [illegible] | [illegible] | [illegible]， | [illegible] | [illegible] | [illegible] | [illegible] | [illegible] | [illegible] |
| njiij$^{1}$ | ljɨ̣$^{1}$ | mjij$^{1}$ | ku$^{1}$ | ŋa$^{2}$ | nji$^{2}$ | wa$^{2}$ | nioow$^{1}$ | nji$^{1}$ |
| 心 | 及 | 无， | 则 | 我 | 等 | 何 | 故 | 家 |
| [illegible] | [illegible] | [illegible] | [illegible]①？ | [illegible] | [illegible] | [illegible] | [illegible] | [illegible] |
| phjɨ$^{1}$ | tśja$^{1}$ | djọ$^{2}$ | nji$^{2}$ | tjij$^{1}$ | rjur$^{1}$ | kha$^{1}$ | lho | ljɨ̣$^{1}$ |
| 出 | 道 | 修 | △？ | 若 | 世 | 中 | 出 | 及 |

心，我等何故出家修道？若无出世，

**26.12.1**

| | | | | | | | | |
|---|---|---|---|---|---|---|---|---|
| [illegible]， | [illegible] | [illegible] | [illegible] | [illegible] | [illegible]？ | [illegible] | [illegible] | [illegible] |
| mjij$^{1}$ | ku$^{1}$ | tśja$^{1}$ | djọ$^{2}$ | ljọ$^{2}$ | śjwo$^{1}$ | thja$^{2}$ | rjur$^{1}$ | phji$^{2}$ |

① [illegible]，为第一/第二人称复数动词人称呼应后缀，此处与“[illegible]”呼应。

| | | | | | | | | |
|---|---|---|---|---|---|---|---|---|
| 无， | 故 | 道 | 修 | 何 | 需？ | 是 | 诸 | 比 |
| [illegible] | [illegible] | [illegible] | [illegible] | [illegible]， | [illegible] | [illegible] | [illegible] | [illegible]。 |
| khjiw² | dạ² | bjạ¹ | ·jɨ² | nioow¹ | ·ji¹ | nu¹ | dja² | rjɨr² |
| 丘 | 语 | 粗 | 说 | 已， | 众 | 背 | △ | 去。 |

何故修道？是诸比丘说粗语已，背众而去。

**26.12.2**

| | | | | | | | | |
|---|---|---|---|---|---|---|---|---|
| [illegible] | [illegible]， | [illegible] | [illegible] | [illegible] | [illegible] | [illegible] | [illegible]， | [illegible] |
| kja¹ | zjọ² | mã¹ | śjuu¹ | śjɨ¹ | lji¹ | zjɨ̣¹ | lji² | thja² |
| 尔 | 时， | 文 | 殊 | 师 | 利 | 童 | 子， | 是 |
| [illegible] | [illegible] | [illegible] | [illegible] | [illegible] | [illegible] | [illegible] | [illegible]， | [illegible] |
| rjur¹ | phji² | khjiw² | ·jij¹ | rjur¹ | jar² | kięj² | nioow¹ | rjur¹ |
| 诸 | 比 | 丘 | 之 | 调 | 伏 | 欲 | 故， | 诸 |

尔时，文殊师利童子，欲调伏是诸比丘故，知诸

**26.12.3**

| | | | | | | | | |
|---|---|---|---|---|---|---|---|---|
| [illegible] | [illegible] | [illegible] | [illegible] | [illegible] | [illegible] | [illegible]， | [illegible] | [illegible] |
| phji² | khjiw² | ·jij¹ | śjɨ¹ | tjị² | tśja¹ | nwə¹ | thja¹ | rjɨr² |
| 比 | 丘 | 之 | 去 | 所 | 道 | 知， | 其 | 乃 |
| [illegible] | [illegible] | [illegible] | [illegible] | [illegible] | [illegible] | [illegible] | [illegible] | [illegible] |
| wjij¹ | tśja¹ | ·u² | ŋwər² | gu² | phji² | khjiw² | gjɨ² | djii² |
| 去 | 道 | 内 | 面 | 中 | 比 | 丘 | 一 | 化 |

比丘所去道，前①化一比丘。

**26.12.4**

| | | | | | | | | |
|---|---|---|---|---|---|---|---|---|
| [illegible]。 | [illegible] | [illegible] | [illegible] | [illegible] | [illegible] | [illegible] | [illegible] | [illegible] |
| wji¹ | thja¹ | rjur¹ | phji² | khjiw² | djii² | phji² | khjiw² | do² |
| 作。 | 是 | 诸 | 比 | 丘 | 化 | 比 | 丘 | 处 |
| [illegible] | [illegible]， | [illegible] | [illegible] | [illegible] | [illegible] | [illegible]， | [illegible] | [illegible] |
| njɨ² | śji² | djii² | phji² | khjiw² | ·ju² | rjir² | thjɨ² | sju² |

① 前，西夏文本作“其乃去道中”。

| | | | | | | | | |
|---|---|---|---|---|---|---|---|---|
| 到 | 往， | 化 | 比 | 丘 | 面 | 前， | 是 | 如 |

是诸比丘到化比丘所在，化比丘前，如是

**26.12.5**

| | | | | | | | | |
|---|---|---|---|---|---|---|---|---|
| [illegible] | [illegible]： | [illegible] | [illegible]， | [illegible] | [illegible] | [illegible] | [illegible]？ | [illegible] |
| dạ$^{2}$ | ·jɨr$^{1}$ | ljịj$^{2}$ | tśhja$^{2}$ | ljọ$^{2}$ | ·wjɨ$^{2}$ | jịj$^{2}$ | nja$^{2}$ | thja$^{1}$ |
| 言 | 问： | 大 | 德， | 何 | 从 | 来 | △？ | 是 |
| [illegible] | [illegible] | [illegible] | [illegible] | [illegible] | [illegible] | [illegible] | [illegible] | [illegible]： |
| djii$^{2}$ | phji$^{2}$ | khjiw$^{2}$ | rjur$^{1}$ | phji$^{2}$ | khjiw$^{2}$ | ·jij$^{1}$ | kụ$^{2}$ | dạ$^{2}$ |
| 化 | 比 | 丘 | 诸 | 比 | 丘 | 之 | 答 | 言： |

问言：大德，从何处来？是化比丘答诸比丘：

**26.12.6**

| | | | | | | | | |
|---|---|---|---|---|---|---|---|---|
| [illegible] | [illegible]， | [illegible] | [illegible] | [illegible] | [illegible] | [illegible] | [illegible] | [illegible] |
| ljịj$^{2}$ | tśhja$^{2}$ | ŋa$^{2}$ | ma$^{1}$ | śjuu$^{1}$ | sjɨ$^{1}$ | lji$^{1}$ | ·jij$^{1}$ | rjir$^{2}$ |
| 大 | 德， | 我 | 文 | 殊 | 师 | 利 | 之 | 所 |
| [illegible] | [illegible] | [illegible]， | [illegible] | [illegible] | [illegible] | [illegible]， | [illegible] | [illegible] |
| tshjiij$^{1}$ | tsjiir$^{1}$ | ɣa$^{2}$ | mji$^{1}$ | tsjij$^{2}$ | mjɨ$^{1}$ | nwə$^{1}$ | mji$^{1}$ | dźiej$^{2}$ |
| 说 | 法 | 于， | 不 | 解 | 不 | 知， | 不 | 信 |

大德，我于文殊师利所说，不解不知，不信

**26.13.1**

| | | | | | | | | |
|---|---|---|---|---|---|---|---|---|
| [illegible] | [illegible]， | [illegible] | [illegible] | [illegible] | [illegible] | [illegible] | [illegible] | [illegible]。 |
| mji$^{1}$ | tshwew$^{1}$ | nioow$^{1}$ | thja$^{1}$ | ·ji$^{1}$ | kha$^{1}$ | ·wjɨ$^{2}$ | jịj$^{2}$ | ŋa$^{2}$ |
| 不 | 向， | 缘 | 彼 | 众 | 中 | 从 | 来 | △。 |
| [illegible] | [illegible] | [illegible] | [illegible] | [illegible] | [illegible] | [illegible] | [illegible] | [illegible] |
| thja$^{1}$ | rjur$^{1}$ | phji$^{2}$ | khjiw$^{2}$ | djii$^{2}$ | phji$^{2}$ | khjiw$^{2}$ | ·jij$^{1}$ | dạ$^{2}$ |
| 是 | 诸 | 比 | 丘 | 化 | 比 | 丘 | 之 | 言 |

不向，以是缘故从彼众来。是诸比丘即复语①此化比丘言：

① 复语，西夏文译作“问言”。

**26.13.2**

| | | | | | | | | |
|---|---|---|---|---|---|---|---|---|
| [illegible]： | [illegible] | [illegible]， | [illegible] | [illegible] | [illegible] | [illegible] | [illegible]， | [illegible] |
| ·jɨr$^{1}$ | ljịj$^{2}$ | tśhja$^{2}$ | ŋa$^{2}$ | njɨ$^{2}$ | tsjɨ$^{1}$ | thjɨ$^{2}$ | sju$^{2}$ | mji$^{1}$ |
| 问： | 大 | 德， | 我 | 等 | 亦 | 此 | 如， | 不 |
| [illegible] | [illegible] | [illegible]， | [illegible] | [illegible] | [illegible] | [illegible]， | [illegible] | [illegible] |
| tsjij$^{2}$ | mjɨ$^{1}$ | nwə$^{1}$ | mji$^{1}$ | dźiej$^{2}$ | mji$^{1}$ | tshwew$^{1}$ | nioow$^{1}$ | thja$^{1}$ |
| 解 | 不 | 知， | 不 | 信 | 不 | 向， | 缘 | 彼 |

大德，我等亦尔，不解不知，不信不向，以是缘故从彼

**26.13.3**

| | | | | | | | | |
|---|---|---|---|---|---|---|---|---|
| [illegible] | [illegible] | [illegible] | [illegible] | [illegible]。 | [illegible] | [illegible] | [illegible] | [illegible]： |
| ·ji$^{1}$ | kha$^{1}$ | ·wjɨ$^{2}$ | jịj$^{2}$ | nji$^{2}$ | djii$^{2}$ | phji$^{2}$ | khjiw$^{2}$ | dạ$^{2}$ |
| 众 | 中 | 从 | 来 | △。 | 化 | 比 | 丘 | 言： |
| [illegible] | [illegible]， | [illegible] | [illegible] | [illegible] | [illegible] | [illegible] | [illegible] | [illegible] |
| ljịj$^{2}$ | tśhja$^{2}$ | mã$^{1}$ | śjuu$^{1}$ | śjɨ$^{1}$ | lji$^{1}$ | rjɨr$^{2}$ | tshjiij$^{1}$ | tsjiir$^{1}$ |
| 大 | 德， | 文 | 殊 | 师 | 利 | 所 | 说 | 法 |

众来。化比丘言：大德，于文殊师利所说法

**26.13.4**

| | | | | | | | | |
|---|---|---|---|---|---|---|---|---|
| [illegible]， | [illegible] | [illegible] | [illegible] | [illegible]？ | [illegible] | [illegible] | [illegible] | [illegible] |
| kha$^{1}$ | thjij$^{2}$ | sjo$^{2}$ | mji$^{1}$ | ŋwe$^{1}$ | ljọ$^{2}$ | njiij$^{1}$ | mji$^{1}$ | ·o$^{2}$ |
| 中， | 何 | 云 | 不 | 适？ | 所 | 意 | 不 | 悦 |
| [illegible] | [illegible] | [illegible] | [illegible] | [illegible]。 | [illegible] | [illegible] | [illegible] | [illegible]： |
| ·ji$^{1}$ | nu$^{1}$ | ·wjɨ$^{2}$ | jịj$^{2}$ | nji$^{2}$ | rjur$^{1}$ | phji$^{2}$ | khjiw$^{2}$ | dạ$^{2}$ |
| 众 | 背 | 从 | 来 | △。 | 诸 | 比 | 丘 | 言： |

中，云何不适？违逆汝意从众出来。诸比丘言：

**26.13.5**

| | | | | | | | | |
|---|---|---|---|---|---|---|---|---|
| [illegible] | [illegible]， | [illegible] | [illegible] | [illegible] | [illegible] | [illegible] | [illegible] | [illegible] |
| ljịj$^{2}$ | tśhja$^{2}$ | thja$^{1}$ | mã$^{1}$ | śjuu$^{1}$ | śjɨ$^{1}$ | lji$^{1}$ | mjaa$^{1}$ | tshwew$^{1}$ |
| 大 | 德， | 其 | 文 | 殊 | 师 | 利 | 果 | 向 |

| | | | | | | | | |
|---|---|---|---|---|---|---|---|---|
| □， | □ | □ | □ | □， | □ | □ | □ | □ |
| mjij$^{1}$ | lja̯$^{1}$ | mjaa$^{1}$ | mji$^{1}$ | dju$^{1}$ | nioow$^{1}$ | bie$^{2}$ | lhew$^{2}$ | mjij$^{1}$ |
| 无， | 证 | 果 | 无 | 有， | 又 | 脱 | 解 | 无 |

大德，以文殊师利说无向果，无有证果，又无解脱。

**26.13.6**

| | | | | | | | | |
|---|---|---|---|---|---|---|---|---|
| □。 | □ | □ | □ | □ | □ | □ | □ | □ |
| tshjiij$^{1}$ | ŋa$^{2}$ | njɨ$^{2}$ | mji$^{1}$ | nioow$^{1}$ | thjɨ$^{2}$ | sju$^{2}$ | ·wjɨ$^{2}$ | lə |
| 说。 | 我 | 等 | 闻 | 后 | 是 | 如 | 已 | 念 |
| □： | □ | □ | □ | □， | □ | □ | □ | □， |
| nji$^{2}$ | tjij$^{1}$ | mjaa$^{1}$ | tshwew$^{1}$ | mjij$^{1}$ | lja̯$^{1}$ | mjaa$^{1}$ | mji$^{1}$ | dju$^{1}$ |
| △： | 若 | 果 | 向 | 无， | 证 | 果 | 无 | 有， |

我等闻已作如是念：若无向果，无有证果，

**26.14.1**

| | | | | | | | | |
|---|---|---|---|---|---|---|---|---|
| □ | □ | □ | □， | □ | □ | □ | □ | □ |
| bie$^{2}$ | lhew$^{2}$ | ljɨ̣$^{1}$ | mjij$^{1}$ | ku$^{1}$ | ŋa$^{2}$ | njɨ$^{2}$ | wa$^{2}$ | nioow$^{1}$ |
| 脱 | 解 | 及 | 无， | 则 | 我 | 等 | 何 | 故 |
| □ | □ | □ | □？ | □ | □ | □ | □， | □ |
| sej$^{1}$ | xiwã$^{1}$ | dźjɨ | djo̱$^{2}$ | tjij$^{1}$ | lho | ljɨ̣$^{1}$ | mjij$^{1}$ | ku$^{1}$ |
| 净 | 梵 | 行 | 修？ | 若 | 出 | 及 | 无， | 故 |

无解脱者，我等何义修行梵行？若无出者，

**26.14.2**

| | | | | | | | | |
|---|---|---|---|---|---|---|---|---|
| □ | □ | □ | □ | □ | □①。 | □ | □ | □ |
| tśja$^{1}$ | djo̱$^{2}$ | ljo̱$^{2}$ | śjwo$^{1}$ | nji$^{2}$ | ·jɨ$^{2}$ | thjɨ$^{2}$ | ·jiw$^{1}$ | nioow$^{1}$ |
| 道 | 修 | 何 | 需 | △ | 谓。 | 是 | 因 | 缘 |
| □ | □ | □ | □ | □ | □ | □。 | □ | □ |
| bju$^{1}$ | tśhjwo$^{1}$ | ·ji$^{1}$ | nu$^{1}$ | ·wjɨ$^{2}$ | jij$^{2}$ | nji$^{2}$ | thja$^{2}$ | djii$^{2}$ |
| 依 | 故 | 众 | 背 | 从 | 来 | 当。 | 是 | 化 |

① 此处“□”是引语标记，因为此处引语前未出现明确的言说义引语动词，因而句末使用引语标记。下文多处与此相同。

何故修道？思是义故出彼众来①。是化

**26.14.3**

| | | | | | | | | |
|---|---|---|---|---|---|---|---|---|
| [illegible] | [illegible] | [illegible] | [illegible] | [illegible] | [illegible]： | [illegible] | [illegible]， | [illegible] |
| phji² | khjiw² | thjɨ² | sju² | dạ² | ·jɨ² | ljij² | tśhja² | nji² |
| 比 | 丘 | 是 | 如 | 言 | 谓： | 大 | 德， | 汝 |
| [illegible] | [illegible] | [illegible]， | [illegible] | [illegible] | [illegible]， | [illegible] | [illegible] | [illegible]， |
| mji¹ | tsjij² | nioow¹ | pjo¹ | tsjij² | nioow¹ | źier¹ | njɨɨ² | nioow¹ |
| 不 | 解 | 故， | 谤 | 诽 | 故， | 詈 | 骂 | 故， |

比丘作如是言：大德，汝不解故，为诽谤故，为骂詈故，

**26.14.4**

| | | | | | | | | |
|---|---|---|---|---|---|---|---|---|
| [illegible] | [illegible] | [illegible] | [illegible] | [illegible] | [illegible]。 | [illegible] | [illegible] | [illegible] |
| ·ji¹ | nu¹ | ·wjɨ² | jịj² | nji² | mo² | rjur¹ | phji² | khjiw² |
| 众 | 背 | 从 | 来 | △ | 也。 | 诸 | 比 | 丘 |
| [illegible]： | [illegible] | [illegible] | [illegible] | [illegible] | [illegible] | [illegible] | [illegible] | [illegible]， |
| dạ² | ŋa² | njɨ² | ·jij¹ | pjo¹ | tsjij² | źier¹ | njɨɨ² | nioow¹ |
| 言： | 我 | 等 | 之 | 谤 | 诽 | 詈 | 骂 | 故， |

出彼众来。诸比丘言：我等亦不诽谤骂詈，

**26.14.5**

| | | | | | | | | |
|---|---|---|---|---|---|---|---|---|
| [illegible] | [illegible] | [illegible] | [illegible] | [illegible] | [illegible] | [illegible] | [illegible] | [illegible] |
| ·wjɨ² | jịj² | nji² | ljị¹ | njaa² | lew¹ | bie² | lhew² | mji¹ |
| 从 | 来 | △ | 及 | 非 | 惟 | 脱 | 解 | 不 |
| [illegible] | [illegible] | [illegible] | [illegible] | [illegible]。 | [illegible] | [illegible] | [illegible] | [illegible] |
| ljij² | nioow¹ | ·wjɨ² | jịj² | nji² | thja² | djii² | phji² | khjiw² |
| 见 | 故 | 从 | 来 | △。 | 是 | 化 | 比 | 丘 |

但以不见于解脱故出彼众来。是化比丘

**26.14.6**

| | | | | | | | | |
|---|---|---|---|---|---|---|---|---|
| [illegible] | [illegible] | [illegible] | [illegible] | [illegible] | [illegible] | [illegible] | [illegible]： | [illegible] |

① 思是义故出彼众来，西夏文本作“依是因缘故背众而来”。

tśhjɨ² rjar² rjur¹ phji² khjiw² ·jij¹ ·jow² śja² tjij²

立 即 诸 比 丘 之 叹 称: 善

[illegible]

rjijr² tjij² rjijr² ljij² tśhja² gja² mji² thjɨ² ·wjɨ²

哉! 善 哉! 大 德, 我 等 此 刻

即便称叹诸比丘言:善哉! 善哉! 大德,我等今

**26.15.1**

[illegible]

gu² gu² seew² dza² pjị¹ nji² tjij¹ źier¹ njɨɨ²

共 同 思 议 论 当。 若 詈 骂

[illegible]

njaa² ku¹ dzji¹ ɣwej¹ tsjɨ¹ njaa² dzji¹ ɣwej¹ njaa²

非, 则 净 讼 亦 非; 净 讼 非

当善共思议。若非骂詈,则非诤讼;非诤讼者,

**26.15.2**

[illegible]

ku¹ phju² tsew² wo² śia¹ mẽ¹ tsjiir¹ ŋwu² ljɨ¹

则 上 第 义 沙 门 法 是 也。

[illegible]

nji² njɨ² ·jij¹ njiij¹ tja¹ ·jij¹ wa² sju² ljɨ¹

汝 等 之 心 者, 相 何 如 也?

是第一义沙门法也。汝等心者,何等相耶?

**26.15.3**

[illegible]

ŋwər¹ nər² njij¹ phiow¹ ŋwu² mo² tshjɨj² pho¹ lji¹

青、 黄、 赤、 白 是 耶? 紫、 玻 璃

[illegible]

tsə¹ ŋwu² ljɨ¹ źjɨr¹ ŋwu² mo² mji¹ źjɨr¹ ŋwu²

色 是 也? 实 是 耶? 不 实 是

为青、黄、赤、白、紫、玻璃色？实耶？不实

**26.15.4**

| | | | | | | | | |
|---|---|---|---|---|---|---|---|---|
| [illegible]? | [illegible] | [illegible] | [illegible]? | [illegible] | [illegible] | [illegible] | [illegible]? | [illegible] |
| ljɨ$^1$ | ·ju$^2$ | ŋwu$^2$ | mo$^2$ | mji$^1$ | ·ju$^2$ | ŋwu$^2$ | ljɨ$^1$ | tsə̣$^1$ |
| 也？ | 常 | 是 | 耶？ | 不 | 常 | 是 | 也？ | 色 |
| [illegible] | [illegible]? | [illegible] | [illegible] | [illegible] | [illegible]? | [illegible] | [illegible] | [illegible] |
| ŋwu$^2$ | mo$^2$ | mji$^1$ | tsə̣$^1$ | ŋwu$^2$ | ljɨ$^1$ | rjur$^1$ | phji$^2$ | khjiw$^2$ |
| 是 | 耶？ | 非 | 色 | 是 | 耶？ | 诸 | 比 | 丘 |

耶？常耶？无常耶？色耶？非色耶？诸比丘

**26.15.5**

| | | | | | | | | |
|---|---|---|---|---|---|---|---|---|
| [illegible]: | [illegible] | [illegible], | [illegible] | [illegible] | [illegible] | [illegible], | [illegible] | [illegible] |
| dạ$^2$ | ljịj$^2$ | tśhja$^2$ | njiij$^1$ | tja$^1$ | tsə̣$^1$ | njaa$^2$ | kjɨ$^1$ | ljij$^2$ |
| 言: | 大 | 德, | 心 | 者 | 色 | 非, | 而 | 见 |
| [illegible] | [illegible], | [illegible] | [illegible] | [illegible] | [illegible], | [illegible] | [illegible] | [illegible] |
| tjị$^2$ | mjij$^1$ | ·jwɨr$^1$ | ·jij$^1$ | mji$^1$ | dju$^1$ | tsjụ$^1$ | ɣiẹ$^2$ | tsjɨ$^1$ |
| 可 | 不, | 形 | 相 | 无 | 有, | 触 | 对 | 亦 |

言:大德,心者非色,而不可见,无有形照,亦无触对,

**26.15.6**

| | | | | | | | | |
|---|---|---|---|---|---|---|---|---|
| [illegible], | [illegible] | [illegible] | [illegible] | [illegible]。 | [illegible] | [illegible] | [illegible] | [illegible]: |
| mjij$^1$ | do$^2$ | mjij$^1$ | dzjiij$^2$ | mjij$^1$ | djii$^2$ | phji$^2$ | khjiw$^2$ | dạ$^2$ |
| 无, | 处 | 无 | 教 | 无。 | 化 | 比 | 丘 | 言: |
| [illegible] | [illegible], | [illegible] | [illegible] | [illegible], | [illegible] | [illegible] | [illegible], | [illegible] |
| ljịj$^2$ | tśhja$^2$ | thja$^2$ | njiij$^1$ | tja$^1$ | źjɨr$^1$ | tsə̣$^1$ | njaa$^2$ | ljij$^2$ |
| 大 | 德, | 是 | 心 | 者, | 实 | 色 | 非, | 见 |

无处无教。化比丘言:大德,而是心者,实非是色,

**26.16.1**

| | | | | | | | | |
|---|---|---|---|---|---|---|---|---|
| [illegible] | [illegible] | [illegible], | [illegible] | [illegible] | [illegible] | [illegible], | [illegible] | [illegible] |
| tjị$^2$ | mjij$^1$ | ljɨ$^1$ | ·jwɨr$^1$ | ·jij$^1$ | mji$^1$ | dju$^1$ | tsjụ$^1$ | ɣiẹ$^2$ |

| | | | | | | | | |
|---|---|---|---|---|---|---|---|---|
| 可 | 不 | 也， | 形 | 相 | 无 | 有， | 触 | 对 |
| 㭉 | 緱， | 㶡 | 緱 | 䘉 | 緱 | 䌸。 | 䖚 | 繗 |
| tsjɨ¹ | mjij¹ | do² | mjij¹ | dzjiij² | mjij¹ | ljɨ¹ | thja² | njiij¹ |
| 亦 | 无， | 处 | 无 | 教 | 无 | 也。 | 是 | 心 |

而不可见，无有形照，亦无触对，无处无教。而是心

**26.16.2**

| | | | | | | | | |
|---|---|---|---|---|---|---|---|---|
| 䌇， | 㣍 | 綖 | 賅， | 䋭 | 綖 | 賅， | 㮆 | 㶎 |
| tja¹ | ·u² | dźjiij¹ | mo² | djɨr² | dźjiij¹ | mo² | njɨɨ¹ | źjạ¹ |
| 者， | 内 | 住 | 也， | 外 | 住 | 也， | 二 | 间 |
| 綖 | 䌸？ | 䖚 | 䏧 | 䎘 | 䕭 | 緫 | 䋿： | 㦝 |
| dźjiij¹ | ljɨ¹ | thja² | rjur¹ | phji² | khjiw² | kụ² | dạ² | mji¹ |
| 住 | 耶？ | 是 | 诸 | 比 | 丘 | 答 | 言： | 不 |

者，内住、外住、内外住①耶？是诸比丘答言：不

**26.16.3**

| | | | | | | | | |
|---|---|---|---|---|---|---|---|---|
| 䌸。 | 㵛 | 䎘 | 䕭 | 䋿： | 䉼 | 䋙， | 㮚 | 繗 |
| ljɨ¹ | djii² | phji² | khjiw² | dạ² | ljịj² | tśhja² | nji² | njiij¹ |
| 也。 | 化 | 比 | 丘 | 言： | 大 | 德， | 汝 | 心 |
| 䋲 | 㦗， | 䌲 | 䕿 | 䋰 | 緱， | 䚍 | 䜂② | 㦝 |
| tsə¹ | njaa² | kjɨ¹ | ljij² | tjị² | mjij¹ | ·jij¹ | thjuu¹ | mji¹ |
| 色 | 非， | 而 | 见 | 可 | 不， | 形 | 照 | 无 |

也。化比丘言：大德，汝心非色，而不可见，无有形照，

**26.16.4**

| | | | | | | | | |
|---|---|---|---|---|---|---|---|---|
| 䘑， | 䘵 | 䘸 | 㭉 | 緱， | 㶡 | 緱 | 䘉 | 緱， |
| dju¹ | tsjụ¹ | mjɨɨ² | tsjɨ¹ | mjij¹ | do² | mjij¹ | dzjiij² | mjij¹ |
| 有， | 触 | 对 | 亦 | 无， | 处 | 无 | 教 | 无， |
| 㣍 | 䋭 | 㶎 | 㦗 | 䌇， | 䋙 | 䨮 | 䋸 | 㨴 |
| ·u² | djɨr² | źjạ¹ | njaa² | tja¹ | tśhja² | śjɨj¹ | ·jiw² | ·a |

---

① 内外住，西夏文本作“二间住”。

② 西夏字“䜂”，本义为窥、察、观等，本卷两处与“照”(26.16.3/26.16.6)、一处与“缘”(26.18.1)对译。

| | | | | | | | | |
|---|---|---|---|---|---|---|---|---|
| 内 | 外 | 中 | 非 | 者， | 正 | 成 | 就 | △ |

无有触对，无处无教，非内外中，是正成就不？

**26.16.5**

| | | | | | | | | |
|---|---|---|---|---|---|---|---|---|
| [illegible]？ | [illegible] | [illegible] | [illegible] | [illegible] | [illegible] | [illegible]： | [illegible] | [illegible]。 |
| ŋwu² | thja² | rjur¹ | phji² | khjiw² | kụ² | dạ² | mji¹ | ljɨ¹ |
| 是？ | 是 | 诸 | 比 | 丘 | 答 | 言： | 不 | 也。 |
| [illegible] | [illegible] | [illegible] | [illegible]： | [illegible] | [illegible]， | [illegible] | [illegible] | [illegible] |
| djii² | phji² | khjiw² | dạ² | ljịj² | tśhja² | nji² | njiij¹ | tsə̣¹ |
| 化 | 比 | 丘 | 言： | 大 | 德， | 汝 | 心 | 色 |

是诸比丘答言：不也。化比丘言：大德，汝心非色，

**26.16.6**

| | | | | | | | | |
|---|---|---|---|---|---|---|---|---|
| [illegible]， | [illegible] | [illegible] | [illegible] | [illegible]， | [illegible] | [illegible] | [illegible] | [illegible]， |
| njaa² | kjɨ¹ | ljij² | tjị² | mjij¹ | ·jij¹ | thjuu¹ | mji¹ | dju¹ |
| 非， | 而 | 见 | 可 | 不， | 相 | 照 | 无 | 有， |
| [illegible] | [illegible] | [illegible] | [illegible]， | [illegible] | [illegible] | [illegible] | [illegible]， | [illegible] |
| tsjụ¹ | ɣię² | tsjɨ¹ | mjij¹ | do² | mjij¹ | dzjiij² | mjij¹ | ·u² |
| 触 | 对 | 亦 | 无， | 处 | 无 | 教 | 无， | 内 |

而不可见，无有形照，无有触对，无处无教，

**26.17.1**

| | | | | | | | | |
|---|---|---|---|---|---|---|---|---|
| [illegible] | [illegible] | [illegible] | [illegible]， | [illegible] | [illegible] | [illegible] | [illegible] | [illegible]？ |
| djɨr² | źjạ¹ | njaa² | tja¹ | tśhja² | śjɨj¹ | ·jiw² | ·a | ŋwu² |
| 外 | 中 | 非 | 者， | 正 | 成 | 就 | △ | 是？ |
| [illegible] | [illegible] | [illegible] | [illegible] | [illegible]： | [illegible] | [illegible]。 | [illegible] | [illegible] |
| rjur¹ | phji² | khjiw² | kụ² | dạ² | mji¹ | ljɨ¹ | djii² | phji² |
| 诸 | 比 | 丘 | 答 | 言： | 不 | 也。 | 化 | 比 |

非内外中，是正成就不？诸比丘答言：不也。化比

**26.17.2**

| | | | | | | | | |
|---|---|---|---|---|---|---|---|---|
| [illegible] | [illegible]： | [illegible] | [illegible]， | [illegible] | [illegible] | [illegible] | [illegible]， | [illegible] |

| | | | | | | | | |
|---|---|---|---|---|---|---|---|---|
| khjiw$^2$ | dạ$^2$ | ljịj$^2$ | tśhja$^2$ | tjij$^1$ | njiij$^1$ | źjɨr$^1$ | njaa$^2$ | śjɨj$^1$ |
| 丘 | 言： | 大 | 德， | 若 | 心 | 实 | 非， | 成 |
| [illegible] | [illegible] | [illegible]， | [illegible] | [illegible] | [illegible] | [illegible] | [illegible] | [illegible]？ |
| ·jiw$^2$ | ljɨ$^1$ | mjij$^1$ | ku$^1$ | thjij$^2$ | sjo$^2$ | bie$^2$ | lhew$^2$ | ljɨ$^1$ |
| 就 | 及 | 无， | 则 | 何 | 云 | 脱 | 解 | 也？ |

丘言：大德，若心不实，无成就者，云何解脱？

**26.17.3**

| | | | | | | | |
|---|---|---|---|---|---|---|---|
| [illegible] | [illegible] | [illegible] | [illegible] | [illegible] | [illegible]： | [illegible] | [illegible]。 |
| thja$^2$ | rjur$^1$ | phji$^2$ | khjiw$^2$ | kụ$^2$ | dạ$^2$ | mji$^1$ | ljɨ$^1$ |
| 是 | 诸 | 比 | 丘 | 答 | 言： | 不 | 也。 |

是诸比丘答言：不也。

## 汉文本

文殊师利言：大德，汝云何说住于世谛心得解脱？

舍利弗言：文殊师利，宁无有心得解脱耶？

文殊师利言：大德舍利弗，若心有内、有外、中者，是得解脱。大德，而是心者无内外中，无系缚、解脱。

尔时，众中有二百比丘，闻于文殊师利所说，即从坐起，说如是言：若无解脱，无解脱心，我等何故出家修道？若无出世，何故修道？是诸比丘说粗语已，背众而去。

尔时，文殊师利童子，欲调伏是诸比丘故，知诸比丘所去道，前化一比丘。是诸比丘到化比丘所在，化比丘前，如是问言：大德，从何处来？

是化比丘答诸比丘：大德，我于文殊师利所说，不解不知，不信不向，以是缘故从彼众来。

是诸比丘即复语此化比丘言：大德，我等亦尔，不解不知，不信不向，以是缘故从彼众来。

化比丘言：大德，于文殊师利所说法中，云何不适？违逆汝意从众出来。

诸比丘言：大德，以文殊师利说无向果，无有证果，又无解脱。我等闻已作如是念：若无向果，无有证果，无解脱者，我等何义修行梵行？若无出者，何故修道？思是义故出彼众来。

是化比丘作如是言：大德，汝不解故，为诽谤故，为骂詈故，出彼众来。

诸比丘言：我等亦不诽谤骂詈，但以不见于解脱故出彼众来。

是化比丘即便称叹诸比丘言：善哉！善哉！大德，我等今当善共思议。若非骂詈，则非诤讼；非诤讼者，是第一义沙门法也。汝等心者，何等相耶？为青、黄、赤、白、紫、玻璃色？实耶？不实耶？常耶？无常耶？色耶？非色耶？

诸比丘言：大德，心者非色，而不可见，无有形照，亦无触对，无处无教。

化比丘言：大德，而是心者，实非是色，而不可见，无有形照，亦无触对，无处无教。而是心者，内住、外住、内外住耶?

是诸比丘答言:不也。

化比丘言:大德,汝心非色,而不可见,无有形照,无有触对,无处无教,非内外中,是正成就不?

是诸比丘答言:不也。

化比丘言:大德,汝心非色,而不可见,无有形照,无有触对,无处无教,非内外中,是正成就不?

诸比丘答言:不也。

化比丘言:大德,若心不实,无成就者,云何解脱?

是诸比丘答言:不也。

**26.17.3**

| | | | | | | | | | |
|---|---|---|---|---|---|---|---|---|---|
| [illegible] | [illegible] | [illegible] | [illegible]: | [illegible] | [illegible], | [illegible] | [illegible] | [illegible], | [illegible] |
| djii$^{2}$ | phji$^{2}$ | khjiw$^{2}$ | dạ$^{2}$ | ljij$^{2}$ | tśhja$^{2}$ | thjɨ$^{2}$ | wo$^{2}$ | nioow$^{1}$ | ku$^{1}$ |
| 化 | 比 | 丘 | 言: | 大 | 德, | 是 | 义 | 故, | 则 |

化比丘言:大德,以是义故,

**26.17.4**

| | | | | | | | | |
|---|---|---|---|---|---|---|---|---|
| [illegible] | [illegible] | [illegible] | [illegible] | [illegible] | [illegible] | [illegible] | [illegible] | [illegible] |
| thja$^{2}$ | mã$^{1}$ | śjuu$^{1}$ | śjɨ$^{1}$ | lji$^{1}$ | tsjiir$^{1}$ | rjur$^{1}$ | kwər$^{1}$ | tsjiir$^{2}$ |
| 其 | 文 | 殊 | 师 | 利 | 法 | 界 | 体 | 性 |
| [illegible] | [illegible] | [illegible] | [illegible] | [illegible]。 | [illegible] | [illegible], | [illegible] | [illegible] |
| sej$^{1}$ | tśior$^{2}$ | mjij$^{1}$ | tshjiij$^{1}$ | ljɨ$^{1}$ | ljij$^{2}$ | tśhja$^{2}$ | nji$^{2}$ | ·ju$^{2}$ |
| 净 | 污 | 无 | 说 | 也。 | 大 | 德, | 汝 | 夫 |

文殊师利说法界体性无污染净。大德,汝凡夫

**26.17.5**

| | | | | | | | | |
|---|---|---|---|---|---|---|---|---|
| [illegible] | [illegible] | [illegible] | [illegible], | [illegible] | [illegible] | [illegible] | [illegible] | [illegible] |
| mur$^{1}$ | tśhjɨɨ$^{2}$ | tśhjuu$^{2}$ | ku$^{1}$ | ŋa$^{2}$ | ŋa$^{2}$ | ·jij$^{1}$ | zow$^{2}$ | njiij$^{1}$ |
| 凡 | 颠 | 倒 | 故, | 我 | 我 | 之 | 执 | 心 |
| [illegible] | [illegible] | [illegible], | [illegible] | [illegible] | [illegible] | [illegible] | [illegible] | [illegible] |
| dźjɨ | gu$^{1}$ | śjwo$^{1}$ | mjɨɨ$^{2}$ | rjur$^{1}$ | bju$^{1}$ | mjɨɨ$^{2}$ | kowr$^{2}$ | njiij$^{1}$ |
| 行 | 起 | 发, | 境 | 界 | 依 | 境 | 爱 | 心 |

颠倒故，执我我所而起于心，行诸境界起攀缘①心。

**26.17.6**

| | | | | | | | | |
|---|---|---|---|---|---|---|---|---|
| [illegible]。 | [illegible] | [illegible] | [illegible] | [illegible]② | [illegible]、 | [illegible] | [illegible] | [illegible] |
| śjwo$^{1}$ | thja$^{2}$ | mjɨɨ$^{2}$ | kowr$^{2}$ | wee$^{1}$ | dzjar$^{2}$ | mji$^{1}$ | dźjiij$^{1}$ | wjɨ̣$^{1}$ |
| 起。 | 是 | 境 | 爱 | 生 | 灭、 | 不 | 住 | 变 |
| [illegible] | [illegible] | [illegible] | [illegible]， | [illegible] | [illegible] | [illegible] | [illegible]。 | [illegible] |
| lej$^{2}$ | tsjiir$^{1}$ | ŋowr$^{2}$ | ŋowr$^{2}$ | to$^{2}$ | zji$^{2}$ | dzjar$^{2}$ | njwi$^{2}$ | tjij$^{1}$ |
| 易 | 法 | 一 | 切， | 悉 | 皆 | 灭 | 能。 | 若 |

是尽能灭一切攀缘生灭、不住变易之法。若

**26.18.1**

| | | | | | | | | |
|---|---|---|---|---|---|---|---|---|
| [illegible] | [illegible] | [illegible] | [illegible] | [illegible] | [illegible] | [illegible]， | [illegible] | [illegible] |
| njiij$^{1}$ | nji$^{1}$ | phjɨ$^{1}$ | ŋowr$^{2}$ | lhə | kie$^{1}$ | lhjịj$^{2}$ | tśja$^{1}$ | djọ$^{2}$ |
| 心 | 家 | 出 | 具 | 足 | 戒 | 受， | 道 | 修 |
| [illegible] | [illegible] | [illegible]。 | [illegible] | [illegible] | [illegible] | [illegible] | [illegible]， | [illegible] |
| mjaa$^{1}$ | rjir$^{2}$ | thjuu$^{1}$ | ku$^{1}$ | thja$^{1}$ | njiij$^{1}$ | kwər$^{1}$ | tsjiir$^{2}$ | ŋa$^{1}$ |
| 果 | 得 | 缘。 | 则 | 是 | 心 | 体 | 性， | 空 |

心缘出家受具足戒，修道得果。是心体性，空

**26.18.2**

| | | | | | | | | |
|---|---|---|---|---|---|---|---|---|
| [illegible] | [illegible] | [illegible] | [illegible] | [illegible] | [illegible] | [illegible]。 | [illegible] | [illegible] |
| dju$^{1}$ | lew$^{2}$ | mjij$^{1}$ | lwow$^{1}$ | sjiij$^{2}$ | bju$^{1}$ | śjwo$^{1}$ | tjij$^{1}$ | lwow$^{1}$ |
| 有 | 所 | 无 | 妄 | 想 | 从 | 起。 | 若 | 妄 |
| [illegible] | [illegible] | [illegible] | [illegible] | [illegible] | [illegible]、 | [illegible] | [illegible]、 | [illegible] |
| sjiij$^{2}$ | mji$^{1}$ | źjɨr$^{1}$ | ku$^{1}$ | mji$^{1}$ | wee$^{1}$ | mji$^{1}$ | dźjiij$^{1}$ | mji$^{1}$ |
| 想 | 不 | 实 | 则 | 不 | 生、 | 不 | 住、 | 不 |

无有实从妄想起。若不实妄想则是不生、不住、不

---

① 攀缘，指心意不定，随外境而转的意思。心不独起，必有所对之境，攀缘于彼而起。恰如老人之攀杖而起，谓之攀缘。又心忽彼忽此，驰回外界之事物，如猿攀木枝，忽在彼处，忽在此处，谓之攀缘。常略之以缘之一字而说之。心为能缘，境为所缘，心涉于境，谓之缘。西夏文本作“爱境”。下同。

② 原文误作“[illegible]”（说），疑与“[illegible]”形近而讹。据汉文本改。

**26.18.3**

| | | | | | | | | |
|---|---|---|---|---|---|---|---|---|
| [illegible] | [illegible]。 | [illegible] | [illegible] | [illegible]、 | [illegible]、 | [illegible] | [illegible]， | [illegible] |
| dzjar$^2$ | ŋwu$^2$ | tjij$^1$ | thja$^1$ | wee$^1$ | dźjiij$^1$ | dzjar$^2$ | njaa$^2$ | ku$^1$ |
| 灭 | 是。 | 若 | 其 | 生、 | 住、 | 灭 | 非， | 则 |
| [illegible] | [illegible] | [illegible] | [illegible]， | [illegible] | [illegible] | [illegible] | [illegible]， | [illegible] |
| phej$^1$ | tśjiir$^2$ | mji$^1$ | dju$^1$ | bie$^2$ | lhew$^2$ | tsjɨ$^1$ | mjij$^1$ | tshwew$^1$ |
| 缚 | 系 | 无 | 有， | 脱 | 解 | 亦 | 无， | 向 |

灭。若其非是生、住、灭者，无有系缚，亦无解脱，无向

**26.18.4**

| | | | | | | | | |
|---|---|---|---|---|---|---|---|---|
| [illegible] | [illegible] | [illegible] | [illegible]。 | [illegible] | [illegible]， | [illegible] | [illegible] | [illegible]， |
| mjij$^1$ | rjir$^1$ | mjij$^1$ | ljɨ$^1$ | ljịj$^2$ | tśhja$^2$ | thjɨ$^2$ | wo$^2$ | nioow$^1$ |
| 无 | 得 | 无 | 也。 | 大 | 德， | 是 | 义 | 故， |
| [illegible] | [illegible] | [illegible] | [illegible] | [illegible] | [illegible] | [illegible] | [illegible] | [illegible] |
| ku$^1$ | mã$^1$ | śjuu$^1$ | śjɨ$^1$ | lji$^1$ | tsjiir$^1$ | rjur$^1$ | kwər$^1$ | tsjiir$^2$ |
| 则 | 文 | 殊 | 师 | 利 | 法 | 界 | 体 | 性 |

无得。大德，以是义故，文殊师利说法界体性

**26.18.5**

| | | | | | | | | |
|---|---|---|---|---|---|---|---|---|
| [illegible] | [illegible] | [illegible] | [illegible]， | [illegible] | [illegible] | [illegible] | [illegible]， | [illegible] |
| sej$^1$ | tśior$^2$ | mji$^1$ | dju$^1$ | tshwew$^1$ | rjir$^1$ | tsjɨ$^1$ | mjij$^1$ | bie$^2$ |
| 净 | 污 | 不 | 有， | 向 | 得 | 亦 | 无， | 脱 |
| [illegible] | [illegible] | [illegible] | [illegible] | [illegible]。 | [illegible] | [illegible] | [illegible] | [illegible] |
| lhew$^2$ | mjijr$^2$ | mjij$^1$ | tshjiij$^1$ | ljɨ$^1$ | thja$^2$ | djii$^2$ | phji$^2$ | khjiw$^2$ |
| 解 | 者 | 无 | 说 | 也。 | 是 | 化 | 比 | 丘 |

无污染净，亦无向得，无解脱者。是化比丘

**26.18.6**

| | | | | | | | | |
|---|---|---|---|---|---|---|---|---|
| [illegible] | [illegible] | [illegible] | [illegible]， | [illegible] | [illegible] | [illegible] | [illegible] | [illegible] |
| thjɨ$^2$ | sju$^2$ | tshjiij$^1$ | zjọ$^2$ | rjur$^1$ | phji$^2$ | khjiw$^2$ | njɨ$^2$ | rar$^2$ |
| 是 | 如 | 说 | 时， | 诸 | 比 | 丘 | 等 | 漏 |

| | | | | | | | | |
|---|---|---|---|---|---|---|---|---|
| [illegible] | [illegible] | [illegible]。 | [illegible] | [illegible] | [illegible] | [illegible]， | [illegible] | [illegible] |
| mjij1 | bie2 | lhew2 | bie2 | lhew2 | rjir2 | nioow1 | tśhjɨ2 | rjar2 |
| 无 | 脱 | 解。 | 脱 | 解 | 得 | 已， | 立 | 即 |

如是说时，诸比丘等无漏解脱。得解脱已，即便

**26.19.1**

| | | | | | | | | |
|---|---|---|---|---|---|---|---|---|
| [illegible] | [illegible] | [illegible] | [illegible] | [illegible] | [illegible] | [illegible] | [illegible] | [illegible]， |
| ·wjɨ2 | lhjwo1 | mã1 | śjuu1 | śjɨ1 | lji1 | do2 | rjɨr2 | śji2 |
| 向 | 还 | 文 | 殊 | 师 | 利 | 处 | 所 | 往， |
| [illegible] | [illegible] | [illegible] | [illegible] | [illegible] | [illegible] | [illegible] | [illegible] | [illegible]， |
| njɨ2 | nioow1 | twụ1 | ·jwar2 | tow1 | lo1 | sẽ1 | lhwu1 | thjɨ1 |
| 到 | 已 | 各 | 郁 | 多 | 罗 | 僧 | 衣 | 脱， |

还向文殊师利所，到已各脱郁多罗僧①，

**26.19.2**

| | | | | | | | | |
|---|---|---|---|---|---|---|---|---|
| [illegible] | [illegible] | [illegible] | [illegible] | [illegible] | [illegible] | [illegible] | [illegible] | [illegible]， |
| thjɨ2 | ŋwu2 | mã1 | śjuu1 | śjɨ1 | lji1 | ·jij1 | kjụ1 | tshwew1 |
| 此 | 以 | 文 | 殊 | 师 | 利 | 之 | 供 | 养， |
| [illegible] | [illegible] | [illegible] | [illegible]： | [illegible] | [illegible] | [illegible] | [illegible]， | [illegible] |
| thjɨ2 | sju2 | dạ2 | ·jɨ2 | mã1 | śjuu1 | śjɨ1 | lji1 | nji2 |
| 是 | 如 | 言 | 说： | 文 | 殊 | 师 | 利， | 汝 |

以用供养文殊师利，说如是言：文殊师利，汝

**26.19.3**

| | | | | | | | | |
|---|---|---|---|---|---|---|---|---|
| [illegible] | [illegible] | [illegible] | [illegible] | [illegible] | [illegible] | [illegible] | [illegible]。 | [illegible] |
| sjij1 | ŋa2 | njɨ2 | ·jij1 | khjuu2 | ·wejr2 | njwi2 | nja2 | ŋa2 |
| 今 | 我 | 等 | 之 | 守 | 护 | 能 | △。 | 我 |
| [illegible] | [illegible] | [illegible] | [illegible] | [illegible] | [illegible] | [illegible] | [illegible] | [illegible] |
| njɨ2 | śji1 | zji2 | na1 | rjur1 | jar2 | tsjiir1 | mji1 | dźiej2 |
| 等 | 前 | 甚 | 深 | 调 | 伏 | 法 | 不 | 信 |

今善能守护我等。我等不信向是甚深调伏法

① 郁多罗僧，三衣之一，六物之一。梵语 uttarāsavga，巴利语 uttarāsavga。又音译作优多罗僧、沤多罗、嗢多罗僧等；意译为上衣、上着衣。

**26.19.4**

| | | | | | | |
|---|---|---|---|---|---|---|
| [illegible]， | [illegible] | [illegible] | [illegible] | [illegible] | [illegible] | [illegible]。 |
| nioow¹ | ·ji¹ | nu¹ | dja² | rjɨr² | nji² | ·jɨ² |
| 故， | 众 | 背 | △ | 去 | △ | 谓。 |

故，远离舍去。

**26.19.5**

| | | | | | | | | |
|---|---|---|---|---|---|---|---|---|
| [illegible] | [illegible]， | [illegible] | [illegible] | [illegible] | [illegible] | [illegible] | [illegible] | [illegible] |
| kja¹ | zjọ² | ljij² | tśhja² | sju² | po¹ | tjɨj¹ | thjɨ² | sju² |
| 尔 | 时， | 大 | 德 | 须 | 菩 | 提 | 是 | 如 |
| [illegible] | [illegible]： | [illegible] | [illegible] | [illegible] | [illegible] | [illegible] | [illegible] | [illegible] |
| dạ² | ·jɨr¹ | rjur¹ | ljij² | tśhja² | njɨ² | wa² | sju² | tsjiir¹ |
| 言 | 问： | 诸 | 大 | 德 | 等， | 何 | 如 | 法 |

尔时，大德须菩提①如是问言：诸大德等，为何所

**26.19.6**

| | | | | | | | | |
|---|---|---|---|---|---|---|---|---|
| [illegible]？ | [illegible] | [illegible] | [illegible] | [illegible] | [illegible] | [illegible]？ | [illegible] | [illegible] |
| rjir² | wa² | sju² | dạ² | dwewr² | nji² | nioow¹ | ·jij¹ | twụ¹ |
| 得？ | 何 | 如 | 事 | 觉 | △ | 故？ | 自 | 各 |
| [illegible] | [illegible] | [illegible] | [illegible] | [illegible] | [illegible]， | [illegible] | [illegible] | [illegible] |
| ·jwar² | tow¹ | lo¹ | sẽ¹ | lhwu¹ | thjɨ¹ | mã¹ | śjuu¹ | śjɨ¹ |
| 郁 | 多 | 罗 | 僧 | 衣 | 脱， | 文 | 殊 | 师 |

得？为何所觉？各各脱于郁多罗僧，

**26.20.1**

| | | | | | | | | |
|---|---|---|---|---|---|---|---|---|
| [illegible] | [illegible] | [illegible] | [illegible] | [illegible]？ | [illegible] | [illegible] | [illegible] | [illegible]： |
| lji¹ | ·jij¹ | kjụ¹ | tshwew¹ | nji² | rjur¹ | phji² | khjiw² | dạ² |
| 利 | 之 | 供 | 养 | △？ | 诸 | 比 | 丘 | 言： |
| [illegible] | [illegible] | [illegible] | [illegible] | [illegible]， | [illegible] | [illegible] | [illegible] | [illegible] |
| ljij² | tśhja² | sju² | po¹ | tjɨj¹ | ŋa² | njɨ² | thjɨ² | ·wjɨ² |

① 须菩提，梵文作 Subhūti，佛陀十大弟子之一，号称“解空第一”。

| | | | | | | | | |
|---|---|---|---|---|---|---|---|---|
| 大 | 德 | 须 | 菩 | 提, | 我 | 等 | 此 | 刻 |

以为供养文殊师利？诸比丘言:大德须菩提,我等今者

**26.20.2**

| | | | | | | | | |
|---|---|---|---|---|---|---|---|---|
| [illegible] | [illegible] | [illegible] | [illegible], | [illegible] | [illegible] | [illegible] | [illegible] | [illegible] |
| rjir2 | mjij1 | dwewr2 | mjij1 | ku1 | thjɨ2 | nioow1 | ŋa2 | njɨ2 |
| 得 | 无 | 觉 | 无, | 则 | 是 | 故 | 我 | 等 |
| [illegible] | [illegible] | [illegible] | [illegible] | [illegible] | [illegible] | [illegible] | [illegible] | [illegible]。 |
| mã1 | śjuu1 | śjɨ1 | lji1 | ·jij1 | kjɨ1 | kjụ1 | tshwew1 | nji2 |
| 文 | 殊 | 师 | 利 | 之 | 已 | 供 | 养 | △。 |

无得无觉,是故我等供养文殊师利童子。

**26.20.3**

| | | | | | | | | |
|---|---|---|---|---|---|---|---|---|
| [illegible] | [illegible] | [illegible] | [illegible] | [illegible], | [illegible] | [illegible] | [illegible] | [illegible] |
| ljịj2 | tśhja2 | sju2 | po1 | tjɨj1 | ŋa2 | njɨ2 | rjir1 | lew2 |
| 大 | 德 | 须 | 菩 | 提, | 我 | 等 | 得 | 所 |
| [illegible] | [illegible] | [illegible] | [illegible], | [illegible] | [illegible] | [illegible] | [illegible] | [illegible] |
| dju1 | sjiij2 | tśhju1 | nioow1 | thjɨ2 | ljịj2 | ·ji1 | kha1 | dzuu2 |
| 有 | 想 | 有 | 故, | 此 | 大 | 众 | 中 | 坐 |

大德须菩提,我等以有所得想故,于此众中从坐

**26.20.4**

| | | | | | | | | |
|---|---|---|---|---|---|---|---|---|
| [illegible] | [illegible] | [illegible] | [illegible] | [illegible] | [illegible] | [illegible]。 | [illegible] | [illegible] |
| ·a | wor1 | ·ji1 | nu1 | dja2 | rjɨr2 | nji2 | ŋa2 | njɨ2 |
| △ | 起 | 众 | 背 | △ | 去 | △。 | 我 | 等 |
| [illegible] | [illegible] | [illegible] | [illegible], | [illegible] | [illegible] | [illegible] | [illegible]。 | [illegible] |
| rjir1 | sjiij2 | ka2 | nioow1 | tśhjwo1 | ·wjɨ2 | lhjwo1 | nji2 | sju2 |
| 得 | 想 | 离 | 故, | 故 | 从 | 还 | △。 | 须 |

起去①。我等已能舍离得想,是故还此。须

① 此处西夏文有"背众而去",汉文本无。

**26.20.5**

| | | | | | | | | |
|---|---|---|---|---|---|---|---|---|
| [illegible] | [illegible] | [illegible]： | [illegible] | [illegible] | [illegible] | [illegible] | [illegible] | [illegible] |
| po$^1$ | tjɨj$^1$ | dạ$^2$ | nji$^2$ | njɨ$^2$ | wa$^2$ | nioow$^1$ | thjɨ$^2$ | sju$^2$ |
| 菩 | 提 | 言： | 汝 | 等 | 何 | 故 | 是 | 如 |
| [illegible] | [illegible] | [illegible]？ | [illegible] | [illegible] | [illegible] | [illegible]： | [illegible] | [illegible] |
| dạ$^2$ | ·jɨ$^2$ | nji$^2$ | rjur$^1$ | phji$^2$ | khjiw$^2$ | dạ$^2$ | ljij$^2$ | tśhja$^2$ |
| 语 | 说 | △？ | 诸 | 比 | 丘 | 言： | 大 | 德 |

菩提言：何故汝等说如是语？诸比丘言：大德

**26.20.6**

| | | | | | | | | |
|---|---|---|---|---|---|---|---|---|
| [illegible] | [illegible] | [illegible]， | [illegible] | [illegible] | [illegible] | [illegible] | [illegible] | [illegible] |
| sju$^2$ | po$^1$ | tjɨj$^1$ | mjiij$^2$ | zjịj$^1$ | mju$^2$ | ljɨj$^2$ | dzu$^1$ | zjij$^1$ |
| 须 | 菩 | 提， | 名 | 著 | 动 | 摇 | 爱 | 著 |
| [illegible]。 | [illegible] | [illegible] | [illegible] | [illegible]、 | [illegible] | [illegible] | [illegible]， | [illegible] |
| we$^2$ | tjij$^1$ | mju$^2$ | ljɨj$^2$ | dju$^1$ | dzu$^1$ | zjij$^1$ | dju$^1$ | ku$^1$ |
| 为。 | 若 | 动 | 摇 | 有、 | 爱 | 著 | 有， | 则 |

须菩提，著名为动摇爱著。若有动摇、有爱著者，

**26.21.1**

| | | | | | | | | |
|---|---|---|---|---|---|---|---|---|
| [illegible] | [illegible] | [illegible] | [illegible] | [illegible]。 | [illegible] | [illegible] | [illegible] | [illegible] |
| tshwew$^1$ | mjij$^1$ | rjir$^1$ | mjij$^1$ | ljɨ$^1$ | ljij$^2$ | tśhja$^2$ | sju$^2$ | po$^1$ |
| 向 | 无 | 得 | 无 | 也。 | 大 | 德 | 须 | 菩 |
| [illegible]， | [illegible] | [illegible] | [illegible] | [illegible]， | [illegible] | [illegible] | [illegible] | [illegible] |
| tjɨj$^1$ | tjij$^1$ | tshwew$^1$ | rjir$^1$ | mjij$^1$ | ku$^1$ | tśhjɨ$^2$ | rjar$^2$ | thja$^2$ |
| 提， | 若 | 向 | 得 | 无， | 则 | 立 | 即 | 此 |

无向无得。大德须菩提，若无向得，即于此

**26.21.2**

| | | | | | | | | |
|---|---|---|---|---|---|---|---|---|
| [illegible] | [illegible] | [illegible] | [illegible] | [illegible] | [illegible] | [illegible] | [illegible] | [illegible]。 |
| tjị$^2$ | mju$^2$ | ljɨj$^2$ | dzu$^1$ | zjij$^1$ | ŋowr$^2$ | ŋowr$^2$ | phja$^1$ | njwi$^2$ |
| 可 | 动 | 摇 | 爱 | 著 | 一 | 切 | 断 | 能。 |

| | | | | | | | | |
|---|---|---|---|---|---|---|---|---|
| □ | □ | □ | □： | □ | □ | □ | □ | □ |
| sju$^2$ | po$^1$ | tjɨj$^1$ | dạ$^2$ | nji$^2$ | njɨ$^2$ | ·jij$^1$ | rjur$^1$ | jar$^2$ |
| 须 | 菩 | 提 | 言： | 汝 | 等 | 之 | 调 | 伏 |

处能断一切动摇爱著。须菩提言：谁调伏汝？

**26.21.3**

| | | | | | | | | |
|---|---|---|---|---|---|---|---|---|
| □ | □？ | □ | □ | □ | □： | □ | □ | □ |
| mjijr$^2$ | sjwɨ$^1$ | rjur$^1$ | phji$^2$ | khjiw$^2$ | dạ$^2$ | ljịj$^2$ | tśhja$^2$ | sju$^2$ |
| 者 | 谁？ | 诸 | 比 | 丘 | 言： | 大 | 德 | 须 |
| □ | □， | □ | □ | □ | □， | □ | □ | □ |
| po$^1$ | tjɨj$^1$ | rjir$^2$ | lew$^2$ | mji$^1$ | dju$^1$ | dwewr$^2$ | lew$^2$ | mjij$^1$ |
| 菩 | 提， | 得 | 所 | 无 | 有， | 觉 | 所 | 无 |

诸比丘言：大德须菩提，无有所得，无所觉

**26.21.4**

| | | | | | | | | |
|---|---|---|---|---|---|---|---|---|
| □， | □ | □ | □ | □ | □ | □ | □。 | □ |
| tja$^1$ | ŋa$^2$ | njɨ$^2$ | ·jij$^1$ | rjur$^1$ | jar$^2$ | mjijr$^2$ | ŋwu$^2$ | thja$^2$ |
| 者， | 我 | 等 | 之 | 调 | 伏 | 者 | 是。 | 是 |
| □ | □ | □ | □ | □ | □ | □， | □ | □ |
| dzjwo$^2$ | mji$^1$ | wee$^1$ | gju$^1$ | dzjar$^2$ | tsjɨ$^1$ | mjij$^1$ | śjā$^1$ | djɨj$^2$ |
| 人 | 不 | 生 | 度 | 灭 | 亦 | 无， | 禅 | 定 |

者，是调伏我。是人不生亦不灭度，亦非禅定

**26.21.5**

| | | | | | | | | |
|---|---|---|---|---|---|---|---|---|
| □， | □ | □ | □ | □。 | □ | □ | □ | □： |
| njaa$^2$ | ŋewr$^1$ | njiij$^1$ | tsjɨ$^1$ | njaa$^2$ | sju$^2$ | po$^1$ | tjɨj$^1$ | dạ$^2$ |
| 非， | 乱 | 心 | 亦 | 非。 | 须 | 菩 | 提 | 言： |
| □ | □ | □ | □ | □ | □？ | □ | □ | □ |
| nji$^2$ | njɨ$^2$ | ·jij$^1$ | rjur$^1$ | jar$^2$ | sjwɨ$^1$ | rjur$^1$ | phji$^2$ | khjiw$^2$ |
| 汝 | 等 | 之 | 调 | 伏 | 谁？ | 诸 | 比 | 丘 |

又非乱心。须菩提言：谁调伏汝？诸比丘

**26.21.6**

| | | | | | | | | | |
|---|---|---|---|---|---|---|---|---|---|
| [illegible]： | [illegible] | [illegible] | [illegible] | [illegible] | [illegible] | [illegible] | [illegible] | [illegible] | [illegible]。 |
| dạ$^{2}$ | mã$^{1}$ | śjuu$^{1}$ | śjɨ$^{1}$ | lji$^{1}$ | ·jij$^{1}$ | dja$^{2}$ | ·jɨr$^{1}$ | śjɨ$^{1}$ | nja$^{2}$ |
| 言： | 文 | 殊 | 师 | 利 | 之 | △ | 问 | 往 | △。 |

言：可问文殊师利童子。

## 汉文本

化比丘言：大德，以是义故，文殊师利说法界体性无污染净。大德，汝凡夫颠倒故，执我我所而起于心，行诸境界起攀缘心。是尽能灭一切攀缘生灭、不住变易之法。若心缘出家受具足戒，修道得果。是心体性，空无有实从妄想起。若不实妄想则是不生、不住、不灭。若其非是生、住、灭者，无有系缚，亦无解脱，无向无得。大德，以是义故，文殊师利说法界体性无污染净，亦无向得，无解脱者。

是化比丘如是说时，诸比丘等无漏解脱。得解脱已，即便还向文殊师利所，到已各脱郁多罗僧，以用供养文殊师利，说如是言：文殊师利，汝今善能守护我等。我等不信向是甚深调伏法故，远离舍去。

尔时，大德须菩提如是问言：诸大德等，为何所得？为何所觉？各各脱于郁多罗僧，以为供养文殊师利？

诸比丘言：大德须菩提，我等今者无得无觉，是故我等供养文殊师利童子。大德须菩提，我等以有所得想故，于此众中从坐起去。我等已能舍离得想，是故还此。

须菩提言：何故汝等说如是语？

诸比丘言：大德须菩提，著名为动摇爱著。若有动摇、有爱著者，无向无得。大德须菩提，若无向得，即于此处能断一切动摇爱著。

须菩提言：谁调伏汝？

诸比丘言：大德须菩提，无有所得，无所觉者，是调伏我。是人不生亦不灭度，亦非禅定又非乱心。

须菩提言：谁调伏汝？

诸比丘言：可问文殊师利童子。

**26.22.1**

| | | | | | | | | |
|---|---|---|---|---|---|---|---|---|
| [illegible] | [illegible]， | [illegible] | [illegible] | [illegible] | [illegible] | [illegible] | [illegible] | [illegible] |
| kja$^{1}$ | zjọ$^{2}$ | ljij$^{2}$ | tśhja$^{2}$ | ·ja | na$^{1}$ | mã$^{1}$ | śjuu$^{1}$ | śjɨ$^{1}$ |
| 尔 | 时， | 大 | 德 | 阿 | 难 | 文 | 殊 | 师 |
| [illegible] | [illegible] | [illegible] | [illegible]： | [illegible] | [illegible] | [illegible] | [illegible] | [illegible] |
| lji$^{1}$ | ·jij$^{1}$ | dạ$^{2}$ | ·jɨr$^{1}$ | thjɨ$^{2}$ | rjur$^{1}$ | phji$^{2}$ | khjiw$^{2}$ | sjwɨ$^{1}$ |
| 利 | 之 | 言 | 问： | 此 | 诸 | 比 | 丘 | 谁 |

尔时，大德阿难问文殊师利言：此诸比丘谁

**26.22.2**

| | | | | | | | | |
|---|---|---|---|---|---|---|---|---|
| [Tangut] | [Tangut] | [Tangut]？ | [Tangut] | [Tangut] | [Tangut] | [Tangut] | [Tangut]： | [Tangut] |
| dja$^{2}$ | rjur$^{1}$ | jar$^{2}$ | mã$^{1}$ | śjuu$^{1}$ | śjɨ$^{1}$ | lji$^{1}$ | dạ$^{2}$ | ljij$^{2}$ |
| △ | 调 | 伏？ | 文 | 殊 | 师 | 利 | 言： | 大 |
| [Tangut] | [Tangut] | [Tangut]， | [Tangut] | [Tangut] | [Tangut] | [Tangut]， | [Tangut] | [Tangut] |
| tśhja$^{2}$ | ·ja | na$^{1}$ | ŋur$^{1}$ | do$^{2}$ | mjij$^{1}$ | tja$^{1}$ | ·ju$^{2}$ | mur$^{1}$ |
| 德 | 阿 | 难， | 阴 | 处 | 无 | 者， | 夫 | 凡 |

所调伏？文殊师利言：大德阿难，无阴界入者，亦非凡夫，

**26.22.3**

| | | | | | | | | |
|---|---|---|---|---|---|---|---|---|
| [Tangut]， | [Tangut] | [Tangut] | [Tangut]， | [Tangut] | [Tangut] | [Tangut]， | [Tangut] | [Tangut] |
| njaa$^{2}$ | tjij$^{1}$ | dwewr$^{2}$ | njaa$^{2}$ | ɣiẹ$^{2}$ | mji$^{1}$ | njaa$^{2}$ | dźiã$^{2}$ | tsjij$^{2}$ |
| 非， | 缘 | 觉 | 非， | 声 | 闻 | 非， | 菩 | 萨 |
| [Tangut]， | [Tangut] | [Tangut] | [Tangut]， | [Tangut] | [Tangut] | [Tangut] | [Tangut] | [Tangut]， |
| njaa$^{2}$ | mjor$^{1}$ | jij$^{2}$ | njaa$^{2}$ | ljụ$^{2}$ | rjir$^{2}$ | bju$^{1}$ | śjij$^{1}$ | njaa$^{2}$ |
| 非， | 如 | 来 | 非， | 身 | 相 | 依 | 应 | 非， |

非缘觉，非声闻，非菩萨，非如来，非身相应，

**26.22.4**

| | | | | | | | | |
|---|---|---|---|---|---|---|---|---|
| [Tangut] | [Tangut] | [Tangut] | [Tangut] | [Tangut]， | [Tangut] | [Tangut] | [Tangut] | [Tangut] |
| ŋwuu$^{1}$ | rjir$^{2}$ | bju$^{1}$ | śjij$^{1}$ | njaa$^{2}$ | njiij$^{1}$ | rjir$^{2}$ | bju$^{1}$ | śjij$^{1}$ |
| 言 | 相 | 依 | 应 | 非， | 心 | 相 | 依 | 应 |
| [Tangut]。 | [Tangut] | [Tangut] | [Tangut]： | [Tangut] | [Tangut] | [Tangut] | [Tangut]， | [Tangut] |
| njaa$^{2}$ | ·ja | na$^{1}$ | dạ$^{2}$ | mã$^{1}$ | śjuu$^{1}$ | śjɨ$^{1}$ | lji$^{1}$ | nji$^{2}$ |
| 非。 | 阿 | 难 | 言： | 文 | 殊 | 师 | 利， | 尔 |

非言相应，非心相应。阿难言：文殊师利，尔

**26.22.5**

| | | | | | | | | |
|---|---|---|---|---|---|---|---|---|
| [Tangut] | [Tangut] | [Tangut] | [Tangut]？ | [Tangut] | [Tangut] | [Tangut] | [Tangut] | [Tangut]： |
| sjwɨ$^{1}$ | ·jij$^{1}$ | tshjiij$^{1}$ | nja$^{2}$ | mã$^{1}$ | śjuu$^{1}$ | śjɨ$^{1}$ | lji$^{1}$ | dạ$^{2}$ |
| 谁 | 之 | 说 | △？ | 文 | 殊 | 师 | 利 | 言： |

| | | | | | | | | |
|---|---|---|---|---|---|---|---|---|
| [illegible] | [illegible] | [illegible] | [illegible]， | [illegible] | [illegible] | [illegible] | [illegible] | [illegible] |
| ljịj$^{2}$ | tśhja$^{2}$ | ·ja | na$^{1}$ | tjij$^{1}$ | mjor$^{1}$ | jịj$^{2}$ | ·jij$^{1}$ | djii$^{2}$ |
| 大 | 德 | 阿 | 难， | 若 | 如 | 来 | 之 | 化 |

说谁耶？文殊师利言：大德阿难，若如来化

**26.22.6**

| | | | | | | | | |
|---|---|---|---|---|---|---|---|---|
| [illegible] | [illegible]， | [illegible] | [illegible] | [illegible] | [illegible] | [illegible] | [illegible] | [illegible] |
| ŋwu$^{2}$ | djii$^{2}$ | ku$^{1}$ | thja$^{2}$ | djii$^{2}$ | tja$^{1}$ | bju$^{1}$ | śjij$^{1}$ | ·a |
| 以 | 化， | 则 | 是 | 化 | 者 | 依 | 应 | △ |
| [illegible]？ | [illegible] | [illegible] | [illegible]： | [illegible] | [illegible] | [illegible] | [illegible]， | [illegible] |
| dju$^{1}$ | ·ja | na$^{1}$ | dạ$^{2}$ | mã$^{1}$ | śjuu$^{1}$ | śjɨ$^{1}$ | lji$^{1}$ | djii$^{2}$ |
| 有？ | 阿 | 难 | 言： | 文 | 殊 | 师 | 利， | 化 |

化，而是化者有相应乎？阿难言：文殊师利，化

**26.23.1**

| | | | | | | | | |
|---|---|---|---|---|---|---|---|---|
| [illegible] | [illegible] | [illegible]、 | [illegible] | [illegible] | [illegible] | [illegible] | [illegible] | [illegible]。 |
| tja$^{1}$ | bju$^{1}$ | śjij$^{1}$ | mji$^{1}$ | bju$^{1}$ | śjij$^{1}$ | tsjiir$^{1}$ | mjij$^{1}$ | ljɨ$^{1}$ |
| 者 | 依 | 应、 | 不 | 依 | 应 | 法 | 无 | 也。 |
| [illegible] | [illegible] | [illegible] | [illegible] | [illegible]： | [illegible] | [illegible] | [illegible] | [illegible]， |
| mã$^{1}$ | śjuu$^{1}$ | śjɨ$^{1}$ | lji$^{1}$ | dạ$^{2}$ | ljịj$^{2}$ | tśhja$^{2}$ | ·ja | na$^{1}$ |
| 文 | 殊 | 师 | 利 | 言： | 大 | 德 | 阿 | 难， |

无有法可与相应、不相应者。文殊师利言：大德阿难，

**26.23.2**

| | | | | | | | | |
|---|---|---|---|---|---|---|---|---|
| [illegible] | [illegible] | [illegible] | [illegible] | [illegible] | [illegible] | [illegible] | [illegible] | [illegible]。 |
| rjur$^{1}$ | tsjiir$^{1}$ | ŋowr$^{2}$ | ŋowr$^{2}$ | kwər$^{1}$ | tsjiir$^{2}$ | djii$^{2}$ | ŋwu$^{2}$ | ljɨ$^{1}$ |
| 诸 | 法 | 一 | 切 | 体 | 性 | 化 | 是 | 也。 |
| [illegible] | [illegible] | [illegible]： | [illegible] | [illegible] | [illegible] | [illegible]， | [illegible] | [illegible] |
| ·ja | na$^{1}$ | dạ$^{2}$ | mã$^{1}$ | śjuu$^{1}$ | śjɨ$^{1}$ | lji$^{1}$ | dạ$^{2}$ | mjor$^{1}$ |
| 阿 | 难 | 言： | 文 | 殊 | 师 | 利， | 说 | 如 |

一切诸法体性是化。阿难言：文殊师利，如汝所说，

**26.23.3**

| | | | | | | | | |
|---|---|---|---|---|---|---|---|---|
| [illegible] | [illegible]， | [illegible] | [illegible] | [illegible] | [illegible] | [illegible] | [illegible] | [illegible] |
| ŋwu$^{2}$ | nja$^{2}$ | rjur$^{1}$ | tsjiir$^{1}$ | ŋowr$^{2}$ | ŋowr$^{2}$ | kwər$^{1}$ | tsjiir$^{2}$ | djii$^{2}$ |
| 是 | △， | 诸 | 法 | 一 | 切 | 体 | 性 | 化 |
| [illegible] | [illegible]。 | [illegible] | [illegible] | [illegible] | [illegible] | [illegible]： | [illegible] | [illegible] |
| ŋwu$^{2}$ | ljɨ$^{1}$ | mã$^{1}$ | śjuu$^{1}$ | śjɨ$^{1}$ | lji$^{1}$ | dạ$^{2}$ | ljịj$^{2}$ | tśhja$^{2}$ |
| 是 | 也。 | 文 | 殊 | 师 | 利 | 言： | 大 | 德 |

一切诸法体性是化。文殊师利言：大德

**26.23.4**

| | | | | | | | | |
|---|---|---|---|---|---|---|---|---|
| [illegible] | [illegible]， | [illegible] | [illegible] | [illegible] | [illegible] | [illegible] | [illegible] | [illegible] |
| ·ja | na$^{1}$ | thja$^{2}$ | djii$^{2}$ | dźjɨ | wji$^{1}$ | thjɨ$^{2}$ | rjur$^{1}$ | phji$^{2}$ |
| 阿 | 难， | 是 | 化 | 行 | 为 | 此 | 诸 | 比 |
| [illegible] | [illegible] | [illegible] | [illegible] | [illegible]。 | [illegible] | [illegible] | [illegible] | [illegible]， |
| khjiw$^{2}$ | ·jij$^{1}$ | dja$^{2}$ | rjur$^{1}$ | jar$^{2}$ | ljịj$^{2}$ | tśhja$^{2}$ | ·ja | na$^{1}$ |
| 丘 | 之 | △ | 调 | 伏。 | 大 | 德 | 阿 | 难， |

阿难，是化调伏此诸比丘。大德阿难，

**26.23.5**

| | | | | | | | | |
|---|---|---|---|---|---|---|---|---|
| [illegible] | [illegible] | [illegible] | [illegible] | [illegible]， | [illegible] | [illegible] | [illegible] | [illegible] |
| thja$^{2}$ | djii$^{2}$ | rjur$^{1}$ | jar$^{2}$ | mjijr$^{2}$ | sju$^{2}$ | ɣiẹ$^{2}$ | mji$^{1}$ | ŋowr$^{2}$ |
| 其 | 化 | 调 | 伏 | 者， | 如 | 声 | 闻 | 一 |
| [illegible] | [illegible] | [illegible] | [illegible]。 | [illegible] | [illegible] | [illegible] | [illegible]， | [illegible] |
| ŋowr$^{2}$ | tsjɨ$^{1}$ | ·a | tjịj$^{2}$ | ljịj$^{2}$ | tśhja$^{2}$ | ·ja | na$^{1}$ | thjɨ$^{2}$ |
| 切 | 亦 | 是 | 如。 | 大 | 德 | 阿 | 难， | 是 |

如化调伏者，一切声闻亦复如是。大德阿难，如是

**26.23.6**

| | | | | | | | | |
|---|---|---|---|---|---|---|---|---|
| [illegible] | [illegible] | [illegible] | [illegible] | [illegible] | [illegible] | [illegible] | [illegible]。 | [illegible] |
| sju$^{2}$ | rjur$^{1}$ | jar$^{2}$ | mjijr$^{2}$ | rjur$^{1}$ | jar$^{2}$ | ɣiej$^{1}$ | ŋwu$^{2}$ | tjij$^{1}$ |
| 如 | 调 | 伏 | 者 | 调 | 伏 | 正 | 是。 | 若 |

| | | | | | | | | |
|---|---|---|---|---|---|---|---|---|
| thjɨ[2] | sju[2] | rjur[1] | jar[2] | mji[1] | tsjij[2] | ku[1] | buu[2] | gjij[1] |
| 是 | 如 | 降 | 伏 | 不 | 解, | 则 | 上 | 增 |

调伏者正是调伏。若不解如是调伏者,当

**26.24.1**

| | | | | | | | | |
|---|---|---|---|---|---|---|---|---|
| khwẹj[1] | mjijr[2] | we[2] | kja[1] | zjọ[2] | ljịj[2] | tśhja[2] | ·ja | na[1] |
| 慢 | 者 | 为。 | 尔 | 时, | 大 | 德 | 阿 | 难 |
| mã[1] | śjuu[1] | śjɨ[1] | lji[1] | zjɨ̣[1] | lji[2] | ·jij[1] | dạ[2] | ·jɨr[1] |
| 文 | 殊 | 师 | 利 | 童 | 子 | 之 | 言 | 问: |

知名①为增上慢者。尔时,大德阿难问于文殊师利童子:

**26.24.2**

| | | | | | | | | |
|---|---|---|---|---|---|---|---|---|
| mã[1] | śjuu[1] | śjɨ[1] | lji[1] | thja[2] | buu[2] | gjij[1] | khwẹj[1] | phji[2] |
| 文 | 殊 | 师 | 利, | 是 | 上 | 增 | 慢 | 比 |
| khjiw[2] | ·a | kja[1] | sjo[2] | nja[2] | mã[1] | śjuu[1] | śjɨ[1] | lji[1] |
| 丘 | △ | 尔 | 知 | △? | 文 | 殊 | 师 | 利 |

文殊师利,是增上慢比丘可识知也? 文殊师利

**26.24.3**

| | | | | | | | | |
|---|---|---|---|---|---|---|---|---|
| dạ[2] | ljịj[2] | tśhja[2] | ·ja | na[1] | kie[1] | tśiow[1] | gji[1] | sej[1] |
| 言: | 大 | 德 | 阿 | 难, | 戒 | 聚 | 清 | 净 |
| tja[1] | ·jij[1] | mju[2] | ljɨ̣j[2] | ŋwu[2] | thja[2] | mju[2] | ljɨ̣j[2] | tja[1] |
| 者 | 自 | 动 | 摇 | 是, | 此 | 动 | 摇 | 者 |

① 知名,西夏文本未译。

言：大德阿难，戒聚清净即是动摇，当知此

**26.24.4**

| | | | | | | | | |
|---|---|---|---|---|---|---|---|---|
| buu$^{2}$ | gjij$^{1}$ | khwẹj$^{1}$ | ŋwu$^{2}$ | djɨj$^{2}$ | tśiow$^{1}$ | źjɨr$^{1}$ | tśiow$^{1}$ | bie$^{2}$ |
| 上 | 增 | 慢 | 是。 | 定 | 聚、 | 慧 | 聚、 | 脱 |
| lhew$^{2}$ | tśiow$^{1}$ | bie$^{2}$ | lhew$^{2}$ | nwə$^{1}$ | ljij$^{2}$ | tśiow$^{1}$ | gji$^{1}$ | sej$^{1}$ |
| 解 | 聚、 | 脱 | 解 | 知 | 见 | 聚 | 清 | 净 |

即是增上慢。定聚、慧聚、解脱聚、解脱知见聚清净

**26.24.5**

| | | | | | | | | |
|---|---|---|---|---|---|---|---|---|
| tja$^{1}$ | ·jij$^{1}$ | mju$^{2}$ | ljɨj$^{2}$ | ŋwu$^{2}$ | thja$^{2}$ | mju$^{2}$ | ljɨj$^{2}$ | tja$^{1}$ |
| 者 | 自 | 动 | 摇 | 是， | 此 | 动 | 摇 | 者 |
| buu$^{2}$ | gjij$^{1}$ | khwẹj$^{1}$ | ŋwu$^{2}$ | ŋa$^{2}$ | rjir$^{1}$ | ŋa$^{2}$ | ljạ$^{1}$ | thjɨ$^{2}$ |
| 上 | 增 | 慢 | 是。 | 我 | 得 | 我 | 证， | 是 |

即是动摇，当知此即是增上慢。我得我证，如是

**26.24.6**

| | | | | | | | | |
|---|---|---|---|---|---|---|---|---|
| sju$^{2}$ | sjwɨ$^{1}$ | sjiij$^{2}$ | mju$^{2}$ | ljɨj$^{2}$ | lwow$^{1}$ | sjiij$^{2}$ | tja$^{1}$ | buu$^{2}$ |
| 如 | 惟 | 思 | 动 | 摇 | 妄 | 想 | 者， | 上 |
| gjij$^{1}$ | khwẹj$^{1}$ | ŋwu$^{2}$ | ljụ$^{2}$ | ljij$^{2}$ | tsjɨ$^{1}$ | ŋa$^{1}$ | ŋwu$^{2}$ | tśjɨɨr$^{2}$ |
| 增 | 慢 | 是。 | 身 | 见 | 亦 | 空 | 是 | 惊 |

思惟动摇妄想，当知此即是增上慢。惊畏身见，亦空

**26.25.1**

| | | | | | | | | |
|---|---|---|---|---|---|---|---|---|
| le$^{2}$ | ŋa$^{1}$ | sju$^{2}$ | lew$^{1}$ | tśja$^{1}$ | ·o$^{2}$ | tsjɨ$^{1}$ | ŋa$^{1}$ | thjɨ$^{2}$ |

| | | | | | | | | |
|---|---|---|---|---|---|---|---|---|
| 畏 | 空 | 如， | 一 | 道 | 入 | 亦 | 空， | 此 |
| [illegible] | [illegible] | [illegible] | [illegible] | [illegible] | [illegible]， | [illegible] | [illegible] | [illegible] |
| tshjiij$^{1}$ | tja$^{1}$ | tśhja$^{2}$ | tshjiij$^{1}$ | ŋwu$^{2}$ | ·jɨ$^{2}$ | ku$^{1}$ | buu$^{2}$ | gjij$^{1}$ |
| 说 | 者 | 正 | 说 | 是 | 谓， | 则 | 上 | 增 |

如空，入一道亦空，此说是正说，当知此即是增上

**26.25.2**

| | | | | | | | | |
|---|---|---|---|---|---|---|---|---|
| [illegible] | [illegible]。 | [illegible] | [illegible]， | [illegible] | [illegible] | [illegible] | [illegible]， | [illegible] |
| khwẹj$^{1}$ | ŋwu$^{2}$ | nioow$^{1}$ | tśjɨɨ$^{1}$ | ljịj$^{2}$ | tśhja$^{2}$ | ·ja | na$^{1}$ | tjij$^{1}$ |
| 慢 | 是。 | 复 | 次， | 大 | 德 | 阿 | 难， | 若 |
| [illegible] | [illegible] | “[illegible] | [illegible] | [illegible] | [illegible]， | [illegible] | [illegible] | [illegible] |
| phji$^{2}$ | khjiw$^{2}$ | ljụ$^{2}$ | ljij$^{2}$ | tja$^{1}$ | ŋa$^{1}$ | rjɨr$^{2}$ | njɨ$^{2}$ | lew$^{1}$ |
| 比 | 丘 | “身 | 见 | 者 | 空， | 乃 | 至 | 一 |

慢。复次，大德阿难，若比丘云“身见是空，乃至入一

**26.25.3**

| | | | | | | | | |
|---|---|---|---|---|---|---|---|---|
| [illegible] | [illegible] | [illegible] | [illegible]， | [illegible] | [illegible] | [illegible] | [illegible] | [illegible] |
| tśja$^{1}$ | ·o$^{2}$ | tsjɨ$^{1}$ | ŋa$^{1}$ | thjɨ$^{2}$ | sju$^{2}$ | ŋa$^{1}$ | tja$^{1}$ | tśhja$^{2}$ |
| 道 | 入 | 亦 | 空， | 是 | 如 | 空 | 者 | 平 |
| [illegible] | [illegible] | [illegible]” | [illegible]， | [illegible] | [illegible] | [illegible] | [illegible] | [illegible] |
| ka$^{1}$ | ŋa$^{1}$ | ŋwu$^{2}$ | ·jɨ$^{2}$ | ku$^{1}$ | buu$^{2}$ | gjij$^{1}$ | khwẹj$^{1}$ | ŋwu$^{2}$ |
| 等 | 空 | 是” | 谓， | 则 | 上 | 增 | 慢 | 是。 |

道空，如是之空是平等空”，当知此即是增上慢。

**26.25.4**

| | | | | | | | | |
|---|---|---|---|---|---|---|---|---|
| [illegible] | [illegible] | [illegible]？ | [illegible] | [illegible] | [illegible] | [illegible]， | [illegible] | [illegible] |
| thjij$^{2}$ | sjo$^{2}$ | ljɨ$^{1}$ | ljij$^{2}$ | tśhja$^{2}$ | ·ja | na$^{1}$ | ljụ$^{2}$ | ljij$^{2}$ |
| 何 | 云 | 也？ | 大 | 德 | 阿 | 难， | 身 | 见 |
| [illegible] | [illegible]， | [illegible] | [illegible] | [illegible] | [illegible] | [illegible] | [illegible] | [illegible] |
| do$^{2}$ | ŋa$^{1}$ | do$^{2}$ | ku$^{1}$ | thja$^{2}$ | ljụ$^{2}$ | ljij$^{2}$ | tja$^{1}$ | ŋa$^{1}$ |
| 异 | 空， | 异 | 故 | 其 | 身 | 见 | 者 | 空 |

何以故？大德阿难，身见异空，异故身见即是空，

**26.25.5**

| | | | | | | | | |
|---|---|---|---|---|---|---|---|---|
| [illegible]， | [illegible] | [illegible] | [illegible] | [illegible] | [illegible] | [illegible] | [illegible] | [illegible] |
| ŋwu$^2$ | ŋa$^1$ | ljɨ̣$^1$ | nioow$^1$ | do$^2$ | tśja$^1$ | tśja$^1$ | rjir$^2$ | mji$^1$ |
| 是， | 空 | 与 | 及 | 异 | 道 | 道 | 与 | 不 |
| [illegible]， | [illegible] | [illegible] | [illegible] | [illegible] | [illegible]。 | [illegible] | [illegible]， | [illegible] |
| do$^2$ | ku$^1$ | thja$^2$ | tsjɨ$^1$ | ŋa$^1$ | ŋwu$^2$ | nioow$^1$ | tśjɨɨ$^1$ | ljịj$^2$ |
| 异， | 则 | 其 | 亦 | 空 | 是。 | 复 | 次， | 大 |

空与异道不异，道者即是空。复次，大

**26.25.6**

| | | | | | | | | |
|---|---|---|---|---|---|---|---|---|
| [illegible] | [illegible] | [illegible]， | [illegible] | [illegible] | [illegible] | [illegible] | [illegible] | [illegible]， |
| tśhja$^2$ | ·ja | na$^1$ | tjɨ$^1$ | tjij$^1$ | bju$^1$ | mjij$^1$ | tśjɨɨr$^2$ | le$^2$ |
| 德 | 阿 | 难， | 假 | 若 | 明 | 无 | 惊 | 畏， |
| [illegible] | [illegible] | [illegible] | [illegible] | [illegible]， | [illegible] | [illegible] | [illegible] | [illegible] |
| swew$^1$ | bie$^2$ | lhew$^2$ | dzu$^1$ | ŋwe$^1$ | ku$^1$ | buu$^2$ | gjij$^1$ | khwẹj$^1$ |
| 明 | 脱 | 解 | 爱 | 喜， | 则 | 上 | 增 | 慢 |

德阿难，若有惊畏无明，有爱喜明解脱，当知此即是增上慢。

**26.26.1**

| | | | | | | | | |
|---|---|---|---|---|---|---|---|---|
| [illegible]。 | [illegible] | [illegible] | [illegible]？ | [illegible] | [illegible] | [illegible] | [illegible]， | [illegible] |
| ŋwu$^2$ | thjij$^2$ | sjo$^2$ | ljɨ$^1$ | tjij$^1$ | njɨɨ$^1$ | ·jij$^1$ | dju$^1$ | ku$^1$ |
| 是。 | 何 | 云 | 也？ | 若 | 二 | 相 | 有， | 则 |
| [illegible] | [illegible] | [illegible] | [illegible]。 | [illegible] | [illegible]， | [illegible] | [illegible] | [illegible] |
| bie$^2$ | lhew$^2$ | njaa$^2$ | ljɨ$^1$ | nioow$^1$ | tśjɨɨ$^1$ | ljịj$^2$ | tśhja$^2$ | ·ja |
| 脱 | 解 | 非 | 也。 | 复 | 次， | 大 | 德 | 阿 |

何以故？若有二相，非是解脱。复次，大德阿

**26.26.2**

| | | | | | | | | |
|---|---|---|---|---|---|---|---|---|
| [illegible]， | [illegible] | [illegible] | [illegible] | [illegible]， | [illegible] | [illegible] | [illegible] | [illegible] |
| na$^1$ | tjɨ$^1$ | tjij$^1$ | phji$^2$ | khjiw$^2$ | sọ$^1$ | do$^1$ | tśjɨɨr$^2$ | le$^2$ |
| 难， | 假 | 若 | 比 | 丘， | 三 | 毒 | 惊 | 畏 |

| | | | | | | | | |
|---|---|---|---|---|---|---|---|---|
| [illegible] | [illegible] | [illegible] | [illegible]。 | [illegible] | [illegible] | [illegible] | [illegible], | [illegible] |
| sọ1 | bie2 | lhew2 | dzu1 | ljɨɨr1 | tśhjɨɨ2 | tśjɨɨr2 | le2 | ljɨɨr1 |
| 三 | 脱 | 解 | 喜。 | 四 | 倒 | 惊 | 畏, | 四 |

难,若有比丘,畏贪瞋痴①,喜三解脱②。惊畏四倒③,

**26.26.3**

| | | | | | | | | |
|---|---|---|---|---|---|---|---|---|
| [illegible] | [illegible] | [illegible]。 | [illegible] | [illegible] | [illegible] | [illegible], | [illegible] | [illegible] |
| ·jij1 | dzu1 | ŋwe1 | ŋwə1 | ɣja2 | tśjɨɨr2 | le2 | ŋwə1 | tśhji2 |
| 相 | 爱 | 喜。 | 五 | 盖 | 惊 | 畏, | 五 | 根 |
| [illegible] | [illegible]。 | [illegible] | [illegible] | [illegible] | [illegible], | [illegible] | [illegible] | [illegible] |
| dzu1 | ŋwe1 | tśhjiw1 | do2 | tśjɨɨr2 | le2 | tśhjiw1 | mjijr2 | dzu1 |
| 爱 | 喜。 | 六 | 处 | 惊 | 畏, | 六 | 通 | 爱 |

喜于四相④。惊畏五盖⑤,喜于五根⑥。惊畏六入⑦,喜于六通⑧。

**26.26.4**

| | | | | | | | | |
|---|---|---|---|---|---|---|---|---|
| [illegible]。 | [illegible] | [illegible] | [illegible] | [illegible] | [illegible], | [illegible] | [illegible] | [illegible] |
| ŋwe1 | śjạ1 | sjij2 | dźjiij1 | tśjɨɨr2 | le2 | śjạ1 | tśja1 | ·wụ2 |
| 喜。 | 七 | 识 | 住 | 惊 | 畏, | 七 | 道 | 助 |
| [illegible] | [illegible]。 | [illegible] | [illegible] | [illegible] | [illegible], | [illegible] | [illegible] | [illegible] |
| tsjiir1 | dzu1 | ·jar1 | dow1 | tśjɨɨr2 | le2 | ·jar1 | śjɨj2 | tśja1 |
| 法 | 喜。 | 八 | 邪 | 惊 | 畏, | 八 | 圣 | 道 |

---

① 贪瞋痴,又名三毒、三根。西夏文本作"三毒"。

② 三解脱,又曰三空、三三昧。具名三解脱门:一空解脱,二无相解脱,三无愿解脱。三种禅定也。

③ 四倒,四种颠倒之妄见也。此有两种释义:一于生死之无常无乐无我无净,而执常乐我净,为凡夫四倒;一于涅槃之常乐我净,而执无常无乐无我无净,为二乘四倒。

④ 四相,生住异灭也。表彰有为法之事体者有四:一生相,起事物也;二住相,安事物也;三异相,衰事物也;四灭相,坏事物也。有此四相者为有为法,无此四相者为无为法。

⑤ 五盖,盖即盖覆之义。有五法,能盖覆心性而不生善法也。一贪欲盖,执着五欲之境以盖心性者;二瞋恚盖,于违情之境怀忿怒以盖心性者;三睡眠盖,心昏身重而不为其用以盖心性者;四掉悔盖,心之躁动,谓之掉,于所作之事而心忧恼,谓之悔,以盖心性者;五疑盖,于法犹豫而无决断,以盖心性者。

⑥ 五根,有两种:一是眼根、耳根、鼻根、舌根、身根五种,分别生眼识、耳识、鼻识、舌识和身识;二是信根、精进根、念根、定根、慧根五种。

⑦ 六入,眼耳鼻舌身意之六根,又色声香味触法之六境,旧曰六入,新曰六处,即十二入十二处也。六境为外之六入,六根为内之六入。入为涉入之义,六根六境互涉入而生六识,故名入。处为所依之义,六根六境为生六识之所依,故名处。

⑧ 六通,三乘圣者所得之神通,即天眼通、天耳通、他心通、宿命通、神足通、漏尽通。

惊畏七识住①，喜七助道法。惊畏八邪②，喜八圣道③。

**26.26.5**

| | | | | | | | | |
|---|---|---|---|---|---|---|---|---|
| [illegible]。 | [illegible] | [illegible] | [illegible] | [illegible] | [illegible] | [illegible]， | [illegible] | [illegible] |
| dzu$^1$ | gjɨɨ$^1$ | dźiā$^2$ | tśhju$^1$ | dźjiij$^1$ | tśjɨɨr$^2$ | le$^2$ | gjɨɨ$^1$ | tśjɨɨ$^1$ |
| 喜。 | 九 | 众 | 生 | 居 | 惊 | 畏， | 九 | 次 |
| [illegible] | [illegible] | [illegible]。 | [illegible] | [illegible] | [illegible] | [illegible] | [illegible]， | [illegible] |
| bju$^1$ | djɨj$^2$ | dzu$^1$ | ɣa̱$^2$ | mji$^1$ | neew$^2$ | tśjɨɨr$^2$ | le$^2$ | ɣa̱$^2$ |
| 依 | 定 | 喜。 | 十 | 不 | 善 | 惊 | 畏， | 十 |

惊畏九众生居，喜九次第定④。惊畏十不善⑤，喜十

**26.26.6**

| | | | | | | | | |
|---|---|---|---|---|---|---|---|---|
| [illegible] | [illegible] | [illegible] | [illegible]。 | [illegible] | [illegible] | [illegible] | [illegible] | [illegible]， |
| rar$^2$ | mjij$^1$ | neew$^2$ | dzu$^1$ | dźiəj$^2$ | lheew$^2$ | rjur$^1$ | tśjɨɨr$^2$ | le$^2$ |
| 漏 | 无 | 善 | 喜。 | 为 | 有 | 界 | 惊 | 畏， |
| [illegible] | [illegible] | [illegible] | [illegible]。 | [illegible] | [illegible] | [illegible] | [illegible] | [illegible]。 |
| dźiəj$^2$ | mə̣$^1$ | tsjiir$^1$ | dzu$^1$ | ku$^1$ | buu$^2$ | gjij$^1$ | khwẹj$^1$ | ŋwu$^2$ |
| 为 | 无 | 法 | 喜。 | 则 | 上 | 增 | 慢 | 是。 |

无漏善。惊畏有为界⑥，喜无为法⑦。当知此即是增上慢。

**26.27.1**

| | | | | | | | | |
|---|---|---|---|---|---|---|---|---|
| [illegible] | [illegible] | [illegible]？ | [illegible] | [illegible] | [illegible] | [illegible]， | [illegible] | [illegible] |

① 七识住，于三界五趣，长养其识，欲识自住，差别所乐，而立七识住：第一识住，为有色身之有情，身想共异之处，即人趣之全及一分之天也；第二识住，为同有色身之有情，身异想之一处，即色界初静虑三天之梵天也；第三识住，为同有色身之有情，以彼天人之形貌皆同故也；第四识住，同为色身有情，身一想一之处，即色界第三静虑之三天也；第五识住，无色界之二无边处天也；第六识住，无色界之识无边处天也；第七识住，无色界之无所有处天也。

② 八邪，反于八正道者。一邪见，二邪思惟，三邪语，四邪业，五邪命，六邪方便，七邪念，八邪定也。

③ 八圣道，与八正道同。一正见，梵文 Samayak dṛṣti，巴利文 Sammā diṭṭhi；二正思惟，梵文 Samayak saṁkalpa，巴利文 Sammā saṁkappa；三正语，梵文 Samayak vāc，巴利文 Sammā vācā；四正业，梵文 Samayak karmānta，巴利文 Sammā kammanta；五正命，梵文 Samayak ājiva，巴利文 Sammā ājava；六正精进，梵文 Samayak vyāyāma，巴利文 Sammā vāyāma；七正念，梵文 Samayak smṛti，巴利文 Sammā sati；八正定，梵文 Samayak samādhi，巴利文 Sammā samādhi。

④ 九次第定，四禅，四无色及灭受想定（亦云灭尽定）。九种之禅定，不杂他心，次第自一定入于一定之法也：一、初禅次第定；二、二禅次第定；三、三禅次第定；四、四禅次第定；五、空处次第定；六、识处次第定；七、无所有处次第定；八、非想非非想处次第定；九、灭受想次第定，即止息一切心识之定，以是禅定之至极。

⑤ 十不善，杀生、偷盗、邪淫、妄语、离间语、粗恶语、杂秽语、贪欲、瞋恚和邪见。

⑥ 有为界，即五蕴。

⑦ 无为法，离因缘造作之法也。有三无为、六无为等。一虚空无为，二择灭无为，三非择灭无为，四不动灭无为，五想受灭无为，六真如无为。

thjij² sjo² ljɨ¹ ljịj² tśhja² ·ja na¹ thja² sju²

何 云 也? 大 德 阿 难, 是 如

[illegible]

ŋowr² ŋowr² zji² mju² ljɨ̣j² ŋwu² zji² kheej¹ ljɨ¹

一 切 皆 动 摇 是, 皆 戏 论

何以故?大德阿难,而是一切皆是动摇,皆是戏论。

**26.27.2**

[illegible]

ŋwu² ljịj² tśhja² ·ja na¹ tjij¹ mju² ljɨ̣j² dju¹

是。 大 德 阿 难, 若 动 摇 有,

[illegible]

ku¹ kheej¹ ljɨ¹ dju¹ ku¹ tśhjɨ² rjar² ·jij¹ bjịj¹

则 戏 论 有, 则 立 即 自 高。

大德阿难,若有动摇,若有戏论①,心即自高。

**26.27.3**

[illegible]

·jij¹ dzju² ɣjiw¹ lhjwi¹ lwow¹ sjiij² bju¹ gjị² thjɨ²

自 在 摄 取, 妄 想 依 靠, 是

[illegible]

sju² njɨ² tsjiir¹ zeew² njwi² śjij¹ ·jiw² ku¹ ·jij¹

如 等 法, 忍 堪 成 就, 则 自

自在摄取,依止妄想,堪忍成就,如是等法,名为自

**26.27.4**

[illegible]

dzju² ·jɨ² ·jij¹ dzju² ku¹ mjɨ¹ gjiw¹ khwẹj¹ śjwo¹

在 谓。 自 在 故 不 恭 慢 生。

[illegible]

① 若有戏论,西夏文本作“则有戏论”。

| | | | | | | | | |
|---|---|---|---|---|---|---|---|---|
| ljịj$^{2}$ | tśhja$^{2}$ | ·ja | na$^{1}$ | thjɨ$^{2}$ | sju$^{2}$ | phji$^{2}$ | khjiw$^{2}$ | tja$^{1}$ |
| 大 | 德 | 阿 | 难， | 是 | 如 | 比 | 丘 | 者， |

在。自在故生于憍慢。大德阿难，如是比丘，

**26.27.5**

| | | | | | | | | |
|---|---|---|---|---|---|---|---|---|
| [illegible] | [illegible] | [illegible] | [illegible] | [illegible] | [illegible] | [illegible]。 | [illegible] | [illegible] |
| buu$^{2}$ | gjij$^{1}$ | khwẹj$^{1}$ | tśhju$^{1}$ | mjijr$^{2}$ | ŋwu$^{2}$ | ljɨ$^{1}$ | thjɨ$^{2}$ | tja$^{1}$ |
| 上 | 增 | 慢 | 有 | 者 | 是 | 也。 | 此 | 者 |
| [illegible] | [illegible]？ | [illegible] | [illegible] | [illegible] | [illegible]， | [illegible] | [illegible] | [illegible] |
| thjij$^{2}$ | sjo$^{2}$ | ljịj$^{2}$ | tśhja$^{2}$ | ·ja | na$^{1}$ | dźiəj$^{2}$ | lheew$^{2}$ | rjur$^{1}$ |
| 何 | 云？ | 大 | 德 | 阿 | 难， | 为 | 有 | 界 |

当知名有增上慢也。所以者何？大德阿难，云何有为界

**26.27.6**

| | | | | | | | | |
|---|---|---|---|---|---|---|---|---|
| [illegible]， | [illegible] | [illegible] | [illegible] | [illegible]。 | [illegible] | [illegible] | [illegible] | [illegible] |
| ŋa$^{1}$ | thja$^{2}$ | ŋa$^{1}$ | ŋa$^{1}$ | ·o$^{2}$ | ku$^{1}$ | thja$^{2}$ | phji$^{2}$ | khjiw$^{2}$ |
| 空， | 是 | 空 | 空 | 入。 | 则 | 此 | 比 | 丘 |
| [illegible] | [illegible] | [illegible] | [illegible] | [illegible] | [illegible] | [illegible] | [illegible]。 | |
| tja$^{1}$ | buu$^{2}$ | gjij$^{1}$ | khwẹj$^{1}$ | tśhju$^{1}$ | mjijr$^{2}$ | ŋwu$^{2}$ | ljɨ$^{1}$ | |
| 者 | 上 | 增 | 慢 | 有 | 者 | 是 | 也。 | |

空？是空入空。当知①此比丘有增上慢。

## 汉文本

尔时，大德阿难问文殊师利言：此诸比丘谁所调伏？

文殊师利言：大德阿难，无阴界入者，亦非凡夫，非缘觉，非声闻，非菩萨，非如来，非身相应，非言相应，非心相应。

阿难言：文殊师利，尔说谁耶？

文殊师利言：大德阿难，若如来化化，而是化者有相应乎？

阿难言：文殊师利，化无有法可与相应、不相应者。

文殊师利言：大德阿难，一切诸法体性是化。

阿难言：文殊师利，如汝所说，一切诸法体性是化。

① 当知，西夏文本作“则”。

文殊师利言:大德阿难,是化调伏此诸比丘。大德阿难,如化调伏者,一切声闻亦复如是。大德阿难,如是调伏者正是调伏。若不解如是调伏者,当知名为增上慢者。

尔时,大德阿难问于文殊师利童子:文殊师利,是增上慢比丘可识知也?

文殊师利言:大德阿难,戒聚清净即是动摇,当知此即是增上慢。定聚、慧聚、解脱聚、解脱知见聚清净即是动摇,当知此即是增上慢。我得我证,如是思惟动摇妄想,当知此即是增上慢。惊畏身见,亦空如空,入一道亦空,此说是正说,当知此即是增上慢。复次,大德阿难,若比丘云"身见是空,乃至入一道空,如是之空是平等空",当知此即是增上慢。何以故?大德阿难,身见异空,异故身见即是空,空与异道不异,道者即是空。复次,大德阿难,若有惊畏无明,有爱喜明解脱,当知此即是增上慢。何以故?若有二相,非是解脱。复次,大德阿难,若有比丘,畏贪瞋痴,喜三解脱。惊畏四倒,喜于四相。惊畏五盖,喜于五根。惊畏六入,喜于六通。惊畏七识住,喜七助道法。惊畏八邪,喜八圣道。惊畏九众生居,喜九次第定。惊畏十不善,喜十无漏善。惊畏有为界,喜无为法。当知此即是增上慢。何以故?大德阿难,而是一切皆是动摇,皆是戏论。大德阿难,若有动摇,若有戏论,心即自高。自在摄取,依止妄想,堪忍成就,如是等法,名为自在。自在故生于憍慢。大德阿难,如是比丘,当知名有增上慢也。所以者何?大德阿难,云何有为界空?是空入空。当知此比丘有增上慢。

**26.28.1**

| | | | | | | | | |
|---|---|---|---|---|---|---|---|---|
| [illegible] | [illegible] | [illegible] | [illegible] | [illegible] | [illegible] | [illegible] | [illegible] | [illegible] |
| ljịj$^{2}$ | tśhja$^{2}$ | ·ja | na$^{1}$ | mã$^{1}$ | śjuu$^{1}$ | śjɨ$^{1}$ | lji$^{1}$ | ·jij$^{1}$ |
| 大 | 德 | 阿 | 难 | 文 | 殊 | 师 | 利 | 之 |
| [illegible] | [illegible]: | [illegible] | [illegible] | [illegible] | [illegible] | [illegible] | [illegible] | [illegible] |
| dạ$^{2}$ | ·jɨr$^{1}$ | phji$^{2}$ | khjiw$^{2}$ | thjij$^{2}$ | sjo$^{2}$ | buu$^{2}$ | gjij$^{1}$ | khwẹj$^{1}$ |
| 言 | 问: | 比 | 丘 | 何 | 云 | 上 | 增 | 慢 |

大德阿难问文殊师利:云何比丘无增上慢?

**26.28.2**

| | | | | | | | | |
|---|---|---|---|---|---|---|---|---|
| [illegible] | [illegible]? | [illegible] | [illegible] | [illegible] | [illegible] | [illegible]: | [illegible] | [illegible] |
| mjij$^{1}$ | ljɨ$^{1}$ | mã$^{1}$ | śjuu$^{1}$ | śjɨ$^{1}$ | lji$^{1}$ | dạ$^{2}$ | ljịj$^{2}$ | tśhja$^{2}$ |
| 无 | 也? | 文 | 殊 | 师 | 利 | 言: | 大 | 德 |
| [illegible] | [illegible], | [illegible] | [illegible] | [illegible] | [illegible], | [illegible] | [illegible] | [illegible] |
| ·ja | na$^{1}$ | tjɨ$^{1}$ | tjij$^{1}$ | phji$^{2}$ | khjiw$^{2}$ | ·u$^{2}$ | mjij$^{1}$ | sej$^{1}$ |
| 阿 | 难, | 假 | 若 | 比 | 丘, | 内 | 寂 | 静 |

文殊师利言:大德阿难,若有比丘,寂静于内

**26.28.3**

| | | | | | | | | |
|---|---|---|---|---|---|---|---|---|
| [illegible] | [illegible] | [illegible] | [illegible] | [illegible], | [illegible] | [illegible] | [illegible] | [illegible], |

| | | | | | | | | |
|---|---|---|---|---|---|---|---|---|
| ku1 | djɨr2 | tsjɨ1 | mjij1 | sej1 | mjɨɨ2 | rjur1 | ŋowr2 | ŋowr2 |
| 则 | 外 | 亦 | 寂 | 静， | 境 | 界 | 一 | 切， |
| [illegible] | [illegible] | [illegible] | [illegible] | [illegible] | [illegible]， | [illegible] | [illegible] | [illegible] |
| tjij1 | tśhja2 | ka1 | mji1 | tśhja2 | ka1 | tjij1 | dju1 | tjij1 |
| 若 | 平 | 等 | 不 | 平 | 等， | 若 | 有 | 若 |

则外寂静，一切境界，若平等非平等，若有若

**26.28.4**

| | | | | | | | | |
|---|---|---|---|---|---|---|---|---|
| [illegible]， | [illegible] | [illegible] | [illegible] | [illegible] | [illegible] | [illegible] | [illegible]， | [illegible] |
| mjij1 | tjij1 | dźiəj2 | lheew2 | dźiəj2 | mə1 | lew2 | mjij1 | mju2 |
| 无， | 若 | 为 | 有 | 为 | 无 | 所 | 无， | 动 |
| [illegible] | [illegible] | [illegible]， | [illegible] | [illegible] | [illegible] | [illegible] | [illegible] | [illegible] |
| ljɨj2 | mji1 | dju1 | nioow1 | lwow1 | sjiij2 | mjij1 | mji1 | lwow1 |
| 摇 | 不 | 有， | 又 | 妄 | 想 | 无 | 不 | 妄 |

无，若有为无为，无有动摇，亦无妄想无不妄

**26.28.5**

| | | | | | | | | |
|---|---|---|---|---|---|---|---|---|
| [illegible] | [illegible] | [illegible]， | [illegible] | [illegible] | [illegible] | [illegible]， | [illegible] | [illegible] |
| sjiij2 | tsjɨ1 | mjij1 | njɨɨ1 | mjij1 | lew1 | mjij1 | ljuu2 | tshjịj2 |
| 想 | 亦 | 无， | 二 | 无 | 一 | 无， | 庄 | 严 |
| [illegible] | [illegible] | [illegible] | [illegible] | [illegible]， | [illegible] | [illegible] | [illegible] | [illegible] |
| mjij1 | mji1 | ljuu2 | tshjịj2 | mjij1 | kheej1 | ljɨ1 | mji1 | dju1 |
| 无 | 不 | 庄 | 严 | 无， | 戏 | 论 | 不 | 有 |

想，无二无一，无庄严无不庄严，非有戏论

**26.28.6**

| | | | | | | | | |
|---|---|---|---|---|---|---|---|---|
| [illegible] | [illegible] | [illegible] | [illegible]， | [illegible] | [illegible] | [illegible] | [illegible] | [illegible] |
| ɣu1 | mji1 | zow2 | zjịj1 | rjur1 | tsjiir1 | ŋowr2 | ŋowr2 | tśhja2 |
| 始 | 不 | 执 | 著， | 诸 | 法 | 一 | 切 | 平 |
| [illegible] | [illegible]， | [illegible] | [illegible] | [illegible] | [illegible] | [illegible] | [illegible] | [illegible] |
| ka1 | ljij2 | nioow1 | tśhja2 | ka1 | mjij1 | mji1 | tśhja2 | ka1 |
| 等 | 见， | 亦 | 平 | 等 | 无 | 不 | 平 | 等 |

不执著，始见于一切诸法平等，亦无平等无不平等，

**26.29.1**

| | | | | | | | | |
|---|---|---|---|---|---|---|---|---|
| [illegible] | [illegible]， | [illegible] | [illegible] | [illegible] | [illegible] | [illegible] | [illegible] | [illegible] |
| tsjɨ$^{1}$ | mjij$^{1}$ | ·a | mə$^{2}$ | zjij$^{1}$ | tśhja$^{2}$ | ka$^{1}$ | mji$^{1}$ | tśhja$^{2}$ |
| 亦 | 无， | 一 | 种 | 略 | 平 | 等 | 不 | 平 |
| [illegible] | [illegible] | [illegible] | [illegible] | [illegible]。 | [illegible] | [illegible] | [illegible] | [illegible] |
| ka$^{1}$ | wji$^{1}$ | sji$^{2}$ | tsjiir$^{1}$ | mjij$^{1}$ | thjɨ$^{2}$ | sju$^{2}$ | mji$^{1}$ | mju$^{2}$ |
| 等 | 作 | 能 | 法 | 无。 | 是 | 如 | 不 | 动 |

无有一法能作平等非平等者。如是不动

**26.29.2**

| | | | | | | | | |
|---|---|---|---|---|---|---|---|---|
| [illegible] | [illegible]， | [illegible] | [illegible] | [illegible] | [illegible] | [illegible] | [illegible] | [illegible] |
| mji$^{1}$ | ljɨj$^{2}$ | lwow$^{1}$ | sjiij$^{2}$ | mji$^{1}$ | dju$^{1}$ | mji$^{1}$ | lwow$^{1}$ | sjiij$^{2}$ |
| 不 | 摇， | 妄 | 想 | 不 | 有 | 不 | 妄 | 想 |
| [illegible]， | [illegible] | [illegible] | [illegible] | [illegible] | [illegible] | [illegible] | [illegible] | [illegible] |
| mjij$^{1}$ | nioow$^{1}$ | mji$^{1}$ | zow$^{2}$ | zjij$^{1}$ | lwow$^{1}$ | sjiij$^{2}$ | tsjɨ$^{1}$ | mji$^{1}$ |
| 无， | 又 | 不 | 执 | 著 | 妄 | 想 | 亦 | 不 |

不摇，无有妄想无不妄想，又不执著亦不见妄想，

**26.29.3**

| | | | | | | | | |
|---|---|---|---|---|---|---|---|---|
| [illegible]， | [illegible] | [illegible] | [illegible]、 | [illegible] | [illegible]、 | [illegible] | [illegible] | [illegible]？ |
| ljij$^{2}$ | nioow$^{1}$ | tshwew$^{1}$ | tsjij$^{2}$ | rjir$^{1}$ | mjaa$^{1}$ | sjij$^{2}$ | lja̱$^{1}$ | njɨ$^{2}$ |
| 见， | 又 | 向 | 解、 | 得 | 果、 | 智 | 证 | 等？ |
| [illegible] | [illegible] | [illegible]， | [illegible] | [illegible] | [illegible]。 | [illegible] | [illegible] | [illegible] |
| mju$^{2}$ | ljɨj$^{2}$ | dju$^{1}$ | tji̱$^{2}$ | ljo̱$^{2}$ | wjij$^{2}$ | ljij$^{2}$ | tśhja$^{2}$ | ·ja |
| 动 | 摇 | 有， | 可 | 何 | 有。 | 大 | 德 | 阿 |

何况向解、得果、智证？有动摇者，无有是处①。大德阿

**26.29.4**

| | | | | | | | | |
|---|---|---|---|---|---|---|---|---|
| [illegible]， | [illegible] | [illegible] | [illegible] | [illegible]， | [illegible] | [illegible] | [illegible] | [illegible] |

① 无有是处，西夏文本作"可有何"。

| | | | | | | | | |
|---|---|---|---|---|---|---|---|---|
| na$^1$ | thjɨ$^2$ | sju$^2$ | phji$^2$ | khjiw$^2$ | buu$^2$ | gjij$^1$ | khwẹj$^1$ | dźjwɨ$^1$ |
| 难， | 是 | 如 | 比 | 丘， | 上 | 增 | 慢 | 侣 |
| [illegible]， | [illegible] | [illegible] | [illegible] | [illegible]， | [illegible] | [illegible] | [illegible] | [illegible]， |
| mjij$^1$ | kheej$^1$ | ljɨ$^1$ | tsjɨ$^1$ | mjij$^1$ | ·jij$^1$ | tsjij$^1$ | dźjwɨ$^1$ | ka$^2$ |
| 无， | 戏 | 论 | 亦 | 无， | 自 | 他 | 伴 | 远， |

难，如是比丘，无增上慢侣，亦无戏论，远自他伴，

**26.29.5**

| | | | | | | | | |
|---|---|---|---|---|---|---|---|---|
| [illegible] | [illegible] | [illegible] | [illegible]， | [illegible] | [illegible] | [illegible] | [illegible] | [illegible] |
| rjur$^1$ | dzu$^1$ | zjịj$^1$ | phjɨ$^1$ | dzu$^1$ | zjịj$^1$ | ŋowr$^2$ | ŋowr$^2$ | dzu$^1$ |
| 诸 | 爱 | 著 | 舍， | 爱 | 著 | 一 | 切 | 爱 |
| [illegible] | [illegible] | [illegible]。 | [illegible] | [illegible] | [illegible]， | [illegible] | [illegible] | [illegible] |
| zjịj$^1$ | njaa$^2$ | ljɨ$^1$ | rjur$^1$ | mjɨɨ$^2$ | kowr$^2$ | seew$^2$ | meej$^2$ | sjwɨ$^1$ |
| 著 | 非 | 也。 | 诸 | 境 | 爱， | 觉 | 观 | 惟 |

舍诸爱著，一切爱著非爱著故。离诸攀缘，觉观思惟。

**26.29.6**

| | | | | | | | | |
|---|---|---|---|---|---|---|---|---|
| [illegible] | [illegible]。 | [illegible] | [illegible]、 | [illegible] | [illegible] | [illegible] | [illegible] | [illegible]， |
| sjiij$^2$ | ka$^2$ | bie$^2$ | lhew$^2$ | bie$^2$ | lhew$^2$ | tshwew$^1$ | sjwɨ$^1$ | sjiij$^2$ |
| 思 | 离。 | 脱 | 解、 | 脱 | 解 | 向 | 惟 | 思， |
| [illegible] | [illegible] | [illegible] | [illegible]， | [illegible] | [illegible] | [illegible] | [illegible]。 | [illegible] |
| lhjwi$^1$ | mjijr$^2$ | mji$^1$ | dju$^1$ | to$^2$ | zji$^2$ | mjij$^1$ | sej$^1$ | mjij$^1$ |
| 取 | 者 | 不 | 有， | 悉 | 皆 | 寂 | 静。 | 寂 |

思惟解脱、解脱向，无有取者，悉皆寂静。因寂

**26.30.1**

| | | | | | | | | |
|---|---|---|---|---|---|---|---|---|
| [illegible] | [illegible] | [illegible]， | [illegible] | [illegible]、 | [illegible] | [illegible] | [illegible] | [illegible] |
| sej$^1$ | ·jiw$^1$ | nioow$^1$ | ŋa$^2$ | ljụ$^2$ | ŋa$^2$ | ·jij$^1$ | ljụ$^2$ | ŋwu$^2$ |
| 静 | 因 | 缘， | 我 | 身、 | 我 | 之 | 身 | 是 |
| [illegible] | [illegible] | [illegible] | [illegible]， | [illegible] | [illegible] | [illegible] | [illegible] | [illegible] |
| tjij$^1$ | rewr$^2$ | ɣa$^2$ | njɨ$^2$ | tsjij$^2$ | tshwew$^1$ | phja$^1$ | ljạ$^1$ | tsjiir$^1$ |
| 彼 | 岸 | 于 | 到， | 解 | 向 | 断 | 证 | 法 |

静缘,是我身、我所身度到彼岸,不见有法解向断证。

**26.30.2**

| | | | | | | | | |
|---|---|---|---|---|---|---|---|---|
| mji$^{1}$ | ljij$^{2}$ | tjɨ$^{1}$ | tjij$^{1}$ | phji$^{2}$ | khjiw$^{2}$ | thjɨ$^{2}$ | sju$^{2}$ | djọ$^{2}$ |
| 不 | 见。 | 假 | 若 | 比 | 丘 | 是 | 如 | 修 |
| dźjij$^{1}$ | ku$^{1}$ | buu$^{2}$ | gjij$^{1}$ | khwej$^{1}$ | mjij$^{1}$ | ŋa$^{1}$ | tśhja$^{2}$ | ka$^{1}$ |
| 行, | 则 | 上 | 增 | 慢 | 无, | 空 | 平 | 等 |

若有比丘如是修行,无增上慢,空平等

**26.30.3**

| | | | | | | | | |
|---|---|---|---|---|---|---|---|---|
| ljɨ$^{1}$ | rjur$^{1}$ | tsjiir$^{1}$ | ŋowr$^{2}$ | ŋowr$^{2}$ | tśhja$^{2}$ | ka$^{1}$ | tjij$^{1}$ | neew$^{2}$ |
| 也。 | 诸 | 法 | 一 | 切 | 平 | 等, | 若 | 善 |
| mji$^{1}$ | neew$^{2}$ | wji$^{1}$ | lew$^{2}$ | mji$^{1}$ | neew$^{2}$ | lew$^{2}$ | rar$^{2}$ | dju$^{1}$ |
| 不 | 善、 | 作 | 可 | 不 | 能 | 可、 | 漏 | 有 |

故。解知一切诸法平等,无有上下①、若善不善、可作不可作、有漏

**26.30.4**

| | | | | | | | | |
|---|---|---|---|---|---|---|---|---|
| rar$^{2}$ | mjij$^{1}$ | tjij$^{1}$ | rjur$^{1}$ | kha$^{1}$ | tjij$^{1}$ | rjur$^{1}$ | kha$^{1}$ | lho |
| 漏 | 无、 | 若 | 世 | 中 | 若 | 世 | 中 | 出、 |
| dźiəj$^{2}$ | lheew$^{2}$ | dźiəj$^{2}$ | mə̣$^{1}$ | njɨ$^{2}$ | bji$^{2}$ | bjij$^{2}$ | mji$^{1}$ | dju$^{1}$ |
| 为 | 有 | 为 | 无 | 等, | 下 | 上 | 不 | 有, |

无漏、若世出世、有为无为,

**26.30.5**

① 无有上下,西夏文本译于"有为无为"之后。

| | | | | | | | | |
|---|---|---|---|---|---|---|---|---|
| thjɨ² | sju² | njɨ² | bji² | bjij² | mju² | ljɨj² | zji² | lạ¹ |
| 是 | 如 | 等 | 下 | 上 | 动 | 摇， | 皆 | 妄 |
| [illegible] | [illegible] | [illegible] | [illegible]。 | [illegible] | [illegible] | [illegible] | [illegible] | [illegible] |
| sjiij² | ŋwu² | nwə¹ | tsjij² | nioow¹ | thjɨ² | sju² | rjur¹ | tsjiir¹ |
| 想 | 是 | 知 | 解。 | 又 | 是 | 如 | 诸 | 法 |

如是等上下动摇，无不妄想亦不见知①。如是诸法

**26.30.6**

| | | | | | | | | |
|---|---|---|---|---|---|---|---|---|
| [illegible] | [illegible] | [illegible] | [illegible] | [illegible] | [illegible] | [illegible] | [illegible] | [illegible] |
| mji¹ | nwə¹ | ljij² | zji² | tshọ² | ŋa¹ | ·wjɨ² | sju² | tśhja² |
| 不 | 知 | 见 | 悉 | 虚 | 空 | 喻 | 如 | 平 |
| [illegible] | [illegible] | [illegible]。 | [illegible] | [illegible] | [illegible] | [illegible]， | [illegible] | [illegible] |
| ka¹ | ljij² | ljɨ¹ | ljij² | tśhja² | ·ja | na¹ | tjɨ¹ | tjij¹ |
| 等 | 见 | 也。 | 大 | 德 | 阿 | 难， | 假 | 若 |

悉见平等，喻如虚空。大德阿难，若

**26.31.1**

| | | | | | | | | |
|---|---|---|---|---|---|---|---|---|
| [illegible] | [illegible] | [illegible] | [illegible] | [illegible]， | [illegible] | [illegible] | [illegible] | [illegible] |
| phji² | khjiw² | thjɨ² | sju² | tsjij² | ku¹ | bie² | lhew² | njwi² |
| 比 | 丘 | 是 | 如 | 解， | 则 | 脱 | 解 | 善 |
| [illegible]， | [illegible] | [illegible] | [illegible] | [illegible] | [illegible] | [illegible] | [illegible] | [illegible]。 |
| ·jɨ² | thjɨ² | sju² | phji² | khjiw² | buu² | gjij¹ | khwẹj¹ | mjij¹ |
| 名， | 是 | 如 | 比 | 丘 | 上 | 增 | 慢 | 无。 |

有比丘如是解者，名善解脱，如是比丘无增上慢。

**26.31.2**

| | | | | | | | | |
|---|---|---|---|---|---|---|---|---|
| [illegible] | [illegible] | [illegible]， | [illegible] | [illegible] | [illegible] | [illegible] | [illegible] | [illegible] |
| thjɨ² | wo² | nioow¹ | ku¹ | tśhjwo¹ | thjɨ² | sju² | jịj² | tjɨ¹ |
| 是 | 义 | 故， | 则 | 故 | 此 | 如 | 来 | 假 |
| [illegible] | [illegible] | [illegible] | [illegible] | [illegible] | [illegible] | [illegible]， | [illegible] | [illegible] |

① 不见知，西夏文本译于下一句中。

| | | | | | | | | |
|---|---|---|---|---|---|---|---|---|
| tjij$^{1}$ | phji$^{2}$ | khjiw$^{2}$ | rjur$^{1}$ | tsjiir$^{1}$ | tśhja$^{2}$ | ka$^{1}$ | tshọ$^{2}$ | ŋa$^{1}$ |
| 若 | 比 | 丘 | 诸 | 法 | 平 | 等, | 虚 | 空 |

以是义故,如来说言:若有比丘解诸法平等,喻如虚空,

**26.31.3**

| | | | | | | | | |
|---|---|---|---|---|---|---|---|---|
| [illegible] | [illegible], | [illegible] | [illegible] | [illegible] | [illegible] | [illegible] | [illegible], | [illegible] |
| ·wjɨ$^{2}$ | sju$^{2}$ | tsjij$^{2}$ | ku$^{1}$ | tshọ$^{2}$ | ŋa$^{1}$ | mjuu$^{2}$ | sju$^{2}$ | tsjụ$^{1}$ |
| 喻 | 如, | 解 | 则 | 虚 | 空 | 动 | 如, | 触 |
| [illegible] | [illegible] | [illegible]。 | [illegible] | [illegible] | [illegible], | [illegible] | [illegible] | [illegible] |
| zjij$^{1}$ | lew$^{2}$ | mjij$^{1}$ | śia$^{1}$ | mẽ$^{1}$ | tsjiir$^{1}$ | tsjɨ$^{1}$ | thja$^{2}$ | ·wjɨ$^{2}$ |
| 著 | 所 | 无。 | 沙 | 门 | 法, | 亦 | 是 | 复 |

如动于虚空,无所触著。沙门法者,亦复如是。

**26.31.4**

| | | | | | | | | |
|---|---|---|---|---|---|---|---|---|
| [illegible] | [illegible] | [illegible]。 | [illegible] | [illegible] | [illegible] | [illegible], | [illegible] | [illegible] |
| sju$^{2}$ | tshjiij$^{1}$ | ljɨ$^{1}$ | thjɨ$^{2}$ | dạ$^{2}$ | tshjiij$^{1}$ | zjọ$^{2}$ | njɨɨ$^{1}$ | ·jir$^{2}$ |
| 如 | 说 | 也。 | 是 | 语 | 说 | 时, | 二 | 百 |
| [illegible] | [illegible] | [illegible] | [illegible] | [illegible] | [illegible] | [illegible], | [illegible] | [illegible] |
| phji$^{2}$ | khjiw$^{2}$ | zji$^{2}$ | rjur$^{1}$ | rar$^{2}$ | ·wjɨ$^{2}$ | dzjar$^{2}$ | rar$^{2}$ | mjij$^{1}$ |
| 比 | 丘 | 悉 | 诸 | 漏 | 已 | 断, | 漏 | 无 |

说是语时,二百比丘悉断诸漏,得于无漏

## 汉文本

大德阿难问文殊师利:云何比丘无增上慢?

文殊师利言:大德阿难,若有比丘,寂静于内则外寂静,一切境界,若平等非平等,若有若无,若有为无为,无有动摇,亦无妄想无不妄想,无二无一,无庄严无不庄严,非有戏论不执著,始见于一切诸法平等,亦无平等无不平等,无有一法能作平等非平等者。如是不动不摇,无有妄想无不妄想,又不执著亦不见妄想,何况向解、得果、智证?有动摇者,无有是处。大德阿难,如是比丘,无增上慢侣,亦无戏论,远自他伴,舍诸爱著,一切爱著非爱著故。离诸攀缘,觉观思惟。思惟解脱、解脱向,无有取者,悉皆寂静。因寂静缘,是我身、我所身度到彼岸,不见有法解向断证。若有比丘如是修行,无增上慢,空平等故。解知一切诸法平等,无有上下、若善不善、可作不可作、有漏无漏、若世出世、有为无为,如是等上下动摇,无不妄想亦不见知。如是诸法悉见平等,喻如虚空。大德阿难,若有比丘如是解者,名善解脱,如是比丘无增上慢。以是义故,如来说言:若有比丘解诸法平等,喻如虚空,如动于虚空,无所触

著。沙门法者，亦复如是。

说是语时，二百比丘悉断诸漏，得于无漏解脱之法。

**26.31.5**

| | | | | | | | | |
|---|---|---|---|---|---|---|---|---|
| [illegible] | [illegible] | [illegible] | [illegible]。 | [illegible] | [illegible]， | [illegible] | [illegible] | [illegible] |
| bie$^{2}$ | lhew$^{2}$ | tsjiir$^{1}$ | rjir$^{2}$ | kja$^{1}$ | zjọ$^{2}$ | ljɨ̣$^{1}$ | phju$^{2}$ | mə$^{1}$ |
| 脱 | 解 | 法 | 得。 | 尔 | 时， | 宝 | 上 | 天 |
| [illegible] | [illegible] | [illegible] | [illegible] | [illegible] | [illegible] | [illegible] | [illegible]： | [illegible] |
| zjɨ̣$^{1}$ | mã$^{1}$ | śjuu$^{1}$ | śjɨ$^{1}$ | lji$^{1}$ | ·jij$^{1}$ | dạ$^{2}$ | ·jɨ$^{2}$ | dźiã$^{2}$ |
| 子 | 文 | 殊 | 师 | 利 | 之 | 言 | 谓： | 菩 |

解脱之法。尔时，宝上天子问文殊师利：

**26.31.6**

| | | | | | | | | |
|---|---|---|---|---|---|---|---|---|
| [illegible] | [illegible] | [illegible] | [illegible] | [illegible] | [illegible] | [illegible]？ | [illegible] | [illegible] |
| tsjij$^{2}$ | thjij$^{2}$ | sjo$^{2}$ | buu$^{2}$ | gjij$^{1}$ | khwẹj$^{1}$ | mjij$^{1}$ | lew$^{1}$ | tjị$^{1}$ |
| 萨 | 何 | 云 | 上 | 增 | 慢 | 无？ | 惟 | 愿 |
| [illegible] | [illegible] | [illegible] | [illegible] | [illegible] | [illegible]。 | [illegible] | [illegible] | [illegible] |
| źjɨr$^{1}$ | bju$^{1}$ | rjɨr$^{2}$ | tshjiij$^{1}$ | wji$^{1}$ | ŋa$^{2}$ | mã$^{1}$ | śjuu$^{1}$ | śjɨ$^{1}$ |
| 实 | 如 | 所 | 说 | 作 | 我。 | 文 | 殊 | 师 |

云何菩萨无增上慢？愿如实说。文殊师

**26.32.1**

| | | | | | | | | |
|---|---|---|---|---|---|---|---|---|
| [illegible] | [illegible]： | [illegible] | [illegible]， | [illegible] | [illegible] | [illegible] | [illegible] | [illegible] |
| lji$^{1}$ | dạ$^{2}$ | mə$^{1}$ | zjɨ̣$^{1}$ | tjɨ̣$^{1}$ | tjij$^{1}$ | dźiã$^{2}$ | tsjij$^{2}$ | ŋowr$^{2}$ |
| 利 | 言： | 天 | 子， | 假 | 若 | 菩 | 萨 | 一 |
| [illegible] | [illegible] | [illegible]、 | [illegible] | [illegible] | [illegible] | [illegible]、 | [illegible] | [illegible] |
| ŋowr$^{2}$ | sjij$^{2}$ | njiij$^{1}$ | ŋwer$^{1}$ | ŋwer$^{1}$ | mjij$^{1}$ | njiij$^{1}$ | sọ$^{1}$ | rjur$^{1}$ |
| 切 | 智 | 心、 | 等 | 等 | 无 | 心、 | 三 | 界 |

利言：天子，若有菩萨一切智心、无等等心、三界

**26.32.2**

| | | | | | | | | |
|---|---|---|---|---|---|---|---|---|
| [illegible] | [illegible] | [illegible]， | [illegible] | [illegible] | [illegible] | [illegible] | [illegible] | [illegible] |

| | | | | | | | | |
|---|---|---|---|---|---|---|---|---|
| zji$^{2}$ | buu$^{2}$ | njiij$^{1}$ | rjur$^{1}$ | ɣiẹ$^{2}$ | mji$^{1}$ | nioow$^{1}$ | tjịj$^{1}$ | dwewr$^{2}$ |
| 最 | 胜 | 心， | 诸 | 声 | 闻 | 及 | 缘 | 觉 |
| [illegible] | [illegible] | [illegible] | [illegible] | [illegible] | [illegible]， | [illegible] | [illegible] | [illegible] |
| su$^{1}$ | dzjịj$^{1}$ | djɨr$^{2}$ | rjur$^{1}$ | mjɨɨ$^{2}$ | rjur$^{1}$ | ɣa$^{2}$ | njiij$^{1}$ | no$^{2}$ |
| 于 | 过 | 外 | 诸 | 境 | 界， | 于 | 心 | 安 |

最胜心，过诸声闻及缘觉外诸境界，以安

**26.32.3**

| | | | | | | | | |
|---|---|---|---|---|---|---|---|---|
| [illegible] | [illegible]。 | [illegible] | [illegible] | [illegible] | [illegible] | [illegible] | [illegible] | [illegible]， |
| dźjiij$^{1}$ | phji$^{1}$ | nioow$^{1}$ | neew$^{2}$ | tśhji$^{2}$ | ŋowr$^{2}$ | ŋowr$^{2}$ | djọ$^{2}$ | dźjịj$^{1}$ |
| 住 | 令。 | 亦 | 善 | 根 | 一 | 切 | 修 | 行， |
| [illegible] | [illegible] | [illegible]， | [illegible] | [illegible] | [illegible] | [illegible] | [illegible] | [illegible]， |
| buu$^{2}$ | gjij$^{1}$ | nioow$^{1}$ | ku$^{1}$ | dźiã$^{2}$ | tśhju$^{1}$ | ·jij$^{1}$ | dzjiij$^{2}$ | nioow$^{1}$ |
| 上 | 增 | 故， | 则 | 众 | 生 | 之 | 化 | 故， |

住心。然亦修行一切善根，为增上故，化众生故，

**26.32.4**

| | | | | | | | | |
|---|---|---|---|---|---|---|---|---|
| [illegible] | [illegible] | [illegible] | [illegible]， | [illegible] | [illegible] | [illegible] | [illegible]， | [illegible] |
| tśhja$^{2}$ | tsjiir$^{1}$ | ɣjiw$^{1}$ | nioow$^{1}$ | dzjij$^{2}$ | dźiã$^{2}$ | tśhju$^{1}$ | nioow$^{1}$ | ku$^{1}$ |
| 正 | 法 | 摄 | 故， | 余 | 众 | 生 | 故， | 则 |
| [illegible] | [illegible] | [illegible] | [illegible] | [illegible] | [illegible] | [illegible] | [illegible]。 | [illegible] |
| mjɨ$^{1}$ | ·jij$^{1}$ | ŋowr$^{2}$ | ŋowr$^{2}$ | sjij$^{2}$ | njiij$^{1}$ | tshjiij$^{1}$ | wji$^{1}$ | thja$^{2}$ |
| 他 | 之 | 一 | 切 | 智 | 心 | 说 | 为。 | 是 |

摄正法故，为余众生、为他人说一切智心。是

**26.32.5**

| | | | | | | | | |
|---|---|---|---|---|---|---|---|---|
| [illegible] | [illegible] | [illegible] | [illegible] | [illegible] | [illegible] | [illegible] | [illegible] | [illegible]， |
| njiij$^{1}$ | mər$^{2}$ | ·wọ$^{1}$ | tśhja$^{2}$ | ka$^{1}$ | źjɨr$^{1}$ | bju$^{1}$ | tśjɨ$^{1}$ | tsjij$^{2}$ |
| 心 | 本 | 始 | 平 | 等 | 实 | 如 | 悟 | 解， |
| [illegible] | [illegible] | [illegible] | [illegible] | [illegible] | [illegible] | [illegible] | [illegible]， | [illegible] |
| mji$^{1}$ | mji$^{1}$ | tsjiir$^{1}$ | bju$^{1}$ | thja$^{2}$ | njiij$^{1}$ | kwər$^{1}$ | tsjiir$^{2}$ | dźiã$^{2}$ |
| 闻 | 闻 | 法 | 如 | 其 | 心 | 体 | 性， | 众 |

心如实解本始平等，如随所闻①其心体性，

**26.32.6**

| | | | | | | | | |
|---|---|---|---|---|---|---|---|---|
| [illegible] | [illegible] | [illegible] | [illegible] | [illegible] | [illegible] | [illegible] | [illegible]。 | [illegible] |
| tśhju1 | ŋowr2 | ŋowr2 | ·jij1 | kwər1 | tsjiir2 | nwə1 | tsjij2 | rjur1 |
| 生 | 一 | 切 | 之 | 体 | 性 | 知 | 解。 | 诸 |
| [illegible] | [illegible] | [illegible] | [illegible] | [illegible] | [illegible] | [illegible] | [illegible] | [illegible]， |
| tsjiir1 | ŋowr2 | ŋowr2 | ·jij1 | kwər1 | tsjiir2 | nwə1 | tsjij2 | ku1 |
| 法 | 一 | 切 | 之 | 体 | 性 | 知 | 解 | 故， |

解知一切众生体性。解知一切诸法体性故，

**26.33.1**

| | | | | | | | | |
|---|---|---|---|---|---|---|---|---|
| [illegible] | [illegible] | [illegible] | [illegible] | [illegible] | [illegible] | [illegible] | [illegible]。 | [illegible] |
| neew2 | tśhji2 | ŋowr2 | ŋowr2 | kwər1 | tsjiir2 | nwə1 | tsjij2 | neew2 |
| 善 | 根 | 一 | 切 | 体 | 性 | 知 | 解。 | 善 |
| [illegible] | [illegible] | [illegible] | [illegible] | [illegible] | [illegible] | [illegible] | [illegible]， | [illegible] |
| tśhji2 | ŋowr2 | ŋowr2 | kwər1 | tsjiir2 | nwə1 | tsjij2 | ku1 | dźiā2 |
| 根 | 一 | 切 | 体 | 性 | 知 | 解 | 故， | 菩 |

解知一切善根体性。解知一切善根体性故，

**26.33.2**

| | | | | | | | | |
|---|---|---|---|---|---|---|---|---|
| [illegible] | [illegible] | [illegible] | [illegible] | [illegible] | [illegible] | [illegible]。 | [illegible] | [illegible]， |
| tsjij2 | kwər1 | tsjiir2 | nẹ1 | tshjiij1 | nwə1 | tsjij2 | mə1 | zjɨ1 |
| 萨 | 体 | 性 | 演 | 说 | 知 | 解。 | 天 | 子， |
| [illegible] | [illegible] | [illegible] | [illegible] | [illegible] | [illegible] | [illegible] | [illegible] | [illegible] |
| thja2 | po1 | tjɨj1 | sa2 | to2 | źjɨr1 | bju1 | la1 | ɣiwej1 |
| 是 | 菩 | 提 | 萨 | 埵 | 实 | 如 | 记 | 授 |

解知演说菩萨体性。天子，是菩提萨埵如实说授记。

**26.33.3**

| | | | | | | | | |
|---|---|---|---|---|---|---|---|---|
| [illegible] | [illegible]。 | [illegible] | [illegible]， | [illegible] | [illegible]， | [illegible] | [illegible] | [illegible] |

① 所闻，西夏文以动词“[illegible]”（闻）的重叠形式表示。

| | | | | | | | | |
|---|---|---|---|---|---|---|---|---|
| tshjiij$^{1}$ | ljɨ$^{1}$ | nioow$^{1}$ | tśjɨɨ$^{1}$ | mə$^{1}$ | zjɨ̣$^{1}$ | tjij$^{1}$ | dźiã$^{2}$ | tsjij$^{2}$ |
| 说 | 也。 | 复 | 次, | 天 | 子, | 若 | 菩 | 萨 |
| [illegible] | [illegible] | [illegible]、 | [illegible] | [illegible]、 | [illegible] | [illegible] | [illegible] | [illegible] |
| zji$^{1}$ | mjii$^{1}$ | zjịj$^{1}$ | mjii$^{1}$ | bju$^{1}$ | tjị$^{1}$ | bju$^{1}$ | mjii$^{1}$ | nioow$^{1}$ |
| 布 | 施 | 时、 | 施 | 随、 | 愿 | 随 | 施 | 及 |

复次,天子,若菩萨布施、随所施与、随所愿施及

**26.33.4**

| | | | | | | | | |
|---|---|---|---|---|---|---|---|---|
| [illegible] | [illegible] | [illegible], | [illegible] | [illegible] | [illegible] | [illegible]。 | [illegible] | [illegible] |
| dzjij$^{2}$ | rjur$^{1}$ | mjii$^{1}$ | to$^{2}$ | zji$^{2}$ | ɣiẹ$^{2}$ | mjij$^{1}$ | mjii$^{1}$ | bju$^{1}$ |
| 余 | 诸 | 施, | 一 | 切 | 碍 | 无。 | 施 | 依 |
| [illegible] | [illegible] | [illegible] | [illegible], | [illegible] | [illegible] | [illegible] | [illegible] | [illegible] |
| gjị$^{2}$ | mjij$^{1}$ | mji$^{1}$ | zjij$^{1}$ | dwewr$^{2}$ | mjij$^{1}$ | tśjɨ$^{1}$ | tsjij$^{2}$ | tsjɨ$^{1}$ |
| 靠 | 无 | 不 | 著, | 觉 | 无 | 悟 | 解 | 亦 |

诸余施,一切无碍。施无所依不著,无觉无有解,

**26.33.5**

| | | | | | | | | |
|---|---|---|---|---|---|---|---|---|
| [illegible], | [illegible] | [illegible] | [illegible] | [illegible] | [illegible] | [illegible] | [illegible] | [illegible]。 |
| mjij$^{1}$ | tsjij$^{2}$ | mji$^{1}$ | dju$^{1}$ | ku$^{1}$ | tśhjwo$^{1}$ | ŋa$^{1}$ | ŋwu$^{2}$ | ljɨ$^{1}$ |
| 无, | 解 | 不 | 有 | 则 | 故 | 空 | 是 | 也。 |
| [illegible] | [illegible] | [illegible] | [illegible] | [illegible] | [illegible], | [illegible] | [illegible] | [illegible] |
| thjɨ$^{2}$ | sju$^{2}$ | mjii$^{1}$ | kwər$^{1}$ | tsjiir$^{2}$ | tsjij$^{2}$ | mjii$^{1}$ | kwər$^{1}$ | tsjiir$^{2}$ |
| 是 | 如 | 施 | 体 | 性 | 解, | 施 | 体 | 性 |

无有解故即是空也。若能如是解施体性,解施体性

**26.33.6**

| | | | | | | | | |
|---|---|---|---|---|---|---|---|---|
| [illegible] | [illegible], | [illegible] | [illegible] | [illegible] | [illegible] | [illegible] | [illegible]。 | [illegible] |
| tsjij$^{2}$ | ku$^{1}$ | źjɨr$^{1}$ | bju$^{1}$ | ɣu$^{1}$ | kwər$^{1}$ | tsjiir$^{2}$ | tsjij$^{2}$ | źjɨr$^{1}$ |
| 解 | 故, | 实 | 如 | 始 | 体 | 性 | 解。 | 实 |
| [illegible] | [illegible] | [illegible] | [illegible] | [illegible] | [illegible], | [illegible] | [illegible] | [illegible] |
| bju$^{1}$ | ɣu$^{1}$ | kwər$^{1}$ | tsjiir$^{2}$ | tsjij$^{2}$ | ku$^{1}$ | rjur$^{1}$ | tsjiir$^{1}$ | kwər$^{1}$ |
| 如 | 始 | 体 | 性 | 解 | 故, | 诸 | 法 | 体 |

故，解如实始体性。解如实始体性故，解诸法体

**26.34.1**

| | | | | | | | | |
|---|---|---|---|---|---|---|---|---|
| [illegible] | [illegible]。 | [illegible] | [illegible] | [illegible] | [illegible] | [illegible] | [illegible]， | [illegible] |
| tsjiir² | tsjij² | rjur¹ | tsjiir¹ | kwər¹ | tsjiir² | tsjij² | ku¹ | rjur¹ |
| 性 | 解。 | 诸 | 法 | 体 | 性 | 解 | 故， | 诸 |
| [illegible] | [illegible] | [illegible] | [illegible] | [illegible] | [illegible] | [illegible] | [illegible]。 | [illegible] |
| dźiã² | tśhju¹ | ŋowr² | ŋowr² | ·jij¹ | kwər¹ | tsjiir² | tsjij² | rjur¹ |
| 众 | 生 | 一 | 切 | 之 | 体 | 性 | 解。 | 诸 |

性。解诸法体性故，解诸一切众生体性。解诸

**26.34.2**

| | | | | | | | | |
|---|---|---|---|---|---|---|---|---|
| [illegible] | [illegible] | [illegible] | [illegible] | [illegible] | [illegible] | [illegible] | [illegible] | [illegible]， |
| dźiã² | tśhju¹ | ŋowr² | ŋowr² | ·jij¹ | kwər¹ | tsjiir² | tsjij² | ku¹ |
| 众 | 生 | 一 | 切 | 之 | 体 | 性 | 解 | 故， |
| [illegible] | [illegible] | [illegible] | [illegible] | [illegible] | [illegible] | [illegible]。 | [illegible] | [illegible]， |
| dźiã² | tsjij² | ·jij¹ | kwər¹ | tsjiir² | tshjiij¹ | njwi² | mə¹ | zjɨ¹ |
| 菩 | 萨 | 之 | 体 | 性 | 说 | 能。 | 天 | 子， |

一切众生体性故，说菩萨体性。天子，

**26.34.3**

| | | | | | | | | |
|---|---|---|---|---|---|---|---|---|
| [illegible] | [illegible] | [illegible] | [illegible] | [illegible] | [illegible] | [illegible] | [illegible] | [illegible] |
| thjɨ² | tja¹ | dźiã² | tsjij² | ·jij¹ | mjii¹ | gji¹ | sej¹ | ku¹ |
| 此 | 者 | 菩 | 萨 | 之 | 施 | 清 | 净 | 故 |
| [illegible] | [illegible] | [illegible] | [illegible] | [illegible]。 | [illegible] | [illegible]， | [illegible] | [illegible]， |
| la¹ | ɣiwej¹ | tshjiij¹ | ŋwu² | ljɨ¹ | nioow¹ | tśjɨɨ¹ | mə¹ | zjɨ¹ |
| 记 | 授 | 说 | 是 | 也。 | 复 | 次， | 天 | 子， |

是名菩萨施清净故说授记也。复次，天子，

## 汉文本

尔时，宝上天子问文殊师利：云何菩萨无增上慢？愿如实说。

文殊师利言：天子，若有菩萨一切智心、无等等心、三界最胜心，过诸声闻及缘觉外诸境界，以安住

心。然亦修行一切善根,为增上故,化众生故,摄正法故,为余众生、为他人说一切智心。是心如实解本始平等,如随所闻其心体性,解知一切众生体性。解知一切诸法体性故,解知一切善根体性。解知一切善根体性故,解知演说菩萨体性。天子,是菩提萨埵如实说授记。复次,天子,若菩萨布施、随所施与、随所愿施及诸余施,一切无碍。施无所依不著,无觉无有解,无有解故即是空也。若能如是解施体性,解施体性故,解如实始体性。解如实始体性故,解诸法体性。解诸法体性故,解诸一切众生体性。解诸一切众生体性故,说菩萨体性。天子,是名菩萨施清净故说授记也。

**26.34.4**

| | | | | | | | | |
|---|---|---|---|---|---|---|---|---|
| tjɨ$^{1}$ | tjij$^{1}$ | dźiã$^{2}$ | tsjij$^{2}$ | ljụ$^{2}$ | nwə$^{1}$ | tsjij$^{2}$ | ku$^{1}$ | kie$^{1}$ |
| 假 | 若 | 菩 | 萨, | 身 | 知 | 解 | 即 | 戒 |
| | | | | | | | | |
| nwə$^{1}$ | tsjij$^{2}$ | ljaa$^{2}$ | nwə$^{1}$ | tsjij$^{2}$ | ku$^{1}$ | kie$^{1}$ | nwə$^{1}$ | tsjij$^{2}$ |
| 知 | 解, | 口 | 知 | 解 | 即 | 戒 | 知 | 解, |

若有菩萨,解知身者即解知戒,解知口者即解知戒,

**26.34.5**

| | | | | | | | | |
|---|---|---|---|---|---|---|---|---|
| njiij$^{1}$ | tsjij$^{2}$ | nwə$^{1}$ | ku$^{1}$ | kie$^{1}$ | nwə$^{1}$ | tsjij$^{2}$ | ljụ$^{2}$ | ljaa$^{2}$ |
| 心 | 解 | 知 | 即 | 戒 | 知 | 解, | 身 | 口 |
| | | | | | | | | |
| tsjij$^{2}$ | ku$^{1}$ | dwewr$^{2}$ | mjij$^{1}$ | sej$^{1}$ | tsjij$^{2}$ | dwewr$^{2}$ | mjij$^{1}$ | sej$^{1}$ |
| 解 | 即 | 觉 | 寂 | 静 | 解 | 觉。 | 寂 | 静 |

解知心者即解知戒,解身口者解觉寂静。

**26.34.6**

| | | | | | | | | |
|---|---|---|---|---|---|---|---|---|
| tsjij$^{2}$ | ku$^{1}$ | dźiã$^{2}$ | tśhju$^{1}$ | mjij$^{1}$ | sej$^{1}$ | tsjij$^{2}$ | dźiã$^{2}$ | tśhju$^{1}$ |
| 解 | 故, | 众 | 生 | 寂 | 静 | 解。 | 众 | 生 |
| | | | | | | | | |
| mjij$^{1}$ | sej$^{1}$ | tsjij$^{2}$ | ku$^{1}$ | tsjiir$^{1}$ | ŋowr$^{2}$ | ŋowr$^{2}$ | mjij$^{1}$ | sej$^{1}$ |
| 寂 | 静 | 解 | 故, | 法 | 一 | 切 | 寂 | 静 |

解觉寂静故,解众生寂静。解众生寂静故,解一切法寂静。

**26.35.1**

| | | | | | | | | |
|---|---|---|---|---|---|---|---|---|
| [illegible]。 | [illegible] | [illegible] | [illegible] | [illegible] | [illegible] | [illegible] | [illegible]， | [illegible] |
| tsjij$^{2}$ | tsjiir$^{1}$ | ŋowr$^{2}$ | ŋowr$^{2}$ | mjij$^{1}$ | sej$^{1}$ | tsjij$^{2}$ | ku$^{1}$ | źjɨr$^{1}$ |
| 解。 | 法 | 一 | 切 | 寂 | 静 | 解 | 故， | 实 |
| [illegible] | [illegible] | [illegible] | [illegible] | [illegible]。 | [illegible] | [illegible] | [illegible] | [illegible] |
| bju$^{1}$ | ɣu$^{1}$ | mjij$^{1}$ | sej$^{1}$ | tsjij$^{2}$ | źjɨr$^{1}$ | bju$^{1}$ | ɣu$^{1}$ | mjij$^{1}$ |
| 如 | 始 | 寂 | 静 | 解。 | 实 | 如 | 始 | 寂 |

解一切法寂静故，解如实始寂静。解如实始寂

**26.35.2**

| | | | | | | | | |
|---|---|---|---|---|---|---|---|---|
| [illegible] | [illegible] | [illegible]， | [illegible] | [illegible] | [illegible]， | [illegible] | [illegible] | [illegible]、 |
| sej$^{1}$ | tsjij$^{2}$ | ku$^{1}$ | mjij$^{1}$ | sej$^{1}$ | tsjiir$^{1}$ | ·jiw$^{1}$ | mjij$^{1}$ | sej$^{1}$ |
| 静 | 解 | 故， | 寂 | 静 | 法， | 因 | 寂 | 静、 |
| [illegible]① | [illegible] | [illegible] | [illegible]， | [illegible] | [illegible] | [illegible] | [illegible] | [illegible] |
| nioow$^{1}$ | mjij$^{1}$ | sej$^{1}$ | rjir$^{2}$ | mji$^{1}$ | mji$^{1}$ | rjur$^{1}$ | tsjiir$^{1}$ | ŋowr$^{2}$ |
| 缘 | 寂 | 静 | 得， | 闻 | 闻 | 诸 | 法 | 一 |

静故，得寂静法，因寂静、缘寂静，随有所闻一切诸法

**26.35.3**

| | | | | | | | | |
|---|---|---|---|---|---|---|---|---|
| [illegible] | [illegible] | [illegible] | [illegible] | [illegible]。 | [illegible] | [illegible]， | [illegible] | [illegible] |
| ŋowr$^{2}$ | mjij$^{1}$ | sej$^{1}$ | tshjiij$^{1}$ | njwi$^{2}$ | mə$^{1}$ | zjɨ̣$^{1}$ | thjɨ$^{2}$ | tja$^{1}$ |
| 切 | 寂 | 静 | 说 | 能。 | 天 | 子， | 此 | 者 |
| [illegible] | [illegible] | [illegible] | [illegible] | [illegible] | [illegible] | [illegible] | [illegible] | [illegible] |
| dźiã$^{2}$ | tsjij$^{2}$ | ·jij$^{1}$ | kie$^{1}$ | gji$^{1}$ | sej$^{1}$ | ku$^{1}$ | źjɨr$^{1}$ | bju$^{1}$ |
| 菩 | 萨 | 之 | 戒 | 清 | 净 | 故 | 实 | 如 |

能说寂静。天子，是名菩萨戒清净故如实

**26.35.4**

| | | | | | | | | |
|---|---|---|---|---|---|---|---|---|
| [illegible] | [illegible] | [illegible] | [illegible] | [illegible]。 | [illegible] | [illegible]， | [illegible] | [illegible]， |
| la$^{1}$ | ɣiwej$^{1}$ | tshjiij$^{1}$ | ŋwu$^{2}$ | ljɨ$^{1}$ | nioow$^{1}$ | tśjɨɨ$^{1}$ | mə$^{1}$ | zjɨ̣$^{1}$ |

① 原文作"[illegible]"(因)字，疑误。据汉文本改。

记 授 说 是 也。 复 次， 天 子，
[illegible]
tjɨ$^{1}$ tjij$^{1}$ dźiã$^{2}$ tsjij$^{2}$ tsjiir$^{1}$ tsjiir$^{2}$ sji$^{1}$ dźjwa$^{1}$ ŋa$^{1}$
假 若 菩 萨， 法 性 毕 竟 空

说授记。复次，天子，若有菩萨，知于法性毕竟是空，

**26.35.5**

[illegible] ，[illegible]① [illegible] ，
ŋwu$^{2}$ nwə$^{1}$ tsjiir$^{1}$ tsjiir$^{2}$ sji$^{1}$ dźjwa$^{1}$ ·jij$^{1}$ dzju$^{2}$ nwə$^{1}$
是 知， 法 性 毕 竟 自 在 知，
[illegible] ，
ku$^{1}$ rjur$^{1}$ dźiã$^{2}$ tśhju$^{1}$ ɣa$^{2}$ ·ji$^{1}$ niow$^{2}$ zeew$^{2}$ njwi$^{2}$
则 诸 众 生 于 众 恶 忍 能，

知于法性毕竟自在，于诸众生能忍众恶，

**26.35.6**

[illegible] ，[illegible] ，[illegible]
njiij$^{1}$ zeew$^{2}$ mji$^{1}$ śjwo$^{1}$ djɨr$^{2}$ dạ$^{2}$ mji$^{1}$ sjwɨ$^{1}$ dźiã$^{2}$
心 忍 不 起， 外 事 不 思， 众
[illegible] ，[illegible] 。
tśhju$^{1}$ mji$^{1}$ nu$^{1}$ ·ji$^{1}$ niow$^{2}$ ŋowr$^{2}$ ŋowr$^{2}$ dzjar$^{2}$ njwi$^{2}$
生 不 背， 众 恶 一 切 灭 能。

心不起忍，不思外事，不背众生，能灭一切众恶。

**26.36.1**

[illegible] ，[illegible]
rjur$^{1}$ dźiã$^{2}$ tśhju$^{1}$ ·jij$^{1}$ tsjiir$^{2}$ sju$^{2}$ zeew$^{2}$ kwər$^{1}$ tsjiir$^{2}$
诸 众 生 之 性 如， 忍 体 性
[illegible] 。[illegible] ，[illegible]
tsjɨ$^{1}$ ·a tjɨj$^{2}$ zeew$^{2}$ kwər$^{1}$ tsjiir$^{2}$ sju$^{2}$ po$^{1}$ tjɨj$^{1}$

① 原文作“[illegible]”(tsjij$^{2}$ 解)字，疑与“[illegible]”(tsjiir$^{1}$ 法)音近而通假。据汉文本改。

| | | | | | | | | |
|---|---|---|---|---|---|---|---|---|
| 亦 | 是 | 如。 | 忍 | 体 | 性 | 如， | 菩 | 提 |

如诸众生性,忍体性亦尔。如忍体性,菩提

**26.36.2**

| | | | | | | | | |
|---|---|---|---|---|---|---|---|---|
| [illegible] | [illegible] | [illegible] | [illegible]。 | [illegible] | [illegible] | [illegible] | [illegible]， | [illegible] |
| tsjiir[2] | tsjɨ[1] | ·a | tjɨj[2] | po[1] | tjɨj[1] | tsjiir[1] | sju[2] | rjur[1] |
| 性 | 亦 | 是 | 如。 | 菩 | 提 | 法 | 如， | 诸 |
| [illegible] | [illegible] | [illegible] | [illegible] | [illegible] | [illegible] | [illegible] | [illegible]。 | [illegible] |
| tsjiir[1] | ŋowr[2] | ŋowr[2] | kwər[1] | tsjiir[2] | tsjɨ[1] | ·a | tjɨj[2] | rjur[1] |
| 法 | 一 | 切 | 体 | 性 | 亦 | 是 | 如。 | 诸 |

性亦尔。如菩提性,一切诸法体性亦尔。

**26.36.3**

| | | | | | | | | |
|---|---|---|---|---|---|---|---|---|
| [illegible] | [illegible] | [illegible] | [illegible] | [illegible] | [illegible] | [illegible]， | [illegible] | [illegible] |
| tsjiir[1] | ŋowr[2] | ŋowr[2] | kwər[1] | tsjiir[2] | nwə[1] | sju[2] | źjɨr[1] | bju[1] |
| 法 | 一 | 切 | 体 | 性 | 知 | 如， | 实 | 如 |
| [illegible] | [illegible] | [illegible]①。 | [illegible] | [illegible] | [illegible] | [illegible] | [illegible] | [illegible] |
| mjor[1] | tsjiir[1] | tsjɨ[1] | thjɨ[2] | sju[2] | mji[1] | lew[2] | thwuu[1] | sji[1] |
| 如 | 法 | 亦。 | 此 | 如 | 闻 | 所 | 同 | 尽 |

如知一切诸法体性,如实如法亦尔。如如所闻同尽

**26.36.4**

| | | | | | | | | |
|---|---|---|---|---|---|---|---|---|
| [illegible] | [illegible]， | [illegible] | [illegible] | [illegible] | [illegible] | [illegible] | [illegible]， | [illegible] |
| tsjiir[1] | tsjiir[2] | tsjiir[1] | tsjiir[2] | rjur[1] | sji[1] | dźjwa[1] | ŋa[1] | tsjiir[1] |
| 法 | 性， | 法 | 性 | 界 | 毕 | 竟 | 空， | 法 |
| [illegible] | [illegible] | [illegible] | [illegible] | [illegible] | [illegible] | [illegible] | [illegible]。 | [illegible] |
| tsjiir[2] | sji[1] | dźjwa[1] | ŋa[1] | śjij[1] | zeew[2] | dźjij[1] | tshjiij[1] | mə[1] |
| 性 | 毕 | 竟 | 空 | 顺 | 忍 | 行 | 说。 | 天 |

法性,法性界毕竟空,法性毕竟空说行顺忍。天

---

① 据前文句式可知,此处当省略了"[illegible][illegible]"(如是)二字。

**26.36.5**

| | | | | | | | | |
|---|---|---|---|---|---|---|---|---|
| zjɨ̣$^{1}$ | thjɨ$^{2}$ | tja$^{1}$ | dźiã$^{2}$ | tsjij$^{2}$ | ·jij$^{1}$ | źjɨr$^{1}$ | ɣiej$^{1}$ | sej$^{1}$ |
| 子， | 此 | 者 | 菩 | 萨 | 之 | 实 | 真 | 净 |
| zeew$^{2}$ | la$^{1}$ | ɣiwej$^{1}$ | tshjiij$^{1}$ | ŋwu$^{2}$ | ljɨ$^{1}$ | nioow$^{1}$ | tśjɨɨ$^{1}$ | mə$^{1}$ |
| 忍 | 记 | 授 | 说 | 是 | 也。 | 复 | 次， | 天 |

子，是名菩萨真实净忍说授记也。复次，天

**26.36.6**

| | | | | | | | | |
|---|---|---|---|---|---|---|---|---|
| zjɨ̣$^{1}$ | dźiã$^{2}$ | tsjij$^{2}$ | tsjiir$^{1}$ | dźjɨ | ŋowr$^{2}$ | ŋowr$^{2}$ | ·wejr$^{2}$ | nwə$^{1}$ |
| 子， | 菩 | 萨 | 法 | 行 | 一 | 切 | 慎 | 知 |
| rjur$^{1}$ | sjwɨ$^{1}$ | sjiij$^{2}$ | ka$^{2}$ | rjur$^{1}$ | ljuu$^{2}$ | tshjịj$^{2}$ | mjij$^{1}$ | dźjɨɨr$^{1}$ |
| 诸 | 惟 | 思 | 离， | 诸 | 庄 | 严 | 无 | 舍 |

子，菩萨知慎一切法行离诸思惟，无诸庄严成舍

**26.37.1**

| | | | | | | | | |
|---|---|---|---|---|---|---|---|---|
| ·jɨr$^{2}$ | dźjɨ | śjɨj$^{1}$ | wji$^{1}$ | lew$^{2}$ | dju$^{1}$ | sju$^{2}$ | wji$^{1}$ | lew$^{2}$ |
| 进 | 行 | 成， | 为 | 所 | 有 | 如 | 作 | 所 |
| tsjɨ$^{1}$ | mjij$^{1}$ | thja$^{2}$ | nwə$^{1}$ | gjwɨ$^{1}$ | lwo$^{2}$ | ŋowr$^{2}$ | ŋowr$^{2}$ | ka$^{2}$ |
| 亦 | 无。 | 其 | 知 | 坚 | 固 | 一 | 切 | 离 |

进行，如有所为亦无所作。其知坚固一切能离，

**26.37.2**

| | | | | | | | | |
|---|---|---|---|---|---|---|---|---|
| njwi$^{2}$ | ·u$^{2}$ | tsjiir$^{2}$ | mjij$^{1}$ | sej$^{1}$ | djɨr$^{2}$ | tsjiir$^{2}$ | dźiã$^{2}$ | tśhju$^{1}$ |
| 能， | 内 | 性 | 寂 | 静， | 外 | 性 | 众 | 生 |

| | | | | | | |
|---|---|---|---|---|---|---|
| [illegible] | [illegible]。 | [illegible] | [illegible] | [illegible] | [illegible] | [illegible]， |
| ·jij$^{1}$ | dzjiij$^{2}$ | khu$^{1}$ | dźjij$^{1}$ | mjij$^{1}$ | nwə$^{1}$ | ku$^{1}$ |
| 之 | 化。 | 进 | 精 | 寂 | 知 | 故， |

内性寂静，外化众生。知精进寂故，

**26.37.3**

| | | | | | | | | |
|---|---|---|---|---|---|---|---|---|
| [illegible] | [illegible] | [illegible] | [illegible]。 | [illegible] | [illegible] | [illegible] | [illegible] | [illegible]， |
| po$^{1}$ | tjɨj$^{1}$ | mjij$^{1}$ | nwə$^{1}$ | po$^{1}$ | tjɨj$^{1}$ | mjij$^{1}$ | nwə$^{1}$ | ku$^{1}$ |
| 菩 | 提 | 寂 | 知。 | 菩 | 提 | 寂 | 知 | 故， |
| [illegible] | [illegible] | [illegible] | [illegible] | [illegible] | [illegible] | [illegible] | [illegible]。 | [illegible] |
| rjur$^{1}$ | tsjiir$^{1}$ | ŋowr$^{2}$ | ŋowr$^{2}$ | mjij$^{1}$ | sej$^{1}$ | tsjɨ$^{1}$ | nwə$^{1}$ | rjur$^{1}$ |
| 诸 | 法 | 一 | 切 | 寂 | 静 | 亦 | 知。 | 诸 |

知菩提寂。知菩提寂故，亦知一切诸法寂静。知诸

**26.37.4**

| | | | | | | | | |
|---|---|---|---|---|---|---|---|---|
| [illegible] | [illegible] | [illegible] | [illegible]， | [illegible] | [illegible] | [illegible] | [illegible]、 | [illegible] |
| tsjiir$^{1}$ | mjij$^{1}$ | sej$^{1}$ | ku$^{1}$ | źjɨr$^{1}$ | bju$^{1}$ | ɣu$^{1}$ | nwə$^{1}$ | mji$^{1}$ |
| 法 | 寂 | 静 | 故， | 实 | 如 | 始 | 知、 | 闻 |
| [illegible] | [illegible] | [illegible]， | [illegible] | [illegible] | [illegible] | [illegible] | [illegible] | [illegible] |
| mji$^{1}$ | tsjiir$^{1}$ | bju$^{1}$ | khu$^{1}$ | dźjij$^{1}$ | tsjiir$^{2}$ | mjij$^{1}$ | ku$^{1}$ | ŋowr$^{2}$ |
| 闻 | 法 | 如， | 进 | 精 | 性 | 寂 | 故 | 一 |

法寂故，知如实始、如所闻法，精进性寂故一

**26.37.5**

| | | | | | | | | |
|---|---|---|---|---|---|---|---|---|
| [illegible] | [illegible] | [illegible]。 | [illegible] | [illegible]， | [illegible] | [illegible] | [illegible] | [illegible] |
| ŋowr$^{2}$ | tshjiij$^{1}$ | njwi$^{2}$ | mə$^{1}$ | zjɨ$^{1}$ | thjɨ$^{2}$ | tja$^{1}$ | dźiã$^{2}$ | tsjij$^{2}$ |
| 切 | 说 | 能。 | 天 | 子， | 此 | 者 | 菩 | 萨 |
| [illegible] | [illegible] | [illegible] | [illegible] | [illegible] | [illegible] | [illegible] | [illegible] | [illegible] |
| ·jij$^{1}$ | gji$^{1}$ | sej$^{1}$ | khu$^{1}$ | dźjij$^{1}$ | źjɨr$^{1}$ | bju$^{1}$ | la$^{1}$ | ɣiwej$^{1}$ |
| 之 | 清 | 净 | 进 | 精 | 实 | 如 | 记 | 授 |

切能说。天子，是名菩萨清净精进如实知授记。

## 汉文本

复次，天子，若有菩萨，解知身者即解知戒，解知口者即解知戒，解知心者即解知戒，解身口者解觉寂静。解觉寂静故，解众生寂静。解众生寂静故，解一切法寂静。解一切法寂静故，解如实始寂静。解如实始寂静故，得寂静法，因寂静、缘寂静，随有所闻一切诸法能说寂静。天子，是名菩萨戒清净故如实说授记。复次，天子，若有菩萨，知于法性毕竟是空，知于法性毕竟自在，于诸众生能忍众恶，心不起忍，不思外事，不背众生，能灭一切众恶。如诸众生性，忍体性亦尔。如忍体性，菩提性亦尔。如菩提性，一切诸法体性亦尔。如知一切诸法体性，如实如法亦尔。如如所闻同尽法性，法性界毕竟空，法性毕竟空说行顺忍。天子，是名菩萨真实净忍说授记也。复次，天子，菩萨知慎一切法行离诸思惟，无诸庄严成舍进行，如有所为亦无所作。其知坚固一切能离，内性寂静，外化众生。知精进寂故，知菩提寂。知菩提寂故，亦知一切诸法寂静。知诸法寂故，知如实始、如所闻法，精进性寂故一切能说。天子，是名菩萨清净精进如实知授记。

**26.37.6**

| | | | | | | | | |
|---|---|---|---|---|---|---|---|---|
| [illegible] | [illegible] | [illegible]。 | [illegible] | [illegible]， | [illegible] | [illegible]， | [illegible] | [illegible] |
| nwə[1] | ŋwu[2] | ljɨ[1] | nioow[1] | tśjɨɨ[1] | mə[1] | zjɨ[1] | tjɨ[1] | tjij[1] |
| 知 | 是 | 也。 | 复 | 次， | 天 | 子， | 假 | 若 |
| [illegible] | [illegible] | [illegible] | [illegible] | [illegible] | [illegible] | [illegible] | [illegible] | [illegible] |
| dźiã[2] | tsjij[2] | rjur[1] | tsjiir[1] | tśhja[2] | ka[1] | lhu[1] | tjij[1] | mjij[1] |
| 菩 | 萨 | 诸 | 法 | 平 | 等 | 增 | 减 | 无 |

复次，天子，若菩萨入诸法平等无增减禅，

**26.38.1**

| | | | | | | | | |
|---|---|---|---|---|---|---|---|---|
| [illegible] | [illegible]， | [illegible] | [illegible] | [illegible]， | [illegible] | [illegible] | [illegible] | [illegible] |
| śjã[1] | ·o[2] | śjã[1] | ɣie[1] | nioow[1] | ku[1] | njiij[1] | phji[1] | no[2] |
| 禅 | 入， | 禅 | 力 | 故， | 则 | 心 | 意 | 安 |
| [illegible]。 | [illegible] | [illegible] | [illegible] | [illegible]， | [illegible] | [illegible] | [illegible] | [illegible]。 |
| dźjiij[1] | njiij[1] | no[2] | dźjiij[1] | ku[1] | sjij[2] | dźjiij[1] | lew[2] | mjij[1] |
| 住。 | 心 | 安 | 住 | 故， | 识 | 住 | 所 | 无。 |

以禅力故，其心安住。心安住故，识无所住。

**26.38.2**

| | | | | | | | | |
|---|---|---|---|---|---|---|---|---|
| [illegible] | [illegible] | [illegible] | [illegible] | [illegible]， | [illegible] | [illegible] | [illegible] | [illegible] |

| | | | | | | | | |
|---|---|---|---|---|---|---|---|---|
| sjij² | dźjiij¹ | lew² | mjij¹ | ku¹ | śjạ¹ | dwewr² | njiij¹ | tśhja² |
| 识 | 住 | 所 | 无 | 故， | 七 | 觉 | 心 | 平 |
| 。 | | | | | | ， | | |
| ka¹ | śjạ¹ | dwewr² | njiij¹ | tśhja² | ka¹ | ku¹ | śjã¹ | djɨj² |
| 等。 | 七 | 觉 | 心 | 平 | 等 | 故， | 禅 | 定 |

识无所住故，七觉心平等。七觉心平等故，得禅定

**26.38.3**

| | | | | | | | | |
|---|---|---|---|---|---|---|---|---|
| | | 。 | | | | | | ， |
| tśhja² | ka¹ | rjir² | śjã¹ | djɨj² | tśhja² | ka¹ | rjir² | ku¹ |
| 平 | 等 | 得。 | 禅 | 定 | 平 | 等 | 得 | 故， |
| | | | | 。 | | | | |
| po¹ | tjɨj¹ | tśhja² | ka¹ | nwə¹ | po¹ | tjɨj¹ | tśhja² | ka¹ |
| 菩 | 提 | 平 | 等 | 知。 | 菩 | 提 | 平 | 等 |

平等。得禅定平等故，知菩提平等。知菩提平等

**26.38.4**

| | | | | | | | | |
|---|---|---|---|---|---|---|---|---|
| | ， | | | | | | | |
| nwə¹ | ku¹ | dźiã² | tśhju¹ | ŋowr² | ŋowr² | tśhja² | ka¹ | nwə¹ |
| 知 | 故， | 众 | 生 | 一 | 切 | 平 | 等 | 知 |
| 。 | | | | | | | | |
| sjij² | dźiã² | tśhju¹ | ŋowr² | ŋowr² | tśhja² | ka¹ | nwə¹ | sjij² |
| 识。 | 众 | 生 | 一 | 切 | 平 | 等 | 知 | 识 |

故，知识一切众生平等。知识一切众生平等

**26.38.5**

| | | | | | | | | |
|---|---|---|---|---|---|---|---|---|
| ， | | | | | 。 | | | |
| ku¹ | rjur¹ | tsjiir¹ | tśhja² | ka¹ | nwə¹ | tjij¹ | thjɨ² | sju² |
| 故， | 诸 | 法 | 平 | 等 | 知。 | 若 | 是 | 如 |
| | | | ， | | | | | ， |
| rjur¹ | tsjiir¹ | tśhja² | ka¹ | ku¹ | mji¹ | mji¹ | tsjiir¹ | bju¹ |
| 诸 | 法 | 平 | 等， | 则 | 闻 | 闻 | 法 | 随， |

故,知诸法平等。若如是知诸法平等,随所闻法,

**26.38.6**

| | | | | | | | | |
|---|---|---|---|---|---|---|---|---|
| [illegible] | [illegible] | [illegible] | [illegible] | [illegible] | [illegible] | [illegible] | [illegible]。 | [illegible] |
| rjur$^{1}$ | tsjiir$^{1}$ | kwər$^{1}$ | tsjiir$^{2}$ | tśhja$^{2}$ | ka$^{1}$ | tshjiij$^{1}$ | njwi$^{2}$ | mə$^{1}$ |
| 诸 | 法 | 体 | 性 | 平 | 等 | 说 | 能。 | 天 |
| [illegible], | [illegible] | [illegible] | [illegible] | [illegible] | [illegible] | [illegible] | [illegible] | [illegible] |
| zjɨ$^{1}$ | thjɨ$^{2}$ | tja$^{1}$ | dźiã$^{2}$ | tsjij$^{2}$ | ·jij$^{1}$ | gji$^{1}$ | sej$^{1}$ | śjã$^{1}$ |
| 子, | 此 | 者 | 菩 | 萨 | 之 | 清 | 净 | 禅 |

能说诸法体性平等。天子,是名菩萨清净禅

**26.39.1**

| | | | | | | | | |
|---|---|---|---|---|---|---|---|---|
| [illegible] | [illegible] | [illegible] | [illegible] | [illegible] | [illegible] | [illegible] | [illegible]。 | [illegible] |
| djɨj$^{2}$ | źjɨr$^{1}$ | bju$^{1}$ | ɣiwej$^{1}$ | la$^{1}$ | tshjiij$^{1}$ | ŋwu$^{2}$ | ljɨ$^{1}$ | nioow$^{1}$ |
| 定 | 实 | 如 | 授 | 记 | 说 | 是 | 也。 | 复 |
| [illegible], | [illegible] | [illegible], | [illegible] | [illegible] | [illegible] | [illegible] | [illegible] | [illegible] |
| tśjɨɨ$^{1}$ | mə$^{1}$ | zjɨ$^{1}$ | tjɨ$^{1}$ | tjij$^{1}$ | dźiã$^{2}$ | tsjij$^{2}$ | źjɨr$^{1}$ | mej$^{1}$ |
| 次, | 天 | 子, | 假 | 或 | 菩 | 萨 | 慧 | 眼 |

定如实说授记。复次,天子,若有菩萨慧眼

**26.39.2**

| | | | | | | | | |
|---|---|---|---|---|---|---|---|---|
| [illegible] | [illegible], | [illegible] | [illegible] | [illegible] | [illegible] | [illegible] | [illegible] | [illegible] |
| sej$^{1}$ | gji$^{1}$ | tsjiir$^{1}$ | ŋowr$^{2}$ | ŋowr$^{2}$ | ɣa$^{2}$ | źjɨr$^{1}$ | bju$^{1}$ | nwə$^{1}$ |
| 净 | 清, | 法 | 一 | 切 | 于 | 实 | 如 | 知 |
| [illegible], | [illegible] | [illegible] | [illegible] | [illegible] | [illegible] | [illegible] | [illegible] | [illegible]、 |
| ljij$^{2}$ | ljij$^{2}$ | ŋwu$^{2}$ | bju$^{1}$ | tsjiir$^{1}$ | zji$^{2}$ | ljij$^{2}$ | lew$^{2}$ | mjij$^{1}$ |
| 见, | 见 | 所 | 随 | 法 | 皆 | 见 | 所 | 无、 |

清净,如实知见于一切法,随所见法皆无所见、

**26.39.3**

| | | | | | | | | |
|---|---|---|---|---|---|---|---|---|
| [illegible] | [illegible] | [illegible] | [illegible], | [illegible] | [illegible] | [illegible] | [illegible] | [illegible] |
| mju$^{2}$ | ljɨj$^{2}$ | mji$^{1}$ | dju$^{1}$ | mju$^{2}$ | mjij$^{1}$ | sjij$^{2}$ | rjir$^{2}$ | dźjɨ |

| | | | | | | | | |
|---|---|---|---|---|---|---|---|---|
| 动 | 摇 | 不 | 有， | 动 | 无 | 智 | 得 | 行 |
| [illegible] | [illegible] | [illegible] | [illegible] | [illegible] | [illegible] | [illegible] | [illegible]， | [illegible] |
| mjij[1] | ·jiw[1] | mjij[1] | nioow[1] | mjij[1] | dźjɨ | tsjɨ[1] | mjij[1] | nioow[1] |
| 无 | 因 | 无 | 缘 | 无 | 行 | 亦 | 无， | 亦 |

无有动摇，得无动智无行无因无缘行，

**26.39.4**

| | | | | | | | | |
|---|---|---|---|---|---|---|---|---|
| [illegible] | [illegible] | [illegible] | [illegible] | [illegible] | [illegible] | [illegible] | [illegible] | [illegible] |
| rjur[1] | pju[1] | wer[1] | tsjiir[1] | tjɨ̣j[2] | mji[1] | dźjịj[1] | mji[1] | tsjɨ[1] |
| 诸 | 威 | 仪 | 法 | 典 | 不 | 行 | 非 | 亦 |
| [illegible] | [illegible]， | [illegible] | [illegible] | [illegible] | [illegible]， | [illegible] | [illegible] | [illegible] |
| mji[1] | dźjịj[1] | ·jiw[1] | nioow[1] | mji[1] | dźjịj[1] | rjur[1] | tsjiir[1] | tśhja[2] |
| 不 | 行， | 因 | 缘 | 不 | 行， | 诸 | 法 | 平 |

亦不行诸威仪法则亦非不行，不行因缘，知诸法平

**26.39.5**

| | | | | | | | | |
|---|---|---|---|---|---|---|---|---|
| [illegible] | [illegible] | [illegible] | [illegible] | [illegible] | [illegible]。 | [illegible] | [illegible] | [illegible]？ |
| ka[1] | mji[1] | gjuu[2] | mji[1] | dźjịj[1] | nwə[1] | thjij[2] | sjo[2] | ljɨ[1] |
| 等 | 不 | 救 | 不 | 行 | 知。 | 何 | 云 | 也？ |
| [illegible] | [illegible] | [illegible] | [illegible] | [illegible] | [illegible] | [illegible]， | [illegible] | [illegible] |
| tjij[1] | mji[1] | dźjịj[1] | ku[1] | phjo[2] | kar[2] | mjij[1] | rjur[1] | lwow[1] |
| 若 | 不 | 行 | 即 | 分 | 别 | 无， | 诸 | 妄 |

等不救不行。何以故？若不行者即无分别，断诸妄

**26.39.6**

| | | | | | | | | |
|---|---|---|---|---|---|---|---|---|
| [illegible] | [illegible] | [illegible] | [illegible] | [illegible] | [illegible]。 | [illegible] | [illegible] | [illegible] |
| sjiij[2] | dzu[1] | gjii[2] | lej[2] | zjịj[1] | phja[1] | thja[2] | po[1] | tjɨj[1] |
| 想 | 望 | 希 | 贪 | 著 | 断。 | 是 | 菩 | 提 |
| [illegible] | [illegible] | [illegible] | [illegible] | [illegible] | [illegible]， | [illegible] | [illegible] | [illegible] |
| sa[2] | to[2] | rjur[1] | dju[1] | lew[2] | ka[2] | nioow[1] | dźiã[2] | tśhju[1] |
| 萨 | 埵 | 诸 | 有 | 所 | 离， | 亦 | 众 | 生 |

想希望贪著。是菩提萨埵离诸所有，亦

**26.40.1**

| | | | | | | | | |
|---|---|---|---|---|---|---|---|---|
| [illegible] | [illegible] | [illegible] | [illegible] | [illegible] | [illegible] | [illegible], | [illegible] | [illegible] |
| ŋowr$^{2}$ | ŋowr$^{2}$ | ·jij$^{1}$ | dźjij$^{1}$ | tji̧$^{2}$ | do$^{2}$ | dźjij$^{1}$ | rjur$^{1}$ | dźiã$^{2}$ |
| 一 | 切 | 之 | 行 | 可 | 处 | 行, | 诸 | 众 |
| [illegible] | [illegible] | [illegible] | [illegible] | [illegible], | [illegible] | [illegible] | [illegible] | [illegible] |
| tśhju$^{1}$ | ·jij$^{1}$ | dzju$^{1}$ | dzjɨɨ$^{2}$ | kię̧j$^{2}$ | po$^{1}$ | tjɨj$^{1}$ | ·wu̧$^{2}$ | tsjiir$^{1}$ |
| 生 | 之 | 教 | 化 | 欲, | 菩 | 提 | 助 | 法 |

行一切众生行处,为欲教化诸众生故,

**26.40.2**

| | | | | | | | | |
|---|---|---|---|---|---|---|---|---|
| [illegible] | [illegible] | [illegible] | [illegible] | [illegible], | [illegible] | [illegible] | [illegible] | [illegible] |
| ŋowr$^{2}$ | ŋowr$^{2}$ | śioo$^{1}$ | dzjɨ̧$^{2}$ | kię̧j$^{2}$ | tśhja$^{2}$ | tsjiir$^{1}$ | ɣjiw$^{1}$ | lhjwi$^{1}$ |
| 一 | 切 | 集 | 聚 | 欲, | 正 | 法 | 摄 | 取 |
| [illegible], | [illegible] | [illegible] | [illegible] | [illegible] | [illegible] | [illegible]。 | [illegible] | [illegible] |
| kię̧j$^{2}$ | so̧$^{1}$ | ljɨ̧$^{1}$ | sjwɨ$^{1}$ | mji$^{1}$ | bja$^{2}$ | kię̧j$^{2}$ | dźiã$^{2}$ | tśhju$^{1}$ |
| 欲, | 三 | 宝 | 种 | 不 | 断 | 欲。 | 众 | 生 |

聚集一切助菩提法故,摄取正法故,不断三宝种故。

**26.40.3**

| | | | | | | | | |
|---|---|---|---|---|---|---|---|---|
| [illegible] | [illegible] | [illegible] | [illegible] | [illegible] | [illegible] | [illegible]①, | [illegible] | [illegible] |
| ŋowr$^{2}$ | ŋowr$^{2}$ | ·jij$^{1}$ | dźjij$^{1}$ | tji̧$^{2}$ | do$^{2}$ | dźjij$^{1}$ | mjor$^{1}$ | jij$^{2}$ |
| 一 | 切 | 之 | 行 | 可 | 处 | 行, | 如 | 来 |
| [illegible] | [illegible] | [illegible] | [illegible], | [illegible] | [illegible] | [illegible] | [illegible] | [illegible] |
| ·jij$^{1}$ | dźjij$^{1}$ | lew$^{2}$ | tja$^{1}$ | tsjiir$^{1}$ | ŋowr$^{2}$ | ŋowr$^{2}$ | gji$^{1}$ | sej$^{1}$ |
| 之 | 行 | 所 | 者, | 法 | 一 | 切 | 清 | 净 |

如来所行者,于一切法清净

**26.40.4**

| | | | | | | | | |
|---|---|---|---|---|---|---|---|---|
| [illegible] | [illegible] | [illegible] | [illegible] | [illegible] | [illegible] | [illegible], | [illegible] | [illegible] |
| kwər$^{1}$ | tsjiir$^{2}$ | ɣa$^{2}$ | phjo$^{2}$ | kar$^{2}$ | lew$^{2}$ | mjij$^{1}$ | thjɨ$^{2}$ | pa$^{2}$ |

① [illegible](行一切众生行处),汉文本无,疑衍前文 39.6—40.1 该句。

| | | | | | | | | |
|---|---|---|---|---|---|---|---|---|
| 体 | 性 | 于 | 分 | 别 | 所 | 无， | 此 | 般 |
| [illegible] | [illegible] | [illegible] | [illegible] | [illegible]， | [illegible] | [illegible] | [illegible] | [illegible] |
| rja2 | kwər1 | tsjiir2 | sej1 | ku1 | po1 | tjɨj1 | kwər1 | tsjiir2 |
| 若 | 体 | 性 | 净 | 故， | 菩 | 提 | 体 | 性 |

体性无所分别，以此般若体性净故，知菩提体性

**26.40.5**

| | | | | | | | | |
|---|---|---|---|---|---|---|---|---|
| [illegible] | [illegible]。 | [illegible] | [illegible] | [illegible] | [illegible] | [illegible] | [illegible] | [illegible]， |
| sej1 | nwə1 | po1 | tjɨj1 | kwər1 | tsjiir2 | sej1 | nwə1 | ku1 |
| 净 | 知。 | 菩 | 提 | 体 | 性 | 净 | 知 | 故， |
| [illegible] | [illegible] | [illegible] | [illegible] | [illegible] | [illegible]。 | [illegible] | [illegible] | [illegible] |
| dźiã2 | tśhju1 | kwər1 | tsjiir2 | sej1 | nwə1 | dźiã2 | tśhju1 | kwər1 |
| 众 | 生 | 体 | 性 | 净 | 知。 | 众 | 生 | 体 |

净。知菩提体性净故，知众生体性净。知众生体

**26.40.6**

| | | | | | | | | |
|---|---|---|---|---|---|---|---|---|
| [illegible] | [illegible] | [illegible] | [illegible]， | [illegible] | [illegible] | [illegible] | [illegible] | [illegible] |
| tsjiir2 | sej1 | nwə1 | ku1 | tsjiir1 | ŋowr2 | ŋowr2 | kwər1 | tsjiir2 |
| 性 | 净 | 知 | 故， | 法 | 一 | 切 | 体 | 性 |
| [illegible] | [illegible]。 | [illegible] | [illegible] | [illegible] | [illegible] | [illegible] | [illegible] | [illegible] |
| sej1 | nwə1 | tsjiir1 | ŋowr2 | ŋowr2 | kwər1 | tsjiir2 | sej1 | nwə1 |
| 净 | 知。 | 法 | 一 | 切 | 体 | 性 | 净 | 知 |

性净故，知一切法体性净。知一切法体性净

**26.41.1**

| | | | | | | | | |
|---|---|---|---|---|---|---|---|---|
| [illegible]， | [illegible] | [illegible] | [illegible] | [illegible] | [illegible] | [illegible] | [illegible] | [illegible] |
| ku1 | rjur1 | tsjiir1 | kwər1 | tsjiir2 | ɣa2 | źjɨr1 | bju1 | sjij2 |
| 故， | 诸 | 法 | 体 | 性 | 于 | 实 | 如 | 智 |
| [illegible]。 | [illegible] | [illegible] | [illegible] | [illegible] | [illegible]， | [illegible] | [illegible] | [illegible] |
| rjir2 | źjɨr1 | bju1 | sjij2 | rjir2 | ku1 | mji1 | mji1 | dạ2 |
| 得。 | 实 | 如 | 智 | 得 | 故， | 闻 | 闻 | 事 |

故，于诸法体性得如实智。得如实智故，随所闻事

**26.41.2**

| | | | | | | | | |
|---|---|---|---|---|---|---|---|---|
| [illegible] | [illegible] | [illegible] | [illegible] | [illegible] | [illegible] | [illegible] | [illegible] | [illegible]。 |
| bju$^{1}$ | thja$^{2}$ | tsjiir$^{1}$ | rjur$^{1}$ | tsjiir$^{2}$ | phjo$^{2}$ | kar$^{2}$ | mjij$^{1}$ | tshjiij$^{1}$ |
| 随 | 是 | 法 | 界 | 性 | 分 | 别 | 无 | 说。 |
| [illegible] | [illegible]， | [illegible] | [illegible] | [illegible] | [illegible] | [illegible] | [illegible] | [illegible] |
| mə$^{1}$ | zjɨ̣$^{1}$ | thjɨ$^{2}$ | tja$^{1}$ | dźiã$^{2}$ | tsjij$^{2}$ | ·jij$^{1}$ | źjɨr$^{1}$ | mej$^{1}$ |
| 天 | 子， | 此 | 者 | 菩 | 萨 | 之 | 慧 | 眼 |

是法界性说无分别。天子，是名菩萨慧眼

**26.41.3**

| | | | | | | | | |
|---|---|---|---|---|---|---|---|---|
| [illegible] | [illegible] | [illegible] | [illegible] | [illegible] | [illegible] | [illegible] | [illegible] | [illegible]。 |
| gji$^{1}$ | sej$^{1}$ | źjɨr$^{1}$ | bju$^{1}$ | la$^{1}$ | ɣiwej$^{1}$ | tshjiij$^{1}$ | ŋwu$^{2}$ | ljɨ$^{1}$ |
| 清 | 净 | 实 | 如 | 记 | 授 | 说 | 是 | 也。 |

清净如实说授记。

## 汉文本

复次，天子，若菩萨入诸法平等无增减禅，以禅力故，其心安住。心安住故，识无所住。识无所住故，七觉心平等。七觉心平等故，得禅定平等。得禅定平等故，知菩提平等。知菩提平等故，知识一切众生平等。知识一切众生平等故，知诸法平等。若如是知诸法平等，随所闻法，能说诸法体性平等。天子，是名菩萨清净禅定如实说授记。复次，天子，若有菩萨慧眼清净，如实知见于一切法，随所见法皆无所见、无有动摇，得无动智无行无因无缘行，亦不行诸威仪法则亦非不行，不行因缘，知诸法平等不救不行。何以故？若不行者即无分别，断诸妄想希望贪著。是菩提萨埵离诸所有，亦行一切众生行处，为欲教化诸众生故，聚集一切助菩提法故，摄取正法故，不断三宝种故。如来所行者，于一切法清净体性无所分别，以此般若体性净故，知菩提体性净。知菩提体性净故，知众生体性净。知众生体性净故，知一切法体性净。知一切法体性净故，于诸法体性得如实智。得如实智故，随所闻事是法界性说无分别。天子，是名菩萨慧眼清净如实说授记。

**26.41.3**

| | | | | | | | | |
|---|---|---|---|---|---|---|---|---|
| [illegible] | [illegible]， | [illegible] | [illegible]， | [illegible] | [illegible] | [illegible] | [illegible] | [illegible] |
| nioow$^{1}$ | tśjɨɨ$^{1}$ | mə$^{1}$ | zjɨ̣$^{1}$ | dźiã$^{2}$ | tsjij$^{2}$ | ljụ$^{2}$ | dźjɨ | ljụ$^{2}$ |
| 复 | 次， | 天 | 子， | 菩 | 萨 | 身 | 行 | 身 |

复次，天子，菩萨观身行身

**26.41.4**

| | | | | | | | | |
|---|---|---|---|---|---|---|---|---|
| [illegible] | [illegible] | [illegible]， | [illegible] | [illegible] | [illegible] | [illegible] | [illegible] | [illegible] |
| lə | dźjiij$^{1}$ | bioo$^{1}$ | ·wjɨ$^{2}$ | rar$^{2}$ | lju̥$^{2}$ | bju$^{2}$ | ljow$^{2}$ | mji$^{1}$ |
| 念 | 处 | 观， | 过 | 去 | 身 | 边 | 际 | 不 |
| [illegible] | [illegible]， | [illegible] | [illegible] | [illegible] | [illegible] | [illegible] | [illegible] | [illegible]， |
| dju$^{1}$ | bju$^{1}$ | mjij$^{2}$ | jɨj$^{2}$ | lju̥$^{2}$ | tshwew$^{1}$ | mjijr$^{2}$ | mjij$^{1}$ | nwə$^{1}$ |
| 有 | 依， | 未 | 来 | 身 | 趣 | 者 | 无 | 知， |

念处，知过去身无有边际，知未来身无趣向者，

**26.41.5**

| | | | | | | | | |
|---|---|---|---|---|---|---|---|---|
| [illegible] | [illegible] | [illegible] | [illegible]， | [illegible] | [illegible] | [illegible] | [illegible] | [illegible] |
| mjor$^{1}$ | dźjiij$^{1}$ | lju̥$^{2}$ | tja$^{1}$ | sji$^{1}$ | śjɨ$^{2}$ | ɣjɨ$^{1}$ | lu̥$^{1}$ | we$^{2}$ |
| 现 | 在 | 身 | 者， | 木 | 草 | 瓦 | 石 | 墙 |
| [illegible] | [illegible] | [illegible]， | [illegible] | [illegible] | [illegible] | [illegible]。 | [illegible] | [illegible] |
| dzjwɨ$^{1}$ | ·wjɨ$^{2}$ | sju$^{2}$ | lju̥$^{2}$ | tsjɨ$^{1}$ | ·a | tjɨj$^{2}$ | tjij$^{1}$ | thjɨ$^{2}$ |
| 壁 | 犹 | 如， | 身 | 亦 | 是 | 如。 | 若 | 是 |

现在身者，犹如草木瓦石墙壁，身亦如是。若

**26.41.6**

| | | | | | | | | |
|---|---|---|---|---|---|---|---|---|
| [illegible] | [illegible] | [illegible] | [illegible] | [illegible] | [illegible]， | [illegible] | [illegible] | [illegible] |
| sju$^{2}$ | lju̥$^{2}$ | lju̥$^{2}$ | dźjɨ | bioo$^{1}$ | njwi$^{2}$ | ku$^{1}$ | thja$^{2}$ | lju̥$^{2}$ |
| 如 | 身 | 身 | 行 | 观 | 能， | 则 | 是 | 身 |
| [illegible] | [illegible] | [illegible] | [illegible] | [illegible] | [illegible]， | [illegible] | [illegible] | [illegible] |
| kwər$^{1}$ | tsjiir$^{2}$ | ? | dźjɨ | mjij$^{1}$ | sej$^{1}$ | sjwɨ$^{1}$ | sjiij$^{2}$ | lo̥$^{2}$ |
| 体 | 性 | 痴 | 行 | 寂 | 静， | 惟 | 思 | 双 |

能如是观身身行，是身体性痴行寂静，思惟并

**26.42.1**

| | | | | | | | | |
|---|---|---|---|---|---|---|---|---|
| [illegible] | [illegible] | [illegible] | [illegible] | [illegible] | [illegible] | [illegible] | [illegible]， | [illegible] |
| dźjij$^{1}$ | nioow$^{1}$ | mji$^{1}$ | sjwɨ$^{1}$ | sjiij$^{2}$ | mji$^{1}$ | gu$^{1}$ | śjwo$^{1}$ | ·jij$^{1}$ |
| 行 | 亦 | 不 | 惟 | 思 | 不 | 起 | 发， | 自 |

| | | | | | | | | |
|---|---|---|---|---|---|---|---|---|
| [illegible] | [illegible] | [illegible] | [illegible] | [illegible] | [illegible] | [illegible] | [illegible]， | [illegible] |
| dzju$^{2}$ | mji$^{1}$ | śjwo$^{1}$ | ku$^{1}$ | thjɨ$^{2}$ | tja$^{1}$ | ŋa$^{2}$ | ka$^{2}$ | sjij$^{2}$ |
| 在 | 不 | 起 | 则 | 是 | 者 | 我 | 离， | 识 |

行亦无发起，不思惟①不起自在是名离我，识

**26.42.2**

| | | | | | | | | |
|---|---|---|---|---|---|---|---|---|
| [illegible] | [illegible] | [illegible] | [illegible] | [illegible] | [illegible] | [illegible] | [illegible] | [illegible]， |
| dźjiij$^{1}$ | lew$^{2}$ | mjij$^{1}$ | ljụ$^{2}$ | lə | dźjiij$^{1}$ | dźjɨ | djọ$^{2}$ | ŋwu$^{2}$ |
| 住 | 所 | 无 | 身 | 念 | 住 | 行 | 修 | 是， |
| [illegible] | [illegible] | [illegible] | [illegible] | [illegible] | [illegible] | [illegible] | [illegible] | [illegible] |
| nioow$^{1}$ | djọ$^{2}$ | dźjịj$^{1}$ | lew$^{2}$ | tsjiir$^{1}$ | mji$^{1}$ | dju$^{1}$ | mji$^{1}$ | tsjɨ$^{1}$ |
| 亦 | 修 | 行 | 可 | 法 | 不 | 有 | 非 | 亦 |

无所住修身念处行，亦无有法可修行者亦非

**26.42.3**

| | | | | | | | | |
|---|---|---|---|---|---|---|---|---|
| [illegible] | [illegible]， | [illegible] | [illegible] | [illegible] | [illegible] | [illegible] | [illegible] | [illegible] |
| mji$^{1}$ | djọ$^{2}$ | tsjiir$^{1}$ | ŋowr$^{2}$ | ŋowr$^{2}$ | kwər$^{1}$ | tsjiir$^{2}$ | mji$^{1}$ | dju$^{1}$ |
| 不 | 修， | 法 | 一 | 切 | 体 | 性 | 不 | 有 |
| [illegible] | [illegible] | [illegible] | [illegible]。 | [illegible] | [illegible] | [illegible] | [illegible] | [illegible] |
| mji$^{1}$ | mji$^{1}$ | dju$^{1}$ | nwə$^{1}$ | thjɨ$^{2}$ | sju$^{2}$ | ljụ$^{2}$ | bioo$^{1}$ | ljụ$^{2}$ |
| 非 | 不 | 有 | 知。 | 是 | 如 | 身 | 观 | 身 |

不修，知一切法无有体性非不有性。如是观身

**26.42.4**

| | | | | | | | | |
|---|---|---|---|---|---|---|---|---|
| [illegible] | [illegible] | [illegible]， | [illegible] | [illegible] | [illegible] | [illegible] | [illegible]， | [illegible] |
| dźjɨ | djọ$^{2}$ | dźjịj$^{1}$ | njiij$^{1}$ | wjị$^{1}$ | djii$^{2}$ | sju$^{2}$ | bioo$^{1}$ | njiij$^{1}$ |
| 行 | 修 | 行， | 心 | 幻 | 化 | 如 | 观， | 心 |
| [illegible] | [illegible] | [illegible]， | [illegible] | [illegible] | [illegible] | [illegible] | [illegible]， | [illegible] |
| dźiwe$^{1}$ | sju$^{2}$ | nwə$^{1}$ | njiij$^{1}$ | rejr$^{2}$ | lhjịj$^{2}$ | mji$^{1}$ | dzu$^{1}$ | tśjị$^{1}$ |
| 应 | 如 | 知， | 心 | 乐 | 受 | 不 | 爱， | 苦 |

① 西夏文本“无发起”和“不思惟”语序颠倒。

修于身行，观心如幻化，知心如响应，如实知心①，受乐不爱，受苦

**26.42.5**

| | | | | | | | | |
|---|---|---|---|---|---|---|---|---|
| 綳 | 慨 | 梭， | 慨 | 敍 | 慨 | 藹， | 蚉 | 攏 |
| lhjịj$^{2}$ | mji$^{1}$ | khie$^{1}$ | mji$^{1}$ | tśjị$^{1}$ | mji$^{1}$ | rejr$^{2}$ | źjɨr$^{1}$ | bju$^{1}$ |
| 受 | 不 | 苦， | 不 | 苦 | 不 | 乐， | 实 | 如 |
| 緂 | 繸， | 絨 | 幐 | 慨 | 鞢， | 緥 | 緉 | 慨 |
| nwə$^{1}$ | njwi$^{2}$ | tśhja$^{2}$ | lə | mji$^{1}$ | phjɨ$^{1}$ | bju$^{1}$ | mjij$^{1}$ | mji$^{1}$ |
| 知 | 能， | 正 | 念 | 不 | 失， | 明 | 无 | 不 |

不苦，受不苦乐②不失正念，不执无明，

**26.42.6**

| | | | | | | | | |
|---|---|---|---|---|---|---|---|---|
| 鞴， | 綳 | 兤 | 綳 | 緕 | 藏 | 孩 | 纐 | 慨 |
| zow$^{2}$ | lhjịj$^{2}$ | ka$^{2}$ | lhjịj$^{2}$ | ·jij$^{1}$ | tśhjij$^{1}$ | sjwi$^{2}$ | lew$^{2}$ | mji$^{1}$ |
| 执， | 受 | 离 | 受 | 之 | 持 | 牵 | 所 | 不 |
| 綴， | 蚉 | 攏 | 緂 | 鋒 | 旒 | 繸 | 蚉 | 攏 |
| we$^{2}$ | źjɨr$^{1}$ | bju$^{1}$ | nwə$^{1}$ | ku$^{1}$ | thjɨ$^{2}$ | tja$^{1}$ | źjɨr$^{1}$ | bju$^{1}$ |
| 为， | 实 | 如 | 知 | 则 | 此 | 者 | 实 | 如 |

离受于受不为所牵，是名如实知

**26.43.1**

| | | | | | | | | |
|---|---|---|---|---|---|---|---|---|
| 綳 | 幐 | 綖 | 緂 | 葭 | 骰。 | 薤 | 旒 | 稵 |
| lhjịj$^{2}$ | lə | dźjiij$^{1}$ | nwə$^{1}$ | ljij$^{2}$ | ŋwu$^{2}$ | tjij$^{1}$ | thjɨ$^{2}$ | sju$^{2}$ |
| 受 | 念 | 处 | 知 | 见 | 是。 | 若 | 是 | 如 |
| 綳 | 姘 | 絒 | 繸， | 鋒 | 旐 | 綳 | 禨 | 蔽， |
| lhjịj$^{2}$ | dźjɨ | bioo$^{1}$ | njwi$^{2}$ | ku$^{1}$ | rjur$^{1}$ | lhjịj$^{2}$ | tsjiir$^{1}$ | ɣa$^{2}$ |
| 受 | 行 | 观 | 能， | 则 | 诸 | 受 | 法 | 于， |

见受念处。若能如是观受行者，于诸受法，

**26.43.2**

| | | | | | | | | |
|---|---|---|---|---|---|---|---|---|
| 絣 | 祇 | 纐 | 緉， | 絣 | 慨 | 兤 | 綖， | 秔 |

① 如实知心，西夏文本作“心如实知”，其中“如实知”译于“受不苦乐不失正念”之间。

② 受不苦乐，西夏文本作“不苦不乐”。

| | | | | | | | | |
|---|---|---|---|---|---|---|---|---|
| njiij$^{1}$ | dźjij$^{1}$ | lew$^{2}$ | mjij$^{1}$ | njiij$^{1}$ | mji$^{1}$ | no$^{2}$ | dźjiij$^{1}$ | thja$^{2}$ |
| 心 | 行 | 所 | 无, | 心 | 不 | 安 | 住, | 是 |
| [illegible] | [illegible] | [illegible] | [illegible] | [illegible] | [illegible] | [illegible] | [illegible] | [illegible] |
| njiij$^{1}$ | ŋowr$^{2}$ | ŋowr$^{2}$ | po$^{1}$ | tjɨj$^{1}$ | njiij$^{1}$ | mji$^{1}$ | bə$^{1}$ | dźjwo$^{2}$ |
| 心 | 一 | 切 | 菩 | 提 | 心 | 不 | 放 | 舍 |

心无所行,心不安住,是一切心亦不放舍,菩提之心①

**26.43.3**

| | | | | | | | | |
|---|---|---|---|---|---|---|---|---|
| [illegible] | [illegible] | [illegible] | [illegible], | [illegible] | [illegible] | [illegible] | [illegible], | [illegible] |
| lə | phjɨ$^{1}$ | tsjɨ$^{1}$ | mjij$^{1}$ | nioow$^{1}$ | mji$^{1}$ | khwa$^{1}$ | ka$^{2}$ | thjɨ$^{2}$ |
| 念 | 失 | 亦 | 无, | 亦 | 不 | 远 | 离, | 此 |
| [illegible] | [illegible] | [illegible] | [illegible] | [illegible] | [illegible] | [illegible] | [illegible]。 | [illegible] |
| tja$^{1}$ | njiij$^{1}$ | dźjɨ | njiij$^{1}$ | lə | dźjiij$^{1}$ | bioo$^{1}$ | ŋwu$^{2}$ | tjij$^{1}$ |
| 者 | 心 | 行 | 心 | 念 | 处 | 观 | 是。 | 若 |

亦不失念,亦不远离,是名观心行心念处。

**26.43.4**

| | | | | | | | | |
|---|---|---|---|---|---|---|---|---|
| [illegible] | [illegible] | [illegible], | [illegible] | [illegible] | [illegible], | [illegible] | [illegible] | [illegible] |
| tsjiir$^{1}$ | nwə$^{1}$ | njwi$^{2}$ | tsjiir$^{1}$ | dźjɨ | tsjiir$^{1}$ | lə | mjij$^{1}$ | sjwɨ$^{1}$ |
| 法 | 知 | 善, | 法 | 行 | 法, | 念 | 无 | 惟 |
| [illegible] | [illegible], | [illegible] | [illegible] | [illegible] | [illegible] | [illegible] | [illegible] | [illegible] |
| sjiij$^{2}$ | mjij$^{1}$ | tsjiir$^{1}$ | tsjiir$^{2}$ | kha$^{1}$ | ·o$^{2}$ | ljụ$^{2}$ | lhjij$^{2}$ | njiij$^{1}$ |
| 思 | 无, | 法 | 性 | 中 | 入 | 身 | 受 | 心 |

善知法,知见法行法,无念无思惟,入于法性无身受心,

**26.43.5**

| | | | | | | | | |
|---|---|---|---|---|---|---|---|---|
| [illegible] | [illegible] | [illegible], | [illegible] | [illegible] | [illegible] | [illegible], | [illegible] | [illegible] |
| mjij$^{1}$ | nwə$^{1}$ | ljij$^{2}$ | tsjiir$^{1}$ | ·jij$^{1}$ | bioo$^{1}$ | ŋwu$^{2}$ | ljij$^{2}$ | dźjɨ |
| 无 | 知 | 见, | 法 | 相 | 观 | 以, | 见 | 行 |
| [illegible] | [illegible] | [illegible] | [illegible] | [illegible] | [illegible] | [illegible] | [illegible], | [illegible] |

① 菩提之心,西夏文本译于前半句"是一切心亦不放舍"中。

| | | | | | | | | |
|---|---|---|---|---|---|---|---|---|
| gu$^{1}$ | śjwo$^{1}$ | tsjiir$^{1}$ | tsjiir$^{2}$ | kha$^{1}$ | ·o$^{2}$ | ljɨ̣$^{1}$ | njaa$^{2}$ | thjɨ$^{2}$ |
| 起 | 发 | 法 | 性 | 中 | 入 | 及 | 非， | 此 |

非观法相，发起见行入于法性，是

**26.43.6**

| | | | | | | | | |
|---|---|---|---|---|---|---|---|---|
| [illegible] | [illegible] | [illegible] | [illegible] | [illegible] | [illegible] | [illegible] | [illegible]。 | [illegible] |
| tja$^{1}$ | tsjiir$^{1}$ | dźjɨ | tsjiir$^{1}$ | lə | dźjiij$^{1}$ | bioo$^{1}$ | ŋwu$^{2}$ | thja$^{2}$ |
| 者 | 法 | 行 | 法 | 念 | 处 | 观 | 是。 | 是 |
| [illegible] | [illegible] | [illegible] | [illegible] | [illegible] | [illegible] | [illegible]， | [illegible] | [illegible] |
| tsjiir$^{1}$ | ŋowr$^{2}$ | ŋowr$^{2}$ | kwər$^{1}$ | tsjiir$^{2}$ | thjwɨ$^{2}$ | ljị$^{2}$ | śioo$^{1}$ | dzjɨ̣$^{2}$ |
| 法 | 一 | 切 | 体 | 性 | 和 | 合， | 集 | 聚 |

名观法行法念处。是一切法体性和合，聚集

**26.44.1**

| | | | | | | | | |
|---|---|---|---|---|---|---|---|---|
| [illegible] | [illegible] | [illegible] | [illegible] | [illegible] | [illegible]， | [illegible] | [illegible] | [illegible] |
| war$^{2}$ | mjij$^{1}$ | tsho̱$^{2}$ | ŋa$^{1}$ | ·wjɨ$^{2}$ | sju$^{2}$ | mji$^{1}$ | mji$^{1}$ | da̱$^{2}$ |
| 物 | 无 | 虚 | 空 | 犹 | 如， | 闻 | 闻 | 事 |
| [illegible] | [illegible] | [illegible] | [illegible] | [illegible] | [illegible]， | [illegible] | [illegible] | [illegible] |
| bju$^{1}$ | lə | mjij$^{1}$ | sjwɨ$^{1}$ | sjiij$^{2}$ | mjij$^{1}$ | thja$^{1}$ | śjij$^{1}$ | tsjiir$^{1}$ |
| 如 | 念 | 无 | 惟 | 思 | 无， | 自 | 然 | 法 |

无物犹如虚空，如所闻事无念无思惟，自然说法

**26.44.2**

| | | | | | | | | |
|---|---|---|---|---|---|---|---|---|
| [illegible] | [illegible] | [illegible]。 | [illegible] | [illegible]， | [illegible] | [illegible] | [illegible] | [illegible] |
| lə | dźjiij$^{1}$ | tshjiij$^{1}$ | mə$^{1}$ | zjɨ̣$^{1}$ | thjɨ$^{2}$ | tja$^{1}$ | sej$^{1}$ | tsjiir$^{1}$ |
| 念 | 处 | 说。 | 天 | 子， | 此 | 者 | 净 | 法 |
| [illegible] | [illegible] | [illegible]① | [illegible] | [illegible] | [illegible] | [illegible] | [illegible]。 | [illegible] |
| lə | dźjiij$^{1}$ | mji$^{1}$ | la$^{1}$ | ɣiwej$^{1}$ | tshjiij$^{1}$ | ŋwu$^{2}$ | ljɨ$^{1}$ | nioow$^{1}$ |
| 念 | 处 | 不 | 记 | 授 | 说 | 是 | 也。 | 复 |

念处。天子，是名知于净法念处说授记也。复

---

① 据汉文本，此处应为“[illegible]”（知）字。

## 汉文本

复次，天子，菩萨观身行身念处，知过去身无有边际，知未来身无趣向者，现在身者，犹如草木瓦石墙壁，身亦如是。若能如是观身身行，是身体性痴行寂静，思惟并行亦无发起，不思惟不起自在是名离我，识无所住修身念处行，亦无有法可修行者亦非不修，知一切法无有体性非不有性。如是观身修于身行，观心如幻化，知心如响应，如实知心，受乐不爱，受苦不苦，受不苦乐不失正念，不执无明，离受于受不为所牵，是名如实知见受念处。若能如是观受行者，于诸受法，心无所行，心不安住，是一切心亦不放舍，菩提之心亦不失念，亦不远离，是名观心行心念处。善知法，知见法行法，无念无思惟，入于法性无身受心，非观法相，发起见行入于法性，是名观法行法念处。是一切法体性和合，聚集无物犹如虚空，如所闻事无念无思惟，自然说法念处。天子，是名知于净法念处说授记也。

**26.44.3**

| | | | | | | | | |
|---|---|---|---|---|---|---|---|---|
| [illegible]， | [illegible] | [illegible]， | [illegible] | [illegible] | [illegible] | [illegible] | [illegible] | [illegible] |
| tśjɨɨ$^{1}$ | mə$^{1}$ | zjɨ̣$^{1}$ | nioow$^{1}$ | thja$^{1}$ | dźiā$^{2}$ | tsjij$^{2}$ | ŋowr$^{2}$ | ŋowr$^{2}$ |
| 次， | 天 | 子， | 又 | 是 | 菩 | 萨 | 一 | 切 |
| [illegible] | [illegible]， | [illegible] | [illegible] | [illegible] | [illegible] | [illegible] | [illegible] | [illegible] |
| sjịj$^{2}$ | njiij$^{1}$ | ·jij$^{1}$ | dzju$^{2}$ | rjir$^{1}$ | ku$^{1}$ | rjɨr$^{2}$ | dzjiij$^{2}$ | dzjiij$^{2}$ |
| 智 | 心， | 自 | 在 | 得 | 则 | 所 | 教 | 悔 |

次，天子，又是菩萨一切智心，而得自在如所教悔，

**26.44.4**

| | | | | | | | | |
|---|---|---|---|---|---|---|---|---|
| [illegible]， | [illegible] | [illegible] | [illegible] | [illegible] | [illegible] | [illegible] | [illegible] | [illegible] |
| bju$^{1}$ | mji$^{1}$ | wji$^{1}$ | mji$^{1}$ | ŋewr$^{1}$ | lə | mji$^{1}$ | phjɨ$^{1}$ | dźjɨɨr$^{1}$ |
| 如， | 不 | 施 | 不 | 乱 | 念 | 不 | 失 | 舍 |
| [illegible] | [illegible]， | [illegible] | [illegible] | [illegible] | [illegible] | [illegible] | [illegible] | [illegible] |
| tśhja$^{2}$ | dźjiij$^{1}$ | ɣu$^{1}$ | ·a | śjwo$^{1}$ | neew$^{2}$ | tśhji$^{2}$ | ŋowr$^{2}$ | ŋowr$^{2}$ |
| 正 | 住， | 初 | △ | 发 | 善 | 根 | 一 | 切 |

正住不施不乱不失，念于初发一切善根

**26.44.5**

| | | | | | | | | |
|---|---|---|---|---|---|---|---|---|
| [illegible] | [illegible] | [illegible] | [illegible]， | [illegible] | [illegible] | [illegible] | [illegible] | [illegible] |
| ror$^{2}$ | mjij$^{1}$ | njiij$^{1}$ | dźjɨ | bju$^{1}$ | ljọ$^{2}$ | dja$^{2}$ | dźjij$^{1}$ | twụ$^{1}$ |
| 垢 | 无 | 心 | 行， | 随 | 所 | △ | 行 | 各 |

| | | | | | | | | |
|---|---|---|---|---|---|---|---|---|
| [illegible] | [illegible]， | [illegible] | [illegible] | [illegible] | [illegible] | [illegible] | [illegible]， | [illegible] |
| to$^{2}$ | zji$^{2}$ | kie$^{1}$ | tsjụ$^{1}$ | źier$^{1}$ | njiij$^{1}$ | dźjɨɨr$^{1}$ | njwi$^{2}$ | kie$^{1}$ |
| 一 | 切， | 戒 | 犯 | 诃 | 心 | 舍 | 能， | 戒 |

无垢心行，随所行处一切能舍，诃犯戒心

**26.44.6**

| | | | | | | | | |
|---|---|---|---|---|---|---|---|---|
| [illegible] | [illegible] | [illegible] | [illegible]， | [illegible] | [illegible]， | [illegible] | [illegible] | [illegible] |
| zeew$^{2}$ | mji$^{1}$ | bju$^{1}$ | gjị$^{2}$ | dzji$^{1}$ | ɣwej$^{1}$ | ljụ$^{2}$ | ljaa$^{2}$ | njiij$^{1}$ |
| 忍 | 不 | 依 | 止， | 诤 | 讼， | 身 | 口 | 心 |
| [illegible] | [illegible] | [illegible] | [illegible] | [illegible] | [illegible] | [illegible] | [illegible] | [illegible] |
| phji$^{1}$ | mjij$^{1}$ | rjur$^{1}$ | dźiã$^{2}$ | tśhju$^{1}$ | ɣa$^{2}$ | tshjạ$^{1}$ | njiij$^{1}$ | mji$^{1}$ |
| 意 | 无① | 诸 | 众 | 生 | 于 | 瞋 | 心 | 不 |

不依止戒，忍无诤讼，身口心意于诸众生不生瞋心，

**26.45.1**

| | | | | | | | | |
|---|---|---|---|---|---|---|---|---|
| [illegible]， | [illegible] | [illegible]、 | [illegible] | [illegible] | [illegible] | [illegible] | [illegible] | [illegible] |
| śjwo$^{1}$ | ɣię$^{2}$ | mji$^{1}$ | tjịj$^{1}$ | dwewr$^{2}$ | ·ụ$^{2}$ | khu$^{1}$ | dźjij$^{1}$ | mji$^{1}$ |
| 生， | 声 | 闻、 | 缘 | 觉 | 乘 | 进 | 精 | 不 |
| [illegible]， | [illegible] | [illegible] | [illegible] | [illegible] | [illegible] | [illegible] | [illegible] | [illegible] |
| śjwo$^{1}$ | mji$^{1}$ | tsjɨ$^{1}$ | sjwɨ$^{1}$ | sjiij$^{2}$ | ·a | njiij$^{1}$ | ŋwu$^{2}$ | neew$^{2}$ |
| 起， | 不 | 亦 | 惟 | 思 | 一 | 心 | 以 | 善 |

不起声闻、缘觉精进乘进，不念思惟一切②善

**26.45.2**

| | | | | | | | | |
|---|---|---|---|---|---|---|---|---|
| [illegible] | [illegible]， | [illegible] | [illegible] | [illegible] | [illegible] | [illegible] | [illegible] | [illegible] |
| tsjiir$^{1}$ | lə | rjur$^{1}$ | śjã$^{1}$ | djɨj$^{2}$ | tśjɨɨ$^{1}$ | bju$^{1}$ | djɨj$^{2}$ | mji$^{1}$ |
| 法 | 念， | 诸 | 禅 | 定 | 次 | 依 | 定 | 不 |
| [illegible] | [illegible]， | [illegible] | [illegible] | [illegible] | [illegible] | [illegible] | [illegible] | [illegible] |
| bju$^{1}$ | gjị$^{2}$ | njiij$^{1}$ | dźjịj$^{1}$ | lew$^{2}$ | mjij$^{1}$ | dźjịj$^{1}$ | rjur$^{1}$ | ljij$^{2}$ |
| 依 | 靠， | 心 | 行 | 所 | 无 | 行 | 诸 | 见 |

① 此处的“无”与前处“忍……诤讼”一起对译汉文本的“忍无诤讼”。
② 一切，西夏文本作“一心”。

法，不依诸禅定次第定，心无所行不见行诸见，

**26.45.3**

| | | | | | | | | |
|---|---|---|---|---|---|---|---|---|
| [illegible] | [illegible] | [illegible]， | [illegible] | [illegible] | [illegible] | [illegible] | [illegible] | [illegible] |
| dźjịj$^{1}$ | mji$^{1}$ | ljij$^{2}$ | rjur$^{1}$ | tsjiir$^{1}$ | mji$^{1}$ | dźjịj$^{1}$ | tsjiir$^{1}$ | ŋowr$^{2}$ |
| 行 | 不 | 见， | 诸 | 法 | 不 | 行 | 法 | 一 |
| [illegible] | [illegible]， | [illegible] | [illegible] | [illegible] | [illegible]， | [illegible] | [illegible] | [illegible] |
| ŋowr$^{2}$ | ·o$^{2}$ | rjur$^{1}$ | śjɨj$^{2}$ | dzjwo$^{2}$ | sju$^{2}$ | rjur$^{1}$ | mjɨɨ$^{2}$ | rjur$^{1}$ |
| 切 | 入， | 诸 | 圣 | 人 | 如， | 诸 | 境 | 界 |

不行诸法入一切法，如诸圣人，于诸境界

**26.45.4**

| | | | | | | | | |
|---|---|---|---|---|---|---|---|---|
| [illegible] | [illegible] | [illegible] | [illegible] | [illegible]。 | [illegible] | [illegible] | [illegible] | [illegible] |
| ɣa$^{2}$ | dźjịj$^{1}$ | lew$^{2}$ | mji$^{1}$ | dju$^{1}$ | śjɨj$^{2}$ | njaa$^{2}$ | rjir$^{2}$ | kjɨ$^{1}$ |
| 于 | 行 | 所 | 不 | 有。 | 圣 | 非 | 与 | 虽 |
| [illegible] | [illegible] | [illegible] | [illegible] | [illegible] | [illegible]， | [illegible] | [illegible] | [illegible] |
| ? | njij$^{1}$ | ljụ$^{2}$ | ljaa$^{2}$ | phji$^{1}$ | sjwɨj$^{1}$ | mjɨ$^{1}$ | ·jij$^{1}$ | źier$^{1}$ |
| 近 | 亲 | 身 | 口 | 意 | 业， | 他 | 之 | 诃 |

而无所行。虽近非圣身口意业，未曾被诃，

**26.45.5**

| | | | | | | | | |
|---|---|---|---|---|---|---|---|---|
| [illegible] | [illegible]， | [illegible] | [illegible] | [illegible] | [illegible]。 | [illegible] | [illegible] | [illegible]① |
| njɨɨ$^{2}$ | lew$^{2}$ | mji$^{1}$ | we$^{2}$ | dźiej$^{2}$ | ŋwu$^{2}$ | neew$^{2}$ | tsjiir$^{1}$ | mji$^{1}$ |
| 骂 | 所， | 不 | 为 | 信 | 以。 | 善 | 法 | 不 |
| [illegible] | [illegible] | [illegible] | [illegible] | [illegible]， | [illegible] | [illegible] | [illegible] | [illegible] |
| kjụ$^{1}$ | tjịj$^{1}$ | dźjij$^{1}$ | dźjwɨ$^{1}$ | mjij$^{1}$ | ·jij$^{1}$ | rjur$^{1}$ | kha$^{1}$ | lho |
| 求 | 独 | 行 | 侣 | 无， | 自 | 世 | 中 | 出 |

不以信故。求于善法独行无侣，欲自过世

**26.45.6**

| | | | | | | | | |
|---|---|---|---|---|---|---|---|---|
| [illegible] | [illegible] | [illegible] | [illegible] | [illegible] | [illegible]， | [illegible] | [illegible] | [illegible] |

① 此处“[illegible]”（不）字，当属于前句“未曾被诃”。

| | | | | | | | | |
|---|---|---|---|---|---|---|---|---|
| kięj² | nioow¹ | khu¹ | dźjij¹ | dźjɨ | dźjịj¹ | lẹj² | kięj² | tshjạ¹ |
| 欲 | 缘 | 进 | 精 | 行 | 行， | 贪 | 欲 | 瞋 |
| [illegible] | [illegible] | [illegible] | [illegible] | [illegible]。 | [illegible] | [illegible] | [illegible] | [illegible]， |
| ? | tśhiow¹ | tśjo | phja¹ | ljɨ¹ | njiij¹ | źjị¹ | njɨɨ² | mjij¹ |
| 痴 | 结 | 永 | 断 | 也。 | 心 | 恼 | 烦 | 无， |

行精进行，永断贪欲瞋痴结故。心无烦恼，

**26.46.1**

| | | | | | | | | |
|---|---|---|---|---|---|---|---|---|
| [illegible] | [illegible] | [illegible] | [illegible]。 | [illegible] | [illegible] | [illegible] | [illegible] | [illegible] |
| kie¹ | mji¹ | ljiij² | ljɨ¹ | niow² | dźjɨ | dźjịj¹ | mjijr² | rjir² |
| 戒 | 不 | 破 | 也。 | 恶 | 行 | 行 | 者 | 与 |
| [illegible] | [illegible] | [illegible]， | [illegible] | [illegible] | [illegible] | [illegible] | [illegible] | [illegible] |
| mji¹ | ? | njij¹ | lạ¹ | ljoor¹ | mji¹ | dju¹ | ·u² | dźjɨ |
| 不 | 近 | 亲， | 谀 | 谄 | 不 | 有 | 内 | 行 |

不破戒故。亦不亲近行恶行者，无有谀谄内行

**26.46.2**

| | | | | | | | | |
|---|---|---|---|---|---|---|---|---|
| [illegible] | [illegible]。 | [illegible] | [illegible] | [illegible] | [illegible] | [illegible]， | [illegible] | [illegible] |
| sej¹ | ljɨ¹ | ŋewr¹ | khiee¹ | dạ² | mjij¹ | tja¹ | ljaa² | sjwɨj¹ |
| 净 | 也。 | 乱 | 散 | 语 | 无 | 者， | 口 | 业 |
| [illegible] | [illegible]。 | [illegible] | [illegible] | [illegible] | [illegible]， | [illegible] | [illegible] | [illegible] |
| sej¹ | ljɨ¹ | kjụ¹ | lew² | mjij¹ | tja¹ | ·jij¹ | war² | lhə |
| 净 | 也。 | 求 | 所 | 无 | 者， | 自 | 财 | 足 |

净故。无散乱语者，口业净故。无所求者，自财知足

**26.46.3**

| | | | | | | | | |
|---|---|---|---|---|---|---|---|---|
| [illegible] | [illegible]。 | [illegible] | [illegible] | [illegible] | [illegible]， | [illegible] | [illegible] | [illegible] |
| nwə¹ | ljɨ¹ | phjii¹ | kiej² | njaa² | tja¹ | dow¹ | ŋwu² | ·jij¹ |
| 知 | 也。 | 使 | 驱 | 非 | 者， | 邪 | 以 | 自 |
| [illegible] | [illegible] | [illegible]。 | [illegible] | [illegible] | [illegible] | [illegible]， | [illegible] | [illegible] |
| mji¹ | ·jur¹ | ljɨ¹ | tśiow¹ | dzjị² | mjij¹ | tja¹ | zjɨɨr¹ | ljij² |
| 不 | 活 | 也。 | 积 | 聚 | 无 | 者， | 小 | 大 |

故。非驱使者,非邪命活故。无积聚者,随有

**26.46.4**

| | | | | | | | | |
|---|---|---|---|---|---|---|---|---|
| [illegible] | [illegible] | [illegible] | [illegible] | [illegible] | [illegible]。 | [illegible] | [illegible] | [illegible] |
| rjir$^{1}$ | rjir$^{1}$ | zji$^{2}$ | lhə | nwə$^{1}$ | ljɨ$^{1}$ | dzu$^{1}$ | kiẹj$^{2}$ | mjij$^{1}$ |
| 得 | 得 | 皆 | 足 | 知 | 也。 | 望 | 希 | 无 |
| [illegible], | [illegible] | [illegible] | [illegible] | [illegible] | [illegible]。 | [illegible] | [illegible] | [illegible] |
| tja$^{1}$ | sọ$^{1}$ | rjur$^{1}$ | kiẹj$^{2}$ | ka$^{2}$ | ljɨ$^{1}$ | lhə | nwə$^{1}$ | mjijr$^{2}$ |
| 者, | 三 | 界 | 欲 | 离 | 也。 | 足 | 知 | 者 |

所得①皆知足故。无希望者,离三界欲故。是知足者,

**26.46.5**

| | | | | | | | | |
|---|---|---|---|---|---|---|---|---|
| [illegible], | [illegible] | [illegible] | [illegible] | [illegible]。 | [illegible] | [illegible] | [illegible] | [illegible], |
| ŋwu$^{2}$ | niow$^{2}$ | kjụ$^{1}$ | ka$^{2}$ | ljɨ$^{1}$ | mjij$^{1}$ | sjwɨ$^{1}$ | mjijr$^{2}$ | ŋwu$^{2}$ |
| 是, | 恶 | 求 | 离 | 也。 | 寂 | 静 | 者 | 是, |
| [illegible] | [illegible] | [illegible] | [illegible] | [illegible] | [illegible] | [illegible] | [illegible] | [illegible]。 |
| tsjiir$^{1}$ | ŋowr$^{2}$ | ŋowr$^{2}$ | zji$^{2}$ | mjij$^{1}$ | sej$^{1}$ | ŋwu$^{2}$ | tsjij$^{2}$ | ljɨ$^{1}$ |
| 法 | 一 | 切 | 皆 | 寂 | 静 | 是 | 解 | 也。 |

离恶求故。是寂静者,解一切法皆寂静故。

**26.46.6**

| | | | | | | | | |
|---|---|---|---|---|---|---|---|---|
| [illegible] | [illegible] | [illegible] | [illegible] | [illegible], | [illegible] | [illegible] | [illegible] | [illegible]。 |
| tshjạ$^{1}$ | ? | śja$^{2}$ | mjijr$^{2}$ | ŋwu$^{2}$ | rjur$^{1}$ | dźjɨ | dźjɨɨr$^{1}$ | ljɨ$^{1}$ |
| 瞋 | 痴 | 现 | 者 | 是, | 世 | 行 | 舍 | 也。 |
| [illegible] | [illegible] | [illegible] | [illegible] | [illegible], | [illegible] | [illegible] | [illegible] | [illegible] |
| kheej$^{1}$ | ljị$^{1}$ | mjij$^{1}$ | mjijr$^{2}$ | ŋwu$^{2}$ | rjur$^{1}$ | kheej$^{1}$ | ljị$^{1}$ | phja$^{1}$ |
| 戏 | 论 | 无 | 者 | 是, | 诸 | 戏 | 论 | 断 |

现瞋痴者,舍世行故。无戏论者,断诸戏论

**26.47.1**

| | | | | | | | | |
|---|---|---|---|---|---|---|---|---|
| [illegible]。 | [illegible] | [illegible] | [illegible] | [illegible], | [illegible] | [illegible] | [illegible] | [illegible] |

① 所得,西夏文以“[illegible]”(得)的重叠形式表示。

| | | | | | | | | |
|---|---|---|---|---|---|---|---|---|
| ljɨ1 | mji1 | lhjwo1 | mjijr2 | ŋwu2 | lẹj2 | tshjạ1 | ? | phja1 |
| 也。 | 不 | 还 | 者 | 是， | 贪 | 瞋 | 痴 | 断 |
| [illegible]。 | [illegible] | [illegible] | [illegible] | [illegible] | [illegible]， | [illegible] | [illegible] | [illegible] |
| ljɨ1 | tsjiir1 | dzu1 | zjij1 | mjijr2 | ŋwu2 | mjɨ1 | gjiw1 | khwẹj1 |
| 也。 | 法 | 嗜 | 贪 | 者 | 是， | 不 | 恭 | 慢 |

故。是不还者，断欲瞋痴故。贪嗜法者，调伏憍慢

**26.47.2**

| | | | | | | | | |
|---|---|---|---|---|---|---|---|---|
| [illegible] | [illegible] | [illegible]。 | [illegible] | [illegible] | [illegible] | [illegible]， | [illegible] | [illegible] |
| rjur1 | jar2 | ljɨ1 | tsjij2 | ljɨ2 | mjijr2 | ŋwu2 | njiij1 | jar2 |
| 伏 | 调 | 也。 | 解 | 易 | 者 | 是， | 心 | 调 |
| [illegible] | [illegible]。 | [illegible] | [illegible] | [illegible] | [illegible] | [illegible]， | [illegible] | [illegible] |
| njwi2 | ljɨ1 | khjuu2 | ·wejr2 | njwi2 | mjijr2 | ŋwu2 | kie1 | tśiow1 |
| 善 | 也。 | 守 | 护 | 善 | 者 | 是， | 戒 | 聚 |

故。是易解者，善调心故。善守护者，护戒聚

**26.47.3**

| | | | | | | | | |
|---|---|---|---|---|---|---|---|---|
| [illegible] | [illegible]。 | [illegible] | [illegible] | [illegible] | [illegible] | [illegible] | [illegible]， | [illegible] |
| ·wejr2 | ljɨ1 | njiij1 | bie2 | lhew2 | njwi2 | mjijr2 | ŋwu2 | źjɨr1 |
| 护 | 也。 | 心 | 脱 | 解 | 善 | 者 | 是， | 慧 |
| [illegible] | [illegible] | [illegible]。 | [illegible] | [illegible] | [illegible] | [illegible]， | [illegible] | [illegible] |
| tśiow1 | sej1 | ljɨ1 | mji1 | dźjɨɨr1 | mjijr2 | ŋwu2 | śjɨj2 | sjwɨ1 |
| 聚 | 净 | 也。 | 不 | 舍 | 者 | 是， | 圣 | 种 |

故。心善解脱者，慧聚净故。是不舍者，行圣种

## 汉文本

复次，天子，又是菩萨一切智心，而得自在如所教悔，正住不施不乱不失，念于初发一切善根无垢心行，随所行处一切能舍，诃犯戒心不依止戒，忍无诤讼，身口心意于诸众生不生瞋心，不起声闻、缘觉精进乘进，不念思惟一切善法，不依诸禅定次第定，心无所行不见行诸见，不行诸法入一切法，如诸圣人，于诸境界而无所行。虽近非圣身口意业，未曾被诃，不以信故。求于善法独行无侣，欲自过世行精进行，永断贪欲瞋痴结故。心无烦恼，不破戒故。亦不亲近行恶行者，无有谀谄内行净故。无散乱语者，口业净故。无所求者，自财知足故。非驱使者，非邪命活故。无积聚者，随有所得皆知足故。无希

望者，离三界欲故。是知足者，离恶求故。是寂静者，解一切法皆寂静故。现瞋痴者，舍世行故。无戏论者，断诸戏论故。是不还者，断欲瞋痴故。贪嗜法者，调伏憍慢故。是易解者，善调心故。善守护者，护戒聚故。心善解脱者，慧聚净故。是不舍者，行圣种故。

**26.47.4**

| | | | | | | | | |
|---|---|---|---|---|---|---|---|---|
| dźjij$^{1}$ | ljɨ$^{1}$ | mji$^{1}$ | lhjii$^{1}$ | lhjwo$^{1}$ | mjijr$^{2}$ | ŋwu$^{2}$ | po$^{1}$ | tjɨj$^{1}$ |
| 行 | 也。 | 不 | 退 | 还 | 者 | 是， | 菩 | 提 |
| njiij$^{1}$ | śjwo$^{1}$ | kjɨ$^{1}$ | djɨj$^{2}$ | zji$^{2}$ | dźjwa$^{1}$ | ljɨ$^{1}$ | wji$^{1}$ | lew$^{2}$ |
| 心 | 发 | 已 | 毕 | 最 | 竟 | 也。 | 用 | 所 |

故。无退转者，发菩提心毕究竟故。无所用

**26.47.5**

| | | | | | | | | |
|---|---|---|---|---|---|---|---|---|
| mjij$^{1}$ | mjijr$^{2}$ | ŋwu$^{2}$ | ŋowr$^{2}$ | ŋowr$^{2}$ | rjur$^{1}$① | dźjɨ | ŋwu$^{2}$ | ljɨ$^{1}$ |
| 无 | 者 | 是， | 一 | 切 | 世 | 行 | 是 | 也。 |
| dzji$^{1}$ | ɣwej$^{1}$ | mjij$^{1}$ | mjijr$^{2}$ | ŋwu$^{2}$ | dźiã$^{2}$ | tśhju$^{1}$ | ŋowr$^{2}$ | ŋowr$^{2}$ |
| 净 | 讼 | 无 | 者 | 是， | 众 | 生 | 一 | 切 |

者，一切世行故。无净讼者，等一切众生②

**26.47.6**

| | | | | | | | | |
|---|---|---|---|---|---|---|---|---|
| rjir$^{2}$ | ka$^{2}$ | ljɨ$^{1}$ | ·jij$^{1}$ | ·wejr$^{2}$ | njwi$^{2}$ | mjijr$^{2}$ | ŋwu$^{2}$ | mjɨ$^{1}$ |
| 相 | 离 | 也。 | 自 | 护 | 善 | 者 | 是， | 他 |
| ·jij$^{1}$ | ·wejr$^{2}$ | ljɨ$^{1}$ | ·jij$^{1}$ | njiij$^{1}$ | jar$^{2}$ | mjijr$^{2}$ | ŋwu$^{2}$ | mjɨ$^{1}$ |
| 之 | 护 | 也。 | 自 | 心 | 调 | 者 | 是， | 他 |

故。善自护者，护他人故。调自心者，

① 原文作“[illegible]”（rjur$^{1}$诸）字，与“[illegible]”（rjur$^{1}$世）通假。据汉文本改。

② 等一切众生，西夏文本作“相离一切众生”。下文 26.48.5 同。

**26.48.1**

| | | | | | | | | |
|---|---|---|---|---|---|---|---|---|
| [illegible] | [illegible] | [illegible] | [illegible]。 | [illegible] | [illegible] | [illegible] | [illegible] | [illegible] |
| dźjar$^{2}$ | mji$^{1}$ | ·ju$^{2}$ | ljɨ$^{1}$ | rjur$^{1}$ | dzu$^{1}$ | gjii$^{2}$ | ka$^{2}$ | mjijr$^{2}$ |
| 过 | 不 | 求 | 也。 | 诸 | 望 | 希 | 离 | 者 |
| [illegible]， | [illegible] | [illegible] | [illegible] | [illegible]。 | [illegible] | [illegible] | [illegible] | [illegible] |
| ŋwu$^{2}$ | kie$^{1}$ | sej$^{1}$ | ·wejr$^{2}$ | ljɨ$^{1}$ | tsjiir$^{1}$ | wạ$^{2}$ | tshjiij$^{1}$ | mjijr$^{2}$ |
| 是， | 戒 | 净 | 护 | 也。 | 法 | 广 | 说 | 者 |

不求他过故。离诸希望者，护净戒故。广说法者，

**26.48.2**

| | | | | | | | | | |
|---|---|---|---|---|---|---|---|---|---|
| [illegible]， | [illegible] | [illegible] | [illegible] | [illegible]。 | [illegible] | [illegible] | [illegible] | [illegible]， | [illegible] |
| ŋwu$^{2}$ | wier$^{1}$ | wier$^{1}$ | mjij$^{1}$ | ljɨ$^{1}$ | dzu$^{1}$ | wier$^{1}$ | mjijr$^{2}$ | ŋwu$^{2}$ | dźiã$^{2}$ |
| 是， | 吝 | 惜 | 无 | 也。 | 爱 | 惜 | 者 | 是， | 众 |
| [illegible] | [illegible] | [illegible] | [illegible] | [illegible] | [illegible]。 | [illegible] | [illegible] | [illegible] | |
| tśhju$^{1}$ | ŋowr$^{2}$ | ŋowr$^{2}$ | njiij$^{1}$ | ·wejr$^{2}$ | ljɨ$^{1}$ | ɣu$^{1}$ | njiij$^{1}$ | śjwo$^{1}$ | |
| 生 | 一 | 切 | 心 | 护 | 也。 | 初 | 心 | 发 | |

无吝惜故。是爱护者，护于一切众生心故。初发心

**26.48.3**

| | | | | | | | | |
|---|---|---|---|---|---|---|---|---|
| [illegible] | [illegible]， | [illegible] | [illegible] | [illegible] | [illegible] | [illegible] | [illegible]。 | [illegible] |
| mjijr$^{2}$ | ŋwu$^{2}$ | neew$^{2}$ | tsjiir$^{1}$ | ŋowr$^{2}$ | ŋowr$^{2}$ | dzjɨ̣$^{2}$ | ljɨ$^{1}$ | do$^{2}$ |
| 者 | 是， | 善 | 法 | 一 | 切 | 集 | 也。 | 异 |
| [illegible] | [illegible] | [illegible] | [illegible]， | [illegible] | [illegible] | [illegible] | [illegible] | [illegible] |
| dźjɨ | mjij$^{1}$ | mjijr$^{2}$ | ŋwu$^{2}$ | tsjiir$^{1}$ | ŋowr$^{2}$ | ŋowr$^{2}$ | ɣa$^{2}$ | lew$^{1}$ |
| 行 | 无 | 者 | 是， | 法 | 一 | 切 | 于 | 一 |

者，集一切善法故。无异行者，于一切法得一

**26.48.4**

| | | | | | | | | |
|---|---|---|---|---|---|---|---|---|
| [illegible] | [illegible] | [illegible]。 | [illegible] | [illegible] | [illegible] | [illegible] | [illegible] | [illegible]， |
| wjị$^{1}$ | rjir$^{1}$ | ljɨ$^{1}$ | mji$^{1}$ | mju$^{2}$ | ljɨj$^{2}$ | mjijr$^{2}$ | mjijr$^{2}$ | ŋwu$^{2}$ |
| 味 | 得 | 也。 | 不 | 动 | 摇 | 者 | 者 | 是， |

| | | | | | | | | |
|---|---|---|---|---|---|---|---|---|
| [illegible] | [illegible] | [illegible] | [illegible]。 | [illegible] | [illegible] | [illegible] | [illegible] | [illegible] |
| rjur$^{1}$ | mju$^{2}$ | bja$^{2}$ | ljɨ$^{1}$ | sjwɨ$^{1}$ | tsjiir$^{2}$ | mji$^{1}$ | bioo$^{1}$ | mjijr$^{2}$ |
| 诸 | 动 | 断 | 也。 | 种 | 性 | 不 | 观 | 者 |

味故。不动摇者，断诸动故。不观种性者，

**26.48.5**

| | | | | | | | | |
|---|---|---|---|---|---|---|---|---|
| [illegible]， | [illegible] | [illegible] | [illegible] | [illegible] | [illegible] | [illegible]。 | [illegible] | [illegible] |
| ŋwu$^{2}$ | dźiã$^{2}$ | tśhju$^{1}$ | ·jij$^{1}$ | dzju$^{1}$ | dzjiij$^{2}$ | ljɨ$^{1}$ | dźiã$^{2}$ | tśhju$^{1}$ |
| 是， | 众 | 生 | 之 | 教 | 化 | 也。 | 众 | 生 |
| [illegible] | [illegible] | [illegible] | [illegible]， | [illegible] | [illegible] | [illegible] | [illegible] | [illegible] |
| rjir$^{2}$ | ka$^{2}$ | mjijr$^{2}$ | ŋwu$^{2}$ | rjur$^{1}$ | dźiã$^{2}$ | tśhju$^{1}$ | ŋowr$^{2}$ | ŋowr$^{2}$ |
| 相 | 离 | 者 | 是， | 诸 | 众 | 生 | 一 | 切 |

教化众生故。等众生者，摄取一切诸众生

**26.48.6**

| | | | | | | | | |
|---|---|---|---|---|---|---|---|---|
| [illegible] | [illegible] | [illegible] | [illegible]。 | [illegible] | [illegible] | [illegible] | [illegible] | [illegible]， |
| ·jij$^{1}$ | ɣjiw$^{1}$ | lhjwi$^{1}$ | ljɨ$^{1}$ | ɣu$^{1}$ | ŋa$^{1}$ | bioo$^{1}$ | mjijr$^{2}$ | ŋwu$^{2}$ |
| 之 | 摄 | 取 | 也。 | 初 | 空 | 观 | 者 | 是， |
| [illegible] | [illegible] | [illegible] | [illegible] | [illegible]。 | [illegible] | [illegible] | [illegible] | [illegible] |
| tsjiir$^{1}$ | ŋowr$^{2}$ | ŋowr$^{2}$ | ŋwu$^{2}$ | ljɨ$^{1}$ | rjur$^{1}$ | ljij$^{2}$ | jar$^{2}$ | mjijr$^{2}$ |
| 法 | 一 | 切 | 是 | 也。 | 诸 | 见 | 调 | 者 |

故。初观空者，一切法故。调诸见者，

**26.49.1**

| | | | | | | | | |
|---|---|---|---|---|---|---|---|---|
| [illegible]， | [illegible] | [illegible] | [illegible] | [illegible]。 | [illegible] | [illegible] | [illegible] | [illegible] |
| ŋwu$^{2}$ | dzju$^{1}$ | dzjiij$^{2}$ | njwi$^{2}$ | ljɨ$^{1}$ | sjiij$^{2}$ | dźjɨ | mjij$^{1}$ | mjijr$^{2}$ |
| 是， | 教 | 化 | 善 | 也。 | 想 | 行 | 无 | 者 |
| [illegible]， | [illegible] | [illegible] | [illegible] | [illegible] | [illegible] | [illegible] | [illegible] | [illegible] |
| ŋwu$^{2}$ | sjiij$^{2}$ | dźjɨ | rjur$^{1}$ | dźiã$^{2}$ | tśhju$^{1}$ | ·jij$^{1}$ | rjur$^{1}$ | jar$^{2}$ |
| 是， | 想 | 行 | 诸 | 众 | 生 | 之 | 调 | 伏 |

善教化故。无想行者，调伏行想诸众生

**26.49.2**

| | | | | | | | | |
|---|---|---|---|---|---|---|---|---|
| [illegible]。 | [illegible] | [illegible] | [illegible] | [illegible] | [illegible]， | [illegible] | [illegible] | [illegible] |
| ljɨ$^{1}$ | tji̱$^{1}$ | mjij$^{1}$ | nwə$^{1}$ | mjijr$^{2}$ | ŋwu$^{2}$ | tji̱$^{1}$ | bju$^{1}$ | sə$^{1}$ |
| 也。 | 愿 | 无 | 知 | 者 | 是， | 愿 | 依 | 满 |
| [illegible] | [illegible] | [illegible] | [illegible] | [illegible]。 | [illegible] | [illegible] | [illegible] | [illegible] |
| lhə | rjur$^{1}$ | jar$^{2}$ | njwi$^{2}$ | ljɨ$^{1}$ | ŋowr$^{2}$ | ŋowr$^{2}$ | nwə$^{1}$ | mjijr$^{2}$ |
| 足 | 调 | 伏 | 善 | 也。 | 一 | 切 | 知 | 者 |

故。知无愿者，所愿满足善调伏故。一切知者，

**26.49.3**

| | | | | | | | | |
|---|---|---|---|---|---|---|---|---|
| [illegible]， | [illegible] | [illegible] | [illegible] | [illegible]。 | [illegible] | [illegible] | [illegible] | [illegible]， |
| ŋwu$^{2}$ | wji$^{1}$ | mjij$^{1}$ | bioo$^{1}$ | ljɨ$^{1}$ | neew$^{2}$ | dźjij$^{1}$ | mjijr$^{2}$ | ŋwu$^{2}$ |
| 是， | 作 | 无 | 观 | 也。 | 善 | 行 | 者 | 是， |
| [illegible] | [illegible] | [illegible] | [illegible]。 | [illegible] | [illegible] | [illegible] | [illegible] | [illegible] |
| lhə | nwə$^{1}$ | mjij$^{1}$ | ljɨ$^{1}$ | war$^{2}$ | mjij$^{1}$ | ŋwu$^{2}$ | war$^{2}$ | bioo$^{1}$ |
| 足 | 知 | 无 | 也。 | 物 | 无 | 以 | 物 | 观 |

观无作故。是行善者，不知足故。无物观物

**26.49.4**

| | | | | | | | | |
|---|---|---|---|---|---|---|---|---|
| [illegible] | [illegible]， | [illegible] | [illegible] | [illegible] | [illegible] | [illegible] | [illegible] | [illegible] |
| mjijr$^{2}$ | ŋwu$^{2}$ | war$^{2}$ | njaa$^{2}$ | wji̱$^{2}$ | śja$^{2}$ | war$^{2}$ | we$^{2}$ | phji$^{1}$ |
| 者 | 是， | 物 | 非 | 示 | 现 | 物 | 是 | 令 |
| [illegible]。 | [illegible] | [illegible] | [illegible] | [illegible] | [illegible] | [illegible]， | [illegible] | [illegible] |
| ljɨ$^{1}$ | mji$^{1}$ | sjwɨ$^{1}$ | sjiij$^{2}$ | bioo$^{1}$ | mjijr$^{2}$ | ŋwu$^{2}$ | ŋa$^{2}$ | mjij$^{1}$ |
| 也。 | 不 | 惟 | 思 | 观 | 者 | 是， | 我 | 寂 |

者，示现非物而是物故。不思惟观者，我寂

**26.49.5**

| | | | | | | | | |
|---|---|---|---|---|---|---|---|---|
| [illegible] | [illegible]。 | [illegible] | [illegible] | [illegible] | [illegible] | [illegible]， | [illegible] | [illegible] |
| sej$^{1}$ | ljɨ$^{1}$ | ·jij$^{1}$ | ŋa$^{2}$ | mjij$^{1}$ | mjijr$^{2}$ | ŋwu$^{2}$ | rjɨr$^{2}$ | wji$^{1}$ |
| 静 | 也。 | 自 | 我 | 无 | 者 | 是， | 所 | 作 |

| | | | | | | | | |
|---|---|---|---|---|---|---|---|---|
| dźiã$^{2}$ | tśhju$^{1}$ | ·jij$^{1}$ | ŋa$^{2}$ | mjij$^{1}$ | bioo$^{1}$ | ljɨ$^{1}$ | tśja$^{1}$ | dźjɨ |
| 众 | 生 | 之 | 我 | 无 | 观 | 也。 | 道 | 行 |

静故。无自我者,观化众生以无我故。无非道行

**26.49.6**

| | | | | | | | | |
|---|---|---|---|---|---|---|---|---|
| njaa$^{2}$ | mjij$^{1}$ | mjijr$^{2}$ | ŋwu$^{2}$ | rjur$^{1}$ | dźiã$^{2}$ | tśhju$^{1}$ | ·jij$^{1}$ | dzjiij$^{2}$ |
| 非 | 无 | 者 | 是, | 诸 | 众 | 生 | 之 | 化 |
| tśhiow$^{1}$ | phjii$^{1}$ | ka$^{2}$ | phji$^{1}$ | ljɨ$^{1}$ | tśier$^{1}$ | ·ju$^{2}$ | njiij$^{1}$ | sji$^{1}$ |
| 结 | 使 | 离 | 令 | 也。 | 方 | 便 | 心 | 毕 |

者,化诸众生离结使故。方便之心得毕

**26.50.1**

| | | | | | | | | |
|---|---|---|---|---|---|---|---|---|
| dźjwa$^{1}$ | rjir$^{1}$ | mjijr$^{2}$ | ŋwu$^{2}$ | pa$^{2}$ | rja$^{2}$ | djọ$^{2}$ | dźjịj$^{1}$ | ljɨ$^{1}$ |
| 竟 | 得 | 者 | 是, | 般 | 若 | 修 | 行 | 也。 |
| djɨj$^{2}$ | dźjiij$^{1}$ | śjɨ$^{1}$ | mjij$^{1}$ | mjijr$^{2}$ | ŋwu$^{2}$ | tśjo | ɣię$^{2}$ | mji$^{1}$ |
| 定 | 住 | 去 | 无 | 者 | 是, | 终 | 声 | 闻 |

竟者,修行般若故。定住无去者,终

**26.50.2**

| | | | | | | | | |
|---|---|---|---|---|---|---|---|---|
| tjịj$^{1}$ | dwewr$^{2}$ | ·ụ$^{2}$ | ŋowr$^{2}$ | ŋowr$^{2}$ | mji$^{1}$ | lja̧$^{1}$ | ljɨ$^{1}$ | tśja$^{1}$ |
| 缘 | 觉 | 乘 | 一 | 切 | 不 | 证 | 也。 | 道 |
| mji$^{1}$ | tśja$^{1}$ | ka$^{2}$ | mjijr$^{2}$ | ŋwu$^{2}$ | phju$^{2}$ | tsew$^{2}$ | wo$^{2}$ | nioow$^{1}$ |
| 不 | 道 | 离 | 者 | 是, | 上 | 第 | 义 | 故 |

不证触一切声闻缘觉乘故。离道非道者,第一义故。

## 汉文本

无退转者，发菩提心毕究竟故。无所用者，一切世行故。无诤讼者，等一切众生故。善自护者，护他人故。调自心者，不求他过故。离诸希望者，护净戒故。广说法者，无吝惜故。是爱护者，护于一切众生心故。初发心者，集一切善法故。无异行者，于一切法得一味故。不动摇者，断诸动故。不观种性者，教化众生故。等众生者，摄取一切诸众生故。初观空者，一切法故。调诸见者，善教化故。无想行者，调伏行想诸众生故。知无愿者，所愿满足善调伏故。一切知者，观无作故。是行善者，不知足故。无物观物者，示现非物而是物故。不思惟观者，我寂静故。无自我者，观化众生以无我故。无非道行者，化诸众生离结使故。方便之心得毕竟者，修行般若故。定住无去者，终不证触一切声闻缘觉乘故。离道非道者，第一义故。

**26.50.3**

| | | | | | | | | |
|---|---|---|---|---|---|---|---|---|
| [illegible]。 | [illegible] | [illegible] | [illegible] | [illegible] | [illegible] | [illegible]， | [illegible] | [illegible] |
| ljɨ$^{1}$ | dźjɨ | mji$^{1}$ | dźjɨ | ka$^{2}$ | mjijr$^{2}$ | ŋwu$^{2}$ | ·ju$^{2}$ | mur$^{1}$ |
| 也。 | 行 | 不 | 行 | 离 | 者 | 是， | 夫 | 凡 |
| [illegible] | [illegible] | [illegible] | [illegible] | [illegible] | [illegible]。 | [illegible] | [illegible] | [illegible] |
| ŋowr$^{2}$ | ŋowr$^{2}$ | tśhja$^{2}$ | dźjɨ | lja̱$^{1}$ | ljɨ$^{1}$ | mji$^{1}$ | ljuu$^{2}$ | tshjịj$^{2}$ |
| 一 | 切 | 正 | 行 | 证 | 也。 | 无 | 庄 | 严 |

离行非行者，一切凡夫证正行故。无庄严

**26.50.4**

| | | | | | | | | |
|---|---|---|---|---|---|---|---|---|
| [illegible] | [illegible] | [illegible] | [illegible] | [illegible] | [illegible]， | [illegible] | [illegible] | [illegible] |
| mji$^{1}$ | mji$^{1}$ | ljuu$^{2}$ | tshjịj$^{2}$ | mjijr$^{2}$ | ŋwu$^{2}$ | rjur$^{1}$ | tsjiir$^{1}$ | zji$^{2}$ |
| 无 | 不 | 庄 | 严 | 者 | 是， | 诸 | 法 | 诸 |
| [illegible] | [illegible] | [illegible]。 | [illegible] | [illegible] | [illegible] | [illegible] | [illegible]， | [illegible] |
| dzu$^{1}$ | gjii$^{2}$ | ljɨ$^{1}$ | ·jij$^{1}$ | mji$^{1}$ | ·jow$^{2}$ | mjijr$^{2}$ | ŋwu$^{2}$ | mjɨ$^{1}$ |
| 望 | 希 | 也。 | 自 | 不 | 赞 | 者 | 是， | 他 |

无不庄严者，无不希望诸法故。不自赞者，

**26.50.5**

| | | | | | | | | |
|---|---|---|---|---|---|---|---|---|
| [illegible] | [illegible] | [illegible] | [illegible] | [illegible]。 | [illegible] | [illegible] | [illegible] | [illegible] |
| ·jij$^{1}$ | mji$^{1}$ | dźjiij$^{1}$ | tshjiij$^{1}$ | ljɨ$^{1}$ | ŋwer$^{1}$ | ŋwer$^{1}$ | mjij$^{1}$ | sjij$^{2}$ |
| 之 | 不 | 住 | 说 | 也。 | 等 | 等 | 无 | 智 |

| | | | | | | | | |
|---|---|---|---|---|---|---|---|---|
| [illegible] | [illegible]， | [illegible] | [illegible] | [illegible] | [illegible]。 | [illegible] | [illegible] | [illegible] |
| mjijr$^{2}$ | ŋwu$^{2}$ | tha$^{1}$ | tsjiir$^{1}$ | ŋowr$^{2}$ | ljɨ$^{1}$ | wee$^{1}$ | mjij$^{1}$ | tsjiir$^{1}$ |
| 者 | 是， | 佛 | 法 | 具 | 也。 | 生 | 无 | 法 |

不戏论①他故。无等等智者，具佛法故。无生法

**26.50.6**

| | | | | | | | | |
|---|---|---|---|---|---|---|---|---|
| [illegible] | [illegible] | [illegible]， | [illegible] | [illegible] | [illegible] | [illegible] | [illegible] | [illegible] |
| zeew$^{2}$ | mjijr$^{2}$ | ŋwu$^{2}$ | rjur$^{1}$ | tsjiir$^{1}$ | ŋowr$^{2}$ | ŋowr$^{2}$ | wee$^{1}$ | mjij$^{1}$ |
| 忍 | 者 | 是， | 诸 | 法 | 一 | 切 | 生 | 无 |
| [illegible] | [illegible] | [illegible] | [illegible]。 | [illegible] | [illegible]， | [illegible] | [illegible] | [illegible] |
| dzjar$^{2}$ | mjij$^{1}$ | zeew$^{2}$ | ljɨ$^{1}$ | mə$^{1}$ | zjɨ̣$^{1}$ | thjɨ$^{2}$ | tja$^{1}$ | dźiã$^{2}$ |
| 灭 | 无 | 忍 | 也。 | 天 | 子， | 此 | 者 | 菩 |

忍者，一切诸法无生无灭忍故。天子，是名菩

**26.51.1**

| | | | | | | | | |
|---|---|---|---|---|---|---|---|---|
| [illegible] | [illegible] | [illegible] | [illegible] | [illegible] | [illegible]。 | [illegible] | [illegible]， | [illegible] |
| tsjij$^{2}$ | ·jij$^{1}$ | ·jij$^{1}$ | dzju$^{2}$ | rjir$^{1}$ | ŋwu$^{2}$ | mə$^{1}$ | zjɨ̣$^{1}$ | dźiã$^{2}$ |
| 萨 | 之 | 自 | 在 | 得 | 是。 | 天 | 子， | 菩 |
| [illegible] | [illegible] | [illegible] | [illegible] | [illegible] | [illegible]， | [illegible] | [illegible] | [illegible] |
| tsjij$^{2}$ | tja$^{1}$ | ljọ$^{2}$ | ·wjɨ$^{2}$ | wee$^{1}$ | twụ$^{1}$ | nwə$^{1}$ | nioow$^{1}$ | wee$^{1}$ |
| 萨 | 者 | 所 | 随 | 生 | 处， | 知 | 故 | 生 |

萨得于自在。天子，菩萨者随所生处，非不知故生，

**26.51.2**

| | | | | | | | | |
|---|---|---|---|---|---|---|---|---|
| [illegible] | [illegible] | [illegible] | [illegible] | [illegible] | [illegible] | [illegible]。 | [illegible] | [illegible] |
| lhjij$^{2}$ | mjɨ$^{1}$ | nwə$^{1}$ | nioow$^{1}$ | wee$^{1}$ | ljɨ̣$^{1}$ | njaa$^{2}$ | thja$^{2}$ | dźiã$^{2}$ |
| 受 | 不 | 知 | 故 | 生 | 以 | 非。 | 是 | 菩 |
| [illegible] | [illegible] | [illegible] | [illegible] | [illegible] | [illegible] | [illegible] | [illegible] | [illegible] |
| tsjij$^{2}$ | lhji$^{2}$ | wee$^{1}$ | ɣjiw$^{1}$ | lhjwi$^{1}$ | ·jij$^{1}$ | dzju$^{2}$ | rjir$^{1}$ | sji$^{2}$ |
| 萨 | 死 | 生 | 摄 | 取 | 自 | 在 | 得 | △ |

① 此处“戏论”，西夏文本作“住说”。

以知故生。而是菩萨摄取生死得自在

**26.51.3**

| | | | | | | | | |
|---|---|---|---|---|---|---|---|---|
| [illegible], | [illegible] | [illegible] | [illegible] | [illegible] | [illegible] | [illegible] | [illegible] | [illegible]。 |
| ljɨ$^{1}$ | nioow$^{1}$ | tha$^{1}$ | tsjiir$^{1}$ | tsjɨ$^{1}$ | ŋowr$^{2}$ | lhə | śjɨj$^{1}$ | ·jiw$^{2}$ |
| 故, | 又 | 佛 | 法 | 亦 | 具 | 足 | 成 | 就。 |
| [illegible] | [illegible] | [illegible] | [illegible] | [illegible] | [illegible] | [illegible] | [illegible] | [illegible] |
| nioow$^{1}$ | thja$^{2}$ | dźiã$^{2}$ | tsjij$^{2}$ | lhji$^{2}$ | wee$^{1}$ | kha$^{1}$ | dźiə$^{2}$ | dźiej$^{2}$ |
| 又 | 是 | 菩 | 萨 | 死 | 生 | 中 | 回 | 轮 |

故,亦得具足成就佛法。而是菩萨非生死流转①,

**26.51.4**

| | | | | | | | | |
|---|---|---|---|---|---|---|---|---|
| [illegible] | [illegible], | [illegible] | [illegible] | [illegible], | [illegible] | [illegible] | [illegible] | [illegible] |
| ljɨ̣$^{1}$ | njaa$^{2}$ | tjị$^{1}$ | ɣie$^{1}$ | nioow$^{1}$ | ku$^{1}$ | ljọ$^{2}$ | ·wjɨ$^{2}$ | wee$^{1}$ |
| 及 | 非, | 愿 | 力 | 故, | 则 | 所 | 在 | 生 |
| [illegible] | [illegible] | [illegible] | [illegible] | [illegible], | [illegible] | [illegible] | [illegible] | [illegible] |
| twụ$^{1}$ | ·jij$^{1}$ | dzju$^{2}$ | sjịj$^{2}$ | rjir$^{2}$ | thjɨ$^{2}$ | tja$^{1}$ | dźiã$^{2}$ | tsjij$^{2}$ |
| 处 | 自 | 在 | 智 | 得, | 此 | 者 | 菩 | 萨 |

以愿力故,在在处生得自在智,是名菩萨

**26.51.5**

| | | | | | | | | |
|---|---|---|---|---|---|---|---|---|
| [illegible] | [illegible] | [illegible] | [illegible] | [illegible] | [illegible]。 | [illegible] | [illegible] | [illegible] |
| ·jij$^{1}$ | ·jij$^{1}$ | dzju$^{2}$ | sjịj$^{2}$ | rjir$^{1}$ | ŋwu$^{2}$ | dźiã$^{2}$ | tsjij$^{2}$ | bju$^{2}$ |
| 之 | 自 | 在 | 智 | 得 | 是。 | 菩 | 萨 | 边 |
| [illegible] | [illegible] | [illegible], | [illegible] | [illegible] | [illegible] | [illegible] | [illegible] | [illegible]。 |
| ljow$^{2}$ | rjir$^{2}$ | nioow$^{1}$ | ·jij$^{1}$ | dzju$^{2}$ | sjịj$^{2}$ | ·jɨ$^{2}$ | ljɨ̣$^{1}$ | njaa$^{2}$ |
| 际 | 得 | 故, | 自 | 在 | 智 | 名 | 及 | 非。 |

得自在智。菩萨非以得边际故,名自在智。

**26.51.6**

| | | | | | | | | |
|---|---|---|---|---|---|---|---|---|
| [illegible] | [illegible] | [illegible] | [illegible] | [illegible] | [illegible] | [illegible] | [illegible], | [illegible] |

① 流转,梵文 Saṁsāra,流者相续之义,转者起之义,谓有为法之因果相续而生起。一切凡夫作善恶之业,感苦乐之果,轮回于六趣。西夏文本译为“轮回”。

| | | | | | | | | |
|---|---|---|---|---|---|---|---|---|
| tjij¹ | neew² | tśhji² | ŋowr² | ŋowr² | mji¹ | dzjwɨr¹ | bjaa¹ | ku¹ |
| 若 | 善 | 根 | 一 | 切 | 不 | 绝 | 断, | 则 |
| [illegible] | [illegible] | [illegible] | [illegible] | [illegible] | [illegible] | [illegible] | [illegible] | [illegible] |
| thjɨ² | tja¹ | dźiã² | tsjij² | ·jij¹ | ·jij¹ | dzju² | sjịj² | rjir² |
| 此 | 者 | 菩 | 萨 | 之 | 自 | 在 | 智 | 得 |

若不断绝一切善根,是名菩萨得自在智。

**26.52.1**

| | | | | | | | | |
|---|---|---|---|---|---|---|---|---|
| [illegible]。 | [illegible] | [illegible] | [illegible] | [illegible] | [illegible] | [illegible] | [illegible], | [illegible] |
| ŋwu² | dźiã² | tsjij² | rjur¹ | neew² | tśhji² | rjir¹ | nioow¹ | ·jij¹ |
| 是。 | 菩 | 萨 | 诸 | 善 | 根 | 得 | 故, | 自 |
| [illegible] | [illegible] | [illegible] | [illegible] | [illegible]。 | [illegible] | [illegible] | [illegible] | [illegible] |
| dzju² | sjịj² | ·jɨ² | ljị¹ | njaa² | rjur¹ | neew² | tśhji² | ɣa² |
| 在 | 智 | 名 | 及 | 非。 | 诸 | 善 | 根 | 于 |

菩萨非得诸善根故,名自在智。于诸善根

**26.52.2**

| | | | | | | | | |
|---|---|---|---|---|---|---|---|---|
| [illegible] | [illegible] | [illegible] | [illegible], | [illegible] | [illegible] | [illegible] | [illegible] | [illegible]。 |
| dwər¹ | lhə | mjij¹ | ku¹ | ·jij¹ | dzju² | sjịj² | ·jɨ² | ljɨ¹ |
| 厌 | 足 | 无 | 故, | 自 | 在 | 智 | 名 | 也。 |
| [illegible] | [illegible] | [illegible] | [illegible] | [illegible] | [illegible] | [illegible] | [illegible] | [illegible] |
| dźiã² | tsjij² | sọ¹ | rjur¹ | ·u² | mji¹ | wee¹ | nioow¹ | ·jij¹ |
| 菩 | 萨 | 三 | 界 | 内 | 不 | 生 | 故 | 自 |

无厌足故,名自在智。菩萨非不生三界得名自

**26.52.3**

| | | | | | | | | |
|---|---|---|---|---|---|---|---|---|
| [illegible] | [illegible] | [illegible] | [illegible] | [illegible], | [illegible] | [illegible] | [illegible] | [illegible] |
| dzju² | sjịj² | ·jɨ² | ljị¹ | njaa² | dźiã² | tśhju¹ | ·jij¹ | dzjiij² |
| 在 | 智 | 名 | 及 | 非, | 众 | 生 | 之 | 化 |
| [illegible] | [illegible] | [illegible] | [illegible] | [illegible] | [illegible] | [illegible] | [illegible] | [illegible] |
| nioow¹ | sọ¹ | rjur¹ | ·u² | wee¹ | ku¹ | ·jij¹ | dzju² | sjịj² |
| 故 | 三 | 界 | 内 | 生 | 则 | 自 | 在 | 智 |

在，为化众生故生三界名为自在。

**26.52.4**

| | | | | | | | | |
|---|---|---|---|---|---|---|---|---|
| ·jɨ$^2$ | ljɨ$^1$ | dźiã$^2$ | tsjij$^2$ | ·jij$^1$ | dzju$^2$ | ka$^2$ | nioow$^1$ | ·jij$^1$ |
| 名 | 也。 | 菩 | 萨 | 自 | 在 | 离 | 缘 | 自 |
| dzju$^2$ | rjir$^2$ | ·jɨ$^2$ | ljɨ̣$^1$ | njaa$^2$ | rjur$^1$ | dźiã$^2$ | tśhju$^1$ | ·jij$^1$ |
| 在 | 得 | 名 | 及 | 非， | 诸 | 众 | 生 | 之 |

菩萨非以离自结故得名自在，为诸众生

**26.52.5**

| | | | | | | | | |
|---|---|---|---|---|---|---|---|---|
| tśhiow$^1$ | phjii$^1$ | phja$^1$ | nioow$^1$ | ·jɨr$^2$ | khu$^1$ | dźjij$^1$ | djọ$^2$ | ku$^1$ |
| 结 | 使 | 断 | 故 | 勤 | 进 | 精 | 修， | 则 |
| tśhjwo$^1$ | dźiã$^2$ | tsjij$^2$ | ·jij$^1$ | dzju$^2$ | sjịj$^2$ | rjir$^2$ | ·jɨ$^2$ | ljɨ$^1$ |
| 故 | 菩 | 萨 | 自 | 在 | 智 | 得 | 名 | 也。 |

断结使故勤修精进，是名菩萨得自在智。

**26.52.6**

| | | | | | | | | |
|---|---|---|---|---|---|---|---|---|
| dźiã$^2$ | tsjij$^2$ | ·jij$^1$ | ljụ$^2$ | nioow$^1$ | ·jij$^1$ | dzju$^2$ | rjir$^1$ | ·jɨ$^2$ |
| 菩 | 萨 | 己 | 身 | 故 | 自 | 在 | 得 | 名 |
| ljɨ̣$^1$ | njaa$^2$ | dźiã$^2$ | tśhju$^1$ | ŋowr$^2$ | ŋowr$^2$ | ·jij$^1$ | rjur$^1$ | tśjị$^1$ |
| 及 | 非， | 众 | 生 | 一 | 切 | 之 | 诸 | 苦 |

菩萨不以为己身故得名自在，为于寂静一切众生诸苦

**26.53.1**

| | | | | | | | | |
|---|---|---|---|---|---|---|---|---|
| źjị1 | mjij1 | sej1 | phji1 | nioow1 | ku1 | ·jij1 | dzju2 | rjir1 |
| 恼 | 寂 | 静 | 令 | 故 | 则 | 自 | 在 | 得 |
| [illegible] | [illegible]。 | [illegible] | [illegible] | [illegible] | [illegible] | [illegible] | [illegible] | [illegible] |
| ·jɨ2 | ljɨ1 | dźiã2 | tsjij2 | dźjɨɨr1 | nioow1 | ·jij1 | dzju2 | rjir1 |
| 名 | 也。 | 菩 | 萨 | 舍 | 故 | 自 | 在 | 得 |

恼故名为自在。菩萨非以舍故自在,

**26.53.2**

| | | | | | | | | |
|---|---|---|---|---|---|---|---|---|
| [illegible] | [illegible] | [illegible], | [illegible] | [illegible] | [illegible] | [illegible] | [illegible] | [illegible] |
| ·jɨ2 | ljị1 | njaa2 | dźiã2 | tśhju1 | ·jij1 | ɣjiw1 | lhjwi1 | dzju1 |
| 名 | 及 | 非, | 众 | 生 | 之 | 摄 | 取 | 教 |
| [illegible] | [illegible] | [illegible] | [illegible] | [illegible] | [illegible] | [illegible]。 | [illegible] | [illegible] |
| dzjiij2 | nioow1 | ·jij1 | dzju2 | rjir1 | ·jɨ2 | ljɨ1 | dźiã2 | tsjij2 |
| 化 | 故 | 自 | 在 | 得 | 名 | 也。 | 菩 | 萨 |

摄取教化众生故名为自在。菩萨

**26.53.3**

| | | | | | | | | |
|---|---|---|---|---|---|---|---|---|
| [illegible] | [illegible] | [illegible] | [illegible] | [illegible] | [illegible] | [illegible] | [illegible] | [illegible] |
| ·jij1 | lẹj2 | tshjạ1 | ? | phja1 | nioow1 | ·jij1 | dzju2 | rjir1 |
| 自 | 贪 | 瞋 | 痴 | 断 | 故 | 自 | 在 | 得 |
| [illegible] | [illegible], | [illegible] | [illegible] | [illegible] | [illegible] | [illegible] | [illegible] | [illegible] |
| mji1 | ·jɨ2 | rjur1 | dźiã2 | tśhju1 | ·jij1 | lẹj2 | kięj2 | tshjạ1 |
| 不 | 名, | 诸 | 众 | 生 | 之 | 贪 | 欲 | 瞋 |

非断自贪瞋痴得名自在,断诸众生贪欲瞋

**26.53.4**

| | | | | | | | | |
|---|---|---|---|---|---|---|---|---|
| [illegible] | [illegible] | [illegible] | [illegible] | [illegible] | [illegible] | [illegible] | [illegible] | [illegible] |
| ? | rjur1 | tśhiow1 | phjii1 | phja1 | nioow1 | ·jij1 | dzju2 | rjir2 |
| 痴 | 诸 | 结 | 使 | 断 | 故 | 自 | 在 | 得 |
| [illegible] | [illegible]。 | [illegible] | [illegible] | [illegible] | [illegible] | [illegible] | [illegible] | [illegible] |
| ·jɨ2 | ljɨ1 | dźiã2 | tsjij2 | ·jij1 | dzjar2 | tsjiir1 | ljạ1 | nioow1 |
| 名 | 也。 | 菩 | 萨 | 自 | 灭 | 法 | 证 | 故 |

痴诸结使故名为自在。菩萨非自证灭法故

**26.53.5**

| | | | | | | | | |
|---|---|---|---|---|---|---|---|---|
| [illegible] | [illegible] | [illegible] | [illegible] | [illegible]， | [illegible] | [illegible] | [illegible] | [illegible] |
| ·jij$^{1}$ | dzju$^{2}$ | rjir$^{2}$ | mji$^{1}$ | ·jɨ$^{2}$ | rjur$^{1}$ | dźiã$^{2}$ | tśhju$^{1}$ | ·jij$^{1}$ |
| 自 | 在 | 得 | 不 | 名， | 诸 | 众 | 生 | 之 |
| [illegible] | [illegible] | [illegible] | [illegible] | [illegible] | [illegible] | [illegible] | [illegible] | [illegible] |
| dzjar$^{2}$ | tsjiir$^{1}$ | lja̱$^{1}$ | phji$^{1}$ | nioow$^{1}$ | ·jij$^{1}$ | dzju$^{2}$ | rjir$^{1}$ | ·jɨ$^{2}$ |
| 灭 | 法 | 证 | 令 | 故 | 自 | 在 | 得 | 名 |

得名自在，为诸众生证灭法故得名自在。

**26.53.6**

| | | | | | | | | |
|---|---|---|---|---|---|---|---|---|
| [illegible]。 | [illegible] | [illegible] | [illegible] | [illegible] | [illegible] | [illegible] | [illegible] | [illegible] |
| ljɨ$^{1}$ | dźiã$^{2}$ | tsjij$^{2}$ | ·jij$^{1}$ | rar$^{2}$ | phja$^{1}$ | nioow$^{1}$ | ·jij$^{1}$ | dzju$^{2}$ |
| 也。 | 菩 | 萨 | 自 | 漏 | 断 | 故 | 自 | 在 |
| [illegible] | [illegible] | [illegible]， | [illegible] | [illegible] | [illegible] | [illegible] | [illegible] | [illegible] |
| rjir$^{2}$ | mji$^{1}$ | ·jɨ$^{2}$ | rjur$^{1}$ | neew$^{2}$ | tśhji$^{2}$ | lhu$^{1}$ | dzja$^{1}$ | rar$^{2}$ |
| 得 | 不 | 名， | 诸 | 善 | 根 | 增 | 长 | 漏 |

菩萨非自断漏故得名自在，菩萨为诸善根增长

**26.54.1**

| | | | | | | | | |
|---|---|---|---|---|---|---|---|---|
| [illegible] | [illegible] | [illegible] | [illegible] | [illegible] | [illegible] | [illegible] | [illegible] | [illegible]。 |
| tsjiir$^{1}$ | mji$^{1}$ | phja$^{1}$ | nioow$^{1}$ | ·jij$^{1}$ | dzju$^{2}$ | rjir$^{1}$ | ·jɨ$^{2}$ | ljɨ$^{1}$ |
| 法 | 不 | 断 | 故 | 自 | 在 | 得 | 名 | 也。 |
| [illegible] | [illegible] | [illegible] | [illegible] | [illegible] | [illegible] | [illegible] | [illegible] | [illegible] |
| dźiã$^{2}$ | tsjij$^{2}$ | so̱$^{1}$ | bie$^{2}$ | lhew$^{2}$ | lja̱$^{1}$ | nioow$^{1}$ | ·jij$^{1}$ | dzju$^{2}$ |
| 菩 | 萨 | 三 | 脱 | 解 | 证 | 故 | 自 | 在 |

不断漏法名得自在。菩萨非证三解脱故名得自在，

**26.54.2**

| | | | | | | | | |
|---|---|---|---|---|---|---|---|---|
| [illegible] | [illegible] | [illegible]， | [illegible] | [illegible] | [illegible] | [illegible] | [illegible] | [illegible] |
| rjir$^{2}$ | mji$^{1}$ | ·jɨ$^{2}$ | dźiã$^{2}$ | tsjij$^{2}$ | so̱$^{1}$ | bie$^{2}$ | lhew$^{2}$ | tśjɨ$^{1}$ |

| | | | | | | | | |
|---|---|---|---|---|---|---|---|---|
| 得 | 不 | 名， | 菩 | 萨 | 三 | 脱 | 解 | 了 |
| [illegible] | [illegible] | [illegible] | [illegible] | [illegible] | [illegible] | [illegible]。 | [illegible] | [illegible] |
| tsjij$^{2}$ | nioow$^{1}$ | ·jij$^{1}$ | dzju$^{2}$ | rjir$^{1}$ | ·jɨ$^{2}$ | ljɨ$^{1}$ | dźiã$^{2}$ | tsjij$^{2}$ |
| 解 | 故 | 自 | 在 | 得 | 名 | 也。 | 菩 | 萨 |

菩萨解了三解脱故名为自在。菩萨

**26.54.3**

| | | | | | | | | |
|---|---|---|---|---|---|---|---|---|
| [illegible] | [illegible] | [illegible] | [illegible] | [illegible] | [illegible] | [illegible] | [illegible] | [illegible] |
| mjij$^{1}$ | dzjar$^{2}$ | ŋwə$^{1}$ | ŋur$^{1}$ | ·jij$^{1}$ | dzju$^{2}$ | nioow$^{1}$ | ·jij$^{1}$ | dzju$^{2}$ |
| 寂 | 灭 | 五 | 阴 | 自 | 在 | 故 | 自 | 在 |
| [illegible] | [illegible] | [illegible]， | [illegible] | [illegible] | [illegible] | [illegible] | [illegible] | [illegible] |
| rjir$^{1}$ | mji$^{1}$ | ·jɨ$^{2}$ | dźiã$^{2}$ | tśhju$^{1}$ | ŋowr$^{2}$ | ŋowr$^{2}$ | ·jij$^{1}$ | wạ$^{2}$ |
| 得 | 不 | 名， | 众 | 生 | 一 | 切 | 之 | 担 |

非自在寂灭五阴名得自在，为舍一切众生

**26.54.4**

| | | | | | | | | |
|---|---|---|---|---|---|---|---|---|
| [illegible] | [illegible] | [illegible] | [illegible] | [illegible] | [illegible] | [illegible] | [illegible] | [illegible]。 |
| ljɨɨ$^{1}$ | dźjɨɨr$^{1}$ | phji$^{1}$ | nioow$^{1}$ | ·jij$^{1}$ | dzju$^{2}$ | rjir$^{1}$ | ·jɨ$^{2}$ | ljɨ$^{1}$ |
| 重 | 舍 | 令 | 故 | 自 | 在 | 得 | 名 | 也。 |
| [illegible] | [illegible] | [illegible] | [illegible] | [illegible] | [illegible] | [illegible] | [illegible] | [illegible] |
| dźiã$^{2}$ | tsjij$^{2}$ | tśhjiw$^{1}$ | tśhji$^{2}$ | dzjar$^{2}$ | nioow$^{1}$ | ·jij$^{1}$ | dzju$^{2}$ | rjir$^{1}$ |
| 菩 | 萨 | 六 | 根 | 灭 | 故 | 自 | 在 | 得 |

重担名为自在。菩萨非以灭六根故名得自在，

**26.54.5**

| | | | | | | | | |
|---|---|---|---|---|---|---|---|---|
| [illegible] | [illegible]。 | [illegible] | [illegible] | [illegible] | [illegible] | [illegible] | [illegible] | [illegible] |
| mji$^{1}$ | ·jɨ$^{2}$ | rjur$^{1}$ | dźiã$^{2}$ | tśhju$^{1}$ | ·jij$^{1}$ | tśhji$^{2}$ | bji$^{2}$ | bjij$^{2}$ |
| 不 | 名。 | 诸 | 众 | 生 | 之 | 根 | 下 | 上 |
| [illegible] | [illegible] | [illegible] | [illegible] | [illegible] | [illegible]。 | [illegible] | [illegible] | [illegible] |
| nwə$^{1}$ | nioow$^{1}$ | ·jij$^{1}$ | dzju$^{2}$ | ·jɨ$^{2}$ | ljɨ$^{1}$ | dźiã$^{2}$ | tsjij$^{2}$ | wee$^{1}$ |
| 知 | 故 | 自 | 在 | 名 | 也。 | 菩 | 萨 | 生 |

知诸众生上下根故名为自在。菩萨

**26.54.6**

| | | | | | | | | |
|---|---|---|---|---|---|---|---|---|
| [illegible] | [illegible] | [illegible] | [illegible] | [illegible] | [illegible] | [illegible] | [illegible]， | [illegible] |
| ·jiw$^{1}$ | dzjar$^{2}$ | nioow$^{1}$ | ·jij$^{1}$ | dzju$^{2}$ | rjir$^{1}$ | mji$^{1}$ | ·jɨ$^{2}$ | dźiã$^{2}$ |
| 分 | 尽 | 故 | 自 | 在 | 得 | 不 | 名， | 菩 |
| [illegible] | [illegible] | [illegible] | [illegible] | [illegible] | [illegible] | [illegible] | [illegible] | [illegible] |
| tsjij$^{2}$ | wee$^{1}$ | mji$^{1}$ | dzjwɨr$^{1}$ | bja$^{2}$ | nioow$^{1}$ | ·jij$^{1}$ | dzju$^{2}$ | rjir$^{1}$ |
| 萨 | 生 | 不 | 绝 | 断 | 故 | 自 | 在 | 得 |

非以生分尽故名得自在，菩萨不以断绝生故名为自在。

**26.55.1**

| | | | | | | | | |
|---|---|---|---|---|---|---|---|---|
| [illegible] | [illegible]。 | [illegible] | [illegible] | [illegible] | [illegible] | [illegible]、 | [illegible] | [illegible] |
| ·jɨ$^{2}$ | ljɨ$^{1}$ | dźiã$^{2}$ | tsjij$^{2}$ | thja$^{2}$ | ɣię$^{2}$ | mji$^{1}$ | tjịj$^{1}$ | dwewr$^{2}$ |
| 名 | 也。 | 菩 | 萨 | 其 | 声 | 闻、 | 缘 | 觉 |
| [illegible] | [illegible] | [illegible] | [illegible] | [illegible] | [illegible] | [illegible] | [illegible] | [illegible] |
| ·jij$^{1}$ | bie$^{2}$ | lhew$^{2}$ | su$^{1}$ | dzjịj$^{1}$ | nioow$^{1}$ | ·jij$^{1}$ | dzju$^{2}$ | rjir$^{1}$ |
| 之 | 脱 | 解 | 于 | 过 | 故 | 自 | 在 | 得 |

菩萨非得过于声闻、缘觉解脱名得自在，

**26.55.2**

| | | | | | | | | |
|---|---|---|---|---|---|---|---|---|
| [illegible] | [illegible]， | [illegible] | [illegible] | [illegible] | [illegible] | [illegible] | [illegible] | [illegible] |
| mji$^{1}$ | ·jɨ$^{2}$ | dźiã$^{2}$ | tsjij$^{2}$ | lhejr$^{2}$ | lhjoor$^{1}$ | ·u$^{2}$ | bie$^{2}$ | lhew$^{2}$ |
| 不 | 名， | 菩 | 萨 | 道 | 场 | 内 | 脱 | 解 |
| [illegible] | [illegible]， | [illegible] | [illegible] | [illegible] | [illegible] | [illegible] | [illegible] | [illegible] |
| mjaa$^{1}$ | rjir$^{2}$ | rjur$^{1}$ | dźiã$^{2}$ | tśhju$^{1}$ | ŋowr$^{2}$ | ŋowr$^{2}$ | ·jij$^{1}$ | ɣjiw$^{1}$ |
| 果 | 得， | 诸 | 众 | 生 | 一 | 切 | 之 | 受 |

菩萨道场得解脱果，受用一切诸众生

**26.55.3**

| | | | | | | | | |
|---|---|---|---|---|---|---|---|---|
| [illegible] | [illegible] | [illegible] | [illegible] | [illegible] | [illegible] | [illegible]。 | [illegible] | [illegible] |
| dzjiij$^{2}$ | nioow$^{1}$ | ·jij$^{1}$ | dzju$^{2}$ | rjir$^{1}$ | ·jɨ$^{2}$ | ljɨ$^{1}$ | thjɨ$^{2}$ | sju$^{2}$ |
| 用 | 故 | 自 | 在 | 得 | 名 | 也。 | 是 | 如 |

| | | | | | | | | |
|---|---|---|---|---|---|---|---|---|
| [illegible] | [illegible] | [illegible] | [illegible] | [illegible] | [illegible]， | [illegible] | [illegible] | [illegible] |
| ·jij$^{1}$ | dzju$^{2}$ | tjij$^{1}$ | rjɨr$^{2}$ | tshjiij$^{1}$ | zjọ$^{2}$ | thja$^{2}$ | ·ji$^{1}$ | ljwu$^{2}$ |
| 自 | 在 | 品 | 所 | 说 | 时， | 是 | 众 | 会 |

故名为自在。演说如是自在品时，于是众

**26.55.4**

| | | | | | | | | |
|---|---|---|---|---|---|---|---|---|
| [illegible] | [illegible] | [illegible] | [illegible] | [illegible] | [illegible] | [illegible] | [illegible] | [illegible] |
| kha$^{1}$ | sọ$^{1}$ | khjɨ$^{2}$ | njɨɨ$^{1}$ | tụ$^{1}$ | rjur$^{1}$ | mə$^{1}$ | zjɨ̣$^{1}$ | njɨ$^{2}$ |
| 中 | 三 | 万 | 二 | 千 | 诸 | 天 | 子 | 等 |
| [illegible] | [illegible] | [illegible] | [illegible] | [illegible] | [illegible] | [illegible] | [illegible] | [illegible]。 |
| zji$^{2}$ | zji$^{2}$ | phju$^{2}$ | tśhja$^{2}$ | ɣiej$^{1}$ | tśja$^{1}$ | njiij$^{1}$ | ·a | śjwo$^{1}$ |
| 皆 | 最 | 上 | 正 | 真 | 道 | 心 | △ | 发。 |

中三万二千诸天子等皆发无上①正真道心。

## 汉文本

离行非行者，一切凡夫证正行故。无庄严无不庄严者，无不希望诸法故。不自赞者，不戏论他故。无等等智者，具佛法故。无生法忍者，一切诸法无生无灭忍故。天子，是名菩萨得于自在。天子，菩萨者随所生处，非不知故生，以知故生。而是菩萨摄取生死得自在故，亦得具足成就佛法。而是菩萨非生死流转，以愿力故，在在处生得自在智，是名菩萨得自在智。菩萨非以得边际故，名自在智。若不断绝一切善根，是名菩萨得自在智。菩萨非得诸善根故，名自在智。于诸善根无厌足故，名自在智。菩萨非不生三界得名自在，为化众生故生三界名为自在。菩萨非以离自结故得名自在，为诸众生断结使故勤修精进，是名菩萨得自在智。菩萨不以为己身故得名自在，为于寂静一切众生诸苦恼故名为自在。菩萨非以舍故自在，摄取教化众生故名为自在。菩萨非断自贪瞋痴得名自在，断诸众生贪欲瞋痴诸结使故名为自在。菩萨非自证灭法故得名自在，为诸众生证灭法故得名自在。菩萨非自断漏故得名自在，菩萨为诸善根增长不断漏法名得自在。菩萨非证三解脱故名得自在，菩萨解了三解脱故名为自在。菩萨非自在寂灭五阴名得自在，为舍一切众生重担名为自在。菩萨非以灭六根故名得自在，知诸众生上下根故名为自在。菩萨非以生分尽故名得自在，菩萨不以断绝生故名为自在。菩萨非得过于声闻、缘觉解脱名得自在，菩萨道场得解脱果，受用一切诸众生故名为自在。

演说如是自在品时，于是众中三万二千诸天子等皆发无上正真道心。

**26.55.5**

| | | | | | | | | |
|---|---|---|---|---|---|---|---|---|
| [illegible] | [illegible]， | [illegible] | [illegible] | [illegible] | [illegible] | [illegible] | [illegible] | [illegible] |

① 无上，西夏文本作“最上”。

| | | | | | | | | |
|---|---|---|---|---|---|---|---|---|
| kja$^{1}$ | zjọ$^{2}$ | rjur$^{1}$ | pjụ$^{1}$ | mã$^{1}$ | śjuu$^{1}$ | śjɨ$^{1}$ | lji$^{1}$ | zjɨ$^{1}$ |
| 尔 | 时， | 世 | 尊 | 文 | 殊 | 师 | 利 | 童 |
| □① | □ | □ | □： | □ | □！ | □ | □！ | □ |
| lji$^{2}$ | ·jij$^{1}$ | ·jow$^{2}$ | dạ$^{2}$ | tjij$^{2}$ | rjijr$^{2}$ | tjij$^{2}$ | rjijr$^{2}$ | dźiã$^{2}$ |
| 子 | 之 | 赞 | 言： | 善 | 哉！ | 善 | 哉！ | 菩 |

尔时，世尊赞于文殊师利童子：善哉！善哉！

**26.55.6**

| | | | | | | | | |
|---|---|---|---|---|---|---|---|---|
| □ | □ | □ | □ | □ | □ | □ | □ | □。 |
| tsjij$^{2}$ | ŋowr$^{2}$ | ŋowr$^{2}$ | ·jij$^{1}$ | la$^{1}$ | ɣiwej$^{1}$ | tshjiij$^{1}$ | njwi$^{2}$ | nja$^{2}$ |
| 萨 | 一 | 切 | 之 | 记 | 受 | 说 | 能 | △。 |
| □ | □ | □ | □， | □ | □ | □ | □ | □ |
| mã$^{1}$ | śjuu$^{1}$ | śjɨ$^{1}$ | lji$^{1}$ | tjɨ$^{1}$ | tjij$^{1}$ | dźiã$^{2}$ | tsjij$^{2}$ | thjɨ$^{2}$ |
| 文 | 殊 | 师 | 利， | 假 | 若 | 菩 | 萨 | 是 |

善说一切菩萨受记。文殊师利，若有菩萨

**26.56.1**

| | | | | | | | | |
|---|---|---|---|---|---|---|---|---|
| □ | □ | □ | □ | □ | □ | □ | □， | □ |
| sju$^{2}$ | dźiã$^{2}$ | tsjij$^{2}$ | ·jij$^{1}$ | la$^{1}$ | ɣiwej$^{1}$ | tshjiij$^{1}$ | mji$^{1}$ | ·a |
| 如 | 菩 | 萨 | 之 | 记 | 受 | 说 | 闻， | 一 |
| □ | □ | □， | □ | □ | □ | □， | □ | □ |
| śjij$^{1}$ | dźiej$^{2}$ | tsjij$^{2}$ | tśjiɨr$^{2}$ | le$^{2}$ | mji$^{1}$ | śjwo$^{1}$ | rjur$^{1}$ | tha$^{1}$ |
| 向 | 信 | 解， | 惊 | 畏 | 不 | 生， | 诸 | 佛 |

闻说如是菩萨受记，一向信解，不生惊畏，诸佛

**26.56.2**

| | | | | | | | | |
|---|---|---|---|---|---|---|---|---|
| □ | □ | □ | □ | □ | □ | □ | □ | □ |
| rjur$^{1}$ | pjụ$^{1}$ | thja$^{2}$ | ·jij$^{1}$ | źjɨr$^{1}$ | ɣiej$^{1}$ | zji$^{2}$ | phju$^{2}$ | tśja$^{1}$ |
| 世 | 尊 | 其 | 之 | 实 | 真 | 最 | 上 | 道 |
| □ | □ | □。 | □ | □， | □ | □ | □ | □ |

① 原文作"□"（lji$^{1}$ 利）字，当受前处"文殊师利"之"利"字影响而类化，且与"□"（lji$^{2}$ 子）音近而通假。下文多处出现此类通假，径改。

la$^{1}$ tshjiij$^{1}$ wji$^{1}$ kja$^{1}$ zjọ$^{2}$ ljɨ̣$^{1}$ phju$^{2}$ mə$^{1}$ zjɨ̣$^{1}$

记 说 为。 尔 时， 宝 上 天 子

世尊为说真实无上道记。尔时，宝上天子

**26.56.3**

[illegible] [illegible] [illegible] [illegible] [illegible] [illegible] [illegible] [illegible] [illegible]：

mã$^{1}$ śjuu$^{1}$ śjɨ$^{1}$ lji$^{1}$ zjɨ̣$^{1}$ lji$^{2}$ ·jij$^{1}$ dạ$^{2}$ ·jɨ$^{2}$

文 殊 师 利 童 子 之 语 谓：

[illegible] [illegible] [illegible] [illegible] [illegible] [illegible] [illegible] [illegible]。 [illegible]

nji$^{2}$ sjij$^{1}$ la$^{1}$ ɣiwej$^{1}$ rjɨr$^{2}$ tshjii$^{2}$ nja$^{2}$ mo$^{2}$ mã$^{1}$

汝 今 记 受 所 说 △ 也。 文

语文殊师利童子：汝今演说于受记也。文

**26.56.4**

[illegible] [illegible] [illegible] [illegible]： [illegible] [illegible]， [illegible] [illegible] [illegible]

śjuu$^{1}$ śjɨ$^{1}$ lji$^{1}$ dạ$^{2}$ mə$^{1}$ zjɨ̣$^{1}$ ŋa$^{2}$ la$^{1}$ ɣiwej$^{1}$

殊 师 利 言： 天 子， 我 记 受

[illegible] [illegible] [illegible] [illegible]， [illegible] [illegible] [illegible] [illegible]， [illegible]

rjɨr$^{2}$ tshjiij$^{1}$ ŋa$^{2}$ tja$^{1}$ ŋa$^{2}$ thja$^{2}$ tsjiir$^{1}$ dźjij$^{2}$ dwewr$^{2}$

所 说 我 者， 我 是 法 有， 觉

殊师利言：天子，我说受记，我有是法，有觉

**26.56.5**

[illegible] [illegible] [illegible] [illegible]， [illegible] [illegible] [illegible] [illegible] [illegible]

tsjij$^{2}$ mjijr$^{2}$ ljɨ̣$^{1}$ dju$^{1}$ ku$^{1}$ ŋa$^{2}$ la$^{1}$ ɣiwej$^{1}$ rjijr$^{2}$

了 者 又 有， 则 我 记 受 愿

[illegible] [illegible]。 [illegible] [illegible]， [illegible] [illegible] [illegible] [illegible] [illegible]

tshjiij$^{1}$ ŋa$^{2}$ mə$^{1}$ zjɨ̣$^{1}$ ŋa$^{2}$ sjij$^{1}$ rjɨr$^{2}$ njɨ$^{2}$ ·a

说 我。 天 子， 我 今 乃 至 一

了者，我说受记。天子，我今不得乃至一

**26.56.6**

[illegible] [illegible] [illegible] [illegible] [illegible] [illegible] [illegible] [illegible] [illegible]

| | | | | | | | | |
|---|---|---|---|---|---|---|---|---|
| mə² | zjij¹ | tsjiir¹ | mji¹ | rjor² | ŋa² | nioow¹ | dwewr² | tsjij² |
| 种 | 略 | 法 | 不 | 得 | 我 | 又 | 觉 | 了 |
| [illegible] | [illegible], | [illegible] | [illegible] | [illegible] | [illegible] | [illegible] | [illegible]? | [illegible] |
| tsjɨ¹ | mjij¹ | thjij² | sjo² | la¹ | ɣiwej¹ | tshjiij¹ | ŋa² | mə¹ |
| 亦 | 无, | 何 | 云 | 记 | 受 | 说 | △? | 天 |

法亦无觉了,云何说受记？天

**26.57.1**

| | | | | | | | | |
|---|---|---|---|---|---|---|---|---|
| [illegible] | [illegible]: | [illegible] | [illegible] | [illegible] | [illegible], | [illegible] | [illegible] | [illegible] |
| zjɨ¹ | dạ² | mã¹ | śjuu¹ | śjɨ¹ | lji¹ | khjã² | khja² | bẹ¹ |
| 子 | 言: | 文 | 殊 | 师 | 利, | 乾 | 迦 | 沙 |
| [illegible] | [illegible] | [illegible] | [illegible] | [illegible] | [illegible], | [illegible] | [illegible] | [illegible] |
| thjɨ² | sju² | rjur¹ | tha¹ | rjur¹ | pjụ¹ | tsjij² | tshwew¹ | mjij¹ |
| 此 | 如 | 诸 | 佛 | 世 | 尊, | 解 | 向 | 无 |

子言:文殊师利,恒河沙①等诸佛世尊,岂无解向

**26.57.2**

| | | | | | | | | |
|---|---|---|---|---|---|---|---|---|
| [illegible] | [illegible] | [illegible] | [illegible]? | [illegible] | [illegible] | [illegible] | [illegible] | [illegible]: |
| mjaa¹ | rjir² | sji² | mo² | mã¹ | śjuu¹ | śjɨ¹ | lji¹ | dạ² |
| 果 | 得 | △ | 耶? | 文 | 殊 | 师 | 利 | 言: |
| [illegible] | [illegible] | [illegible] | [illegible] | [illegible] | [illegible] | [illegible] | [illegible] | [illegible] |
| rjur¹ | tha¹ | rjur¹ | pjụ¹ | tsjij² | tshwew¹ | mjij¹ | nioow¹ | mjaa¹ |
| 诸 | 佛 | 世 | 尊 | 解 | 向 | 无 | 故 | 果 |

而得果耶？文殊师利言:天子②,诸佛世尊无解向得果。

**26.57.3**

| | | | | | | | | |
|---|---|---|---|---|---|---|---|---|
| [illegible] | [illegible] | [illegible]。 | [illegible] | [illegible], | [illegible] | [illegible] | [illegible] | [illegible] |
| rjir² | sji² | ljɨ¹ | mə¹ | zjɨ¹ | rjur¹ | tha¹ | rjur¹ | pjụ¹ |
| 得 | △ | 也。 | 天 | 子, | 诸 | 佛 | 世 | 尊 |

① 恒河沙,梵文作 Gangā nadi vālukā,略称恒沙。恒河沙之数,譬物之多也。西夏文本此处音译兼意译作“[illegible][illegible][illegible]”。

② 天子,西夏文本无。

| | | | | | | | | |
|---|---|---|---|---|---|---|---|---|
| [illegible] | [illegible] | [illegible] | [illegible] | [illegible] | [illegible] | [illegible] | [illegible] | [illegible]。 |
| tsjij$^{2}$ | tshwew$^{1}$ | nioow$^{1}$ | mjaa$^{1}$ | rjir$^{2}$ | tsjiir$^{1}$ | tshjiij$^{1}$ | ljɨ̣$^{1}$ | njaa$^{2}$ |
| 解 | 向 | 故 | 果 | 得 | 法 | 说 | 及 | 非。 |

天子,诸佛世尊不为解向得果说法。

**26.57.4**

| | | | | | | | | |
|---|---|---|---|---|---|---|---|---|
| [illegible] | [illegible] | [illegible]: | [illegible] | [illegible] | [illegible] | [illegible], | [illegible] | [illegible] |
| mə$^{1}$ | zjɨ̣$^{1}$ | dạ$^{2}$ | mã$^{1}$ | śjuu$^{1}$ | śjɨ$^{1}$ | lji$^{1}$ | rjur$^{1}$ | tha$^{1}$ |
| 天 | 子 | 言: | 文 | 殊 | 师 | 利, | 诸 | 佛 |
| [illegible] | [illegible] | [illegible] | [illegible] | [illegible] | [illegible] | [illegible]? | [illegible] | [illegible] |
| rjur$^{1}$ | pjụ$^{1}$ | thjij$^{2}$ | sjo$^{2}$ | tsjiir$^{1}$ | tshjiij$^{1}$ | ljɨ$^{1}$ | mã$^{1}$ | śjuu$^{1}$ |
| 世 | 尊 | 何 | 云 | 法 | 说 | 也? | 文 | 殊 |

天子言:文殊师利,诸佛世尊云何说法? 文殊

**26.57.5**

| | | | | | | | | |
|---|---|---|---|---|---|---|---|---|
| [illegible] | [illegible] | [illegible]: | [illegible] | [illegible], | [illegible] | [illegible] | [illegible] | [illegible] |
| śjɨ$^{1}$ | lji$^{1}$ | dạ$^{2}$ | mə$^{1}$ | zjɨ̣$^{1}$ | rjur$^{1}$ | tha$^{1}$ | rjur$^{1}$ | pjụ$^{1}$ |
| 师 | 利 | 言: | 天 | 子, | 诸 | 佛 | 世 | 尊 |
| [illegible] | [illegible] | [illegible] | [illegible] | [illegible] | [illegible] | [illegible] | [illegible] | [illegible] |
| kwər$^{1}$ | tsjiir$^{2}$ | mji$^{1}$ | phjo$^{2}$ | kar$^{2}$ | ŋwu$^{2}$ | tsjiir$^{1}$ | nẹ$^{1}$ | tshjiij$^{1}$ |
| 体 | 性 | 不 | 分 | 别 | 以 | 法 | 演 | 说 |

师利言:天子,诸佛世尊亦不分别体性而说法

**26.57.6**

| | | | | | | | | |
|---|---|---|---|---|---|---|---|---|
| [illegible]。 | [illegible] | [illegible] | [illegible] | [illegible], | [illegible] | [illegible] | [illegible] | [illegible], |
| ljɨ$^{1}$ | wee$^{1}$ | mjij$^{1}$ | dzjar$^{2}$ | mjij$^{1}$ | ·jiw$^{1}$ | mjij$^{1}$ | nioow$^{1}$ | mjij$^{1}$ |
| 也。 | 生 | 无 | 灭 | 无, | 因 | 无 | 缘 | 无, |
| [illegible] | [illegible] | [illegible] | [illegible], | [illegible] | [illegible] | [illegible] | [illegible] | [illegible] |
| śjɨ$^{1}$ | mjij$^{1}$ | lja$^{1}$ | mjij$^{1}$ | dźiã$^{2}$ | tśhju$^{1}$ | mji$^{1}$ | dju$^{1}$ | dźiã$^{2}$ |
| 去 | 无 | 来 | 无, | 众 | 生 | 不 | 有 | 众 |

也。无生无灭,无因无缘,无去无来,无有众生

**26.58.1**

| | | | | | | | | |
|---|---|---|---|---|---|---|---|---|
| [illegible] | [illegible] | [illegible], | [illegible] | [illegible] | [illegible] | [illegible] | [illegible] | [illegible], |
| tśhju$^1$ | mji$^1$ | mjij$^1$ | laa$^1$ | tśior$^2$ | mjij$^1$ | phiow$^1$ | sej$^1$ | mjij$^1$ |
| 生 | 不 | 无, | 染 | 污 | 无 | 白 | 净 | 无, |
| [illegible] | [illegible] | [illegible] | [illegible] | [illegible] | [illegible]。 | [illegible] | [illegible], | [illegible] |
| lhji$^2$ | wee$^1$ | mjij$^1$ | djiij$^2$ | phã$^1$ | mjij$^1$ | mə$^1$ | zjɨ̣$^1$ | rjur$^1$ |
| 死 | 生 | 无 | 涅 | 槃 | 无。 | 天 | 子, | 诸 |

非无众生,无污染无白净,无生死无涅槃。天子,诸

**26.58.2**

| | | | | | | | | |
|---|---|---|---|---|---|---|---|---|
| [illegible] | [illegible] | [illegible] | [illegible] | [illegible] | [illegible] | [illegible] | [illegible] | [illegible]。 |
| tha$^1$ | rjur$^1$ | pjụ$^1$ | thjɨ$^2$ | sju$^2$ | ŋwu$^2$ | tsjiir$^1$ | tshjiij$^1$ | ljɨ$^1$ |
| 佛 | 世 | 尊 | 是 | 如 | 以 | 法 | 说 | 也。 |
| [illegible] | [illegible] | [illegible] | [illegible] | [illegible] | [illegible] | [illegible] | [illegible] | [illegible]: |
| mə$^1$ | zjɨ̣$^1$ | mã$^1$ | śjuu$^1$ | śjɨ$^1$ | lji$^1$ | ·jij$^1$ | dạ$^2$ | ·jɨr$^1$ |
| 天 | 子 | 文 | 殊 | 师 | 利 | 之 | 言 | 问: |

佛世尊如是说法。天子问文殊师利言:

**26.58.3**

| | | | | | | | | |
|---|---|---|---|---|---|---|---|---|
| [illegible] | [illegible] | [illegible] | [illegible] | [illegible] | [illegible] | [illegible] | [illegible] | [illegible] |
| rjur$^1$ | tha$^1$ | rjur$^1$ | pjụ$^1$ | djiij$^2$ | phã$^1$ | nioow$^1$ | tsjiir$^1$ | ljɨ̣$^1$ |
| 诸 | 佛 | 世 | 尊 | 涅 | 槃 | 故 | 法 | 及 |
| [illegible] | [illegible], | [illegible] | [illegible] | [illegible] | [illegible] | [illegible] | [illegible] | [illegible] |
| mji$^1$ | tshjiij$^1$ | ku$^1$ | wa$^2$ | nioow$^1$ | tha$^1$ | rjur$^1$ | kha$^1$ | to$^2$ |
| 不 | 说, | 则 | 何 | 故 | 佛 | 世 | 中 | 出 |

诸佛世尊不为涅槃而说法者,何以故名为佛出世

**26.58.4**

| | |
|---|---|
| [illegible] | [illegible]? |
| ·jɨ$^2$ | ljɨ$^1$ |
| 名 | 耶? |

耶?

**26.58.5**

| | | | | | | | | | | |
|---|---|---|---|---|---|---|---|---|---|---|
| [illegible] | [illegible] | [illegible] | [illegible] | [illegible] | [illegible] | [illegible] | [illegible] | [illegible] | [illegible] | [illegible] |
| ljịj² | ljɨ¹ | tśiow¹ | lwər² | lhejr² | ? | njɨɨ¹ | ɣa̱² | tśhjiw¹ | tsew² | njoor² |
| 大 | 宝 | 积 | 经 | 契 | 卷 | 二 | 十 | 六 | 第 | 水 |

《大宝积经》第二十六卷　水

## 汉文本

尔时,世尊赞于文殊师利童子:善哉!善哉!善说一切菩萨受记。文殊师利,若有菩萨闻说如是菩萨受记,一向信解,不生惊畏,诸佛世尊为说真实无上道记。

尔时,宝上天子语文殊师利童子:汝今演说于受记也。

文殊师利言:天子,我说受记,我有是法,有觉了者,我说受记。天子,我今不得乃至一法亦无觉了,云何说受记?

天子言:文殊师利,恒河沙等诸佛世尊,岂无解向而得果耶?

文殊师利言:天子,诸佛世尊无解向得果。天子,诸佛世尊不为解向得果说法。

天子言:文殊师利,诸佛世尊云何说法?

文殊师利言:天子,诸佛世尊亦不分别体性而说法也。无生无灭,无因无缘,无去无来,无有众生非无众生,无污染无白净,无生死无涅槃。天子,诸佛世尊如是说法。

天子问文殊师利言:诸佛世尊不为涅槃而说法者,何以故名为佛出世耶?

# 西夏文《大宝积经》

·卷二十七·

## 《法界体性无分别会》第八之二整理与研究

## 内容和版本介绍

《法界体性无分别会》叙说的是一切法皆法界体性，无缚无脱；比丘增上慢的有无、菩萨六度、四念清净、授记、自在等义；菩萨不生自在义；佛陀为五百菩萨及宝上天子授记；菩萨的毕竟心行、善知方便及般若行。

西夏文《大宝积经》卷二十七《法界体性无分别会》第八之二，由 1909 年科兹洛夫率领的俄国皇家蒙古四川地理考察队发现于黑水城遗址，现藏于俄罗斯科学院东方文献研究所。据克恰诺夫《西夏佛典目录》，该卷在第一部中保存完整，入藏编号 инв.№ 436。该卷版式：蓝绢护封，写本，经折装，共 43 折，每折基本 7 行，每行 21 字。天头 4.3 厘米，地脚 2.5 厘米。[①] 在第二部中同样保存完整，入藏编号 инв.№ 723。该卷版式：写本，经折装，共 58 折，每折 6 行，每行 19 字。天头 4.9 厘米，地脚3.5厘米。黑绢护封上有两个题签，题签上有经名、卷次和帙号。经名后有帙号和西夏仁宗皇帝尊号之前四字——奉天显道[②]。第二部首次刊布于《俄藏黑水城文献》第 21 册第 161—164 页。

下面的录文和释读依据 инв.№ 723，释读采用逐折、逐行对译的形式，并用数字标明西夏文录文的卷次、原版折面和行次，如 27.1.1，为第二十七卷第一折第一行。

① Е.И.Кычанов, *Каталог тангутских буддийских памятников*, КиотоУниверситет Киото, 1999.p. 325.
② Е.И.Кычанов, *Каталог тангутских буддийских памятников*, КиотоУниверситет Киото, 1999.p. 338.

# 文本释读

### 27.1.1

| | | | | | | | | | |
|---|---|---|---|---|---|---|---|---|---|
| [illegible] | [illegible] | [illegible] | [illegible] | [illegible] | [illegible] | [illegible] | [illegible] | [illegible] | [illegible] |
| ljịj[2] | ljɨ[1] | tśiow[1] | lwər[2] | lhejr[2] | ? | njɨɨ[1] | ɣạ[2] | śjạ[1] | tsew[2] |
| 大 | 宝 | 积 | 经 | 契 | 卷 | 二 | 十 | 七 | 第 |

《大宝积经》卷第二十七①

### 27.1.2

| | | | |
|---|---|---|---|
| [illegible] | [illegible] | [illegible] | [illegible] |
| tshjwu[1] | bju[1] | tśja[1] | dźju[1] |
| 天 | 奉 | 道 | 显 |

奉天显道②

### 27.1.3

| | | | | | | | | | | | | |
|---|---|---|---|---|---|---|---|---|---|---|---|---|
| [illegible] | [illegible] | [illegible] | [illegible] | [illegible] | [illegible] | [illegible] | [illegible] | [illegible] | [illegible] | [illegible] | [illegible] | [illegible] |
| tsjiir[1] | rjur[1] | kwər[1] | tsjiir[2] | phjo[2] | kar[2] | mjij[1] | ljwu[2] | tjij[1] | ·jar[1] | tsew[2] | ·jij[1] | njɨɨ[1] |
| 法 | 界 | 体 | 性 | 分 | 别 | 无 | 集 | 品 | 八 | 第 | 之 | 二 |

《法界体性无分别会》第八之二③

### 27.1.4

| | | | | | | | | |
|---|---|---|---|---|---|---|---|---|
| [illegible] | [illegible] | [illegible] | [illegible] | [illegible]: | [illegible] | [illegible], | [illegible] | [illegible] |
| mã[1] | śjuu[1] | śjɨ[1] | lji[1] | dạ[2] | mə[1] | zjɨ[1] | ljụ[2] | ljij[2] |
| 文 | 输 | 师 | 梨 | 言: | 天 | 子, | 身 | 见 |
| [illegible] | [illegible] | [illegible] | [illegible] | [illegible] | [illegible], | [illegible] | [illegible] | [illegible] |

---

① 据卷尾,此卷的帙号为“[illegible]”(水),与卷二十六同。

② 当为仁宗皇帝尊号之省,汉文本无。第一卷中完整的仁宗皇帝尊号作“[illegible]”(奉天显道耀武宣文神谋睿智制义去邪惇睦懿恭皇帝嵬名)。据此可知俄藏 инв.№ 723 为仁宗皇帝(1139—1193 年在位)校译本。

③ 此处汉文本署“梁三藏法师曼陀罗奉诏译”,西夏文本无。

| | | | | | | | | |
|---|---|---|---|---|---|---|---|---|
| ·jij$^{1}$ | kwər$^{1}$ | tsjiir$^{2}$ | dwewr$^{2}$ | tsjij$^{2}$ | ku$^{1}$ | tha$^{1}$ | rjur$^{1}$ | to$^{2}$ |
| 之 | 体 | 性 | 觉 | 了 | 故， | 佛 | 世 | 出 |

文殊师利言：天子，觉了身见之体性故，名佛出世。

**27.1.5**

| | | | | | | | | |
|---|---|---|---|---|---|---|---|---|
| [illegible]。 | [illegible] | [illegible]， | [illegible] | [illegible] | [illegible] | [illegible] | [illegible] | [illegible] |
| ·jɨ$^{2}$ | mə$^{1}$ | zjɨ̣$^{1}$ | bju$^{1}$ | mjij$^{1}$ | dju$^{1}$ | dzu$^{1}$ | kwər$^{1}$ | tsjiir$^{2}$ |
| 名。 | 天 | 子， | 明 | 无 | 有 | 爱 | 体 | 性 |
| [illegible] | [illegible] | [illegible]， | [illegible] | [illegible] | [illegible] | [illegible]。 | [illegible] | [illegible] |
| dźju$^{1}$ | sjwij$^{1}$ | ku$^{1}$ | tha$^{1}$ | rjur$^{1}$ | to$^{2}$ | ·jɨ$^{2}$ | lẹj$^{2}$ | tshjạ$^{1}$ |
| 现 | 示 | 故， | 佛 | 世 | 出 | 名。 | 贪 | 瞋 |

天子，示现无明有爱体性，名佛出世。觉了贪瞋

**27.1.6**

| | | | | | | | | |
|---|---|---|---|---|---|---|---|---|
| [illegible] | [illegible] | [illegible] | [illegible] | [illegible] | [illegible]， | [illegible] | [illegible] | [illegible] |
| ? | kwər$^{1}$ | tsjiir$^{2}$ | dwewr$^{2}$ | tsjij$^{2}$ | ku$^{1}$ | tha$^{1}$ | rjur$^{1}$ | to$^{2}$ |
| 痴 | 体 | 性 | 觉 | 了 | 故， | 佛 | 世 | 出 |
| [illegible]。 | [illegible] | [illegible] | [illegible] | [illegible] | [illegible] | [illegible] | [illegible] | [illegible]， |
| ·jɨ$^{2}$ | kwər$^{1}$ | tśhjuu$^{2}$ | kwər$^{1}$ | tśhja$^{2}$ | ka$^{1}$ | dźju$^{1}$ | sjwij$^{1}$ | ku$^{1}$ |
| 名。 | 体 | 倒 | 体 | 平 | 等 | 显 | 示 | 故， |

痴体性故，名佛出世。天子①，示现颠倒体性平等，

**27.2.1**

| | | | | | | | | |
|---|---|---|---|---|---|---|---|---|
| [illegible] | [illegible] | [illegible] | [illegible]。 | [illegible] | [illegible]， | [illegible] | [illegible] | [illegible] |
| tha$^{1}$ | rjur$^{1}$ | to$^{2}$ | ·jɨ$^{2}$ | mə$^{1}$ | zjɨ̣$^{1}$ | rjur$^{1}$ | ljij$^{2}$ | ·jij$^{1}$ |
| 佛 | 世 | 出 | 名。 | 天 | 子， | 诸 | 见 | 之 |
| [illegible] | [illegible] | [illegible] | [illegible] | [illegible]， | [illegible] | [illegible] | [illegible] | [illegible]。 |
| kwər$^{1}$ | tsjiir$^{2}$ | dwewr$^{2}$ | tsjij$^{2}$ | ku$^{1}$ | tha$^{1}$ | rjur$^{1}$ | to$^{2}$ | ·jɨ$^{2}$ |
| 体 | 性 | 觉 | 了 | 故， | 佛 | 世 | 出 | 名。 |

名佛出世。天子，觉了诸见之体性故，名佛出世。

① 天子，西夏文本无。

**27.2.2**

| | | | | | | | | |
|---|---|---|---|---|---|---|---|---|
| □ | □， | □ | □ | □ | □ | □ | □ | □ |
| mə$^{1}$ | zjɨ̣$^{1}$ | ŋur$^{1}$ | rjur$^{1}$ | do$^{2}$ | tsjiir$^{2}$ | kwər$^{1}$ | tsjiir$^{2}$ | dźju$^{1}$ |
| 天 | 子， | 阴 | 界 | 处 | 性 | 体 | 性 | 显 |
| □ | □， | □ | □ | □ | □。 | □ | □， | □ |
| sjwij$^{1}$ | ku$^{1}$ | tha$^{1}$ | rjur$^{1}$ | to$^{2}$ | ·jɨ$^{2}$ | mə$^{1}$ | zjɨ̣$^{1}$ | tha$^{1}$ |
| 示 | 故， | 佛 | 世 | 出 | 名。 | 天 | 子， | 佛 |

天子，示阴界入法界体性，名佛出世。天子，佛

**27.2.3**

| | | | | | | | | |
|---|---|---|---|---|---|---|---|---|
| □ | □ | □， | □ | □ | □ | □， | □ | □ |
| rjur$^{1}$ | to$^{2}$ | tja$^{1}$ | rjur$^{1}$ | tsjiir$^{1}$ | wee$^{1}$ | mjij$^{1}$ | thjɨ$^{2}$ | sju$^{2}$ |
| 世 | 出 | 者， | 诸 | 法 | 生 | 无， | 是 | 如 |
| □ | □ | □ | □ | □ | □。 | □ | □ | □ |
| wee$^{1}$ | mjij$^{1}$ | tsjiir$^{1}$ | nẹ$^{1}$ | tshjiij$^{1}$ | ŋwu$^{2}$ | thja$^{2}$ | wee$^{1}$ | mjij$^{1}$ |
| 生 | 无 | 法 | 演 | 说 | 是。 | 是 | 生 | 无 |

出世者，诸法无生，是名演说无生法也。是无生

**27.2.4**

| | | | | | | | | |
|---|---|---|---|---|---|---|---|---|
| □， | □ | □ | □ | □， | □ | □ | □ | □ |
| tsjiir$^{1}$ | zji$^{2}$ | lhji$^{2}$ | wee$^{1}$ | mjij$^{1}$ | djiij$^{2}$ | phã$^{1}$ | tsjɨ$^{1}$ | mjij$^{1}$ |
| 法， | 都 | 死 | 生 | 无， | 涅 | 槃 | 亦 | 无 |
| □。 | □ | □ | □： | □ | □ | □ | □， | □ |
| ljɨ$^{1}$ | mə$^{1}$ | zjɨ̣$^{1}$ | dạ$^{2}$ | mã$^{1}$ | śjuu$^{1}$ | śjɨ$^{1}$ | lji$^{1}$ | nji$^{2}$ |
| 也。 | 天 | 子 | 言： | 文 | 殊 | 师 | 利， | 汝 |

法，都无生死，亦无涅槃。天子言：文殊师利，

**27.2.5**

| | | | | | | | | |
|---|---|---|---|---|---|---|---|---|
| □ | □ | □ | □ | □ | □ | □ | □ | □ |
| dźiã$^{2}$ | tśhju$^{1}$ | ·jij$^{1}$ | zji$^{2}$ | phju$^{2}$ | tśhja$^{2}$ | ɣiej$^{1}$ | tśja$^{1}$ | ljuu$^{2}$ |
| 众 | 生 | 之 | 最 | 上 | 正 | 真 | 道 | 庄 |

[illegible]

tshjịj$^{2}$ sji$^{2}$ tsjiir$^{1}$ rjɨr$^{2}$ tshjiij$^{1}$ nja$^{2}$ thjij$^{2}$ sjo$^{2}$ ljɨ$^{1}$

严 △ 法 所 说 △。 何 云 也？

当为众生说庄严无上①正真道法。何以故？

**27.2.6**

[illegible]

mã$^{1}$ śjuu$^{1}$ śjɨ$^{1}$ lji$^{1}$ rjur$^{1}$ tha$^{1}$ rjur$^{1}$ to$^{2}$ lhu$^{1}$

文 殊 师 利， 诸 佛 世 出 增

[illegible]

dzja$^{1}$ lew$^{2}$ mjij$^{1}$ mã$^{1}$ śjuu$^{1}$ śjɨ$^{1}$ lji$^{1}$ dạ$^{2}$ mə$^{1}$

长 所 无。 文 殊 师 利 言： 天

文殊师利，诸佛出世无所增长。文殊师利言：天

**27.3.1**

[illegible]

zjɨ̣$^{1}$ ljị$^{2}$ nwə$^{1}$ ljị$^{2}$ tshja$^{2}$ mjijr$^{2}$ ŋwu$^{2}$ mə$^{1}$ zjɨ̣$^{1}$ dạ$^{2}$

子， 恩 知 恩 报 者 是。 天 子 言：

[illegible]

wji$^{1}$ lew$^{2}$ dju$^{1}$ tja$^{1}$ ljị$^{2}$ tshja$^{2}$ mjijr$^{2}$ ŋwu$^{2}$ mã$^{1}$

作 所 有 者， 恩 报 者 是。 文

子，知恩报恩者。天子言：有所作者，当知报恩。文

**27.3.2**

[illegible]

śjuu$^{1}$ śjɨ$^{1}$ lji$^{1}$ dạ$^{2}$ mə$^{1}$ zjɨ̣$^{1}$ nji$^{2}$ mjor$^{1}$ jij$^{2}$

殊 师 利 言： 天 子， 汝 如 来

[illegible]

·jij$^{1}$ wji$^{1}$ lew$^{2}$ dju$^{1}$ phji$^{1}$ kięj$^{2}$ nja$^{2}$ mo$^{2}$ mə$^{1}$

之 作 所 有 使 欲 △ 也。 天

① 无上，西夏文本作“最上”。

殊师利言:天子,汝欲使如来有所作也。天

## 汉文本

《大宝积经》卷第二十七

梁三藏法师曼陀罗奉诏译

《法界体性无分别会》第八之二

文殊师利言:天子,觉了身见之体性故,名佛出世。天子,示现无明有爱体性,名佛出世。觉了贪瞋痴体性故,名佛出世。天子,示现颠倒体性平等,名佛出世。天子,觉了诸见之体性故,名佛出世。天子,示阴界入法界体性,名佛出世。天子,佛出世者,诸法无生,是名演说无生法也。是无生法,都无生死,亦无涅槃。

天子言:文殊师利,当为众生说庄严无上正真道法。何以故?文殊师利,诸佛出世无所增长。

文殊师利言:天子,知恩报恩者。

天子言:有所作者,当知报恩。

文殊师利言:天子,汝欲使如来有所作也。

**27.3.3**

| | | | | | | | | |
|---|---|---|---|---|---|---|---|---|
| [illegible] | [illegible]: | [illegible] | [illegible] | [illegible] | [illegible], | [illegible] | [illegible] | [illegible] |
| zjɨ$^{1}$ | dạ$^{2}$ | mã$^{1}$ | śjuu$^{1}$ | śjɨ$^{1}$ | lji$^{1}$ | mjor$^{1}$ | jịj$^{2}$ | tja$^{1}$ |
| 子 | 言: | 文 | 殊 | 师 | 利, | 如 | 来 | 者 |
| [illegible] | [illegible] | [illegible] | [illegible], | [illegible] | [illegible] | [illegible] | [illegible] | [illegible] |
| wji$^{1}$ | lew$^{2}$ | mji$^{1}$ | dju$^{1}$ | rjur$^{1}$ | tha$^{1}$ | mjor$^{1}$ | jịj$^{2}$ | dźiəj$^{2}$ |
| 作 | 所 | 不 | 有, | 诸 | 佛 | 如 | 来 | 为 |

子言:文殊师利,如来者无有所作,诸佛如来

**27.3.4**

| | | | | | | | | | |
|---|---|---|---|---|---|---|---|---|---|
| [illegible] | [illegible] | [illegible], | [illegible] | [illegible] | [illegible] | [illegible] | [illegible] | [illegible] | [illegible] |
| mə$^{1}$ | ɣa$^{2}$ | njɨ$^{2}$ | dźiəj$^{2}$ | mə$^{1}$ | tśja$^{1}$ | tja$^{1}$ | wji$^{1}$ | lew$^{2}$ | mjij$^{1}$ |
| 无 | 于 | 到, | 为 | 无 | 道 | 者 | 作 | 所 | 无 |
| [illegible]。 | [illegible] | [illegible] | [illegible] | [illegible] | [illegible]: | [illegible] | [illegible], | [illegible] | |
| ljɨ$^{1}$ | mã$^{1}$ | śjuu$^{1}$ | śjɨ$^{1}$ | lji$^{1}$ | dạ$^{2}$ | mə$^{1}$ | zjɨ$^{1}$ | nji$^{2}$ | |
| 也。 | 文 | 殊 | 师 | 利 | 言: | 天 | 子, | 汝 | |

到于无为,无为之道无有所作。文殊师利言:天子,汝

**27.3.5**

| | | | | | | | | |
|---|---|---|---|---|---|---|---|---|
| [illegible] | [illegible] | [illegible]， | [illegible] | [illegible] | [illegible] | [illegible] | [illegible] | [illegible] |
| thja$^{2}$ | dźiəj$^{2}$ | mə̣$^{1}$ | ljị$^{2}$ | tshja$^{2}$ | mjij$^{1}$ | ljị$^{2}$ | tshja$^{2}$ | mji$^{1}$ |
| 其 | 为 | 无， | 恩 | 报 | 无 | 恩 | 报 | 不 |
| [illegible] | [illegible] | [illegible] | [illegible]。 | [illegible] | [illegible] | [illegible]： | [illegible] | [illegible] |
| mjij$^{1}$ | ·jɨ$^{2}$ | nja$^{2}$ | mo$^{2}$ | mə$^{1}$ | zjị$^{1}$ | dạ$^{2}$ | mã$^{1}$ | śjuu$^{1}$ |
| 无 | 谓 | △ | 也。 | 天 | 子 | 言： | 文 | 殊 |

许无为者，无报恩非不报恩。天子言：文殊

**27.3.6**

| | | | | | | | | |
|---|---|---|---|---|---|---|---|---|
| [illegible] | [illegible]， | [illegible] | [illegible] | [illegible] | [illegible]， | [illegible] | [illegible] | [illegible] |
| śjɨ$^{1}$ | lji$^{1}$ | thjɨ$^{2}$ | sju$^{2}$ | tsjiir$^{1}$ | tja$^{1}$ | ɣu$^{1}$ | njiij$^{1}$ | śjwo$^{1}$ |
| 师 | 利， | 此 | 如 | 法 | 者， | 初 | 心 | 发 |
| [illegible] | [illegible] | [illegible] | [illegible] | [illegible] | [illegible]。 | [illegible] | [illegible] | [illegible]？ |
| mjijr$^{2}$ | ·jij$^{1}$ | mji$^{1}$ | tshjiij$^{1}$ | wji$^{1}$ | lew$^{2}$ | thjij$^{2}$ | sjo$^{2}$ | ljɨ$^{1}$ |
| 者 | 之 | 不 | 说 | 为 | 应。 | 何 | 云 | 也？ |

师利，如此法者，不应为初发意者说。何以故？

**27.4.1**

| | | | | | | | | |
|---|---|---|---|---|---|---|---|---|
| [illegible] | [illegible] | [illegible] | [illegible] | [illegible] | [illegible] | [illegible]， | [illegible] | [illegible] |
| tjij$^{1}$ | thja$^{1}$ | tsjiir$^{1}$ | mji$^{1}$ | ku$^{1}$ | tśjɨɨr$^{2}$ | le$^{2}$ | njiij$^{1}$ | śjwo$^{1}$ |
| 若 | 是 | 法 | 闻 | 则 | 惊 | 畏， | 心 | 发 |
| [illegible] | [illegible] | [illegible] | [illegible] | [illegible]。 | [illegible] | [illegible] | [illegible] | [illegible] |
| tśhjɨ$^{2}$ | rjar$^{2}$ | lhjii$^{1}$ | lhjwo$^{1}$ | ljɨ$^{1}$ | mã$^{1}$ | śjuu$^{1}$ | śjɨ$^{1}$ | lji$^{1}$ |
| 便 | 即 | 退 | 转 | 也。 | 文 | 殊 | 师 | 利 |

若闻是法生于惊畏，便当退转。文殊师利

**27.4.2**

| | | | | | | | | |
|---|---|---|---|---|---|---|---|---|
| [illegible]： | [illegible] | [illegible]， | [illegible] | [illegible] | [illegible] | [illegible] | [illegible] | [illegible] |
| dạ$^{2}$ | mə$^{1}$ | zjị$^{1}$ | tjɨ$^{1}$ | tjij$^{1}$ | dźiã$^{2}$ | tsjij$^{2}$ | ɣu$^{1}$ | zji$^{2}$ |
| 言： | 天 | 子， | 假 | 若 | 菩 | 萨 | 初 | 最 |

| | | | | | | | | |
|---|---|---|---|---|---|---|---|---|
| [illegible] | [illegible] | [illegible] | [illegible] | [illegible]， | [illegible] | [illegible] | [illegible] | [illegible]， |
| phju$^{2}$ | po$^{1}$ | tjɨj$^{1}$ | njiij$^{1}$ | śjwo$^{1}$ | tśjɨɨr$^{2}$ | le$^{2}$ | lhjii$^{1}$ | lhjwo$^{1}$ |
| 上 | 菩 | 提 | 心 | 发， | 惊 | 畏 | 退 | 转， |

言：天子，若有菩萨初发无上菩提之心，惊畏退转，

**27.4.3**

| | | | | | | | | | | | |
|---|---|---|---|---|---|---|---|---|---|---|---|
| [illegible] | [illegible] | [illegible] | [illegible] | [illegible] | [illegible] | [illegible] | [illegible]。 | [illegible] | [illegible] | [illegible]： | [illegible] |
| ku$^{1}$ | thja$^{1}$ | dzjwo$^{2}$ | lhjii$^{1}$ | lhjwo$^{1}$ | ɣa$^{2}$ | dźjiij$^{1}$ | ljɨ$^{1}$ | mə$^{1}$ | zjɨ̣$^{1}$ | dạ$^{2}$ | mã$^{1}$ |
| 则 | 是 | 人 | 退 | 转 | 于 | 住 | 也。 | 天 | 子 | 言： | 文 |
| [illegible] | [illegible] | [illegible]， | [illegible] | [illegible] | [illegible] | [illegible] | [illegible]？ | [illegible] | [illegible] | [illegible] | |
| śjuu$^{1}$ | śjɨ$^{1}$ | lji$^{1}$ | wa$^{2}$ | nioow$^{1}$ | thjɨ$^{2}$ | ·jɨ$^{2}$ | nja$^{2}$ | mã$^{1}$ | śjuu$^{1}$ | śjɨ$^{1}$ | |
| 殊 | 师 | 利， | 何 | 故 | 是 | 说 | △？ | 文 | 殊 | 师 | |

是人则住于退转也。天子言：文殊师利，何故说是？文殊师

**27.4.4**

| | | | | | | | | |
|---|---|---|---|---|---|---|---|---|
| [illegible] | [illegible]： | [illegible] | [illegible]， | [illegible] | [illegible] | [illegible] | [illegible] | [illegible] |
| lji$^{1}$ | dạ$^{2}$ | mə$^{1}$ | zjɨ̣$^{1}$ | tjɨ$^{1}$ | tjij$^{1}$ | dźiã$^{2}$ | tsjij$^{2}$ | ɣu$^{1}$ |
| 利 | 言： | 天 | 子， | 假 | 若 | 菩 | 萨 | 初 |
| [illegible] | [illegible] | [illegible]， | [illegible] | [illegible]、 | [illegible] | [illegible] | [illegible] | [illegible] |
| tśja$^{1}$ | njiij$^{1}$ | śjwo$^{1}$ | ɣię$^{2}$ | mji$^{1}$ | tjịj$^{1}$ | dwewr$^{2}$ | ljɨ̣$^{2}$ | ŋwu$^{2}$ |
| 道 | 心 | 发， | 声 | 闻、 | 缘 | 觉 | 地 | 以 |

利言：天子，若有菩萨初发道心，惊畏①声闻、缘觉地，

**27.4.5**

| | | | | | | | | |
|---|---|---|---|---|---|---|---|---|
| [illegible] | [illegible] | [illegible]。 | [illegible] | [illegible]、 | [illegible] | [illegible]、 | [illegible] | [illegible]、 |
| ku$^{1}$ | tśhjɨ$^{2}$ | rjar$^{2}$ | wier$^{1}$ | wier$^{1}$ | kie$^{1}$ | ljiij$^{2}$ | tshjạ$^{1}$ | low$^{2}$ |
| 则 | 便 | 即。 | 悭 | 惜、 | 戒 | 破、 | 瞋 | 怠、 |
| [illegible] | [illegible]， | [illegible] | [illegible] | [illegible] | [illegible] | [illegible] | [illegible]。 | [illegible] |
| ŋewr$^{1}$ | ? | phjɨ$^{1}$ | ka$^{2}$ | mji$^{1}$ | lhjii$^{1}$ | ɣa$^{2}$ | dźjiij$^{1}$ | mə$^{1}$ |
| 乱 | 痴， | 出 | 离 | 不 | 退 | 于 | 住。 | 天 |

① 惊畏，西夏文本无。

则便退转①。若悭惜、破戒、瞋怠、乱痴,住于不退。天

**27.4.6**

| | | | | | | | | |
|---|---|---|---|---|---|---|---|---|
| [illegible] | [illegible]: | [illegible] | [illegible] | [illegible] | [illegible], | [illegible] | [illegible] | [illegible] |
| zjɨ$^{1}$ | dạ$^{2}$ | mã$^{1}$ | śjuu$^{1}$ | śjɨ$^{1}$ | lji$^{1}$ | thjij$^{2}$ | sjo$^{2}$ | dźjiij$^{1}$ |
| 子 | 言: | 文 | 殊 | 师 | 利, | 何 | 云 | 住 |
| [illegible]? | [illegible] | [illegible] | [illegible] | [illegible] | [illegible]: | [illegible] | [illegible], | [illegible] |
| ljɨ$^{1}$ | mã$^{1}$ | śjuu$^{1}$ | śjɨ$^{1}$ | lji$^{1}$ | dạ$^{2}$ | mə$^{1}$ | zjɨ$^{1}$ | tjɨ$^{1}$ |
| 也? | 文 | 殊 | 师 | 利 | 言: | 天 | 子, | 假 |

子言:文殊师利,云何住也?文殊师利言:天子,

**27.5.1**

| | | | | | | | | |
|---|---|---|---|---|---|---|---|---|
| [illegible] | [illegible] | [illegible] | [illegible] | [illegible] | [illegible] | [illegible], | [illegible] | [illegible] |
| tjij$^{1}$ | dźiã$^{2}$ | tsjij$^{2}$ | ɣu$^{1}$ | tśja$^{1}$ | njiij$^{1}$ | śjwo$^{1}$ | tsjiir$^{1}$ | rjur$^{1}$ |
| 若 | 菩 | 萨 | 初 | 道 | 心 | 发, | 法 | 界 |
| [illegible] | [illegible] | [illegible] | [illegible] | [illegible] | [illegible] | [illegible] | [illegible] | [illegible] |
| tśhja$^{2}$ | ka$^{1}$ | kha$^{1}$ | no$^{2}$ | dźjiij$^{1}$ | ku$^{1}$ | thjɨ$^{2}$ | tja$^{1}$ | dźjiij$^{1}$ |
| 平 | 等 | 中 | 安 | 住 | 故 | 此 | 者 | 住 |

若有菩萨初发道心,安住法界平等中故是名善住,

**27.5.2**

| | | | | | | | | |
|---|---|---|---|---|---|---|---|---|
| [illegible] | [illegible], | [illegible] | [illegible] | [illegible] | [illegible] | [illegible] | [illegible] | [illegible] |
| njwi$^{2}$ | mjijr$^{2}$ | ɣu$^{1}$ | njiij$^{1}$ | śjwo$^{1}$ | dźiã$^{2}$ | tsjij$^{2}$ | dźjiij$^{1}$ | ŋwu$^{2}$ |
| 善 | 者, | 初 | 心 | 发 | 菩 | 萨 | 住 | 是 |
| [illegible]。 | [illegible] | [illegible] | [illegible]: | [illegible] | [illegible] | [illegible] | [illegible], | [illegible] |
| ljɨ$^{1}$ | mə$^{1}$ | zjɨ$^{1}$ | dạ$^{2}$ | mã$^{1}$ | śjuu$^{1}$ | śjɨ$^{1}$ | lji$^{1}$ | dźiã$^{2}$ |
| 也。 | 天 | 子 | 言: | 文 | 殊 | 师 | 利, | 菩 |

初发心菩萨名之为住。天子言:文殊师利,菩

**27.5.3**

| | | | | | | | | |
|---|---|---|---|---|---|---|---|---|
| [illegible] | [illegible] | [illegible] | [illegible] | [illegible] | [illegible] | [illegible] | [illegible] | [illegible] |

① 退转,西夏文本无。

| | | | | | | | | |
|---|---|---|---|---|---|---|---|---|
| tsjij$^{2}$ | wa$^{2}$ | ɣa$^{2}$ | dza$^{2}$ | nji$^{2}$ | ku$^{1}$ | ɣu$^{1}$ | njiij$^{1}$ | śjwo$^{1}$ |
| 萨 | 何 | 于 | 几 | △ | 则 | 初 | 心 | 发 |
| [illegible] | [illegible]？ | [illegible] | [illegible] | [illegible] | [illegible] | [illegible]： | [illegible] | [illegible]， |
| ·jɨ$^{2}$ | ljɨ$^{1}$ | mã$^{1}$ | śjuu$^{1}$ | śjɨ$^{1}$ | lji$^{1}$ | dạ$^{2}$ | mə$^{1}$ | zjɨ̣$^{1}$ |
| 名 | 也？ | 文 | 殊 | 师 | 利 | 言： | 天 | 子， |

萨齐几名初发心？文殊师利言：天子，

**27.5.4**

| | | | | | | | | |
|---|---|---|---|---|---|---|---|---|
| [illegible] | [illegible] | [illegible] | [illegible] | [illegible] | [illegible] | [illegible] | [illegible]， | [illegible] |
| tjɨ$^{1}$ | tjij$^{1}$ | dźiã$^{2}$ | tsjij$^{2}$ | ɣu$^{1}$ | njiij$^{1}$ | ·a | śjwo$^{1}$ | ŋa$^{1}$ |
| 假 | 若 | 菩 | 萨 | 初 | 心 | △ | 发， | 空 |
| [illegible] | [illegible] | [illegible] | [illegible] | [illegible] | [illegible]， | [illegible] | [illegible] | [illegible] |
| ·jij$^{1}$ | mjij$^{1}$ | wji$^{1}$ | mjij$^{1}$ | djọ$^{2}$ | dźjịj$^{1}$ | tsjiir$^{1}$ | ŋowr$^{2}$ | ŋowr$^{2}$ |
| 相 | 无 | 作 | 无 | 修 | 行， | 法 | 一 | 切 |

若有菩萨初发心者，修行于空无相无作，解一切法

**27.5.5**

| | | | | | | | | |
|---|---|---|---|---|---|---|---|---|
| [illegible] | [illegible] | [illegible] | [illegible] | [illegible]， | [illegible] | [illegible] | [illegible] | [illegible] |
| wee$^{1}$ | mjij$^{1}$ | dzjar$^{2}$ | mjij$^{1}$ | tsjij$^{2}$ | ku$^{1}$ | thjɨ$^{2}$ | tja$^{1}$ | dźiã$^{2}$ |
| 生 | 无 | 灭 | 无 | 解， | 则 | 此 | 者 | 菩 |
| [illegible] | [illegible] | [illegible] | [illegible] | [illegible] | [illegible]。 | [illegible] | [illegible] | [illegible]： |
| tsjij$^{2}$ | ɣu$^{1}$ | njiij$^{1}$ | śjwo$^{1}$ | ŋwu$^{2}$ | ljɨ$^{1}$ | mə$^{1}$ | zjɨ̣$^{1}$ | dạ$^{2}$ |
| 萨 | 初 | 心 | 发 | 是 | 也。 | 天 | 子 | 言： |

无生无灭，是名菩萨初发心也。天子言：

## 汉文本

天子言：文殊师利，如来者无有所作，诸佛如来到于无为，无为之道无有所作。

文殊师利言：天子，汝许无为者，无报恩非不报恩。

天子言：文殊师利，如此法者，不应为初发意者说。何以故？若闻是法生于惊畏，便当退转。

文殊师利言：天子，若有菩萨初发无上菩提之心，惊畏退转，是人则住于退转也。

天子言：文殊师利，何故说是？

文殊师利言：天子，若有菩萨初发道心，惊畏声闻、缘觉地，则便退转。若悭惜、破戒、瞋恚、乱痴，

住于不退。

天子言:文殊师利,云何住也?

文殊师利言:天子,若有菩萨初发道心,安住法界平等中故是名善住,初发心菩萨名之为住。

天子言:文殊师利,菩萨齐几名初发心?

文殊师利言:天子,若有菩萨初发心者,修行于空无相无作,解一切法无生无灭,是名菩萨初发心也。

**27.5.6**

| | | | | | | | | |
|---|---|---|---|---|---|---|---|---|
| [illegible] | [illegible] | [illegible] | [illegible], | [illegible] | [illegible] | [illegible] | [illegible] | [illegible] |
| mã$^1$ | śjuu$^1$ | śjɨ$^1$ | lji$^1$ | dźiã$^2$ | tsjij$^2$ | dju$^1$ | njij$^2$ | dźjɨ |
| 文 | 殊 | 师 | 利, | 菩 | 萨 | 久 | 远 | 行 |
| [illegible] | [illegible] | [illegible] | [illegible] | [illegible] | [illegible]? | [illegible] | [illegible] | [illegible] |
| rjɨr$^2$ | dźjịj$^1$ | tja$^1$ | ljɨ̣$^1$ | kjɨ$^1$ | ŋwu$^2$ | mã$^1$ | śjuu$^1$ | śjɨ$^1$ |
| 乃 | 行 | 者 | 何 | 已 | 是? | 文 | 殊 | 师 |

文殊师利,云何菩萨名为久行?文殊师

**27.6.1**

| | | | | | | | | |
|---|---|---|---|---|---|---|---|---|
| [illegible] | [illegible]: | [illegible] | [illegible], | [illegible] | [illegible] | [illegible] | [illegible] | [illegible] |
| lji$^1$ | dạ$^2$ | mə$^1$ | zjɨ̣$^1$ | ·ju$^2$ | mur$^1$ | ŋowr$^2$ | ŋowr$^2$ | dju$^1$ |
| 利 | 言: | 天 | 子, | 夫 | 凡 | 一 | 切 | 久 |
| [illegible] | [illegible] | [illegible] | [illegible], | [illegible] | [illegible] | [illegible] | [illegible] | [illegible] |
| njij$^2$ | dźjịj$^1$ | mjijr$^2$ | ŋwu$^2$ | thja$^2$ | lhji$^2$ | wee$^1$ | kha$^1$ | ɣu$^1$ |
| 远 | 行 | 者 | 是, | 其 | 死 | 生 | 中 | 始 |

利言:天子,一切凡夫名为久行,于生死中

**27.6.2**

| | | | | | | | | |
|---|---|---|---|---|---|---|---|---|
| [illegible] | [illegible] | [illegible]。 | [illegible] | [illegible] | [illegible] | [illegible] | [illegible] | [illegible] |
| mjɨ$^1$ | nwə$^1$ | ljɨ$^1$ | mə$^1$ | zjɨ̣$^1$ | ·jị$^2$ | mã$^1$ | śjuu$^1$ | śjɨ$^1$ |
| 不 | 知 | 也。 | 天 | 子 | 复 | 文 | 殊 | 师 |
| [illegible] | [illegible] | [illegible]: | [illegible] | [illegible] | [illegible] | [illegible] | [illegible] | [illegible] |
| lji$^1$ | ·jij$^1$ | ·jɨr$^1$ | dźiã$^2$ | tsjij$^2$ | thjij$^2$ | sjo$^2$ | dju$^1$ | njij$^2$ |
| 利 | 之 | 问: | 菩 | 萨 | 何 | 云 | 久 | 远 |

不知始故。天子复问文殊师利:云何菩萨名久

**27.6.3**

| | | | | | | | | |
|---|---|---|---|---|---|---|---|---|
| [illegible] | [illegible] | [illegible] | [illegible] | [illegible]？ | [illegible] | [illegible] | [illegible] | [illegible] |
| dźjɨ | dźjịj$^{1}$ | mjijr$^{2}$ | ·jɨ$^{2}$ | ljɨ$^{1}$ | mã$^{1}$ | śjuu$^{1}$ | śjɨ$^{1}$ | lji$^{1}$ |
| 行 | 行 | 者 | 谓 | 也？ | 文 | 殊 | 师 | 利 |
| [illegible]： | [illegible] | [illegible]， | [illegible] | [illegible] | [illegible] | [illegible] | [illegible] | [illegible]， |
| dạ$^{2}$ | mə$^{1}$ | zjɨ$^{1}$ | tjɨ$^{1}$ | tjij$^{1}$ | dźiã$^{2}$ | tsjij$^{2}$ | dzu$^{1}$ | laa$^{1}$ |
| 言： | 天 | 子， | 假 | 若 | 菩 | 萨 | 爱 | 染， |

行者？文殊师利言：天子，若有菩萨行于爱染，

**27.6.4**

| | | | | | | | | | |
|---|---|---|---|---|---|---|---|---|---|
| [illegible] | [illegible] | [illegible] | [illegible] | [illegible] | [illegible] | [illegible] | [illegible] | [illegible] | [illegible] |
| rjur$^{1}$ | dźiã$^{2}$ | tśhju$^{1}$ | ·jij$^{1}$ | dzju$^{1}$ | dzjiij$^{2}$ | nioow$^{1}$ | ·jij$^{1}$ | dzu$^{1}$ | laa$^{1}$ |
| 诸 | 众 | 生 | 之 | 教 | 化 | 故 | 自 | 爱 | 染 |
| [illegible] | [illegible]， | [illegible] | [illegible] | [illegible] | [illegible] | [illegible] | [illegible] | [illegible]， | |
| kjɨ$^{1}$ | dźjịj$^{1}$ | thja$^{2}$ | dzu$^{1}$ | laa$^{1}$ | rjir$^{2}$ | gu$^{2}$ | mji$^{1}$ | dźjiij$^{1}$ | |
| 已 | 行， | 是 | 爱 | 染 | 与 | 共 | 不 | 住， | |

为化爱染诸众生故，而亦不共是爱染住，

**27.6.5**

| | | | | | | | | |
|---|---|---|---|---|---|---|---|---|
| [illegible] | [illegible] | [illegible] | [illegible] | [illegible] | [illegible] | [illegible] | [illegible] | [illegible] |
| ku$^{1}$ | dźiã$^{2}$ | tsjij$^{2}$ | ·jij$^{1}$ | dju$^{1}$ | njij$^{2}$ | dźjɨ | dźjịj$^{1}$ | mjiij$^{2}$ |
| 则 | 菩 | 萨 | 之 | 久 | 远 | 行 | 行 | 名 |
| [illegible]。 | [illegible] | [illegible]， | [illegible] | [illegible] | [illegible] | [illegible] | [illegible] | |
| we$^{2}$ | tshjạ$^{1}$ | kwow$^{2}$ | rjur$^{1}$ | dźiã$^{2}$ | tśhju$^{1}$ | ·jij$^{1}$ | dzju$^{1}$ | |
| 为。 | 瞋 | 恚， | 诸 | 众 | 生 | 之 | 教 | |

名菩萨久行。行于瞋恚，为化瞋恚诸众生

**27.6.6**

| | | | | | | | | | | | |
|---|---|---|---|---|---|---|---|---|---|---|---|
| [illegible] | [illegible] | [illegible] | [illegible] | [illegible] | [illegible]， | [illegible] | [illegible] | [illegible] | [illegible] | [illegible] | [illegible]； |
| dzjiij$^{2}$ | nioow$^{1}$ | tshjạ$^{1}$ | kwow$^{2}$ | kjɨ$^{1}$ | dźjịj$^{1}$ | tshjạ$^{1}$ | kwow$^{2}$ | rjir$^{2}$ | gu$^{2}$ | mji$^{1}$ | dźjiij$^{1}$ |
| 化 | 故 | 瞋 | 恚 | 已 | 行， | 瞋 | 恚 | 与 | 共 | 不 | 住； |

故,不共瞋住;

**27.7.1**

| | | | | | | | | |
|---|---|---|---|---|---|---|---|---|
| □ | □ | □, | □ | □ | □ | □ | □ | □ |
| nioow$^{1}$ | wẹ$^{1}$ | ? | rjur$^{1}$ | dźiã$^{2}$ | tśhju$^{1}$ | ·jij$^{1}$ | dzju$^{1}$ | dzjiij$^{2}$ |
| 亦 | 愚 | 痴, | 诸 | 众 | 生 | 之 | 教 | 化 |
| □ | □ | □ | □ | □, | □ | □ | □ | □ |
| nioow$^{1}$ | wẹ$^{1}$ | ? | kjɨ$^{1}$ | dźjij$^{1}$ | wẹ$^{1}$ | ? | rjir$^{2}$ | gu$^{2}$ |
| 故 | 愚 | 痴 | 已 | 行, | 愚 | 痴 | 与 | 共 |

亦行愚痴,为化愚痴诸众生故,不共痴

**27.7.2**

| | | | | | | | | |
|---|---|---|---|---|---|---|---|---|
| □ | □; | □ | □ | □, | □ | □ | □ | □ |
| mji$^{1}$ | dźjiij$^{1}$ | nioow$^{1}$ | zji$^{2}$ | dźjij$^{2}$ | rjur$^{1}$ | dźiã$^{2}$ | tśhju$^{1}$ | ·jij$^{1}$ |
| 不 | 住; | 亦 | 皆 | 有, | 诸 | 众 | 生 | 之 |
| □ | □ | □ | □ | □ | □ | □, | □ | □ |
| dzju$^{1}$ | dzjiij$^{2}$ | nioow$^{1}$ | dzu$^{1}$ | njɨ$^{2}$ | kjɨ$^{1}$ | dźjij$^{1}$ | tśhiow$^{1}$ | ŋowr$^{2}$ |
| 教 | 化 | 故 | 爱 | 至 | 已 | 行, | 结 | 一 |

住;亦行等分①,为化等分诸众生故,

**27.7.3**

| | | | | | | | | |
|---|---|---|---|---|---|---|---|---|
| □ | □ | □ | □ | □ | □。 | □ | □, | □ |
| ŋowr$^{2}$ | rjir$^{2}$ | gu$^{2}$ | mji$^{1}$ | dźjiij$^{1}$ | ljɨ$^{1}$ | mə$^{1}$ | zjɨ$^{1}$ | tjɨ$^{1}$ |
| 切 | 与 | 共 | 不 | 住 | 也。 | 天 | 子, | 假 |
| □ | □ | □, | □ | □ | □ | □ | □ | □ |
| tjij$^{1}$ | dźiã$^{2}$ | tsjij$^{2}$ | dźiã$^{2}$ | tśhju$^{1}$ | ·jij$^{1}$ | dzjiij$^{2}$ | nioow$^{1}$ | ·jij$^{1}$ |
| 若 | 菩 | 萨, | 众 | 生 | 之 | 化 | 故 | 相 |

而亦不共一切结住。天子,若有菩萨,化众生故

**27.7.4**

| | | | | | | | | |
|---|---|---|---|---|---|---|---|---|
| □ | □ | □, | □ | □ | □ | □ | □ | □ |

① 等分,西夏文本作“皆有”“爱至”。

| | | | | | | | | |
|---|---|---|---|---|---|---|---|---|
| ŋowr$^{2}$ | ŋowr$^{2}$ | bioo$^{1}$ | nioow$^{1}$ | tsjiir$^{1}$ | rjur$^{1}$ | kwər$^{1}$ | ·jij$^{1}$ | tsjɨ$^{1}$ |
| 一 | 切 | 观， | 又 | 法 | 界 | 体 | 相 | 亦 |
| [illegible] | [illegible] | [illegible]， | [illegible] | [illegible] | [illegible] | [illegible] | [illegible] | [illegible] |
| mji$^{1}$ | phjo$^{2}$ | kar$^{2}$ | ku$^{1}$ | tśhjwo$^{1}$ | dźiã$^{2}$ | tsjij$^{2}$ | dju$^{1}$ | njij$^{2}$ |
| 不 | 分 | 别， | 则 | 故 | 菩 | 萨 | 久 | 远 |

观一切相，亦不分别法界体相，名菩萨久

**27.7.5**

| | | | | | | | | |
|---|---|---|---|---|---|---|---|---|
| [illegible] | [illegible] | [illegible] | [illegible]。 | [illegible] | [illegible] | [illegible]： | [illegible] | [illegible] |
| dźjɨ | dźjij$^{1}$ | mjijr$^{2}$ | ŋwu$^{2}$ | mə$^{1}$ | zjɨ$^{1}$ | dạ$^{2}$ | mã$^{1}$ | śjuu$^{1}$ |
| 行 | 行 | 者 | 是。 | 天 | 子 | 言： | 文 | 殊 |
| [illegible] | [illegible]， | [illegible] | [illegible] | [illegible] | [illegible] | [illegible] | [illegible] | [illegible] |
| śjɨ$^{1}$ | lji$^{1}$ | dźiã$^{2}$ | tsjij$^{2}$ | ·jij$^{1}$ | mji$^{1}$ | lhjii$^{1}$ | lhjwo$^{1}$ | tja$^{1}$ |
| 师 | 利， | 菩 | 萨 | 之 | 不 | 退 | 转 | 者 |

行者。天子言：文殊师利，云何菩萨名为不退转？

**27.7.6**

| | | | | | | | | |
|---|---|---|---|---|---|---|---|---|
| [illegible] | [illegible] | [illegible]？ | [illegible] | [illegible] | [illegible] | [illegible] | [illegible]： | [illegible] |
| ljɨ$^{1}$ | kjɨ$^{1}$ | ŋwu$^{2}$ | mã$^{1}$ | śjuu$^{1}$ | śjɨ$^{1}$ | lji$^{1}$ | dạ$^{2}$ | mə$^{1}$ |
| 何 | 已 | 是？ | 文 | 殊 | 师 | 利 | 言： | 天 |
| [illegible]， | [illegible] | [illegible] | [illegible] | [illegible] | [illegible] | [illegible] | [illegible] | [illegible] |
| zjɨ$^{1}$ | tjɨ$^{1}$ | tjij$^{1}$ | dźiã$^{2}$ | tsjij$^{2}$ | tsjiir$^{1}$ | ŋowr$^{2}$ | ŋowr$^{2}$ | ŋjir$^{1}$ |
| 子， | 假 | 若 | 菩 | 萨 | 法 | 一 | 切 | 灾 |

文殊师利言：天子，若有菩萨观一切法

**27.8.1**

| | | | | | | | | |
|---|---|---|---|---|---|---|---|---|
| [illegible] | [illegible] | [illegible] | [illegible]， | [illegible] | [illegible] | [illegible] | [illegible] | [illegible] |
| mjij$^{1}$ | ŋjir$^{1}$ | mji$^{1}$ | mjij$^{1}$ | bioo$^{1}$ | tsjiir$^{1}$ | rjur$^{1}$ | kwər$^{1}$ | tsjiir$^{2}$ |
| 无 | 灾 | 不 | 无， | 观 | 法 | 界 | 体 | 性 |
| [illegible] | [illegible] | [illegible] | [illegible] | [illegible] | [illegible]， | [illegible] | [illegible] | [illegible] |
| ŋjir$^{1}$ | mjij$^{1}$ | ŋjir$^{1}$ | mji$^{1}$ | mjij$^{1}$ | dźjɨ | thjɨ$^{2}$ | tja$^{1}$ | dźiã$^{2}$ |
| 灾 | 无 | 灾 | 不 | 无 | 行， | 此 | 者 | 菩 |

无灾无不灾,观法界体性无灾无不灾,是名菩

**27.8.2**

| | | | | | | | | |
|---|---|---|---|---|---|---|---|---|
| [illegible] | [illegible] | [illegible] | [illegible] | [illegible] | [illegible] | [illegible]。 | [illegible] | [illegible], |
| tsjij² | ·jij¹ | mji¹ | lhjii¹ | lhjwo¹ | ŋwu² | ljɨ¹ | nioow¹ | tśjɨɨ¹ |
| 萨 | 之 | 不 | 退 | 转 | 是 | 也。 | 复 | 次, |
| [illegible] | [illegible], | [illegible] | [illegible] | [illegible] | [illegible] | [illegible] | [illegible] | [illegible], |
| mə¹ | zjɨ̣¹ | tjɨ¹ | tjij¹ | dźiã² | tsjij² | lhjii¹ | mji¹ | lhjii¹ |
| 天 | 子, | 假 | 若 | 菩 | 萨 | 退 | 不 | 退, |

萨不退转也。复次,天子,若有菩萨亦退不退,

**27.8.3**

| | | | | | | | | |
|---|---|---|---|---|---|---|---|---|
| [illegible] | [illegible] | [illegible] | [illegible] | [illegible] | [illegible] | [illegible] | [illegible] | [illegible] |
| ku¹ | thjɨ² | tja¹ | dźiã² | tsjij² | ·jij¹ | mji¹ | lhjii¹ | lhjwo¹ |
| 则 | 此 | 者 | 菩 | 萨 | 之 | 不 | 退 | 转 |
| [illegible]。 | [illegible] | [illegible] | [illegible] | [illegible]? | [illegible] | [illegible], | [illegible] | [illegible] |
| ŋwu² | thjɨ² | tja¹ | thjij² | sjo² | lhjwo¹ | tja¹ | kiẹj² | rjur¹ |
| 是。 | 此 | 者 | 何 | 云? | 退 | 者, | 欲 | 界 |

是名菩萨不退转也。所以者何?退者,欲界

**27.8.4**

| | | | | | | | | |
|---|---|---|---|---|---|---|---|---|
| [illegible] | [illegible] | [illegible] | [illegible]。 | [illegible] | [illegible], | [illegible] | [illegible], | [illegible] |
| rjur¹ | neew² | lhjwo¹ | ljɨ¹ | nioow¹ | tśjɨɨ¹ | mə¹ | zjɨ̣¹ | dźiã² |
| 诸 | 善 | 退 | 也。 | 复 | 次, | 天 | 子, | 菩 |
| [illegible] | [illegible] | [illegible] | [illegible] | [illegible] | [illegible] | [illegible]; | [illegible] | [illegible] |
| tsjij² | mjɨ¹ | nwə¹ | mji¹ | tsjij² | ku¹ | lhjwo¹ | tjɨ¹ | tjij¹ |
| 萨 | 不 | 知 | 不 | 解 | 故 | 退; | 假 | 若 |

退诸善故。复次,天子,菩萨不知不解故退;

**27.8.5**

| | | | | | | | | |
|---|---|---|---|---|---|---|---|---|
| [illegible]① | [illegible] | [illegible], | [illegible] | [illegible] | [illegible] | [illegible] | [illegible]。 | [illegible] |

① 原文误作“[illegible]”(·jijr¹族姓),疑与“[illegible]”(诤)形近而讹。

| | | | | | | | | |
|---|---|---|---|---|---|---|---|---|
| dzji$^{1}$ | ɣwej$^{1}$ | mjij$^{1}$ | ku$^{1}$ | mji$^{1}$ | lhjii$^{1}$ | lhjwo$^{1}$ | ·jɨ$^{2}$ | thjij$^{2}$ |
| 净 | 讼 | 无， | 则 | 不 | 退 | 还 | 名。 | 何 |
| [illegible] | [illegible]？ | [illegible] | [illegible] | [illegible] | [illegible] | [illegible] | [illegible] | [illegible] |
| sjo$^{2}$ | ljɨ$^{1}$ | tsjiir$^{2}$ | tsjiir$^{1}$ | tsjiir$^{2}$ | ŋa$^{2}$ | ŋowr$^{2}$ | ŋowr$^{2}$ | tsjij$^{2}$ |
| 云 | 也？ | 性 | 法 | 性 | 我 | 一 | 切 | 解 |

以知解故①无有净讼，是名不退。何以故？解一切性法性。

**27.8.6**

| | | | | | | | | |
|---|---|---|---|---|---|---|---|---|
| [illegible]。 | [illegible] | [illegible] | [illegible] | [illegible] | [illegible] | [illegible] | [illegible] | [illegible] |
| ljɨ$^{1}$ | tsjiir$^{1}$ | tsjiir$^{2}$ | ŋowr$^{2}$ | ŋowr$^{2}$ | tśjɨ$^{1}$ | tsjij$^{2}$ | ·jị$^{2}$ | mji$^{1}$ |
| 也。 | 法 | 性 | 一 | 切 | 了 | 解 | 复 | 不 |
| [illegible]， | [illegible] | [illegible] | [illegible] | [illegible] | [illegible]。 | [illegible] | [illegible] | [illegible] |
| lhjwo$^{1}$ | ku$^{1}$ | tśhjwo$^{1}$ | mji$^{1}$ | lhjwo$^{1}$ | ·jɨ$^{2}$ | tha$^{1}$ | tsjiir$^{1}$ | ɣa$^{2}$ |
| 退， | 则 | 故 | 不 | 退 | 名。 | 佛 | 法 | 于 |

我以能解了一切法性更不复退，是名不退。于佛法

**27.9.1**

| | | | | | | | | |
|---|---|---|---|---|---|---|---|---|
| [illegible] | [illegible]， | [illegible] | [illegible] | [illegible] | [illegible]， | [illegible] | [illegible] | [illegible]， |
| ·jiw$^{2}$ | mjij$^{1}$ | mjɨ$^{1}$ | dạ$^{2}$ | mji$^{1}$ | dźiej$^{2}$ | ŋwu$^{2}$ | njaa$^{2}$ | dzjar$^{2}$ |
| 疑 | 无， | 他 | 语 | 不 | 信， | 是 | 非 | 离， |
| [illegible] | [illegible] | [illegible] | [illegible]， | [illegible] | [illegible] | [illegible] | [illegible] | [illegible] |
| ɣu$^{1}$ | njiij$^{1}$ | gji$^{1}$ | sej$^{1}$ | zjị$^{1}$ | sew$^{1}$ | mji$^{1}$ | dju$^{1}$ | mjuu$^{2}$ |
| 初 | 心 | 清 | 净， | 嫉 | 妒 | 不 | 有 | 动 |

无疑，不信他语，离是不是，初心清净，无有嫉妒

**27.9.2**

| | | | | | | | | |
|---|---|---|---|---|---|---|---|---|
| [illegible] | [illegible] | [illegible]， | [illegible] | [illegible] | [illegible] | [illegible] | [illegible] | [illegible] |
| ljịj$^{2}$ | tsjɨ$^{1}$ | mjij$^{1}$ | sjij$^{2}$ | źjɨr$^{1}$ | ŋwu$^{2}$ | tsjiir$^{1}$ | ŋowr$^{2}$ | ŋowr$^{2}$ |
| 摇 | 亦 | 无， | 智 | 慧 | 以 | 法 | 一 | 切 |
| [illegible] | [illegible] | [illegible] | [illegible] | [illegible]， | [illegible] | [illegible] | [illegible] | [illegible]， |

① 以知解故，西夏文本作“若”。

swew$^{1}$ swew$^{1}$ ·jij$^{1}$ dzju$^{2}$ ŋwu$^{2}$ tha$^{1}$ tsjiir$^{1}$ tśjɨ$^{1}$ tsjij$^{2}$

明 照 自 在 以， 佛 法 了 解，

亦无动摇，智慧明照，于一切法而得自在，解了佛法，

**27.9.3**

[illegible] [illegible] [illegible] [illegible] [illegible] [illegible] [illegible] [illegible] [illegible]

ku$^{1}$ thjɨ$^{2}$ tja$^{1}$ dźiã$^{2}$ tsjij$^{2}$ ·jij$^{1}$ mji$^{1}$ lhjii$^{1}$ lhjwo$^{1}$

则 此 者 菩 萨 之 不 退 转

[illegible] [illegible] [illegible]。 [illegible] [illegible] [illegible]： [illegible] [illegible] [illegible]

mjiij$^{2}$ ŋwu$^{2}$ ljɨ$^{1}$ mə$^{1}$ zjɨ̣$^{1}$ dạ$^{2}$ mã$^{1}$ śjuu$^{1}$ śjɨ$^{1}$

名 是 也。 天 子 言： 文 殊 师

是名菩萨不退转也。天子言：文殊师

**27.9.4**

[illegible]， [illegible] [illegible] [illegible] [illegible] [illegible] [illegible] [illegible] [illegible]

lji$^{1}$ dźiã$^{2}$ tsjij$^{2}$ ·jij$^{1}$ lew$^{1}$ wee$^{1}$ tja$^{1}$ ljɨ̣$^{1}$ kjɨ$^{1}$

利， 菩 萨 之 一 生 者 何 已

[illegible]？ [illegible] [illegible] [illegible] [illegible] [illegible]： [illegible] [illegible]， [illegible]

ŋwu$^{2}$ mã$^{1}$ śjuu$^{1}$ śjɨ$^{1}$ lji$^{1}$ dạ$^{2}$ mə$^{1}$ zjɨ̣$^{1}$ dźiã$^{2}$

是？ 文 殊 师 利 言： 天 子， 菩

利，云何菩萨名为一生？文殊师利言：天子，菩

**27.9.5**

[illegible] [illegible] [illegible] [illegible] [illegible] [illegible] [illegible] [illegible] [illegible] [illegible]

tsjij$^{2}$ tjij$^{1}$ rjur$^{1}$ wee$^{1}$ ŋowr$^{2}$ ŋowr$^{2}$ nioow$^{1}$ tsjɨ$^{1}$ mji$^{1}$ wee$^{1}$

萨 若 诸 生 一 切 又 亦 不 生

[illegible] [illegible]， [illegible] [illegible] [illegible] [illegible] [illegible] [illegible] [illegible]

nwə$^{1}$ nioow$^{1}$ dźiã$^{2}$ tśhju$^{1}$ ŋowr$^{2}$ ŋowr$^{2}$ ·jij$^{1}$ lhji$^{2}$ wee$^{1}$

知 故， 众 生 一 切 之 死 生

萨若知一切诸生而亦不生，亦知一切众生生死，

**27.9.6**

[illegible]， [illegible] [illegible] [illegible] [illegible] [illegible] [illegible] [illegible]， [illegible]

| | | | | | | | | |
|---|---|---|---|---|---|---|---|---|
| nwə$^1$ | thja$^2$ | rjur$^1$ | wee$^1$ | kha$^1$ | tsjiir$^1$ | tshjiij$^1$ | ŋwu$^2$ | dźiã$^2$ |
| 知， | 其 | 诸 | 生 | 中 | 法 | 说 | 以， | 众 |
| [illegible] | [illegible] | [illegible] | [illegible] | [illegible] | [illegible] | [illegible] | [illegible] | [illegible]， |
| tśhju$^1$ | ·jij$^1$ | dzju$^1$ | dzjiij$^2$ | njwi$^2$ | wee$^1$ | tjị$^2$ | lhjwi$^1$ | mjij$^1$ |
| 生 | 之 | 教 | 化 | 善 | 生 | 处 | 取 | 无， |

于诸生中善能说法，教化众生生处无取，

**27.10.1**

| | | | | | | | | | |
|---|---|---|---|---|---|---|---|---|---|
| [illegible] | [illegible] | [illegible] | [illegible] | [illegible] | [illegible] | [illegible] | [illegible]， | [illegible] | [illegible] |
| nioow$^1$ | rjur$^1$ | wee$^1$ | lhjwi$^1$ | lhji$^2$ | wee$^1$ | lhjwi$^1$ | dzjar$^2$ | mji$^1$ | śjɨ$^1$ |
| 亦 | 诸 | 生 | 取 | 死 | 生 | 取 | 离， | 不 | 去 |
| [illegible] | [illegible]， | [illegible] | [illegible] | [illegible] | [illegible]， | [illegible] | [illegible] | [illegible] | |
| mji$^1$ | lja$^1$ | mji$^1$ | bji$^2$ | mji$^1$ | bjij$^2$ | rjur$^1$ | tsjiir$^1$ | ŋowr$^2$ | |
| 不 | 来， | 不 | 下 | 不 | 上， | 诸 | 法 | 一 | |

亦取诸生离生死取，不去不来，不上不下，一切诸法

**27.10.2**

| | | | | | | | | |
|---|---|---|---|---|---|---|---|---|
| [illegible] | [illegible] | [illegible] | [illegible] | [illegible]； | [illegible] | [illegible] | [illegible] | [illegible] |
| ŋowr$^2$ | to$^2$ | zji$^2$ | tśhja$^2$ | ka$^1$ | nioow$^1$ | ·jiw$^1$ | nioow$^1$ | dzow$^1$ |
| 切 | 悉 | 皆 | 平 | 等； | 亦 | 因 | 缘 | 和 |
| [illegible]， | [illegible] | [illegible] | [illegible] | [illegible] | [illegible] | [illegible] | [illegible] | [illegible] |
| ŋwej$^2$ | dźiã$^2$ | tśhju$^1$ | ŋowr$^2$ | ŋowr$^2$ | ·jij$^1$ | ljụ$^2$ | ljaa$^2$ | njiij$^1$ |
| 合， | 众 | 生 | 一 | 切 | 之 | 身 | 口 | 心 |

悉平等故；亦知因缘和合增长，一切众生身口心

**27.10.3**

| | | | | | | | | |
|---|---|---|---|---|---|---|---|---|
| [illegible] | [illegible] | [illegible] | [illegible] | [illegible] | [illegible] | [illegible]， | [illegible] | [illegible] |
| phji$^1$ | lhu$^1$ | dzja$^1$ | to$^2$ | zji$^2$ | tśhja$^2$ | ka$^1$ | dźiã$^2$ | tśhju$^1$ |
| 意 | 增 | 长 | 悉 | 皆 | 平 | 等， | 众 | 生 |
| [illegible] | [illegible] | [illegible] | [illegible] | [illegible] | [illegible]， | [illegible] | [illegible] | [illegible] |
| ŋowr$^2$ | ŋowr$^2$ | mjɨɨ$^2$ | rjur$^1$ | mji$^1$ | dju$^1$ | tha$^1$ | mjɨɨ$^2$ | rjur$^1$ |
| 一 | 切 | 境 | 界 | 不 | 有， | 佛 | 境 | 界 |

意悉皆平等,一切众生无有境界,住佛境界,

**27.10.4**

| | | | | | | | | |
|---|---|---|---|---|---|---|---|---|
| [illegible], | [illegible] | [illegible] | [illegible] | [illegible], | [illegible] | [illegible] | [illegible] | [illegible] |
| dźjiij¹ | tsjiir¹ | rjur¹ | ɣa² | ·o² | tsjiir¹ | rjur¹ | tśhja² | ka¹ |
| 住, | 法 | 界 | 于 | 入, | 法 | 界 | 平 | 等 |
| [illegible]; | [illegible] | [illegible] | [illegible] | [illegible] | [illegible] | [illegible] | [illegible] | [illegible], |
| nwə¹ | dźiã² | tśhju¹ | ·jij¹ | njiij¹ | tśhja² | ka¹ | tśjɨ¹ | tsjij² |
| 知; | 众 | 生 | 之 | 心 | 平 | 等 | 了 | 解, |

入于法界,法界平等故;平等解了众生之心,

**27.10.5**

| | | | | | | | | |
|---|---|---|---|---|---|---|---|---|
| [illegible] | [illegible] | [illegible] | [illegible] | [illegible] | [illegible] | [illegible] | [illegible] | [illegible], |
| dzjɨj¹ | tsewr¹ | nwə¹ | tsjij² | lhejr² | lhjoor¹ | ɣa² | njɨ² | njwi² |
| 时 | 节 | 知 | 解 | 道 | 场 | 于 | 至 | 善, |
| [illegible] | [illegible] | [illegible] | [illegible] | [illegible]。 | [illegible] | [illegible], | [illegible] | [illegible] |
| ku¹ | lew¹ | wee¹ | ·jɨ² | ljɨ¹ | mə¹ | zjɨ¹ | thjɨ² | tja¹ |
| 则 | 一 | 生 | 名 | 也。 | 天 | 子, | 此 | 者 |

善解知时至于道场,是名一生。天子,是则名

## 汉文本

天子言:文殊师利,云何菩萨名为久行?

文殊师利言:天子,一切凡夫名为久行,于生死中不知始故。

天子复问文殊师利:云何菩萨名久行者?

文殊师利言:天子,若有菩萨行于爱染,为化爱染诸众生故,而亦不共是爱染住,名菩萨久行。行于瞋恚,为化瞋恚诸众生故,不共瞋住;亦行愚痴,为化愚痴诸众生故,不共痴住;亦行等分,为化等分诸众生故,而亦不共一切结住。天子,若有菩萨,化众生故观一切相,亦不分别法界体相,名菩萨久行者。

天子言:文殊师利,云何菩萨名为不退转?

文殊师利言:天子,若有菩萨观一切法无灾无不灾,观法界体性无灾无不灾,是名菩萨不退转也。复次,天子,若有菩萨亦退不退,是名菩萨不退转也。所以者何?退者,欲界退诸善故。复次,天子,菩萨不知不解故退;以知解故无有诤讼,是名不退。何以故?解一切性法性。我以能解了一切法性更不复退,是名不退。于佛法无疑,不信他语,离是不是,初心清净,无有嫉妒亦无动摇,智慧明照,于一切

法而得自在，解了佛法，是名菩萨不退转也。

天子言：文殊师利，云何菩萨名为一生？

文殊师利言：天子，菩萨若知一切诸生而亦不生，亦知一切众生生死，于诸生中善能说法，教化众生生处无取，亦取诸生离生死取，不去不来，不上不下，一切诸法悉平等故；亦知因缘和合增长，一切众生身口心意悉皆平等，一切众生无有境界，住佛境界，入于法界，法界平等故；平等解了众生之心，善解知时至于道场，是名一生。天子，是则名为菩萨一生。

**27.10.6**

| | | | | | | | | |
|---|---|---|---|---|---|---|---|---|
| [illegible] | [illegible] | [illegible] | [illegible] | [illegible] | [illegible]。 | [illegible] | [illegible]， | [illegible] |
| dźiã$^{2}$ | tsjij$^{2}$ | ·jij$^{1}$ | lew$^{1}$ | wee$^{1}$ | ŋwu$^{2}$ | kja$^{1}$ | zjọ$^{2}$ | ljɨ$^{1}$ |
| 菩 | 萨 | 之 | 一 | 生 | 是。 | 尔 | 时， | 宝 |
| [illegible] | [illegible] | [illegible] | [illegible] | [illegible] | [illegible] | [illegible] | [illegible] | [illegible] |
| phju$^{2}$ | mə$^{1}$ | zjɨ$^{1}$ | mã$^{1}$ | śjuu$^{1}$ | śjɨ$^{1}$ | lji$^{1}$ | zjɨ$^{1}$ | lji$^{2}$ |
| 上 | 天 | 子 | 文 | 殊 | 师 | 利 | 童 | 子 |

为菩萨一生。尔时，宝上天子问于文殊师利童子：

**27.11.1**

| | | | | | | | | |
|---|---|---|---|---|---|---|---|---|
| [illegible] | [illegible]： | [illegible] | [illegible] | [illegible] | [illegible] | [illegible] | [illegible] | [illegible]， |
| ·jij$^{1}$ | ·jɨr$^{1}$ | thjij$^{2}$ | sjo$^{2}$ | dźiã$^{2}$ | tsjij$^{2}$ | rjur$^{1}$ | mji$^{1}$ | wee$^{1}$ |
| 之 | 问： | 何 | 云 | 菩 | 萨 | 之 | 不 | 生， |
| [illegible] | [illegible] | [illegible] | [illegible] | [illegible] | [illegible] | [illegible] | [illegible] | [illegible] |
| nioow$^{1}$ | ŋowr$^{2}$ | ŋowr$^{2}$ | ɣa$^{2}$ | ·jij$^{1}$ | dzju$^{2}$ | rjir$^{1}$ | tja$^{1}$ | ljɨ$^{1}$ |
| 亦 | 一 | 切 | 于 | 自 | 在 | 得 | 者 | 何 |

云何名菩萨不生，亦于一切而得自在？

**27.11.2**

| | | | | | | | | |
|---|---|---|---|---|---|---|---|---|
| [illegible] | [illegible]？ | [illegible] | [illegible] | [illegible] | [illegible] | [illegible]： | [illegible] | [illegible]， |
| kjɨ$^{1}$ | ŋwu$^{2}$ | mã$^{1}$ | śjuu$^{1}$ | śjɨ$^{1}$ | lji$^{1}$ | dạ$^{2}$ | mə$^{1}$ | zjɨ$^{1}$ |
| 已 | 是？ | 文 | 殊 | 师 | 利 | 言： | 天 | 子， |
| [illegible] | [illegible] | [illegible] | [illegible] | [illegible] | [illegible]， | [illegible] | [illegible] | [illegible] |
| tjɨ$^{1}$ | tjij$^{1}$ | dźiã$^{2}$ | tsjij$^{2}$ | dźjɨ | sjwɨj$^{1}$ | mjɨ$^{1}$ | gjiw$^{1}$ | khwẹj$^{1}$ |
| 假 | 若 | 菩 | 萨 | 行 | 业， | 不 | 恭 | 慢 |

文殊师利言：天子，若有菩萨知于行业，非憍慢

**27.11.3**

| | | | | | | | | |
|---|---|---|---|---|---|---|---|---|
| [illegible] | [illegible] | [illegible]。 | [illegible] | [illegible] | [illegible] | [illegible] | [illegible] | [illegible]， |
| njaa$^{2}$ | nwə$^{1}$ | ku$^{1}$ | dźiã$^{2}$ | tsjij$^{2}$ | ·jij$^{1}$ | mji$^{1}$ | wee$^{1}$ | ŋwu$^{2}$ |
| 非 | 知 | 故。 | 菩 | 萨 | 之 | 不 | 生 | 是， |
| [illegible] | [illegible] | [illegible] | [illegible] | [illegible] | [illegible] | [illegible] | [illegible]。 | |
| nioow$^{1}$ | ŋowr$^{2}$ | ŋowr$^{2}$ | ɣa$^{2}$ | ·jij$^{1}$ | dzju$^{2}$ | rjir$^{1}$ | ljɨ$^{1}$ | |
| 亦 | 一 | 切 | 于 | 自 | 在 | 得 | 也。 | |

故。是菩萨不生，亦于一切而得自在。

**27.11.4**

| | | | | | | | | |
|---|---|---|---|---|---|---|---|---|
| [illegible] | [illegible]， | [illegible] | [illegible]， | [illegible] | [illegible] | [illegible] | [illegible] | [illegible] |
| nioow$^{1}$ | tśjɨɨ$^{1}$ | mə$^{1}$ | zjɨ$^{1}$ | dźiã$^{2}$ | tsjij$^{2}$ | dźjij$^{2}$ | dźjij$^{2}$ | ŋowr$^{2}$ |
| 复 | 次， | 天 | 子， | 菩 | 萨 | 有 | 有 | 一 |
| [illegible] | [illegible] | [illegible] | [illegible] | [illegible] | [illegible]， | [illegible] | [illegible] | [illegible] |
| ŋowr$^{2}$ | dźjɨɨr$^{1}$ | njwi$^{2}$ | po$^{1}$ | tjɨj$^{1}$ | njiij$^{1}$ | sji$^{1}$ | dźjwa$^{1}$ | mji$^{1}$ |
| 切 | 舍 | 能 | 菩 | 提 | 心， | 毕 | 竟 | 不 |

复次，天子，菩萨能舍一切所有①菩提之心，毕竟不

**27.11.5**

| | | | | | | | | |
|---|---|---|---|---|---|---|---|---|
| [illegible]， | [illegible] | [illegible] | [illegible] | [illegible] | [illegible]； | [illegible] | [illegible] | [illegible] |
| lhjii$^{1}$ | ku$^{1}$ | mji$^{1}$ | wee$^{1}$ | ŋwu$^{2}$ | ljɨ$^{1}$ | tjij$^{1}$ | rjur$^{1}$ | zjɨ$^{1}$ |
| 退， | 则 | 不 | 生 | 是 | 也； | 若 | 诸 | 嫉 |
| [illegible] | [illegible] | [illegible] | [illegible] | [illegible] | [illegible]， | [illegible] | [illegible] | |
| sew$^{1}$ | tśhiow$^{1}$ | rjir$^{2}$ | gu$^{2}$ | mji$^{1}$ | dźjiij$^{1}$ | ku$^{1}$ | thjɨ$^{2}$ | |
| 妒 | 结 | 与 | 共 | 不 | 住， | 则 | 此 | |

退，是名不生；若不共诸嫉妒结住，是名

**27.11.6**

| | | | | | | | | |
|---|---|---|---|---|---|---|---|---|
| [illegible] | [illegible] | [illegible] | [illegible] | [illegible] | [illegible] | [illegible] | [illegible]。 | [illegible] |
| tja$^{1}$ | ŋowr$^{2}$ | ŋowr$^{2}$ | ɣa$^{2}$ | ·jij$^{1}$ | dzju$^{2}$ | rjir$^{2}$ | ŋwu$^{2}$ | tjɨ$^{1}$ |

---

① 所有，西夏文以“[illegible]”(有)字的重叠形式表示。

| | | | | | | | | |
|---|---|---|---|---|---|---|---|---|
| 者 | 一 | 切 | 于 | 自 | 在 | 得 | 是。 | 假 |
| [illegible] | [illegible] | [illegible] | [illegible] | [illegible] | [illegible] | [illegible]， | [illegible] | [illegible] |
| tjij$^1$ | dźiā$^2$ | tsjij$^2$ | pju$^1$ | wer$^1$ | tjɨ̣j$^2$ | dzjo$^2$ | rjur$^1$ | tśhja$^2$ |
| 若 | 菩 | 萨 | 威 | 仪 | 法 | 则， | 诸 | 德 |

一切而得自在。若有菩萨威仪法则，诸功德

**27.12.1**

| | | | | | | | | |
|---|---|---|---|---|---|---|---|---|
| [illegible] | [illegible] | [illegible] | [illegible] | [illegible] | [illegible]， | [illegible] | [illegible] | [illegible] |
| ·ioow$^1$ | kie$^1$ | śjɨj$^1$ | ·jiw$^2$ | dźjɨ | ŋowr$^2$ | ku$^1$ | mji$^1$ | wee$^1$ |
| 功 | 戒 | 成 | 就 | 行 | 具， | 则 | 不 | 生 |
| [illegible]； | [illegible] | [illegible] | [illegible] | [illegible] | [illegible] | [illegible]， | [illegible] | [illegible] |
| ·jɨ$^2$ | kie$^1$ | tsjụ$^1$ | rjir$^2$ | gu$^2$ | mji$^1$ | dźjiij$^1$ | ku$^1$ | thjɨ$^2$ |
| 名； | 戒 | 犯 | 与 | 共 | 不 | 住， | 则 | 此 |

戒具成就行，是名不生；不共犯戒住，是名

**27.12.2**

| | | | | | | | | |
|---|---|---|---|---|---|---|---|---|
| [illegible] | [illegible] | [illegible] | [illegible] | [illegible] | [illegible] | [illegible] | [illegible]。 | [illegible] |
| tja$^1$ | ŋowr$^2$ | ŋowr$^2$ | ɣa$^2$ | ·jij$^1$ | dzju$^2$ | rjir$^1$ | ŋwu$^2$ | njiij$^1$ |
| 者 | 一 | 切 | 于 | 自 | 在 | 得 | 是。 | 心 |
| [illegible] | [illegible] | [illegible] | [illegible] | [illegible] | [illegible]， | [illegible] | [illegible] | [illegible] |
| dźiā$^2$ | tśhju$^1$ | ŋowr$^2$ | ŋowr$^2$ | mji$^1$ | phjɨ$^1$ | ku$^1$ | mji$^1$ | wee$^1$ |
| 众 | 生 | 一 | 切 | 不 | 舍， | 则 | 不 | 生 |

一切而得自在。心不舍背一切众生，是名不生；

**27.12.3**

| | | | | | | | | |
|---|---|---|---|---|---|---|---|---|
| [illegible]； | [illegible] | [illegible] | [illegible] | [illegible] | [illegible] | [illegible] | [illegible] | [illegible] |
| ·jɨ$^2$ | bju$^1$ | mjij$^1$ | tshjạ$^1$ | kwow$^2$ | rjur$^1$ | tśhiow$^1$ | phjii$^1$ | ŋowr$^2$ |
| 名； | 明 | 无 | 瞋 | 恚 | 诸 | 结 | 使 | 一 |
| [illegible] | [illegible] | [illegible] | [illegible] | [illegible]， | [illegible] | [illegible] | [illegible] | [illegible] |
| ŋowr$^2$ | rjir$^2$ | gu$^2$ | mji$^1$ | dźjiij$^1$ | thjɨ$^2$ | tja$^1$ | ŋowr$^2$ | ŋowr$^2$ |
| 切 | 与 | 共 | 不 | 住， | 此 | 者 | 一 | 切 |

不共一切无明瞋恚诸结使住，是名一切

**27.12.4**

| | | | | | | | | |
|---|---|---|---|---|---|---|---|---|
| [Tangut] | [Tangut] | [Tangut] | [Tangut] | [Tangut]。 | [Tangut] | [Tangut] | [Tangut] | [Tangut] |
| ɣa² | ·jij¹ | dzju² | rjir¹ | ŋwu² | rjur¹ | neew² | tśhji² | ɣa² |
| 于 | 自 | 在 | 得 | 是。 | 诸 | 善 | 根 | 于 |
| [Tangut] | [Tangut] | [Tangut] | [Tangut]， | [Tangut] | [Tangut] | [Tangut] | [Tangut]； | [Tangut] |
| gjwɨ¹ | dźjiij¹ | mji¹ | mju² | ku¹ | mji¹ | wee¹ | ·jɨ² | rjur¹ |
| 坚 | 住 | 不 | 动， | 则 | 不 | 生 | 名； | 诸 |

而得自在。于诸善根坚住不动，是名不生；

**27.12.5**

| | | | | | | | | |
|---|---|---|---|---|---|---|---|---|
| [Tangut] | [Tangut] | [Tangut] | [Tangut] | [Tangut] | [Tangut] | [Tangut] | [Tangut]， | [Tangut] |
| neew² | tśhji² | kha¹ | ·jɨr² | kjir¹ | ljị² | phji¹ | śjwo¹ | ku¹ |
| 善 | 根 | 中 | 勤 | 勇 | 健 | 意 | 发， | 则 |
| [Tangut] | [Tangut] | [Tangut] | [Tangut] | [Tangut] | [Tangut] | [Tangut] | [Tangut] | [Tangut]。 |
| thjɨ² | tja¹ | ŋowr² | ŋowr² | ɣa² | ·jij¹ | dzju² | rjir¹ | ŋwu² |
| 此 | 者 | 一 | 切 | 于 | 自 | 在 | 得 | 是。 |

于善根中发勤进勇意，是名一切而得自在。

**27.12.6**

| | | | | | | | | |
|---|---|---|---|---|---|---|---|---|
| [Tangut] | [Tangut] | [Tangut] | [Tangut] | [Tangut] | [Tangut] | [Tangut] | [Tangut]， | [Tangut] |
| rjur¹ | śjã¹ | djɨj² | nioow¹ | tśjɨɨ¹ | bju¹ | djɨj² | ·o² | ku¹ |
| 诸 | 禅 | 定 | 及 | 次 | 依 | 定 | 入， | 则 |
| [Tangut] | [Tangut] | [Tangut]； | [Tangut] | [Tangut] | [Tangut] | [Tangut]， | [Tangut] | [Tangut] |
| mji¹ | wee¹ | ·jɨ² | śjã¹ | rejr² | mji¹ | dzu¹ | ku¹ | thjɨ² |
| 不 | 生 | 名； | 禅 | 乐 | 不 | 味， | 则 | 此 |

入诸禅定及次第定，是名不生；不味禅乐，是名

**27.13.1**

| | | | | | | | | |
|---|---|---|---|---|---|---|---|---|
| [Tangut] | [Tangut] | [Tangut] | [Tangut] | [Tangut] | [Tangut] | [Tangut] | [Tangut]。 | [Tangut] |
| tja¹ | ŋowr² | ŋowr² | ɣa² | ·jij¹ | dzju² | rjir¹ | ŋwu² | tjij¹ |
| 者 | 一 | 切 | 于 | 自 | 在 | 得 | 是。 | 若 |

| | | | | | | | | |
|---|---|---|---|---|---|---|---|---|
| [illegible] | [illegible] | [illegible] | [illegible] | [illegible] | [illegible] | [illegible] | [illegible] | [illegible] |
| ·jɨr$^{2}$ | khu$^{1}$ | dźjij$^{1}$ | pa$^{2}$ | rja$^{2}$ | źjɨr$^{1}$ | kjụ$^{1}$ | ɣiew$^{1}$ | ·jɨr$^{1}$ |
| 勤 | 进 | 精 | 般 | 若 | 慧 | 求 | 学 | 问 |

一切而得自在。若勤精进求般若慧学问

**27.13.2**

| | | | | | | | | |
|---|---|---|---|---|---|---|---|---|
| [illegible] | [illegible]， | [illegible] | [illegible] | [illegible] | [illegible]； | [illegible] | [illegible] | [illegible] |
| mji$^{1}$ | dwər$^{1}$ | ku$^{1}$ | mji$^{1}$ | wee$^{1}$ | ·jɨ$^{2}$ | ? | rjir$^{2}$ | gu$^{2}$ |
| 不 | 厌， | 则 | 不 | 生 | 名； | 痴 | 与 | 共 |
| [illegible] | [illegible]， | [illegible] | [illegible] | [illegible] | [illegible] | [illegible] | [illegible] | [illegible] |
| mji$^{1}$ | dźjiij$^{1}$ | ku$^{1}$ | thjɨ$^{2}$ | tja$^{1}$ | ŋowr$^{2}$ | ŋowr$^{2}$ | ɣa$^{2}$ | ·jij$^{1}$ |
| 不 | 住， | 则 | 此 | 者 | 一 | 切 | 于 | 自 |

无厌，是名不生；不共痴住，是名一切而

**27.13.3**

| | | | | | | | | | |
|---|---|---|---|---|---|---|---|---|---|
| [illegible] | [illegible] | [illegible]。 | [illegible] | [illegible] | [illegible] | [illegible] | [illegible]， | [illegible] | [illegible] |
| dzju$^{2}$ | rjir$^{1}$ | ŋwu$^{2}$ | mji$^{1}$ | tshjạ$^{1}$ | mji$^{1}$ | źjị$^{1}$ | dzeej$^{1}$ | ku$^{1}$ | mji$^{1}$ |
| 在 | 得 | 是。 | 不 | 瞋 | 不 | 恼 | 诤， | 则 | 不 |
| [illegible] | [illegible]； | [illegible] | [illegible] | [illegible] | [illegible] | [illegible] | [illegible] | [illegible] | |
| wee$^{1}$ | ·jɨ$^{2}$ | tshjạ$^{1}$ | źjị$^{1}$ | rjur$^{1}$ | ɣwej$^{1}$ | dzeej$^{1}$ | rjir$^{2}$ | gu$^{2}$ | |
| 生 | 名； | 瞋 | 恼 | 诸 | 讼 | 诤 | 与 | 共 | |

得自在。不瞋恼诤，是名不生；不共瞋恼诸诤讼

**27.13.4**

| | | | | | | | | |
|---|---|---|---|---|---|---|---|---|
| [illegible] | [illegible]， | [illegible] | [illegible] | [illegible] | [illegible] | [illegible] | [illegible] | [illegible] |
| mji$^{1}$ | dźjiij$^{1}$ | thjɨ$^{2}$ | tja$^{1}$ | ŋowr$^{2}$ | ŋowr$^{2}$ | ɣa$^{2}$ | ·jij$^{1}$ | dzju$^{2}$ |
| 不 | 住， | 此 | 者 | 一 | 切 | 于 | 自 | 在 |
| [illegible] | [illegible]。 | [illegible] | [illegible] | [illegible] | [illegible] | [illegible]， | [illegible] | [illegible] |
| rjir$^{1}$ | ŋwu$^{2}$ | tjij$^{1}$ | źjɨr$^{1}$ | bju$^{1}$ | ŋwuu$^{1}$ | thjɨ$^{1}$ | ku$^{1}$ | mji$^{1}$ |
| 得 | 是。 | 若 | 实 | 如 | 语 | 言， | 则 | 不 |

住，是名一切而得自在。若如实语，是名不

**27.13.5**

| | | | | | | | | |
|---|---|---|---|---|---|---|---|---|
| [illegible] | [illegible]； | [illegible] | [illegible] | [illegible] | [illegible]， | [illegible] | [illegible] | [illegible] |
| wee1 | ·jɨ2 | tjij1 | źjɨr1 | bju1 | dźjiij1 | ku1 | ·jij1 | dzju2 |
| 生 | 名； | 若 | 实 | 如 | 住， | 则 | 自 | 在 |
| [illegible] | [illegible]。 | [illegible] | [illegible] | [illegible] | [illegible]， | [illegible] | [illegible] | [illegible] |
| rjir1 | ŋwu2 | tjij1 | ·u2 | mjij1 | sej1 | ku1 | mji1 | wee1 |
| 得 | 是。 | 若 | 内 | 寂 | 静， | 则 | 不 | 生 |

生；若如实住，名得自在。若内寂静，是名不生；

**27.13.6**

| | | | | | | | | |
|---|---|---|---|---|---|---|---|---|
| [illegible]； | [illegible] | [illegible] | [illegible] | [illegible] | [illegible] | [illegible] | [illegible] | [illegible] |
| ·jɨ2 | tjij1 | djɨr2 | rjur1 | mjɨɨ2 | rjur1 | ɣa2 | mji1 | tśior1 |
| 名； | 若 | 外 | 诸 | 境 | 界 | 于 | 不 | 污 |
| [illegible]， | [illegible] | [illegible] | [illegible] | [illegible] | [illegible]。 | [illegible] | [illegible] | [illegible] |
| laa1 | ku1 | ·jij1 | dzju2 | rjir1 | ŋwu2 | tjij1 | ŋowr2 | ŋowr2 |
| 染， | 则 | 自 | 在 | 得 | 是。 | 若 | 一 | 切 |

若不污染外诸境界，名得自在。若

**27.14.1**

| | | | | | | | | |
|---|---|---|---|---|---|---|---|---|
| [illegible] | [illegible] | [illegible] | [illegible] | [illegible]， | [illegible] | [illegible] | [illegible] | [illegible]； |
| sjij2 | njiij1 | ɣwə2 | dźjwa1 | njwi2 | ku1 | mji1 | wee1 | ·jɨ2 |
| 智 | 心 | 究 | 竟 | 能， | 则 | 不 | 生 | 名； |
| [illegible] | [illegible] | [illegible] | [illegible]， | [illegible] | [illegible] | [illegible] | [illegible] | [illegible]。 |
| njɨɨ1 | ·ụ2 | mji1 | kjụ1 | ku1 | ·jij1 | dzju2 | rjir1 | ŋwu2 |
| 二 | 乘 | 不 | 求， | 则 | 自 | 在 | 得 | 是。 |

能究竟一切智心，是名不生；不求下乘①，名得自在。

**27.14.2**

| | | | | | | | | |
|---|---|---|---|---|---|---|---|---|
| [illegible] | [illegible] | [illegible]， | [illegible] | [illegible] | [illegible] | [illegible] | [illegible]。 | [illegible] |
| rjur1 | sjwɨj1 | dwewr2 | ku1 | mji1 | wee1 | ·jɨ2 | ·jij1 | ljiij2 |

① 下乘，小乘的别名。西夏文本作“二乘”。

诸 业 觉， 则 不 生 名 之。 魔

□ □ □， □ □ □ □ □。 □

sjwɨj$^{1}$ rjur$^{1}$ jar$^{2}$ ku$^{1}$ ·jij$^{1}$ dzju$^{2}$ rjir$^{1}$ ŋwu$^{2}$ rjur$^{1}$

业 降 伏， 则 自 在 得 是。 世

觉诸业果，是名不生；降伏魔业，名得自在。

**27.14.3**

□ □ □， □ □ □ □； □① □

bji$^{1}$ swew$^{1}$ rjir$^{1}$ ku$^{1}$ mji$^{1}$ wee$^{1}$ ·jɨ$^{2}$ rjur$^{1}$ tsjiir$^{1}$

光 明 得， 则 不 生 名； 世 法

□ □， □ □ □ □ □。 □ □

mji$^{1}$ tśior$^{1}$ ku$^{1}$ ·jij$^{1}$ dzju$^{2}$ rjir$^{1}$ ŋwu$^{2}$ dźjiij$^{1}$ tjị$^{2}$

不 污， 则 自 在 得 是。 住 所

得世光明，是名不生；世法不污，名得自在。

**27.14.4**

□ □， □ □ □ □； □ □ □

mji$^{1}$ ljwu$^{1}$ ku$^{1}$ mji$^{1}$ wee$^{1}$ ·jɨ$^{2}$ wji$^{1}$ lew$^{2}$ kha$^{1}$

不 逆， 则 不 生 名； 作 所 中

□ □， □ □ □ □ □。 □ □

mji$^{1}$ ljị$^{1}$ ku$^{1}$ ·jij$^{1}$ dzju$^{2}$ rjir$^{1}$ ŋwu$^{2}$ tjij$^{1}$ rjur$^{1}$

不 堕， 则 自 在 得 是。 若 诸

不逆所住，是名不生；不堕所作，名得自在。若离诸

**27.14.5**

□ □ □ □ □ □， □ □ □

khwẹj$^{1}$ ɣiwe$^{1}$ ɣie$^{1}$ śja$^{2}$ wją$^{2}$ nji$^{2}$ ku$^{1}$ mji$^{1}$ wee$^{1}$

慢 势 力 逸 放 △， 则 不 生

□； □ □ □ □ □ □ □ □，

·jɨ$^{2}$ tjij$^{1}$ sjịj$^{2}$ źjɨr$^{1}$ sjij$^{2}$ śjɨj$^{2}$ rejr$^{2}$ śjɨj$^{1}$ ·jiw$^{2}$

① 原文作“□”（rjur$^{1}$ 诸），与“□”（rjur$^{1}$ 世）通假。下文多处出现此类通假，径改。

| | | | | | | | | |
|---|---|---|---|---|---|---|---|---|
| 名; | 若 | 智 | 慧 | 识 | 圣 | 乐 | 成 | 就, |

慢放逸势力,是名不生;若智慧识成就圣乐,

**27.14.6**

| | | | | | | | | |
|---|---|---|---|---|---|---|---|---|
| [illegible] | [illegible] | [illegible] | [illegible] | [illegible]。 | [illegible] | [illegible] | [illegible], | [illegible] |
| ku[1] | ·jij[1] | dzju[2] | rjir[1] | ŋwu[2] | tji̠[1] | mji[1] | lhjii[1] | ku[1] |
| 则 | 自 | 在 | 得 | 是。 | 誓 | 不 | 退, | 则 |
| [illegible]① | [illegible] | [illegible]; | [illegible] | [illegible] | [illegible], | [illegible] | [illegible] | [illegible] |
| mji[1] | wee[1] | ·jɨ[2] | tji̠[1] | rjur[1] | lho | ku[1] | mjiij[2] | ·jij[1] |
| 不 | 生 | 名; | 誓 | 世 | 出, | 则 | 名 | 自 |

名得自在。不退所誓,是名不生;所誓出世,名得自

**27.15.1**

| | | | | | | | | |
|---|---|---|---|---|---|---|---|---|
| [illegible] | [illegible] | [illegible]。 | [illegible] | [illegible] | [illegible] | [illegible] | [illegible], | [illegible] |
| dzju[2] | rjir[1] | ŋwu[2] | nioow[1] | śjwo[1] | śjij[1] | dźjɨ | dźjij[1] | ku[1] |
| 在 | 得 | 是。 | 缘 | 生 | 顺 | 行 | 行, | 则 |
| [illegible] | [illegible] | [illegible]; | [illegible] | [illegible] | [illegible] | [illegible] | [illegible], | [illegible] |
| mji[1] | wee[1] | ·jɨ[2] | nioow[1] | śjwo[1] | tsjiir[1] | mji[1] | zow[2] | ku[1] |
| 不 | 生 | 名; | 缘 | 发 | 法 | 不 | 执, | 则 |

在。顺行缘生,是名不生;不执缘生法,

**27.15.2**

| | | | | | | | | |
|---|---|---|---|---|---|---|---|---|
| [illegible] | [illegible] | [illegible] | [illegible]。 | [illegible] | [illegible] | [illegible] | [illegible] | [illegible] |
| ·jij[1] | dzju[2] | rjir[1] | ŋwu[2] | tjij[1] | sji[1] | sji̠j[2] | ŋwu[2] | ŋa[1] |
| 自 | 在 | 得 | 是。 | 若 | 尽 | 智 | 以 | 空 |
| [illegible] | [illegible] | [illegible], | [illegible] | [illegible] | [illegible] | [illegible]; | [illegible] | [illegible] |
| ŋowr[2] | ŋowr[2] | bioo[1] | ku[1] | mji[1] | wee[1] | ·jɨ[2] | rjur[1] | neew[2] |
| 一 | 切 | 观, | 则 | 不 | 生 | 名; | 诸 | 善 |

名得自在。若以尽智观一切空,是名不生;具诸善

① 原文作"[illegible]"(又),疑与"[illegible]"(不)形近而讹。据汉文本改。

**27.15.3**

| | | | | | | | | |
|---|---|---|---|---|---|---|---|---|
| [illegible] | [illegible]， | [illegible] | [illegible] | [illegible] | [illegible] | [illegible]。 | [illegible] | [illegible] |
| tśhji$^{2}$ | ŋowr$^{2}$ | ku$^{1}$ | ·jij$^{1}$ | dzju$^{2}$ | rjir$^{1}$ | ŋwu$^{2}$ | tjij$^{1}$ | tśier$^{1}$ |
| 根 | 具， | 则 | 自 | 在 | 得 | 是。 | 若 | 方 |
| [illegible] | [illegible] | [illegible] | [illegible] | [illegible] | [illegible] | [illegible]， | [illegible] | [illegible] |
| ·ju$^{2}$ | sjịj$^{2}$ | wji$^{1}$ | lew$^{2}$ | gu$^{1}$ | śjwo$^{1}$ | lew$^{2}$ | wjuu$^{1}$ | njiij$^{1}$ |
| 便 | 智 | 作 | 所 | 起 | 发 | 所， | 悲 | 心 |

根，名得自在。若方便智发起所作，生大悲心

**27.15.4**

| | | | | | | | | |
|---|---|---|---|---|---|---|---|---|
| [illegible] | [illegible] | [illegible] | [illegible] | [illegible]， | [illegible] | [illegible] | [illegible]； | [illegible] |
| śjwo$^{1}$ | ·jɨr$^{2}$ | dźjɨ | dźjij$^{1}$ | djọ$^{2}$ | mji$^{1}$ | wee$^{1}$ | ·jɨ$^{2}$ | tjij$^{1}$ |
| 生 | 进 | 行 | 勤 | 修， | 不 | 生 | 名； | 若 |
| [illegible] | [illegible] | [illegible] | [illegible] | [illegible] | [illegible] | [illegible]， | [illegible] | [illegible] |
| rjur$^{1}$ | bie$^{2}$ | lhew$^{2}$ | tsjiir$^{1}$ | no$^{2}$ | dźjiij$^{1}$ | njwi$^{2}$ | ku$^{1}$ | ·jij$^{1}$ |
| 诸 | 脱 | 解 | 法 | 安 | 住 | 能， | 则 | 自 |

修勤进行，是名不生；若能安住诸解脱法，名得自

**27.15.5**

| | | | | | | | | | |
|---|---|---|---|---|---|---|---|---|---|
| [illegible] | [illegible] | [illegible]。 | [illegible] | [illegible] | [illegible] | [illegible] | [illegible] | [illegible] | [illegible] |
| dzju$^{2}$ | rjir$^{1}$ | ŋwu$^{2}$ | tjij$^{1}$ | tsjiir$^{1}$ | ŋowr$^{2}$ | ŋowr$^{2}$ | ɣa$^{2}$ | mji$^{1}$ | tśior$^{1}$ |
| 在 | 得 | 是。 | 若 | 法 | 一 | 切 | 于 | 不 | 污 |
| [illegible]， | [illegible]① | [illegible] | [illegible] | [illegible] | [illegible]； | [illegible] | [illegible] | [illegible] | |
| laa$^{1}$ | phja$^{1}$ | ku$^{1}$ | mji$^{1}$ | wee$^{1}$ | ·jɨ$^{2}$ | tjij$^{1}$ | rjur$^{1}$ | ljij$^{2}$ | |
| 染， | 断 | 则 | 不 | 生 | 名； | 若 | 诸 | 见 | |

在。若不污染于一切法，名为不生；若断诸见

**27.15.6**

| | | | | | | | | |
|---|---|---|---|---|---|---|---|---|
| [illegible] | [illegible] | [illegible]， | [illegible] | [illegible] | [illegible] | [illegible] | [illegible]。 | [illegible] |
| tsjiir$^{1}$ | tshjiij$^{1}$ | njwi$^{2}$ | ku$^{1}$ | ·jij$^{1}$ | dzju$^{2}$ | rjir$^{1}$ | ŋwu$^{2}$ | tjij$^{1}$ |

① 该字为右侧另加字，然所加位置疑有误，当在 27.15.6 句。

| | | | | | | | | |
|---|---|---|---|---|---|---|---|---|
| 法 | 说 | 能， | 则 | 自 | 在 | 得 | 是。 | 若 |
| [illegible] | [illegible] | [illegible] | [illegible] | [illegible] | [illegible] | [illegible]， | [illegible] | [illegible] |
| sjwɨ1 | sjiij2 | njwi2 | rjur1 | tsjiir1 | mji1 | ljij2 | ku1 | mji1 |
| 惟 | 思 | 善 | 诸 | 法 | 不 | 见， | 则 | 不 |

而为说法，名得自在。若善思惟不见诸法，是名不

**27.16.1**

| | | | | | | | | |
|---|---|---|---|---|---|---|---|---|
| [illegible] | [illegible]； | [illegible]① | [illegible] | [illegible] | [illegible] | [illegible] | [illegible] | [illegible] |
| wee1 | ·jɨ2 | rjur1 | ɣie1 | rjir1 | tsjiir1 | ŋowr2 | ŋowr2 | mji1 |
| 生 | 名； | 诸 | 力 | 得 | 法 | 一 | 切 | 不 |
| [illegible]， | [illegible] | [illegible] | [illegible] | [illegible] | [illegible]。 | [illegible] | [illegible] | |
| lja̱1 | ku1 | ·jij1 | dzju2 | rjir1 | ŋwu2 | tjij1 | rjur1 | |
| 证， | 则 | 自 | 在 | 得 | 是。 | 若 | 诸 | |

生；得力不证一切诸法，名得自在。若

**27.16.2**

| | | | | | | | | |
|---|---|---|---|---|---|---|---|---|
| [illegible] | [illegible] | [illegible] | [illegible] | [illegible] | [illegible]， | [illegible] | [illegible] | [illegible] |
| tsjiir1 | ŋowr2 | ŋowr2 | tsjiir2 | ŋa1 | bioo1 | ku1 | mji1 | wee1 |
| 法 | 一 | 切 | 性 | 空 | 观， | 则 | 不 | 生 |
| [illegible]； | [illegible] | [illegible] | [illegible] | [illegible] | [illegible] | [illegible] | [illegible] | [illegible] |
| ·jɨ2 | tjij1 | dźiã2 | tśhju1 | ŋowr2 | ŋowr2 | ·jij1 | mji1 | phjɨ1 |
| 名； | 若 | 众 | 生 | 一 | 切 | 之 | 不 | 放 |

观一切诸法性空，是名不生；若不放舍一切众生，

**27.16.3**

| | | | | | | | | |
|---|---|---|---|---|---|---|---|---|
| [illegible]， | [illegible] | [illegible] | [illegible] | [illegible] | [illegible]。 | [illegible] | [illegible] | [illegible] |
| dźjɨɨr1 | ku1 | ·jij1 | dzju2 | rjir1 | ŋwu2 | tjij1 | so̱1 | rjur1 |
| 舍， | 则 | 自 | 在 | 得 | 是。 | 若 | 三 | 界 |
| [illegible] | [illegible]， | [illegible] | [illegible] | [illegible] | [illegible]； | [illegible] | [illegible] | [illegible] |
| mji1 | dźjiij1 | ku1 | mji1 | wee1 | ·jɨ2 | rjur1 | dźiã2 | tśhju1 |

① 原文作“[illegible]”（rjur1世），与“[illegible]”（rjur1诸）通假。据汉文本改。

| | | | | | | | | |
|---|---|---|---|---|---|---|---|---|
| 不 | 住, | 则 | 不 | 生 | 名; | 诸 | 众 | 生 |

名得自在。若不住三界,是名不生;为众生

**27.16.4**

| | | | | | | | | | |
|---|---|---|---|---|---|---|---|---|---|
| [illegible] | [illegible] | [illegible] | [illegible] | [illegible], | [illegible] | [illegible] | [illegible] | [illegible] | [illegible]。 |
| nioow$^{1}$ | djiij$^{2}$ | phã$^{1}$ | mji$^{1}$ | ·o$^{2}$ | ku$^{1}$ | ·jij$^{1}$ | dzju$^{2}$ | rjir$^{1}$ | ŋwu$^{2}$ |
| 故 | 涅 | 槃 | 不 | 入, | 则 | 自 | 在 | 得 | 是。 |

故不入涅槃,名得自在。

## 汉文本

尔时,宝上天子问于文殊师利童子:云何名菩萨不生,亦于一切而得自在?

文殊师利言:天子,若有菩萨知于行业,非懦慢故。是菩萨不生,亦于一切而得自在。复次,天子,菩萨能舍一切所有菩提之心,毕竟不退,是名不生;若不共诸嫉妒结住,是名一切而得自在。若有菩萨威仪法则,诸功德戒具成就行,是名不生;不共犯戒住,是名一切而得自在。心不舍背一切众生,是名不生;不共一切无明瞋恚诸结使住,是名一切而得自在。于诸善根坚住不动,是名不生;于善根中发勤进勇意,是名一切而得自在。入诸禅定及次第定,是名不生;不味禅乐,是名一切而得自在。若勤精进求般若慧学问无厌,是名不生;不共痴住,是名一切而得自在。不瞋恼诤,是名不生;不共瞋恼诸诤讼住,是名一切而得自在。若如实语,是名不生;若如实住,名得自在。若内寂静,是名不生;若不污染外诸境界,名得自在。若能究竟一切智心,是名不生;不求下乘,名得自在。觉诸业果,是名不生;降伏魔业,名得自在。得世光明,是名不生;世法不污,名得自在。不逆所住,是名不生;不堕所作,名得自在。若离诸慢放逸势力,是名不生;若智慧识成就圣乐,名得自在。不退所誓,是名不生;所誓出世,名得自在。顺行缘生,是名不生;不执缘生法,名得自在。若以尽智观一切空,是名不生;具诸善根,名得自在。若方便智发起所作,生大悲心修勤进行,是名不生;若能安住诸解脱法,名得自在。若不污染于一切法,名为不生;若断诸见而为说法,名得自在。若善思惟不见诸法,是名不生;得力不证一切诸法,名得自在。若观一切诸法性空,是名不生;若不放舍一切众生,名得自在。若不住三界,是名不生;为众生故不入涅槃,名得自在。

**27.16.4**

| | | | | | | | |
|---|---|---|---|---|---|---|---|
| [illegible] | [illegible], | [illegible] | [illegible], | [illegible] | [illegible] | [illegible] | [illegible], |
| nioow$^{1}$ | tśjɨɨ$^{1}$ | mə$^{1}$ | zjị$^{1}$ | tjɨ$^{1}$ | tjij$^{1}$ | ŋwuu$^{1}$ | dạ$^{2}$ |
| 复 | 次, | 天 | 子, | 假 | 若 | 言 | 语, |

复次,天子,若有言语,

**27.16.5**

| | | | | | | | | |
|---|---|---|---|---|---|---|---|---|
| [illegible] | [illegible] | [illegible] | [illegible]， | [illegible] | [illegible] | [illegible] | [illegible] | [illegible]， |
| mjuu$^{2}$ | ljɨ̣j$^{2}$ | dạ$^{2}$ | ŋwu$^{2}$ | thja$^{1}$ | lạ$^{1}$ | sjiij$^{2}$ | dạ$^{2}$ | ŋwu$^{2}$ |
| 动 | 摇 | 语 | 是， | 其 | 妄 | 想 | 语 | 是， |
| [illegible] | [illegible] | [illegible] | [illegible]， | [illegible] | [illegible] | [illegible] | [illegible]。 | [illegible] |
| zow$^{2}$ | zjịj$^{1}$ | dạ$^{2}$ | ŋwu$^{2}$ | gu$^{1}$ | śjwo$^{1}$ | dju$^{1}$ | ŋwu$^{2}$ | mə$^{1}$ |
| 执 | 著 | 语 | 是， | 起 | 发 | 有 | 是。 | 天 |

是动摇语，是妄想语，是执著语，是有发起。天

**27.16.6**

| | | | | | | | | |
|---|---|---|---|---|---|---|---|---|
| [illegible]， | [illegible] | [illegible] | [illegible] | [illegible] | [illegible] | [illegible] | [illegible] | [illegible]， |
| zjɨ̣$^{1}$ | tsjiir$^{1}$ | ŋowr$^{2}$ | ŋowr$^{2}$ | ɣa$^{2}$ | ŋwuu$^{1}$ | dạ$^{2}$ | mji$^{1}$ | dju$^{1}$ |
| 子， | 法 | 一 | 切 | 于 | 言 | 语 | 不 | 有， |
| [illegible] | [illegible] | [illegible] | [illegible]， | [illegible] | [illegible] | [illegible] | [illegible]， | [illegible] |
| mji$^{1}$ | dźjịj$^{1}$ | mji$^{1}$ | mju$^{2}$ | kheej$^{1}$ | ljɨ̣$^{1}$ | dạ$^{2}$ | mjij$^{1}$ | dźiã$^{2}$ |
| 不 | 行 | 不 | 动， | 戏 | 论 | 语 | 无， | 众 |

子，于一切法无有言语，不行不动，无诸戏论语，

**27.17.1**

| | | | | | | | | |
|---|---|---|---|---|---|---|---|---|
| [illegible] | [illegible] | [illegible] | [illegible] | [illegible] | [illegible] | [illegible] | [illegible]， | [illegible] |
| tśhju$^{1}$ | ·jij$^{1}$ | mji$^{1}$ | phjɨ$^{1}$ | nioow$^{1}$ | mji$^{1}$ | gju$^{1}$ | dzjar$^{2}$ | ŋwuu$^{1}$ |
| 生 | 之 | 不 | 舍 | 亦 | 不 | 度 | 灭， | 说 |
| [illegible] | [illegible] | [illegible]。 | [illegible] | [illegible]， | [illegible] | [illegible] | [illegible] | [illegible]， |
| dạ$^{2}$ | tsjɨ$^{1}$ | mjij$^{1}$ | mə$^{1}$ | zjɨ̣$^{1}$ | tjij$^{1}$ | ŋwuu$^{1}$ | dạ$^{2}$ | mjij$^{1}$ |
| 言 | 亦 | 无。 | 天 | 子， | 若 | 说 | 言 | 无， |

不舍众生亦不灭度，无所言说。天子，若无言说，

**27.17.2**

| | | | | | | | | |
|---|---|---|---|---|---|---|---|---|
| [illegible] | [illegible] | [illegible] | [illegible] | [illegible]， | [illegible] | [illegible] | [illegible] | [illegible] |
| ku$^{1}$ | ·jwɨr$^{2}$ | dji$^{2}$ | tsjɨ$^{1}$ | mjij$^{1}$ | tśhjwo$^{1}$ | tshjiij$^{1}$ | lew$^{2}$ | mjij$^{1}$ |
| 则 | 文 | 字 | 亦 | 无， | 则 | 说 | 所 | 无 |

| | | | | | | | | |
|---|---|---|---|---|---|---|---|---|
| [illegible]。 | [illegible] | [illegible] | [illegible] | [illegible]， | [illegible] | [illegible] | [illegible] | [illegible] |
| ljɨ$^{1}$ | tjɨ$^{1}$ | tjij$^{1}$ | ·ioow$^{1}$ | dju$^{1}$ | ku$^{1}$ | tśhjwo$^{1}$ | ŋwuu$^{1}$ | dạ$^{2}$ |
| 也。 | 假 | 若 | 用 | 有， | 则 | 故 | 言 | 说 |

亦无文字，则无所说。若有用者，则有发起言说

**27.17.3**

| | | | | | | | | |
|---|---|---|---|---|---|---|---|---|
| [illegible] | [illegible] | [illegible] | [illegible] | [illegible] | [illegible]。 | [illegible] | [illegible]， | [illegible] |
| tshjiij$^{1}$ | ·jwɨr$^{2}$ | dji$^{2}$ | gu$^{1}$ | śjwo$^{1}$ | ljɨ$^{1}$ | mə$^{1}$ | zjɨ̣$^{1}$ | thjɨ$^{2}$ |
| 说 | 文 | 字 | 起 | 发 | 也。 | 天 | 子， | 是 |
| [illegible] | [illegible]， | [illegible] | [illegible] | [illegible] | [illegible] | [illegible] | [illegible]， | [illegible] |
| wo$^{2}$ | nioow$^{1}$ | ku$^{1}$ | dźiã$^{2}$ | tsjij$^{2}$ | ·jij$^{1}$ | dźjɨ | tja$^{1}$ | ·ioow$^{1}$ |
| 义 | 故， | 则 | 菩 | 萨 | 之 | 行 | 者， | 用 |

文字。天子，以是义故，菩萨之行，

**27.17.4**

| | | | | | | | | |
|---|---|---|---|---|---|---|---|---|
| [illegible] | [illegible] | [illegible]， | [illegible] | [illegible] | [illegible] | [illegible]， | [illegible] | [illegible] |
| tshjiij$^{1}$ | tjị$^{2}$ | mjij$^{1}$ | lə | dźjij$^{1}$ | tjị$^{2}$ | mjij$^{1}$ | njij$^{2}$ | njiij$^{1}$ |
| 说 | 可 | 无， | 念 | 行 | 可 | 无， | 慈 | 心 |
| [illegible]， | [illegible] | [illegible] | [illegible] | [illegible]， | [illegible] | [illegible] | [illegible] | [illegible] |
| ·jɨ$^{2}$ | sjwụ$^{2}$ | mji$^{1}$ | sja$^{1}$ | ·jɨ$^{2}$ | śjɨj$^{2}$ | ŋowr$^{2}$ | ŋowr$^{2}$ | kha$^{1}$ |
| 名， | 生 | 不 | 杀 | 名， | 圣 | 一 | 切 | 中 |

不可说用，不可行念，是名慈心，是名不杀，于诸圣中

**27.17.5**

| | | | | | | | | |
|---|---|---|---|---|---|---|---|---|
| [illegible] | [illegible] | [illegible]。 | [illegible] | [illegible] | [illegible]， | [illegible] | [illegible] | [illegible] |
| ·jij$^{1}$ | dzju$^{2}$ | rjir$^{1}$ | thjɨ$^{2}$ | tsjiir$^{1}$ | tshjiij$^{1}$ | nioow$^{1}$ | rjur$^{1}$ | pjụ$^{1}$ |
| 自 | 在 | 得。 | 是 | 法 | 说， | 又 | 世 | 尊 |
| [illegible] | [illegible]： | [illegible] | [illegible]！ | [illegible] | [illegible]！ | [illegible] | [illegible] | [illegible] |
| ·jow$^{2}$ | dạ$^{2}$ | tjij$^{2}$ | rjijr$^{2}$ | tjij$^{2}$ | rjijr$^{2}$ | mã$^{1}$ | śjuu$^{1}$ | śjɨ$^{1}$ |
| 赞 | 言： | 善 | 哉！ | 善 | 哉！ | 文 | 殊 | 师 |

得名自在。说是法已，世尊赞言：善哉！善哉！文殊师

**27.17.6**

| | | | | | | | | |
|---|---|---|---|---|---|---|---|---|
| [illegible]， | [illegible] | [illegible] | [illegible] | [illegible] | [illegible] | [illegible] | [illegible] | [illegible] |
| lji$^{1}$ | rjur$^{1}$ | dźiã$^{2}$ | tsjij$^{2}$ | ·jij$^{1}$ | mji$^{1}$ | we$^{2}$ | ·jij$^{1}$ | dzju$^{2}$ |
| 利， | 诸 | 菩 | 萨 | 之 | 不 | 为 | 自 | 在 |
| [illegible]① | [illegible] | [illegible] | [illegible]。 | [illegible] | [illegible] | [illegible] | [illegible]， | [illegible] |
| wee$^{1}$ | njwi$^{2}$ | nja$^{2}$ | ·jɨ$^{2}$ | mã$^{1}$ | śjuu$^{1}$ | śjɨ$^{1}$ | lji$^{1}$ | tjij$^{1}$ |
| 生 | 善 | △ | 说。 | 文 | 殊 | 师 | 利， | 若 |

利，善为诸菩萨说不生自在。文殊师利，若

**27.18.1**

| | | | | | | | | |
|---|---|---|---|---|---|---|---|---|
| [illegible] | [illegible] | [illegible] | [illegible] | [illegible] | [illegible] | [illegible] | [illegible] | [illegible] |
| dźiã$^{2}$ | tsjij$^{2}$ | thjɨ$^{2}$ | sju$^{2}$ | tsjiir$^{1}$ | dźjij$^{1}$ | ·jij$^{1}$ | dzju$^{2}$ | ɣię$^{2}$ |
| 菩 | 萨 | 是 | 如 | 法 | 行 | 自 | 在 | 碍 |
| [illegible] | [illegible]， | [illegible] | [illegible] | [illegible] | [illegible] | [illegible] | [illegible] | [illegible] |
| lụ$^{2}$ | mjij$^{1}$ | ku$^{1}$ | thja$^{2}$ | dźiã$^{2}$ | tsjij$^{2}$ | xja$^{1}$ | rjur$^{1}$ | tha$^{1}$ |
| 障 | 无， | 则 | 是 | 菩 | 萨 | 疾 | 诸 | 佛 |

菩萨行如是法自在无碍，是菩萨疾得诸佛

**27.18.2**

| | | | | | | | | |
|---|---|---|---|---|---|---|---|---|
| [illegible] | [illegible] | [illegible] | [illegible] | [illegible] | [illegible] | [illegible]。 | [illegible] | [illegible] |
| do$^{2}$ | zji$^{2}$ | phju$^{2}$ | tśja$^{1}$ | la$^{1}$ | ɣiwej$^{1}$ | rjir$^{2}$ | thja$^{2}$ | tsjiir$^{1}$ |
| 处 | 最 | 上 | 道 | 记 | 授 | 得。 | 此 | 法 |
| [illegible] | [illegible]， | [illegible] | [illegible] | [illegible] | [illegible] | [illegible] | [illegible] | [illegible] |
| mji$^{1}$ | zjij$^{1}$ | ·ji$^{1}$ | kha$^{1}$ | ŋwə$^{1}$ | ·jir$^{2}$ | dźiã$^{2}$ | tsjij$^{2}$ | wee$^{1}$ |
| 闻 | 时， | 众 | 中 | 五 | 百 | 菩 | 萨 | 生 |

授无上道。闻此法时，于是众中，有五百菩萨

**27.18.3**

| | | | | | | | | |
|---|---|---|---|---|---|---|---|---|
| [illegible] | [illegible] | [illegible] | [illegible]。 | [illegible] | [illegible]， | [illegible] | [illegible] | [illegible] |
| mjij$^{1}$ | tsjiir$^{1}$ | zeew$^{2}$ | rjir$^{2}$ | kja$^{1}$ | zjọ$^{2}$ | rjur$^{1}$ | pjụ$^{1}$ | xja$^{1}$ |

① 原文作"[illegible]"(说)字，疑形近而讹。据汉文本改。这一讹误也见于第二十六卷。

| | | | | | | | | |
|---|---|---|---|---|---|---|---|---|
| 无 | 法 | 忍 | 得。 | 尔 | 时， | 世 | 尊 | 即 |
| [illegible] | [illegible] | [illegible] | [illegible] | [illegible] | [illegible] | [illegible]， | [illegible] | [illegible] |
| zji$^{2}$ | phju$^{2}$ | tśhja$^{2}$ | ɣiej$^{1}$ | tśja$^{1}$ | la$^{1}$ | khjow$^{1}$ | ·jij$^{1}$ | twụ$^{1}$ |
| 最 | 上 | 正 | 真 | 道 | 记 | 授， | 自 | 各 |

得无生法忍。尔时，世尊即与无上正真道记，各各

**27.18.4**

| | | | | | | | | |
|---|---|---|---|---|---|---|---|---|
| [illegible] | [illegible]、 | [illegible] | [illegible] | [illegible] | [illegible]、 | [illegible] | [illegible] | [illegible] |
| tha$^{1}$ | lhjịj | ·jij$^{1}$ | twụ$^{1}$ | mjiij$^{2}$ | dji$^{2}$ | sjwɨ$^{2}$ | njii$^{2}$ | mjor$^{1}$ |
| 佛 | 土、 | 自 | 各 | 名 | 字、 | 某 | 甲 | 如 |
| [illegible] | [illegible] | [illegible] | [illegible]。 | [illegible] | [illegible]， | [illegible] | [illegible] | [illegible] |
| jịj$^{2}$ | mjiij$^{2}$ | we$^{2}$ | ·jɨ$^{2}$ | kja$^{1}$ | zjọ$^{2}$ | ·ji$^{1}$ | kha$^{1}$ | mə$^{1}$ |
| 来 | 名 | 为 | 谓。 | 尔 | 时， | 众 | 中 | 天 |

佛土、各各名字、某甲如来。尔时，众中有一天

**27.18.5**

| | | | | | | | | | |
|---|---|---|---|---|---|---|---|---|---|
| [illegible] | [illegible]， | [illegible] | [illegible] | [illegible] | [illegible] | [illegible]： | [illegible] | [illegible] | [illegible] |
| zjɨ$^{1}$ | gjɨ$^{2}$ | thjɨ$^{2}$ | sju$^{2}$ | sjwɨ$^{1}$ | lə | wji$^{1}$ | thja$^{2}$ | ljɨ$^{1}$ | phju$^{2}$ |
| 子 | 一， | 是 | 如 | 思 | 念 | 作： | 是 | 宝 | 上 |
| [illegible] | [illegible]， | [illegible] | [illegible] | [illegible] | [illegible] | [illegible] | [illegible] | [illegible]？ | |
| mə$^{1}$ | zjɨ$^{1}$ | zjɨ$^{1}$ | dju$^{1}$ | zjịj$^{1}$ | zji$^{2}$ | phju$^{2}$ | tśja$^{1}$ | śjɨj$^{1}$ | |
| 天 | 子， | 几 | 久 | 时 | 最 | 上 | 道 | 成？ | |

子，如是思念：是宝上天子，当于几时成无上道？

**27.18.6**

| | | | | | | | | |
|---|---|---|---|---|---|---|---|---|
| [illegible] | [illegible] | [illegible] | [illegible]？ | [illegible] | [illegible] | [illegible] | [illegible] | [illegible] |
| tha$^{1}$ | mjiij$^{2}$ | wa$^{2}$ | sju$^{2}$ | tha$^{1}$ | lhjịj | wa$^{2}$ | sju$^{2}$ | ·jaa$^{1}$ |
| 佛 | 名 | 何 | 如？ | 佛 | 土 | 何 | 如 | 然 |
| [illegible]①。 | [illegible] | [illegible] | [illegible] | [illegible]， | [illegible] | [illegible]， | [illegible] | [illegible] |
| ·jɨ$^{2}$ | tha$^{1}$ | pju$^{1}$ | ɣie$^{1}$ | ku$^{1}$ | kja$^{1}$ | zjọ$^{2}$ | ljịj$^{2}$ | tśhja$^{2}$ |

① 此处的“[illegible]”是引语标记，因此处引语前未出现明确的言说义引述动词，故句末使用引语标记。下文多处与此相同。

| | | | | | | | | |
|---|---|---|---|---|---|---|---|---|
| 谓。 | 佛 | 威 | 力 | 故， | 尔 | 时， | 大 | 德 |

佛名何等？佛土云何？以佛力故，尔时，大德

**27.19.1**

| | | | | | | | | |
|---|---|---|---|---|---|---|---|---|
| □ | □ | □ | □ | □ | □： | □ | □， | □ |
| ·ja | na$^{1}$ | tha$^{1}$ | ·jij$^{1}$ | dạ$^{2}$ | ·jɨ$^{2}$ | rjur$^{1}$ | pjụ$^{1}$ | thja$^{2}$ |
| 阿 | 难 | 佛 | 之 | 言 | 白： | 世 | 尊， | 是 |
| □ | □ | □ | □， | □ | □ | □ | □ | □ |
| ljɨ̣$^{1}$ | phju$^{2}$ | dźiā$^{2}$ | tsjij$^{2}$ | zjɨ̣$^{1}$ | dju$^{1}$ | zjij$^{1}$ | zji$^{2}$ | phju$^{2}$ |
| 宝 | 上 | 菩 | 萨， | 几 | 久 | 时 | 最 | 上 |

阿难白佛言：世尊，是宝上菩萨，当于几时得成无上

**27.19.2**

| | | | | | | | | |
|---|---|---|---|---|---|---|---|---|
| □ | □ | □ | □？ | □ | □ | □ | □？ | □ |
| tśhja$^{2}$ | ɣiej$^{1}$ | tśja$^{1}$ | śjɨj$^{1}$ | tha$^{1}$ | lhjịj | wa$^{2}$ | sju$^{2}$ | tśja$^{1}$ |
| 正 | 真 | 道 | 成？ | 佛 | 土 | 何 | 如？ | 道 |
| □ | □ | □， | □ | □ | □ | □？ | □ | □ |
| śjɨj$^{1}$ | nioow$^{1}$ | rjijr$^{2}$ | tha$^{1}$ | mjiij$^{2}$ | thjij$^{2}$ | sjo$^{2}$ | tha$^{1}$ | ·ja |
| 成 | 以 | 后， | 佛 | 名 | 何 | 云？ | 佛 | 阿 |

正真之道？佛土云何？得成道已，其佛何名？佛告阿

**27.19.3**

| | | | | | | | | |
|---|---|---|---|---|---|---|---|---|
| □ | □ | □： | □ | □ | □ | □ | □， | □ |
| na$^{1}$ | ·jij$^{1}$ | ·jɨ$^{2}$ | thja$^{2}$ | ljɨ̣$^{1}$ | phju$^{2}$ | mə$^{1}$ | zjɨ̣$^{1}$ | ·jir$^{2}$ |
| 难 | 之 | 告： | 是 | 宝 | 上 | 天 | 子， | 百 |
| □ | □ | □ | □ | □ | □， | □ | □ | □ |
| tụ$^{1}$ | tsewr$^{1}$ | ·wjɨ$^{2}$ | zar$^{2}$ | nioow$^{1}$ | rjijr$^{2}$ | zji$^{2}$ | phju$^{2}$ | tśhja$^{2}$ |
| 千 | 劫 | 于 | 经 | 以 | 后， | 最 | 上 | 正 |

难：是宝上天子，于百千劫，当成无上正

**27.19.4**

| | | | | | | | | |
|---|---|---|---|---|---|---|---|---|
| □ | □ | □ | □， | □ | □ | □ | □ | □ |

ɣiej¹ tśja¹ śjɨ̣¹ lew² mjiij² tja¹ ljɨ̣¹ ljuu² tshjɨ̣j²
真 道 成 所， 号 者 宝 庄 严
[illegible] [illegible]， [illegible] [illegible] [illegible] [illegible]， [illegible] [illegible] [illegible]
mjor¹ jɨ̣j² thjɨ² wjɨ̣² rjiijr² ɣa² thja² tha¹ ·jij¹
如 来， 此 东 方 于， 其 佛 之

真之道，号宝庄严如来，于此东方，其佛

**27.19.5**

[illegible] [illegible] [illegible] [illegible] [illegible] [illegible]， [illegible] [illegible] [illegible]
lhjịj tja¹ mjiij² ljɨ̣¹ ljuu² tshjɨ̣j² tsewr¹ mjiij² ljɨ̣¹
土 者 名 宝 庄 严， 劫 名 宝
[illegible]。 [illegible] [illegible]， [illegible] [illegible] [illegible] [illegible] [illegible] [illegible]
jɨ̣j² ·ja na¹ thja² ljɨ̣¹ ljuu² tshjɨ̣j² tha¹ lhjịj
来。 阿 难， 是 宝 庄 严 佛 土

国土名宝庄严，劫名宝来。阿难，是宝庄严佛土

**27.19.6**

[illegible] [illegible] [illegible]， [illegible] [illegible] [illegible] [illegible] [illegible] [illegible]，
·u² wer¹ rjijr¹ śjij¹ ŋạ² dzu¹ lew² ɣiej¹ ŋwu²
内 丰 乐， 乐 欣 爱 可 甚 是，
[illegible] [illegible] [illegible] [illegible]， [illegible] [illegible] [illegible] [illegible]， [illegible]
rjur¹ ljɨ̣¹ war² rejr² sjij² ·ju² wejr¹ ljij¹ rjur¹
诸 宝 财 饶， 人 民 昌 盛， 诸

丰乐，甚可欣乐，饶诸财宝，多诸人民，

**27.20.1**

[illegible] [illegible] [illegible]， [illegible] [illegible] [illegible] [illegible]。 [illegible] [illegible]，
xọ² ŋjir¹ mjij¹ niow² tśja¹ tsjɨ¹ mjij¹ ·ja na¹
难 灾 无， 恶 道 亦 无。 阿 难，
[illegible] [illegible] [illegible] [illegible]， [illegible] [illegible] [illegible]、 [illegible] [illegible]、
thja² tha¹ lhjịj ·u² rjur¹ ɣjɨ¹ lụ¹ bẹ¹ dzjiw¹
是 佛 土 内， 诸 瓦 石、 沙 土、

无有诸难,亦无恶道。阿难,是佛土中,无诸瓦石、沙土、

**27.20.2**

| | | | | | | | | |
|---|---|---|---|---|---|---|---|---|
| [illegible] | [illegible]、 | [illegible] | [illegible]、 | [illegible] | [illegible] | [illegible] | [illegible], | [illegible] |
| kə[1] | dze[2] | ŋər[1] | gjɨ[2] | low[2] | wer[1] | zji[2] | mjij[1] | ljɨ[2] |
| 荆 | 棘、 | 山 | 谷、 | 堆 | 阜 | 皆 | 无, | 地 |
| [illegible] | [illegible] | [illegible], | [illegible] | [illegible] | [illegible] | [illegible] | [illegible], | [illegible] |
| djịj[1] | pjạ[1] | sju[2] | sọ[1] | ljɨ[1] | ŋwu[2] | dja[2] | śjɨj[1] | ·jã[1] |
| 平 | 掌 | 如, | 三 | 宝 | 以 | △ | 成, | 阎 |

荆棘、山谷、堆阜,地平如掌,三宝所成,阎

**27.20.3**

| | | | | | | | | |
|---|---|---|---|---|---|---|---|---|
| [illegible] | [illegible] | [illegible]、 | [illegible] | [illegible]、 | [illegible] | [illegible] | [illegible] | [illegible] |
| xu[1] | thã[1] | kię[1] | niaa[2] | ɣjiw[2] | pho[1] | lji[1] | tshjɨɨ[1] | tshjɨɨ[1] |
| 浮 | 檀 | 金、 | 琉 | 璃、 | 玻 | 璃 | 行 | 列 |
| [illegible] | [illegible] | [illegible] | [illegible] | [illegible] | [illegible], | [illegible] | [illegible] | [illegible] |
| tjạ[1] | wer[1] | dzu[1] | lew[2] | ɣiej[1] | ŋwu[2] | nioow[1] | kię[1] | rer[2] |
| 装 | 饰 | 爱 | 可 | 甚 | 是, | 又 | 金 | 网 |

浮檀金、琉璃、玻璃,互相间错①甚可爱乐,以金网

**27.20.4**

| | | | | | | | | |
|---|---|---|---|---|---|---|---|---|
| [illegible] | [illegible] | [illegible] | [illegible] | [illegible]。 | [illegible] | [illegible], | [illegible] | [illegible] |
| ŋwu[2] | thja[2] | tśhjaa[1] | nja[1] | lə[1] | ·ja | na[1] | djii[2] | rejr[2] |
| 以 | 其 | 上 | 于 | 覆。 | 阿 | 难, | 化 | 乐 |
| [illegible] | [illegible] | [illegible] | [illegible], | [illegible] | [illegible] | [illegible] | [illegible] | [illegible] |
| mə[1] | ·jij[1] | mjii[1] | pjụ[2] | ·iọ[2] | dźiəj[2] | lhwu[1] | gjwi[2] | rejr[2] |
| 天 | 之 | 宫 | 殿, | 园 | 池 | 衣 | 服 | 饶 |

覆上。阿难,如化乐天宫殿,园池衣服丰饶,

**27.20.5**

| | | | | | | | | |
|---|---|---|---|---|---|---|---|---|
| [illegible], | [illegible] | [illegible] | [illegible] | [illegible] | [illegible]; | [illegible] | [illegible] | [illegible] |

① 互相间错,西夏文本译作"行列装饰"。

dju$^{1}$ jij$^{2}$ wjij$^{1}$ dzjwɨ$^{2}$ dźjij$^{1}$ sju$^{2}$ thja$^{2}$ ljɨ$^{1}$ nji

有， 来 往 返 行 如； 是 宝 珠

[illegible] [illegible] [illegible] [illegible] [illegible] [illegible] [illegible] [illegible] [illegible]

ljuu$^{2}$ tshjịj$^{2}$ tha$^{1}$ lhjịj iọ$^{1}$ sjij$^{2}$ ·ju$^{2}$ tsjɨ$^{1}$ zji$^{2}$

庄 严 佛 土 国 人 民 亦 皆

行来往返；是宝庄严佛土人民亦复

**27.20.6**

[illegible] [illegible] [illegible]。 [illegible] [illegible] [illegible] [illegible] [illegible]、 [illegible]

thja$^{1}$ ·wjɨ$^{2}$ sju$^{2}$ nioow$^{1}$ lhjịj iọ$^{1}$ ɣię$^{2}$ mji$^{1}$ tjij$^{1}$

是 △ 如。 又 土 国 声 闻、 缘

[illegible] [illegible] [illegible] [illegible]， [illegible] [illegible] [illegible] [illegible]， [illegible]

dwewr$^{2}$ ·ụ$^{2}$ mjiij$^{2}$ mjij$^{1}$ lew$^{1}$ dźiã$^{2}$ tsjij$^{2}$ dju$^{1}$ mə$^{2}$

觉 乘 名 无， 唯 菩 萨 有， 种

如是。土无声闻、缘觉乘名，唯有菩萨，受种

**27.21.1**

[illegible] [illegible] [illegible] [illegible]， [illegible] [illegible] [illegible] [illegible] [illegible]

mə$^{2}$ tsjiir$^{1}$ rejr$^{2}$ lhjij$^{2}$ mə$^{2}$ mə$^{2}$ śjã$^{1}$ djɨj$^{2}$ ljuu$^{2}$

种 法 乐 受， 种 种 禅 定 庄

[illegible] [illegible]， [illegible] [illegible] [illegible] [illegible] [illegible]， [illegible] [illegible]

tshjịj$^{2}$ ·o$^{2}$ mə$^{2}$ mə$^{2}$ mee$^{2}$ mjijr$^{2}$ wji$^{1}$ ŋwu$^{2}$ ·jij$^{1}$

严 入， 种 种 神 通 作， 以 自

种法乐，入种种禅定庄严，作于种种神通，以自

**27.21.2**

[illegible] [illegible] [illegible]， [illegible] [illegible] [illegible] [illegible] [illegible] [illegible]， [illegible]

bieej$^{1}$ rejr$^{2}$ lhjij$^{2}$ lew$^{1}$ tsjiir$^{1}$ de$^{2}$ ljɨj$^{2}$ rejr$^{2}$ rjɨr$^{2}$ nioow$^{1}$

娱 乐 受， 唯 法 喜 悦 乐 除， 又

[illegible] [illegible] [illegible] [illegible]， [illegible] [illegible] [illegible] [illegible] [illegible]

dzjij$^{2}$ rejr$^{2}$ mji$^{1}$ dju$^{1}$ thjɨ$^{2}$ nioow$^{1}$ thja$^{2}$ rjur$^{1}$ rjur$^{1}$

余 乐 不 有， 是 故 其 世 界

娱乐无有余乐,唯除法喜悦预之乐,是故世界

**27.21.3**

| | | | | | | | | |
|---|---|---|---|---|---|---|---|---|
| [illegible] | [illegible] | [illegible] | [illegible]。 | [illegible] | [illegible] | [illegible] | [illegible] | [illegible] |
| ljɨ̣$^{1}$ | ljuu$^{2}$ | tshjịj$^{2}$ | ·jɨ$^{2}$ | thja$^{2}$ | tha$^{1}$ | zjọ$^{2}$ | tsew$^{2}$ | tśhjiw$^{1}$ |
| 宝 | 庄 | 严 | 名。 | 其 | 佛 | 寿 | 第 | 六 |
| [illegible] | [illegible] | [illegible] | [illegible], | [illegible] | [illegible] | [illegible] | [illegible] | [illegible] |
| ɣạ$^{2}$ | tśhjiw$^{1}$ | rjir$^{2}$ | kjiw$^{1}$ | nji$^{1}$ | phjɨ$^{1}$ | dźiã$^{2}$ | tsjij$^{2}$ | sẽ$^{1}$ |
| 十 | 六 | 亿 | 岁, | 家 | 出 | 菩 | 萨 | 僧 |

名宝庄严。彼佛寿命六十六亿岁,出家菩萨僧

**27.21.4**

| | | | | | | | | |
|---|---|---|---|---|---|---|---|---|
| [illegible] | [illegible] | [illegible] | [illegible], | [illegible] | [illegible] | [illegible] | [illegible] | [illegible] |
| tśhjiw$^{1}$ | ɣạ$^{2}$ | tśhjiw$^{1}$ | rjir$^{2}$ | nji$^{1}$ | dźjiij$^{1}$ | dźiã$^{2}$ | tsjij$^{2}$ | mjɨ$^{1}$ |
| 六 | 十 | 六 | 亿, | 在 | 住 | 菩 | 萨 | 无 |
| [illegible] | [illegible] | [illegible]。 | [illegible] | [illegible] | [illegible] | [illegible] | [illegible], | [illegible] |
| pjụ$^{1}$ | bju$^{2}$ | mjij$^{1}$ | thja$^{2}$ | ljuu$^{2}$ | tshjịj$^{2}$ | mjor$^{1}$ | jij$^{2}$ | rjur$^{1}$ |
| 量 | 边 | 无。 | 是 | 庄 | 严 | 如 | 来, | 诸 |

六十六亿,在家菩萨无量无边。是庄严如来,为诸

**27.21.5**

| | | | | | | | | |
|---|---|---|---|---|---|---|---|---|
| [illegible] | [illegible] | [illegible] | [illegible] | [illegible] | [illegible] | [illegible], | [illegible] | [illegible] |
| dźiã$^{2}$ | tsjij$^{2}$ | ·jij$^{1}$ | tsjiir$^{1}$ | nẹ$^{1}$ | tshjiij$^{1}$ | zjij$^{1}$ | tshọ$^{2}$ | ŋa$^{1}$ |
| 菩 | 萨 | 之 | 法 | 演 | 说 | 时, | 虚 | 空 |
| [illegible] | [illegible] | [illegible] | [illegible] | [illegible] | [illegible] | [illegible] | [illegible] | [illegible] |
| gu$^{2}$ | ·wjɨ$^{2}$ | śji$^{2}$ | ·jar$^{1}$ | ɣạ$^{2}$ | rjir$^{2}$ | tow$^{1}$ | lo$^{1}$ | phu$^{2}$ |
| 中 | △ | 往 | 八 | 十 | 亿 | 多 | 罗 | 树 |

菩萨演说法时,上升虚空高八十亿多罗之树,

**27.21.6**

| | | | | | | | | |
|---|---|---|---|---|---|---|---|---|
| [illegible] | [illegible] | [illegible], | [illegible] | [illegible] | [illegible] | [illegible] | [illegible] | [illegible] |
| bji$^{2}$ | bjij$^{2}$ | zjij$^{1}$ | khjɨ$^{1}$ | ljɨɨ$^{1}$ | tśja$^{1}$ | dzuu$^{2}$ | tụ$^{1}$ | lhjịj |

| | | | | | | | | |
|---|---|---|---|---|---|---|---|---|
| 下 | 上 | 略， | 足 | 结 | 跌 | 坐 | 千 | 土 |
| [illegible] | [illegible]， | [illegible] | [illegible] | [illegible] | [illegible] | [illegible] | [illegible] | [illegible] |
| iọ$^{1}$ | zjir$^{2}$ | tụ$^{1}$ | bji$^{1}$ | swew$^{1}$ | to$^{2}$ | thja$^{2}$ | tha$^{1}$ | lhjịj |
| 国 | 满， | 千 | 光 | 明 | 出 | 彼 | 佛 | 土 |

结跏趺坐①满千国土，出千光明照彼佛土，

**27.22.1**

| | | | | | | | | |
|---|---|---|---|---|---|---|---|---|
| [illegible]， | [illegible] | [illegible]、 | [illegible] | [illegible]、 | [illegible] | [illegible]， | [illegible] | [illegible] |
| swew$^{1}$ | mə$^{1}$ | wją$^{1}$ | mə$^{1}$ | śja$^{1}$ | mẹ$^{2}$ | śja$^{1}$ | mə$^{1}$ | tshow$^{1}$ |
| 照， | 天 | 华、 | 天 | 香、 | 末 | 香， | 天 | 乐 |
| [illegible] | [illegible] | [illegible] | [illegible] | [illegible] | [illegible]， | [illegible] | [illegible] | [illegible] |
| dew$^{2}$ | ·jij$^{1}$ | twụ$^{1}$ | ·jir$^{2}$ | tụ$^{1}$ | mə$^{2}$ | tsjiir$^{1}$ | tshjiij$^{1}$ | mə$^{2}$ |
| 雨 | 自 | 各 | 百 | 千 | 种， | 法 | 说 | 音 |

雨于天华、天香、末香，天乐各各有百千种，说法音

**27.22.2**

| | | | | | | | | |
|---|---|---|---|---|---|---|---|---|
| [illegible] | [illegible] | [illegible] | [illegible] | [illegible] | [illegible]， | [illegible] | [illegible] | [illegible] |
| ɣiẹ$^{2}$ | to$^{2}$ | tha$^{1}$ | lhjịj | zjir$^{2}$ | zji$^{2}$ | mji$^{1}$ | sji$^{1}$ | thow$^{1}$ |
| 声 | 生 | 佛 | 土 | 遍 | 普， | 不 | 尽 | 陀 |
| [illegible] | [illegible] | [illegible] | [illegible]。 | [illegible] | [illegible] | [illegible] | [illegible] | [illegible] |
| lo$^{1}$ | dźji$^{1}$ | tsjiir$^{1}$ | mji$^{1}$ | mji$^{1}$ | sji$^{1}$ | wə$^{1}$ | thow$^{1}$ | lo$^{1}$ |
| 罗 | 尼 | 法 | 闻。 | 不 | 尽 | 主 | 陀 | 罗 |

声普闻佛土，说无尽主陀罗尼法。何谓无尽主陀罗

## 汉文本

复次，天子，若有言语，是动摇语，是妄想语，是执著语，是有发起。天子，于一切法无有言语，不行不动，无诸戏论语，不舍众生亦不灭度，无所言说。天子，若无言说，亦无文字，则无所说。若有用者，

① 结跏趺坐，佛陀之坐法也。慧琳《一切经音义》八曰："结跏趺坐，略有二种：一曰吉祥，二曰降魔。凡坐皆先以右趾押左股，后以左趾押右股，此即左押右，手亦左在上，名曰降魔坐，诸禅宗多传此坐。依持明藏教瑜伽法门即传吉祥为上。降魔坐有时而用。其吉祥坐，先以左趾押右股，后以右趾押左股，令二足掌仰于二股之上，手亦右押左，安仰跏趺之上，名为吉祥坐。如来昔在菩提树下，成正觉时，身安吉祥之坐，手作降魔之印。故如来常安此坐，转妙法轮。"密教以"吉祥坐"名"莲华坐"，以"半跏坐"为吉祥坐。《大日经不思议疏》下曰："住莲华坐者结跏坐，是所谓先左脚著右髀上，后右脚著左髀上也。吉祥坐者，右脚著左髀上，亦言半跏坐也。"半跏坐，藏文作 skyil krung phyed pa，西夏文对译作"[illegible]"，义为"半坐"。

则有发起言说文字。天子,以是义故,菩萨之行,不可说用,不可行念,是名慈心,是名不杀,于诸圣中得名自在。

说是法已,世尊赞言:善哉!善哉!文殊师利,善为诸菩萨说不生自在。文殊师利,若菩萨行如是法自在无碍,是菩萨疾得诸佛授无上道。

闻此法时,于是众中,有五百菩萨得无生法忍。尔时,世尊即与无上正真道记,各各佛土、各各名字、某甲如来。

尔时,众中有一天子,如是思念:是宝上天子,当于几时成无上道?佛名何等?佛土云何?

以佛力故,尔时,大德阿难白佛言:世尊,是宝上菩萨,当于几时得成无上正真之道?佛土云何?得成道已,其佛何名?

佛告阿难:是宝上天子,于百千劫,当成无上正真之道,号宝庄严如来,于此东方,其佛国土名宝庄严,劫名宝来。阿难,是宝庄严佛土丰乐,甚可欣乐,饶诸财宝,多诸人民,无有诸难,亦无恶道。阿难,是佛土中,无诸瓦石、沙土、荆棘、山谷、堆阜,地平如掌,三宝所成,阎浮檀金、琉璃、玻璃,互相间错甚可爱乐,以金网覆上。阿难,如化乐天宫殿,园池衣服丰饶,行来往返;是宝庄严佛土人民亦复如是。土无声闻、缘觉乘名,唯有菩萨,受种种法乐,入种种禅定庄严,作于种种神通,以自娱乐无有余乐,唯除法喜悦预之乐,是故世界名宝庄严。彼佛寿命六十六亿岁,出家菩萨僧六十六亿,在家菩萨无量无边。是庄严如来,为诸菩萨演说法时,上升虚空高八十亿多罗之树,结跏趺坐满千国土,出千光明照彼佛土,雨于天华、天香、末香,天乐各各有百千种,说法音声普闻佛土,说无尽主陀罗尼法。

**27.22.3**

| | | | | | | | | |
|---|---|---|---|---|---|---|---|---|
| [illegible] | [illegible] | [illegible] | [illegible] | [illegible] | [illegible]? | [illegible] | [illegible] | [illegible] |
| dźji$^{1}$ | tsjiir$^{1}$ | tja$^{1}$ | ljɨ̣$^{1}$ | kjɨ$^{1}$ | ŋwu$^{2}$ | rjur$^{1}$ | tsjiir$^{1}$ | ŋowr$^{2}$ |
| 尼 | 法 | 者 | 何 | 已 | 是? | 诸 | 法 | 一 |
| [illegible] | [illegible] | [illegible] | [illegible] | [illegible] | [illegible], | [illegible] | [illegible] | [illegible] |
| ŋowr$^{2}$ | mjij$^{1}$ | sej$^{1}$ | ·jij$^{1}$ | wə$^{1}$ | ljɨ$^{1}$ | ljụ$^{2}$ | njiij$^{1}$ | mjij$^{1}$ |
| 切 | 寂 | 静 | 之 | 主 | 也, | 身 | 心 | 寂 |

尼法?一切诸法寂静主故,显示身心寂

**27.22.4**

| | | | | | | | | |
|---|---|---|---|---|---|---|---|---|
| [illegible] | [illegible] | [illegible] | [illegible]。 | [illegible] | [illegible] | [illegible] | [illegible] | [illegible] |
| sej$^{1}$ | sjiij$^{2}$ | dźju$^{1}$ | sjwij$^{1}$ | rjur$^{1}$ | tsjiir$^{1}$ | ŋowr$^{2}$ | ŋowr$^{2}$ | bioo$^{1}$ |
| 静 | 想 | 显 | 示。 | 诸 | 法 | 一 | 切 | 观 |
| [illegible] | [illegible] | [illegible], | [illegible] | [illegible] | [illegible] | [illegible] | [illegible] | [illegible] |
| swew$^{1}$ | wə$^{1}$ | ljɨ$^{1}$ | tsjiir$^{1}$ | ŋowr$^{2}$ | ŋowr$^{2}$ | ɣa$^{2}$ | phjo$^{2}$ | kar$^{2}$ |
| 照 | 主 | 也, | 法 | 一 | 切 | 于 | 分 | 别 |

静之想。一切诸法观照主故,显示分别于一切法。

**27.22.5**

| | | | | | | | | |
|---|---|---|---|---|---|---|---|---|
| [illegible] | [illegible]。 | [illegible] | [illegible] | [illegible] | [illegible] | [illegible] | [illegible] | [illegible] |
| dźju$^{1}$ | sjwij$^{1}$ | rjur$^{1}$ | tsjiir$^{1}$ | ŋowr$^{2}$ | ŋowr$^{2}$ | sjwɨ$^{1}$ | sjiij$^{2}$ | njwi$^{2}$ |
| 显 | 示。 | 诸 | 法 | 一 | 切 | 惟 | 思 | 善 |
| [illegible] | [illegible]， | [illegible] | [illegible] | [illegible] | [illegible] | [illegible] | [illegible] | [illegible] |
| wə$^{1}$ | ljɨ$^{1}$ | rjur$^{1}$ | tsjiir$^{1}$ | ŋowr$^{2}$ | ŋowr$^{2}$ | mjij$^{1}$ | sej$^{1}$ | dźju$^{1}$ |
| 主 | 也， | 诸 | 法 | 一 | 切 | 寂 | 静 | 显 |

一切诸法善思惟主故，显示一切诸法寂静。

**27.22.6**

| | | | | | | | | |
|---|---|---|---|---|---|---|---|---|
| [illegible]。 | [illegible] | [illegible] | [illegible] | [illegible] | [illegible] | [illegible] | [illegible] | [illegible] |
| sjwij$^{1}$ | rjur$^{1}$ | tsjiir$^{1}$ | ŋowr$^{2}$ | ŋowr$^{2}$ | neew$^{2}$ | dźjij$^{1}$ | njwi$^{2}$ | wə$^{1}$ |
| 示。 | 诸 | 法 | 一 | 切 | 善 | 行 | 能 | 主 |
| [illegible]， | [illegible] | [illegible] | [illegible] | [illegible] | [illegible] | [illegible] | [illegible] | [illegible] |
| ljɨ$^{1}$ | wji$^{1}$ | lew$^{2}$ | ·jij$^{1}$ | tsjiir$^{1}$ | ŋowr$^{2}$ | ŋowr$^{2}$ | dźju$^{1}$ | sjwij$^{1}$ |
| 也， | 作 | 可 | 之 | 法 | 一 | 切 | 显 | 示 |

一切诸法善行主故，显示一切可作之法

**27.23.1**

| | | | | | | | | |
|---|---|---|---|---|---|---|---|---|
| [illegible] | [illegible] | [illegible]。 | [illegible] | [illegible] | [illegible] | [illegible] | [illegible] | [illegible] |
| bji$^{1}$ | swew$^{1}$ | ŋwu$^{2}$ | rjur$^{1}$ | tsjiir$^{1}$ | ŋowr$^{2}$ | ŋowr$^{2}$ | swew$^{1}$ | sjij$^{2}$ |
| 光 | 明 | 以。 | 诸 | 法 | 一 | 切 | 照 | 智 |
| [illegible] | [illegible] | [illegible] | [illegible] | [illegible] | [illegible] | [illegible] | [illegible]， | [illegible] |
| bji$^{1}$ | swew$^{1}$ | ŋwu$^{2}$ | tśhja$^{2}$ | ka$^{1}$ | wə$^{1}$ | swew$^{1}$ | ljɨ$^{1}$ | rjur$^{1}$ |
| 光 | 明 | 以 | 平 | 等 | 主 | 照 | 也， | 诸 |

光明照曜。一切诸法智光明照平等主故，

**27.23.2**

| | | | | | | | | | |
|---|---|---|---|---|---|---|---|---|---|
| [illegible] | [illegible] | [illegible] | [illegible] | [illegible] | [illegible] | [illegible] | [illegible]。 | [illegible] | [illegible] |
| tsjiir$^{1}$ | ŋowr$^{2}$ | ŋowr$^{2}$ | tjij$^{1}$ | mji$^{1}$ | dju$^{1}$ | dźju$^{1}$ | sjwij$^{1}$ | rjur$^{1}$ | tsjiir$^{1}$ |
| 法 | 一 | 切 | 减 | 不 | 有 | 显 | 示。 | 诸 | 法 |

| | | | | | | | | | |
|---|---|---|---|---|---|---|---|---|---|
| □ | □ | □ | □ | □ | □， | □ | □ | □ | □ |
| ŋowr² | ŋowr² | kjɨ¹ | djɨj² | wə¹ | ljɨ¹ | rjur¹ | tsjiir¹ | ŋowr² | ŋowr² |
| 一 | 切 | 决 | 定 | 主 | 也， | 诸 | 法 | 一 | 切 |

显示诸法无有增减。一切诸法决定主故，显示一切诸法

**27.23.3**

| | | | | | | | | | |
|---|---|---|---|---|---|---|---|---|---|
| □ | □ | □ | □。 | □ | □ | □ | □ | □ | □ |
| lhu¹ | dzja¹ | dźju¹ | sjwij¹ | rjur¹ | tsjiir¹ | ŋowr² | ŋowr² | sjij² | źjɨr¹ |
| 增 | 长 | 显 | 示。 | 诸 | 法 | 一 | 切 | 智 | 慧 |
| □ | □， | □ | □ | □ | □ | □ | □ | □ | |
| wə¹ | ljɨ¹ | rjur¹ | tsjiir¹ | ŋowr² | ŋowr² | ɣwej¹ | dzeej¹ | mjij¹ | |
| 主 | 也， | 诸 | 法 | 一 | 切 | 讼 | 诤 | 无 | |

增长。一切诸法智慧主故，显示一切法无诤讼。

**27.23.4**

| | | | | | | | | |
|---|---|---|---|---|---|---|---|---|
| □ | □。 | □ | □ | □ | □ | □ | □ | □ |
| dźju¹ | sjwij¹ | rjur¹ | tsjiir¹ | ŋowr² | ŋowr² | bioo¹ | njwi² | wə¹ |
| 显 | 示。 | 诸 | 法 | 一 | 切 | 观 | 善 | 主 |
| □， | □ | □ | □ | □ | □ | □ | □ | □。 |
| ljɨ¹ | rjur¹ | tsjiir¹ | ŋowr² | ŋowr² | tshja̱¹ | mjij¹ | dźju¹ | sjwij¹ |
| 也， | 诸 | 法 | 一 | 切 | 瞋 | 无 | 显 | 示。 |

一切诸法善观主故，显示一切诸法无瞋。

**27.23.5**

| | | | | | | | | |
|---|---|---|---|---|---|---|---|---|
| □ | □ | □ | □ | □ | □ | □ | □， | □ |
| rjur¹ | tsjiir¹ | ŋowr² | ŋowr² | tśhja² | lə | wə¹ | ljɨ¹ | rjur¹ |
| 诸 | 法 | 一 | 切 | 正 | 念 | 主 | 也， | 诸 |
| □ | □ | □ | □ | □ | □① | □ | □。 | □ |
| tsjiir¹ | ŋowr² | ŋowr² | mji¹ | phjɨ¹ | lə | dźju¹ | sjwij¹ | rjur¹ |
| 法 | 一 | 切 | 不 | 失 | 念 | 显 | 示。 | 诸 |

① 原文作"□"（忘），疑与"□"（念）形近而讹。据汉文本改。

一切诸法正念主故，显示一切法不失念。

**27.23.6**

| | | | | | | | | | |
|---|---|---|---|---|---|---|---|---|---|
| [illegible] | [illegible] | [illegible] | [illegible] | [illegible] | [illegible] | [illegible]， | [illegible] | [illegible] | [illegible] |
| tsjiir1 | ŋowr2 | ŋowr2 | śio1 | śjwo1 | wə1 | ljɨ1 | rjur1 | tsjiir1 | ŋowr2 |
| 法 | 一 | 切 | 引 | 导 | 主 | 也， | 诸 | 法 | 一 |
| [illegible] | [illegible] | [illegible] | [illegible] | [illegible]。 | [illegible] | [illegible] | [illegible] | [illegible] | |
| ŋowr2 | ·jij1 | wo2 | dźju1 | sjwij1 | rjur1 | tsjiir1 | ŋowr2 | ŋowr2 | |
| 切 | 相 | 义 | 显 | 示。 | 诸 | 法 | 一 | 切 | |

一切诸法导引主故，显示一切诸法相义。一切诸法

**27.24.1**

| | | | | | | | | |
|---|---|---|---|---|---|---|---|---|
| [illegible] | [illegible] | [illegible] | [illegible] | [illegible]， | [illegible] | [illegible] | [illegible] | [illegible] |
| źjɨr1 | phjo2 | kar2 | wə1 | ljɨ1 | rjur1 | tsjiir1 | ŋowr2 | ŋowr2 |
| 慧 | 分 | 别 | 主 | 也， | 诸 | 法 | 一 | 切 |
| [illegible] | [illegible] | [illegible] | [illegible] | [illegible]。 | [illegible] | [illegible] | [illegible] | [illegible] |
| gji1 | sej1 | phji1 | dźju1 | sjwij1 | rjur1 | tsjiir1 | ŋowr2 | ŋowr2 |
| 清 | 净 | 意 | 显 | 示。 | 诸 | 法 | 一 | 切 |

慧分别主故，显示一切法清净意。一切诸法

**27.24.2**

| | | | | | | | | |
|---|---|---|---|---|---|---|---|---|
| [illegible] | [illegible] | [illegible] | [illegible]， | [illegible] | [illegible] | [illegible] | [illegible] | [illegible] |
| ŋa1 | mjij1 | wə1 | ljɨ1 | rjur1 | tsjiir1 | rjur1 | ljij2 | tśja1 |
| 空 | 寂 | 主 | 也， | 诸 | 法 | 诸 | 见 | 道 |
| [illegible] | [illegible] | [illegible]。 | [illegible] | [illegible] | [illegible] | [illegible] | [illegible] | [illegible] |
| phja1 | dźju1 | sjwij1 | rjur1 | tsjiir1 | ŋowr2 | ŋowr2 | ·jij1 | mjij1 |
| 断 | 显 | 示。 | 诸 | 法 | 一 | 切 | 相 | 无 |

空寂主故，显示诸法断诸见道。一切诸法无相

**27.24.3**

| | | | | | | | | |
|---|---|---|---|---|---|---|---|---|
| [illegible] | [illegible]， | [illegible] | [illegible] | [illegible] | [illegible] | [illegible] | [illegible] | [illegible] |
| wə1 | ljɨ1 | rjur1 | tsjiir1 | ŋowr2 | ŋowr2 | mjij1 | sej1 | dźju1 |

主 也， 诸 法 一 切 寂 静 显

[illegible]。 [illegible] [illegible] [illegible] [illegible] [illegible] [illegible] [illegible] [illegible]，

sjwij$^{1}$ rjur$^{1}$ tsjiir$^{1}$ ŋowr$^{2}$ ŋowr$^{2}$ tjị$^{1}$ mjij$^{1}$ wə$^{1}$ ljɨ$^{1}$

示。 诸 法 一 切 愿 无 主 也，

主故，显示一切诸法寂静。一切诸法无愿主故，

**27.24.4**

[illegible] [illegible] [illegible] [illegible]① [illegible] [illegible] [illegible]。 [illegible] [illegible]

rjur$^{1}$ tsjiir$^{1}$ rjur$^{1}$ tśhja$^{2}$ phja$^{1}$ dźju$^{1}$ sjwij$^{1}$ rjur$^{1}$ tsjiir$^{1}$

诸 法 诸 正 断 显 示。 诸 法

[illegible] [illegible] [illegible] [illegible] [illegible] [illegible]， [illegible] [illegible] [illegible]

ŋowr$^{2}$ ŋowr$^{2}$ wji$^{1}$ mjij$^{1}$ wə$^{1}$ ljɨ$^{1}$ rjur$^{1}$ tsjiir$^{1}$ wji$^{1}$

一 切 作 无 主 也， 诸 法 作

显示诸法断于诸道。一切诸法无作主故，显示诸法

**27.24.5**

[illegible] [illegible] [illegible] [illegible]。 [illegible] [illegible] [illegible] [illegible] [illegible]

mjijr$^{2}$ ka$^{2}$ dźju$^{1}$ sjwij$^{1}$ rjur$^{1}$ tsjiir$^{1}$ ŋowr$^{2}$ ŋowr$^{2}$ to$^{2}$

者 离 显 示。 诸 法 一 切 出

[illegible] [illegible] [illegible]， [illegible] [illegible] [illegible] [illegible] [illegible] [illegible]

mjij$^{1}$ wə$^{1}$ ljɨ$^{1}$ rjur$^{1}$ tsjiir$^{1}$ ŋowr$^{2}$ ŋowr$^{2}$ to$^{2}$ mjij$^{1}$

无 主 也， 诸 法 一 切 出 无

离于作者。一切诸法无出主故，显示一切诸法无出。

**27.24.6**

[illegible] [illegible]。 [illegible] [illegible] [illegible] [illegible] [illegible] [illegible] [illegible]

dźju$^{1}$ sjwij$^{1}$ rjur$^{1}$ tsjiir$^{1}$ ŋowr$^{2}$ ŋowr$^{2}$ wee$^{1}$ mjij$^{1}$ wə$^{1}$

显 示。 诸 法 一 切 生 无 主

[illegible]， [illegible] [illegible] [illegible] [illegible] [illegible] [illegible] [illegible] [illegible]。

ljɨ$^{1}$ rjur$^{1}$ tsjiir$^{1}$ ŋowr$^{2}$ ŋowr$^{2}$ mji$^{1}$ sji$^{1}$ dźju$^{1}$ sjwij$^{1}$

① 据汉文本，此处应为“[illegible]”（道）字。

| | | | | | | | | |
|---|---|---|---|---|---|---|---|---|
| 也， | 诸 | 法 | 一 | 切 | 不 | 尽 | 显 | 示。 |

一切诸法无生主故，显示一切诸法无尽。

**27.25.1**

| | | | | | | | | |
|---|---|---|---|---|---|---|---|---|
| □ | □ | □ | □ | □ | □ | □ | □， | □ |
| rjur¹ | tsjiir¹ | ŋowr² | ŋowr² | kiej² | ka² | wə¹ | ljɨ¹ | rjur¹ |
| 诸 | 法 | 一 | 切 | 欲 | 离 | 主 | 也， | 诸 |
| □ | □ | □ | □ | □ | □ | □。 | □ | □ |
| tsjiir¹ | ŋowr² | ŋowr² | dạ² | mjij¹ | dźju¹ | sjwij¹ | rjur¹ | tsjiir¹ |
| 法 | 一 | 切 | 错 | 无 | 显 | 示。 | 诸 | 法 |

一切诸法离欲主故，显示一切诸法无错。一切诸法

**27.25.2**

| | | | | | | | | | |
|---|---|---|---|---|---|---|---|---|---|
| □ | □ | □ | □ | □ | □， | □ | □ | □ | □ |
| ŋowr² | ŋowr² | mji¹ | njɨɨ¹ | wə¹ | ljɨ¹ | rjur¹ | tsjiir¹ | ŋowr² | ŋowr² |
| 一 | 切 | 不 | 二 | 主 | 也， | 诸 | 法 | 一 | 切 |
| □ | □ | □ | □ | □。 | □ | □ | □ | □ | |
| mjor¹ | dźjiij¹ | sjij² | dźju¹ | sjwij¹ | rjur¹ | tsjiir¹ | ŋowr² | ŋowr² | |
| 现 | 在 | 智 | 显 | 示。 | 诸 | 法 | 一 | 切 | |

无二主故，显示一切法现在智。一切诸法

**27.25.3**

| | | | | | | | | |
|---|---|---|---|---|---|---|---|---|
| □ | □ | □ | □， | □ | □ | □ | □ | □ |
| mji¹ | njɨɨ¹ | wə¹ | ljɨ¹ | rjur¹ | tsjiir¹ | ŋowr² | ŋowr² | njɨɨ¹ |
| 不 | 二 | 主 | 也， | 诸 | 法 | 一 | 切 | 二 |
| □ | □ | □。 | □ | □ | □ | □ | □ | □ |
| ka² | dźju¹ | sjwij¹ | rjur¹ | tsjiir¹ | ŋowr² | ŋowr² | bju¹ | gjɨ² |
| 离 | 显 | 示。 | 诸 | 法 | 一 | 切 | 依 | 靠 |

无二主故，显示一切诸法离二。一切诸法无依

**27.25.4**

| | | | | | | | | |
|---|---|---|---|---|---|---|---|---|
| □ | □ | □， | □ | □ | □ | □ | □ | □ |

mjij$^{1}$ wə$^{1}$ ljɨ$^{1}$ rjur$^{1}$ tsjiir$^{1}$ ŋowr$^{2}$ ŋowr$^{2}$ mji$^{1}$ mju$^{2}$

无 主 也, 诸 法 一 切 不 动

[illegible] [illegible]。 [illegible] [illegible] [illegible] [illegible] [illegible] [illegible] [illegible]

dźju$^{1}$ sjwij$^{1}$ rjur$^{1}$ tsjiir$^{1}$ ŋowr$^{2}$ ŋowr$^{2}$ dźiã$^{2}$ tśhju$^{1}$ mjij$^{1}$

显 示。 诸 法 一 切 众 生 无

主故,显示一切诸法不动。一切诸法无众生

**27.25.5**

[illegible] [illegible], [illegible] [illegible] [illegible] [illegible] [illegible] [illegible] [illegible]

wə$^{1}$ ljɨ$^{1}$ rjur$^{1}$ tsjiir$^{1}$ dźiã$^{2}$ tśhju$^{1}$ tśhja$^{2}$ ka$^{1}$ dźju$^{1}$

主 也, 诸 法 众 生 平 等 显

[illegible]。 [illegible] [illegible] [illegible] [illegible] [illegible] [illegible] [illegible] [illegible],

sjwij$^{1}$ rjur$^{1}$ tsjiir$^{1}$ ŋowr$^{2}$ ŋowr$^{2}$ mjij$^{1}$ sej$^{1}$ wə$^{1}$ ljɨ$^{1}$

示。 诸 法 一 切 寂 静 主 也,

主故,显示诸法众生平等。一切诸法寂静主故,

**27.25.6**

[illegible] [illegible] [illegible] [illegible] [illegible] [illegible] [illegible] [illegible]。 [illegible]

rjur$^{1}$ tsjiir$^{1}$ ŋowr$^{2}$ ŋowr$^{2}$ mji$^{1}$ wjɨ̣$^{1}$ dźju$^{1}$ sjwij$^{1}$ rjur$^{1}$

诸 法 一 切 不 变 显 示。 诸

[illegible] [illegible] [illegible] [illegible] [illegible] [illegible] [illegible], [illegible] [illegible]

tsjiir$^{1}$ ŋowr$^{2}$ ŋowr$^{2}$ mji$^{1}$ rjir$^{1}$ wə$^{1}$ ljɨ$^{1}$ rjur$^{1}$ tsjiir$^{1}$

法 一 切 不 得 主 也, 诸 法

显示一切诸法不变。一切诸法不得主故,

**27.26.1**

[illegible] [illegible] [illegible] [illegible] [illegible] [illegible]。 [illegible] [illegible] [illegible]

ŋowr$^{2}$ ŋowr$^{2}$ dźjɨ mjij$^{1}$ dźju$^{1}$ sjwij$^{1}$ rjur$^{1}$ tsjiir$^{1}$ ŋowr$^{2}$

一 切 行 无 显 示。 诸 法 一

[illegible] [illegible] [illegible] [illegible] [illegible], [illegible] [illegible] [illegible] [illegible]

ŋowr$^{2}$ mjii$^{1}$ mjij$^{1}$ wə$^{1}$ ljɨ$^{1}$ rjur$^{1}$ tsjiir$^{1}$ ŋowr$^{2}$ ŋowr$^{2}$

切 居 无 主 也, 诸 法 一 切

显示一切诸法无行。一切诸法无居主故，显示一切诸法

**27.26.2**

| | | | | | | | | |
|---|---|---|---|---|---|---|---|---|
| do$^{2}$ | ka$^{2}$ | dźju$^{1}$ | sjwij$^{1}$ | rjur$^{1}$ | tsjiir$^{1}$ | ŋowr$^{2}$ | ŋowr$^{2}$ | djɨj$^{2}$ |
| 处 | 离 | 显 | 示。 | 诸 | 法 | 一 | 切 | 定 |
| mjij$^{1}$ | wə$^{1}$ | ljɨ$^{1}$ | mjij$^{1}$ | tsjiir$^{1}$ | ŋowr$^{2}$ | ŋowr$^{2}$ | ·jij$^{1}$ | dzju$^{2}$ |
| 无 | 主 | 也， | 无 | 法 | 一 | 切 | 自 | 在 |

离处。一切诸法无定主故，显示一切无法自在。

**27.26.3**

| | | | | | | | | |
|---|---|---|---|---|---|---|---|---|
| dźju$^{1}$ | sjwij$^{1}$ | rjur$^{1}$ | tsjiir$^{1}$ | ŋowr$^{2}$ | ŋowr$^{2}$ | ·jiw$^{1}$ | nioow$^{1}$ | wə$^{1}$ |
| 显 | 示。 | 诸 | 法 | 一 | 切 | 因 | 缘 | 主 |
| ljɨ$^{1}$ | rjur$^{1}$ | tsjiir$^{1}$ | ŋowr$^{2}$ | ŋowr$^{2}$ | gjiij$^{1}$ | dzjịj$^{1}$ | dźju$^{1}$ | sjwij$^{1}$ |
| 也， | 诸 | 法 | 一 | 切 | 出 | 过 | 显 | 示。 |

一切诸法因缘主故，显示一切诸法出过。

**27.26.4**

| | | | | | | | | |
|---|---|---|---|---|---|---|---|---|
| rjur$^{1}$ | tsjiir$^{1}$ | ŋowr$^{2}$ | ŋowr$^{2}$ | kjir$^{1}$ | ·jiw$^{2}$ | wə$^{1}$ | ljɨ$^{1}$ | rjur$^{1}$ |
| 诸 | 法 | 一 | 切 | 勇 | 猛 | 主 | 也， | 诸 |
| tsjiir$^{1}$ | ŋowr$^{2}$ | ŋowr$^{2}$ | mji$^{1}$ | to$^{2}$ | dźju$^{1}$ | sjwij$^{1}$ | rjur$^{1}$ | tsjiir$^{1}$ |
| 法 | 一 | 切 | 不 | 出 | 显 | 示。 | 诸 | 法 |

一切诸法勇猛主故，显示一切诸法不出。

**27.26.5**

| | | | | | | | | |
|---|---|---|---|---|---|---|---|---|
| ŋowr$^{2}$ | ŋowr$^{2}$ | dzjịj$^{1}$ | mjij$^{1}$ | wə$^{1}$ | ljɨ$^{1}$ | rjur$^{1}$ | tsjiir$^{1}$ | ŋowr$^{2}$ |

一 切 过 无 主 也， 诸 法 一

𘓺 𘃡 𗅁 𗣼 𗑗。 𗫂 𗖵 𘓺 𘓺

ŋowr$^{2}$ śjwo$^{1}$ mjij$^{1}$ dźju$^{1}$ sjwij$^{1}$ rjur$^{1}$ tsjiir$^{1}$ ŋowr$^{2}$ ŋowr$^{2}$

切 起 无 显 示。 诸 法 一 切

一切诸法无过主故，显示一切诸法无起。一切诸法

**27.26.6**

𗅲 𗴂 𗗙， 𗫂 𗖵 𘓺 𘓺 𘕕 𗅲

mjor$^{1}$ wə$^{1}$ ljɨ$^{1}$ rjur$^{1}$ tsjiir$^{1}$ ŋowr$^{2}$ ŋowr$^{2}$ zji$^{2}$ mjor$^{1}$

如 主 也， 诸 法 一 切 皆 如

𗗂 𗧓 𗣼 𗑗。 𗫂 𗖵 𘓺 𘓺 𗅲

ɣiej$^{1}$ ŋwu$^{2}$ dźju$^{1}$ sjwij$^{1}$ rjur$^{1}$ tsjiir$^{1}$ ŋowr$^{2}$ ŋowr$^{2}$ mjor$^{1}$

真 是 显 示。 诸 法 一 切 如

如主故，显示一切法无不如①。一切诸法如

**27.27.1**

𗆧 𗏁 𗴂 𗗙， 𗫂 𗖵 𘓺 𘓺 𗧊

ɣu$^{1}$ ljɨ$^{1}$ wə$^{1}$ ljɨ$^{1}$ rjur$^{1}$ tsjiir$^{1}$ ŋowr$^{2}$ ŋowr$^{2}$ ljiij$^{2}$

始 宝 主 也， 诸 法 一 切 坏

𗅁 𗣼 𗑗。 𗫂 𗖵 𘓺 𘓺 𗖵 𗹙

mjij$^{1}$ dźju$^{1}$ sjwij$^{1}$ rjur$^{1}$ tsjiir$^{1}$ ŋowr$^{2}$ ŋowr$^{2}$ tsjiir$^{1}$ tsjiir$^{2}$

无 显 示。 诸 法 一 切 法 性

始宝主故，显示一切诸法无坏。一切诸法法性

**27.27.2**

𗴂 𗗙， 𗫂 𗖵 𘓺 𘓺 𗅋 𘝞 𗣼

wə$^{1}$ ljɨ$^{1}$ rjur$^{1}$ tsjiir$^{1}$ ŋowr$^{2}$ ŋowr$^{2}$ lew$^{1}$ wji̠$^{1}$ dźju$^{1}$

主 也， 诸 法 一 切 一 味 显

𗑗。 𗫂 𗖵 𘓺 𘓺 𗰜 𘓐 𗴂 𗗙，

sjwij$^{1}$ rjur$^{1}$ tsjiir$^{1}$ ŋowr$^{2}$ ŋowr$^{2}$ źjɨr$^{1}$ bju$^{1}$ wə$^{1}$ ljɨ$^{1}$

① 无不如，西夏文本以“真是如”对译。

| | | | | | | | | |
|---|---|---|---|---|---|---|---|---|
| 示。 | 诸 | 法 | 一 | 切 | 实 | 如 | 主 | 也， |

主故，显示一切诸法一味。一切诸法如实主故，

**27.27.3**

| | | | | | | | | |
|---|---|---|---|---|---|---|---|---|
| [illegible] | [illegible] | [illegible] | [illegible] | [illegible] | [illegible] | [illegible] | [illegible]。 | [illegible] |
| rjur$^{1}$ | tsjiir$^{1}$ | sọ$^{1}$ | zjọ$^{2}$ | tśhja$^{2}$ | ka$^{1}$ | dźju$^{1}$ | sjwij$^{1}$ | rjur$^{1}$ |
| 诸 | 法 | 三 | 世 | 平 | 等 | 显 | 示。 | 诸 |
| [illegible] | [illegible] | [illegible] | [illegible] | [illegible] | [illegible] | [illegible] | [illegible]， | [illegible] |
| tsjiir$^{1}$ | ŋowr$^{2}$ | ŋowr$^{2}$ | tshjiij$^{1}$ | tjị$^{2}$ | mjij$^{1}$ | wə$^{1}$ | ljɨ$^{1}$ | rjur$^{1}$ |
| 法 | 一 | 切 | 说 | 可 | 无 | 主 | 也， | 诸 |

显示诸法三世平等。一切诸法不可说主故，

**27.27.4**

| | | | | | | | | |
|---|---|---|---|---|---|---|---|---|
| [illegible] | [illegible] | [illegible] | [illegible] | [illegible] | [illegible] | [illegible] | [illegible] | [illegible] |
| tsjiir$^{1}$ | ŋowr$^{2}$ | ŋowr$^{2}$ | ŋwuu$^{1}$ | dạ$^{2}$ | ·jɨr$^{1}$ | ·jɨr$^{1}$ | mji$^{1}$ | zow$^{2}$ |
| 法 | 一 | 切 | 言 | 语 | 问 | 问 | 不 | 执 |
| [illegible] | [illegible]。 | [illegible] | [illegible] | [illegible] | [illegible] | [illegible] | [illegible] | [illegible] |
| dźju$^{1}$ | sjwij$^{1}$ | rjur$^{1}$ | tsjiir$^{1}$ | ŋowr$^{2}$ | ŋowr$^{2}$ | śjã$^{1}$ | djɨj$^{2}$ | wə$^{1}$ |
| 显 | 示。 | 诸 | 法 | 一 | 切 | 禅 | 定 | 主 |

显示不执一切诸法言语谈论①。一切诸法禅定主

**27.27.5**

| | | | | | | | | |
|---|---|---|---|---|---|---|---|---|
| [illegible]， | [illegible] | [illegible] | [illegible] | [illegible] | [illegible] | [illegible] | [illegible] | [illegible]。 |
| ljɨ$^{1}$ | rjur$^{1}$ | tsjiir$^{1}$ | ŋowr$^{2}$ | ŋowr$^{2}$ | mjij$^{1}$ | sej$^{1}$ | dźju$^{1}$ | sjwij$^{1}$ |
| 也， | 诸 | 法 | 一 | 切 | 寂 | 静 | 显 | 示。 |
| [illegible] | [illegible] | [illegible] | [illegible] | [illegible] | [illegible] | [illegible] | [illegible]， | [illegible] |
| rjur$^{1}$ | tsjiir$^{1}$ | ŋowr$^{2}$ | ŋowr$^{2}$ | tsjiir$^{1}$ | tsjiir$^{2}$ | wə$^{1}$ | ljɨ$^{1}$ | rjur$^{1}$ |
| 诸 | 法 | 一 | 切 | 法 | 性 | 主 | 也， | 诸 |

故，显示一切诸法寂静。一切诸法法性主故，

① 谈论，西夏文以“[illegible]”(问)的重叠形式表示。下文 27.47.4 还以“[illegible][illegible]”对译“共说”。

**27.27.6**

| | | | | | | | | |
|---|---|---|---|---|---|---|---|---|
| [illegible] | [illegible] | [illegible] | [illegible] | [illegible] | [illegible] | [illegible]。 | [illegible] | [illegible] |
| tsjiir$^{1}$ | ŋowr$^{2}$ | ŋowr$^{2}$ | dzjwo$^{2}$ | mjij$^{1}$ | dźju$^{1}$ | sjwij$^{1}$ | rjur$^{1}$ | tsjiir$^{1}$ |
| 法 | 一 | 切 | 人 | 无 | 显 | 示。 | 诸 | 法 |
| [illegible] | [illegible] | [illegible] | [illegible] | [illegible] | [illegible]， | [illegible] | [illegible] | [illegible] |
| ŋowr$^{2}$ | ŋowr$^{2}$ | po$^{1}$ | tjɨj$^{1}$ | wə$^{1}$ | ljɨ$^{1}$ | rjur$^{1}$ | tsjiir$^{1}$ | ŋowr$^{2}$ |
| 一 | 切 | 菩 | 提 | 主 | 也， | 诸 | 法 | 一 |

显示一切诸法无人。一切诸法菩提主故，

**27.28.1**

| | | | | | | | | |
|---|---|---|---|---|---|---|---|---|
| [illegible] | [illegible] | [illegible] | [illegible] | [illegible]， | [illegible] | [illegible] | [illegible] | [illegible] |
| ŋowr$^{2}$ | tśhja$^{2}$ | ka$^{1}$ | dźju$^{1}$ | sjwij$^{1}$ | rjur$^{1}$ | tsjiir$^{1}$ | ŋowr$^{2}$ | ŋowr$^{2}$ |
| 切 | 平 | 等 | 显 | 示， | 诸 | 法 | 一 | 切 |
| [illegible] | [illegible] | [illegible]。 | [illegible] | [illegible]， | [illegible] | [illegible] | [illegible] | [illegible] |
| tjị$^{1}$ | wə$^{1}$ | ljɨ$^{1}$ | ·ja | na$^{1}$ | ljɨ̣$^{1}$ | ljuu$^{2}$ | tshjịj$^{2}$ | mjor$^{1}$ |
| 愿 | 主 | 也。 | 阿 | 难， | 宝 | 庄 | 严 | 如 |

显示一切诸法平等，一切诸法愿主故。阿难，宝庄严如

**27.28.2**

| | | | | | | | | |
|---|---|---|---|---|---|---|---|---|
| [illegible] | [illegible] | [illegible]， | [illegible] | [illegible] | [illegible] | [illegible] | [illegible] | [illegible] |
| jịj$^{2}$ | ŋa$^{1}$ | gu$^{2}$ | thjɨ$^{2}$ | mji$^{1}$ | sji$^{1}$ | wə$^{1}$ | thow$^{1}$ | lo$^{1}$ |
| 来 | 空 | 中， | 此 | 不 | 尽 | 主 | 陀 | 罗 |
| [illegible]、 | [illegible] | [illegible] | [illegible] | [illegible]， | [illegible] | [illegible]， | [illegible] | [illegible] |
| dźji$^{1}$ | thow$^{1}$ | lo$^{1}$ | dźji$^{1}$ | wə$^{1}$ | mjij$^{2}$ | wor$^{1}$ | rjur$^{1}$ | dźiã$^{2}$ |
| 尼、 | 陀 | 罗 | 尼 | 主， | 未 | 起， | 诸 | 菩 |

来坐空未起，此无尽主陀罗尼、陀罗尼主，为诸菩

**27.28.3**

| | | | | | | | | |
|---|---|---|---|---|---|---|---|---|
| [illegible] | [illegible] | [illegible] | [illegible] | [illegible] | [illegible]， | [illegible] | [illegible] | [illegible] |
| tsjij$^{2}$ | ·jij$^{1}$ | wạ$^{2}$ | nẹ$^{1}$ | tshjiij$^{1}$ | wji$^{1}$ | thja$^{2}$ | lhjịj | ·u$^{2}$ |
| 萨 | 之 | 广 | 演 | 说 | 作， | 彼 | 土 | 内 |

| | | | | | | | | |
|---|---|---|---|---|---|---|---|---|
| [illegible] | [illegible] | [illegible] | [illegible] | [illegible] | [illegible] | [illegible] | [illegible] | [illegible] |
| mjɨ1 | pjụ1 | ·ja | sẽ1 | khji1 | po1 | tsa1 | ma2 | ŋạ2 |
| 无 | 量 | 阿 | 僧 | 祇 | 菩 | 萨 | 摩 | 诃 |

萨广演说之，彼土无量阿僧祇菩萨摩诃

## 汉文本

何谓无尽主陀罗尼法？一切诸法寂静主故，显示身心寂静之想。一切诸法观照主故，显示分别于一切法。一切诸法善思惟主故，显示一切诸法寂静。一切诸法善行主故，显示一切可作之法光明照曜。一切诸法智光明照平等主故，显示诸法无有增减。一切诸法决定主故，显示一切诸法增长。一切诸法智慧主故，显示一切法无诤讼。一切诸法善观主故，显示一切诸法无瞋。一切诸法正念主故，显示一切法不失念。一切诸法导引主故，显示一切诸法相义。一切诸法慧分别主故，显示一切法清净意。一切诸法空寂主故，显示诸法断诸见道。一切诸法无相主故，显示一切诸法寂静。一切诸法无愿主故，显示诸法断于诸道。一切诸法无作主故，显示诸法离于作者。一切诸法无出主故，显示一切诸法无出。一切诸法无生主故，显示一切诸法无尽。一切诸法离欲主故，显示一切诸法无错。一切诸法无二主故，显示一切法现在智。一切诸法无二主故，显示一切诸法离二。一切诸法无依主故，显示一切诸法不动。一切诸法无众生主故，显示诸法众生平等。一切诸法寂静主故，显示一切诸法不变。一切诸法不得主故，显示一切诸法无行。一切诸法无居主故，显示一切诸法离处。一切诸法无定主故，显示一切无法自在。一切诸法因缘主故，显示一切诸法出过。一切诸法勇猛主故，显示一切诸法不出。一切诸法无过主故，显示一切诸法无起。一切诸法如主故，显示一切法无不如。一切诸法如始宝主故，显示一切诸法无坏。一切诸法法性主故，显示一切诸法一味。一切诸法如实主故，显示诸法三世平等。一切诸法不可说主故，显示不执一切诸法言语谈论。一切诸法禅定主故，显示一切诸法寂静。一切诸法法性主故，显示一切诸法无人。一切诸法菩提主故，显示一切诸法平等，一切诸法愿主故。阿难，宝庄严如来坐空未起，此无尽主陀罗尼、陀罗尼主，为诸菩萨广演说之，彼土无量阿僧祇菩萨摩诃萨皆得法忍。

**27.28.4**

| | | | | | | | | |
|---|---|---|---|---|---|---|---|---|
| [illegible] | [illegible] | [illegible] | [illegible] | [illegible]。 | [illegible] | [illegible]， | [illegible] | [illegible] |
| tsa1 | zji2 | tsjiir1 | zeew2 | rjir2 | kja1 | zjọ2 | ljịj2 | tśhja2 |
| 萨 | 皆 | 法 | 忍 | 得。 | 尔 | 时， | 大 | 德 |
| [illegible] | [illegible] | [illegible] | [illegible] | [illegible] | [illegible]： | [illegible] | [illegible]， | [illegible] |
| ·ja | na1 | tha1 | ·jij1 | dạ2 | ·jɨ2 | rjur1 | pjụ1 | śji1 |
| 阿 | 难 | 佛 | 之 | 言 | 白： | 世 | 尊， | 前 |

萨皆得法忍。尔时，大德阿难白佛言：世尊，

**27.28.5**

| | | | | | | | | |
|---|---|---|---|---|---|---|---|---|
| [illegible] | [illegible] | [illegible]。 | [illegible] | [illegible] | [illegible] | [illegible] | [illegible] | [illegible] |
| dju$^{1}$ | mjij$^{2}$ | djij$^{2}$ | tjij$^{1}$ | rjur$^{1}$ | mjor$^{1}$ | jịj$^{2}$ | wji$^{1}$ | mjij$^{1}$ |
| 有 | 未 | 曾。 | 若 | 诸 | 如 | 来 | 作 | 无 |
| [illegible] | [illegible]， | [illegible] | [illegible]、 | [illegible] | [illegible]、 | [illegible] | [illegible] | [illegible] |
| thja$^{1}$ | śjij$^{1}$ | ·wjɨ$^{2}$ | rar$^{2}$ | mjij$^{2}$ | jịj$^{2}$ | mjor$^{1}$ | dźjiij$^{1}$ | tsjiir$^{1}$ |
| 自 | 然， | 过 | 去、 | 未 | 来、 | 现 | 在 | 法 |

未曾有也。若诸如来自然无作，过去、未来、现在法

**27.28.6**

| | | | | | | | | |
|---|---|---|---|---|---|---|---|---|
| [illegible] | [illegible] | [illegible] | [illegible] | [illegible]。 | [illegible] | [illegible] | [illegible] | [illegible]： |
| kha$^{1}$ | ɣiẹ$^{2}$ | mjij$^{1}$ | sjịj$^{2}$ | rjir$^{2}$ | tha$^{1}$ | dạ$^{2}$ | ·ja | na$^{1}$ |
| 中 | 碍 | 无 | 智 | 得。 | 佛 | 言 | 阿 | 难： |
| [illegible] | [illegible] | [illegible] | [illegible] | [illegible] | [illegible] | [illegible] | [illegible] | [illegible] |
| ŋa$^{2}$ | sjij$^{1}$ | nji$^{2}$ | ·jij$^{1}$ | rjur$^{1}$ | mjor$^{1}$ | jịj$^{2}$ | rjur$^{1}$ | wji$^{1}$ |
| 我 | 今 | 汝 | 之 | 诸 | 如 | 来 | 之 | 作 |

中得无碍智。佛言阿难：我今为汝说诸如来

**27.29.1**

| | | | | | | | | | |
|---|---|---|---|---|---|---|---|---|---|
| [illegible] | [illegible] | [illegible]， | [illegible] | [illegible]、 | [illegible] | [illegible]①、 | [illegible] | [illegible] | [illegible] |
| mjij$^{1}$ | thja$^{2}$ | śjij$^{1}$ | ·wjɨ$^{2}$ | rar$^{2}$ | mjij$^{2}$ | jịj$^{2}$ | mjor$^{1}$ | dźjiij$^{1}$ | tsjiir$^{1}$ |
| 无 | 自 | 然， | 过 | 去、 | 未 | 来、 | 现 | 在 | 法 |
| [illegible] | [illegible] | [illegible] | [illegible] | [illegible] | [illegible] | [illegible] | [illegible]。 | [illegible] | |
| kha$^{1}$ | ɣiẹ$^{2}$ | mjij$^{1}$ | sjịj$^{2}$ | rjir$^{1}$ | tshjiij$^{1}$ | wji$^{1}$ | nja$^{2}$ | kja$^{1}$ | |
| 中 | 碍 | 无 | 智 | 得 | 说 | 作 | △。 | 尔 | |

自然无作，过去、未来、现在法中得无碍智。尔

**27.29.2**

| | | | | | | | | |
|---|---|---|---|---|---|---|---|---|
| [illegible]， | [illegible] | [illegible] | [illegible] | [illegible] | [illegible] | [illegible] | [illegible] | [illegible] |
| zjọ$^{2}$ | ljij$^{2}$ | tśhja$^{2}$ | ·ja | na$^{1}$ | ljɨ$^{1}$ | phju$^{2}$ | mə$^{1}$ | zjɨ$^{1}$ |

① 原文无此字，疑脱。

| | | | | | | | | |
|---|---|---|---|---|---|---|---|---|
| 时， | 大 | 德 | 阿 | 难 | 宝 | 上 | 天 | 子 |
| [illegible] | [illegible] | [illegible]： | [illegible] | [illegible]， | [illegible] | [illegible] | [illegible] | [illegible] |
| ·jij$^{1}$ | dạ$^{2}$ | ·jɨ$^{2}$ | mə$^{1}$ | zjɨ$^{1}$ | nji$^{2}$ | ljịj$^{2}$ | gjịj$^{1}$ | rjor$^{2}$ |
| 之 | 言 | 语： | 天 | 子， | 汝 | 大 | 利 | 得 |

时，大德阿难语宝上天子言：天子，汝得大利，

**27.29.3**

| | | | | | | | | |
|---|---|---|---|---|---|---|---|---|
| [illegible]， | [illegible] | [illegible] | [illegible] | [illegible] | [illegible] | [illegible] | [illegible] | [illegible] |
| nja$^{2}$ | mjor$^{1}$ | jij$^{2}$ | nji$^{2}$ | ·jij$^{1}$ | zji$^{2}$ | phju$^{2}$ | tśja$^{1}$ | kjɨ$^{1}$ |
| △， | 如 | 来 | 汝 | 之 | 最 | 上 | 道 | 说 |
| [illegible]。 | [illegible] | [illegible] | [illegible]： | [illegible] | [illegible] | [illegible] | [illegible]， | [illegible] |
| la$^{1}$ | mə$^{1}$ | zjɨ$^{1}$ | dạ$^{2}$ | ljịj$^{2}$ | tśhja$^{2}$ | ·ja | na$^{1}$ | zjiɨr$^{1}$ |
| 记。 | 天 | 子 | 言： | 大 | 德 | 阿 | 难， | 少 |

如来说汝无上道记。天子言：大德阿难，

**27.29.4**

| | | | | | | | | |
|---|---|---|---|---|---|---|---|---|
| [illegible] | [illegible] | [illegible] | [illegible] | [illegible]。 | [illegible] | [illegible] | [illegible]？ | [illegible] |
| zjịj$^{1}$ | kjɨ$^{1}$ | la$^{1}$ | tsjiir$^{1}$ | mjij$^{1}$ | thjij$^{2}$ | sjo$^{2}$ | ljɨ$^{1}$ | tsə̣$^{1}$ |
| 时 | 说 | 记 | 法 | 无。 | 何 | 云 | 也？ | 色 |
| [illegible] | [illegible] | [illegible]， | [illegible] | [illegible] | [illegible] | [illegible]； | [illegible]、 | [illegible]、 |
| dźiã$^{2}$ | tsjịj$^{2}$ | njaa$^{2}$ | tsə̣$^{1}$ | la$^{1}$ | tshjiij$^{1}$ | njaa$^{2}$ | lhjịj$^{2}$ | sjiij$^{2}$ |
| 菩 | 萨 | 非， | 色 | 记 | 说 | 非； | 受、 | 想、 |

都无有法不说受记。何以故？色非菩萨，非说色记；受、想、

**27.29.5**

| | | | | | | | | |
|---|---|---|---|---|---|---|---|---|
| [illegible]、 | [illegible] | [illegible] | [illegible] | [illegible]， | [illegible] | [illegible] | [illegible] | [illegible]。 |
| dźjɨ | sjij$^{2}$ | dźiã$^{2}$ | tsjịj$^{2}$ | njaa$^{2}$ | sjij$^{2}$ | kjɨ$^{1}$ | la$^{1}$ | njaa$^{2}$ |
| 行、 | 识 | 菩 | 萨 | 非， | 识 | 说 | 记 | 非。 |
| [illegible] | [illegible] | [illegible] | [illegible] | [illegible]， | [illegible] | [illegible] | [illegible] | [illegible] |
| ljɨ$^{2}$ | rjur$^{1}$ | dźiã$^{2}$ | tsjịj$^{2}$ | njaa$^{2}$ | ljɨ$^{2}$ | rjur$^{1}$ | kjɨ$^{1}$ | la$^{1}$ |
| 地 | 界 | 菩 | 萨 | 非， | 地 | 界 | 说 | 记 |

行、识非菩萨，非说识记。地界非菩萨，非说地界记；

**27.29.6**

| | | | | | | | | |
|---|---|---|---|---|---|---|---|---|
| [illegible]； | [illegible]、 | [illegible]、 | [illegible] | [illegible] | [illegible] | [illegible] | [illegible] | [illegible]， |
| njaa$^{2}$ | zjɨɨr$^{2}$ | məə$^{1}$ | ljɨ$^{1}$ | rjur$^{1}$ | tsjɨ$^{1}$ | dźiã$^{2}$ | tsjij$^{2}$ | njaa$^{2}$ |
| 非； | 水、 | 火、 | 风 | 界 | 亦 | 菩 | 萨 | 非， |
| [illegible] | [illegible] | [illegible] | [illegible] | [illegible]。 | [illegible] | [illegible] | [illegible] | [illegible]， |
| ljɨ$^{1}$ | rjur$^{1}$ | kjɨ$^{1}$ | la$^{1}$ | njaa$^{2}$ | mej$^{1}$ | dźiã$^{2}$ | tsjij$^{2}$ | njaa$^{2}$ |
| 风 | 界 | 说 | 记 | 非。 | 眼 | 菩 | 萨 | 非， |

水、火、风界亦非菩萨，非说风界记。眼非菩萨，

**27.30.1**

| | | | | | | | | |
|---|---|---|---|---|---|---|---|---|
| [illegible] | [illegible] | [illegible] | [illegible]； | [illegible]、 | [illegible]、 | [illegible]、 | [illegible]、 | [illegible] |
| mej$^{1}$ | kjɨ$^{1}$ | la$^{1}$ | njaa$^{2}$ | nju$^{1}$ | njii$^{2}$ | lhjwa$^{1}$ | ljụ$^{2}$ | phji$^{1}$ |
| 眼 | 说 | 记 | 非； | 耳、 | 鼻、 | 舌、 | 身、 | 意 |
| [illegible] | [illegible] | [illegible]， | [illegible] | [illegible] | [illegible] | [illegible]。 | [illegible] | [illegible] |
| dźiã$^{2}$ | tsjij$^{2}$ | njaa$^{2}$ | phji$^{1}$ | kjɨ$^{1}$ | la$^{1}$ | njaa$^{2}$ | mjiij$^{2}$ | tsə̣$^{1}$ |
| 菩 | 萨 | 非， | 意 | 说 | 记 | 非。 | 名 | 色 |

非说眼记；耳、鼻、舌、身、意非菩萨，非说意记。名色

**27.30.2**

| | | | | | | | | |
|---|---|---|---|---|---|---|---|---|
| [illegible] | [illegible] | [illegible]， | [illegible] | [illegible] | [illegible] | [illegible] | [illegible]； | [illegible] |
| dźiã$^{2}$ | tsjij$^{2}$ | njaa$^{2}$ | mjiij$^{2}$ | tsə̣$^{1}$ | kjɨ$^{1}$ | la$^{1}$ | njaa$^{2}$ | ·wjɨ$^{2}$ |
| 菩 | 萨 | 非， | 名 | 色 | 说 | 记 | 非； | 过 |
| [illegible]、 | [illegible] | [illegible]、 | [illegible] | [illegible] | [illegible] | [illegible] | [illegible]， | [illegible] |
| rar$^{2}$ | mjij$^{2}$ | jịj$^{2}$ | mjor$^{1}$ | dźjiij$^{1}$ | dźiã$^{2}$ | tsjij$^{2}$ | njaa$^{2}$ | sọ$^{1}$ |
| 去、 | 未 | 来、 | 现 | 在 | 菩 | 萨 | 非， | 三 |

非菩萨，非说名色记；过去、未来、现在非菩萨，

**27.30.3**

| | | | | | | | | |
|---|---|---|---|---|---|---|---|---|
| [illegible] | [illegible] | [illegible] | [illegible] | [illegible] | [illegible]。 | [illegible] | [illegible] | [illegible] |
| zjọ$^{2}$ | tśhja$^{2}$ | ka$^{1}$ | kjɨ$^{1}$ | la$^{1}$ | njaa$^{2}$ | ·jiw$^{1}$ | ljij$^{2}$ | dźiã$^{2}$ |
| 世 | 平 | 等 | 说 | 记 | 非。 | 因 | 见 | 菩 |

| | | | | | | | | |
|---|---|---|---|---|---|---|---|---|
| [illegible] | [illegible]， | [illegible] | [illegible] | [illegible] | [illegible] | [illegible]。 | [illegible] | [illegible] |
| tsjij$^2$ | njaa$^2$ | ·jiw$^1$ | ljij$^2$ | kjɨ$^1$ | la$^1$ | njaa$^2$ | wee$^1$ | dzjar$^2$ |
| 萨 | 非， | 因 | 见 | 说 | 记 | 非。 | 生 | 灭 |

非说三世平等之记。因见非菩萨，非说因见记。生灭

**27.30.4**

| | | | | | | | | |
|---|---|---|---|---|---|---|---|---|
| [illegible] | [illegible] | [illegible]， | [illegible] | [illegible] | [illegible] | [illegible] | [illegible]。 | [illegible] |
| dźiã$^2$ | tsjij$^2$ | njaa$^2$ | wee$^1$ | dzjar$^2$ | kjɨ$^1$ | la$^1$ | njaa$^2$ | ljij$^2$ |
| 菩 | 萨 | 非， | 生 | 灭 | 说 | 记 | 非。 | 大 |
| [illegible] | [illegible] | [illegible]， | [illegible] | [illegible] | [illegible] | [illegible] | [illegible] | [illegible] |
| tśhja$^2$ | ·ja | na$^1$ | dźiã$^2$ | tsjij$^2$ | mjiij$^2$ | tja$^1$ | ·jij$^1$ | dź- |
| 德 | 阿 | 难， | 菩 | 萨 | 名 | 者 | 自 | 假 |

非菩萨，非说生灭记。大德阿难，菩萨名者即是假

**27.30.5**

| | | | | | | | | |
|---|---|---|---|---|---|---|---|---|
| [illegible] | [illegible]， | [illegible] | [illegible] | [illegible] | [illegible]； | [illegible] | [illegible] | [illegible] |
| mjiij$^2$ | ŋwu$^2$ | mjij$^1$ | sej$^1$ | gjwi$^2$ | ŋwu$^2$ | tjij$^1$ | tsjiir$^1$ | zji$^2$ |
| 名 | 是， | 寂 | 静 | 句 | 是； | 若 | 法 | 究 |
| [illegible] | [illegible] | [illegible] | [illegible]， | [illegible] | [illegible] | [illegible] | [illegible] | [illegible]。 |
| dźjwa$^1$ | mjij$^1$ | sej$^1$ | ŋwu$^2$ | ku$^1$ | la$^1$ | ɣiwej$^1$ | mjij$^1$ | ljɨ$^1$ |
| 竟 | 寂 | 静 | 是， | 则 | 记 | 受 | 无 | 也。 |

名，是寂静句；若法究竟是寂静者，无有受记。

**27.30.6**

| | | | | | | | | |
|---|---|---|---|---|---|---|---|---|
| [illegible] | [illegible] | [illegible] | [illegible]， | [illegible] | [illegible] | [illegible] | [illegible]， | [illegible] |
| ljij$^2$ | tśhja$^2$ | ·ja | na$^1$ | la$^1$ | ɣiwej$^1$ | ·jɨ$^2$ | tja$^1$ | rjɨr$^2$ |
| 大 | 德 | 阿 | 难， | 记 | 受 | 谓 | 者， | 所 |
| [illegible] | [illegible] | [illegible] | [illegible] | [illegible] | [illegible] | [illegible] | [illegible]。 | [illegible] |
| tshjiij$^1$ | tsjiir$^1$ | dạ$^2$ | ŋowr$^2$ | ŋowr$^2$ | ɣjiw$^1$ | lhjwi$^1$ | ljɨ$^1$ | ljij$^2$ |
| 说 | 法 | 言 | 一 | 切 | 摄 | 取 | 也。 | 大 |

大德阿难，夫受记者，摄取一切言所说法。大

**27.31.1**

| | | | | | | | | |
|---|---|---|---|---|---|---|---|---|
| [illegible] | [illegible] | [illegible]， | [illegible] | [illegible] | [illegible] | [illegible] | [illegible] | [illegible]、 |
| tśhja$^{2}$ | ·ja | na$^{1}$ | dźiã$^{2}$ | tsjij$^{2}$ | tjij$^{1}$ | ·u$^{2}$ | tjij$^{1}$ | djɨr$^{2}$ |
| 德 | 阿 | 难， | 菩 | 萨 | 若 | 内 | 若 | 外、 |
| [illegible] | [illegible] | [illegible] | [illegible] | [illegible]、 | [illegible] | [illegible] | [illegible] | [illegible] |
| tjij$^{1}$ | neew$^{2}$ | tjij$^{1}$ | mji$^{1}$ | neew$^{2}$ | tjij$^{1}$ | dźiəj$^{2}$ | lheew$^{2}$ | tjij$^{1}$ |
| 若 | 善 | 若 | 不 | 善、 | 若 | 为 | 有 | 若 |

德阿难，亦无有法菩萨可执，若内若外、若善若不善、若有为

**27.31.2**

| | | | | | | | | |
|---|---|---|---|---|---|---|---|---|
| [illegible] | [illegible]， | [illegible] | [illegible] | [illegible] | [illegible] | [illegible] | [illegible] | [illegible] |
| dźiəj$^{2}$ | mə̣$^{1}$ | kja$^{1}$ | mja$^{1}$ | nioow$^{1}$ | la$^{1}$ | ɣiwej$^{1}$ | zow$^{2}$ | zjij$^{1}$ |
| 为 | 无， | 尔 | 然 | 后 | 记 | 受 | 执 | 著 |
| [illegible] | [illegible] | [illegible] | [illegible]。 | [illegible] | [illegible] | [illegible] | [illegible]， | [illegible] |
| sji$^{2}$ | tsjiir$^{1}$ | mjij$^{1}$ | ljɨ$^{1}$ | ljịj$^{2}$ | tśhja$^{2}$ | ·ja | na$^{1}$ | dźiã$^{2}$ |
| △ | 法 | 无 | 也。 | 大 | 德 | 阿 | 难， | 菩 |

无为，然后受记。大德阿难，菩

**27.31.3**

| | | | | | | | | |
|---|---|---|---|---|---|---|---|---|
| [illegible] | [illegible] | [illegible]， | [illegible] | [illegible] | [illegible] | [illegible] | [illegible] | [illegible] |
| tsjij$^{2}$ | la$^{1}$ | tja$^{1}$ | rjur$^{1}$ | tsjiir$^{1}$ | ŋowr$^{2}$ | ŋowr$^{2}$ | bej$^{1}$ | wəə$^{1}$ |
| 萨 | 记 | 者， | 诸 | 法 | 一 | 切 | 系 | 属 |
| [illegible] | [illegible]， | [illegible] | [illegible] | [illegible] | [illegible]； | [illegible] | [illegible] | [illegible] |
| tjị$^{2}$ | mjij$^{1}$ | ku$^{1}$ | la$^{1}$ | ɣiwej$^{1}$ | ŋwu$^{2}$ | tsjiir$^{1}$ | ŋowr$^{2}$ | ŋowr$^{2}$ |
| 所 | 无， | 则 | 记 | 受 | 是； | 法 | 一 | 切 |

萨记者，一切诸法无有所属，名为受记；一切法

**27.31.4**

| | | | | | | | | |
|---|---|---|---|---|---|---|---|---|
| [illegible] | [illegible]①， | [illegible] | [illegible] | [illegible] | [illegible]； | [illegible] | [illegible] | [illegible] |
| mji$^{1}$ | lhjwi$^{1}$ | ku$^{1}$ | la$^{1}$ | ɣiwej$^{1}$ | ŋwu$^{2}$ | tsjiir$^{1}$ | ŋowr$^{2}$ | ŋowr$^{2}$ |

① 原文作“[illegible]”（系）字，疑与“[illegible]”（取）字形近而讹。据汉文本改。

| | | | | | | | | |
|---|---|---|---|---|---|---|---|---|
| 不 | 取， | 则 | 记 | 受 | 是； | 法 | 一 | 切 |
| [illegible] | [illegible]， | [illegible] | [illegible] | [illegible] | [illegible]； | [illegible] | [illegible] | [illegible] |
| do² | mjij¹ | ku¹ | la¹ | ɣiwej¹ | ŋwu² | tsjiir¹ | ŋowr² | ŋowr² |
| 处 | 无， | 则 | 记 | 受 | 是； | 法 | 一 | 切 |

不取，是名受记；一切法无处，是名受记；一切法

**27.31.5**

| | | | | | | | | |
|---|---|---|---|---|---|---|---|---|
| [illegible] | [illegible]， | [illegible] | [illegible] | [illegible] | [illegible]； | [illegible] | [illegible] | [illegible] |
| dźjiij¹ | mjij¹ | ku¹ | la¹ | ɣiwej¹ | ŋwu² | tsjiir¹ | ŋowr² | ŋowr² |
| 居 | 无， | 则 | 记 | 受 | 是； | 法 | 一 | 切 |
| [illegible] | [illegible]， | [illegible] | [illegible] | [illegible] | [illegible]； | [illegible] | [illegible] | [illegible] |
| lho | mjij¹ | ku¹ | la¹ | ɣiwej¹ | ŋwu² | rjur¹ | tsjiir¹ | ŋowr² |
| 出 | 无， | 则 | 记 | 受 | 是； | 诸 | 法 | 一 |

无居，是名受记；一切法无出，是名受记；一切诸法

**27.31.6**

| | | | | | | | | |
|---|---|---|---|---|---|---|---|---|
| [illegible] | [illegible] | [illegible] | [illegible]， | [illegible] | [illegible] | [illegible] | [illegible]。 | [illegible] |
| ŋowr² | sjiij² | mji¹ | dju¹ | ku¹ | la¹ | ɣiwej¹ | ŋwu² | ljij² |
| 切 | 想 | 不 | 有， | 则 | 记 | 受 | 是。 | 大 |
| [illegible] | [illegible] | [illegible]， | [illegible] | [illegible] | [illegible] | [illegible] | [illegible]， | |
| tśhja² | ·ja | na¹ | tjij¹ | dźiã² | tsjij² | ·jɨ² | tja¹ | |
| 德 | 阿 | 难， | 夫 | 菩 | 萨 | 谓 | 者， | |

无有妄想，是名受记。大德阿难，夫菩萨者，

**27.32.1**

| | | | | |
|---|---|---|---|---|
| [illegible] | [illegible] | [illegible] | [illegible] | [illegible]。 |
| thjɨ² | sju² | la¹ | ɣiwej¹ | ljɨ¹ |
| 此 | 如 | 记 | 受 | 也。 |

如是受记。

## 汉文本

尔时，大德阿难白佛言：世尊，未曾有也。若诸如来自然无作，过去、未来、现在法中得无碍智。

佛言阿难：我今为汝说诸如来自然无作，过去、未来、现在法中得无碍智。

尔时，大德阿难语宝上天子言：天子，汝得大利，如来说汝无上道记。

天子言：大德阿难，都无有法不说受记。何以故？色非菩萨，非说色记；受、想、行、识非菩萨，非说识记。地界非菩萨，非说地界记；水、火、风界亦非菩萨，非说风界记。眼非菩萨，非说眼记；耳、鼻、舌、身、意非菩萨，非说意记。名色非菩萨，非说名色记；过去、未来、现在非菩萨，非说三世平等之记。因见非菩萨，非说因见记。生灭非菩萨，非说生灭记。大德阿难，菩萨名者即是假名，是寂静句；若法究竟是寂静者，无有受记。

大德阿难，夫受记者，摄取一切言所说法。大德阿难，亦无有法菩萨可执，若内若外、若善若不善、若有为无为，然后受记。大德阿难，菩萨记者，一切诸法无有所属，名为受记；一切法不取，是名受记；一切法无处，是名受记；一切法无居，是名受记；一切法无出，是名受记；一切诸法无有妄想，是名受记。大德阿难，夫菩萨者，如是受记。

**27.32.2**

| | | | | | | | | |
|---|---|---|---|---|---|---|---|---|
| [illegible] | [illegible]， | [illegible] | [illegible] | [illegible] | [illegible] | [illegible] | [illegible] | [illegible] |
| kja$^{1}$ | zjọ$^{2}$ | rjur$^{1}$ | pjụ$^{1}$ | ljị$^{1}$ | phju$^{2}$ | mə$^{1}$ | zjị$^{1}$ | ·jij$^{1}$ |
| 尔 | 时， | 世 | 尊 | 宝 | 上 | 天 | 子 | 之 |
| [illegible] | [illegible]： | [illegible] | [illegible]！ | [illegible] | [illegible]！ | [illegible] | [illegible]， | [illegible] |
| ·jow$^{2}$ | dạ$^{2}$ | tjij$^{2}$ | rjijr$^{2}$ | tjij$^{2}$ | rjijr$^{2}$ | mə$^{1}$ | zjị$^{1}$ | dźiā$^{2}$ |
| 赞 | 言： | 善 | 哉！ | 善 | 哉！ | 天 | 子， | 菩 |

尔时，世尊赞宝上天子言：善哉！善哉！天子，菩

**27.32.3**

| | | | | | | | | | |
|---|---|---|---|---|---|---|---|---|---|
| [illegible] | [illegible] | [illegible] | [illegible] | [illegible] | [illegible] | [illegible]， | [illegible] | [illegible] | [illegible] |
| tsjij$^{2}$ | thja$^{2}$ | rjur$^{1}$ | tsjiir$^{1}$ | tsjij$^{2}$ | dar$^{1}$ | ku$^{1}$ | tśhjwo$^{1}$ | thjɨ$^{2}$ | sju$^{2}$ |
| 萨 | 是 | 诸 | 法 | 通 | 达 | 故， | 则 | 是 | 如 |
| [illegible] | [illegible] | [illegible] | [illegible]， | [illegible] | [illegible] | [illegible] | [illegible] | [illegible] | |
| la$^{1}$ | ɣiwej$^{1}$ | tshjiij$^{1}$ | njwi$^{2}$ | rjur$^{1}$ | tha$^{1}$ | rjur$^{1}$ | pjụ$^{1}$ | zji$^{2}$ | |
| 记 | 受 | 说 | 能， | 诸 | 佛 | 世 | 尊 | 最 | |

萨通达是诸法故，则能如是说于受记，如诸佛世尊说于无

**27.32.4**

[illegible]。

phju$^2$ po$^1$ tjɨj$^1$ tśja$^1$ la$^1$ tshjiij$^1$ rjir$^2$ ·a tjɨj$^2$

上 菩 提 道 记 说 与 是 如。

[illegible]，

thja$^2$ tsjiir$^1$ tshjiij$^1$ zjọ$^2$ ljiij$^2$ njij$^2$ po$^1$ sjwɨ$^1$ rjur$^1$

是 法 说 时， 魔 王 波 旬 诸

上菩提道记。说是法时，魔王波旬与诸

**27.32.5**

[illegible]，

wjị$^1$ dźjwɨ$^1$ rjir$^2$ ·jij$^1$ twụ$^1$ bju$^1$ lew$^2$ dju$^1$ tha$^1$

眷 属 与， 自 各 乘 所 有 佛

[illegible]，

do$^2$ njɨ$^2$ jij$^2$ nioow$^1$ bio$^1$ ·a njijr$^2$ dźjiij$^1$ thjɨ$^2$

处 至 来， 已 却 一 面 住， 是

眷属，各有所乘来至佛所，到已却住一面，

**27.32.6**

[illegible]：

sju$^2$ dạ$^2$ ·jɨ$^2$ rjur$^1$ pjụ$^1$ wa$^2$ ·jiw$^1$ nioow$^1$ ku$^1$

如 言 说： 世 尊， 何 因 缘 故

[illegible]，

dźiā$^2$ tsjij$^2$ ·jij$^1$ la$^1$ tshjiij$^1$ ɣiẹ$^2$ mji$^1$ mji$^1$ tshjiij$^1$

菩 萨 之 记 说， 声 闻 不 说

说如是言：世尊，何因缘故说菩萨记，不说声闻？

**27.33.1**

[illegible]？

ljɨ$^1$ po$^1$ sjwɨ$^1$ ·jɨr$^1$ nioow$^1$ tha$^1$ po$^1$ sjwɨ$^1$ ·jij$^1$

也？ 波 旬 问 已， 佛 波 旬 之

| | | | | | | | | |
|---|---|---|---|---|---|---|---|---|
| [illegible] | [illegible]: | [illegible] | [illegible] | [illegible], | [illegible] | [illegible] | [illegible] | [illegible] |
| kụ² | dạ² | dźiã² | tsjij² | tja¹ | sọ¹ | tụ¹ | ljịj² | rjur¹ |
| 答 | 言: | 菩 | 萨 | 者, | 三 | 千 | 大 | 世 |

波旬问已,佛即答言:波旬,是菩萨者,三千大千世

**27.33.2**

| | | | | | | | | |
|---|---|---|---|---|---|---|---|---|
| [illegible] | [illegible] | [illegible] | [illegible], | [illegible] | [illegible] | [illegible] | [illegible] | [illegible] |
| rjur¹ | lhjịj | iọ¹ | ·u² | dźjiij¹ | dźjiij¹ | dzjwo² | mə¹ | to² |
| 界 | 土 | 国 | 内, | 住 | 住 | 人 | 天 | 悉 |
| [illegible] | [illegible], | [illegible] | [illegible] | [illegible] | [illegible] | [illegible] | [illegible] | [illegible] |
| zji² | nwə¹ | ku¹ | thjɨ² | nioow¹ | dźiã² | tsjij² | ·jij¹ | la¹ |
| 皆 | 知, | 故 | 是 | 缘 | 菩 | 萨 | 之 | 记 |

界国土,所有人①天悉善知之,以是因缘故说菩萨记。

**27.33.3**

| | | | | | | | | |
|---|---|---|---|---|---|---|---|---|
| [illegible]。 | [illegible] | [illegible] | [illegible], | [illegible] | [illegible] | [illegible] | [illegible] | [illegible] |
| tshjiij¹ | ɣię² | mji¹ | tja¹ | dzjwo² | mə¹ | ·jij¹ | nwə¹ | sjij² |
| 说。 | 声 | 闻 | 者, | 人 | 天 | 之 | 知 | 识 |
| [illegible] | [illegible], | [illegible] | [illegible] | [illegible] | [illegible] | [illegible]。 | [illegible] | [illegible] |
| lew² | njaa² | ku¹ | tśhjwo¹ | mji¹ | la¹ | ljɨ¹ | dźiã² | tsjij² |
| 所 | 非, | 则 | 故 | 不 | 记 | 也。 | 菩 | 萨 |

声闻者,非人天所识,是故不记说。菩萨

**27.33.4**

| | | | | | | | | |
|---|---|---|---|---|---|---|---|---|
| [illegible] | [illegible] | [illegible], | [illegible] | [illegible] | [illegible] | [illegible] | [illegible] | [illegible] |
| ·jij¹ | la¹ | tshjiij¹ | ku¹ | rjur¹ | dźiã² | tśhju¹ | njɨ² | po¹ |
| 之 | 记 | 说, | 则 | 诸 | 众 | 生 | 等 | 菩 |
| [illegible] | [illegible] | [illegible], | [illegible] | [illegible] | [illegible] | [illegible] | [illegible] | [illegible] |
| tjɨj¹ | njiij¹ | śjwo¹ | thjɨ² | nioow¹ | dźiã² | tsjij² | ·jij¹ | la¹ |
| 提 | 心 | 发, | 是 | 缘 | 菩 | 萨 | 之 | 记 |

① 所有人,西夏文本作"所住人"。西夏文"[illegible][illegible]",字面意思为"住住",重叠形式表示"所住"。

记，多诸众生发菩提心，以是缘故说菩萨记。

**27.33.5**

| | | | | | | | | |
|---|---|---|---|---|---|---|---|---|
| □。 | □ | □ | □ | □ | □， | □ | □ | □ |
| tshjiij$^{1}$ | ɣię$^{2}$ | mji$^{1}$ | ·jij$^{1}$ | la$^{1}$ | tshjiij$^{1}$ | ku$^{1}$ | dźiã$^{2}$ | tsjij$^{2}$ |
| 说。 | 声 | 闻 | 之 | 记 | 说， | 则 | 菩 | 萨 |
| □ | □， | □ | □ | □ | □ | □。 | □ | □， |
| lhjii$^{1}$ | lhjwo$^{1}$ | thjɨ$^{2}$ | nioow$^{1}$ | mji$^{1}$ | tshjiij$^{1}$ | ljɨ$^{1}$ | kja$^{1}$ | zjọ$^{2}$ |
| 退 | 转， | 是 | 故 | 不 | 说 | 也。 | 尔 | 时， |

说声闻记者，菩萨退转，是故不说。尔时，

**27.33.6**

| | | | | | | | | |
|---|---|---|---|---|---|---|---|---|
| □ | □ | □ | □ | □ | □① | □ | □ | □ |
| mã$^{1}$ | śjuu$^{1}$ | śjɨ$^{1}$ | lji$^{1}$ | zjɨ̣$^{1}$ | lji$^{2}$ | po$^{1}$ | sjwɨ$^{1}$ | ·jij$^{1}$ |
| 文 | 殊 | 师 | 利 | 童 | 子 | 波 | 旬 | 之 |
| □ | □： | □ | □ | □ | □ | □ | □ | □ |
| dạ$^{2}$ | ·jɨ$^{2}$ | nji$^{2}$ | sjij$^{1}$ | thjɨ$^{2}$ | ·ji$^{1}$ | kha$^{1}$ | wa$^{2}$ | wji$^{1}$ |
| 言 | 语： | 汝 | 今 | 此 | 众 | 中 | 何 | 作 |

文殊师利童子语波旬言：汝今何故来至此众？

**27.34.1**

| | | | | | | | | |
|---|---|---|---|---|---|---|---|---|
| □ | □？ | □ | □ | □ | □： | □ | □ | □ |
| jij$^{2}$ | nja$^{2}$ | po$^{1}$ | sjwɨ$^{1}$ | kụ$^{2}$ | dạ$^{2}$ | mã$^{1}$ | śjuu$^{1}$ | śjɨ$^{1}$ |
| 来 | △？ | 波 | 旬 | 答 | 言： | 文 | 殊 | 师 |
| □， | □ | □ | □ | □ | □ | □ | □ | □ |
| lji$^{1}$ | tha$^{1}$ | rjur$^{1}$ | pjụ$^{1}$ | ljɨ̣$^{1}$ | phju$^{2}$ | mə$^{1}$ | zjɨ̣$^{1}$ | ·jij$^{1}$ |
| 利， | 佛 | 世 | 尊 | 宝 | 上 | 天 | 子 | 之 |

波旬答言：文殊师利，以佛世尊为宝上天子

**27.34.2**

| | | | | | | | | | |
|---|---|---|---|---|---|---|---|---|---|
| □ | □ | □ | □ | □ | □ | □ | □ | □， | □ |

① 原文作“□”（lji$^{1}$利）字，与“□”（lji$^{2}$子）音近而通假。下文同。

| | | | | | | | | | |
|---|---|---|---|---|---|---|---|---|---|
| zji2 | phju2 | tśja1 | kjɨ1 | la1 | nji2 | kụ1 | tha1 | we2 | mjiij2 |
| 最 | 上 | 道 | △ | 记 | 汝 | 后 | 佛 | 作， | 号 |
| [illegible] | [illegible] | [illegible] | [illegible] | [illegible] | [illegible] | [illegible] | [illegible] | [illegible] | |
| tja1 | ljɨ̣1 | ljuu2 | tshjịj2 | mjor1 | jịj2 | bju1 | wo2 | tśhja2 | |
| 者 | 宝 | 庄 | 严 | 如 | 来 | 应 | 供 | 正 | |

说无上道记:汝当作佛,号宝庄严如来应供正

**27.34.3**

| | | | | | | | | |
|---|---|---|---|---|---|---|---|---|
| [illegible] | [illegible] | [illegible]。 | [illegible] | [illegible] | [illegible] | [illegible] | [illegible]。 | [illegible] |
| njɨ2 | nwə1 | ·jɨ2 | ɣiẹ2 | mji1 | ·jij1 | mji1 | la1 | ·jij1 |
| 遍 | 知 | 说。 | 声 | 闻 | 之 | 不 | 记。 | 我 |
| [illegible] | [illegible] | [illegible]、 | [illegible] | [illegible]、 | [illegible] | [illegible]、 | [illegible] | [illegible]、 |
| ·jij1 | mjii1 | pjụ2 | du1 | rjɨj2 | sji1 | tụ1 | ljɨ̣1 | phu2 |
| 之 | 宫 | 殿、 | 楼 | 观、 | 栏 | 楯、 | 宝 | 树、 |

遍知。不说记声闻。我宫殿、楼观、栏楯、宝树、

**27.34.4**

| | | | | | | | | |
|---|---|---|---|---|---|---|---|---|
| [illegible] | [illegible] | [illegible] | [illegible] | [illegible] | [illegible] | [illegible]， | [illegible] | [illegible] |
| ·iọ2 | bo1 | bieej1 | rejr2 | lhjịj2 | tjị2 | do2 | ·jij1 | gu2 |
| 园 | 林 | 娱 | 乐 | 受 | 可 | 处， | 自 | 共 |
| [illegible] | [illegible] | [illegible] | [illegible] | [illegible] | [illegible]： | [illegible] | [illegible] | [illegible] |
| dźjwɨ1 | tsjụ1 | thjɨ2 | sju2 | ɣiẹ2 | to2 | śjɨ2 | kja1 | mjor1 |
| 相 | 触 | 是 | 如 | 音 | 出： | 释 | 迦 | 如 |

园林娱乐处,互相枨触出如是音云:释迦如

**27.34.5**

| | | | | | | | | |
|---|---|---|---|---|---|---|---|---|
| [illegible] | [illegible] | [illegible] | [illegible] | [illegible] | [illegible]， | [illegible] | [illegible] | [illegible] |
| jịj2 | bju1 | wo2 | tśhja2 | njɨ2 | nwə1 | ljɨ̣1 | phju2 | mə1 |
| 来 | 应 | 供 | 正 | 遍 | 知， | 宝 | 上 | 天 |
| [illegible] | [illegible] | [illegible] | [illegible] | [illegible] | [illegible] | [illegible]。 | [illegible] | [illegible] |
| zjɨ1 | ·jij1 | zji2 | phju2 | tśja1 | kjɨ1 | la1 | nioow1 | thjɨ2 |
| 子 | 之 | 最 | 上 | 道 | △ | 记。 | 又 | 是 |

来应供正遍知，为宝上天子说无上道记。又闻是

**27.34.6**

| | | | | | | | | |
|---|---|---|---|---|---|---|---|---|
| [illegible] | [illegible] | [illegible]： | [illegible] | [illegible]， | [illegible] | [illegible] | [illegible] | [illegible] |
| sju² | ɣię² | to² | po¹ | sjwɨ¹ | nji² | sjij¹ | thja² | ·ji¹ |
| 如 | 音 | 出： | 波 | 旬， | 汝 | 今 | 其 | 众 |
| [illegible] | [illegible]， | [illegible] | [illegible] | [illegible] | [illegible] | [illegible] | [illegible] | [illegible] |
| kha¹ | śjɨ¹ | nioow¹ | dźiã² | tsjij² | ·jij¹ | la¹ | ɣiwej¹ | kwej¹ |
| 中 | 往， | 又 | 菩 | 萨 | 之 | 记 | 受 | 敬 |

音：波旬，汝今往至众所，勿令更受记菩萨

**27.35.1**

| | | | | | | | | |
|---|---|---|---|---|---|---|---|---|
| [illegible] | [illegible] | [illegible] | [illegible] | [illegible] | [illegible] | [illegible] | [illegible] | [illegible] |
| khjow¹ | phjo² | nji² | ·jij¹ | mjii¹ | ·u² | ·wjɨ² | kwej¹ | wee¹ |
| 授 | 令 | 汝 | 之 | 宫 | 内 | △ | 敬 | 生 |
| [illegible] | [illegible] | [illegible]①。 | [illegible] | [illegible] | [illegible] | [illegible] | [illegible] | [illegible] |
| jij² | ·jɨ² | djij² | mã¹ | śjuu¹ | śjɨ¹ | lji¹ | po¹ | sjwɨ¹ |
| 来 | 谓 | △。 | 文 | 殊 | 师 | 利 | 波 | 旬 |

来生汝宫。文殊师利语波旬

**27.35.2**

| | | | | | | | | |
|---|---|---|---|---|---|---|---|---|
| [illegible] | [illegible] | [illegible]： | [illegible] | [illegible] | [illegible] | [illegible] | [illegible] | [illegible]， |
| ·jij¹ | dą² | ·jɨ² | dźiã² | tsjij² | rjur¹ | kjɨ¹ | la¹ | tja¹ |
| 之 | 言 | 语： | 菩 | 萨 | 之 | △ | 记 | 者， |
| [illegible] | [illegible] | [illegible] | [illegible] | [illegible]。 | [illegible] | [illegible]： | [illegible] | |
| nji² | sjij¹ | ɣa¹ | nja² | mo² | ljiij² | dą² | mã¹ | |
| 汝 | 今 | 悲 | △ | 也。 | 魔 | 言： | 文 | |

言：说菩萨记，汝今不喜也。魔言：文

① [illegible][illegible]，间接引语句标记，强调所引述的内容。

## 汉文本

尔时,世尊赞宝上天子言:善哉!善哉!天子,菩萨通达是诸法故,则能如是说于受记,如诸佛世尊说于无上菩提道记。

说是法时,魔王波旬与诸眷属,各有所乘来至佛所,到已却住一面,说如是言:世尊,何因缘故说菩萨记,不说声闻?

波旬问已,佛即答言:波旬,是菩萨者,三千大千世界国土,所有人天悉善知之,以是因缘故说菩萨记。声闻者,非人天所识,是故不记说。菩萨记,多诸众生发菩提心,以是缘故说菩萨记。说声闻记者,菩萨退转,是故不说。

尔时,文殊师利童子语波旬言:汝今何故来至此众?

波旬答言:文殊师利,以佛世尊为宝上天子说无上道记:汝当作佛,号宝庄严如来应供正遍知。不说记声闻。我宫殿、楼观、栏楯、宝树、园林娱乐处,互相枨触出如是音云:释迦如来应供正遍知,为宝上天子说无上道记。又闻是音:波旬,汝今往至众所,勿令更受记菩萨来生汝宫。

文殊师利语波旬言:说菩萨记,汝今不喜也。

**27.35.3**

| | | | | | | | | |
|---|---|---|---|---|---|---|---|---|
| [illegible] | [illegible] | [illegible], | [illegible] | [illegible] | [illegible] | [illegible] | [illegible]! | [illegible] |
| śjuu$^{1}$ | śjɨ$^{1}$ | lji$^{1}$ | mə$^{2}$ | la$^{2}$ | njiij$^{1}$ | ɣa$^{1}$ | ŋa$^{2}$ | ·jã$^{1}$ |
| 殊 | 师 | 利, | 实 | 然 | 心 | 悲 | 我! | 阎 |
| [illegible] | [illegible] | [illegible] | [illegible] | [illegible] | [illegible] | [illegible] | [illegible], | [illegible] |
| xu$^{1}$ | thji$^{1}$ | ·u$^{2}$ | dźiā$^{2}$ | tśhju$^{1}$ | ŋowr$^{2}$ | ŋowr$^{2}$ | ·jij$^{1}$ | lo$^{1}$ |
| 浮 | 提 | 内 | 众 | 生 | 一 | 切 | 之, | 罗 |

殊师利,我实不喜!为阎浮提①一切众生,说罗

**27.35.4**

| | | | | | | | | |
|---|---|---|---|---|---|---|---|---|
| [illegible] | [illegible] | [illegible], | [illegible] | [illegible] | [illegible] | [illegible] | [illegible] | [illegible]。 |
| xā$^{1}$ | la$^{1}$ | tshjiij$^{1}$ | ljɨ̣$^{1}$ | njiij$^{1}$ | mji$^{1}$ | sjwɨ$^{1}$ | źjɨ̣$^{1}$ | ŋa$^{2}$ |
| 汉 | 记 | 说, | 及 | 心 | 不 | 忧 | 恼 | 我。 |
| [illegible] | [illegible] | [illegible] | [illegible] | [illegible] | [illegible] | [illegible] | [illegible] | [illegible] |
| dźiā$^{2}$ | tsjij$^{2}$ | tjịj$^{1}$ | gjɨ$^{2}$ | ·jij$^{1}$ | zji$^{2}$ | phju$^{2}$ | tśja$^{1}$ | la$^{1}$ |
| 菩 | 萨 | 独 | 一 | 之 | 最 | 上 | 道 | 记 |

① 阎浮提,梵文作Jambudvipa,旧称琰浮洲、阎浮提鞞波,新称赡部洲。当须弥山之南方大洲名。阎浮是树名,因为此洲的中心有阎浮树之林,故称为赡部洲。赡部洲即我们居住的世界。西夏文本音译为"[illegible]"(·jã$^{1}$xu$^{1}$thji$^{1}$)。

汉记，我无愁恼。说一菩萨无上道记，

**27.35.5**

| | | | | | | | | |
|---|---|---|---|---|---|---|---|---|
| [illegible]， | [illegible] | [illegible] | [illegible] | [illegible] | [illegible] | [illegible] | [illegible] | [illegible] |
| djij$^{2}$ | ku$^{1}$ | ŋa$^{2}$ | ·jij$^{1}$ | sjwɨ$^{1}$ | źjị$^{1}$ | tja$^{1}$ | tshjiij$^{1}$ | tjị$^{2}$ |
| △， | 则 | 我 | 之 | 忧 | 恼 | 者 | 说 | 可 |
| [illegible]！ | [illegible] | [illegible] | [illegible]？ | [illegible] | [illegible] | [illegible] | [illegible]， | [illegible] |
| mjij$^{1}$ | thjij$^{2}$ | sjo$^{2}$ | ljɨ$^{1}$ | mã$^{1}$ | śjuu$^{1}$ | śjɨ$^{1}$ | lji$^{1}$ | tjij$^{1}$ |
| 无！ | 何 | 云 | 也？ | 文 | 殊 | 师 | 利， | 若 |

我之愁恼不可言也！何以故？文殊师利，若

**27.35.6**

| | | | | | | | | |
|---|---|---|---|---|---|---|---|---|
| [illegible] | [illegible] | [illegible] | [illegible] | [illegible] | [illegible] | [illegible]， | [illegible] | [illegible] |
| dźiã$^{2}$ | tsjij$^{2}$ | ·jij$^{1}$ | zji$^{2}$ | phju$^{2}$ | tśja$^{1}$ | la$^{1}$ | ku$^{1}$ | ŋa$^{2}$ |
| 菩 | 萨 | 之 | 最 | 上 | 道 | 记， | 则 | 我 |
| [illegible] | [illegible] | [illegible] | [illegible] | [illegible] | [illegible] | [illegible] | [illegible] | [illegible] |
| rjur$^{1}$ | ljiij$^{2}$ | ·jij$^{1}$ | mjii$^{1}$ | pjụ$^{2}$ | mur$^{1}$ | na$^{1}$ | swew$^{1}$ | bji$^{1}$ |
| 诸 | 魔 | 之 | 宫 | 殿 | 暗 | 蔽 | 明 | 光 |

说菩萨无上道记，我诸魔宫暗蔽不明。

**27.36.1**

| | | | | | | | | | |
|---|---|---|---|---|---|---|---|---|---|
| [illegible] | [illegible]。 | [illegible] | [illegible] | [illegible] | [illegible] | [illegible] | [illegible] | [illegible]， | [illegible] |
| mji$^{1}$ | śja$^{2}$ | thja$^{1}$ | dźiã$^{2}$ | tsjij$^{2}$ | sọ$^{1}$ | ·ụ$^{2}$ | tsjiir$^{1}$ | ŋwu$^{2}$ | mjɨ$^{1}$ |
| 不 | 现。 | 是 | 菩 | 萨 | 三 | 乘 | 法 | 以， | 无 |
| [illegible] | [illegible] | [illegible] | [illegible] | [illegible] | [illegible] | [illegible] | [illegible] | [illegible] | |
| pjụ$^{1}$ | ·ja | sẽ$^{1}$ | khji$^{1}$ | rjur$^{1}$ | dźiã$^{2}$ | tśhju$^{1}$ | njɨ$^{2}$ | ·jij$^{1}$ | |
| 量 | 阿 | 僧 | 祇 | 诸 | 众 | 生 | 等 | 之 | |

而是菩萨以三乘法，拔济无量阿僧祇诸众生等

**27.36.2**

| | | | | | | | | |
|---|---|---|---|---|---|---|---|---|
| [illegible] | [illegible] | [illegible] | [illegible] | [illegible] | [illegible] | [illegible]。 | [illegible] | [illegible] |
| gjuu$^{2}$ | la$^{2}$ | sọ$^{1}$ | rjur$^{1}$ | ·u$^{2}$ | lho | phji$^{1}$ | mã$^{1}$ | śjuu$^{1}$ |

| | | | | | | | | |
|---|---|---|---|---|---|---|---|---|
| 济 | 拔 | 三 | 界 | 内 | 出 | 令。 | 文 | 殊 |
| [illegible] | [illegible]， | [illegible] | [illegible] | [illegible]① | [illegible] | [illegible] | [illegible] | [illegible] |
| śjɨ$^{1}$ | lji$^{1}$ | ŋa$^{2}$ | thjɨ$^{2}$ | dạ$^{2}$ | nioow$^{1}$ | rjur$^{1}$ | sjwɨ$^{1}$ | źjị$^{1}$ |
| 师 | 利， | 我 | 是 | 言 | 以 | 诸 | 忧 | 恼 |

出于三界。文殊师利，我以是事受诸忧恼。

**27.36.3**

| | | | | | | | | |
|---|---|---|---|---|---|---|---|---|
| [illegible] | [illegible] | [illegible]。 | [illegible] | [illegible] | [illegible] | [illegible] | [illegible]： | [illegible] |
| lhjị$^{2}$ | ŋa$^{2}$ | ljɨ$^{1}$ | mã$^{1}$ | śjuu$^{1}$ | śjɨ$^{1}$ | lji$^{1}$ | dạ$^{2}$ | po$^{1}$ |
| 受 | 我 | 也。 | 文 | 殊 | 师 | 利 | 言： | 波 |
| [illegible]， | [illegible] | [illegible] | [illegible] | [illegible] | [illegible] | [illegible]， | [illegible] | [illegible] |
| sjwɨ$^{1}$ | nji$^{2}$ | mər$^{2}$ | do$^{2}$ | ·wjɨ$^{2}$ | lhjwo$^{1}$ | nja$^{2}$ | nji$^{2}$ | thja$^{2}$ |
| 旬， | 汝 | 本 | 处 | 所 | 还 | △， | 汝 | 其 |

文殊师利言：波旬，汝还所止，汝

**27.36.4**

| | | | | | | | | |
|---|---|---|---|---|---|---|---|---|
| [illegible] | [illegible] | [illegible] | [illegible] | [illegible] | [illegible] | [illegible] | [illegible] | [illegible]， |
| sji$^{1}$ | dźjwa$^{1}$ | ·a | śjij$^{1}$ | po$^{1}$ | tjɨj$^{1}$ | tśja$^{1}$ | rjijr$^{2}$ | tshwew$^{1}$ |
| 毕 | 竟 | △ | 顺 | 菩 | 提 | 道 | 向 | 趣， |
| [illegible] | [illegible] | [illegible] | [illegible] | [illegible] | [illegible] | [illegible] | [illegible] | [illegible] |
| tśier$^{1}$ | ·ju$^{2}$ | śjɨj$^{1}$ | ·jiw$^{2}$ | pa$^{2}$ | rja$^{2}$ | po$^{1}$ | lo$^{1}$ | bjii$^{2}$ |
| 方 | 便 | 成 | 就 | 般 | 若 | 波 | 罗 | 蜜 |

无力势能留难遮②，毕竟向于菩提之道，成就方便具足般若波罗蜜

**27.36.5**

| | | | | | | | | | |
|---|---|---|---|---|---|---|---|---|---|
| [illegible] | [illegible] | [illegible] | [illegible] | [illegible] | [illegible] | [illegible] | [illegible] | [illegible] | [illegible] |
| ŋowr$^{2}$ | lhə | dźjɨ | dźjij$^{1}$ | mjijr$^{2}$ | ·jij$^{1}$ | ɣię$^{2}$ | lụ$^{2}$ | wji$^{1}$ | sji$^{2}$ |
| 具 | 足 | 行 | 行 | 者 | 之 | 碍 | 障 | 作 | 能 |
| [illegible] | [illegible] | [illegible] | [illegible]。 | [illegible] | [illegible] | [illegible]？ | [illegible] | [illegible] | |

① 据汉文本，此处当作“[illegible]”（dạ$^{2}$事），“[illegible]”（dạ$^{2}$言）与“[illegible]”音同而通假。

② 无力势能留难遮，西夏文本译于句末。“留难”，邪魔来留止人之善事，为修行之障难也。西夏文本作“障碍”。下同。

bji$^{1}$ ɣie$^{1}$ mjij$^{1}$ nja$^{2}$ thjij$^{2}$ sjo$^{2}$ ljɨ$^{1}$ thja$^{2}$ rjur$^{1}$

势 力 无 △。 何 云 也？ 是 诸

行者。何以故？是诸

**27.36.6**

[illegible]，[illegible]

dźiã$^{2}$ tsjij$^{2}$ rjur$^{1}$ ljiij$^{2}$ tśjɨɨr$^{2}$ ka$^{2}$ sji$^{1}$ dźjwa$^{1}$ dźjɨ

菩 萨 诸 魔 缚 离， 毕 竟 行

[illegible]，[illegible]，[illegible]

śjɨj$^{1}$ tśier$^{1}$ ·ju$^{2}$ nwə$^{1}$ njwi$^{2}$ pa$^{2}$ rja$^{2}$ po$^{1}$ lo$^{1}$

成， 方 便 知 善， 般 若 波 罗

菩萨离诸魔缚，成毕竟行，善知方便，行般若波罗

**27.37.1**

[illegible]。[illegible]，[illegible]

bjii$^{2}$ dźjij$^{1}$ ljɨ$^{1}$ kja$^{1}$ dzjɨj$^{1}$ tha$^{1}$ mee$^{2}$ ɣie$^{1}$ bju$^{1}$

蜜 行 也。 尔 时， 佛 神 力 依

[illegible]

ljiij$^{2}$ po$^{1}$ sjwɨ$^{1}$ mã$^{1}$ śjuu$^{1}$ śjɨ$^{1}$ lji$^{1}$ ·jij$^{1}$ dja$^{2}$

魔 波 旬 文 殊 师 利 之 △

蜜。时佛神力令魔波旬

**27.37.2**

[illegible]：[illegible]

·jɨr$^{1}$ phji$^{1}$ dźiã$^{2}$ tsjij$^{2}$ thjij$^{2}$ sjo$^{2}$ sji$^{1}$ dźjwa$^{1}$ dźjɨ

问 令： 菩 萨 何 云 毕 竟 行

[illegible]，[illegible]，[illegible]

djọ$^{2}$ tśier$^{1}$ ·ju$^{2}$ nwə$^{1}$ njwi$^{2}$ pa$^{2}$ rja$^{2}$ po$^{1}$ lo$^{1}$

修， 方 便 知 善， 般 若 波 罗

问：文殊师利，云何菩萨修毕竟行，善知方便，行般若波罗

**27.37.3**

[illegible]？[illegible]：

| | | | | | | | | |
|---|---|---|---|---|---|---|---|---|
| bjii$^{2}$ | dźjịj$^{1}$ | ljɨ$^{1}$ | mã$^{1}$ | śjuu$^{1}$ | śjɨ$^{1}$ | lji$^{1}$ | kụ$^{2}$ | dạ$^{2}$ |
| 蜜 | 行 | 也? | 文 | 殊 | 师 | 利 | 答 | 言: |
| [illegible] | [illegible], | [illegible] | [illegible] | [illegible] | [illegible] | [illegible] | [illegible] | [illegible] |
| po$^{1}$ | sjwɨ$^{1}$ | tjɨ$^{1}$ | tjij$^{1}$ | dźiã$^{2}$ | tsjij$^{2}$ | rjur$^{1}$ | zjɨɨr$^{1}$ | phiaa$^{2}$ |
| 波 | 旬, | 假 | 若 | 菩 | 萨 | 诸 | 少 | 分 |

蜜?文殊师利答言:波旬,若有菩萨离于一切诸少分

**27.37.4**

| | | | | | | | | |
|---|---|---|---|---|---|---|---|---|
| [illegible] | [illegible] | [illegible] | [illegible], | [illegible] | [illegible] | [illegible] | [illegible] | [illegible] |
| dźjɨ | ŋowr$^{2}$ | ŋowr$^{2}$ | ka$^{2}$ | ku$^{1}$ | thjɨ$^{2}$ | tja$^{1}$ | dźiã$^{2}$ | tsjij$^{2}$ |
| 行 | 一 | 切 | 离, | 则 | 此 | 者 | 菩 | 萨 |
| [illegible] | [illegible] | [illegible] | [illegible] | [illegible] | [illegible]。 | [illegible] | [illegible] | [illegible] |
| ·jij$^{1}$ | sji$^{1}$ | dźjwa$^{1}$ | dźjɨ | śjɨj$^{1}$ | ŋwu$^{2}$ | tjij$^{1}$ | ljiij$^{2}$ | sjwɨj$^{1}$ |
| 之 | 毕 | 竟 | 行 | 成 | 是。 | 若 | 魔 | 业 |

行,是名菩萨成毕竟行。若

**27.37.5**

| | | | | | | | | |
|---|---|---|---|---|---|---|---|---|
| [illegible] | [illegible] | [illegible] | [illegible] | [illegible], | [illegible] | [illegible] | [illegible] | [illegible] |
| źjị$^{1}$ | tśhiow$^{1}$ | ŋowr$^{2}$ | ŋowr$^{2}$ | ljij$^{2}$ | zji$^{2}$ | zji$^{2}$ | phju$^{2}$ | tśja$^{1}$ |
| 使 | 结 | 一 | 切 | 见, | 悉 | 最 | 上 | 道 |
| [illegible] | [illegible] | [illegible] | [illegible], | [illegible] | [illegible] | [illegible] | [illegible] | [illegible] |
| ɣa$^{2}$ | gjịj$^{1}$ | ɣie$^{2}$ | njwi$^{2}$ | thjɨ$^{2}$ | tja$^{1}$ | dźiã$^{2}$ | tsjij$^{2}$ | ·jij$^{1}$ |
| 于 | 利 | 益 | 能, | 此 | 者 | 菩 | 萨 | 之 |

见一切结使魔业,悉能利益于无上道,是名菩萨

**27.37.6**

| | | | | | | | | |
|---|---|---|---|---|---|---|---|---|
| [illegible] | [illegible] | [illegible] | [illegible] | [illegible]。 | [illegible] | [illegible] | [illegible] | [illegible] |
| tśier$^{1}$ | ·ju$^{2}$ | nwə$^{1}$ | njwi$^{2}$ | ŋwu$^{2}$ | tjij$^{1}$ | rjur$^{1}$ | źjị$^{1}$ | tśhiow$^{1}$ |
| 方 | 便 | 知 | 善 | 是。 | 若 | 诸 | 使 | 结 |
| [illegible] | [illegible] | [illegible] | [illegible] | [illegible] | [illegible], | [illegible] | [illegible] | [illegible] |
| dźjɨ | ŋowr$^{2}$ | ŋowr$^{2}$ | rjir$^{2}$ | mji$^{1}$ | gu$^{2}$ | ku$^{1}$ | thjɨ$^{2}$ | tja$^{1}$ |
| 行 | 一 | 切 | 与 | 不 | 共, | 则 | 此 | 者 |

善知方便。不共一切诸结使行，是名

**27.38.1**

| | | | | | | | | |
|---|---|---|---|---|---|---|---|---|
| dźiã$^{2}$ | tsjij$^{2}$ | ·jij$^{1}$ | pa$^{2}$ | rja$^{2}$ | po$^{1}$ | lo$^{1}$ | bjii$^{2}$ | dźjij$^{1}$ |
| 菩 | 萨 | 之 | 般 | 若 | 波 | 罗 | 蜜 | 行 |
| ŋwu$^{2}$ | nioow$^{1}$ | tśjɨɨ$^{1}$ | po$^{1}$ | sjwɨ$^{1}$ | tjij$^{1}$ | dźiã$^{2}$ | tsjij$^{2}$ | ·jij$^{1}$ |
| 是。 | 复 | 次， | 波 | 旬， | 若 | 菩 | 萨 | 之 |

菩萨行般若波罗蜜。复次，波旬，若菩萨

**27.38.2**

| | | | | | | | | |
|---|---|---|---|---|---|---|---|---|
| njiij$^{1}$ | sji$^{1}$ | dźjwa$^{1}$ | rjur$^{1}$ | dźiã$^{2}$ | tśhju$^{1}$ | ·jij$^{1}$ | gjuu$^{2}$ | la$^{2}$ |
| 心 | 毕 | 竟 | 诸 | 众 | 生 | 之 | 济 | 拔， |
| ljij$^{2}$ | ljuu$^{2}$ | tshjij$^{2}$ | ŋwu$^{2}$ | ·jij$^{1}$ | ljuu$^{2}$ | tshjij$^{2}$ | ku$^{1}$ | thjɨ$^{2}$ |
| 大 | 庄 | 严 | 以 | 自 | 庄 | 严， | 则 | 此 |

心毕竟拔济诸众生故，以大庄严而自庄严，是

**27.38.3**

| | | | | | | | | |
|---|---|---|---|---|---|---|---|---|
| tja$^{1}$ | dźiã$^{2}$ | tsjij$^{2}$ | ·jij$^{1}$ | sji$^{1}$ | dźjwa$^{1}$ | njiij$^{1}$ | dźjɨ | ŋwu$^{2}$ |
| 者 | 菩 | 萨 | 之 | 毕 | 竟 | 心 | 行 | 是。 |
| tjij$^{1}$ | ljɨɨr$^{1}$ | ɣjiw$^{1}$ | ŋwu$^{2}$ | rjur$^{1}$ | dźiã$^{2}$ | tśhju$^{1}$ | ·jij$^{1}$ | ɣjiw$^{1}$ |
| 若 | 四 | 摄 | 是 | 诸 | 众 | 生 | 之 | 摄， |

名菩萨毕竟心行。若以四摄摄诸众生，

**27.38.4**

| | | | | | | | | |
|---|---|---|---|---|---|---|---|---|
| ku$^{1}$ | thjɨ$^{2}$ | tja$^{1}$ | dźiã$^{2}$ | tsjij$^{2}$ | ·jij$^{1}$ | tśier$^{1}$ | ·ju$^{2}$ | nwə$^{1}$ |

| | | | | | | | | |
|---|---|---|---|---|---|---|---|---|
| 则 | 此 | 者 | 菩 | 萨 | 之 | 方 | 便 | 知 |
| 綫 | 覈。 | 敍 | 糀 | 繉 | 飊 | 飊 | 孺 | 贚 |
| njwi$^2$ | ŋwu$^2$ | tjij$^1$ | dźiã$^2$ | tśhju$^1$ | ŋowr$^2$ | ŋowr$^2$ | ·jij$^1$ | kwər$^1$ |
| 善 | 是。 | 若 | 众 | 生 | 一 | 切 | 之 | 体 |

是名菩萨善知方便。若毕竟观一切众生体

**27.38.5**

| | | | | | | | | |
|---|---|---|---|---|---|---|---|---|
| 風 | 祈 | 蘢 | 觧 | 蕤 | 皷， | 絳 | 皴 | 綫 |
| tsjiir$^2$ | mjij$^1$ | dzjar$^2$ | sji$^1$ | dźjwa$^1$ | bioo$^1$ | ku$^1$ | thjɨ$^2$ | tja$^1$ |
| 性 | 寂 | 灭 | 毕 | 竟 | 观， | 则 | 此 | 者 |
| 糀 | 繎 | 孺 | 讁 | 蕤 | 豨 | 皴 | 蓛 | 祇 |
| dźiã$^2$ | tsjij$^2$ | ·jij$^1$ | pa$^2$ | rja$^2$ | po$^1$ | lo$^1$ | bjii$^2$ | dźjij$^1$ |
| 菩 | 萨 | 之 | 般 | 若 | 波 | 罗 | 蜜 | 行 |

性寂灭，是名菩萨行般若波罗蜜。

**27.38.6**

| | | | | | | | | |
|---|---|---|---|---|---|---|---|---|
| 覈。 | 焧 | 豮， | 豨 | 瀜， | 刻 | 敍 | 糀 | 繎 |
| ŋwu$^2$ | nioow$^1$ | tśjɨɨ$^1$ | po$^1$ | sjwɨ$^1$ | tjɨ$^1$ | tjij$^1$ | dźiã$^2$ | tsjij$^2$ |
| 是。 | 复 | 次， | 波 | 旬， | 假 | 若 | 菩 | 萨 |
| 屙 | 緻 | 飊 | 飊 | 繖 | 綫， | 豨 | 敠 | 緱 |
| ·u$^2$ | djɨr$^2$ | ŋowr$^2$ | ŋowr$^2$ | dźjɨɨr$^1$ | njwi$^2$ | po$^1$ | tjɨj$^1$ | njiij$^1$ |
| 内 | 外 | 一 | 切 | 舍 | 能， | 菩 | 提 | 心 |

复次，波旬，若有菩萨舍于内外一切能施，菩提之心

**27.39.1**

| | | | | | | | | |
|---|---|---|---|---|---|---|---|---|
| 觧 | 蕤 | 緬 | 蕤， | 絳 | 皴 | 綫 | 糀 | 繎 |
| sji$^1$ | dźjwa$^1$ | zji$^2$ | dźjwa$^1$ | ku$^1$ | thjɨ$^2$ | tja$^1$ | dźiã$^2$ | tsjij$^2$ |
| 毕 | 竟 | 究 | 竟， | 则 | 此 | 者 | 菩 | 萨 |
| 孺 | 觧 | 蕤 | 緱 | 瓠 | 覈。 | 糀 | 繎 | 敍 |
| ·jij$^1$ | sji$^1$ | dźjwa$^1$ | njiij$^1$ | dźjɨ | ŋwu$^2$ | dźiã$^2$ | tsjij$^2$ | tjij$^1$ |
| 之 | 毕 | 竟 | 心 | 行 | 是。 | 菩 | 萨 | 若 |

毕竟究竟，是名菩萨毕竟心行。菩萨若

**27.39.2**

| | | | | | | | | |
|---|---|---|---|---|---|---|---|---|
| [illegible] | [illegible] | [illegible] | [illegible] | [illegible] | [illegible] | [illegible] | [illegible] | [illegible]， |
| dźiã² | tśhju¹ | ŋowr² | ŋowr² | nioow¹ | lhjịj² | mjijr² | njiij¹ | śjwo¹ |
| 众 | 生 | 一 | 切 | 为 | 受 | 者 | 心 | 起， |
| [illegible] | [illegible] | [illegible] | [illegible] | [illegible] | [illegible] | [illegible] | [illegible] | [illegible] |
| ku¹ | thjɨ² | tja¹ | dźiã² | tsjij² | ·jij¹ | tśier¹ | ·ju² | nwə¹ |
| 则 | 此 | 者 | 菩 | 萨 | 之 | 方 | 便 | 知 |

为一切众生起受者心，是名菩萨善知方便。

**27.39.3**

| | | | | | | | | |
|---|---|---|---|---|---|---|---|---|
| [illegible] | [illegible]。 | [illegible] | [illegible] | [illegible] | [illegible] | [illegible] | [illegible] | [illegible] |
| njwi² | ŋwu² | tjɨ¹ | tjij¹ | dźiã² | tsjij² | gjii¹ | mjijr² | lhjịj² |
| 善 | 是。 | 假 | 若 | 菩 | 萨 | 乞 | 者 | 受 |
| [illegible]， | [illegible] | [illegible] | [illegible] | [illegible] | [illegible] | [illegible] | [illegible] | [illegible]， |
| mjijr² | źjɨr¹ | bju¹ | ɣu¹ | nwə¹ | tśhja² | ka¹ | dźjɨ | nwə¹ |
| 者， | 实 | 如 | 始 | 知 | 平 | 等 | 行 | 知， |

若有菩萨乞者受者，知如实始行平等行，

**27.39.4**

| | | | | | | | | |
|---|---|---|---|---|---|---|---|---|
| [illegible] | [illegible] | [illegible] | [illegible] | [illegible] | [illegible] | [illegible] | [illegible] | [illegible] |
| ku¹ | thjɨ² | tja¹ | dźiã² | tsjij² | ·jij¹ | pa² | rja² | po¹ |
| 则 | 此 | 者 | 菩 | 萨 | 之 | 般 | 若 | 波 |
| [illegible] | [illegible] | [illegible] | [illegible]。 | [illegible] | [illegible]， | [illegible] | [illegible]， | [illegible] |
| lo¹ | bjii² | dźjịj¹ | ŋwu² | nioow¹ | tśjɨɨ¹ | po¹ | sjwɨ¹ | tjɨ¹ |
| 罗 | 蜜 | 行 | 是。 | 复 | 次， | 波 | 旬， | 假 |

是名菩萨行般若波罗蜜。复次，波旬，

**27.39.5**

| | | | | | | | | |
|---|---|---|---|---|---|---|---|---|
| [illegible] | [illegible] | [illegible] | [illegible] | [illegible] | [illegible] | [illegible]， | [illegible] | [illegible] |
| tjij¹ | dźiã² | tsjij² | rjur¹ | neew² | tsjiir¹ | ɣa² | ɣu¹ | njiij¹ |
| 若 | 菩 | 萨 | 诸 | 善 | 法 | 于， | 初 | 心 |

| | | | | | | | | |
|---|---|---|---|---|---|---|---|---|
| [illegible] | [illegible] | [illegible] | [illegible] | [illegible] | [illegible], | [illegible] | [illegible] | [illegible] |
| ·a | śjwo$^{1}$ | tśjo | mji$^{1}$ | lhjii$^{1}$ | lhjwo$^{1}$ | ku$^{1}$ | thjɨ$^{2}$ | tja$^{1}$ |
| △ | 发 | 终 | 不 | 退 | 转, | 则 | 此 | 者 |

若有菩萨于诸善法,从初发心终不退转,是名

**27.39.6**

| | | | | | | | | |
|---|---|---|---|---|---|---|---|---|
| [illegible] | [illegible] | [illegible] | [illegible] | [illegible] | [illegible] | [illegible] | [illegible] | [illegible] |
| dźiã$^{2}$ | tsjij$^{2}$ | ·jij$^{1}$ | sji$^{1}$ | dźjwa$^{1}$ | po$^{1}$ | tjɨj$^{1}$ | njiij$^{1}$ | dźjịj$^{1}$ |
| 菩 | 萨 | 之 | 毕 | 竟 | 菩 | 提 | 心 | 行 |
| [illegible]。 | [illegible] | [illegible] | [illegible] | [illegible] | [illegible] | [illegible] | [illegible] | [illegible] |
| ŋwu$^{2}$ | tjɨ$^{1}$ | tjij$^{1}$ | dźiã$^{2}$ | tsjij$^{2}$ | mjɨ$^{1}$ | ·jij$^{1}$ | mji$^{1}$ | tha |
| 是。 | 假 | 若 | 菩 | 萨 | 他 | 之 | 不 | 逼 |

菩萨毕竟行于菩提之心。若有菩萨不为他逼

**27.40.1**

| | | | | | | | | |
|---|---|---|---|---|---|---|---|---|
| [illegible] | [illegible] | [illegible] | [illegible] | [illegible], | [illegible] | [illegible] | [illegible] | [illegible] |
| njij$^{2}$ | ·jij$^{1}$ | gjij$^{1}$ | dźjiɨr$^{1}$ | njwi$^{2}$ | thjɨ$^{2}$ | tja$^{1}$ | dźiã$^{2}$ | tsjij$^{2}$ |
| 迫 | 自 | 利 | 舍 | 能, | 此 | 者 | 菩 | 萨 |
| [illegible] | [illegible] | [illegible] | [illegible] | [illegible] | [illegible]。 | [illegible] | [illegible] | [illegible] |
| ·jij$^{1}$ | tśier$^{1}$ | ·ju$^{2}$ | nwə$^{1}$ | njwi$^{2}$ | ŋwu$^{2}$ | tjij$^{1}$ | dźiã$^{2}$ | tsjij$^{2}$ |
| 之 | 方 | 便 | 知 | 善 | 是。 | 若 | 菩 | 萨 |

能舍自利,是名菩萨善知方便。菩萨

**27.40.2**

| | | | | | | | | |
|---|---|---|---|---|---|---|---|---|
| [illegible] | [illegible], | [illegible] | [illegible] | [illegible] | [illegible], | [illegible] | [illegible] | [illegible] |
| wo$^{2}$ | lə | ·jwɨr$^{2}$ | dji$^{2}$ | mji$^{1}$ | lə | ku$^{1}$ | thjɨ$^{2}$ | tja$^{1}$ |
| 义 | 念, | 文 | 字 | 不 | 念, | 则 | 此 | 者 |
| [illegible] | [illegible] | [illegible] | [illegible] | [illegible] | [illegible] | [illegible] | [illegible] | [illegible] |
| dźiã$^{2}$ | tsjij$^{2}$ | ·jij$^{1}$ | pa$^{2}$ | rja$^{2}$ | po$^{1}$ | lo$^{1}$ | bjii$^{2}$ | dźjịj$^{1}$ |
| 菩 | 萨 | 之 | 般 | 若 | 波 | 罗 | 蜜 | 行 |

念义,不念文字,是名菩萨行般若波罗蜜。

**27.40.3**

| | | | | | | | | |
|---|---|---|---|---|---|---|---|---|
| [illegible]。 | [illegible] | [illegible]， | [illegible] | [illegible]， | [illegible] | [illegible] | [illegible] | [illegible] |
| ŋwu$^{2}$ | nioow$^{1}$ | tśjɨɨ$^{1}$ | po$^{1}$ | sjwɨ$^{1}$ | tjij$^{1}$ | gjii$^{1}$ | mjijr$^{2}$ | ljij$^{2}$ |
| 是。 | 复 | 次， | 波 | 旬， | 若 | 乞 | 者 | 见 |
| [illegible] | [illegible] | [illegible] | [illegible]， | [illegible] | [illegible] | [illegible] | [illegible] | [illegible] |
| zjịj$^{1}$ | mji$^{1}$ | phjɨ$^{1}$ | dźjɨɨr$^{1}$ | ku$^{1}$ | thjɨ$^{2}$ | tja$^{1}$ | dźiã$^{2}$ | tsjij$^{2}$ |
| 时 | 不 | 背 | 舍， | 则 | 此 | 者 | 菩 | 萨 |

复次，波旬，若见乞者不背舍之，是名菩萨

**27.40.4**

| | | | | | | | | |
|---|---|---|---|---|---|---|---|---|
| [illegible] | [illegible] | [illegible] | [illegible] | [illegible] | [illegible]。 | [illegible] | [illegible] | [illegible] |
| ·jij$^{1}$ | sji$^{1}$ | dźjwa$^{1}$ | njiij$^{1}$ | dźjɨ | ŋwu$^{2}$ | tjɨ$^{1}$ | tjij$^{1}$ | dźiã$^{2}$ |
| 之 | 毕 | 竟 | 心 | 行 | 是。 | 假 | 若 | 菩 |
| [illegible] | [illegible] | [illegible] | [illegible] | [illegible] | [illegible] | [illegible] | [illegible] | [illegible] |
| tsjij$^{2}$ | rjur$^{1}$ | neew$^{2}$ | tśhji$^{2}$ | dzjị$^{2}$ | tjị$^{1}$ | bju$^{1}$ | ŋowr$^{2}$ | ŋowr$^{2}$ |
| 萨 | 诸 | 善 | 根 | 集 | 愿 | 依 | 一 | 切 |

毕竟心行。若有菩萨集诸善根愿求一切

**27.40.5**

| | | | | | | | | |
|---|---|---|---|---|---|---|---|---|
| [illegible] | [illegible]， | [illegible] | [illegible] | [illegible] | [illegible] | [illegible] | [illegible] | [illegible] |
| sjịj$^{2}$ | kjụ$^{1}$ | ku$^{1}$ | thjɨ$^{2}$ | tja$^{1}$ | dźiã$^{2}$ | tsjij$^{2}$ | ·jij$^{1}$ | tśier$^{1}$ |
| 智 | 求， | 则 | 此 | 者 | 菩 | 萨 | 之 | 方 |
| [illegible] | [illegible] | [illegible] | [illegible]。 | [illegible] | [illegible] | [illegible] | [illegible] | [illegible] |
| ·ju$^{2}$ | nwə$^{1}$ | njwi$^{2}$ | ŋwu$^{2}$ | dźiã$^{2}$ | tsjij$^{2}$ | rjur$^{1}$ | tsjiir$^{1}$ | kwər$^{1}$ |
| 便 | 知 | 善 | 是。 | 菩 | 萨 | 诸 | 法 | 体 |

智，是名菩萨善知方便。菩萨善知诸法体

**27.40.6**

| | | | | | | | | |
|---|---|---|---|---|---|---|---|---|
| [illegible] | [illegible] | [illegible]， | [illegible] | [illegible] | [illegible] | [illegible] | [illegible] | [illegible] |
| tsjiir$^{2}$ | nwə$^{1}$ | njwi$^{2}$ | ku$^{1}$ | thjɨ$^{2}$ | tja$^{1}$ | dźiã$^{2}$ | tsjij$^{2}$ | ·jij$^{1}$ |
| 性 | 知 | 善， | 则 | 此 | 者 | 菩 | 萨 | 之 |

| | | | | | | | | |
|---|---|---|---|---|---|---|---|---|
| [Tangut] | [Tangut] | [Tangut] | [Tangut] | [Tangut] | [Tangut] | [Tangut]。 | [Tangut] | [Tangut]， |
| pa$^{2}$ | rja$^{2}$ | po$^{1}$ | lo$^{1}$ | bjii$^{2}$ | dźjịj$^{1}$ | ŋwu$^{2}$ | kja$^{1}$ | zjọ$^{2}$ |
| 般 | 若 | 波 | 罗 | 蜜 | 行 | 是。 | 尔 | 时， |

性，是名菩萨行般若波罗蜜。尔时，

## 汉文本

魔言：文殊师利，我实不喜！为阎浮提一切众生，说罗汉记，我无愁恼。说一菩萨无上道记，我之愁恼不可言也！何以故？文殊师利，若说菩萨无上道记，我诸魔宫暗蔽不明。而是菩萨以三乘法，拔济无量阿僧祇诸众生等出于三界。文殊师利，我以是事受诸忧恼。

文殊师利言：波旬，汝还所止，汝无力势能留难遮，毕竟向于菩提之道，成就方便具足般若波罗蜜行者。何以故？是诸菩萨离诸魔缚，成毕竟行，善知方便，行般若波罗蜜。

时佛神力令魔波旬问：文殊师利，云何菩萨修毕竟行，善知方便，行般若波罗蜜？

文殊师利答言：波旬，若有菩萨离于一切诸少分行，是名菩萨成毕竟行。若见一切结使魔业，悉能利益于无上道，是名菩萨善知方便。不共一切诸结使行，是名菩萨行般若波罗蜜。

复次，波旬，若菩萨心毕竟拔济诸众生故，以大庄严而自庄严，是名菩萨毕竟心行。若以四摄摄诸众生，是名菩萨善知方便。若毕竟观一切众生体性寂灭，是名菩萨行般若波罗蜜。

复次，波旬，若有菩萨舍于内外一切能施，菩提之心毕竟究竟，是名菩萨毕竟心行。菩萨若为一切众生起受者心，是名菩萨善知方便。若有菩萨乞者受者，知如实始行平等行，是名菩萨行般若波罗蜜。

复次，波旬，若有菩萨于诸善法，从初发心终不退转，是名菩萨毕竟行于菩提之心。若有菩萨不为他逼能舍自利，是名菩萨善知方便。菩萨念义，不念文字，是名菩萨行般若波罗蜜。

复次，波旬，若见乞者不背舍之，是名菩萨毕竟心行。若有菩萨集诸善根愿求一切智，是名菩萨善知方便。菩萨善知诸法体性，是名菩萨行般若波罗蜜。

**27.41.1**

| | | | | | | | | |
|---|---|---|---|---|---|---|---|---|
| [Tangut] | [Tangut] | [Tangut] | [Tangut] | [Tangut] | [Tangut] | [Tangut] | [Tangut] | [Tangut] |
| ljɨ̣$^{1}$ | phju$^{2}$ | mə$^{1}$ | zjɨ̣$^{1}$ | mã$^{1}$ | śjuu$^{1}$ | śjɨ$^{1}$ | lji$^{1}$ | ·jij$^{1}$ |
| 宝 | 上 | 天 | 子 | 文 | 殊 | 师 | 利 | 之 |
| [Tangut] | [Tangut]： | [Tangut] | [Tangut] | [Tangut] | [Tangut] | [Tangut] | [Tangut] | [Tangut] |
| dạ$^{2}$ | ·jɨ$^{2}$ | nji$^{2}$ | mee$^{2}$ | ɣie$^{1}$ | bju$^{1}$ | thjɨ$^{2}$ | ljiij$^{2}$ | po$^{1}$ |
| 言 | 语： | 汝 | 神 | 力 | 以 | 此 | 魔 | 波 |

宝上天子语文殊师利言：是魔波

**27.41.2**

| | | | | | | | | |
|---|---|---|---|---|---|---|---|---|
| [Tangut]、 | [Tangut] | [Tangut] | [Tangut]， | [Tangut] | [Tangut] | [Tangut] | [Tangut] | [Tangut] |

| | | | | | | | | |
|---|---|---|---|---|---|---|---|---|
| sjwɨ$^{1}$ | wjɨ̣$^{1}$ | dźjwɨ$^{1}$ | njɨ$^{2}$ | dźiā$^{2}$ | tsjij$^{2}$ | ·jij$^{1}$ | ·o$^{1}$ | ·u$^{2}$ |
| 旬、 | 眷 | 属 | 等， | 菩 | 萨 | 之 | 腹 | 内 |
| kjɨ$^{1}$ | ljwị$^{1}$ | nja$^{2}$ | ljịj$^{2}$ | ·ụ$^{2}$ | rjijr$^{2}$ | tshwew$^{1}$ | mjijr$^{2}$ | neew$^{2}$ |
| 已 | 置 | △， | 大 | 乘 | 愿 | 向 | 者 | 善 |

旬、眷属及乘，可以神力内之腹中，或能令诸善

**27.41.3**

| | | | | | | | | |
|---|---|---|---|---|---|---|---|---|
| goor$^{1}$ | gji$^{2}$ | neew$^{2}$ | sji$^{2}$ | dzjwo$^{2}$ | ·jij$^{1}$ | ɣię$^{2}$ | lụ$^{2}$ | mja$^{1}$ |
| 男 | 子、 | 善 | 女 | 人 | 之， | 碍 | 障 | 为 |
| wji$^{1}$ | mo$^{2}$ | ·jɨ$^{2}$ | mã$^{1}$ | śjuu$^{1}$ | śjɨ$^{1}$ | lji$^{1}$ | dạ$^{2}$ | mə$^{1}$ |
| 作 | 也 | 谓。 | 文 | 殊 | 师 | 利 | 言： | 天 |

男子、善女人向大乘者，为作留难。文殊师利言：天

**27.41.4**

| | | | | | | | | |
|---|---|---|---|---|---|---|---|---|
| zjɨ̣$^{1}$ | nja$^{2}$ | dạ$^{2}$ | tjɨj$^{2}$ | njaa$^{2}$ | ljiij$^{2}$ | po$^{1}$ | sjwɨ$^{1}$ | dźiā$^{2}$ |
| 子， | 汝 | 言 | 如 | 非， | 魔 | 波 | 旬 | 菩 |
| tsjij$^{2}$ | ·jij$^{1}$ | ·o$^{1}$ | ·u$^{2}$ | ljwị$^{1}$ | lew$^{2}$ | njaa$^{2}$ | nioow$^{1}$ | tśjiɨ$^{1}$ |
| 萨 | 之 | 腹 | 内 | 置 | 所 | 非。 | 复 | 次， |

子，不如汝言，内魔波旬置菩萨腹。复次，

**27.41.5**

| | | | | | | | | |
|---|---|---|---|---|---|---|---|---|
| mə$^{1}$ | zjɨ̣$^{1}$ | nji$^{2}$ | rjɨr$^{2}$ | ɣiwej$^{1}$ | ·jiij$^{1}$ | tha$^{1}$ | ·jij$^{1}$ | ljuu$^{2}$ |
| 天 | 子， | 汝 | 所 | 受 | 持 | 佛 | 相 | 庄 |
| tshjịj$^{2}$ | phju$^{2}$ | tsew$^{2}$ | rejr$^{2}$ | lhjịj$^{2}$ | thja$^{2}$ | ljiij$^{2}$ | po$^{1}$ | sjwɨ$^{1}$ |
| 严 | 上 | 第 | 乐 | 受， | 其 | 魔 | 波 | 旬 |

天子,汝所受持佛相庄严第一受乐,令魔波旬

**27.41.6**

| | | | | | | | | |
|---|---|---|---|---|---|---|---|---|
| [illegible] | [illegible] | [illegible] | [illegible] | [illegible] | [illegible]， | [illegible] | [illegible] | [illegible] |
| ·jij$^{1}$ | ka$^{2}$ | tśjij$^{2}$ | lu$^{2}$ | tśhjaa$^{1}$ | dzuu$^{2}$ | tha$^{1}$ | rjur$^{1}$ | ɣie$^{1}$ |
| 之 | 狮 | 子 | 座 | 上 | 坐， | 佛 | 之 | 力 |
| [illegible]， | [illegible] | [illegible] | [illegible] | [illegible] | [illegible] | [illegible]。 | [illegible] | [illegible]， |
| bju$^{1}$ | tha$^{1}$ | nwə | ŋwo$^{2}$ | tsjiir$^{1}$ | rjɨr$^{2}$ | tshjii$^{2}$ | kja$^{1}$ | zjọ$^{2}$ |
| 以， | 佛 | 辩 | 辩 | 法 | 所 | 说。 | 尔 | 时， |

坐狮子座,以佛力故,佛辩说法。尔时,

**27.42.1**

| | | | | | | | | |
|---|---|---|---|---|---|---|---|---|
| [illegible] | [illegible] | [illegible] | [illegible] | [illegible]， | [illegible] | [illegible] | [illegible] | [illegible] |
| po$^{1}$ | sjwɨ$^{1}$ | thjɨ$^{2}$ | dạ$^{2}$ | mji$^{1}$ | nioow$^{1}$ | ljụ$^{2}$ | lwu$^{2}$ | ·ji$^{1}$ |
| 波 | 旬 | 是 | 语 | 闻， | 又 | 身 | 隐 | 众 |
| [illegible] | [illegible] | [illegible]， | [illegible] | [illegible] | [illegible] | [illegible] | [illegible] | [illegible] |
| kha$^{1}$ | lho | kięj$^{2}$ | mã$^{1}$ | śjuu$^{1}$ | śjɨ$^{1}$ | lji$^{1}$ | dźjɨ | wji$^{1}$ |
| 中 | 出 | 欲， | 文 | 殊 | 师 | 利 | 行 | 作 |

波旬闻是语已,欲隐身出众而不能隐,文殊师利

**27.42.2**

| | | | | | | | | |
|---|---|---|---|---|---|---|---|---|
| [illegible] | [illegible] | [illegible] | [illegible]， | [illegible] | [illegible] | [illegible] | [illegible]。 | [illegible] |
| kjɨ$^{1}$ | tśhjwɨj$^{1}$ | rjir$^{2}$ | nioow$^{1}$ | ljụ$^{2}$ | lwu$^{2}$ | mjɨ$^{1}$ | ljɨɨ$^{1}$ | kja$^{1}$ |
| 已 | 禁 | 止 | 故， | 身 | 隐 | 无 | 能。 | 尔 |
| [illegible]， | [illegible] | [illegible] | [illegible] | [illegible] | [illegible] | [illegible] | [illegible]， | |
| zjọ$^{2}$ | mã$^{1}$ | śjuu$^{1}$ | śjɨ$^{1}$ | lji$^{1}$ | thjɨ$^{2}$ | sju$^{2}$ | lə | |
| 时， | 文 | 殊 | 师 | 利 | 是 | 如 | 念， | |

之所持故①。尔时,文殊师利作是念已,

**27.42.3**

| | | | | | | | | |
|---|---|---|---|---|---|---|---|---|
| [illegible] | [illegible] | [illegible] | [illegible] | [illegible] | [illegible] | [illegible] | [illegible] | [illegible]， |

① 文殊师利之所持故,西夏文本作“文殊师利已作禁止故”。西夏文本以“禁止”对译“持”。下同。

ljiij$^2$ njij$^2$ po$^1$ sjwɨ$^1$ ·jij$^1$ tha$^1$ ljṳ$^2$ ·jij$^1$ śja$^2$

魔 王 波 旬 之 佛 身 相 现，

[illegible]。[illegible]，[illegible]

ka$^2$ tśjij$^2$ lu$^2$ tśhjaa$^1$ dzuu$^2$ phji$^1$ kja$^1$ ljịj$^2$

狮 子 座 上 坐 令。 时， 大

魔王波旬作佛身相，坐狮子座。是时，

**27.42.4**

[illegible]。

·ji$^1$ ŋowr$^2$ ŋowr$^2$ ljiij$^2$ po$^1$ sjwɨ$^1$ ŋwu$^2$ ljij$^2$ dwewr$^2$

众 一 切 魔 波 旬 是 见 知。

[illegible]：

mã$^1$ śjuu$^1$ śjɨ$^1$ lji$^1$ nioow$^1$ po$^1$ sjwɨ$^1$ ·jij$^1$ ·jɨ$^2$

文 殊 师 利 复 波 旬 之 言：

一切大众见知是魔波旬。文殊师利复言：

**27.42.5**

[illegible]

nji$^2$ sjij$^1$ tha$^1$ tsə$^1$ ljṳ$^2$ śjɨj$^1$ ka$^2$ tśjij$^2$ lu$^2$ tśhjaa$^1$

汝 今 佛 色 身 成 狮 子 座 上

[illegible]，[illegible]？

dzuu$^2$ rjur$^1$ mjor$^1$ jịj$^2$ ·jij$^1$ tśja$^1$ rjor$^2$ nja$^2$ mo$^2$

坐， 诸 如 来 之 道 得 △ 耶？

波旬，汝今得诸如来道耶？成佛色身坐狮子座①，

**27.42.6**

[illegible]

mã$^1$ śjuu$^1$ śjɨ$^1$ lji$^1$ ɣie$^1$ ŋwu$^2$ ljiij$^2$ po$^1$ sjwɨ$^1$

文 殊 师 利 力 以 魔 波 旬

[illegible]，[illegible]

① 成佛色身坐狮子座，西夏文本译于“波旬，汝今得诸如来道耶？”句中。

·jij$^{1}$ kjɨ$^{1}$ tśhjwɨj$^{1}$ rjir$^{2}$ nioow$^{1}$ ljiij$^{2}$ po$^{1}$ sjwɨ$^{1}$ mã$^{1}$

之 已 禁 止 故, 魔 波 旬 文

以文殊师利力所持故,魔波旬言:文

**27.43.1**

[illegible]

śjuu$^{1}$ śjɨ$^{1}$ lji$^{1}$ ·jij$^{1}$ ·jɨ$^{2}$ rjur$^{1}$ pjụ$^{1}$ tsjɨ$^{1}$ po$^{1}$

殊 师 利 之 言: 世 尊 尚 菩

[illegible]

tjɨj$^{1}$ mjɨ$^{1}$ kja$^{1}$ rjir$^{2}$ nioow$^{1}$ ŋa$^{2}$ ljọ$^{2}$ rjor$^{2}$ ŋa$^{2}$

提 无 于 得, 又 我 况 得 △?

殊师利,世尊尚不得于菩提,况我得也?

**27.43.2**

[illegible]

thjɨ$^{2}$ tja$^{1}$ thjij$^{2}$ sjo$^{2}$ po$^{1}$ tjɨj$^{1}$ tja$^{1}$ ljị$^{2}$ tshja$^{2}$

此 者 何 云? 菩 提 者 恩 报

[illegible]

sji$^{2}$ ·jij$^{1}$ ŋwu$^{2}$ kiẹj$^{2}$ ka$^{2}$ ŋwu$^{2}$ rjir$^{1}$ lew$^{2}$ njaa$^{2}$

△ 相 是, 欲 离 以 得 所 非,

所以者何? 菩提者是报恩相,非离欲得,

**27.43.3**

[illegible]

tsjij$^{2}$ tshwew$^{1}$ ŋwu$^{2}$ rjir$^{2}$ lew$^{2}$ njaa$^{2}$ nioow$^{1}$ po$^{1}$ tjɨj$^{1}$

解 向 以 得 所 非。 又 菩 提

[illegible]

tja$^{1}$ dźiəj$^{2}$ mə$^{1}$ rjir$^{2}$ sji$^{2}$ ·jij$^{1}$ ŋwu$^{2}$ thja$^{2}$ dźiəj$^{2}$

者 为 无 得 △ 相 是, 彼 为

非解向得。又菩提者得无为相,彼

**27.43.4**

[illegible]

mə̣¹ ·jij¹ rjir² ljɨ¹ ·jij¹ ŋa¹ nwə¹ dwewr² ku¹

无 相 得 也， 相 空 知 觉 故，

□ □ □ □ □， □ □ □ □

po¹ tjɨj¹ ·jɨ² ŋa² ŋwu² ŋa¹ mji¹ nwə¹ dwewr²

菩 提 名 △ 以， 空 不 知 觉

得无为相故，觉知空相，是名菩提，非空觉知空

**27.43.5**

□。 □ □ □ □ □ □， □ □

ljɨ¹ ·jij¹ mjij¹ ·jij¹ nwə¹ dwewr² ku¹ po¹ tjɨj¹

也。 相 无 相 知 觉 故， 菩 提

□， □ □ □ □ □ □ □ □

·jɨ² ·jij¹ mjij¹ ŋwu² ·jij¹ mjij¹ ·jij¹ mji¹ nwə¹

名， 相 无 以 相 无 相 不 知

故。觉知无相相，是名菩提，非以无相觉知无相相

**27.43.6**

□ □。 □ □ □ □ □ □， □

dwewr² ljɨ¹ tji̠¹ mjij¹ ·jij¹ nwə¹ dwewr² ku¹ po¹

觉 也。 愿 无 相 知 觉 故， 菩

□ □， □ □ □ □ □ □ □

tjɨj¹ ·jɨ² tji̠¹ mjij¹ ·jij¹ ŋwu² tji̠¹ mjij¹ ·jij¹

提 名， 愿 无 相 以 愿 无 相

故。觉知无愿相，是名菩提，非无愿相觉知无愿相

**27.44.1**

□ □ □ □。 □ □ □ □ □ □

mji¹ nwə¹ dwewr² ljɨ¹ tsjiir¹ rjur¹ kwər¹ tsjiir² nwə¹ dwewr²

不 知 觉 也。 法 界 体 性 知 觉

□， □ □ □， □ □ □ □ □

ku¹ po¹ tjɨj¹ ·jɨ² kwər¹ tsjiir² ŋwu² kwər¹ tsjiir²

故， 菩 提 名， 体 性 以 体 性

故。觉知法界之体性者,是名菩提,非以体性

**27.44.2**

| | | | | | | | | |
|---|---|---|---|---|---|---|---|---|
| [illegible] | [illegible] | [illegible] | [illegible]。 | [illegible] | [illegible] | [illegible] | [illegible] | [illegible] |
| mji$^1$ | nwə$^1$ | dwewr$^2$ | ljɨ$^1$ | mjor$^1$ | phjo$^2$ | kar$^2$ | mjij$^1$ | ·jij$^1$ |
| 不 | 知 | 觉 | 也。 | 如 | 分 | 别 | 无 | 相 |
| [illegible] | [illegible] | [illegible], | [illegible] | [illegible] | [illegible], | [illegible] | [illegible] | [illegible] |
| nwə$^1$ | dwewr$^2$ | ku$^1$ | po$^1$ | tjɨj$^1$ | ·jɨ$^2$ | mjor$^1$ | ŋwu$^2$ | mjor$^1$ |
| 知 | 觉 | 故, | 菩 | 提 | 名, | 如 | 以 | 如 |

觉知体性故。觉知于如无分别相,是名菩提,非如

**27.44.3**

| | | | | | | | | |
|---|---|---|---|---|---|---|---|---|
| [illegible] | [illegible] | [illegible] | [illegible]。 | [illegible] | [illegible] | [illegible] | [illegible] | [illegible] |
| mji$^1$ | nwə$^1$ | dwewr$^2$ | ljɨ$^1$ | źjɨr$^1$ | bju$^1$ | ɣu$^1$ | ɣa$^2$ | dźjiij$^1$ |
| 不 | 知 | 觉 | 也。 | 实 | 如 | 始 | 于 | 住 |
| [illegible] | [illegible] | [illegible], | [illegible] | [illegible] | [illegible], | [illegible] | [illegible] | [illegible] |
| nwə$^1$ | dwewr$^2$ | ku$^1$ | po$^1$ | tjɨj$^1$ | ·jɨ$^2$ | źjɨr$^1$ | bju$^1$ | ɣu$^1$ |
| 知 | 觉 | 故, | 菩 | 提 | 名, | 实 | 如 | 始 |

觉知如故。觉知住于如实始故,是名菩提,非住如实始

**27.44.4**

| | | | | | | | | |
|---|---|---|---|---|---|---|---|---|
| [illegible] | [illegible] | [illegible] | [illegible] | [illegible] | [illegible] | [illegible] | [illegible] | [illegible] |
| dźjiij$^1$ | ŋwu$^2$ | źjɨr$^1$ | bju$^1$ | ɣu$^1$ | dźjiij$^1$ | mji$^1$ | nwə$^1$ | dwewr$^2$ |
| 住 | 以 | 实 | 如 | 始 | 住 | 不 | 知 | 觉 |
| [illegible]。 | [illegible] | [illegible]、 | [illegible] | [illegible] | [illegible]、 | [illegible] | [illegible]、 | [illegible] |
| ljɨ$^1$ | ŋa$^2$ | mjij$^1$ | dźiā$^2$ | tśhju$^1$ | mjij$^1$ | ka̱$^1$ | mjij$^1$ | dzjwo$^2$ |
| 也。 | 我 | 无、 | 众 | 生 | 无、 | 命 | 无、 | 人 |

觉知住于如实始故。觉无我、无有众生、无命、

**27.44.5**

| | | | | | | | | |
|---|---|---|---|---|---|---|---|---|
| [illegible] | [illegible] | [illegible] | [illegible] | [illegible] | [illegible] | [illegible], | [illegible] | [illegible] |
| goor$^1$ | kiej$^2$ | kwər$^1$ | tsjiir$^2$ | mjij$^1$ | dwewr$^2$ | ku$^1$ | po$^1$ | tjɨj$^1$ |

| | | | | | | | | |
|---|---|---|---|---|---|---|---|---|
| 丈 | 夫 | 体 | 性 | 无 | 觉 | 故， | 菩 | 提 |
| [illegible]， | [illegible] | [illegible] | [illegible] | [illegible] | [illegible]。 | [illegible] | [illegible] | [illegible] |
| ·jɨ² | nwə¹ | dwewr² | mjijr² | mjij¹ | ljɨ¹ | mã¹ | śjuu¹ | śjɨ¹ |
| 名， | 知 | 觉 | 者 | 无 | 也。 | 文 | 殊 | 师 |

无人丈夫体性，是名菩提，无觉知者故。文殊师

**27.44.6**

| | | | | | | | | | |
|---|---|---|---|---|---|---|---|---|---|
| [illegible]， | [illegible] | [illegible] | [illegible] | [illegible] | [illegible] | [illegible] | [illegible] | [illegible] | [illegible] |
| lji¹ | tjɨ¹ | tjij¹ | dźiã² | tsjij² | thjɨ² | sju² | po¹ | tjɨj¹ | ·jij¹ |
| 利， | 假 | 若 | 菩 | 萨 | 是 | 如 | 菩 | 提 | 相 |
| [illegible] | [illegible]， | [illegible] | [illegible] | [illegible] | [illegible] | [illegible] | [illegible] | [illegible] | [illegible] |
| tshjiij¹ | mji¹ | mji¹ | nioow¹ | rjur¹ | tsjiir¹ | kwər¹ | tsjiir² | ɣa² | phjo² |
| 说 | 闻， | 闻 | 已 | 诸 | 法 | 体 | 性 | 于 | 分 |

利，若有菩萨闻说如是菩提之相，闻已能于诸法体性

**27.45.1**

| | | | | | | | | |
|---|---|---|---|---|---|---|---|---|
| [illegible] | [illegible] | [illegible]， | [illegible] | [illegible] | [illegible]。 | [illegible] | [illegible] | [illegible] |
| kar² | mjij¹ | ku¹ | tha¹ | ·jɨ² | ljɨ¹ | ljiij² | tha¹ | ·jij¹ |
| 别 | 无 | 故， | 佛 | 名 | 也。 | 魔 | 佛 | 之 |
| [illegible] | [illegible] | [illegible] | [illegible] | [illegible] | [illegible] | [illegible]， | [illegible] | [illegible] |
| nwə | ŋwo² | ŋwu² | thja² | tsjiir¹ | tshjiij¹ | zjọ² | ŋwə¹ | ·jir² |
| 辩 | 辩 | 以 | 是 | 法 | 说 | 时， | 五 | 百 |

无所分别，即名为佛。魔以佛辩说是法时，五百

**27.45.2**

| | | | | | | |
|---|---|---|---|---|---|---|
| [illegible] | [illegible] | [illegible] | [illegible] | [illegible] | [illegible] | [illegible]。 |
| dźiã² | tsjij² | wee¹ | mjij¹ | tsjiir¹ | zeew² | rjir² |
| 菩 | 萨 | 生 | 无 | 法 | 忍 | 得。 |

菩萨得无生法忍。

## 汉文本

尔时,宝上天子语文殊师利言:是魔波旬、眷属及乘,可以神力内之腹中,或能令诸善男子、善女人向大乘者,为作留难。

文殊师利言:天子,不如汝言,内魔波旬置菩萨腹。复次,天子,汝所受持佛相庄严第一受乐,令魔波旬坐狮子座,以佛力故,佛辩说法。尔时,波旬闻是语已,欲隐身出众而不能隐,文殊师利之所持故。

尔时,文殊师利作是念已,魔王波旬作佛身相,坐狮子座。是时,一切大众见知是魔波旬。

文殊师利复言:波旬,汝今得诸如来道耶?

成佛色身坐狮子座,以文殊师利力所持故,魔波旬言:文殊师利,世尊尚不得于菩提,况我得也?所以者何?菩提者是报恩相,非离欲得,非解向得。又菩提者得无为相,彼得无为相故,觉知空相,是名菩提,非空觉知空故。觉知无相相,是名菩提,非以无相觉知无相相故。觉知无愿相,是名菩提,非无愿相觉知无愿相故。觉知法界之体性者,是名菩提,非以体性觉知体性故。觉知于如无分别相,是名菩提,非如觉知如故。觉知住于如实始故,是名菩提,非住如实始觉知住于如实始故。觉无我、无有众生、无命、无人丈夫体性,是名菩提,无觉知者故。文殊师利,若有菩萨闻说如是菩提之相,闻已能于诸法体性无所分别,即名为佛。

魔以佛辩说是法时,五百菩萨得无生法忍。

**27.45.2**

| | | | | | | | | | |
|---|---|---|---|---|---|---|---|---|---|
| [illegible] | [illegible], | [illegible] | [illegible] | [illegible] | [illegible] | [illegible], | [illegible] | [illegible] | [illegible] |
| kja$^{1}$ | zjọ$^{2}$ | ljij$^{2}$ | tśhja$^{2}$ | śja$^{1}$ | rjir$^{2}$ | gji$^{2}$ | mã$^{1}$ | śjuu$^{1}$ | śjɨ$^{1}$ |
| 尔 | 时, | 大 | 德 | 舍 | 利 | 子, | 文 | 殊 | 师 |

尔时,大德舍利弗,语文殊师

**27.45.3**

| | | | | | | | | |
|---|---|---|---|---|---|---|---|---|
| [illegible] | [illegible] | [illegible] | [illegible]: | [illegible] | [illegible] | [illegible] | [illegible]! | [illegible] |
| lji$^{1}$ | ·jij$^{1}$ | dạ$^{2}$ | ·jɨ$^{2}$ | śji$^{1}$ | dju$^{1}$ | mjij$^{2}$ | djij$^{2}$ | nji$^{2}$ |
| 利 | 之 | 言 | 谓: | 前 | 有 | 未 | 曾! | 汝 |
| [illegible] | [illegible] | [illegible], | [illegible] | [illegible] | [illegible] | [illegible] | [illegible] | [illegible] |
| ·jij$^{1}$ | ɣie$^{1}$ | ŋwu$^{2}$ | ljiij$^{2}$ | po$^{1}$ | sjwɨ$^{1}$ | rjur$^{1}$ | kjɨ$^{1}$ | bjij$^{2}$ |
| 之 | 力 | 以, | 魔 | 波 | 旬 | 之 | △ | 作 |

利言:未曾有也!汝力持故,令魔波旬作

**27.45.4**

| | | | | | | | | |
|---|---|---|---|---|---|---|---|---|
| [illegible] | [illegible] | [illegible] | [illegible] | [illegible], | [illegible] | [illegible] | [illegible] | [illegible] |

| | | | | | | | | |
|---|---|---|---|---|---|---|---|---|
| bju̱¹ | mjor¹ | jịj² | ljụ² | śja² | ljụ² | ·jij¹ | ŋowr² | lhə |
| 依 | 如 | 来 | 身 | 现， | 身 | 相 | 具 | 足 |
| [illegible] | [illegible] | [illegible] | [illegible] | [illegible]， | [illegible] | [illegible] | [illegible] | |
| ka² | tśjij² | lu² | tśhjaa¹ | dzuu² | thja² | na¹ | tsjiir¹ | |
| 狮 | 子 | 座 | 上 | 坐， | 是 | 深 | 法 | |

如来身，身相具足坐狮子座，说是深法。

**27.45.5**

| | | | | | | | | |
|---|---|---|---|---|---|---|---|---|
| [illegible] | [illegible] | [illegible] | [illegible]。 | [illegible] | [illegible] | [illegible] | [illegible] | [illegible] |
| tshjiij¹ | phji¹ | njwi² | nja² | mã¹ | śjuu¹ | śjɨ¹ | lji¹ | dạ² |
| 说 | 令 | 能 | △。 | 文 | 殊 | 师 | 利 | 言 |
| [illegible] | [illegible] | [illegible] | [illegible] | [illegible] | [illegible] | [illegible] | [illegible]： | [illegible] |
| ljịj² | tśhja² | śja¹ | rjir² | gji² | ·jij¹ | dạ² | ·jɨ² | sji¹ |
| 大 | 德 | 舍 | 利 | 子 | 之 | 言 | 谓： | 木 |

文殊师利言：大德舍利弗，

**27.45.6**

| | | | | | | | | |
|---|---|---|---|---|---|---|---|---|
| [illegible] | [illegible] | [illegible] | [illegible] | [illegible] | [illegible] | [illegible]， | [illegible] | [illegible] |
| śjị² | phu² | bo¹ | ŋowr² | ŋowr² | njiij¹ | mjij¹ | thja² | tsjɨ¹ |
| 草 | 树 | 林 | 一 | 切 | 心 | 无， | 其 | 亦 |
| [illegible] | [illegible] | [illegible] | [illegible] | [illegible] | [illegible] | [illegible] | [illegible]， | [illegible] |
| mjor¹ | jịj² | ·jij¹ | ljụ² | ·jij¹ | ŋowr² | lhə | śja² | zji² |
| 如 | 来 | 之 | 身 | 相 | 具 | 足 | 现， | 悉 |

一切草木树林无心，可作如来身相具足，悉

**27.46.1**

| | | | | | | | | |
|---|---|---|---|---|---|---|---|---|
| [illegible] | [illegible] | [illegible] | [illegible]。 | [illegible] | [illegible] | [illegible] | [illegible] | [illegible] |
| tsjiir¹ | tshjiij¹ | phji¹ | njwi² | ŋa² | sjij¹ | ljịj² | tśhja² | śja¹ |
| 法 | 说 | 令 | 能。 | 我 | 今 | 大 | 德 | 舍 |
| [illegible] | [illegible] | [illegible] | [illegible] | [illegible] | [illegible] | [illegible]， | [illegible] | [illegible] |
| rjir² | gji² | ·jij¹ | mjor¹ | jịj² | ljụ² | śja² | ljụ² | ·jij¹ |
| 利 | 子 | 之 | 如 | 来 | 身 | 现， | 身 | 相 |

能说法。我亦能令大德舍利弗作如来身,身相

**27.46.2**

| | | | | | | | | |
|---|---|---|---|---|---|---|---|---|
| [illegible] | [illegible], | [illegible] | [illegible] | [illegible] | [illegible] | [illegible] | [illegible] | [illegible]。 |
| ŋowr² | lhə | tha¹ | ·jij¹ | nwə | ŋwo² | tshjiij¹ | phjo² | ŋa² |
| 具 | 足, | 佛 | 之 | 辩 | 辩 | 说 | 令 | △。 |
| [illegible] | [illegible], | [illegible] | [illegible] | [illegible] | [illegible] | [illegible] | [illegible] | |
| kja¹ | zjọ² | ljij² | tśhja² | śja¹ | rjir² | gji² | xja¹ | |
| 尔 | 时, | 大 | 德 | 舍 | 利 | 子 | 即 | |

具足,以佛辩说法。尔时,大德舍利弗即

**27.46.3**

| | | | | | | | | |
|---|---|---|---|---|---|---|---|---|
| [illegible] | [illegible] | [illegible]: | [illegible] | [illegible] | [illegible] | [illegible] | [illegible] | [illegible] |
| thjɨ² | lə | wji¹ | ŋa² | sjij¹ | thjɨ² | ·ji¹ | kha¹ | bu¹ |
| 是 | 念 | 作: | 我 | 今 | 此 | 众 | 中 | 没 |
| [illegible]。 | [illegible] | [illegible] | [illegible] | [illegible] | [illegible] | [illegible] | [illegible] | [illegible] |
| lew² | mã¹ | śjuu¹ | śjɨ¹ | lji¹ | tjɨ¹ | tjij¹ | ŋa² | ·jij¹ |
| 可。 | 文 | 殊 | 师 | 利 | 若 | 或 | 我 | 之 |

作是念:我今可于此众中没。文殊师利或能使我

**27.46.4**

| | | | | | | | | |
|---|---|---|---|---|---|---|---|---|
| [illegible] | [illegible] | [illegible] | [illegible] | [illegible] | [illegible] | [illegible] | [illegible], | [illegible] |
| mjor¹ | jịj² | ljụ² | śja² | ljụ² | ·jij¹ | ŋowr² | lhə | ŋa² |
| 如 | 来 | 身 | 现 | 身 | 相 | 具 | 足, | 我 |
| [illegible] | [illegible] | [illegible], | [illegible] | [illegible] | [illegible] | [illegible] | [illegible] | [illegible] |
| ·jij¹ | tsjụ¹ | pjɨ¹ | ɣię² | mji¹ | dzjwo² | gjɨ² | rjur¹ | pjụ¹ |
| 之 | 犯 | 界, | 声 | 闻 | 人 | 有 | 世 | 尊 |

作如来身身相具足,戏弄①于我,令声闻人作世尊

**27.46.5**

| | | | | | | | | |
|---|---|---|---|---|---|---|---|---|
| [illegible] | [illegible] | [illegible] | [illegible] | [illegible] | [illegible] | [illegible]。 | [illegible] | [illegible] |

① 戏弄,西夏文本作“犯界”。

| | | | | | | | | |
|---|---|---|---|---|---|---|---|---|
| ·jij$^{1}$ | mja$^{1}$ | śja$^{2}$ | phji$^{1}$ | ŋa$^{2}$ | ·jij$^{1}$ | ·jaa$^{1}$ | mã$^{1}$ | śjuu$^{1}$ |
| 相 | 而 | 现 | 令 | 我 | 之 | 然。 | 文 | 殊 |
| [illegible] | [illegible] | [illegible] | [illegible] | [illegible] | [illegible] | [illegible] | [illegible] | [illegible] |
| śjɨ$^{1}$ | lji$^{1}$ | dźjɨ | wji$^{1}$ | mee$^{2}$ | ɣie$^{1}$ | ŋwu$^{2}$ | kjɨ$^{1}$ | tśhjwɨj$^{1}$ |
| 师 | 利 | 行 | 作 | 神 | 力 | 以 | 已 | 禁 |

相。文殊师利神力持

**27.46.6**

| | | | | | | | | |
|---|---|---|---|---|---|---|---|---|
| [illegible] | [illegible] | [illegible] | [illegible] | [illegible] | [illegible]。 | [illegible] | [illegible] | [illegible] |
| rjir$^{2}$ | nioow$^{1}$ | ljụ$^{2}$ | lwu$^{2}$ | mjɨ$^{1}$ | ljɨɨ$^{1}$ | dzjɨj$^{1}$ | mã$^{1}$ | śjuu$^{1}$ |
| 止 | 故 | 身 | 隐 | 无 | 能。 | 时 | 文 | 殊 |
| [illegible] | [illegible] | [illegible] | [illegible] | [illegible] | [illegible] | [illegible] | [illegible] | |
| śjɨ$^{1}$ | lji$^{1}$ | ljij$^{2}$ | tśhja$^{2}$ | śja$^{1}$ | rjir$^{2}$ | gji$^{2}$ | njiij$^{1}$ | |
| 师 | 利 | 大 | 德 | 舍 | 利 | 子 | 心 | |

故而不能隐。时文殊师利知大德舍利弗心

**27.47.1**

| | | | | | | | | |
|---|---|---|---|---|---|---|---|---|
| [illegible] | [illegible] | [illegible] | [illegible]， | [illegible] | [illegible] | [illegible] | [illegible] | [illegible] |
| khju$^{1}$ | lə | tja$^{1}$ | dwewr$^{2}$ | ljij$^{2}$ | tśhja$^{2}$ | śja$^{1}$ | rjir$^{2}$ | gji$^{2}$ |
| 所 | 念 | 者 | 知， | 大 | 德 | 舍 | 利 | 子 |
| [illegible] | [illegible] | [illegible] | [illegible] | [illegible] | [illegible] | [illegible]， | [illegible] | [illegible] |
| ·jij$^{1}$ | lej$^{2}$ | mjor$^{1}$ | jij$^{2}$ | ljụ$^{2}$ | we$^{2}$ | phji$^{1}$ | ljụ$^{2}$ | ·jij$^{1}$ |
| 之 | 变 | 如 | 来 | 身 | 为 | 令， | 身 | 相 |

所念，变大德舍利弗为如来身，身相

**27.47.2**

| | | | | | | | | |
|---|---|---|---|---|---|---|---|---|
| [illegible] | [illegible] | [illegible] | [illegible] | [illegible] | [illegible] | [illegible]， | [illegible] | [illegible] |
| ŋowr$^{2}$ | lhə | ka$^{2}$ | tśjij$^{2}$ | lu$^{2}$ | tśhjaa$^{1}$ | dzuu$^{2}$ | ·ji$^{1}$ | ljwu$^{2}$ |
| 具 | 足 | 狮 | 子 | 座 | 上 | 坐， | 众 | 会 |
| [illegible] | [illegible] | [illegible] | [illegible] | [illegible] | [illegible] | [illegible]。 | [illegible] | [illegible]， |
| ŋowr$^{2}$ | ŋowr$^{2}$ | tsjɨ$^{1}$ | to$^{2}$ | zji$^{2}$ | nwə$^{1}$ | ljij$^{2}$ | kja$^{1}$ | zjọ$^{2}$ |
| 一 | 切 | 亦 | 悉 | 皆 | 知 | 见。 | 尔 | 时， |

具足坐狮子座,一切众会亦悉见知。尔时,

**27.47.3**

| | | | | | | | | |
|---|---|---|---|---|---|---|---|---|
| [illegible] | [illegible] | [illegible] | [illegible] | [illegible] | [illegible] | [illegible] | [illegible] | [illegible] |
| mã$^1$ | śjuu$^1$ | śjɨ$^1$ | lji$^1$ | zjɨ$^1$ | lji$^2$ | ljij$^2$ | tśhja$^2$ | śja$^1$ |
| 文 | 殊 | 师 | 利 | 童 | 子 | 大 | 德 | 舍 |
| [illegible] | [illegible] | [illegible] | [illegible] | [illegible]: | [illegible] | [illegible] | [illegible] | [illegible] |
| rjir$^2$ | gji$^2$ | ·jij$^1$ | dạ$^2$ | ·jɨ$^2$ | nji$^2$ | ljiij$^2$ | po$^1$ | sjwɨ$^1$ |
| 利 | 子 | 之 | 语 | 谓: | 汝 | 魔 | 波 | 旬 |

文殊师利童子语大德舍利弗:汝可与魔波旬

**27.47.4**

| | | | | | | | | |
|---|---|---|---|---|---|---|---|---|
| [illegible], | [illegible] | [illegible] | [illegible] | [illegible] | [illegible] | [illegible] | [illegible] | [illegible] |
| rjir$^2$ | mjor$^1$ | jij$^2$ | dzjij$^2$ | mjor$^1$ | jij$^2$ | rjir$^2$ | ·jɨr$^1$ | ·jɨr$^1$ |
| 与, | 如 | 来 | 犹 | 如 | 来 | 与 | 问 | 问 |
| [illegible] | [illegible] | [illegible] | [illegible] | [illegible] | [illegible]。 | [illegible] | [illegible], | [illegible] |
| djij$^2$ | sju$^2$ | dja$^2$ | ·jɨr$^1$ | ·jɨr$^1$ | tsjɨ$^1$ | kja$^1$ | zjọ$^2$ | ljij$^2$ |
| △ | 如 | △ | 问 | 问 | 亦。 | 尔 | 时, | 大 |

共说,犹如如来共如来说。尔时,大

**27.47.5**

| | | | | | | | | |
|---|---|---|---|---|---|---|---|---|
| [illegible] | [illegible] | [illegible] | [illegible], | [illegible] | [illegible] | [illegible] | [illegible] | [illegible] |
| tśhja$^2$ | śja$^1$ | rjir$^2$ | gji$^2$ | po$^1$ | sjwɨ$^1$ | ·jij$^1$ | thjɨ$^2$ | sju$^2$ |
| 德 | 舍 | 利 | 子, | 波 | 旬 | 之 | 是 | 如 |
| [illegible] | [illegible]: | [illegible] | [illegible] | [illegible] | [illegible], | [illegible] | [illegible] | [illegible] |
| dạ$^2$ | ·jɨ$^2$ | po$^1$ | tjɨj$^1$ | ·jɨ$^2$ | tja$^1$ | kwər$^1$ | tsjiir$^2$ | thjij$^2$ |
| 言 | 谓: | 菩 | 提 | 谓 | 者, | 体 | 性 | 何 |

德舍利弗,如是问言:波旬,夫菩提者,何等体性?

**27.47.6**

| | | | | | | | | |
|---|---|---|---|---|---|---|---|---|
| [illegible]? | [illegible] | [illegible] | [illegible] | [illegible]: | [illegible] | [illegible] | [illegible] | [illegible] |
| sjo$^2$ | po$^1$ | sjwɨ$^1$ | kụ$^2$ | dạ$^2$ | rjur$^1$ | tsjiir$^1$ | ŋowr$^2$ | ŋowr$^2$ |

云? 波 旬 答 言: 诸 法 一 切

[illegible]

lew$^2$ ka$^1$ dwewr$^2$ nwə$^1$ tja$^1$ po$^1$ tjɨj$^1$ ·jij$^1$ kwər$^1$

所 等 觉 知 者, 菩 提 之 体

波旬答言:觉知一切诸法平等,是菩提体

**27.48.1**

[illegible]

tsjiir$^2$ ŋwu$^2$ njɨɨ$^1$ tsjiir$^1$ nwə$^1$ dwewr$^2$ tja$^1$ po$^1$ tjɨj$^1$

性 是。 二 法 知 觉 者, 菩 提

[illegible]

·jij$^1$ kwər$^1$ tsjiir$^2$ ŋwu$^2$ ŋowr$^2$ ŋowr$^2$ sjij$^2$ bioo$^1$ tja$^1$

之 体 性 是。 一 切 智 观 者,

性。觉知二法,是菩提体性。一切智观,

**27.48.2**

[illegible]

po$^1$ tjɨj$^1$ ·jij$^1$ kwər$^1$ tsjiir$^2$ ŋwu$^2$ mji$^1$ mji$^1$ kwər$^1$

菩 提 之 体 性 是。 非 不 体

[illegible]

tsjiir$^2$ dźjij$^1$ njaa$^2$ mji$^1$ dźjij$^1$ njaa$^2$ rjur$^1$ dźjɨ ŋowr$^2$

性, 行 非 不 行 非, 诸 行 一

是菩提体性。非不体性,非行非不行,

**27.48.3**

[illegible]

ŋowr$^2$ dźjɨ njaa$^2$ mji$^1$ tśja$^1$ mji$^1$ mji$^1$ tśja$^1$ tśjo

切 行 非, 非 道 非 不 道 永

[illegible]

phja$^1$ ku$^1$ thjɨ$^2$ tja$^1$ rjur$^1$ tha$^1$ rjur$^1$ pjụ$^1$ ·jij$^1$

断 故, 此 者 诸 佛 世 尊 之

永断一切诸行非行,非道非不道,是名诸佛世尊

**27.48.5**

| | | | | | | | | |
|---|---|---|---|---|---|---|---|---|
| [illegible] | [illegible] | [illegible]。 | [illegible] | [illegible] | [illegible] | [illegible] | [illegible] | [illegible] |
| po$^{1}$ | tjɨj$^{1}$ | ŋwu$^{2}$ | po$^{1}$ | sjwɨ$^{1}$ | ljij$^{2}$ | tśhja$^{2}$ | śja$^{1}$ | rjir$^{2}$ |
| 菩 | 提 | 是。 | 波 | 旬 | 大 | 德 | 舍 | 利 |
| [illegible] | [illegible] | [illegible] | [illegible]: | [illegible] | [illegible] | [illegible] | [illegible] | [illegible] |
| gji$^{2}$ | ·jij$^{1}$ | dạ$^{2}$ | ·jɨ$^{2}$ | lhji$^{2}$ | wee$^{1}$ | kha$^{1}$ | dźjiij$^{1}$ | tśhja$^{2}$ |
| 子 | 之 | 言 | 谓: | 死 | 生 | 中 | 住 | 平 |

菩提。波旬问言:大德舍利弗,诸佛如来住于何处?舍利弗言①:住生死中平

**27.48.6**

| | | | | | | | | |
|---|---|---|---|---|---|---|---|---|
| [illegible], | [illegible] | [illegible] | [illegible] | [illegible] | [illegible], | [illegible] | [illegible] | [illegible] |
| ka$^{1}$ | dźjiij$^{1}$ | djiij$^{2}$ | phã$^{1}$ | mji$^{1}$ | mju$^{2}$ | dźjiij$^{1}$ | rjur$^{1}$ | ljij$^{2}$ |
| 等, | 住 | 涅 | 槃 | 不 | 动, | 住 | 诸 | 见 |
| [illegible] | [illegible] | [illegible] | [illegible] | [illegible], | [illegible] | [illegible] | [illegible] | [illegible] |
| ŋowr$^{2}$ | ŋowr$^{2}$ | źjɨr$^{1}$ | bju$^{1}$ | tsjiir$^{2}$ | dźjiij$^{1}$ | dźiã$^{2}$ | tśhju$^{1}$ | ŋowr$^{2}$ |
| 一 | 切 | 实 | 如 | 性, | 住 | 众 | 生 | 一 |

等,住涅槃不动,住一切诸见如实之性,住于一切众生

**27.49.1**

| | | | | | | | | |
|---|---|---|---|---|---|---|---|---|
| [illegible] | [illegible] | [illegible] | [illegible] | [illegible], | [illegible] | [illegible] | [illegible] | [illegible] |
| ŋowr$^{2}$ | ·jij$^{1}$ | tśhiow$^{1}$ | phjii$^{1}$ | ɣa$^{2}$ | dźjiij$^{1}$ | rjur$^{1}$ | tsjiir$^{1}$ | ŋowr$^{2}$ |
| 切 | 之 | 结 | 使 | 于, | 住 | 诸 | 法 | 一 |
| [illegible] | [illegible] | [illegible] | [illegible], | [illegible] | [illegible] | [illegible]、 | [illegible] | [illegible] |
| ŋowr$^{2}$ | mər$^{2}$ | tśhji$^{2}$ | ɣa$^{2}$ | dźjiij$^{1}$ | dźiəj$^{2}$ | lheew$^{2}$ | dźiəj$^{2}$ | mə̣$^{1}$ |
| 切 | 本 | 根 | 于, | 住 | 为 | 有、 | 为 | 无 |

结使,亦住一切诸法根本,住于有为、无为

**27.49.2**

| | | | | | | | | |
|---|---|---|---|---|---|---|---|---|
| [illegible] | [illegible] | [illegible], | [illegible] | [illegible] | [illegible] | [illegible] | [illegible] | [illegible] |
| njɨɨ$^{1}$ | tsjiir$^{1}$ | ɣa$^{2}$ | dźjiij$^{1}$ | rjur$^{1}$ | dźjiij$^{1}$ | mji$^{1}$ | dźjiij$^{1}$ | dźjiij$^{1}$ |

① ……诸佛如来住于何处?舍利弗言,西夏文本无,疑脱。

| | | | | | | | | |
|---|---|---|---|---|---|---|---|---|
| 二 | 法 | 于， | 住 | 诸 | 住 | 不 | 住 | 住 |
| [illegible] | [illegible] | [illegible]。 | [illegible] | [illegible]， | [illegible] | [illegible] | [illegible] | [illegible] |
| mji$^{1}$ | dju$^{1}$ | ljɨ$^{1}$ | po$^{1}$ | sjwɨ$^{1}$ | rjur$^{1}$ | tha$^{1}$ | mjor$^{1}$ | jij$^{2}$ |
| 不 | 有 | 也。 | 波 | 旬， | 诸 | 佛 | 如 | 来 |

二法，诸住不住无有住故。波旬，诸佛如来

## 汉文本

尔时，大德舍利弗，语文殊师利言：未曾有也！汝力持故，令魔波旬作如来身，身相具足坐狮子座，说是深法。

文殊师利言：大德舍利弗，一切草木树林无心，可作如来身相具足，悉能说法。我亦能令大德舍利弗作如来身，身相具足，以佛辩说法。

尔时，大德舍利弗即作是念：我今可于此众中没。文殊师利或能使我作如来身身相具足，戏弄于我，令声闻人作世尊相。文殊师利神力持故而不能隐。

时文殊师利知大德舍利弗心所念，变大德舍利弗为如来身，身相具足坐狮子座，一切众会亦悉见知。

尔时，文殊师利童子语大德舍利弗：汝可与魔波旬共说，犹如如来共如来说。

尔时，大德舍利弗，如是问言：波旬，夫菩提者，何等体性？

波旬答言：觉知一切诸法平等，是菩提体性。觉知二法，是菩提体性。一切智观，是菩提体性。非不体性，非行非不行，永断一切诸行非行，非道非不道，是名诸佛世尊菩提。

波旬问言：大德舍利弗，诸佛如来住于何处？

舍利弗言：住生死中平等，住涅槃不动，住一切诸见如实之性，住于一切众生结使，亦住一切诸法根本，住于有为、无为二法，诸住不住无有住故。波旬，诸佛如来如是住也。

**27.49.3**

| | | | | | | | | |
|---|---|---|---|---|---|---|---|---|
| [illegible] | [illegible] | [illegible] | [illegible] | [illegible]。 | [illegible] | [illegible] | [illegible] | [illegible] |
| tsjɨ$^{1}$ | thji$^{2}$ | sju$^{2}$ | dźjiij$^{1}$ | ljɨ$^{1}$ | dzjɨj$^{1}$ | śja$^{1}$ | rjir$^{2}$ | gji$^{2}$ |
| 亦 | 是 | 如 | 住 | 也。 | 时 | 舍 | 利 | 子 |
| [illegible] | [illegible] | [illegible] | [illegible] | [illegible]： | [illegible] | [illegible] | [illegible] | [illegible]， |
| po$^{1}$ | sjwɨ$^{1}$ | ·jij$^{1}$ | dạ$^{2}$ | ·jɨ$^{2}$ | po$^{1}$ | tjɨj$^{1}$ | ·jɨ$^{2}$ | tja$^{1}$ |
| 波 | 旬 | 之 | 言 | 谓： | 菩 | 提 | 谓 | 者， |

如是住也。时舍利弗问波旬言：菩提者，

**27.49.4**

| | | | | | | | | |
|---|---|---|---|---|---|---|---|---|
| [illegible] | [illegible] | [illegible] | [illegible] | [illegible]？ | [illegible] | [illegible] | [illegible] | [illegible]： |

| | | | | | | | | |
|---|---|---|---|---|---|---|---|---|
| ljɨ$^{1}$ | kjɨ$^{1}$ | ɣa$^{2}$ | kjų$^{1}$ | ljɨ$^{1}$ | po$^{1}$ | sjwɨ$^{1}$ | kų$^{2}$ | dạ$^{2}$ |
| 何 | 当 | 于 | 求 | 也？ | 波 | 旬 | 答 | 言： |
| [illegible] | [illegible] | [illegible] | [illegible] | [illegible]， | [illegible] | [illegible] | [illegible] | [illegible] |
| ljịj$^{2}$ | tśhja$^{2}$ | śja$^{1}$ | rjir$^{2}$ | gji$^{2}$ | ljų$^{2}$ | ljịj$^{2}$ | mər$^{2}$ | tśhji$^{2}$ |
| 大 | 德 | 舍 | 利 | 子， | 身 | 见 | 本 | 根 |

当何处求？波旬答言：大德舍利弗，从身见根本

**27.49.5**

| | | | | | | | | |
|---|---|---|---|---|---|---|---|---|
| [illegible] | [illegible] | [illegible] | [illegible]， | [illegible] | [illegible] | [illegible] | [illegible] | [illegible] |
| ɣa$^{2}$ | po$^{1}$ | tjɨj$^{1}$ | kjų$^{1}$ | bju$^{1}$ | mjij$^{1}$ | dju$^{1}$ | dzu$^{1}$ | ɣa$^{2}$ |
| 于 | 菩 | 提 | 求， | 明 | 无 | 有 | 爱 | 于 |
| [illegible] | [illegible] | [illegible]， | [illegible] | [illegible] | [illegible] | [illegible] | [illegible] | [illegible] |
| po$^{1}$ | tjɨj$^{1}$ | kjų$^{1}$ | tśhjiɨ$^{2}$ | tśhjuu$^{2}$ | śjwo$^{1}$ | tśhiow$^{1}$ | ɣa$^{2}$ | po$^{1}$ |
| 菩 | 提 | 求， | 颠 | 倒 | 起 | 结 | 于 | 菩 |

求于菩提，无明有爱求于菩提，颠倒起结求于菩

**27.49.6**

| | | | | | | | | |
|---|---|---|---|---|---|---|---|---|
| [illegible] | [illegible]， | [illegible] | [illegible] | [illegible] | [illegible] | [illegible] | [illegible] | [illegible] |
| tjɨj$^{1}$ | kjų$^{1}$ | ɣię$^{2}$ | lų$^{2}$ | phoo$^{1}$ | ɣja$^{2}$ | ɣa$^{2}$ | po$^{1}$ | tjɨj$^{1}$ |
| 提 | 求， | 碍 | 障 | 覆 | 盖 | 于 | 菩 | 提 |
| [illegible] | [illegible]。 | [illegible] | [illegible] | [illegible] | [illegible]： | [illegible] | [illegible]， | [illegible] |
| kjų$^{1}$ | ljɨ$^{1}$ | śja$^{1}$ | rjir$^{2}$ | gji$^{2}$ | dạ$^{2}$ | po$^{1}$ | sjwɨ$^{1}$ | wa$^{2}$ |
| 求 | 也。 | 舍 | 利 | 子 | 言： | 波 | 旬， | 何 |

提，障碍覆盖求于菩提。舍利弗言：波旬，何

**27.50.1**

| | | | | | | | | |
|---|---|---|---|---|---|---|---|---|
| [illegible] | [illegible] | [illegible] | [illegible] | [illegible] | [illegible] | [illegible]？ | [illegible] | [illegible] |
| ·jiw$^{1}$ | nioow$^{1}$ | bju$^{1}$ | thjɨ$^{2}$ | sju$^{2}$ | tshjiij$^{1}$ | nja$^{2}$ | po$^{1}$ | sjwɨ$^{1}$ |
| 因 | 缘 | 依 | 是 | 如 | 说 | △？ | 波 | 旬 |
| [illegible] | [illegible]： | [illegible] | [illegible] | [illegible] | [illegible] | [illegible]， | [illegible] | [illegible] |
| kų$^{2}$ | dạ$^{2}$ | ljịj$^{2}$ | tśhja$^{2}$ | śja$^{1}$ | rjir$^{2}$ | gji$^{2}$ | thjɨ$^{2}$ | sju$^{2}$ |
| 答 | 言： | 大 | 德 | 舍 | 利 | 子， | 是 | 如 |

因缘故如是说也？波旬答言：大德舍利弗，

**27.50.2**

| | | | | | | | | |
|---|---|---|---|---|---|---|---|---|
| [illegible] | [illegible] | [illegible] | [illegible] | [illegible] | [illegible] | [illegible]， | [illegible] | [illegible] |
| rjur¹ | tsjiir¹ | źjɨr¹ | bju¹ | nwə¹ | dwewr² | ku¹ | po¹ | tjɨj¹ |
| 诸 | 法 | 实 | 如 | 知 | 觉 | 故， | 菩 | 提 |
| [illegible] | [illegible]。 | [illegible] | [illegible] | [illegible] | [illegible]， | [illegible] | [illegible] | [illegible] |
| ·jɨ² | ljɨ¹ | thja² | tsjiir¹ | tshjiij¹ | zjọ² | ·jar¹ | ·jir² | phji¹ |
| 名 | 也。 | 是 | 法 | 说 | 时， | 八 | 百 | 比 |

如实觉知如是诸法，是名菩提。说是法时，八百比

**27.50.3**

| | | | | | | | | |
|---|---|---|---|---|---|---|---|---|
| [illegible] | [illegible] | [illegible] | [illegible] | [illegible]， | [illegible] | [illegible] | [illegible] | [illegible]。 |
| khjiw² | rjur¹ | rar² | zji² | sji¹ | rar² | mjij¹ | njiij¹ | rjir² |
| 丘 | 诸 | 漏 | 悉 | 尽， | 漏 | 无 | 心 | 得。 |
| [illegible] | [illegible] | [illegible] | [illegible] | [illegible] | [illegible] | [illegible]、 | [illegible] | [illegible] |
| rjur¹ | mə¹ | zjɨ¹ | njɨ² | śja¹ | rjir² | gji² | ljiij² | po¹ |
| 诸 | 天 | 子 | 等 | 舍 | 利 | 子、 | 魔 | 波 |

丘悉断诸漏，得无漏心。诸天子等信舍利弗、魔波

**27.50.4**

| | | | | | | | | |
|---|---|---|---|---|---|---|---|---|
| [illegible] | [illegible] | [illegible] | [illegible]， | [illegible] | [illegible] | [illegible] | [illegible] | [illegible] |
| sjwɨ¹ | njɨ² | dźiej² | nioow¹ | sọ¹ | khjɨ² | njɨɨ¹ | tụ¹ | rjur¹ |
| 旬 | 等 | 信 | 故， | 三 | 万 | 二 | 千 | 诸 |
| [illegible] | [illegible] | [illegible] | [illegible] | [illegible] | [illegible] | [illegible] | [illegible] | [illegible] |
| mə¹ | zjɨ¹ | njɨ² | ·ja | duu² | tow¹ | lo¹ | sã¹ | mjiw² |
| 天 | 子 | 等 | 阿 | 耨 | 多 | 罗 | 三 | 藐 |

旬故，三万二千诸天子等发阿耨多罗三藐

**27.50.5**

| | | | | | | | | |
|---|---|---|---|---|---|---|---|---|
| [illegible] | [illegible] | [illegible] | [illegible] | [illegible] | [illegible]。 | [illegible] | [illegible] | [illegible] |
| sã¹ | po¹ | tjɨj¹ | njiij¹ | ·a | śjwo¹ | mã¹ | śjuu¹ | śjɨ¹ |

| | | | | | | | | |
|---|---|---|---|---|---|---|---|---|
| 三 | 菩 | 提 | 心 | △ | 发。 | 文 | 殊 | 师 |
| [illegible] | [illegible] | [illegible] | [illegible] | [illegible] | [illegible] | [illegible] | [illegible] | [illegible] |
| lji$^{1}$ | zjɨ̣$^{1}$ | lji$^{2}$ | rjur$^{1}$ | mə$^{1}$ | zjɨ̣$^{1}$ | ·jij$^{1}$ | rjur$^{1}$ | jar$^{2}$ |
| 利 | 童 | 子 | 诸 | 天 | 子 | 之 | 调 | 伏 |

三菩提心。为欲调伏诸天子故，文殊师利童子

**27.50.6**

| | | | | | | | | |
|---|---|---|---|---|---|---|---|---|
| [illegible] | [illegible]， | [illegible] | [illegible] | [illegible] | [illegible] | [illegible] | [illegible] | [illegible] |
| kiẹj$^{2}$ | nioow$^{1}$ | ljiij$^{2}$ | po$^{1}$ | sjwɨ$^{1}$ | nioow$^{1}$ | ljịj$^{2}$ | tśhja$^{2}$ | śja$^{1}$ |
| 欲 | 故， | 魔 | 波 | 旬 | 及 | 大 | 德 | 舍 |
| [illegible] | [illegible] | [illegible] | [illegible]， | [illegible] | [illegible] | [illegible] | [illegible] | [illegible] |
| rjir$^{2}$ | gji$^{2}$ | njɨ$^{2}$ | ·jij$^{1}$ | mjor$^{1}$ | jịj$^{2}$ | ljụ$^{2}$ | śja$^{2}$ | ljụ$^{2}$ |
| 利 | 子 | 等 | 之， | 如 | 来 | 身 | 现 | 身 |

令魔波旬及大德舍利弗，作如来身身

**27.51.1**

| | | | | | | | | |
|---|---|---|---|---|---|---|---|---|
| [illegible] | [illegible] | [illegible]。 | [illegible] | [illegible] | [illegible] | [illegible] | [illegible] | [illegible] |
| ·jij$^{1}$ | ŋowr$^{2}$ | lhə | mã$^{1}$ | śjuu$^{1}$ | śjɨ$^{1}$ | lji$^{1}$ | ·jị$^{2}$ | mee$^{2}$ |
| 相 | 具 | 足。 | 文 | 殊 | 师 | 利 | 还 | 神 |
| [illegible] | [illegible]， | [illegible] | [illegible] | [illegible] | [illegible] | [illegible] | [illegible] | [illegible] |
| ɣie$^{1}$ | ljɨɨ$^{1}$ | ljịj$^{2}$ | tśhja$^{2}$ | śja$^{1}$ | rjir$^{2}$ | gji$^{2}$ | nioow$^{1}$ | ljiij$^{2}$ |
| 力 | 摄， | 大 | 德 | 舍 | 利 | 子 | 及 | 魔 |

相具足。文殊师利还摄神力，大德舍利弗及魔

**27.51.2**

| | | | | | | | | |
|---|---|---|---|---|---|---|---|---|
| [illegible] | [illegible]， | [illegible] | [illegible] | [illegible] | [illegible] | [illegible]。 | [illegible] | [illegible]， |
| po$^{1}$ | sjwɨ$^{1}$ | ljụ$^{2}$ | mər$^{2}$ | sju$^{2}$ | we$^{2}$ | phji$^{1}$ | kja$^{1}$ | zjọ$^{2}$ |
| 波 | 旬， | 身 | 本 | 如 | 为 | 令。 | 尔 | 时， |
| [illegible] | [illegible] | [illegible] | [illegible] | [illegible] | [illegible]， | [illegible] | [illegible] | [illegible] |
| ljɨɨr$^{1}$ | rjijr$^{2}$ | tụ$^{1}$ | dźiã$^{2}$ | tsjịj$^{2}$ | to$^{2}$ | rjur$^{1}$ | tha$^{1}$ | lhjịj |
| 四 | 方 | 千 | 菩 | 萨 | 出， | 诸 | 佛 | 土 |

波旬，身复本相。尔时，四方出千菩萨，从诸佛土

**27.51.3**

| | | | | | | | | |
|---|---|---|---|---|---|---|---|---|
| rjijr$^{2}$ | ŋa$^{1}$ | bju$^{1}$ | nja$^{1}$ | jịj$^{2}$ | tha$^{1}$ | do$^{2}$ | njɨ$^{2}$ | nioow$^{1}$ |
| 从 | 空 | 乘 | 而 | 来， | 佛 | 处 | 至， | 又 |
| tha$^{1}$ | rewr$^{2}$ | ·jij$^{1}$ | tshwew$^{1}$ | mjor$^{1}$ | jịj$^{2}$ | rjur$^{1}$ | tśier$^{1}$ | ror$^{2}$ |
| 佛 | 足 | 之 | 礼， | 如 | 来 | 之 | 右 | 绕， |

乘空而来，至于佛所，顶礼佛足，右绕如来，

**27.51.4**

| | | | | | | | | |
|---|---|---|---|---|---|---|---|---|
| tśhjwo$^{1}$ | ·a | njijr$^{2}$ | dźjiij$^{1}$ | tha$^{1}$ | ·jij$^{1}$ | dạ$^{2}$ | ·jɨ$^{2}$ | rjur$^{1}$ |
| 已 | 一 | 面 | 住， | 佛 | 之 | 言 | 白： | 世 |
| pjụ$^{1}$ | ŋa$^{2}$ | njɨ$^{2}$ | tsjiir$^{1}$ | rjur$^{1}$ | kwər$^{1}$ | tsjiir$^{2}$ | phjo$^{2}$ | kar$^{2}$ |
| 尊， | 我 | 等 | 法 | 界 | 体 | 性 | 分 | 别 |

住一面已，白佛言：世尊，我等闻说法界体性无分别

**27.51.5**

| | | | | | | | | |
|---|---|---|---|---|---|---|---|---|
| mjij$^{1}$ | lwər$^{2}$ | lhejr$^{2}$ | tshjiij$^{1}$ | mji$^{1}$ | mji$^{1}$ | nioow$^{1}$ | thju$^{2}$ | tśhja$^{2}$ |
| 无 | 经 | 契 | 说 | 闻， | 闻 | 已 | 此 | 正 |
| tsjiir$^{1}$ | khjuu$^{2}$ | ·wejr$^{2}$ | jịj$^{2}$ | nji$^{2}$ | rjur$^{1}$ | pjụ$^{1}$ | ŋa$^{2}$ | njɨ$^{2}$ |
| 法 | 守 | 护 | 来 | △。 | 世 | 尊， | 我 | 等 |

经，闻已来此守护正法。世尊，我等

**27.51.6**

| | | | | | | | | |
|---|---|---|---|---|---|---|---|---|
| thjɨ$^{2}$ | lwər$^{2}$ | lhejr$^{2}$ | ɣiwej$^{1}$ | ·jiij$^{1}$ | khjuu$^{2}$ | ·wejr$^{2}$ | do$^{1}$ | tshjɨɨ$^{1}$ |
| 此 | 经 | 契 | 受 | 持 | 守 | 护， | 读 | 诵 |

| | | | | | | | | |
|---|---|---|---|---|---|---|---|---|
| [illegible] | [illegible]， | [illegible] | [illegible] | [illegible] | [illegible]， | [illegible] | [illegible] | [illegible] |
| mjijr² | dar¹ | tśhja² | tsjiir¹ | ɣjiw¹ | lhjwi¹ | mjɨ¹ | ·jij¹ | wạ² |
| 通 | 利， | 正 | 法 | 摄 | 取， | 他 | 之 | 广 |

受持守护此经，读诵通利，为他广说，摄取正法。

## 汉文本

时舍利弗问波旬言：菩提者，当何处求？

波旬答言：大德舍利弗，从身见根本求于菩提，无明有爱求于菩提，颠倒起结求于菩提，障碍覆盖求于菩提。

舍利弗言：波旬，何因缘故如是说也？

波旬答言：大德舍利弗，如实觉知如是诸法，是名菩提。

说是法时，八百比丘悉断诸漏，得无漏心。诸天子等信舍利弗、魔波旬故，三万二千诸天子等发阿耨多罗三藐三菩提心。为欲调伏诸天子故，文殊师利童子令魔波旬及大德舍利弗，作如来身身相具足。文殊师利还摄神力，大德舍利弗及魔波旬，身复本相。

尔时，四方出千菩萨，从诸佛土乘空而来，至于佛所，顶礼佛足，右绕如来，住一面已，白佛言：世尊，我等闻说法界体性无分别经，闻已来此守护正法。世尊，我等受持守护此经，读诵通利，为他广说，摄取正法。

**27.52.1**

| | | | | | | | | |
|---|---|---|---|---|---|---|---|---|
| [illegible]。 | [illegible] | [illegible]， | [illegible] | [illegible] | [illegible] | [illegible] | [illegible] | [illegible] |
| tshjiij¹ | kja¹ | zjọ² | ljij² | tśhja² | ·ja | na¹ | tha¹ | ·jij¹ |
| 说。 | 尔 | 时， | 大 | 德 | 阿 | 难 | 佛 | 之 |
| [illegible] | [illegible]： | [illegible] | [illegible]， | [illegible] | [illegible] | [illegible] | [illegible] | [illegible] |
| dạ² | ·jɨ² | rjur¹ | pjụ¹ | rjur¹ | thji² | dźiã² | tsjij² | ljɨ¹ |
| 言 | 白： | 世 | 尊， | 诸 | 是 | 菩 | 萨 | 何 |

尔时，大德阿难白佛言：世尊，是诸菩萨从何

**27.52.2**

| | | | | | | | | |
|---|---|---|---|---|---|---|---|---|
| [illegible] | [illegible] | [illegible] | [illegible] | [illegible]？ | [illegible] | [illegible] | [illegible] | [illegible] |
| kjɨ¹ | rjijr² | rjɨr² | rjɨr² | jij² | tha¹ | ·ja | na¹ | ·jij¹ |
| △ | 向 | 去 | 所 | 来？ | 佛 | 阿 | 难 | 之 |
| [illegible]： | [illegible] | [illegible] | [illegible] | [illegible] | [illegible] | [illegible] | [illegible] | [illegible] |
| ·jɨ² | thji² | rjur¹ | dźiã² | tsjij² | ·jij¹ | twụ¹ | rjur¹ | tha¹ |

告: 是 诸 菩 萨 自 各 诸 佛

处来?佛告阿难:是诸菩萨各各集在诸佛

27.52.3

[illegible] [illegible] [illegible] [illegible]。 [illegible] [illegible] [illegible] [illegible], [illegible]

lhjịj io̤$^{1}$ dzjɨ̣$^{2}$ dźjiij$^{1}$ thjɨ$^{2}$ dźiã$^{2}$ tsjij$^{2}$ njɨ$^{2}$ zji$^{2}$

土 国 集 在。 此 菩 萨 等, 皆

[illegible] [illegible] [illegible] [illegible] [illegible] [illegible] [illegible] [illegible] [illegible]

mã$^{1}$ śjuu$^{1}$ śjɨ$^{1}$ lji$^{1}$ zjɨ̣$^{1}$ lji$^{2}$ rjɨr$^{2}$ dzju$^{1}$ dzjiij$^{2}$

文 殊 师 利 童 子 所 教 化

国土。此等菩萨,皆是文殊师利童子本所教化,

27.52.4

[illegible] [illegible] [illegible], [illegible] [illegible] [illegible] [illegible] [illegible] [illegible]

sji$^{?}$ ɗźjij$^{1}$ ŋwu$^{2}$ ·ju$^{2}$ thjɨ$^{2}$ tsjiir$^{1}$ rjur$^{1}$ kwər$^{1}$ tsjiir$^{2}$

△ 本 是, 常 此 法 界 体 性

[illegible] [illegible] [illegible] [illegible] [illegible] [illegible] [illegible], [illegible] [illegible]

phjo$^{2}$ kar$^{2}$ mjij$^{1}$ lwər$^{2}$ lhejr$^{2}$ tshjiij$^{1}$ wji$^{1}$ ŋwu$^{2}$ tśjɨ$^{1}$

分 别 无 经 契 说 为, 以 开

常为说此法界体性无分别经,以开

27.52.5

[illegible] [illegible]。 [illegible] [illegible] [illegible] [illegible] [illegible] [illegible] [illegible]

tsjij$^{2}$ phji$^{1}$ thja$^{2}$ rjur$^{1}$ dźiã$^{2}$ tsjij$^{2}$ lwər$^{2}$ lhejr$^{2}$ ·jij$^{1}$

化 令。 是 诸 菩 萨 经 契 之

[illegible] [illegible], [illegible] [illegible] [illegible] [illegible] [illegible] [illegible] [illegible]

ljị$^{2}$ tshja$^{2}$ nioow$^{1}$ mjor$^{1}$ jij$^{2}$ ·jij$^{1}$ ljij$^{2}$ dzjwị$^{1}$ tshwew$^{1}$

恩 报, 及 如 来 之 见 敬 礼

化之。是诸菩萨知报经恩故来至此,及见如来礼敬

27.52.6

[illegible] [illegible], [illegible] [illegible] [illegible] [illegible] [illegible] [illegible] [illegible]

| | | | | | | | | |
|---|---|---|---|---|---|---|---|---|
| ·wiọ$^{1}$ | tśjɨ̣$^{1}$ | kjụ$^{1}$ | tshwew$^{1}$ | tśja$^{1}$ | tshwew$^{1}$ | kięj$^{2}$ | nioow$^{1}$ | tśhjwo$^{1}$ |
| 围 | 绕， | 供 | 养 | 拜 | 礼 | 欲 | 故 | 故 |
| [illegible] | [illegible] | [illegible] | [illegible] | [illegible] | [illegible] | [illegible] | [illegible] | [illegible]， |
| thju$^{2}$ | rjɨr$^{2}$ | jịj$^{2}$ | mã$^{1}$ | śjuu$^{1}$ | śjɨ$^{1}$ | lji$^{1}$ | zjɨ̣$^{1}$ | lji$^{2}$ |
| 此 | 乃 | 来 | 文 | 殊 | 师 | 利 | 童 | 子， |

围绕，亦欲供养礼拜文殊师利童子，

**27.53.1**

| | | | | | | | | |
|---|---|---|---|---|---|---|---|---|
| [illegible] | [illegible] | [illegible] | [illegible] | [illegible] | [illegible] | [illegible] | [illegible] | [illegible] |
| nioow$^{1}$ | tjị$^{1}$ | bju$^{1}$ | thjɨ$^{2}$ | lwər$^{2}$ | lhejr$^{2}$ | ·wejr$^{2}$ | nioow$^{1}$ | tśhjwo$^{1}$ |
| 又 | 愿 | 依 | 此 | 经 | 契 | 护 | 故 | 故 |
| [illegible] | [illegible] | [illegible]。 | [illegible] | [illegible]， | [illegible] | [illegible] | [illegible] | [illegible] |
| thju$^{2}$ | rjɨr$^{2}$ | jịj$^{2}$ | ·ja | na$^{1}$ | ŋa$^{2}$ | pa$^{2}$ | djiij$^{2}$ | phã$^{1}$ |
| 此 | 乃 | 来。 | 阿 | 难， | 我 | 般 | 涅 | 槃 |

又愿护此经是故来此。阿难，我涅槃

**27.53.2**

| | | | | | | | | |
|---|---|---|---|---|---|---|---|---|
| [illegible]， | [illegible] | [illegible] | [illegible] | [illegible] | [illegible] | [illegible] | [illegible] | [illegible] |
| nioow$^{1}$ | rjijr$^{2}$ | thja$^{2}$ | rjur$^{1}$ | dźiã$^{2}$ | tsjij$^{2}$ | thjɨ$^{2}$ | ·jã$^{1}$ | xu$^{1}$ |
| 后， | 愿 | 是 | 诸 | 菩 | 萨 | 此 | 阎 | 浮 |
| [illegible] | [illegible]， | [illegible] | [illegible] | [illegible] | [illegible] | [illegible] | [illegible] | [illegible]。 |
| thji$^{1}$ | ·u$^{2}$ | tśhja$^{2}$ | tsjiir$^{1}$ | ·wejr$^{2}$ | wạ$^{2}$ | deej$^{1}$ | dźjịj$^{1}$ | ljɨ$^{1}$ |
| 提 | 内， | 正 | 法 | 护 | 广 | 流 | 布 | 也。 |

后，是诸菩萨于此阎浮提，当广流布护此正法。

**27.53.3**

| | | | | | | | | |
|---|---|---|---|---|---|---|---|---|
| [illegible] | [illegible]， | [illegible] | [illegible] | [illegible] | [illegible] | [illegible] | [illegible] | [illegible] |
| ·ja | na$^{1}$ | thja$^{2}$ | rjur$^{1}$ | dźiã$^{2}$ | tsjij$^{2}$ | ·jir$^{2}$ | tụ$^{1}$ | tha$^{1}$ |
| 阿 | 难， | 是 | 诸 | 菩 | 萨 | 百 | 千 | 佛 |
| [illegible]， | [illegible] | [illegible] | [illegible] | [illegible] | [illegible] | [illegible] | [illegible] | [illegible]。 |
| do$^{2}$ | kjur$^{2}$ | njiij$^{1}$ | kjir$^{1}$ | ·jiw$^{2}$ | tśhja$^{2}$ | tsjiir$^{1}$ | ·wejr$^{2}$ | ·jiij$^{1}$ |
| 处， | 志 | 意 | 勇 | 猛 | 正 | 法 | 护 | 持。 |

阿难,是诸菩萨于百千佛所,志意勇猛护持正法。

**27.53.4**

| | | | | | | | | |
|---|---|---|---|---|---|---|---|---|
| [illegible] | [illegible], | [illegible] | [illegible] | [illegible]、 | [illegible]、 | [illegible] | [illegible] | [illegible] |
| kja$^{1}$ | dzjɨj$^{1}$ | ·ji$^{1}$ | kha$^{1}$ | śjɨ$^{2}$ | xiwã$^{1}$ | rjur$^{1}$ | ·wejr$^{2}$ | rjur$^{1}$ |
| 是 | 时, | 众 | 中 | 释、 | 梵、 | 世 | 护 | 诸 |
| [illegible] | [illegible] | [illegible], | [illegible] | [illegible] | [illegible] | [illegible] | [illegible]: | [illegible] |
| ŋwər$^{1}$ | njij$^{2}$ | njɨ$^{2}$ | rjur$^{1}$ | pjụ$^{1}$ | ·jij$^{1}$ | dạ$^{2}$ | ·jɨ$^{2}$ | ŋa$^{2}$ |
| 天 | 王 | 等, | 世 | 尊 | 之 | 言 | 白: | 我 |

是时,众中有释、梵、护世诸天王等,白言:世尊,我

**27.53.5**

| | | | | | | | | |
|---|---|---|---|---|---|---|---|---|
| [illegible] | [illegible] | [illegible] | [illegible] | [illegible] | [illegible] | [illegible] | [illegible] | [illegible] |
| njɨ$^{2}$ | tjij$^{1}$ | thju$^{2}$ | tjij$^{1}$ | thja$^{2}$ | tsjiir$^{1}$ | ·wejr$^{2}$ | ·jiij$^{1}$ | mjijr$^{2}$ |
| 等 | 若 | 此 | 若 | 彼 | 法 | 护 | 持 | 者 |
| [illegible] | [illegible], | [illegible] | [illegible] | [illegible] | [illegible]、 | [illegible] | [illegible] | [illegible] |
| dju$^{1}$ | ku$^{1}$ | thja$^{2}$ | goor$^{1}$ | kiej$^{2}$ | neew$^{2}$ | goor$^{1}$ | gji$^{2}$ | neew$^{2}$ |
| 有 | 故, | 是 | 丈 | 夫 | 善、 | 男 | 子 | 善 |

等若此若彼有护持法者,是善丈夫、善男子

**27.53.6**

| | | | | | | | | |
|---|---|---|---|---|---|---|---|---|
| [illegible] | [illegible] | [illegible] | [illegible], | [illegible] | [illegible] | [illegible] | [illegible], | [illegible] |
| sji$^{2}$ | dzjwo$^{2}$ | njɨ$^{2}$ | ·jij$^{1}$ | khjuu$^{2}$ | ·wejr$^{2}$ | tshji$^{2}$ | ljịj$^{1}$ | tśjị$^{1}$ |
| 女 | 人 | 等 | 之, | 守 | 护 | 供 | 给, | 苦 |
| [illegible] | [illegible] | [illegible] | [illegible] | [illegible]。 | [illegible] | [illegible], | [illegible] | [illegible] |
| źjị$^{1}$ | mjij$^{1}$ | phji$^{1}$ | nji$^{2}$ | ·jɨ$^{2}$ | kja$^{1}$ | zjọ$^{2}$ | rjur$^{1}$ | pjụ$^{1}$ |
| 恼 | 无 | 令 | △ | 谓。 | 尔 | 时, | 世 | 尊 |

女人等,我当守护供给,使令得无苦恼。尔时,世尊

**27.54.1**

| | | | | | | | | |
|---|---|---|---|---|---|---|---|---|
| [illegible]、 | [illegible]、 | [illegible] | [illegible] | [illegible] | [illegible] | [illegible] | [illegible] | [illegible] |
| śjɨ$^{2}$ | xiwã$^{1}$ | rjur$^{1}$ | ·wejr$^{2}$ | rjur$^{1}$ | ŋwər$^{1}$ | njij$^{2}$ | njɨ$^{2}$ | ·jij$^{1}$ |

| | | | | | | | | |
|---|---|---|---|---|---|---|---|---|
| 释、 | 梵、 | 世 | 护 | 诸 | 天 | 王 | 等 | 之 |
| [illegible] | [illegible]： | [illegible] | [illegible]！ | [illegible] | [illegible]！ | [illegible] | [illegible] | [illegible] |
| ·jow$^{2}$ | dạ$^{2}$ | tjij$^{2}$ | rjijr$^{2}$ | tjij$^{2}$ | rjijr$^{2}$ | nji$^{2}$ | njɨ$^{2}$ | kjir$^{1}$ |
| 赞 | 言： | 善 | 哉！ | 善 | 哉！ | 汝 | 等 | 勇 |

赞释、梵、护世诸天王言：善哉！善哉！汝能勇

**27.54.2**

| | | | | | | | | |
|---|---|---|---|---|---|---|---|---|
| [illegible] | [illegible] | [illegible] | [illegible] | [illegible] | [illegible] | [illegible] | [illegible] | [illegible] |
| ·jiw$^{2}$ | ŋwu$^{2}$ | thja$^{2}$ | rjur$^{1}$ | tśhja$^{2}$ | tsjiir$^{1}$ | dzu$^{1}$ | ·wejr$^{2}$ | mjijr$^{2}$ |
| 猛 | 以 | 是 | 诸 | 正 | 法 | 爱 | 护 | 者 |
| [illegible] | [illegible] | [illegible] | [illegible] | [illegible] | [illegible] | [illegible] | [illegible] | [illegible]， |
| neew$^{2}$ | goor$^{1}$ | kiej$^{2}$ | njɨ$^{2}$ | ·jij$^{1}$ | khjuu$^{2}$ | ·wejr$^{2}$ | njwi$^{2}$ | ku$^{1}$ |
| 善 | 丈 | 夫 | 等 | 之 | 守 | 护 | 能 | 故， |

猛守护是诸爱护正法善丈夫等，

**27.54.3**

| | | | | | | | | |
|---|---|---|---|---|---|---|---|---|
| [illegible] | [illegible]、 | [illegible] | [illegible]、 | [illegible] | [illegible] | [illegible] | [illegible]， | [illegible] |
| ·wjɨ$^{2}$ | rar$^{2}$ | mjij$^{2}$ | jịj$^{2}$ | mjor$^{1}$ | jịj$^{2}$ | rjur$^{1}$ | tha$^{1}$ | nioow$^{1}$ |
| 过 | 去、 | 未 | 来、 | 如 | 来 | 诸 | 佛， | 并 |
| [illegible] | [illegible] | [illegible] | [illegible] | [illegible] | [illegible] | [illegible] | [illegible] | [illegible] |
| tśhja$^{2}$ | tsjiir$^{1}$ | dzu$^{1}$ | ·wejr$^{2}$ | mjijr$^{2}$ | ·jij$^{1}$ | kjụ$^{1}$ | tshwew$^{1}$ | rjir$^{2}$ |
| 正 | 法 | 爱 | 护 | 者 | 之 | 供 | 养 | 与 |

即是供养过去、未来、现在诸佛，并爱护正法。

**27.54.4**

| | | | | | | | | |
|---|---|---|---|---|---|---|---|---|
| [illegible] | [illegible] | [illegible]。 | [illegible] | [illegible]， | [illegible] | [illegible] | [illegible] | [illegible] |
| ·a | tjɨ̣j$^{2}$ | ljɨ$^{1}$ | kja$^{1}$ | zjọ$^{2}$ | tha$^{1}$ | mã$^{1}$ | śjuu$^{1}$ | śjɨ$^{1}$ |
| 是 | 如 | 也。 | 尔 | 时， | 佛 | 文 | 殊 | 师 |
| [illegible] | [illegible] | [illegible] | [illegible] | [illegible]： | [illegible] | [illegible] | [illegible] | [illegible] |
| lji$^{1}$ | zjɨ$^{1}$ | lji$^{2}$ | ·jij$^{1}$ | ·jɨ$^{2}$ | nji$^{2}$ | thjɨ$^{2}$ | lwər$^{2}$ | lhejr$^{2}$ |
| 利 | 童 | 子 | 之 | 告： | 汝 | 此 | 经 | 契 |

尔时，佛即告于文殊师利童子：汝受持此经，

**27.54.5**

[illegible] [illegible]， [illegible] [illegible] [illegible] [illegible] [illegible] [illegible]， [illegible] [illegible]
ɣiwej1 ·jiij1 kụ1 nja1 mjiij2 tsjiir1 njɨ2 zjij1 thja2 ·jã1
受 持， 后 于 末 法 至 时， 其 阎
[illegible] [illegible] [illegible] [illegible] [illegible] [illegible] [illegible]。 [illegible] [illegible]
xu1 thji1 ·u2 wạ2 deej1 dźjịj1 lew2 mã1 śjuu1
浮 提 内 广 流 布 当。 文 殊

后末世①时，于阎浮提当广流布。文殊

**27.54.6**

[illegible] [illegible] [illegible]： [illegible] [illegible]， [illegible] [illegible] [illegible] [illegible]
śjɨ1 lji1 dạ2 rjur1 pjụ1 məə1 ŋjir1 wor1 zjij1
师 利 言： 世 尊， 火 灾 起 时
[illegible] [illegible] [illegible] [illegible]， [illegible] [illegible] [illegible] [illegible]， [illegible]
thjɨ2 tshọ2 ŋa1 tja1 ɣiwej1 ·jiij1 mjijr2 mjij1 tsjɨ1
此 虚 空 者， 受 持 者 无， 亦

师利言：世尊，火灾起时而此虚空，都无受持，亦

**27.55.1**

[illegible] [illegible] [illegible] [illegible]。 [illegible] [illegible]， [illegible] [illegible] [illegible]
mjɨ1 kja1 lu2 ljɨ1 rjur1 pjụ1 tshọ2 ŋa1 kwər1
无 尔 烧 也。 世 尊， 虚 空 体
[illegible] [illegible]， [illegible] [illegible] [illegible] [illegible] [illegible] [illegible] [illegible]
tsjiir2 sju2 thja2 ŋowr2 ŋowr2 tsjɨ1 zji2 thja1 ·wjɨ2
性 如， 是 一 切 亦 皆 是 复

不被烧。世尊，如虚空体性，是一切法亦复

**27.55.2**

[illegible]。 [illegible] [illegible] [illegible] [illegible] [illegible] [illegible] [illegible] [illegible]，

① 末世，即末法时。释迦入灭后五百年为正法时，次一千年为像法时，后万年为末法时。西夏文本作“至末法时”。

| | | | | | | | | |
|---|---|---|---|---|---|---|---|---|
| sju² | thja² | rjur¹ | tsjiir¹ | tja¹ | mji¹ | wee¹ | mji¹ | dzjar² |
| 如。 | 是 | 诸 | 法 | 者 | 不 | 生 | 不 | 灭, |
| [illegible] | [illegible] | [illegible] | [illegible] | [illegible] | [illegible], | [illegible] | [illegible] | [illegible] |
| tjij¹ | tsjiir¹ | wee¹ | mjij¹ | dzjar² | mjij¹ | ku¹ | ɣiwej¹ | ·jiij¹ |
| 若 | 法 | 生 | 无 | 灭 | 无, | 则 | 受 | 持 |

如是。而是诸法不生不灭,若法无生无有灭者,亦无受持,

**27.55.3**

| | | | | | | | | |
|---|---|---|---|---|---|---|---|---|
| [illegible] | [illegible], | [illegible] | [illegible] | [illegible] | [illegible] | [illegible] | [illegible] | [illegible]。 |
| tsjɨ¹ | mjij¹ | rjur¹ | tsjiir¹ | kwər¹ | ɣiwej¹ | ·jiij¹ | mjij¹ | ku¹ |
| 亦 | 无, | 诸 | 法 | 体 | 授 | 持 | 无 | 故。 |
| [illegible] | [illegible] | [illegible] | [illegible], | [illegible] | [illegible] | [illegible] | [illegible] | [illegible] |
| tsjiir¹ | kwər¹ | tsjiir² | sju² | rjur¹ | tsjiir¹ | ɣiwej¹ | ·jiij¹ | tsjɨ¹ |
| 法 | 体 | 性 | 如, | 诸 | 法 | 受 | 持 | 亦 |

诸法体性无受持故。如法体性,受持诸法亦

**27.55.4**

| | | | | | | | | |
|---|---|---|---|---|---|---|---|---|
| [illegible] | [illegible] | [illegible] | [illegible]。 | [illegible] | [illegible] | [illegible] | [illegible] | [illegible] |
| thja² | ·wjɨ² | sju² | ljɨ¹ | mã¹ | śjuu¹ | śjɨ¹ | lji¹ | xja¹ |
| 是 | 复 | 如 | 也。 | 文 | 殊 | 师 | 利 | 即 |
| [illegible] | [illegible] | [illegible] | [illegible]: | [illegible] | [illegible] | [illegible] | [illegible], | [illegible] |
| tha¹ | ·jij¹ | dạ² | ·jɨ² | lew¹ | tjị¹ | rjur¹ | pjụ¹ | thjɨ² |
| 佛 | 之 | 言 | 白: | 唯 | 愿 | 世 | 尊, | 此 |

复如是。文殊师利即白佛言:唯愿世尊,

**27.55.5**

| | | | | | | | | |
|---|---|---|---|---|---|---|---|---|
| [illegible] | [illegible], | [illegible] | [illegible] | [illegible]、 | [illegible] | [illegible] | [illegible] | [illegible] |
| lwər² | lhejr² | neew² | goor¹ | gji² | neew² | sji² | dzjwo² | njɨ² |
| 经 | 契, | 善 | 男 | 子、 | 善 | 女 | 人 | 等 |
| [illegible] | [illegible] | [illegible] | [illegible] | [illegible]。 | [illegible] | [illegible] | [illegible] | [illegible] |
| ·jij¹ | neew² | tśhji² | ljị¹ | phji¹ | tsjiir¹ | kjụ¹ | tshwew¹ | mjijr² |
| 之 | 善 | 根 | 种 | 令。 | 法 | 供 | 养 | 者 |

受持此经，为善男子、善女人等种善根故。若供养法者，

**27.55.6**

| | | | | | | | | |
|---|---|---|---|---|---|---|---|---|
| [illegible] | [illegible] | [illegible] | [illegible] | [illegible] | [illegible] | [illegible] | [illegible] | [illegible] |
| ·jij$^{1}$ | dzu$^{1}$ | ŋwe$^{1}$ | phji$^{1}$ | nioow$^{1}$ | thjɨ$^{2}$ | lwər$^{2}$ | lhejr$^{2}$ | ɣiwej$^{1}$ |
| 之 | 乐 | 贪 | 令 | 故 | 此 | 经 | 契 | 受 |
| [illegible]。 | [illegible] | [illegible]， | [illegible] | [illegible] | [illegible] | [illegible] | [illegible] | [illegible] |
| ·jiij$^{1}$ | rjur$^{1}$ | pjụ$^{1}$ | ŋwu$^{2}$ | ljɨ$^{1}$ | ŋwu$^{2}$ | ljɨ$^{1}$ | thjɨ$^{2}$ | lwər$^{2}$ |
| 持。 | 世 | 尊， | 是 | 也 | 是 | 也 | 此 | 经 |

贪乐此经。世尊，如是如是受持此经，

**27.56.1**

| | | | | | | | | |
|---|---|---|---|---|---|---|---|---|
| [illegible] | [illegible] | [illegible]， | [illegible] | [illegible] | [illegible] | [illegible] | [illegible] | [illegible] |
| lhejr$^{2}$ | ɣiwej$^{1}$ | ·jiij$^{1}$ | ku$^{1}$ | mjɨ$^{1}$ | gjiw$^{1}$ | khwẹj$^{1}$ | rjur$^{1}$ | ljwịj$^{1}$ |
| 契 | 受 | 持， | 则 | 不 | 恭 | 慢 | 诸 | 怨 |
| [illegible] | [illegible] | [illegible]， | [illegible] | [illegible] | [illegible] | [illegible] | [illegible]， | [illegible] |
| tśjịj$^{1}$ | rjur$^{1}$ | jar$^{2}$ | ɣię$^{2}$ | lụ$^{2}$ | njwi$^{2}$ | mjijr$^{2}$ | mjij$^{1}$ | kụ$^{1}$ |
| 憎 | 调 | 伏， | 碍 | 障 | 能 | 者 | 无， | 当 |

调伏憍慢诸怨憎故，无能留难，

**27.56.2**

| | | | | | | | | |
|---|---|---|---|---|---|---|---|---|
| [illegible] | [illegible] | [illegible] | [illegible] | [illegible] | [illegible] | [illegible] | [illegible] | [illegible] |
| jịj$^{2}$ | zjọ$^{2}$ | ɣa$^{2}$ | thjɨ$^{2}$ | ·jā$^{1}$ | xu$^{1}$ | thji$^{1}$ | ·u$^{2}$ | wạ$^{2}$ |
| 来 | 世 | 于 | 此 | 阎 | 浮 | 提 | 内 | 广 |
| [illegible] | [illegible] | [illegible] | [illegible] | [illegible]。 | [illegible] | [illegible]， | [illegible] | [illegible] |
| deej$^{1}$ | dźjịj$^{1}$ | nji$^{2}$ | ·jɨ$^{2}$ | ku$^{1}$ | kja$^{1}$ | zjọ$^{2}$ | rjur$^{1}$ | pjụ$^{1}$ |
| 流 | 布 | △ | 谓 | 则。 | 尔 | 时， | 世 | 尊 |

于当来世此阎浮提广行流布。尔时，世尊

## 汉文本

尔时,大德阿难白佛言:世尊,是诸菩萨从何处来?

佛告阿难:是诸菩萨各各集在诸佛国土。此等菩萨,皆是文殊师利童子本所教化,常为说此法界体性无分别经,以开化之。是诸菩萨知报经恩故来至此,及见如来礼敬围绕,亦欲供养礼拜文殊师利童子,又愿护此经是故来此。阿难,我涅槃后,是诸菩萨于此阎浮提,当广流布护此正法。阿难,是诸菩萨于百千佛所,志意勇猛护持正法。

是时,众中有释、梵、护世诸天王等,白言:世尊,我等若此若彼有护持法者,是善丈夫、善男子女人等,我当守护供给,使令得无苦恼。

尔时,世尊赞释、梵、护世诸天王言:善哉!善哉!汝能勇猛守护是诸爱护正法善丈夫等,即是供养过去、未来、现在诸佛,并爱护正法。

尔时,佛即告于文殊师利童子:汝受持此经,后末世时,于阎浮提当广流布。

文殊师利言:世尊,火灾起时而此虚空,都无受持,亦不被烧。世尊,如虚空体性,是一切法亦复如是。而是诸法不生不灭,若法无生无有灭者,亦无受持,诸法体性无受持故。如法体性,受持诸法亦复如是。

文殊师利即白佛言:唯愿世尊,受持此经,为善男子、善女人等种善根故。若供养法者,贪乐此经。世尊,如是如是受持此经,调伏憍慢诸怨憎故,无能留难,于当来世此阎浮提广行流布。

**27.56.3**

| | | | | | | | | |
|---|---|---|---|---|---|---|---|---|
| [illegible] | [illegible] | [illegible] | [illegible]。 | [illegible] | [illegible] | [illegible] | [illegible] | [illegible] |
| ljụ$^{2}$ | bji$^{1}$ | swew$^{1}$ | wją$^{2}$ | thjɨ$^{2}$ | bji$^{1}$ | sọ$^{1}$ | tụ$^{1}$ | ljịj$^{2}$ |
| 身 | 光 | 明 | 放。 | 是 | 光 | 三 | 千 | 大 |
| [illegible] | [illegible] | [illegible] | [illegible] | [illegible] | [illegible] | [illegible], | [illegible] | [illegible] |
| tụ$^{1}$ | tha$^{1}$ | ·jij$^{1}$ | rjur$^{1}$ | rjur$^{1}$ | zjir$^{2}$ | swew$^{1}$ | zji$^{2}$ | kię$^{1}$ |
| 千 | 佛 | 之 | 世 | 界 | 遍 | 照, | 皆 | 金 |

身放光明。是光遍照三千大千佛之世界,皆作金

**27.56.4**

| | | | | | | | | |
|---|---|---|---|---|---|---|---|---|
| [illegible] | [illegible]。 | [illegible] | [illegible], | [illegible] | [illegible] | [illegible] | [illegible] | [illegible] |
| tsə̣$^{1}$ | we$^{2}$ | kja$^{1}$ | zjọ$^{2}$ | tha$^{1}$ | mã$^{1}$ | śjuu$^{1}$ | śjɨ$^{1}$ | lji$^{1}$ |
| 色 | 作。 | 尔 | 时, | 佛 | 文 | 殊 | 师 | 利 |
| [illegible] | [illegible] | [illegible] | [illegible]: | [illegible] | [illegible] | [illegible] | [illegible] | [illegible] |
| zjɨ$^{1}$ | lji$^{2}$ | ·jij$^{1}$ | ·jɨ$^{2}$ | mjor$^{1}$ | jij$^{2}$ | rjur$^{1}$ | bji$^{1}$ | swew$^{1}$ |
| 童 | 子 | 之 | 告: | 如 | 来 | 之 | 光 | 明 |

色。尔时,佛告文殊师利童子:如来光明

**27.56.5**

| | | | | | | | | |
|---|---|---|---|---|---|---|---|---|
| [illegible] | [illegible] | [illegible] | [illegible] | [illegible] | [illegible], | [illegible] | [illegible] | [illegible] |
| tja[1] | ŋowr[2] | ŋowr[2] | do[2] | zji[2] | swew[1] | thjɨ[2] | lwər[2] | lhejr[2] |
| 者 | 一 | 切 | 处 | 普 | 照, | 此 | 经 | 契 |
| [illegible] | [illegible] | [illegible] | [illegible]。 | [illegible] | [illegible] | [illegible] | [illegible] | [illegible], |
| tsjɨ[1] | thja[2] | ·wjɨ[2] | sju[2] | njiij[1] | dźjɨ | ɣię[2] | mjij[1] | mjijr[2] |
| 亦 | 是 | 复 | 如。 | 心 | 行 | 碍 | 无 | 者, |

一切普照,而此经者亦复如是。心行无碍者,

**27.56.6**

| | | | | | | | | |
|---|---|---|---|---|---|---|---|---|
| [illegible] | [illegible] | [illegible] | [illegible] | [illegible], | [illegible] | [illegible] | [illegible] | [illegible]、 |
| tha[1] | tsjiir[1] | ɣa[2] | zji[2] | dźjwa[1] | thja[2] | neew[2] | goor[1] | gji[2] |
| 佛 | 法 | 于 | 究 | 竟, | 其 | 是 | 男 | 子、 |
| [illegible] | [illegible] | [illegible] | [illegible] | [illegible] | [illegible] | [illegible] | [illegible] | [illegible] |
| neew[2] | sji[2] | dzjwo[2] | njɨ[2] | lạ[1] | ŋwu[2] | thjɨ[2] | lwər[2] | lhejr[2] |
| 善 | 女 | 人 | 等 | 手 | 以 | 此 | 经 | 契 |

于佛法究竟,是善男子、善女人等手执此经。

**27.57.1**

| | | | | | | | | |
|---|---|---|---|---|---|---|---|---|
| [illegible] | [illegible] | [illegible]。 | [illegible] | [illegible], | [illegible] | [illegible] | [illegible] | [illegible] |
| zow[2] | ·jiij[1] | ljɨ[1] | kja[1] | zjọ[2] | rjur[1] | pjụ[1] | nioow[1] | ·ja |
| 执 | 持 | 也。 | 尔 | 时, | 世 | 尊 | 复 | 阿 |
| [illegible] | [illegible] | [illegible]: | [illegible] | [illegible], | [illegible] | [illegible] | [illegible] | [illegible], |
| na[1] | ·jij[1] | ·jɨ[2] | ·ja | na[1] | thjɨ[2] | lwər[2] | lhejr[2] | ɣiwej[1] |
| 难 | 之 | 告: | 阿 | 难, | 此 | 经 | 契 | 受, |

尔时,世尊复告阿难:阿难,受持此经,

**27.57.2**

| | | | | | | | | |
|---|---|---|---|---|---|---|---|---|
| [illegible] | [illegible] | [illegible] | [illegible], | [illegible] | [illegible] | [illegible] | [illegible] | [illegible]。 |
| do[1] | tshjɨɨ[1] | mjijr[2] | dar[1] | mjɨ[1] | ·jij[1] | wạ[2] | tshjiij[1] | ku[1] |

| | | | | | | | | |
|---|---|---|---|---|---|---|---|---|
| 读 | 诵 | 通 | 利， | 他 | 之 | 广 | 说 | 故。 |
| [illegible] | [illegible]， | [illegible] | [illegible] | [illegible] | [illegible] | [illegible] | [illegible]① | [illegible] |
| ·ja | na$^{1}$ | nji$^{2}$ | ·wjɨ$^{2}$ | rar$^{2}$ | mjij$^{2}$ | jij$^{2}$ | mjor$^{1}$ | dźjiij$^{1}$ |
| 阿 | 难， | 汝 | 过 | 去 | 未 | 来 | 现 | 在 |

读诵通利，为他广说。阿难，汝则供养去来现在

**27.57.3**

| | | | | | | | | |
|---|---|---|---|---|---|---|---|---|
| [illegible] | [illegible] | [illegible] | [illegible] | [illegible] | [illegible] | [illegible] | [illegible] | [illegible] |
| rjur$^{1}$ | tha$^{1}$ | rjur$^{1}$ | pjụ$^{1}$ | ·jij$^{1}$ | kjụ$^{1}$ | tshwew$^{1}$ | rjir$^{2}$ | ·a |
| 诸 | 佛 | 世 | 尊 | 之 | 供 | 养 | 与 | 是 |
| [illegible]。 | [illegible] | [illegible]， | [illegible] | [illegible] | [illegible] | [illegible] | [illegible] | [illegible]： |
| tjɨj$^{2}$ | kja$^{1}$ | zjọ$^{2}$ | ·ja | na$^{1}$ | tha$^{1}$ | ·jij$^{1}$ | dạ$^{2}$ | ·jɨ$^{2}$ |
| 如。 | 尔 | 时， | 阿 | 难 | 佛 | 之 | 言 | 白： |

诸佛世尊。尔时，阿难白佛言：

**27.57.4**

| | | | | | | | | |
|---|---|---|---|---|---|---|---|---|
| [illegible] | [illegible]， | [illegible] | [illegible] | [illegible] | [illegible] | [illegible]？ | [illegible] | [illegible] |
| rjur$^{1}$ | pjụ$^{1}$ | thjɨ$^{2}$ | lwər$^{2}$ | lhejr$^{2}$ | wa$^{2}$ | mjiij$^{2}$ | thjij$^{2}$ | sjo$^{2}$ |
| 世 | 尊， | 此 | 经 | 契 | 何 | 名？ | 何 | 云 |
| [illegible] | [illegible] | [illegible]？ | [illegible] | [illegible] | [illegible] | [illegible] | [illegible]： | [illegible] |
| ɣiwej$^{1}$ | ·jiij$^{1}$ | lew$^{2}$ | tha$^{1}$ | ·ja | na$^{1}$ | ·jij$^{1}$ | ·jɨ$^{2}$ | thjɨ$^{2}$ |
| 受 | 持 | 所？ | 佛 | 阿 | 难 | 之 | 告： | 此 |

世尊，此经何名？云何受持？佛告阿难：

**27.57.5**

| | | | | | | | | |
|---|---|---|---|---|---|---|---|---|
| [illegible] | [illegible]， | [illegible] | [illegible] | [illegible] | [illegible] | [illegible] | [illegible] | [illegible] |
| lwər$^{2}$ | lhejr$^{2}$ | mjiij$^{2}$ | tja$^{1}$ | tsjiir$^{1}$ | rjur$^{1}$ | kwər$^{1}$ | tsjiir$^{2}$ | phjo$^{2}$ |
| 经 | 契， | 名 | 者 | 法 | 界 | 体 | 性 | 分 |
| [illegible] | [illegible] | [illegible] | [illegible]， | [illegible] | [illegible] | [illegible] | [illegible] | [illegible] |
| kar$^{2}$ | mjij$^{1}$ | tshjiij$^{1}$ | ŋwu$^{2}$ | nioow$^{1}$ | mjiij$^{2}$ | ljɨ$^{1}$ | phju$^{2}$ | mə$^{1}$ |

① 原文作"[illegible][illegible]"，误倒。

| | | | | | | | | |
|---|---|---|---|---|---|---|---|---|
| 别 | 无 | 说 | 是， | 亦 | 名 | 宝 | 上 | 天 |

汝受持此经，名《说法界体性无分别》，亦名《宝上天

**27.57.6**

| | | | | | | | | |
|---|---|---|---|---|---|---|---|---|
| [illegible] | [illegible] | [illegible] | [illegible] | [illegible]， | [illegible] | [illegible] | [illegible] | [illegible] |
| zjɨ$^1$ | dja$^2$ | ·jɨr$^1$ | sji$^2$ | ŋwu$^2$ | nioow$^1$ | mjiij$^2$ | mã$^1$ | śjuu$^1$ |
| 子 | △ | 问 | 所 | 是， | 亦 | 名 | 文 | 殊 |
| [illegible] | [illegible] | [illegible] | [illegible] | [illegible] | [illegible] | [illegible] | [illegible] | [illegible]， |
| śjɨ$^1$ | lji$^1$ | zjɨ$^1$ | lji$^2$ | ·jij$^1$ | rjɨr$^2$ | tshjiij$^1$ | sji$^2$ | ŋwu$^2$ |
| 师 | 利 | 童 | 子 | 之 | 乃 | 说 | 所 | 是， |

子所问》，亦名《文殊师利童子所说》，

**27.58.1**

| | | | | | | | | |
|---|---|---|---|---|---|---|---|---|
| [illegible] | [illegible] | [illegible] | [illegible]。 | [illegible] | [illegible] | [illegible] | [illegible] | [illegible] |
| nji$^2$ | ɣiwej$^1$ | ·jiij$^1$ | lew$^2$ | tha$^1$ | thji$^2$ | lwər$^2$ | lhejr$^2$ | tshjiij$^1$ |
| 汝 | 受 | 持 | 所。 | 佛 | 是 | 经 | 契 | 说 |
| [illegible]， | [illegible] | [illegible] | [illegible] | [illegible]、 | [illegible] | [illegible] | [illegible] | [illegible] |
| dźjwa$^1$ | ljịj$^2$ | tśhja$^2$ | ·ja | na$^1$ | mã$^1$ | śjuu$^1$ | śjɨ$^1$ | lji$^1$ |
| 已， | 大 | 德 | 阿 | 难、 | 文 | 殊 | 师 | 利 |

善受持之。佛说是经已，大德阿难、文殊师利

**27.58.2**

| | | | | | | | | |
|---|---|---|---|---|---|---|---|---|
| [illegible] | [illegible]、 | [illegible] | [illegible] | [illegible] | [illegible]， | [illegible] | [illegible] | [illegible] |
| zjɨ$^1$ | lji$^2$ | ljɨ$^1$ | phju$^2$ | mə$^1$ | zjɨ$^1$ | nioow$^1$ | rjur$^1$ | tha$^1$ |
| 童 | 子、 | 宝 | 上 | 天 | 子， | 及 | 诸 | 佛 |
| [illegible] | [illegible] | [illegible] | [illegible] | [illegible] | [illegible]， | [illegible]、 | [illegible]、 | [illegible] |
| lhjịj | ·u$^2$ | rjur$^1$ | jịj$^2$ | dźiã$^2$ | tsjij$^2$ | dzjwo$^2$ | mə$^1$ | ·ja |
| 土 | 内 | 诸 | 来 | 菩 | 萨， | 人、 | 天、 | 阿 |

童子、宝上天子，及诸佛土诸来菩萨，天、人、阿

**27.58.3**

| | | | | | | | | |
|---|---|---|---|---|---|---|---|---|
| [illegible] | [illegible] | [illegible] | [illegible] | [illegible] | [illegible]， | [illegible] | [illegible] | [illegible] |
| sew$^{2}$ | lo$^{1}$ | nioow$^{1}$ | rjur$^{1}$ | kha$^{1}$ | dzjwo$^{2}$ | zji$^{2}$ | ljịj$^{2}$ | njiij$^{1}$ |
| 须 | 罗 | 及 | 世 | 间 | 人， | 皆 | 大 | 心 |
| [illegible]， | [illegible] | [illegible] | [illegible] | [illegible]。 | | | | |
| ljịj$^{2}$ | tśjiw$^{2}$ | tśiej$^{2}$ | śjij$^{1}$ | dźjịj$^{1}$ | | | | |
| 欢， | 顶 | 戴 | 奉 | 行。 | | | | |

须罗①及世间人，皆大欢喜，顶戴奉行。

**27.58.4**

| | | | | | | | | | | |
|---|---|---|---|---|---|---|---|---|---|---|
| [illegible] | [illegible] | [illegible] | [illegible] | [illegible] | [illegible] | [illegible] | [illegible] | [illegible] | [illegible] | [illegible] |
| ljij$^{2}$ | ljị$^{1}$ | tśiow$^{1}$ | lwər$^{2}$ | lhejr$^{2}$ | ? | njɨɨ$^{1}$ | ɣạ$^{2}$ | śją$^{1}$ | tsew$^{2}$ | njoor$^{2}$ |
| 大 | 宝 | 积 | 经 | 契 | 卷 | 二 | 十 | 七 | 第 | 水 |

《大宝积经》第二十七卷　水

**27.58.5**

| | | |
|---|---|---|
| [illegible] | [illegible] | [illegible] |
| lew$^{1}$ | dźjow$^{1}$ | njar$^{1}$ |
| 一 | 遍 | 校 |

一遍校

## 汉文本

尔时，世尊身放光明。是光遍照三千大千佛之世界，皆作金色。尔时，佛告文殊师利童子：如来光明一切普照，而此经者亦复如是。心行无碍者，于佛法究竟，是善男子、善女人等手执此经。

尔时，世尊复告阿难：阿难，受持此经，读诵通利，为他广说。阿难，汝则供养去来现在诸佛世尊。

尔时，阿难白佛言：世尊，此经何名？云何受持？

佛告阿难：汝受持此经，名《说法界体性无分别》，亦名《宝上天子所问》，亦名《文殊师利童子所

① 阿须罗，梵文 Asura，又作阿修罗、阿苏罗、阿素罗等。译曰"无端"，容貌丑陋之义。又曰"无酒"，其果报无酒之义。新称"阿素洛"，译曰"非天"，其果报胜似天而非天之义。为常与帝释战斗之神。六道之一、八部众之一。西夏文本音译为"[illegible][illegible][illegible]"(·ja sew$^{2}$ lo$^{1}$)。

说》，善受持之。

佛说是经已，大德阿难、文殊师利童子、宝上天子，及诸佛土诸来菩萨，天、人、阿须罗及世间人，皆大欢喜，顶戴奉行。

# 西夏文《大宝积经》

·卷二十八·

## 《大乘十法会》
## 第九整理与研究

## 内容和版本介绍

《大宝积经·大乘十法会》主要讲解的是菩萨摩诃萨十法法门:一者信成就,二者行成就,三者性成就,四者乐菩提心,五者乐法,六者观正法行,七者行法慎法,八者舍慢大慢,九者善解如来秘密之教,十者心不悕求声闻、缘觉乘。

西夏文《大宝积经》卷二十八《大乘十法会》第九,由1909年科兹洛夫率领的俄国皇家蒙古四川地理考察队发现于黑水城遗址,现藏于俄罗斯科学院东方文献研究所。据克恰诺夫《西夏佛典目录》,该卷保存完好,入藏编号 инв.№ 438。该卷版式:写本,经折装,共108折,每折6行,每行18字。天头4厘米,地脚2.8厘米。黑绢护封上有两个题签,题签上有经名、卷次。经名后有帙号和仁宗皇帝尊号,卷尾有抄写者题名。инв.№ 438首次刊布于《俄藏黑水城文献》第21册第164—170页。

西夏文《大宝积经》卷二十八经名后有"奉天显道"四字,当是仁宗皇帝尊号"奉天显道耀武宣文神谋睿智制义去邪惇睦懿恭"的简称,可知该本为西夏仁宗皇帝(1139—1193年在位)时期的校译本。

下面的录文和释读依据 инв.№ 438,释读采用逐折、逐行对译的形式,并用数字标明西夏文录文的卷次、原版折面和行次,如28.1.1,为第二十八卷第一折第一行。

# 文本释读

**28.1.1**

| | | | | | | | | | |
|---|---|---|---|---|---|---|---|---|---|
| [illegible] | [illegible] | [illegible] | [illegible] | [illegible] | [illegible] | [illegible] | [illegible] | [illegible] | [illegible] |
| ljij$^{2}$ | ljɨ̣$^{1}$ | tśiow$^{1}$ | lwər$^{2}$ | lhejr$^{2}$ | ? | njɨɨ$^{1}$ | ɣạ$^{2}$ | ·jar$^{1}$ | tsew$^{2}$ |
| 大 | 宝 | 积 | 经 | 契 | 卷 | 二 | 十 | 八 | 第 |

《大宝积经》卷第二十八

**28.1.2**

| | | | |
|---|---|---|---|
| [illegible] | [illegible] | [illegible] | [illegible] |
| tshjwu$^{1}$ | bju$^{1}$ | tśja$^{1}$ | dźju$^{1}$ |
| 天 | 奉 | 道 | 显 |

奉天显道①

**28.1.3**

| | | | | | | |
|---|---|---|---|---|---|---|
| [illegible] | [illegible] | [illegible] | [illegible] | [illegible] | [illegible] | [illegible] |
| ljij$^{2}$ | ·ụ$^{2}$ | ɣạ$^{2}$ | tsjiir$^{1}$ | ljwu$^{2}$ | gjɨɨ$^{1}$ | tsew$^{2}$ |
| 大 | 乘 | 十 | 法 | 会 | 九 | 第 |

《大乘十法会》第九

**28.1.4**

| | | | | | | | | |
|---|---|---|---|---|---|---|---|---|
| [illegible] | [illegible] | [illegible] | [illegible]②， | [illegible] | [illegible] | [illegible] | [illegible] | [illegible] |
| thjɨ$^{2}$ | sju$^{2}$ | mjo$^{1}$ | ŋa$^{2}$ | ljɨ$^{1}$ | dzjɨj$^{1}$ | pho$^{1}$ | khja$^{2}$ | pho$^{1}$ |
| 是 | 如 | 闻 | △， | 一 | 时 | 婆 | 伽 | 婆 |
| [illegible] | [illegible] | [illegible] | [illegible] | [illegible] | [illegible] | [illegible] | [illegible]， | [illegible] |
| njij$^{2}$ | mjii$^{1}$ | ljij$^{2}$ | we$^{2}$ | khji$^{1}$ | śja$^{1}$ | tsor$^{2}$ | ŋər$^{1}$ | ŋwə$^{1}$ |
| 王 | 舍 | 大 | 城 | 耆 | 阇 | 崛 | 山， | 五 |

如是我闻，一时婆伽婆住王舍大城耆阇崛山中，

① 仁宗的尊号"奉天显道耀武宣文神谋睿智制义去邪惇睦懿恭皇帝嵬名"的省称。

② [illegible]，为第一人称代词单数的人称呼应后缀。

**28.1.5**

| | | | | | | | | |
|---|---|---|---|---|---|---|---|---|
| [illegible] | [illegible] | [illegible] | [illegible] | [illegible]、 | [illegible] | [illegible] | [illegible] | [illegible]， |
| ·jir$^2$ | ljịj$^2$ | phji$^2$ | khjiw$^2$ | ·ji$^1$ | ljịj$^2$ | ·ja | lo$^1$ | xã$^1$ |
| 百 | 大 | 比 | 丘 | 众、 | 大 | 阿 | 罗 | 汉， |
| [illegible] | [illegible] | [illegible] | [illegible] | [illegible] | [illegible] | [illegible] | [illegible] | [illegible] |
| nioow$^1$ | mjɨ$^1$ | pjụ$^1$ | bju$^2$ | mjij$^1$ | po$^1$ | tsa$^1$ | ma$^2$ | ŋạ$^2$ |
| 及 | 无 | 量 | 边 | 无 | 菩 | 萨 | 摩 | 诃 |

与大比丘众，五百大阿罗汉俱，菩萨摩诃萨无量无边。

**28.1.6**

| | | | | | | | | |
|---|---|---|---|---|---|---|---|---|
| [illegible] | [illegible] | [illegible] | [illegible]。 | [illegible] | [illegible]， | [illegible] | [illegible] | [illegible] |
| tsa$^1$ | rjir$^2$ | gu$^2$ | dźjiij$^1$ | tśhjɨ$^1$ | zjọ$^2$ | ljwu$^2$ | kha$^1$ | po$^1$ |
| 萨 | 与 | 共 | 在。 | 尔 | 时， | 会 | 中 | 菩 |
| [illegible] | [illegible] | [illegible] | [illegible] | [illegible] | [illegible]， | [illegible] | [illegible] | [illegible] |
| tsa$^1$ | ma$^2$ | ŋạ$^2$ | gjɨ$^2$ | mjiij$^2$ | tja$^1$ | sej$^1$ | ror$^2$ | mjij$^1$ |
| 萨 | 摩 | 诃 | 一 | 名 | 者， | 净 | 垢 | 无 |

尔时，会中有一菩萨摩诃萨，名净无垢

**28.2.1**

| | | | | | | | | |
|---|---|---|---|---|---|---|---|---|
| [illegible] | [illegible] | [illegible] | [illegible]。 | [illegible] | [illegible] | [illegible] | [illegible]， | [illegible] |
| ljɨ$^1$ | lhjịj$^2$ | njij$^2$ | bji$^1$ | dzuu$^2$ | tjị$^2$ | ·a | wor$^1$ | lhwu$^1$ |
| 宝 | 月 | 王 | 光。 | 坐 | 处 | △ | 起， | 衣 |
| [illegible]① | [illegible] | [illegible] | [illegible] | [illegible]， | [illegible] | [illegible] | | |
| gjwi$^2$ | zjɨ$^1$ | ·wạ$^1$ | pha$^1$ | gjwi$^2$ | tśier$^1$ | ŋwer$^2$ | | |
| 服 | 左 | 肩 | 偏 | 服， | 右 | 膝 | | |

宝月王光。即从坐起，整服右肩，右膝

**28.2.2**

| | | | | | | | | |
|---|---|---|---|---|---|---|---|---|
| [illegible] | [illegible] | [illegible] | [illegible] | [illegible] | [illegible]。 | [illegible] | [illegible] | [illegible] |
| ljɨ$^1$ | zjịj$^1$ | wjạ$^1$ | sej$^1$ | njir$^2$ | tśhjaa$^1$ | mjor$^1$ | ljịj$^2$ | do$^2$ |

① 原文“[illegible]”后有“[illegible]”两字，标有删除符号。

地 著 花 莲 台 上。 如 来 所

[illegible], [illegible] [illegible] [illegible] [illegible], [illegible] [illegible] [illegible] [illegible]

njɨ² tha¹ ljijr² pja̱¹ phjoo² rjur¹ pju̱¹ ·jij¹ da̱²

至, 佛 方 合 和, 世 尊 之 言

胡跪莲花台上。至如来所,合掌向佛白言:世尊!

**28.2.3**

[illegible]: [illegible] [illegible] [illegible] [illegible]、 [illegible] [illegible] [illegible] [illegible] [illegible]

·jɨ² lji̱j² ·u̱² dźjij¹ mjijr² lji̱j² ·u̱² dźjiij¹ mjijr² phji²

谓: 大 乘 行 者、 大 乘 住 者 比

[illegible] [illegible], [illegible] [illegible] [illegible] [illegible] [illegible]? [illegible] [illegible]①

khjiw² tja¹ thjij² sjo² lji̱j² ·u̱² dźjij¹ thjij² sjo²

丘 者, 何 云 大 乘 行? 何 云

行大乘、住大乘比丘,云何行大乘? 云何

**28.2.4**

[illegible] [illegible] [illegible]? [illegible] [illegible]! [illegible] [illegible] [illegible], [illegible]

lji̱j² ·u̱² dźjiij¹ rjur¹ pju̱¹ wa² wo² nioow¹ thjɨ²

大 乘 住? 世 尊! 何 义 因, 此

[illegible] [illegible] [illegible], [illegible] [illegible] [illegible] [illegible]? [illegible] [illegible]

lji̱j² ·u̱² tja¹ lji̱j² ·u̱² mjiij² rjir² nioow¹ wa²

大 乘 者, 大 乘 名 得? 复 何

住大乘? 世尊! 以何义故,此大乘名为大乘。复以何

**28.2.5**

[illegible] [illegible], [illegible] [illegible] [illegible] [illegible] [illegible]? [illegible] [illegible],

wo² nioow¹ ku¹ lji̱j² ·u̱² dźjiij¹ ·jɨ² tśhjɨ¹ zjo̱²

义 因, 则 大 乘 住 谓? 尔 时,

[illegible] [illegible] [illegible] [illegible] [illegible] [illegible] [illegible] [illegible] [illegible]

rjur¹ pju̱¹ sej¹ ror² mjij¹ lji̱¹ lhjij² njij² bji¹

---

① 原文"[illegible]"为小字,以示增补。

| | | | | | | | | |
|---|---|---|---|---|---|---|---|---|
| 世 | 尊 | 净 | 垢 | 无 | 宝 | 月 | 王 | 光 |

义,名为住大乘?尔时,世尊告净无垢宝月王光

**28.2.6**

| | | | | | | | | |
|---|---|---|---|---|---|---|---|---|
| [illegible] | [illegible] | [illegible] | [illegible] | [illegible] | [illegible] | [illegible] | [illegible]: | [illegible] |
| po$^{1}$ | tsa$^{1}$ | ma$^{2}$ | ŋạ$^{2}$ | tsa$^{1}$ | ·jij$^{1}$ | dạ$^{2}$ | ·jɨ$^{2}$ | tjij$^{2}$ |
| 菩 | 萨 | 摩 | 诃 | 萨 | 之 | 言 | 谓: | 善 |
| [illegible]! | [illegible] | [illegible]! | [illegible] | [illegible] | [illegible] | [illegible] | [illegible] | [illegible] |
| rjijr$^{2}$ | tjij$^{2}$ | rjijr$^{2}$ | sej$^{1}$ | ror$^{2}$ | mjij$^{1}$ | ljɨ̣$^{1}$ | lhjịj$^{2}$ | njij$^{2}$ |
| 哉! | 善 | 哉! | 净 | 垢 | 无 | 宝 | 月 | 王 |

菩萨摩诃萨言:善哉!善哉!净无垢宝月王

**28.3.1**

| | | | | | | | | |
|---|---|---|---|---|---|---|---|---|
| [illegible], | [illegible] | [illegible] | [illegible]! | [illegible] | [illegible] | [illegible] | [illegible] | [illegible] |
| bji$^{1}$ | neew$^{2}$ | goor$^{1}$ | gji$^{2}$ | nji$^{2}$ | sjij$^{1}$ | thjɨ$^{2}$ | zji$^{2}$ | na$^{1}$ |
| 光, | 善 | 男 | 子! | 汝 | 今 | 此 | 甚 | 深 |
| [illegible] | [illegible] | [illegible] | [illegible]①。 | [illegible] | [illegible]! | [illegible] | [illegible]! | [illegible] |
| wo$^{2}$ | ·jɨr$^{1}$ | njwi$^{2}$ | nja$^{2}$ | djị$^{2}$ | nji$^{2}$ | djị$^{2}$ | nji$^{2}$ | njiij$^{1}$ |
| 义 | 问 | 能 | △。 | 谛 | 听! | 谛 | 听! | 心 |

光,善男子!汝善能问此甚深义。谛听!谛听!

**28.3.2**

| | | | | | | | | |
|---|---|---|---|---|---|---|---|---|
| [illegible] | [illegible]② | [illegible]。 | [illegible] | [illegible] | [illegible] | [illegible] | [illegible] | [illegible] |
| tjị$^{1}$ | lə | lew$^{2}$ | ŋa$^{2}$ | sjij$^{1}$ | nji$^{2}$ | ·jij$^{1}$ | phjo$^{2}$ | kar$^{2}$ |
| 归 | 念 | 当。 | 我 | 今 | 汝 | 之 | 分 | 别 |
| [illegible] | [illegible] | [illegible]。 | [illegible] | [illegible] | [illegible] | [illegible] | [illegible] | [illegible] |
| tshjiij$^{1}$ | wji$^{1}$ | nja$^{2}$ | dzjij$^{1}$ | sej$^{1}$ | ror$^{2}$ | mjij$^{1}$ | ljɨ̣$^{1}$ | lhjịj$^{2}$ |
| 说 | 为 | △。 | 时 | 净 | 垢 | 无 | 宝 | 月 |

善思念之。我今为汝,分别解说。时净无垢宝月

① [illegible],人称呼应后缀,与第二人称单数“[illegible]”呼应。

② “[illegible][illegible]”误倒,据右侧乙正符号校正。

**28.3.3**

| | | | | | | | | |
|---|---|---|---|---|---|---|---|---|
| [Tangut] | [Tangut] | [Tangut] | [Tangut] | [Tangut] | [Tangut] | [Tangut]， | [Tangut] | [Tangut] |
| njij$^2$ | bji$^1$ | po$^1$ | tsa$^1$ | ma$^2$ | ŋạ$^2$ | tsa$^1$ | tha$^1$ | dạ$^2$ |
| 王 | 光 | 菩 | 萨 | 摩 | 诃 | 萨， | 佛 | 言 |
| [Tangut] | [Tangut]， | [Tangut] | [Tangut] | [Tangut] | [Tangut]： | [Tangut] | [Tangut] | [Tangut] |
| wją$^1$ | mji$^1$ | tha$^1$ | ·jij$^1$ | dạ$^2$ | ·jɨ$^2$ | lew$^1$ | tjị$^1$ | rjur$^1$ |
| 许 | 听， | 佛 | 之 | 言 | 谓： | 唯 | 愿 | 世 |

王光菩萨摩诃萨，闻佛听许，即白佛言：唯然世

**28.3.4**

| | | | | | | | | |
|---|---|---|---|---|---|---|---|---|
| [Tangut] | [Tangut]① | [Tangut] | [Tangut]， | [Tangut] | [Tangut] | [Tangut] | [Tangut] | [Tangut]。 |
| pjụ$^1$ | rjɨr$^2$ | tshjiij$^1$ | nja$^2$ | śjɨj$^2$ | tsjiir$^1$ | tśjiw$^2$ | lhjị$^2$ | ŋa$^2$ |
| 尊 | △ | 说 | △， | 圣 | 法 | 顶 | 受 | △。 |
| [Tangut] | [Tangut]： | [Tangut] | [Tangut] | [Tangut]！ | [Tangut] | [Tangut] | [Tangut] | [Tangut] |
| tha$^1$ | dạ$^2$ | neew$^2$ | goor$^1$ | gji$^2$ | po$^1$ | tsa$^1$ | ma$^2$ | tsa$^1$ |
| 佛 | 言： | 善 | 男 | 子！ | 菩 | 萨 | 摩 | 萨 |

尊，顶受圣教。佛言：善男子，菩萨摩诃萨

**28.3.5**

| | | | | | | | | |
|---|---|---|---|---|---|---|---|---|
| [Tangut] | [Tangut] | [Tangut] | [Tangut]， | [Tangut] | [Tangut] | [Tangut] | [Tangut] | [Tangut]、 |
| ɣạ$^2$ | tsjiir$^1$ | śjɨj$^1$ | ·jiw$^2$ | ku$^1$ | tśhjwo$^1$ | ljịj$^2$ | ·ụ$^2$ | dźjij$^1$ |
| 十 | 法 | 成 | 就， | 则 | 故 | 大 | 乘 | 行、 |
| [Tangut] | [Tangut] | [Tangut] | [Tangut] | [Tangut]。 | [Tangut] | [Tangut] | [Tangut] | [Tangut]？ |
| ljịj$^2$ | ·ụ$^2$ | dźjiij$^1$ | ŋwu$^2$ | ljɨ$^1$ | ɣạ$^2$ | tja$^1$ | thjij$^2$ | sjo$^2$ |
| 大 | 乘 | 住 | 是 | 也。 | 十 | 者 | 何 | 云？ |

成就十法，是行大乘，是住大乘。何等为十？

**28.3.6**

| | | | | | | | | |
|---|---|---|---|---|---|---|---|---|
| [Tangut] | [Tangut] | [Tangut] | [Tangut] | [Tangut]。 | [Tangut] | [Tangut] | [Tangut] | [Tangut] |
| lew$^1$ | tja$^1$ | dźiej$^2$ | śjɨj$^1$ | ·jiw$^2$ | njɨɨ$^1$ | tja$^1$ | dźjɨ | śjɨj$^1$ |

① “[Tangut][Tangut]”误倒，据右侧乙正符号校正。

| | | | | | | | | |
|---|---|---|---|---|---|---|---|---|
| 一 | 者 | 信 | 成 | 就。 | 二 | 者 | 行 | 成 |
| [illegible]。 | [illegible] | [illegible] | [illegible] | [illegible] | [illegible]。 | [illegible] | [illegible] | [illegible] |
| ·jiw$^{2}$ | sọ$^{1}$ | tja$^{1}$ | tsjiir$^{2}$ | śjɨj$^{1}$ | ·jiw$^{2}$ | ljɨɨr$^{1}$ | tja$^{1}$ | po$^{1}$ |
| 就。 | 三 | 者 | 性 | 成 | 就。 | 四 | 者 | 菩 |

一者信成就。二者行成就。三者性成就。四者乐菩

**28.4.1**

| | | | | | | | | |
|---|---|---|---|---|---|---|---|---|
| [illegible] | [illegible] | [illegible]。 | [illegible] | [illegible] | [illegible] | [illegible]。 | [illegible] | [illegible] |
| tjɨj$^{1}$ | njiij$^{1}$ | dzu$^{1}$ | ŋwə$^{1}$ | tja$^{1}$ | tsjiir$^{1}$ | dzu$^{1}$ | tśhjiw$^{1}$ | tja$^{1}$ |
| 提 | 心 | 乐。 | 五 | 者 | 法 | 乐。 | 六 | 者 |
| [illegible] | [illegible] | [illegible] | [illegible]。 | [illegible] | [illegible] | [illegible] | [illegible]① | [illegible] |
| tśhja$^{2}$ | tsjiir$^{1}$ | dźjɨ | bioo$^{1}$ | śjạ$^{1}$ | tja$^{1}$ | tsjiir$^{1}$ | dźjɨ | tsjiir$^{1}$ |
| 正 | 法 | 行 | 观。 | 七 | 者 | 法 | 行 | 法 |

提心。五者乐法。六者观正法行。七者行法

**28.4.2**

| | | | | | | | | |
|---|---|---|---|---|---|---|---|---|
| [illegible] | [illegible]。 | [illegible] | [illegible] | [illegible] | [illegible] | [illegible] | [illegible]。 | [illegible] |
| śjij$^{1}$ | wji$^{1}$ | ·jar$^{1}$ | tja$^{1}$ | khwẹj$^{1}$ | ljij$^{2}$ | khwẹj$^{1}$ | phjɨ$^{1}$ | gjɨɨ$^{1}$ |
| 顺 | 为。 | 八 | 者 | 慢 | 大 | 慢 | 舍。 | 九 |
| [illegible] | [illegible] | [illegible] | [illegible] | [illegible] | [illegible] | [illegible] | [illegible] | [illegible]。 |
| tja$^{1}$ | mjor$^{1}$ | ljij$^{2}$ | ·jij$^{1}$ | dwuu$^{2}$ | rjɨj$^{2}$ | tsjiir$^{1}$ | tsjij$^{2}$ | njwi$^{2}$ |
| 者 | 如 | 来 | 之 | 密 | 秘 | 法 | 解 | 能。 |

慎法②。八者舍慢大慢。九者善解如来秘密之教。

**28.4.3**

| | | | | | | | | |
|---|---|---|---|---|---|---|---|---|
| [illegible] | [illegible] | [illegible] | [illegible]、 | [illegible] | [illegible] | [illegible] | [illegible] | [illegible] |
| ɣạ$^{2}$ | tja$^{1}$ | ɣię$^{2}$ | mji$^{1}$ | tjịj$^{1}$ | dwewr$^{2}$ | ·ụ$^{2}$ | kjụ$^{1}$ | mji$^{1}$ |
| 十 | 者 | 声 | 闻、 | 缘 | 觉 | 乘 | 求 | 不 |
| [illegible]。 | | | | | | | | |
| dzu$^{1}$ | | | | | | | | |

---

① 原文献为"[illegible]"(观),据文义此处应为"[illegible]"(行)。

② 慎法,西夏译文为"[illegible][illegible]"(顺法)。

乐。

十者心不悕求声闻、缘觉①乘。

## 汉文本

《大宝积经》卷第二十八

元魏三藏法师佛陀扇多译

《大乘十法会》第九

如是我闻,一时婆伽婆住王舍大城耆阇崛山中,与大比丘众,五百大阿罗汉俱,菩萨摩诃萨无量无边。尔时,会中有一菩萨摩诃萨,名净无垢宝月王光。即从坐起,整服右肩,右膝胡跪莲花台上。至如来所,合掌向佛白言:世尊!行大乘、住大乘比丘,云何行大乘?云何住大乘?世尊!以何义故,此大乘名为大乘?复以何义,名为住大乘?

尔时,世尊告净无垢宝月王光菩萨摩诃萨言:善哉!善哉!净无垢宝月王光,善男子!汝善能问此甚深义。谛听!谛听!善思念之。我今为汝,分别解说。

时净无垢宝月王光菩萨摩诃萨,闻佛听许,即白佛言:唯然世尊,顶受圣教。佛言:善男子!菩萨摩诃萨成就十法,是行大乘,是住大乘。何等为十?一者信成就。二者行成就。三者性成就。四者乐菩提心。五者乐法。六者观正法行。七者行法慎法。八者舍慢大慢。九者善解如来秘密之教。十者心不悕求声闻、缘觉乘。

**28.4.3**

| | | | | | | | |
|---|---|---|---|---|---|---|---|
| [illegible] | [illegible] | [illegible] | [illegible] | [illegible] | [illegible] | [illegible] | [illegible] |
| dzjɨj$^{1}$ | sej$^{1}$ | ror$^{2}$ | mjij$^{1}$ | ljɨ̣$^{1}$ | lhjịj$^{2}$ | njij$^{2}$ | bji$^{1}$ |
| 时 | 净 | 垢 | 无 | 宝 | 月 | 王 | 光 |

时净无垢宝月王光

**28.4.4**

| | | | | | | | | |
|---|---|---|---|---|---|---|---|---|
| [illegible] | [illegible] | [illegible] | [illegible] | [illegible], | [illegible] | [illegible] | [illegible] | [illegible]: |
| po$^{1}$ | tsa$^{1}$ | ma$^{2}$ | ŋạ$^{2}$ | tsa$^{1}$ | tha$^{1}$ | ·jij$^{1}$ | dạ$^{2}$ | ·jɨ$^{2}$ |
| 菩 | 萨 | 摩 | 诃 | 萨, | 佛 | 之 | 言 | 谓: |
| [illegible] | [illegible]! | [illegible] | [illegible] | [illegible] | [illegible] | [illegible] | [illegible] | [illegible] |
| rjur$^{1}$ | pjụ$^{1}$ | po$^{1}$ | tsa$^{1}$ | ma$^{2}$ | ŋạ$^{2}$ | tsa$^{1}$ | ·jij$^{1}$ | dźiej$^{2}$ |
| 世 | 尊! | 菩 | 萨 | 摩 | 诃 | 萨 | 之 | 信 |

菩萨摩诃萨白佛言:世尊!云何菩萨摩诃萨信

① 缘觉,梵文 Pratyeka buddha,译作"辟支迦佛",略译作"辟支""辟支佛"。"缘觉"为旧译,新译"独觉"。

**28.4.5**

[illegible]

śjɨj¹ ·jiw² tja¹ ljɨ̣¹ kjɨ¹ ŋwu² tha¹ dạ² neew²

成 就 者, 何 △ 是? 佛 言: 善

[illegible]

goor¹ gji² po¹ tsa¹ ma² ŋạ² tsa¹ mji¹ ljoor¹

男 子! 菩 萨 摩 诃 萨 不 谄

成就？佛言:善男子！菩萨摩诃萨行不谄行,

**28.4.6**

[illegible]

dźjɨ dźjij¹ wəə¹ lhjii¹ dźjɨ rjir¹ thja² dźiã² tsjij²

行 行, 柔 软 行 得。 彼 菩 萨

[illegible]

rjur¹ mjor¹ ljịj² tśhja² ɣiej¹ tśhja² dwewr² zji² phju²

诸 如 来, 正 真 正 觉, 无 上

得柔软行。彼菩萨信诸如来,正真正觉,无上

**28.5.1**

[illegible]

po¹ tjɨj¹ dźiej² rjur¹ mjor¹ ljịj² ·a lə ljiij¹

菩 提 信。 诸 如 来 一 念 顷

[illegible]

zjij¹ sọ¹ zjọ² dạ² tshjiij¹ dźiej² rjur¹ mjor¹ ljịj²

时, 三 世 事 说 信。 诸 如 来

菩提。信诸如来,于一念中,说三世事。信如来藏,

**28.5.2**

[illegible]

·ụ² mji¹ nar² mji¹ sjɨ¹ mjɨ¹ pjụ¹ bju² mjij¹

藏, 不 老 不 死, 无 量 边 无,

| | | | | | | | | |
|---|---|---|---|---|---|---|---|---|
| [illegible] | [illegible] | [illegible] | [illegible]， | [illegible] | [illegible] | [illegible] | [illegible] | [illegible]。 |
| mji$^{1}$ | wee$^{1}$ | mji$^{1}$ | dzjar$^{2}$ | mji$^{1}$ | ·ju$^{2}$ | mji$^{1}$ | bja$^{2}$ | dźiej$^{2}$ |
| 不 | 生 | 不 | 灭， | 不 | 常 | 不 | 断 | 信。 |

不老不死，无量无边，不生不灭，不常不断。信

**28.5.3**

| | | | | | | | | |
|---|---|---|---|---|---|---|---|---|
| [illegible] | [illegible] | [illegible] | [illegible] | [illegible] | [illegible]， | [illegible] | [illegible] | [illegible]、 |
| rjur$^{1}$ | tha$^{1}$ | zjɨr$^{1}$ | bju$^{2}$ | tsjiir$^{1}$ | rjur$^{1}$ | ŋowr$^{2}$ | ŋowr$^{2}$ | sjịj$^{2}$ |
| 诸 | 佛 | 实 | 际 | 法 | 界， | 一 | 切 | 智、 |
| [illegible] | [illegible] | [illegible] | [illegible] | [illegible] | [illegible] | [illegible]， | [illegible] | [illegible] |
| ŋowr$^{2}$ | ŋowr$^{2}$ | sjịj$^{2}$ | dzjwo$^{2}$ | ·jij$^{1}$ | nwə$^{1}$ | lew$^{2}$ | ɣie$^{1}$ | le$^{2}$ |
| 一 | 切 | 智 | 人 | 之 | 知 | 所， | 力 | 畏 |

诸佛实际法界，一切智、一切智人所知，力无所畏，

**28.5.4**

| | | | | | | | | |
|---|---|---|---|---|---|---|---|---|
| [illegible] | [illegible]， | [illegible] | [illegible] | [illegible] | [illegible] | [illegible]。 | [illegible] | [illegible] |
| lew$^{2}$ | mjij$^{1}$ | mji$^{1}$ | gu$^{2}$ | tha$^{1}$ | tsjiir$^{1}$ | dźiej$^{2}$ | rjur$^{1}$ | mjor$^{1}$ |
| 所 | 无， | 不 | 共 | 佛 | 法 | 信。 | 诸 | 如 |
| [illegible] | [illegible] | [illegible] | [illegible] | [illegible] | [illegible] | [illegible] | [illegible]。 | [illegible] |
| ljịj$^{2}$ | ·jij$^{1}$ | ljij$^{2}$ | tjị$^{2}$ | mjij$^{1}$ | tśjiw$^{2}$ | ·jij$^{1}$ | dźiej$^{2}$ | rjur$^{1}$ |
| 来 | 之 | 见 | 处 | 无 | 顶 | 相 | 信。 | 诸 |

不共佛法。信诸如来，无见顶相。信诸

**28.5.5**

| | | | | | | | | |
|---|---|---|---|---|---|---|---|---|
| [illegible] | [illegible] | [illegible] | [illegible] | [illegible] | [illegible] | [illegible]， | [illegible] | [illegible] |
| mjor$^{1}$ | ljịj$^{2}$ | ·jij$^{1}$ | sọ$^{1}$ | ɣạ$^{2}$ | njɨɨ$^{1}$ | ·jij$^{1}$ | ·jar$^{1}$ | ɣạ$^{2}$ |
| 如 | 来 | 之 | 三 | 十 | 二 | 相， | 八 | 十 |
| [illegible] | [illegible]， | [illegible] | [illegible] | [illegible] | [illegible]， | [illegible] | [illegible] | [illegible] |
| mə$^{2}$ | ŋạ$^{2}$ | ljụ$^{2}$ | ɣa$^{2}$ | śjwo$^{2}$ | tshjịj$^{2}$ | ljụ$^{2}$ | ·iọ$^{1}$ | bji$^{1}$ |
| 种 | 好， | 身 | 于 | 庄 | 严， | 身 | 圆 | 光 |

如来，三十二相，八十种好，庄严其身，身有圆光。

**28.5.6**

| | | | | | | | | |
|---|---|---|---|---|---|---|---|---|
| [illegible] | [illegible]。 | [illegible] | [illegible] | [illegible] | [illegible]， | [illegible] | [illegible] | [illegible] |
| dju$^{1}$ | dźiej$^{2}$ | ɣię$^{2}$ | mji$^{1}$ | rjɨr$^{2}$ | tshjiij$^{1}$ | tjij$^{1}$ | dwewr$^{2}$ | rjɨr$^{2}$ |
| 有 | 信。 | 声 | 闻 | △ | 说， | 缘 | 觉 | △ |
| [illegible]， | [illegible] | [illegible] | [illegible] | [illegible] | [illegible]。 | [illegible] | [illegible] | [illegible]① |
| tshjiij$^{1}$ | dźiã$^{2}$ | tsjij$^{2}$ | rjɨr$^{2}$ | tshjiij$^{1}$ | dźiej$^{2}$ | nioow$^{1}$ | dźjiij$^{1}$ | dźjiij$^{1}$ |
| 说， | 菩 | 萨 | △ | 说 | 信。 | 及 | 住 | 住 |

信声闻所说,缘觉所说,菩萨所说。及信所有

**28.6.1**

| | | | | | | | | |
|---|---|---|---|---|---|---|---|---|
| [illegible] | [illegible] | [illegible] | [illegible] | [illegible] | [illegible] | [illegible]， | [illegible] | [illegible] |
| ŋwuu$^{1}$ | dạ$^{2}$ | tshjiij$^{1}$ | njwi$^{2}$ | mjijr$^{2}$ | ·jij$^{1}$ | dźiej$^{2}$ | thjɨ$^{2}$ | zjọ$^{2}$ |
| 语 | 言 | 说 | 能 | 者 | 之 | 信， | 此 | 世 |
| [illegible] | [illegible] | [illegible] | [illegible]。 | [illegible] | [illegible] | [illegible] | [illegible]、 | [illegible] |
| wjɨ$^{2}$ | rar$^{2}$ | zjọ$^{2}$ | dźiej$^{2}$ | tśhja$^{2}$ | dźjɨ | dźjij$^{1}$ | mjijr$^{2}$ | tśhja$^{2}$ |
| 过 | 去 | 世 | 信。 | 正 | 行 | 行 | 者、 | 正 |

善言说者,信此世过世。信正行者、

**28.6.2**

| | | | | | | | | |
|---|---|---|---|---|---|---|---|---|
| [illegible] | [illegible] | [illegible]， | [illegible] | [illegible] | [illegible]， | [illegible] | [illegible] | [illegible] |
| dźjɨ | dźjiij$^{1}$ | mjijr$^{2}$ | tjij$^{1}$ | śia$^{1}$ | mẽ$^{1}$ | tjij$^{1}$ | pho$^{1}$ | lo$^{1}$ |
| 行 | 住 | 者， | 若 | 沙 | 门， | 若 | 婆 | 罗 |
| [illegible] | [illegible] | [illegible]， | [illegible] | [illegible] | [illegible] | [illegible]， | [illegible] | [illegible] |
| mẽ$^{1}$ | ·jij$^{1}$ | dźiej$^{2}$ | neew$^{2}$ | sjwɨj$^{1}$ | mjaa$^{1}$ | tshja$^{2}$ | zji$^{2}$ | kha$^{1}$ |
| 门 | 之 | 信， | 善 | 业 | 果 | 报， | 最 | 中 |

住正行者,若有沙门,若婆罗门,信善业果,甚

**28.6.3**

| | | | | | | | | | |
|---|---|---|---|---|---|---|---|---|---|
| [illegible] | [illegible]， | [illegible] | [illegible] | [illegible] | [illegible] | [illegible]。 | [illegible] | [illegible]②， | [illegible] |

① “[illegible][illegible]”,表示“所有”。
② 原文“[illegible]”为补字。

dzu¹ lew² zji² thjoo¹ zji² buu² dźiej² thjɨ² tja¹ tjij¹

乐 所, 极 妙 最 胜 信。 此 者, 若

[illegible] [illegible] [illegible], [illegible] [illegible] [illegible] [illegible] [illegible]。 [illegible]

mə¹ mə¹ dzju² tjij¹ dźjwu¹ dźjwu¹ njij² ŋwu² mji¹

天 天 主, 若 人 人 王 是。 不

可爱乐,微妙①最胜。所谓若天天主,若人人主。

**28.6.4**

[illegible] [illegible] [illegible], [illegible] [illegible] [illegible] [illegible]。 [illegible] [illegible]

neew² mjaa¹ tshja² dzu¹ ŋwe¹ lew² njaa² tjij¹ dji̠¹

善 果 报, 爱 乐 可 不。 或 地

[illegible] [illegible], [illegible] [illegible] [illegible] [illegible], [illegible] [illegible] [illegible]

·jɨj² ·u² tjij¹ śju̠¹ ·ju¹ kha¹ tjij¹ sju² dzju²

狱 中, 或 饿 鬼 中, 或 牲 畜

信不善果,不可爱乐,苦恼无量②,或在地狱,或在饿鬼,或在畜生。

**28.6.5**

[illegible], [illegible] [illegible] [illegible] [illegible] [illegible] [illegible]。 [illegible] [illegible]

kha¹ dźiej² tśji̠¹ źji̠¹ mjɨ¹ pju̠¹ dźiej² thja² dźiã²

中, 信 苦 恼 无 量 信。 彼 菩

[illegible] [illegible] [illegible] [illegible] [illegible], [illegible] [illegible] [illegible] [illegible]。

tsjij² thjɨ² sju² dźiej² nioow¹ so̠¹ tsjiir¹ khwa¹ ka²

萨 是 如 信 已, 三 法 舍 离。

彼菩萨如是信已,得离三法。

**28.6.6**

[illegible] [illegible], [illegible] [illegible], [illegible] [illegible] [illegible]。 [illegible] [illegible]

lew¹ ·jiw² njɨɨ¹ ljɨ̠j¹ so̠¹ mji¹ djɨj¹ neew² goor¹

一 疑, 二 惑, 三 不 定。 善 男

[illegible]! [illegible] [illegible] [illegible] [illegible] [illegible], [illegible] [illegible] [illegible]

---

① 微妙,西夏文译作"[illegible][illegible]"(极妙)。
② 苦恼无量,西夏译文见下一行。

| | | | | | | | | |
|---|---|---|---|---|---|---|---|---|
| gji$^{2}$ | po$^{1}$ | tsa$^{1}$ | ma$^{2}$ | ŋạ$^{2}$ | tsa$^{1}$ | thjɨ$^{2}$ | sju$^{2}$ | dźiej$^{2}$ |
| 子！ | 菩 | 萨 | 摩 | 诃 | 萨， | 是 | 如 | 信 |

一疑，二惑，三不决定。善男子！菩萨摩诃萨，成就如是信，

**28.7.1**

| | | | | | | | | |
|---|---|---|---|---|---|---|---|---|
| [illegible] | [illegible]， | [illegible] | [illegible] | [illegible] | [illegible] | [illegible] | [illegible]。 | [illegible] |
| śjɨj$^{1}$ | ·jiw$^{2}$ | ku$^{1}$ | tśhjwo$^{1}$ | dźiej$^{2}$ | śjɨj$^{1}$ | ·jiw$^{2}$ | ·jɨ$^{2}$ | tśhjɨ$^{1}$ |
| 成 | 就， | 则 | 故 | 信 | 成 | 就 | 谓。 | 尔 |
| [illegible]， | [illegible] | [illegible] | [illegible] | [illegible] | [illegible] | [illegible] | [illegible]， | [illegible] |
| zjọ$^{2}$ | rjur$^{1}$ | pjụ$^{1}$ | thjɨ$^{2}$ | wo$^{2}$ | dźju$^{1}$ | sjwij$^{1}$ | nioow$^{1}$ | ljaa$^{1}$ |
| 时， | 世 | 尊 | 此 | 义 | 显 | 明 | 故， | 偈 |

名为信成就。尔时，世尊为显此义，偈重

**28.7.2**

| | | |
|---|---|---|
| [illegible] | [illegible] | [illegible]： |
| dạ$^{2}$ | rjɨr$^{2}$ | tshjiij$^{1}$ |
| 说 | △ | 说： |

说言：

**28.7.3**

| | | | | | | | |
|---|---|---|---|---|---|---|---|
| [illegible] | [illegible] | [illegible] | [illegible] | [illegible]， | [illegible] | [illegible] | [illegible] |
| dźiej$^{2}$ | buu$^{2}$ | gjij$^{1}$ | ·ụ$^{2}$ | we$^{2}$ | dźiej$^{2}$ | tja$^{1}$ | tha$^{1}$ |
| 信 | 胜 | 殊 | 乘 | 为， | 信 | 者 | 佛 |
| [illegible] | [illegible]。 | [illegible] | [illegible]① | [illegible] | [illegible] | [illegible]， | |
| gji$^{2}$ | ŋwu$^{2}$ | thjɨ$^{2}$ | nioow$^{1}$ | sjị$^{2}$ | dźjij$^{2}$ | mjijr$^{2}$ | |
| 子 | 是。 | 是 | 故 | 智 | 有 | 者， | |

信为增上乘，信者是佛子。是故有智者，

**28.7.4**

| | | | | | | | |
|---|---|---|---|---|---|---|---|
| [illegible] | [illegible] | [illegible] | [illegible] | [illegible]。 | [illegible] | [illegible] | [illegible] |

① “[illegible]”(nioow$^{1}$)，与“[illegible]”(nioow$^{1}$)通假。

| | | | | | | | |
|---|---|---|---|---|---|---|---|
| ·ju² | dźiej² | ? | njij¹ | lew² | dźiej² | rjur¹ | kha¹ |
| 常 | 信 | 亲 | 近 | 应。 | 信 | 世 | 间 |
| [illegible] | [illegible]， | [illegible] | [illegible] | [illegible] | [illegible] | [illegible]。 | |
| zji² | phju² | dźiej² | tja¹ | sjwi¹ | lụ² | mjij¹ | |
| 最 | 上， | 信 | 者 | 穷 | 乏 | 无。 | |

应常亲近信。信是世间最，信者无穷乏。

**28.7.5**

| | | | | | | | |
|---|---|---|---|---|---|---|---|
| [illegible] | [illegible] | [illegible] | [illegible] | [illegible]， | [illegible] | [illegible] | [illegible] |
| thjɨ² | nioow¹ | sjịj² | dźjij² | mjijr² | ·ju² | dźiej² | ? |
| 是 | 故 | 智 | 有 | 者， | 常 | 信 | 亲 |
| [illegible] | [illegible]。 | [illegible] | [illegible] | [illegible] | [illegible] | [illegible]， | |
| njij¹ | lew² | tjij¹ | mji¹ | dźiej² | dzjwo² | tja¹ | |
| 近 | 应。 | 若 | 不 | 信 | 人 | 者， | |

是故有智者，应常亲近信。若不信之人，

**28.7.6**

| | | | | | | | |
|---|---|---|---|---|---|---|---|
| [illegible] | [illegible] | [illegible] | [illegible] | [illegible]。 | [illegible] | [illegible] | [illegible] |
| rjur¹ | tsjiir¹ | phiow¹ | mji¹ | śjwo¹ | tśjiw² | sjwɨ¹ | ljwi¹ |
| 诸 | 法 | 白 | 不 | 生。 | 烧 | 种 | 子 |
| [illegible] | [illegible]， | [illegible] | [illegible] | [illegible] | [illegible] | [illegible]。 | |
| wjɨ² | sju² | tśhji² | ljịj¹ | njɨ² | mji¹ | to² | |
| △ | 如， | 根 | 芽 | 等 | 不 | 生。 | |

不生诸白法。犹如烧种子，不生根芽等。

## 汉文本

时净无垢宝月王光菩萨摩诃萨白佛言：世尊！云何菩萨摩诃萨信成就？

佛言：善男子！菩萨摩诃萨行不谄行，得柔软行。彼菩萨信诸如来，正真正觉，无上菩提。信诸如来，于一念中，说三世事。信如来藏，不老不死，无量无边，不生不灭，不常不断。信诸佛实际法界，一切智、一切智人所知，力无所畏，不共佛法。信诸如来，无见顶相。信诸如来，三十二相，八十种好，庄严其身，身有圆光。信声闻所说，缘觉所说，菩萨所说。及信所有善言说者，信此世过世。信正行者、住正行者，若有沙门，若婆罗门，信善业果，甚可爱乐，微妙最胜。所谓若天天主，若人人主。信不善果,不可爱乐,苦恼无量,或在地狱,或在饿鬼,或在畜生。彼菩萨如是信已,得离三法。一疑,二惑,三不决定。善男子!菩萨摩诃萨,成就如是信,名为信成就。

尔时,世尊为显此义,偈重说言:

信为增上乘,信者是佛子。

是故有智者,应常亲近信。

信是世间最,信者无穷乏。

是故有智者,应常亲近信。

若不信之人,不生诸白法。

犹如烧种子,不生根芽等。

**28.8.1**

| | | | | | | | | | |
|---|---|---|---|---|---|---|---|---|---|
| [illegible] | [illegible] | [illegible], | [illegible] | [illegible] | [illegible] | [illegible] | [illegible] | [illegible] | [illegible] |
| neew$^{2}$ | goor$^{1}$ | gji$^{2}$ | po$^{1}$ | tsa$^{1}$ | ma$^{2}$ | ŋạ$^{2}$ | tsa$^{1}$ | ·jij$^{1}$ | dźjɨ |
| 善 | 男 | 子, | 菩 | 萨 | 摩 | 诃 | 萨 | 之 | 行 |
| [illegible] | [illegible] | [illegible], | [illegible] | [illegible] | [illegible]? | [illegible] | [illegible] | [illegible], | |
| śjɨj$^{1}$ | ·jiw$^{2}$ | tja$^{1}$ | ljị$^{1}$ | kjɨ$^{1}$ | ŋwu$^{2}$ | neew$^{2}$ | goor$^{1}$ | gji$^{2}$ | |
| 成 | 就 | 者, | 何 | △ | 是? | 善 | 男 | 子, | |

善男子,云何菩萨摩诃萨行成就?善男子,

**28.8.2**

| | | | | | | | | | |
|---|---|---|---|---|---|---|---|---|---|
| [illegible] | [illegible] | [illegible] | [illegible] | [illegible] | [illegible] | [illegible] | [illegible] | [illegible], | [illegible] |
| po$^{1}$ | tsa$^{1}$ | ma$^{2}$ | ŋạ$^{2}$ | tsa$^{1}$ | dźiej$^{2}$ | śjɨj$^{1}$ | ·jiw$^{2}$ | ku$^{1}$ | mər$^{1}$ |
| 菩 | 萨 | 摩 | 诃 | 萨 | 信 | 成 | 就 | 故, | 唇 |
| [illegible] | [illegible] | [illegible], | [illegible] | [illegible] | [illegible] | [illegible], | [illegible] | [illegible] | |
| mjar$^{1}$ | piạj$^{2}$ | khji$^{1}$ | tśhja$^{2}$ | tsjiir$^{1}$ | lhwu$^{1}$ | gjwi$^{2}$ | nji$^{1}$ | dźjɨɨr$^{1}$ | |
| 毛 | 发 | 落, | 正 | 法 | 衣 | 服, | 家 | 舍 | |

菩萨摩诃萨行成就①故,剃除须发,被正法服,舍家

**28.8.3**

| | | | | | | | | | |
|---|---|---|---|---|---|---|---|---|---|
| [illegible] | [illegible]。 | [illegible] | [illegible] | [illegible] | [illegible], | [illegible] | [illegible] | [illegible] | [illegible] |
| nji$^{1}$ | phjɨ$^{1}$ | nji$^{1}$ | phjɨ$^{1}$ | nioow$^{1}$ | rjijr$^{2}$ | dźiã$^{2}$ | ·jij$^{1}$ | kie$^{1}$ | dźjɨ |
| 家 | 出。 | 家 | 出 | 后 | 方, | 菩 | 之 | 戒 | 行 |

① 行成就,西夏译文为“[illegible]”(信成就),据上下文义,西夏本疑讹。

| | | | | | | | | |
|---|---|---|---|---|---|---|---|---|
| [illegible] | [illegible] | [illegible] | [illegible]， | [illegible] | [illegible] | [illegible] | [illegible] | [illegible] |
| njɨ$^{2}$ | dạ$^{2}$ | djọ$^{2}$ | ɣiew$^{1}$ | ɣię$^{2}$ | mji$^{1}$ | ·jij$^{1}$ | kie$^{1}$ | dźjɨ |
| 等 | 事 | 修 | 学， | 声 | 闻 | 之 | 戒 | 行 |

出家。既出家已，修学菩萨戒行等事，修学声闻戒行

**28.8.4**

| | | | | | | | | |
|---|---|---|---|---|---|---|---|---|
| [illegible] | [illegible] | [illegible] | [illegible]， | [illegible] | [illegible] | [illegible] | [illegible] | [illegible] |
| njɨ$^{2}$ | dạ$^{2}$ | djọ$^{2}$ | ɣiew$^{1}$ | tjịj$^{1}$ | dwewr$^{2}$ | ·jij$^{1}$ | kie$^{1}$ | dźjɨ |
| 等 | 事 | 修 | 学， | 缘 | 觉 | 之 | 戒 | 行 |
| [illegible] | [illegible] | [illegible] | [illegible]。 | [illegible] | [illegible]① | [illegible] | [illegible] | [illegible] |
| njɨ$^{2}$ | dạ$^{2}$ | djọ$^{2}$ | ɣiew$^{1}$ | dźiã$^{2}$ | tsjij$^{2}$ | djọ$^{2}$ | thjɨ$^{2}$ | sju$^{2}$ |
| 等 | 事 | 修 | 学。 | 菩 | 萨 | 修 | 是 | 如 |

等事，修学缘觉戒行等事。修菩萨如是

**28.8.5**

| | | | | | | | | | |
|---|---|---|---|---|---|---|---|---|---|
| [illegible] | [illegible]， | [illegible] | [illegible] | [illegible] | [illegible] | [illegible] | [illegible]② | [illegible] | [illegible]。 |
| ɣiew$^{1}$ | nioow$^{1}$ | ljụ$^{2}$ | ljaa$^{2}$ | phji$^{1}$ | njɨ$^{2}$ | niow$^{2}$ | sjwɨj$^{1}$ | zji$^{2}$ | dzjar$^{2}$ |
| 学 | 已， | 身 | 口 | 意 | 等 | 恶 | 业 | 悉 | 灭。 |
| [illegible] | [illegible] | [illegible] | [illegible] | [illegible]， | [illegible] | [illegible] | [illegible]？ | [illegible] | |
| ljụ$^{2}$ | mji$^{1}$ | neew$^{2}$ | sjwɨj$^{1}$ | tja$^{1}$ | ljị$^{1}$ | kjɨ$^{1}$ | ŋwu$^{2}$ | sjwụ$^{2}$ | |
| 身 | 不 | 善 | 业 | 者， | 何 | △ | 是？ | 生 | |

学已，身口意等恶业悉灭。何者名为身不善业？

**28.8.6**

| | | | | | | | | |
|---|---|---|---|---|---|---|---|---|
| [illegible]、 | [illegible] | [illegible]、 | [illegible] | [illegible]， | [illegible] | [illegible] | [illegible] | [illegible] |
| sja$^{1}$ | kjwir$^{1}$ | kjiir$^{2}$ | dow$^{1}$ | tjụ$^{2}$ | ɣjị$^{1}$ | lụ$^{1}$ | bjɨr$^{1}$ | bo$^{2}$ |
| 杀、 | 偷 | 盗、 | 邪 | 淫， | 瓦 | 石 | 刀 | 杖 |
| [illegible] | [illegible] | [illegible] | [illegible] | [illegible]， | [illegible] | [illegible] | [illegible] | [illegible] |
| ŋwu$^{2}$ | mjɨ$^{1}$ | ·jij$^{1}$ | tjwɨ$^{1}$ | pjij$^{1}$ | khjɨ$^{1}$ | lạ$^{1}$ | njɨ$^{2}$ | ŋwo$^{2}$ |

① 原文献“[illegible]”后有“[illegible]”二字，并有校改符号以示删除，但“[illegible]”字右侧的删除符号墨迹较淡，且据汉文本文义，保留“[illegible]”字。

② “[illegible]”误倒，据右侧乙正符号校正。

| | | | | | | | | |
|---|---|---|---|---|---|---|---|---|
| 以 | 他 | 之 | 捶 | 往, | 足 | 手 | 等 | 伤 |

所谓杀生、偷盗、邪淫,瓦石刀杖,欺掷他人,伤手足等,

**28.9.1**

| | | | | | | | | |
|---|---|---|---|---|---|---|---|---|
| 豺, | 蝱 | 娓 | 蝱 | 蒜, | 敞 | 骸 | 殁 | 旃。 |
| wji[1] | tjij[1] | lja[1] | tjij[1] | śji[1] | źjiw[1] | nji | dạ[2] | dźjij[1] |
| 为, | 若 | 来 | 若 | 往, | 欺 | 凌 | 事 | 行。 |
| 缬 | 结 | 毅, | 瓶 | 瓶 | 秣 | 郡 | 慨 | 缬 |
| neew[2] | goor[1] | gji[2] | thjɨ[2] | sju[2] | njɨ[2] | ljụ[2] | mji[1] | neew[2] |
| 善 | 男 | 子, | 是 | 如 | 等 | 身 | 不 | 善 |

若来若去,行欺凌事。善男子,如是等名身不善业。

**28.9.2**

| | | | | | | | | |
|---|---|---|---|---|---|---|---|---|
| 骸 | 務。 | 缬 | 结 | 毅, | 飯 | 慨 | 缬 | 骸 |
| sjwɨj[1] | ·jɨ[2] | neew[2] | goor[1] | gji[2] | ljaa[2] | mji[1] | neew[2] | sjwɨj[1] |
| 业 | 谓。 | 善 | 男 | 子, | 口 | 不 | 善 | 业 |
| 織, | 赫 | 燚 | 敠? | 龍 | 豺 | 蒓 | 鶇, | 爾 |
| tja[1] | ljɨ[1] | kjɨ[1] | ŋwu[2] | lạ[1] | wji[1] | ŋwuu[1] | kiaa[2] | dzjwɨ[1] |
| 者, | 何 | △ | 是? | 妄 | 为 | 言 | 诳, | 谗 |

善男子,何者名为口不善业?所谓妄言绮语,

**28.9.3**

| | | | | | | | | |
|---|---|---|---|---|---|---|---|---|
| 娇 | 皴 | 織, | 慨 | 缬 | 蒓 | 豺, | 絨 | 福 |
| lhjwa[1] | niow[2] | nẹ[1] | mji[1] | neew[2] | ŋwuu[1] | dạ[2] | tśhja[2] | tsjiir[1] |
| 舌 | 恶 | 宣, | 不 | 善 | 言 | 说, | 正 | 法 |
| 緜 | 蔬 | 瑗 | 菽 | 皺 | 皺。 | 庞 | 俊 | 延、 |
| zji[2] | na[1] | lwər[2] | lhejr[2] | pjo[1] | tsjij[2] | rjur[1] | xwa[1] | śjow[2] |
| 甚 | 深 | 经 | 典 | 谤 | 诽。 | 诸 | 和 | 尚、 |

两舌恶口,不善言说,诽谤正法,甚深经典。说诸和尚、

**28.9.4**

| | | | | | | | | |
|---|---|---|---|---|---|---|---|---|
| 贬 | 鈪 | 謊 | 秣 | 慨 | 絨 | 福 | 绥 | 彦 |

| | | | | | | | | |
|---|---|---|---|---|---|---|---|---|
| ·a | śja$^{1}$ | lji$^{1}$ | njɨ$^{2}$ | nioow$^{1}$ | tśhja$^{2}$ | tsjiir$^{1}$ | dźjiij$^{1}$ | mjijr$^{2}$ |
| 阿 | 阇 | 梨 | 等 | 及 | 正 | 法 | 住 | 者 |
| [illegible] | [illegible] | [illegible] | [illegible] | [illegible]。 | [illegible] | [illegible] | [illegible] | [illegible]， |
| ·jij$^{1}$ | dźjar$^{2}$ | lju$^{2}$ | tshjiij$^{1}$ | wji$^{1}$ | thjɨ$^{2}$ | sju$^{2}$ | njɨ$^{2}$ | tja$^{1}$ |
| 之 | 过 | 失 | 说 | 为。 | 是 | 如 | 等 | 者， |

阿阇梨等住正法者，所有过短。如是等

**28.9.5**

| | | | | | | | | |
|---|---|---|---|---|---|---|---|---|
| [illegible] | [illegible] | [illegible] | [illegible] | [illegible]。 | [illegible] | [illegible] | [illegible]， | [illegible] |
| ljaa$^{2}$ | mji$^{1}$ | neew$^{2}$ | sjwɨj$^{1}$ | ·jɨ$^{2}$ | neew$^{2}$ | goor$^{1}$ | gji$^{2}$ | phji$^{1}$ |
| 口 | 不 | 善 | 业 | 谓。 | 善 | 男 | 子， | 意 |
| [illegible] | [illegible] | [illegible] | [illegible]， | [illegible] | [illegible] | [illegible]？ | [illegible] | [illegible] |
| mji$^{1}$ | neew$^{2}$ | sjwɨj$^{1}$ | tja$^{1}$ | ljɨ$^{1}$ | kjɨ$^{1}$ | ŋwu$^{2}$ | zjɨ$^{1}$ | ljuu$^{1}$ |
| 不 | 善 | 业 | 者， | 何 | △ | 是？ | 妒 | 吝 |

名口不善业。善男了，何者名为意不善业？所谓妒吝

**28.9.6**

| | | | | | | | | |
|---|---|---|---|---|---|---|---|---|
| [illegible] | [illegible]， | [illegible] | [illegible] | [illegible] | [illegible]， | [illegible] | [illegible]、 | [illegible] |
| dow$^{1}$ | ljij$^{2}$ | buu$^{2}$ | gjij$^{1}$ | zjɨ$^{1}$ | ljuu$^{1}$ | gjij$^{1}$ | dzu$^{1}$ | ·jow$^{2}$ |
| 邪 | 见， | 胜 | 殊 | 妒 | 吝， | 利 | 乐、 | 称 |
| [illegible]、 | [illegible] | [illegible] | [illegible] | [illegible]； | [illegible] | [illegible]、 | [illegible] | [illegible]、 |
| dzu$^{1}$ | njij$^{1}$ | dzu$^{1}$ | njɨ$^{2}$ | dzu$^{1}$ | nji$^{1}$ | khwẹj$^{1}$ | tsə̣$^{1}$ | khwẹj$^{1}$ |
| 乐、 | 亲 | 乐 | 等 | 乐； | 家 | 慢、 | 色 | 慢、 |

邪见，增上妒吝，乐利、乐称、乐亲爱等；家慢、色慢、

**28.10.1**

| | | | | | | | | |
|---|---|---|---|---|---|---|---|---|
| [illegible] | [illegible] | [illegible] | [illegible]、 | [illegible] | [illegible] | [illegible] | [illegible]、 | [illegible] |
| thjwị$^{1}$ | mjɨr$^{1}$ | lhoo$^{1}$ | khwẹj$^{1}$ | ŋo$^{2}$ | mjij$^{1}$ | lhoo$^{1}$ | khwẹj$^{1}$ | zjọ$^{2}$ |
| 少 | 壮 | 恃 | 慢、 | 病 | 无 | 恃 | 慢、 | 寿 |
| [illegible] | [illegible] | [illegible]、 | [illegible] | [illegible] | [illegible] | [illegible]、 | [illegible] | [illegible] |
| kạ$^{1}$ | lhoo$^{1}$ | khwẹj$^{1}$ | rejr$^{2}$ | mji$^{1}$ | lhoo$^{1}$ | khwẹj$^{1}$ | djọ$^{2}$ | dźjịj$^{1}$ |
| 命 | 恃 | 慢、 | 多 | 闻 | 恃 | 慢、 | 修 | 行 |

恃少壮慢、恃无病慢、恃寿命慢、恃多闻慢、恃修行慢,

**28.10.2**

| | | | | | | | | |
|---|---|---|---|---|---|---|---|---|
| [illegible] | [illegible], | [illegible] | [illegible] | [illegible]、 | [illegible] | [illegible] | [illegible]、 | [illegible] |
| lhoo$^{1}$ | khwẹj$^{1}$ | kiẹj$^{2}$ | seew$^{2}$ | meej$^{2}$ | tśjuu$^{1}$ | seew$^{2}$ | meej$^{2}$ | tshjạ$^{1}$ |
| 恃 | 慢, | 欲 | 思 | 忖、 | 害 | 思 | 忖、 | 瞋 |
| [illegible] | [illegible] | [illegible] | [illegible]; | [illegible] | [illegible] | [illegible] | [illegible] | [illegible]、 |
| njɨɨ$^{2}$ | seew$^{2}$ | meej$^{2}$ | njɨ$^{2}$ | nioow$^{1}$ | lhjịj$^{2}$ | iọ$^{1}$ | seew$^{2}$ | meej$^{2}$ |
| 恼 | 思 | 忖 | 等; | 及 | 国 | 土 | 思 | 忖、 |

欲觉、害觉、瞋恼觉等;及国土觉、

**28.10.3**

| | | | | | | | | |
|---|---|---|---|---|---|---|---|---|
| [illegible] | [illegible] | [illegible] | [illegible] | [illegible]; | [illegible] | [illegible]、 | [illegible] | [illegible]、 |
| lhwu$^{1}$ | gjwi$^{2}$ | njɨ$^{2}$ | seew$^{2}$ | meej$^{2}$ | do$^{2}$ | zjịj$^{1}$ | dzeej$^{1}$ | zjịj$^{1}$ |
| 衣 | 服 | 等 | 思 | 忖; | 处 | 著、 | 乘 | 著、 |
| [illegible] | [illegible] | [illegible], | [illegible] | [illegible]、 | [illegible] | [illegible] | [illegible] | [illegible] |
| gjwɨr$^{1}$ | lju$^{1}$ | njɨ$^{2}$ | djij$^{2}$ | zjịj$^{1}$ | tjị$^{1}$ | zjịj$^{1}$ | nioow$^{1}$ | mjịj$^{1}$ |
| 卧 | 具 | 等, | 饮 | 著、 | 食 | 著 | 及 | 女 |

衣服等觉;著处、著乘、著敷具等,著饮、著食及著儿女;

**28.10.4**

| | | | | | | | | |
|---|---|---|---|---|---|---|---|---|
| [illegible]; | [illegible] | [illegible] | [illegible] | [illegible], | [illegible] | [illegible] | [illegible] | [illegible] |
| zji$^{1}$ | ljị$^{1}$ | bju$^{2}$ | ljɨ̣$^{2}$ | ljị$^{1}$ | rjur$^{1}$ | wji$^{1}$ | lew$^{2}$ | njɨ$^{2}$ |
| 儿; | 耕 | 牛 | 地 | 种, | 诸 | 作 | 所 | 等 |
| [illegible]; | [illegible] | [illegible]、 | [illegible] | [illegible] | [illegible] | [illegible]、 | [illegible] | [illegible] |
| zjịj$^{1}$ | tśhjwor$^{2}$ | sjwɨ$^{1}$ | mjɨɨ$^{1}$ | mjɨɨ$^{1}$ | ·jij$^{1}$ | sjwɨ$^{1}$ | rjur$^{1}$ | wji$^{1}$ |
| 著; | 奴 | 忧、 | 婢 | 仆 | 之 | 忧、 | 诸 | 作 |

犁牛耕种,诸所作等;忧奴、忧婢、忧诸作者,

**28.10.5**

| | | | | | | | | |
|---|---|---|---|---|---|---|---|---|
| [illegible], | [illegible] | [illegible] | [illegible] | [illegible], | [illegible] | [illegible] | [illegible] | [illegible] |
| lew$^{2}$ | śioow$^{1}$ | śji$^{2}$ | ·jɨj$^{2}$ | ·ụ$^{2}$ | rjur$^{1}$ | war$^{2}$ | dźjɨɨr$^{1}$ | njɨ$^{2}$ |

| | | | | | | | | |
|---|---|---|---|---|---|---|---|---|
| 所， | 谷 | 生 | 库 | 藏， | 诸 | 财 | 舍 | 等 |
| [illegible]。 | [illegible] | [illegible] | [illegible] | [illegible] | [illegible] | [illegible] | [illegible]， | [illegible] |
| sjwɨ$^{1}$ | thja$^{2}$ | dźiã$^{2}$ | tsjij$^{2}$ | thjɨ$^{2}$ | sju$^{2}$ | zjịj$^{1}$ | nioow$^{1}$ | śji$^{1}$ |
| 忧。 | 彼 | 菩 | 萨 | 是 | 如 | 著 | 已， | 先 |

谷帛库藏，诸财物等。彼菩萨如是著已，

**28.10.6**

| | | | | | | | | |
|---|---|---|---|---|---|---|---|---|
| [illegible] | [illegible]， | [illegible] | [illegible] | [illegible] | [illegible]， | [illegible] | [illegible] | [illegible] |
| rjɨr$^{2}$ | tshjiij$^{1}$ | mə$^{2}$ | mə$^{2}$ | dạ$^{2}$ | zjɨɨr$^{1}$ | tjij$^{1}$ | ·a | mə$^{2}$ |
| △ | 说， | 种 | 种 | 事 | 中， | 若 | 一 | 种 |
| [illegible] | [illegible] | [illegible]， | [illegible] | [illegible] | [illegible] | [illegible]① | [illegible] | [illegible] |
| zjịj$^{1}$ | dạ$^{2}$ | lhjo$^{1}$ | ku$^{1}$ | tśhjɨ$^{2}$ | rjar$^{2}$ | sjwɨj$^{1}$ | sjwɨ$^{1}$ | tśjị$^{1}$ |
| 时 | 事 | 失， | 则 | 立 | 即 | 业 | 忧 | 苦 |

于向所说，种种事中，若失一事，其心则生忧悲苦

**28.11.1**

| | | | | | | | | |
|---|---|---|---|---|---|---|---|---|
| [illegible] | [illegible]。 | [illegible] | [illegible] | [illegible] | [illegible] | [illegible] | [illegible] | [illegible] |
| zjị$^{1}$ | śjwo$^{1}$ | thja$^{2}$ | dźiã$^{2}$ | tsjij$^{2}$ | dzu$^{1}$ | ljɨ$^{1}$ | njiij$^{1}$ | njọ$^{1}$ |
| 恼 | 生。 | 彼 | 菩 | 萨 | 爱 | 以 | 心 | 润 |
| [illegible]， | [illegible] | [illegible] | [illegible] | [illegible] | [illegible] | [illegible]。 | [illegible] | [illegible] |
| nejr$^{1}$ | ku$^{1}$ | kụ$^{1}$ | dju$^{1}$ | njiij$^{1}$ | ·o$^{2}$ | to$^{2}$ | neew$^{2}$ | goor$^{1}$ |
| 滋， | 则 | 后 | 有 | 心 | 悦 | 生。 | 善 | 男 |

恼。彼菩萨以爱润心，是故生于后有芽心。善男

**28.11.2**

| | | | | | | | | |
|---|---|---|---|---|---|---|---|---|
| [illegible]， | [illegible] | [illegible] | [illegible] | [illegible]， | [illegible] | [illegible] | [illegible] | [illegible]， |
| gji$^{2}$ | phji$^{1}$ | sjwɨj$^{1}$ | ljow$^{2}$ | tshjiij$^{1}$ | dzjọ$^{1}$ | dźiə$^{2}$ | dziej$^{2}$ | sju$^{2}$ |
| 子， | 意 | 业 | 略 | 说， | 犹 | 轮 | 转 | 如， |
| [illegible] | [illegible] | [illegible] | [illegible] | [illegible] | [illegible] | [illegible]。 | [illegible] | [illegible] |
| thjɨ$^{2}$ | sju$^{2}$ | phji$^{1}$ | mji$^{1}$ | neew$^{2}$ | sjwɨj$^{1}$ | ·jɨ$^{2}$ | thja$^{2}$ | dźiã$^{2}$ |

① 原文误作"[illegible]（[illegible]）"，当受后一字"[illegible]"的影响而致讹。

| | | | | | | | | |
|---|---|---|---|---|---|---|---|---|
| 是 | 如 | 意 | 不 | 善 | 业 | 谓。 | 彼 | 菩 |

子,略说意业,犹如轮转,如是名为意不善业。彼菩

**28.11.3**

| | | | | | | | | |
|---|---|---|---|---|---|---|---|---|
| [illegible] | [illegible] | [illegible] | [illegible] | [illegible], | [illegible] | [illegible] | [illegible] | [illegible] |
| tsjij$^{2}$ | ljụ$^{2}$ | njɨ$^{2}$ | sjwɨj$^{1}$ | ka$^{2}$ | xwa$^{1}$ | śjow$^{2}$ | do$^{2}$ | pjụ$^{1}$ |
| 萨 | 身 | 等 | 业 | 离, | 和 | 尚 | 处 | 尊 |
| [illegible] | [illegible] | [illegible], | [illegible] | [illegible] | [illegible] | [illegible] | [illegible] | [illegible] |
| bjij$^{2}$ | sjiij$^{2}$ | śjwo$^{1}$ | ·a | śja$^{1}$ | lji$^{2}$ | do$^{2}$ | xwa$^{1}$ | śjow$^{2}$ |
| 上 | 想 | 起, | 阿 | 阇 | 梨 | 处 | 和 | 尚 |

萨离身等业,于和尚所起于尊想,于阿阇梨起和尚

**28.11.4**

| | | | | | | | | |
|---|---|---|---|---|---|---|---|---|
| [illegible] | [illegible], | [illegible] | [illegible] | [illegible] | [illegible] | [illegible] | [illegible] | [illegible] |
| sjiij$^{2}$ | śjwo$^{1}$ | dzjij$^{2}$ | rjijr$^{2}$ | tjij$^{1}$ | nar$^{2}$ | tjij$^{1}$ | thjwị$^{1}$ | ·jij$^{1}$ |
| 想 | 起, | 余 | 方 | 若 | 老 | 若 | 少 | 之 |
| [illegible] | [illegible] | [illegible] | [illegible]。 | | | | | |
| dzuu$^{2}$ | wor$^{1}$ | dzjwị$^{1}$ | rejr$^{2}$ | | | | | |
| 坐 | 起 | 恭 | 敬。 | | | | | |

想,于余若老若少起止恭敬。

## 汉文本

善男子,云何菩萨摩诃萨行成就?善男子,菩萨摩诃萨行成就故,剃除须发,被正法服,舍家出家。既出家已,修学菩萨戒行等事,修学声闻戒行等事,修学缘觉戒行等事。修菩萨如是学已,身口意等恶业悉灭。何者名为身不善业?所谓杀生、偷盗、邪淫,瓦石刀杖,欺掷他人,伤手足等,若来若去,行欺凌事。善男子,如是等名身不善业。善男子,何者名为口不善业?所谓妄言绮语,两舌恶口,不善言说,诽谤正法,甚深经典。说诸和尚、阿阇梨等住正法者,所有过短。如是等名口不善业。善男子,何者名为意不善业?所谓妒吝邪见,增上妒吝,乐利、乐称、乐亲爱等;家慢、色慢、恃少壮慢、恃无病慢、恃寿命慢、恃多闻慢、恃修行慢,欲觉、害觉、瞋恼觉等;及国土觉、衣服等觉;著处、著乘、著敷具等,著饮、著食及著儿女;犁牛耕种,诸所作等;忧奴、忧婢、忧诸作者,谷帛库藏,诸财物等。彼菩萨如是著已,于向所说,种种事中,若失一事,其心则生忧悲苦恼。彼菩萨以爱润心,是故生于后有芽心。善男子,略说意业,犹如轮转,如是名为意不善业。彼菩萨离身等业,于和尚所起于尊想,于阿阇梨起和尚想,于余若老若少起止恭敬。

**28.11.4**

| | | | | |
|---|---|---|---|---|
| [illegible] | [illegible] | [illegible] | [illegible] | [illegible]， |
| thja$^{2}$ | dźiã$^{2}$ | tsjij$^{2}$ | ·jij$^{1}$ | tji̱j$^{1}$ |
| 彼 | 菩 | 萨 | 自 | 独， |

彼菩萨在于独处，

**28.11.5**

| | | | | | | | | |
|---|---|---|---|---|---|---|---|---|
| [illegible] | [illegible] | [illegible] | [illegible]： | [illegible] | [illegible] | [illegible] | [illegible] | [illegible]。 |
| thjɨ$^{2}$ | sju$^{2}$ | lə | wji$^{1}$ | ŋa$^{2}$ | thjɨ$^{2}$ | wji$^{1}$ | lew$^{2}$ | njaa$^{2}$ |
| 是 | 如 | 念 | 作： | 我 | 是 | 为 | 应 | 不。 |
| [illegible] | [illegible] | [illegible] | [illegible] | [illegible] | [illegible] | [illegible] | [illegible]， | [illegible] |
| ŋa$^{2}$ | sjij$^{1}$ | dźiã$^{2}$ | tśhju$^{1}$ | ŋowr$^{2}$ | ŋowr$^{2}$ | ·jij$^{1}$ | gju$^{1}$ | dźiã$^{2}$ |
| 我 | 今 | 情 | 有 | 一 | 切 | 之 | 度， | 情 |

作是思惟：我不应尔。我已起度一切众生①，

**28.11.6**

| | | | | | | | | |
|---|---|---|---|---|---|---|---|---|
| [illegible] | [illegible] | [illegible] | [illegible] | [illegible] | [illegible] | [illegible] | [illegible]， | [illegible] |
| tśhju$^{1}$ | ŋowr$^{2}$ | ŋowr$^{2}$ | do$^{2}$ | njiij$^{1}$ | ·a | śjwi$^{1}$ | ŋa$^{2}$ | dźiã$^{2}$ |
| 有 | 一 | 切 | 处 | 心 | △ | 起 | △， | 情 |
| [illegible] | [illegible] | [illegible] | [illegible] | [illegible] | [illegible] | [illegible] | [illegible] | [illegible] |
| tśhju$^{1}$ | ŋowr$^{2}$ | ŋowr$^{2}$ | ·jij$^{1}$ | tśhja$^{2}$ | djɨj$^{2}$ | dźjɨ | zjɨɨr$^{1}$ | dźjiij$^{1}$ |
| 有 | 一 | 切 | 之 | 正 | 定 | 行 | 中 | 住 |

救一切众生心，令一切众生住正定行中。

**28.12.1**

| | | | | | | | | |
|---|---|---|---|---|---|---|---|---|
| [illegible] | [illegible] | [illegible] | [illegible] | [illegible]。 | [illegible] | [illegible] | [illegible] | [illegible] |
| phjo$^{2}$ | ŋa$^{2}$ | ·jɨ$^{2}$ | ŋa$^{2}$ | ·jɨ$^{2}$ | thja$^{2}$ | dźiã$^{2}$ | tsjij$^{2}$ | thjɨ$^{2}$ |
| 令 | △ | 谓 | △ | 谓。 | 彼 | 菩 | 萨 | 是 |
| [illegible] | [illegible] | [illegible]： | [illegible] | [illegible] | [illegible] | [illegible]②， | [illegible] | [illegible] |

① 众生，梵文 Sattva，西夏译文译为“[illegible]”（有情）。

② “[illegible]”误倒，据右侧乙正符号校正。

| | | | | | | | | |
|---|---|---|---|---|---|---|---|---|
| sju$^{2}$ | lə | wji$^{1}$ | ŋa$^{2}$ | sjij$^{1}$ | ·jij$^{1}$ | ljụ$^{2}$ | rjur$^{1}$ | tśhji$^{2}$ |
| 如 | 念 | 作： | 我 | 今 | 自 | 身， | 诸 | 根 |

彼菩萨作是思惟：我今自身，不调诸根，

**28.12.2**

| | | | | | | | | |
|---|---|---|---|---|---|---|---|---|
| [illegible] | [illegible]， | [illegible] | [illegible] | [illegible] | [illegible]， | [illegible] | [illegible] | [illegible] |
| mji$^{1}$ | ·jar$^{2}$ | ·jɨr$^{2}$ | mji$^{1}$ | djọ$^{2}$ | dźjịj$^{1}$ | rjur$^{1}$ | tśhji$^{2}$ | mji$^{1}$ |
| 不 | 调， | 勤 | 不 | 修 | 行， | 诸 | 根 | 不 |
| [illegible]， | [illegible] | [illegible] | [illegible] | [illegible] | [illegible] | [illegible]。 | [illegible] | [illegible] |
| ·wejr$^{2}$ | rjur$^{1}$ | tśhji$^{2}$ | mji$^{1}$ | ·jar$^{2}$ | ŋa$^{2}$ | ·jɨ$^{2}$ | thja$^{2}$ | dźiã$^{2}$ |
| 护， | 诸 | 根 | 不 | 调 | △ | 谓。 | 彼 | 菩 |

不勤修行，不覆诸根，不调诸根。彼菩

**28.12.3**

| | | | | | | | | |
|---|---|---|---|---|---|---|---|---|
| [illegible] | [illegible] | [illegible] | [illegible] | [illegible]： | [illegible] | [illegible] | [illegible] | [illegible] |
| tsjij$^{2}$ | thjɨ$^{2}$ | sju$^{2}$ | lə | wji$^{1}$ | ŋa$^{2}$ | sjij$^{1}$ | thjɨ$^{2}$ | sju$^{2}$ |
| 萨 | 是 | 如 | 念 | 作： | 我 | 今 | 是 | 如 |
| [illegible] | [illegible] | [illegible] | [illegible] | [illegible]。 | [illegible] | [illegible] | [illegible] | [illegible] |
| djọ$^{2}$ | dźjịj$^{1}$ | rjɨr$^{2}$ | wjo$^{1}$ | ŋa$^{2}$ | thja$^{1}$ | dźiã$^{2}$ | tśhju$^{1}$ | ŋa$^{2}$ |
| 修 | 行 | △ | 为 | △。 | 彼 | 情 | 有 | 我 |

萨作是思惟：今我已作如是修行。是诸众生

**28.12.4**

| | | | | | | | | |
|---|---|---|---|---|---|---|---|---|
| [illegible] | [illegible] | [illegible]， | [illegible] | [illegible] | [illegible] | [illegible]， | [illegible] | [illegible] |
| ·jij$^{1}$ | ljij$^{2}$ | nioow$^{1}$ | njiij$^{1}$ | tśhjɨ$^{2}$ | rjar$^{2}$ | ·jar$^{2}$ | ŋa$^{2}$ | tsjiir$^{1}$ |
| 之 | 见 | 已， | 心 | 立 | 即 | 调， | 我 | 法 |
| [illegible] | [illegible]。 | [illegible] | [illegible] | [illegible] | [illegible]， | [illegible] | [illegible] | [illegible]、 |
| śjij$^{1}$ | dźjịj$^{1}$ | rjur$^{1}$ | tha$^{1}$ | njiij$^{1}$ | ljɨ̣j$^{2}$ | nioow$^{1}$ | rjur$^{1}$ | ŋwə$^{1}$ |
| 顺 | 行。 | 诸 | 佛 | 心 | 喜， | 及 | 诸 | 天、 |

既见我已，心即调伏，随顺我教。诸佛欢喜，及诸天、

**28.12.5**

| | | | | | | | | |
|---|---|---|---|---|---|---|---|---|
| [illegible]、 | [illegible] | [illegible] | [illegible] | [illegible] | [illegible] | [illegible] | [illegible] | [illegible] |

| | | | | | | | | |
|---|---|---|---|---|---|---|---|---|
| we1 | khjā2 | tha2 | pho1 | njɨ2 | to2 | zji2 | njiij1 | ljɨ̣j2 |
| 龙、 | 乾 | 闼 | 婆 | 等 | 悉 | 皆 | 心 | 喜 |
| [illegible]。 | [illegible] | [illegible] | [illegible]， | [illegible] | [illegible] | [illegible] | [illegible]， | [illegible] |
| ·jɨ2 | neew2 | goor1 | gji2 | thjɨ2 | sju2 | njɨ2 | tja1 | dźiā2 |
| 谓。 | 善 | 男 | 子， | 是 | 如 | 等 | 者， | 菩 |

龙、乾闼婆等悉皆欢喜。善男子，如是等行，名菩萨惭。

**28.12.6**

| | | | | | | | | |
|---|---|---|---|---|---|---|---|---|
| [illegible] | [illegible] | [illegible] | [illegible]。 | [illegible] | [illegible] | [illegible] | [illegible] | [illegible] |
| tsjij2 | ·jij1 | bjuu1 | ŋwu2 | thja2 | dźiā2 | tsjij2 | thjɨ2 | sju2 |
| 萨 | 之 | 敬 | 是。 | 彼 | 菩 | 萨 | 是 | 如 |
| [illegible] | [illegible]： | [illegible] | [illegible] | [illegible] | [illegible] | [illegible] | [illegible]， | [illegible] |
| lə | wji1 | tjij1 | phji2 | khjiw2 | tjij1 | mur1 | dzjwo2 | ŋa2 |
| 念 | 作： | 若 | 比 | 丘 | 若 | 俗 | 人， | 我 |

彼菩萨作是思惟：勿令若道若俗，于我

**28.13.1**

| | | | | | | | | |
|---|---|---|---|---|---|---|---|---|
| [illegible] | [illegible] | [illegible] | [illegible] | [illegible] | [illegible] | [illegible] | [illegible] | [illegible] |
| ·jij1 | lju̧2 | ljaa2 | phji1 | njɨ2 | sjwɨj1 | rjur1 | pju̧1 | wer1 |
| 之 | 身 | 口 | 意 | 等 | 业 | 诸 | 威 | 仪 |
| [illegible]， | [illegible] | [illegible] | [illegible] | [illegible] | [illegible] | [illegible]， | [illegible] | [illegible] |
| zjiɨr1 | ŋa2 | ·jij1 | tji1 | źier1 | njɨɨ2 | ·jɨ2 | thjɨ2 | tja1 |
| 中， | 我 | 之 | 不 | 骂 | 詈 | 谓， | 是 | 者 |

若身、若口、若意等业诸威仪中，诃责我者，所谓

**28.13.2**

| | | | | | | | | |
|---|---|---|---|---|---|---|---|---|
| [illegible] | [illegible] | [illegible] | [illegible]， | [illegible] | [illegible] | [illegible] | [illegible]， | [illegible] |
| kie1 | dźjɨ | tsju̧1 | ljiij2 | tjij1 | ljij2 | dźjɨ | we2 | tjij1 |
| 戒 | 行 | 犯 | 毁， | 或 | 见 | 行 | 为， | 或 |
| [illegible] | [illegible] | [illegible]， | [illegible] | [illegible] | [illegible] | [illegible] | [illegible]。 | [illegible] |
| dźjɨ | bioo1 | wji1 | tjij1 | dow1 | ka̧1 | dźjij1 | ŋwu2 | thja2 |
| 行 | 观 | 作， | 或 | 邪 | 命 | 行 | 是。 | 彼 |

毁坏戒行，或作见行，或作行行①，或行邪命。彼

**28.13.3**

| | | | | | | | | |
|---|---|---|---|---|---|---|---|---|
| [illegible] | [illegible] | [illegible] | [illegible] | [illegible] | [illegible] | [illegible] | [illegible]， | [illegible] |
| dźiã$^{2}$ | tsjij$^{2}$ | ·jij$^{1}$ | thjɨ$^{2}$ | sju$^{2}$ | bjuu$^{1}$ | ·jɨr$^{1}$ | nioow$^{1}$ | njɨɨ$^{2}$ |
| 菩 | 萨 | 之 | 是 | 如 | 敬 | 问 | 已， | 日 |
| [illegible] | [illegible] | [illegible]， | [illegible] | [illegible] | [illegible] | [illegible]。 | [illegible] | [illegible] |
| gjɨ$^{2}$ | njiij$^{1}$ | tjị$^{1}$ | kie$^{1}$ | dźjɨ | bioo$^{1}$ | thjuu$^{1}$ | kie$^{1}$ | dźjɨ |
| 夜 | 心 | 归， | 戒 | 行 | 观 | 察。 | 戒 | 行 |

行菩萨如是惭已，日夜系心，观察戒行。观戒

**28.13.4**

| | | | | | | | | | |
|---|---|---|---|---|---|---|---|---|---|
| [illegible] | [illegible]， | [illegible] | [illegible] | [illegible] | [illegible]， | [illegible] | [illegible] | [illegible] | [illegible]。 |
| bioo$^{1}$ | nioow$^{1}$ | rjur$^{1}$ | sjwɨ$^{1}$ | lhjii$^{1}$ | mjij$^{1}$ | rjur$^{1}$ | ɣiẹ$^{2}$ | lụ$^{2}$ | ka$^{2}$ |
| 观 | 已， | 诸 | 忧 | 悔 | 无， | 诸 | 障 | 碍 | 离。 |
| [illegible] | [illegible] | [illegible] | [illegible] | [illegible] | [illegible] | [illegible] | [illegible]， | [illegible] | |
| dźiã$^{2}$ | tsjij$^{2}$ | thjɨ$^{2}$ | sju$^{2}$ | tśhja$^{2}$ | djọ$^{2}$ | dźjij$^{1}$ | nioow$^{1}$ | rjur$^{1}$ | |
| 菩 | 萨 | 是 | 如 | 正 | 修 | 行 | 已， | 诸 | |

行已，无诸忧悔，离诸障碍。菩萨如是正修行已，于诸

**28.13.5**

| | | | | | | | | |
|---|---|---|---|---|---|---|---|---|
| [illegible] | [illegible] | [illegible] | [illegible] | [illegible]， | [illegible] | [illegible] | [illegible] | [illegible]。 |
| mjor$^{1}$ | ljịj$^{2}$ | tśhja$^{2}$ | tsjiir$^{1}$ | zjɨɨr$^{1}$ | rjur$^{1}$ | dźjɨ | djọ$^{2}$ | njwi$^{2}$ |
| 如 | 来 | 正 | 法 | 中， | 诸 | 行 | 修 | 能。 |
| [illegible] | [illegible] | [illegible]， | [illegible] | [illegible] | [illegible] | [illegible]， | [illegible] | [illegible] |
| neew$^{2}$ | goor$^{1}$ | gji$^{2}$ | thjɨ$^{2}$ | sju$^{2}$ | njɨ$^{2}$ | dźjɨ | dźiã$^{2}$ | tsjij$^{2}$ |
| 善 | 男 | 子， | 是 | 如 | 等 | 行， | 菩 | 萨 |

如来正法之中而修诸行。善男子，如是等行名菩萨愧。

**28.13.6**

| | | | | | | | | |
|---|---|---|---|---|---|---|---|---|
| [illegible] | [illegible] | [illegible]。 | [illegible] | [illegible] | [illegible]， | [illegible] | [illegible] | [illegible] |

① 作行行，西夏文本译为"[illegible]"（作观行）。

| | | | | | | | | |
|---|---|---|---|---|---|---|---|---|
| ·jij$^{1}$ | ·ju$^{1}$ | ŋwu$^{2}$ | neew$^{2}$ | goor$^{1}$ | gji$^{2}$ | po$^{1}$ | tsa$^{1}$ | ma$^{2}$ |
| 之 | 愧 | 是。 | 善 | 男 | 子， | 菩 | 萨 | 摩 |
| □ | □ | □ | □ | □ | □ | □， | □ | □ |
| ŋạ$^{2}$ | tsa$^{1}$ | thjɨ$^{2}$ | sju$^{2}$ | dźjɨ | śjɨj$^{1}$ | ·jiw$^{2}$ | ku$^{1}$ | tśhjwo$^{1}$ |
| 诃 | 萨 | 是 | 如 | 行 | 成 | 就， | 则 | 故 |

善男子，菩萨摩诃萨成就如是行，

**28.14.1**

| | | | | | | | | |
|---|---|---|---|---|---|---|---|---|
| □ | □ | □ | □。 | □ | □， | □ | □ | □ |
| dźjɨ | śjɨj$^{1}$ | ·jiw$^{2}$ | ·jɨ$^{2}$ | tśhjɨ$^{1}$ | zjọ$^{2}$ | rjur$^{1}$ | pjụ$^{1}$ | thjɨ$^{2}$ |
| 行 | 成 | 就 | 谓。 | 尔 | 时， | 世 | 尊 | 此 |
| □ | □ | □ | □， | □ | □ | □ | □： | |
| wo$^{2}$ | dźju$^{1}$ | sjwij$^{1}$ | kięj$^{2}$ | ljaa$^{1}$ | dạ$^{2}$ | rjɨr$^{2}$ | tshjiij$^{1}$ | |
| 义 | 显 | 明 | 欲， | 偈 | 说 | △ | 说： | |

名为行成就。尔时，世尊为显此义，偈重说言：

**28.14.2**

| | | | | | | | |
|---|---|---|---|---|---|---|---|
| □ | □ | □ | □ | □， | □ | □ | □ |
| dźjɨ | buu$^{2}$ | gjij$^{1}$ | ·ụ$^{2}$ | we$^{2}$ | rjur$^{1}$ | tha$^{1}$ | tjij$^{1}$ |
| 行 | 胜 | 殊 | 乘 | 为， | 诸 | 佛 | 缘 |
| □ | □。 | □ | □ | □ | □ | □， | |
| dwewr$^{2}$ | njɨ$^{2}$ | thja$^{2}$ | njɨ$^{2}$ | zji$^{2}$ | thjoo$^{1}$ | dạ$^{2}$ | |
| 觉 | 等。 | 彼 | 等 | 极 | 妙 | 事， | |

行为增上乘，诸佛缘觉等。是故智者修①，

**28.14.3**

| | | | | | | | |
|---|---|---|---|---|---|---|---|
| □ | □ | □ | □ | □。 | □ | □ | □ |
| thjɨ$^{2}$ | nioow$^{1}$ | sjij$^{2}$ | mjijr$^{2}$ | djọ$^{2}$ | dźiã$^{2}$ | tsjij$^{2}$ | ljij$^{2}$ |
| 是 | 故 | 智 | 者 | 修。 | 菩 | 萨 | 大 |
| □ | □， | □ | □ | □ | □ | □。 | |

① 是故智者修，西夏译文见下一行。

| | | | | | | |
|---|---|---|---|---|---|---|
| mjiij$^2$ | dźjwow$^1$ | le$^2$ | mjij$^1$ | dźjɨ | śjɨj$^1$ | ·jiw$^2$ |
| 名 | 称, | 畏 | 无 | 行 | 成 | 就。 |

彼等微妙事①。菩萨大名称,无畏行成就。

**28.14.4**

| | | | | | | | |
|---|---|---|---|---|---|---|---|
| [illegible] | [illegible] | [illegible] | [illegible] | [illegible], | [illegible] | [illegible] | [illegible] |
| thjɨ$^2$ | nioow$^1$ | po$^1$ | tjɨj$^1$ | lja̱$^1$ | rjur$^1$ | tha$^1$ | mər$^2$ |
| 是 | 故 | 菩 | 提 | 证, | 诸 | 佛 | 本 |
| [illegible] | [illegible]。 | | | | | | |
| rjɨr$^2$ | tshjiij$^1$ | | | | | | |
| △ | 说。 | | | | | | |

是故证菩提,诸佛本所说。

## 汉文本

彼菩萨在于独处,作是思惟:我不应尔。我已起度一切众生,救一切众生心,令一切众生住正定行中。彼菩萨作是思惟:我今自身,不调诸根,不勤修行,不覆诸根,不调诸根。彼菩萨作是思惟:今我已作如是修行。是诸众生既见我已,心即调伏,随顺我教。诸佛欢喜,及诸天、龙、乾闼婆等悉皆欢喜。善男子,如是等行,名菩萨惭。

彼菩萨作是思惟:勿令若道若俗,于我若身、若口、若意等业诸威仪中,诃责我者,所谓毁坏戒行,或作见行,或作行行,或行邪命。彼行菩萨如是惭已,日夜系心,观察戒行。观戒行已,无诸忧悔,离诸障碍。菩萨如是正修行已,于诸如来正法之中而修诸行。善男子,如是等行名菩萨愧。善男子,菩萨摩诃萨成就如是行,名为行成就。

尔时,世尊为显此义,偈重说言:

行为增上乘,诸佛缘觉等。

是故智者修,彼等微妙事。

菩萨大名称,无畏行成就。

是故证菩提,诸佛本所说。

**28.14.5**

| | | | | | | | | |
|---|---|---|---|---|---|---|---|---|
| [illegible] | [illegible] | [illegible], | [illegible] | [illegible] | [illegible] | [illegible] | [illegible] | [illegible] |
| neew$^2$ | goor$^1$ | gji$^2$ | po$^1$ | tsa$^1$ | ma$^2$ | ŋa̱$^2$ | tsa$^1$ | ·jij$^1$ |
| 善 | 男 | 子, | 菩 | 萨 | 摩 | 诃 | 萨 | 之 |

---

① 彼等微妙事,西夏译文见上一行。

| | | | | | | | | |
|---|---|---|---|---|---|---|---|---|
| [illegible] | [illegible] | [illegible] | [illegible]， | [illegible] | [illegible] | [illegible]？ | [illegible] | [illegible] |
| tsjiir$^{2}$ | śjɨj$^{1}$ | ·jiw$^{2}$ | tja$^{1}$ | ljɨ$^{1}$ | kjɨ$^{1}$ | ŋwu$^{2}$ | neew$^{2}$ | goor$^{1}$ |
| 性 | 成 | 就 | 者， | 何 | △ | 是？ | 善 | 男 |

善男子，云何菩萨摩诃萨性成就？善男

**28.14.6**

| | | | | | | | | |
|---|---|---|---|---|---|---|---|---|
| [illegible]， | [illegible] | [illegible] | [illegible] | [illegible] | [illegible]， | [illegible] | [illegible] | [illegible] |
| gji$^{2}$ | po$^{1}$ | tsa$^{1}$ | ma$^{2}$ | ŋạ$^{2}$ | tsa$^{1}$ | ·jij$^{1}$ | tsjiir$^{2}$ | kięj$^{2}$ |
| 子， | 菩 | 萨 | 摩 | 诃 | 萨， | 自 | 性 | 欲 |
| [illegible]、 | [illegible] | [illegible]、 | [illegible] | [illegible]， | [illegible] | [illegible]、 | [illegible] | [illegible]、 |
| zjɨɨr$^{1}$ | tshją$^{1}$ | zjɨɨr$^{1}$ | lə | zjɨɨr$^{1}$ | mji$^{1}$ | ·wier$^{1}$ | mji$^{1}$ | ljuu$^{1}$ |
| 少、 | 瞋 | 少、 | 痴 | 少， | 不 | 吝、 | 不 | 啬、 |

子，菩萨摩诃萨，性自少欲、少瞋、少痴，不吝、不涩、

**28.15.1**

| | | | | | | | | |
|---|---|---|---|---|---|---|---|---|
| [illegible] | [illegible] | [illegible]、 | [illegible] | [illegible] | [illegible]、 | [illegible] | [illegible] | [illegible]， |
| mji$^{1}$ | bją$^{1}$ | ·jijr$^{1}$ | ·jij$^{1}$ | mji$^{1}$ | khwęj$^{1}$ | mji$^{1}$ | lhjwɨ$^{2}$ | bow$^{2}$ |
| 不 | 粗 | 犷、 | 自 | 不 | 慢、 | 不 | 卒 | 暴， |
| [illegible] | [illegible] | [illegible] | [illegible]， | [illegible] | [illegible] | [illegible] | [illegible]， | [illegible] |
| wəə$^{1}$ | neew$^{2}$ | wəə$^{1}$ | lhjii$^{1}$ | ŋwuu$^{1}$ | śjwii$^{2}$ | ɣię$^{2}$ | lhjii$^{1}$ | gu$^{2}$ |
| 柔 | 善 | 柔 | 和， | 言 | 顺 | 声 | 和， | 共 |

不粗犷、不我慢、不卒暴，调和柔软，善言软语，

**28.15.2**

| | | | | | | | | |
|---|---|---|---|---|---|---|---|---|
| [illegible] | [illegible] | [illegible]。 | [illegible] | [illegible] | [illegible] | [illegible] | [illegible] | [illegible] |
| thwuu$^{1}$ | dźjiij$^{1}$ | ljɨ$^{2}$ | thja$^{1}$ | dźiã$^{2}$ | tsjij$^{2}$ | zji$^{2}$ | buu$^{2}$ | kjụ$^{1}$ |
| 同 | 在 | 易。 | 彼 | 菩 | 萨 | 最 | 胜 | 供 |
| [illegible] | [illegible] | [illegible]， | [illegible] | [illegible] | [illegible] | [illegible]。 | [illegible] | [illegible] |
| tshwew$^{1}$ | ŋowr$^{2}$ | ŋowr$^{2}$ | njiij$^{1}$ | bju$^{1}$ | mjii$^{1}$ | dźjij$^{1}$ | dźjij$^{2}$ | dźjij$^{2}$ |
| 养 | 一 | 切， | 心 | 依 | 施 | 行。 | 有 | 有 |

易共同止。彼菩萨于一切上胜供养，如心行施。所有

**28.15.3**

| | | | | | | | | |
|---|---|---|---|---|---|---|---|---|
| [illegible] | [illegible]， | [illegible] | [illegible] | [illegible] | [illegible]① | [illegible] | [illegible] | [illegible] |
| rjur$^{1}$ | dạ$^{2}$ | lhwu$^{1}$ | gjwi$^{2}$ | tjị$^{1}$ | dzji$^{1}$ | mjɨ$^{1}$ | ·jij$^{1}$ | mjii$^{1}$ |
| 诸 | 事， | 衣 | 服 | 饮 | 食， | 他 | 之 | 施 |
| [illegible]。 | [illegible] | [illegible] | [illegible] | [illegible]， | [illegible] | [illegible] | [illegible] | [illegible]， |
| khjow$^{1}$ | thjɨ$^{2}$ | sju$^{2}$ | mjii$^{1}$ | nioow$^{1}$ | xja$^{1}$ | njiij$^{1}$ | ljɨ̣j$^{2}$ | śjwo$^{1}$ |
| 与。 | 是 | 如 | 施 | 已， | 即 | 心 | 喜 | 生， |

诸事,衣服饮食,分舍与他。如是施已,即生欢喜,

**28.15.4**

| | | | | | | | | |
|---|---|---|---|---|---|---|---|---|
| [illegible] | [illegible] | [illegible] | [illegible]。 | [illegible] | [illegible] | [illegible] | [illegible]， | [illegible] |
| ljụ$^{2}$ | njiij$^{1}$ | zji$^{2}$ | de$^{2}$ | thjɨ$^{2}$ | sju$^{2}$ | rjɨr$^{2}$ | njɨ$^{2}$ | ljụ$^{2}$ |
| 身 | 心 | 皆 | 喜。 | 是 | 如 | △ | 至， | 身 |
| [illegible] | [illegible] | [illegible]。 | [illegible] | [illegible] | [illegible]， | [illegible] | [illegible] | [illegible] |
| war$^{2}$ | mjii$^{1}$ | dźjɨɨr$^{1}$ | neew$^{2}$ | goor$^{1}$ | gji$^{2}$ | thja$^{2}$ | dźiã$^{2}$ | tsjij$^{2}$ |
| 分 | 施 | 舍。 | 善 | 男 | 子， | 彼 | 菩 | 萨 |

遍满身心。如是乃至,舍上身分。善男子,彼菩萨

**28.15.5**

| | | | | | | | | |
|---|---|---|---|---|---|---|---|---|
| [illegible] | [illegible] | [illegible] | [illegible]。 | [illegible] | [illegible] | [illegible] | [illegible] | [illegible]， |
| thjɨ$^{2}$ | sju$^{2}$ | dźjɨ | dźjij$^{1}$ | tjij$^{1}$ | mjor$^{1}$ | ljij$^{2}$ | ·jij$^{1}$ | ljij$^{2}$ |
| 是 | 如 | 行 | 行。 | 若 | 如 | 来 | 之 | 见， |
| [illegible] | [illegible] | [illegible] | [illegible]， | [illegible] | [illegible]② | [illegible] | [illegible] | [illegible] |
| tjij$^{1}$ | ɣię$^{2}$ | mji$^{1}$ | ljij$^{2}$ | ljij$^{2}$ | nioow$^{1}$ | tśhjɨ$^{2}$ | rjar$^{2}$ | njiij$^{1}$ |
| 若 | 声 | 闻 | 见， | 见 | 已 | 立 | 即 | 心 |

行如是行。若见如来,若见声闻,见已即

**28.15.6**

| | | | | | | | | |
|---|---|---|---|---|---|---|---|---|
| [illegible] | [illegible] | [illegible]。 | [illegible] | [illegible] | [illegible]， | [illegible] | [illegible] | [illegible] |

① 原文误作“[illegible]”,与“[illegible]”字形相近而致讹。

② 原文误作“[illegible]”,据右侧小字“[illegible]”改。

ljɨj² njiij¹ śjwo¹ neew² goor¹ gji² po¹ tsa¹ ma²

喜 心 生。 善 男 子， 菩 萨 摩

[illegible] [illegible] [illegible] [illegible] [illegible] [illegible] [illegible]， [illegible] [illegible]

ŋạ² tsa¹ thjɨ² sju² tsjiir¹ śjɨj¹ ·jiw² ku¹ tsjiir²

诃 萨 是 如 法 成 就， 则 性

生欢喜之心。善男子，菩萨摩诃萨成就如是法，名为性

**28.16.1**

[illegible] [illegible] [illegible]。 [illegible] [illegible]， [illegible] [illegible] [illegible] [illegible]

śjɨj¹ ·jiw² ·jɨ² tśhjɨ¹ zjọ² rjur¹ pjụ¹ thjɨ² wo²

成 就 谓。 尔 时， 世 尊 此 义

[illegible] [illegible] [illegible]， [illegible] [illegible] [illegible] [illegible]：

dźju¹ sjwij¹ kięj² ljaa¹ dạ² rjɨr² tshjiij¹

显 明 欲， 偈 说 △ 说：

成就。尔时，世尊为显此义，偈重说言：

**28.16.2**

[illegible] [illegible] [illegible] [illegible] [illegible]， [illegible] [illegible] [illegible]

ɣju¹ ljij² məə¹ tśhju¹ nwə¹ bar² wor¹ ljij²

烟 见 火 有 知， 鸳 鸯 见

[illegible] [illegible]。 [illegible] [illegible] [illegible] [illegible] [illegible]，

zjiir² nwə¹ do² ·jij¹ dźiā² tsjij² nwə¹

水 知。 异 相 菩 萨 知，

相烟即知火①，见鸳鸯知水。异相知菩萨，

**28.16.3**

[illegible] [illegible] [illegible] [illegible] [illegible]。 [illegible] [illegible] [illegible]

dźiā² tsjij² ljịj² sjịj² zjɨr¹ mji¹ ljuu¹ ·ji¹

菩 萨 大 智 慧。 不 啬 众

[illegible] [illegible]， [illegible] [illegible] [illegible] [illegible] [illegible]。

① 知火，西夏文译作“[illegible][illegible][illegible]”（知有火）。

| | | | | | | |
|---|---|---|---|---|---|---|
| mji$^{1}$ | njɨɨ$^{2}$ | rjur$^{1}$ | lạ$^{1}$ | ljoor$^{1}$ | dźjɨ | ka$^{2}$ |
| 不 | 恼, | 诸 | 虚 | 诳 | 行 | 离。 |

菩萨大智慧。不涩不恼众,舍诸谄曲行。

**28.16.4**

| | | | | | | | |
|---|---|---|---|---|---|---|---|
| [illegible] | [illegible] | [illegible] | [illegible] | [illegible], | [illegible] | [illegible] | [illegible] |
| dźiã$^{2}$ | tśhju$^{1}$ | ·jij$^{1}$ | dźiej$^{2}$ | njwi$^{2}$ | tśhjwo$^{1}$ | dźiã$^{2}$ | tsjij$^{2}$ |
| 情 | 有 | 之 | 信 | 能, | 故 | 菩 | 萨 |
| [illegible] | [illegible]。 | | | | | | |
| tsjiir$^{2}$ | ŋwu$^{2}$ | | | | | | |
| 性 | 是。 | | | | | | |

善信众生故,是名菩萨性。

## 汉文本

善男子,云何菩萨摩诃萨性成就?善男子,菩萨摩诃萨,性自少欲、少瞋、少痴,不吝、不涩、不粗犷、不我慢、不卒暴,调和柔软,善言软语,易共同止。彼菩萨于一切上胜供养,如心行施。所有诸事,衣服饮食,分舍与他。如是施已,即生欢喜,遍满身心。如是乃至,舍上身分。善男子,彼菩萨行如是行。若见如来,若见声闻,见已即生欢喜之心。善男子,菩萨摩诃萨成就如是法,名为性成就。

尔时,世尊为显此义,偈重说言:

相烟即知火,见鸳鸯知水。

异相知菩萨,菩萨大智慧。

不涩不恼众,舍诸谄曲行。

善信众生故,是名菩萨性。

**28.16.5**

| | | | | | | | | |
|---|---|---|---|---|---|---|---|---|
| [illegible] | [illegible] | [illegible], | [illegible] | [illegible] | [illegible] | [illegible] | [illegible] | [illegible] |
| neew$^{2}$ | goor$^{1}$ | gji$^{2}$ | po$^{1}$ | tsa$^{1}$ | ma$^{2}$ | ŋạ$^{2}$ | tsa$^{1}$ | ·jij$^{1}$ |
| 善 | 男 | 子, | 菩 | 萨 | 摩 | 诃 | 萨 | 之 |
| [illegible] | [illegible] | [illegible] | [illegible] | [illegible], | [illegible] | [illegible] | [illegible]? | [illegible] |
| po$^{1}$ | tjɨj$^{1}$ | njiij$^{1}$ | dzu$^{1}$ | tja$^{1}$ | ljɨ$^{1}$ | kjɨ$^{1}$ | ŋwu$^{2}$ | neew$^{2}$ |
| 菩 | 提 | 心 | 乐 | 者, | 何 | △ | 是? | 善 |

善男子,云何菩萨摩诃萨乐菩提心?善

**28.16.6**

| | | | | | | | | |
|---|---|---|---|---|---|---|---|---|
| [illegible] | [illegible]， | [illegible] | [illegible] | [illegible] | [illegible] | [illegible] | [illegible] | [illegible] |
| goor$^{1}$ | gji$^{2}$ | po$^{1}$ | tsa$^{1}$ | ma$^{2}$ | ŋạ$^{2}$ | tsa$^{1}$ | ·jij$^{1}$ | po$^{1}$ |
| 男 | 子， | 菩 | 萨 | 摩 | 诃 | 萨 | 之 | 菩 |
| [illegible] | [illegible] | [illegible]， | [illegible] | [illegible] | [illegible] | [illegible] | [illegible]。 | [illegible] |
| tjɨj$^{1}$ | ·jij$^{1}$ | dju$^{1}$ | ku$^{1}$ | po$^{1}$ | tjɨj$^{1}$ | njiij$^{1}$ | śjwo$^{1}$ | po$^{1}$ |
| 提 | 相 | 有， | 则 | 菩 | 提 | 心 | 发。 | 菩 |

男子，菩萨摩诃萨以有菩提相故，发菩提心。

**28.17.1**

| | | | | | | | | |
|---|---|---|---|---|---|---|---|---|
| [illegible] | [illegible] | [illegible] | [illegible] | [illegible]， | [illegible] | [illegible] | [illegible] | [illegible]， |
| tjɨj$^{1}$ | njiij$^{1}$ | mjij$^{2}$ | śjwo$^{1}$ | zjọ$^{2}$ | tjij$^{1}$ | rjur$^{1}$ | mjor$^{1}$ | ljịj$^{2}$ |
| 提 | 心 | 未 | 发 | 时， | 或 | 诸 | 如 | 来， |
| [illegible] | [illegible] | [illegible] | [illegible]， | [illegible] | [illegible] | [illegible] | [illegible] | [illegible] |
| tjij$^{1}$ | rjur$^{1}$ | ɣię$^{2}$ | mji$^{1}$ | pjwɨɨr$^{1}$ | ljɨ̣$^{1}$ | po$^{1}$ | tjɨj$^{1}$ | njiij$^{1}$ |
| 或 | 诸 | 声 | 闻， | 劝 | 以 | 菩 | 提 | 心 |

未发菩提心时，或诸如来，或诸声闻，劝发菩提心。

**28.17.2**

| | | | | | | | | |
|---|---|---|---|---|---|---|---|---|
| [illegible] | [illegible]。 | [illegible] | [illegible] | [illegible]， | [illegible] | [illegible]， | [illegible] | [illegible] |
| śjwo$^{1}$ | phji$^{1}$ | neew$^{2}$ | goor$^{1}$ | gji$^{2}$ | thjɨ$^{2}$ | tja$^{1}$ | dźiã$^{2}$ | tsjij$^{2}$ |
| 发 | 令。 | 善 | 男 | 子， | 是 | 者， | 菩 | 萨 |
| [illegible] | [illegible] | [illegible] | [illegible] | [illegible] | [illegible] | [illegible] | [illegible]。 | [illegible] |
| ·jij$^{1}$ | ɣu$^{1}$ | po$^{1}$ | tjɨj$^{1}$ | njiij$^{1}$ | śjwo$^{1}$ | ·jij$^{1}$ | ŋwu$^{2}$ | neew$^{2}$ |
| 之 | 初 | 菩 | 提 | 心 | 发 | 相 | 是。 | 善 |

善男子，此是菩萨初发菩提心相。善

**28.17.3**

| | | | | | | | | |
|---|---|---|---|---|---|---|---|---|
| [illegible] | [illegible]， | [illegible] | [illegible] | [illegible] | [illegible] | [illegible] | [illegible] | [illegible] |
| goor$^{1}$ | gji$^{2}$ | thja$^{2}$ | dźiã$^{2}$ | tsjij$^{2}$ | po$^{1}$ | tjɨj$^{1}$ | njiij$^{1}$ | ljij$^{2}$ |
| 男 | 子， | 彼 | 菩 | 萨 | 菩 | 提 | 心 | 大 |

| | | | | | | | | |
|---|---|---|---|---|---|---|---|---|
| [illegible] | [illegible] | [illegible] | [illegible]， | [illegible] | [illegible] | [illegible] | [illegible] | [illegible] |
| tśhja$^{2}$ | ·ioow$^{1}$ | dźjij$^{2}$ | mji$^{1}$ | ·a | duu$^{2}$ | tow$^{1}$ | lo$^{1}$ | sã$^{1}$ |
| 功 | 德 | 有 | 闻， | 阿 | 耨 | 多 | 罗 | 三 |

男子，彼菩萨闻有菩提①，闻菩提心有大功德，闻发阿耨多罗三

**28.17.4**

| | | | | | | | | |
|---|---|---|---|---|---|---|---|---|
| [illegible] | [illegible] | [illegible] | [illegible] | [illegible] | [illegible] | [illegible]。 | [illegible] | [illegible]， |
| mjiw$^{2}$ | sã$^{1}$ | po$^{1}$ | tjɨj$^{1}$ | njiij$^{1}$ | śjwo$^{1}$ | mji$^{1}$ | thjɨ$^{2}$ | tja$^{1}$ |
| 藐 | 三 | 菩 | 提 | 心 | 发 | 闻。 | 此 | 者， |
| [illegible] | [illegible] | [illegible] | [illegible] | [illegible] | [illegible] | [illegible] | [illegible] | [illegible] |
| dźiã$^{2}$ | tsjij$^{2}$ | ·jij$^{1}$ | njɨɨ$^{1}$ | tsew$^{2}$ | po$^{1}$ | tjɨj$^{1}$ | njiij$^{1}$ | śjwo$^{1}$ |
| 菩 | 萨 | 之 | 二 | 第 | 菩 | 提 | 心 | 发 |

藐三菩提心。此是菩萨第二发菩提心

**28.17.5**

| | | | | | | | | |
|---|---|---|---|---|---|---|---|---|
| [illegible] | [illegible]。 | [illegible] | [illegible] | [illegible]， | [illegible] | [illegible] | [illegible] | [illegible] |
| ·jij$^{1}$ | ŋwu$^{2}$ | neew$^{2}$ | goor$^{1}$ | gji$^{2}$ | thja$^{2}$ | dźiã$^{2}$ | tsjij$^{2}$ | wə$^{1}$ |
| 相 | 是。 | 善 | 男 | 子， | 彼 | 菩 | 萨 | 主 |
| [illegible] | [illegible] | [illegible]， | [illegible] | [illegible] | [illegible] | [illegible]， | [illegible] | [illegible] |
| mjij$^{1}$ | njij$^{1}$ | mjij$^{1}$ | gjuu$^{2}$ | mjij$^{1}$ | ·wejr$^{2}$ | mjij$^{1}$ | tjij$^{1}$ | rewr$^{2}$ |
| 无 | 亲 | 无， | 救 | 无 | 护 | 无， | 彼 | 岸 |

相。善男子，彼菩萨见诸众生②，无主无亲，无救无护，

**28.17.6**

| | | | | | | | | |
|---|---|---|---|---|---|---|---|---|
| [illegible] | [illegible] | [illegible] | [illegible] | [illegible]， | [illegible] | [illegible] | [illegible] | [illegible] |
| ɣa$^{2}$ | njɨ$^{2}$ | phji$^{1}$ | mjijr$^{2}$ | mjij$^{1}$ | rjur$^{1}$ | dźiã$^{2}$ | tśhju$^{1}$ | ·jij$^{1}$ |
| 于 | 至 | 令 | 者 | 无， | 诸 | 情 | 有 | 之 |
| [illegible] | [illegible]， | [illegible] | [illegible] | [illegible] | [illegible] | [illegible] | [illegible] | [illegible] |
| ljij$^{2}$ | zjij$^{1}$ | dźiã$^{2}$ | tsjij$^{2}$ | tśhjɨ$^{2}$ | rjar$^{2}$ | thja$^{2}$ | rjur$^{1}$ | dźiã$^{2}$ |
| 见 | 时， | 菩 | 萨 | 立 | 即 | 彼 | 诸 | 情 |

① 闻有菩提，西夏文本无。
② 见诸众生，西夏译文见下一行。

无能度之，令至彼岸，菩萨即为彼诸众生

**28.18.1**

| | | | | | | | | |
|---|---|---|---|---|---|---|---|---|
| [illegible] | [illegible] | [illegible] | [illegible] | [illegible] | [illegible]， | [illegible] | [illegible] | [illegible] |
| tśhju$^{1}$ | do$^{2}$ | ljij$^{2}$ | wjuu$^{1}$ | njiij$^{1}$ | śjwo$^{1}$ | thjɨ$^{2}$ | sju$^{2}$ | dạ$^{2}$ |
| 有 | 处 | 大 | 悲 | 心 | 起， | 是 | 如 | 言 |
| [illegible]： | [illegible] | [illegible] | [illegible] | [illegible] | [illegible] | [illegible]， | [illegible] | [illegible] |
| ·jɨ$^{2}$ | ŋa$^{2}$ | thja$^{2}$ | wə$^{1}$ | mjij$^{1}$ | njij$^{1}$ | mjij$^{1}$ | gjuu$^{2}$ | mjij$^{1}$ |
| 谓： | 我 | 彼 | 主 | 无 | 亲 | 无， | 救 | 无 |

起慈悲心，而作是言：我当于彼，无主无亲，无救

**28.18.2**

| | | | | | | | | |
|---|---|---|---|---|---|---|---|---|
| [illegible] | [illegible]， | [illegible] | [illegible] | [illegible] | [illegible] | [illegible] | [illegible] | [illegible] |
| ·wejr$^{2}$ | mjij$^{1}$ | rjur$^{1}$ | dźiã$^{2}$ | tśhju$^{1}$ | njɨ$^{2}$ | ·jij$^{1}$ | gjuu$^{2}$ | ·wejr$^{2}$ |
| 护 | 无， | 诸 | 情 | 有 | 等 | 之 | 救 | 护 |
| [illegible]① | [illegible]。 | [illegible] | [illegible] | [illegible] | [illegible] | [illegible]， | [illegible] | [illegible] |
| wjo$^{1}$ | ŋa$^{2}$ | thja$^{1}$ | ·jij$^{1}$ | ·jiw$^{1}$ | nioow$^{1}$ | wji$^{1}$ | ·a | duu$^{2}$ |
| 作 | △。 | 彼 | 之 | 因 | 缘 | 为， | 阿 | 耨 |

无护，诸众生等而作救护。为彼因缘故，发阿耨

**28.18.3**

| | | | | | | | | |
|---|---|---|---|---|---|---|---|---|
| [illegible] | [illegible] | [illegible] | [illegible] | [illegible] | [illegible] | [illegible] | [illegible] | [illegible] |
| tow$^{1}$ | lo$^{1}$ | sã$^{1}$ | mjiw$^{2}$ | sã$^{1}$ | po$^{1}$ | tjɨj$^{1}$ | njiij$^{1}$ | śjwo$^{1}$ |
| 多 | 罗 | 三 | 藐 | 三 | 菩 | 提 | 心 | 发 |
| [illegible] | [illegible] | [illegible]。 | [illegible] | [illegible]， | [illegible] | [illegible] | [illegible] | [illegible] |
| phjo$^{2}$ | ŋa$^{2}$ | ·jɨ$^{2}$ | thjɨ$^{2}$ | tja$^{1}$ | dźiã$^{2}$ | tsjij$^{2}$ | ·jij$^{1}$ | sọ$^{1}$ |
| 令 | △ | 谓。 | 是 | 者， | 菩 | 萨 | 之 | 三 |

多罗三藐三菩提心。此是菩萨第三

**28.18.4**

| | | | | | | | | |
|---|---|---|---|---|---|---|---|---|
| [illegible] | [illegible] | [illegible] | [illegible] | [illegible] | [illegible] | [illegible]。 | [illegible] | [illegible] |

① 原文误作“[illegible]”，因与“[illegible]”形近致讹。

tsew² po¹ tjɨj¹ njiij¹ śjwo¹ ·jij¹ ŋwu² neew² goor¹
第 菩 提 心 发 相 是。 善 男
[illegible]
gji² thja² dźiã² tsjij² mjor¹ ljịj² ·jij¹ ·jij¹ ŋowr²
子, 彼 菩 萨 如 来 之 相 具

发菩提心相。善男子,彼菩萨以见如来相具

**28.18.5**

[illegible]
lhə ljụ² ljij² nioow¹ njiij¹ ljịj² njiij¹ śjwo¹ de²
足 身 见 因, 心 喜 心 生, 喜
[illegible]
rejr² njiij¹ śjwo¹ thja² njiij¹ ljịj² njiij¹ śjwo¹ ·jiw¹
乐 心 生, 彼 心 喜 心 生。 因

足身,生欢喜心,生勇悦心,心生欢喜。

**28.18.6**

[illegible]
nioow¹ bju¹ ·a duu² tow¹ lo¹ sã¹ mjiw² sã¹
缘 以, 阿 耨 多 罗 三 藐 三
[illegible]①
po¹ tjɨj¹ njiij¹ śjwo¹ thjɨ² tja¹ dźiã² tsjij² ·jij¹
菩 提 心 发。 是 者, 菩 萨 之

以是因缘故,发阿耨多罗三藐三菩提心。此是菩萨

**28.19.1**

[illegible]
ljɨɨr¹ tsew² po¹ tjɨj¹ njiij¹ śjwo¹ ·jij¹ ŋwu²
四 第 菩 提 心 发 相 是。

第四发菩提心相。

---

① 原文"[illegible]""[illegible]"二字为"[illegible]""[illegible]"删除后校补的字。

## 汉文本

善男子，云何菩萨摩诃萨乐菩提心？善男子，菩萨摩诃萨以有菩提相故，发菩提心。未发菩提心时，或诸如来，或诸声闻，劝发菩提心。善男子，此是菩萨初发菩提心相。

善男子，彼菩萨闻有菩提，闻菩提心有大功德，闻发阿耨多罗三藐三菩提心。此是菩萨第二发菩提心相。

善男子，彼菩萨见诸众生，无主无亲，无救无护，无能度之，令至彼岸，菩萨即为彼诸众生起慈悲心，而作是言：我当于彼，无主无亲，无救无护，诸众生等而作救护。为彼因缘故，发阿耨多罗三藐三菩提心。此是菩萨第三发菩提心相。

善男子，彼菩萨以见如来相具足身，生欢喜心，生勇悦心，心生欢喜。以是因缘故，发阿耨多罗三藐三菩提心。此是菩萨第四发菩提心相。

**28.19.1**

| | | | | | | | | | |
|---|---|---|---|---|---|---|---|---|---|
| [illegible] | [illegible] | [illegible]， | [illegible] | [illegible] | [illegible] | [illegible] | [illegible] | [illegible] | [illegible] |
| neew² | goor¹ | gji² | thja² | dźiã² | tsjij² | rjur¹ | dźiã² | tśhju¹ | ·jij¹ |
| 善 | 男 | 子， | 彼 | 菩 | 萨 | 诸 | 情 | 有 | 之 |

善男子，彼菩萨为彼众生，

**28.19.2**

| | | | | | | | | |
|---|---|---|---|---|---|---|---|---|
| [illegible] | [illegible] | [illegible] | [illegible] | [illegible] | [illegible] | [illegible] | [illegible]， | [illegible] |
| gjij¹ | ɣie² | no² | nej² | rjir² | phji¹ | kięj² | nioow¹ | zji¹ |
| 利 | 益 | 安 | 稳 | 得 | 令 | 欲 | 故， | 布 |
| [illegible]、 | [illegible] | [illegible]、 | [illegible] | [illegible]、 | [illegible] | [illegible]、 | [illegible] | [illegible]、 |
| mjii¹ | kie¹ | ·jiij¹ | pjo¹ | zeew² | khu¹ | dźjij¹ | śjã¹ | djɨj² |
| 施、 | 戒 | 持、 | 辱 | 忍、 | 进 | 精、 | 禅 | 定、 |

令得利益安隐乐故，修行布施、持戒、忍辱，修行精进、禅定、般若。

**28.19.3**

| | | | | | | | | |
|---|---|---|---|---|---|---|---|---|
| [illegible] | [illegible] | [illegible] | [illegible]。 | [illegible] | [illegible] | [illegible]， | [illegible] | [illegible] |
| pa² | rja² | djọ² | dźjij¹ | neew² | goor¹ | gji² | dźiã² | tsjij² |
| 般 | 若 | 修 | 行。 | 善 | 男 | 子， | 菩 | 萨 |
| [illegible] | [illegible] | [illegible] | [illegible] | [illegible] | [illegible] | [illegible]？ | [illegible] | [illegible] |
| thjij² | sjo² | zji¹ | mjii¹ | djọ² | dźjij¹ | ljɨ¹ | neew² | goor¹ |

| | | | | | | | | |
|---|---|---|---|---|---|---|---|---|
| 何 | 云 | 布 | 施 | 修 | 行 | 也？ | 善 | 男 |

善男子，云何菩萨修行布施？善男

**28.19.4**

| | | | | | | | | |
|---|---|---|---|---|---|---|---|---|
| [illegible]， | [illegible] | [illegible] | [illegible] | [illegible] | [illegible] | [illegible]： | [illegible] | [illegible] |
| gji$^{2}$ | dźiã$^{2}$ | tsjij$^{2}$ | thjɨ$^{2}$ | sju$^{2}$ | lə | wji$^{1}$ | ŋa$^{2}$ | thjij$^{2}$ |
| 子， | 菩 | 萨 | 是 | 如 | 念 | 作： | 我 | 何 |
| [illegible] | [illegible] | [illegible] | [illegible] | [illegible] | [illegible] | [illegible]？ | [illegible] | [illegible] |
| sjo$^{2}$ | zji$^{1}$ | mjii$^{1}$ | dźjịj$^{1}$ | ŋa$^{2}$ | ·jaa$^{1}$ | ·jɨ$^{2}$ | nioow$^{1}$ | thjɨ$^{2}$ |
| 云 | 布 | 施 | 行 | △ | 然 | 谓？ | 又 | 是 |

子，菩萨作是思惟：我当云何行于布施？

**28.19.5**

| | | | | | | | | |
|---|---|---|---|---|---|---|---|---|
| [illegible] | [illegible]： | [illegible] | [illegible] | [illegible] | [illegible]， | [illegible] | [illegible] | [illegible] |
| lə | wji$^{1}$ | tjị$^{1}$ | śjwo$^{1}$ | tjị$^{1}$ | khjow$^{1}$ | djij$^{2}$ | śjwo$^{1}$ | djij$^{2}$ |
| 念 | 作： | 食 | 须 | 食 | 施， | 饮 | 须 | 饮 |
| [illegible]， | [illegible] | [illegible] | [illegible] | [illegible] | [illegible] | [illegible]， | [illegible] | [illegible] |
| khjow$^{1}$ | dźjwi$^{2}$ | ljuu$^{2}$ | śjwo$^{1}$ | dźjwi$^{2}$ | ljuu$^{2}$ | khjow$^{1}$ | lhwu$^{1}$ | gjwi$^{2}$ |
| 施， | 床 | 具 | 须 | 床 | 具 | 施， | 衣 | 服 |

即生念言：须食施食，须饮施饮，须床敷者施与床敷，须衣服者

**28.19.6**

| | | | | | | | | |
|---|---|---|---|---|---|---|---|---|
| [illegible] | [illegible] | [illegible] | [illegible]， | [illegible] | [illegible] | [illegible] | [illegible]， | [illegible] |
| śjwo$^{1}$ | lhwu$^{1}$ | gjwi$^{2}$ | khjow$^{1}$ | khjwɨ$^{1}$ | tśiə$^{2}$ | lạ$^{1}$ | bar$^{2}$ | tjij$^{1}$ |
| 须 | 衣 | 服 | 施， | 臂 | 钏 | 手 | 双， | 若 |
| [illegible] | [illegible] | [illegible] | [illegible] | [illegible] | [illegible] | [illegible]， | [illegible] | [illegible] |
| ljɨ̣$^{1}$ | pjụ$^{2}$ | njɨ$^{2}$ | śjwo$^{1}$ | śjwo$^{1}$ | mə$^{2}$ | war$^{2}$ | zji$^{2}$ | mjii$^{1}$ |
| 宝 | 冠 | 等 | 须 | 须 | 种 | 物， | 皆 | 施 |

施与衣服，指环臂钏①，若宝冠等，所须之物，皆施

① 《番汉合时掌中珠》$_{253}$："[illegible][illegible]"，义为"腕钏"。

**28.20.1**

| | | | | | | | | |
|---|---|---|---|---|---|---|---|---|
| [illegible] | [illegible] | [illegible]。 | [illegible] | [illegible] | [illegible]， | [illegible] | [illegible] | [illegible] |
| khjow¹ | lew² | ·jɨ² | neew² | goor¹ | gji² | dźiã² | tsjij² | rjɨr² |
| 施 | 应 | 谓。 | 善 | 男 | 子， | 菩 | 萨 | △ |
| [illegible] | [illegible] | [illegible] | [illegible] | [illegible]， | [illegible] | [illegible]① | [illegible] | [illegible]。 |
| njɨ² | ·jij¹ | ljụ² | tśhji¹ | khjwɨ¹ | dźiã² | tsjij² | ·jij¹ | mjii¹ |
| 至 | 自 | 身 | 肉 | 割， | 菩 | 萨 | 之 | 施。 |

与之。善男子，菩萨乃至割自身肉，施于众生。

**28.20.2**

| | | | | | | | | |
|---|---|---|---|---|---|---|---|---|
| [illegible] | [illegible] | [illegible] | [illegible] | [illegible]， | [illegible] | [illegible] | [illegible] | [illegible] |
| thjɨ² | sju² | ljɨ̣¹ | mjii¹ | dźjij¹ | ·ja | duu² | tow¹ | lo¹ |
| 是 | 如 | 以 | 施 | 行， | 阿 | 耨 | 多 | 罗 |
| [illegible] | [illegible] | [illegible] | [illegible] | [illegible] | [illegible] | [illegible] | [illegible]， | [illegible] |
| sã¹ | mjiw² | sã¹ | po¹ | tjɨj¹ | djij² | rjir² | ·jɨ² | lhjij² |
| 三 | 藐 | 三 | 菩 | 提 | 当 | 得 | 谓， | 受 |

如是行施，愿取阿耨多罗三藐三菩提，而不取著受者

**28.20.3**

| | | | | | | | | |
|---|---|---|---|---|---|---|---|---|
| [illegible] | [illegible] | [illegible] | [illegible] | [illegible] | [illegible] | [illegible]， | [illegible] | [illegible] |
| mjijr² | nioow¹ | ljɨ̣¹ | war² | mjij¹ | lhjwi¹ | zjịj¹ | dạ² | njɨ² |
| 者 | 及 | 宝 | 物 | 不 | 取 | 著， | 事 | 等 |
| [illegible] | [illegible] | [illegible]。 | [illegible] | [illegible]， | [illegible] | [illegible] | [illegible] | [illegible] |
| ɣa² | mjij¹ | dźjiij¹ | thjɨ² | tja¹ | dźiã² | tsjij² | ·jij¹ | zji¹ |
| 于 | 不 | 住。 | 是 | 者， | 菩 | 萨 | 之 | 布 |

财物，不住事等。是名菩萨

**28.20.4**

| | | | | | | | | |
|---|---|---|---|---|---|---|---|---|
| [illegible] | [illegible] | [illegible] | [illegible]。 | [illegible] | [illegible] | [illegible]， | [illegible] | [illegible] |
| mjii¹ | djọ² | dźjij¹ | ŋwu² | neew² | goor¹ | gji² | dźiã² | tsjij² |

① 汉文本“众生”，西夏译文误为“[illegible]”（菩萨），应为“[illegible]”（有情）。

| | | | | | | | | |
|---|---|---|---|---|---|---|---|---|
| 施 | 修 | 行 | 是。 | 善 | 男 | 子， | 菩 | 萨 |
| | | | | | ？ | | | ， |
| thjij² | sjo² | kie¹ | djọ² | ·jiij¹ | ljɨ¹ | neew² | goor¹ | gji² |
| 何 | 云 | 戒 | 修 | 持 | 也？ | 善 | 男 | 子， |

修行布施。善男子,菩萨云何修持于戒？善男子,

**28.20.5**

| | | | | | | | | |
|---|---|---|---|---|---|---|---|---|
| | | | | | | | ， | |
| thja² | dźiã² | tsjij² | ·jij¹ | ljụ² | sjwɨj¹ | rjur¹ | ·jar² | ljaa² |
| 彼 | 菩 | 萨 | 自 | 身 | 业 | 调 | 伏， | 口 |
| | | ， | | | | 。 | | |
| sjwɨj¹ | rjur¹ | ·jar² | phji¹ | sjwɨj¹ | rjur¹ | ·jar² | dźiã² | tsjij² |
| 业 | 调 | 伏， | 意 | 业 | 调 | 伏。 | 菩 | 萨 |

彼菩萨先自调顺身业,调顺口业,调顺意业。菩萨

**28.20.6**

| | | | | | | | | |
|---|---|---|---|---|---|---|---|---|
| | | ① | | | ， | | | |
| ·jij¹ | dźjij² | dźjij² | ljụ² | niow² | sjwɨj¹ | ŋowr² | ŋowr² | khwa¹ |
| 自 | 有 | 有 | 身 | 恶 | 业， | 一 | 切 | 舍 |
| 。 | | | | | ， | | | |
| ka² | dźjij² | dźjij² | ljaa² | niow² | sjwɨj¹ | ŋowr² | ŋowr² | khwa¹ |
| 离。 | 有 | 有 | 口 | 恶 | 业， | 一 | 切 | 舍 |

所有自身恶业,一切舍离。所有口恶业,一切舍

**28.21.1**

| | | | | | | | | |
|---|---|---|---|---|---|---|---|---|
| 。 | | | | | ， | | | |
| ka² | dźjij² | dźjij² | phji¹ | niow² | sjwɨj¹ | ŋowr² | ŋowr² | khwa¹ |
| 离。 | 有 | 有 | 意 | 恶 | 业， | 一 | 切 | 舍 |
| 。 | | | | | | | | 。 |
| ka² | kie¹ | ·jiij¹ | mjij¹ | tsjụ¹ | mjij¹ | ŋwo² | mjij¹ | dza¹ |

① 西夏文“[illegible]”,表示“所有”。

| | | | | | | | | |
|---|---|---|---|---|---|---|---|---|
| 离。 | 戒 | 持 | 不 | 缺 | 不 | 漏 | 不 | 杂。 |

离。所有意恶业,一切舍离。持戒不缺不漏不杂。

**28.21.2**

| | | | | | | | | |
|---|---|---|---|---|---|---|---|---|
| [illegible] | [illegible] | [illegible] | [illegible] | [illegible] | [illegible] | [illegible] | [illegible], | [illegible] |
| dźiã$^{2}$ | tsjij$^{2}$ | thjɨ$^{2}$ | sju$^{2}$ | tśhjwɨj$^{1}$ | kie$^{1}$ | ·jiij$^{1}$ | nioow$^{1}$ | ·a |
| 菩 | 萨 | 是 | 如 | 禁 | 戒 | 持 | 已, | 阿 |
| [illegible] | [illegible] | [illegible] | [illegible] | [illegible] | [illegible] | [illegible] | [illegible] | [illegible] |
| duu$^{2}$ | tow$^{1}$ | lo$^{1}$ | sã$^{1}$ | mjiw$^{2}$ | sã$^{1}$ | po$^{1}$ | tjɨj$^{1}$ | ljijr$^{1}$ |
| 耨 | 多 | 罗 | 三 | 藐 | 三 | 菩 | 提 | 向 |

菩萨如是持禁戒已,回向阿耨多罗三藐三菩提,

**28.21.3**

| | | | | | | | | |
|---|---|---|---|---|---|---|---|---|
| [illegible] | [illegible], | [illegible] | [illegible] | [illegible] | [illegible] | [illegible] | [illegible]。 | [illegible] |
| ljɨɨ$^{1}$ | tshwew$^{1}$ | tśjo | kie$^{1}$ | njiij$^{1}$ | mjij$^{1}$ | lhjwi$^{1}$ | zjịj$^{1}$ | thjɨ$^{2}$ |
| 回 | 趣, | 终 | 戒 | 心 | 不 | 取 | 著。 | 是 |
| [illegible], | [illegible] | [illegible] | [illegible] | [illegible] | [illegible] | [illegible] | [illegible]。 | |
| tja$^{1}$ | dźiã$^{2}$ | tsjij$^{2}$ | ·jij$^{1}$ | kie$^{1}$ | djọ$^{2}$ | ·jiij$^{1}$ | ŋwu$^{2}$ | |
| 者, | 菩 | 萨 | 之 | 戒 | 修 | 持 | 是。 | |

而心终不取著于戒。是名菩萨修持于戒。

## 汉文本

善男子,彼菩萨为彼众生,令得利益安隐乐故,修行布施、持戒、忍辱,修行精进、禅定、般若。善男子,云何菩萨修行布施?善男子,菩萨作是思惟:我当云何行于布施?即生念言:须食施食,须饮施饮,须床敷者施与床敷,须衣服者施与衣服,指环臂钏,若宝冠等,所须之物,皆施与之。善男子,菩萨乃至割自身肉,施于众生。如是行施,愿取阿耨多罗三藐三菩提,而不取著受者财物,不住事等。是名菩萨修行布施。

善男子,菩萨云何修持于戒?善男子,彼菩萨先自调顺身业,调顺口业,调顺意业。菩萨所有自身恶业,一切舍离。所有口恶业,一切舍离。所有意恶业,一切舍离。持戒不缺不漏不杂。菩萨如是持禁戒已,回向阿耨多罗三藐三菩提,而心终不取著于戒。是名菩萨修持于戒。

**28.21.3**

[illegible]

| | | | | | | | | |
|---|---|---|---|---|---|---|---|---|
| neew² | | | | | | | | |
| 善 | | | | | | | | |
| 善 | | | | | | | | |

**28.21.4**

| | | | | | | | | |
|---|---|---|---|---|---|---|---|---|
| 緈 | 豥， | 糀 | 絾 | 兪 | 緶 | 嬂 | 敪 | 牖 |
| goor¹ | gji² | dźiã² | tsjij² | thjij² | sjo² | pjo¹ | zeew² | djọ² |
| 男 | 子， | 菩 | 萨 | 何 | 云 | 辱 | 忍 | 修 |
| 祇 | 敉？ | 緕 | 緈 | 豥， | 糀 | 絾 | 叕 | 葺 |
| dźjịj¹ | ljɨ¹ | neew² | goor¹ | gji² | dźiã² | tsjij² | tjij¹ | phji² |
| 行 | 也？ | 善 | 男 | 子， | 菩 | 萨 | 若 | 比 |

男子,云何菩萨修行忍辱？善男子,菩萨为闻,

**28.21.5**

| | | | | | | | | |
|---|---|---|---|---|---|---|---|---|
| 蘢 | 叕 | 緥 | 敍， | 瓿 | 繖 | 蔎 | 豉， | 繖 |
| khjiw² | tjij¹ | mur¹ | dzjwo² | rjɨr² | njɨ² | njɨɨ² | źier¹ | niow² |
| 丘 | 若 | 俗 | 人， | △ | 至 | 詈 | 骂， | 恶 |
| 豥 | 豥 | 蕔。 | 叕 | 緵 | 緝 | 郕， | 菚 | 菚 |
| tshjiij¹ | dạ² | mji¹ | tjij¹ | tjwɨ¹ | pjiij¹ | phej¹ | tśjɨɨr² | khjɨ¹ |
| 说 | 言 | 闻。 | 若 | 捶 | 打 | 系， | 缚 | 足 |

若道若俗,乃至毁骂,闻说其恶。若打系闭,若截手足,

**28.21.6**

| | | | | | | | | |
|---|---|---|---|---|---|---|---|---|
| 豥 | 毦 | 豥 | 豥， | 毻 | 敪 | 緂 | 緂。 | 毦 |
| lạ¹ | khjwɨ¹ | wji¹ | zjịj¹ | zji² | zeew² | lhjịj² | njwi² | thja² |
| 手 | 截 | 为 | 时， | 皆 | 忍 | 受 | 能。 | 彼 |
| 敍 | 豥 | 豥， | 嬂 | 敪 | 絣 | 祇。 | 糀 | 絾 |
| dzjwo² | njɨ² | do² | pjo¹ | zeew² | njiij¹ | śjwo¹ | dźiã² | tsjij² |
| 人 | 等 | 处， | 辱 | 忍 | 心 | 起。 | 菩 | 萨 |

皆能忍受。为彼前人,起忍辱心。菩萨

**28.22.1**

| | | | | | | | | |
|---|---|---|---|---|---|---|---|---|
| 旒 | 豥 | 敪 | 牖 | 豥， | 豥 | 豥 | 豥 | 豥 |

| | | | | | | | | |
|---|---|---|---|---|---|---|---|---|
| thjɨ$^2$ | sju$^2$ | zeew$^2$ | djọ$^2$ | nioow$^1$ | ·a | duu$^2$ | tow$^1$ | lo$^1$ |
| 是 | 如 | 忍 | 修 | 已， | 阿 | 耨 | 多 | 罗 |
| [illegible] | [illegible] | [illegible] | [illegible] | [illegible] | [illegible] | [illegible] | [illegible]， | [illegible] |
| sã$^1$ | mjiw$^2$ | sã$^1$ | po$^1$ | tjɨj$^1$ | ljijr$^1$ | ljɨɨ$^1$ | tshwew$^1$ | thja$^2$ |
| 三 | 藐 | 三 | 菩 | 提 | 向 | 回 | 趣， | 彼 |

如是修行忍已，回向阿耨多罗三藐三菩提，

**28.22.2**

| | | | | | | | | |
|---|---|---|---|---|---|---|---|---|
| [illegible] | [illegible] | [illegible] | [illegible] | [illegible] | [illegible] | [illegible]。 | [illegible] | [illegible]， |
| zeew$^2$ | lhoo$^1$ | nioow$^1$ | khwẹj$^1$ | njiij$^1$ | mjij$^1$ | śjwo$^1$ | thjɨ$^2$ | tja$^1$ |
| 忍 | 恃 | 因 | 慢 | 心 | 不 | 起。 | 是 | 者， |
| [illegible] | [illegible] | [illegible] | [illegible] | [illegible] | [illegible] | [illegible] | [illegible]。 | [illegible] |
| dźiã$^2$ | tsjij$^2$ | ·jij$^1$ | pjo$^1$ | zeew$^2$ | djọ$^2$ | dźjij$^1$ | ŋwu$^2$ | neew$^2$ |
| 菩 | 萨 | 之 | 辱 | 忍 | 修 | 行 | 是。 | 善 |

不以彼忍而起慢心。是名菩萨修行忍辱。善

**28.22.3**

| | | | | | | | | |
|---|---|---|---|---|---|---|---|---|
| [illegible] | [illegible]， | [illegible] | [illegible] | [illegible] | [illegible] | [illegible] | [illegible] | [illegible] |
| goor$^1$ | gji$^2$ | dźiã$^2$ | tsjij$^2$ | thjij$^2$ | sjo$^2$ | khu$^1$ | dźjij$^1$ | djọ$^2$ |
| 男 | 子， | 菩 | 萨 | 何 | 云 | 进 | 精 | 修 |
| [illegible] | [illegible]？ | [illegible] | [illegible] | [illegible]， | [illegible] | [illegible] | [illegible] | [illegible] |
| dźjij$^1$ | ljɨ$^1$ | neew$^2$ | goor$^1$ | gji$^2$ | dźiã$^2$ | tsjij$^2$ | thjɨ$^2$ | sju$^2$ |
| 行 | 也？ | 善 | 男 | 子， | 菩 | 萨 | 是 | 如 |

男子，菩萨云何修行精进？善男子，菩萨作是

**28.22.4**

| | | | | | | | | |
|---|---|---|---|---|---|---|---|---|
| [illegible] | [illegible]： | [illegible] | [illegible] | [illegible] | [illegible] | [illegible] | [illegible] | [illegible]， |
| lə | wji$^1$ | tshọ$^2$ | ŋa$^1$ | kiej$^2$ | mjɨ$^1$ | pjụ$^1$ | bju$^2$ | mjij$^1$ |
| 念 | 作： | 虚 | 空 | 界 | 无 | 量 | 边 | 无， |
| [illegible] | [illegible] | [illegible] | [illegible] | [illegible] | [illegible] | [illegible] | [illegible] | [illegible]。 |
| ku$^1$ | dźiã$^2$ | tśhju$^1$ | kiej$^2$ | tsjɨ$^1$ | mjɨ$^1$ | pjụ$^1$ | bju$^2$ | mjij$^1$ |
| 则 | 情 | 有 | 界 | 亦 | 无 | 量 | 边 | 无。 |

思惟:如虚空界无量无边,众生界亦无量无边。

**28.22.5**

| | | | | | | | | |
|---|---|---|---|---|---|---|---|---|
| [illegible] | [illegible] | [illegible] | [illegible], | [illegible] | [illegible] | [illegible] | [illegible], | [illegible] |
| lew$^1$ | ŋa$^2$ | tjij$^1$ | gjɨ$^2$ | ŋwer$^1$ | ka$^1$ | dźjwɨ$^1$ | mjij$^1$ | gjij$^2$ |
| 唯 | 我 | 独 | 一, | 同 | 等 | 相 | 无, | 余 |
| [illegible] | [illegible] | [illegible] | [illegible] | [illegible] | [illegible] | [illegible] | [illegible] | [illegible] |
| bju$^1$ | mjij$^1$ | djiij$^2$ | phã$^1$ | rjur$^1$ | kha$^1$ | ·o$^2$ | ŋa$^2$ | ·jɨ$^2$ |
| 以 | 无 | 涅 | 槃 | 界 | 中 | 入 | △ | 谓 |

唯我一人,独无等侣,令入无余涅槃界中。

**28.22.6**

| | | | | | | | | |
|---|---|---|---|---|---|---|---|---|
| [illegible]。 | [illegible] | [illegible] | [illegible] | [illegible], | [illegible] | [illegible] | [illegible] | [illegible], |
| ·jɨ$^2$ | thjɨ$^2$ | sju$^2$ | dźiã$^2$ | tsjij$^2$ | thja$^2$ | nioow$^1$ | wji$^1$ | bju$^1$ |
| 谓。 | 是 | 如 | 菩 | 萨, | 彼 | 缘 | 为 | 以, |
| [illegible] | [illegible] | [illegible] | [illegible], | [illegible] | [illegible] | [illegible] | [illegible]。 | [illegible] |
| khu$^1$ | dźjij$^1$ | dźjɨ | śjwo$^1$ | ɣu$^1$ | ·jij$^1$ | ljụ$^2$ | ·jiij$^1$ | ljụ$^2$ |
| 进 | 精 | 行 | 发, | 初 | 自 | 身 | 持。 | 身 |

如是菩萨,为彼因缘,发精进行,初持自身。

**28.23.1**

| | | | | | | | | |
|---|---|---|---|---|---|---|---|---|
| [illegible] | [illegible] | [illegible], | [illegible] | [illegible] | [illegible] | [illegible]。 | [illegible] | [illegible] |
| dźjɨ | ·jiij$^1$ | dźjwa$^1$ | lhjịj$^2$ | njiij$^1$ | tsjiir$^1$ | bioo$^1$ | thjɨ$^2$ | sju$^2$ |
| 行 | 持 | 已, | 受 | 心 | 法 | 观。 | 是 | 如 |
| [illegible] | [illegible] | [illegible] | [illegible] | [illegible], | [illegible] | [illegible] | [illegible] | [illegible] |
| lhjịj$^2$ | njiij$^1$ | tsjiir$^1$ | bioo$^1$ | dźjwa$^1$ | njiij$^1$ | tsjiir$^1$ | bioo$^1$ | dźjịj$^1$ |
| 受 | 心 | 法 | 观 | 竟, | 心 | 法 | 观 | 行 |

持身行已,观受心法。如是正观受心法已,行持心行。

**28.23.2**

| | | | | | | | | |
|---|---|---|---|---|---|---|---|---|
| [illegible], | [illegible]① | [illegible] | [illegible] | [illegible] | [illegible] | [illegible] | [illegible] | [illegible]。 |

① [illegible](rjijr$^2$),动词希求式趋向前缀,表示不定方。

nioow¹ rjijr² tśjɨɨ¹ tsjiir¹ ljij² njɨ² dźjɨ djọ² dźjịj¹

已， △ 次 法 见 等 行 修 行。

[illegible]

dźiã² tsjij² thjɨ² sju² njiij¹ phji¹ tsjiir¹ nioow¹ mjij²

菩 萨 是 如 心 意 法 已， 未

菩萨既行，持心行已，次复修行见法等行。菩萨如是持心意已，

**28.23.3**

[illegible]

śjwo¹ niow² mjij¹ neew² tsjiir¹ phja¹ mjij¹ śjwo¹ phji¹ kięj²

生 恶 不 善 法 断 不 生 令 欲

[illegible]

nioow¹ ·jɨr² khu¹ dźjij¹ śjwo¹ mjij² śjwo¹ neew² tsjiir¹

已， 勤 进 精 起； 未 生 善 法

为令未生恶不善法断不生故，起欲勤精进；为令未生善法

**28.23.4**

[illegible]

śjwo¹ phji¹ kięj² nioow¹ ·jɨr² khu¹ dźjij¹ śjwo¹ dźiã²

生 令 欲 故， 勤 进 精 起。 菩

[illegible]

tsjij² thjɨ² sju² tśjɨɨ¹ bju¹ ɤu¹ phji¹ bju¹ rewr²

萨 是 如 次 依， 初 意 以 足。

生故，起欲勤精进。菩萨如是次复修行，初如意足。

**28.23.5**

[illegible]

djọ² dźjij¹ thjɨ² sju² njɨɨ¹ tsew² sọ¹ tsew² rjɨr² njɨ²

修 行 是 如， 二 第 三 第， △ 至

[illegible]

ljɨɨr¹ tsew² phji¹ bju¹ rewr² nioow¹ djọ² dźjij¹ thjɨ² sju²

四 第， 意 依 足 故， 修 行 是 如，

如是修行,第二第三,乃至第四,如意足分,修如是行,

**28.23.6**

| | | | | | | | | |
|---|---|---|---|---|---|---|---|---|
| [illegible] | [illegible] | [illegible] | [illegible] | [illegible] | [illegible]。 | [illegible] | [illegible] | [illegible] |
| dźjɨ | djọ² | khwẹj¹ | njiij¹ | mjij¹ | śjwo¹ | ku¹ | thjɨ² | sju² |
| 行 | 修 | 慢 | 心 | 不 | 起。 | 则 | 是 | 如 |
| [illegible] | [illegible] | [illegible] | [illegible] | [illegible]。 | | | | |
| khu¹ | dźjij¹ | djọ² | dźjịj¹ | ŋwu² | | | | |
| 进 | 精 | 修 | 行 | 是。 | | | | |

不起慢心。是名菩萨①修行精进。

## 汉文本

善男子,云何菩萨修行忍辱?善男子,菩萨为闻,若道若俗,乃至毁骂,闻说其恶。若打系闭,若截手足,皆能忍受。为彼前人,起忍辱心。菩萨如是修行忍已,回向阿耨多罗三藐三菩提,不以彼忍而起慢心。是名菩萨修行忍辱。

善男子,菩萨云何修行精进?善男子,菩萨作是思惟:如虚空界无量无边,众生界亦无量无边。唯我一人,独无等侣,令入无余涅槃界中。如是菩萨,为彼因缘,发精进行,初持自身。持身行已,观受心法。如是正观受心法已,行持心行。菩萨既行,持心行已,次复修行见法等行。菩萨如是持心意已,为令未生恶不善法断不生故,起欲勤精进;为令未生善法生故,起欲勤精进。菩萨如是次复修行,初如意足。如是修行,第二第三,乃至第四,如意足分,修如是行,不起慢心。是名菩萨修行精进。

**28.23.6**

| | | | |
|---|---|---|---|
| [illegible] | [illegible] | [illegible], | [illegible] |
| neew² | goor¹ | gji² | dźiã² |
| 善 | 男 | 子, | 菩 |

善男子,菩

**28.24.1**

| | | | | | | | | |
|---|---|---|---|---|---|---|---|---|
| [illegible] | [illegible] | [illegible] | [illegible] | [illegible] | [illegible] | [illegible]? | [illegible] | [illegible] |
| tsjij² | thjij² | sjo² | śjã¹ | djɨj² | djọ² | dźjịj¹ | neew² | goor¹ |
| 萨 | 何 | 云 | 禅 | 定 | 修 | 行? | 善 | 男 |

① 菩萨,西夏文本无。

| | | | | | | | | |
|---|---|---|---|---|---|---|---|---|
| [illegible]， | [illegible] | [illegible] | [illegible] | [illegible] | [illegible]， | [illegible] | [illegible] | [illegible] |
| gji$^2$ | dźiā$^2$ | tsjij$^2$ | kięj$^2$ | mjij$^1$ | zjịj$^1$ | dzjar$^2$ | mjij$^1$ | zjịj$^1$ |
| 子， | 菩 | 萨 | 欲 | 不 | 著， | 灭 | 不 | 著 |

萨云何修行禅定？善男子，菩萨不著欲故，不著灭故，

**28.24.2**

| | | | | | | | | |
|---|---|---|---|---|---|---|---|---|
| [illegible]， | [illegible] | [illegible] | [illegible]， | [illegible] | [illegible] | [illegible] | [illegible]， | [illegible] |
| kięj$^2$ | ka$^2$ | mjij$^1$ | zjịj$^1$ | ·jij$^1$ | ljụ$^2$ | mjij$^1$ | zjịj$^1$ | tsjij$^1$ |
| 欲， | 离 | 不 | 著， | 自 | 身 | 不 | 著， | 他 |
| [illegible] | [illegible] | [illegible]， | [illegible] | [illegible] | [illegible] | [illegible] | [illegible] | [illegible] |
| ljụ$^2$ | mjij$^1$ | zjịj$^1$ | tsə̣$^1$ | lhjịj$^2$ | sjiij$^2$ | dźjɨ | sjij$^2$ | mjij$^1$ |
| 身 | 不 | 著， | 色 | 受 | 想 | 行 | 识 | 不 |

不著离欲故，不著自身故，不著他身故，不著色受想行识，

**28.24.3**

| | | | | | | | | |
|---|---|---|---|---|---|---|---|---|
| [illegible]， | [illegible] | [illegible] | [illegible] | [illegible]， | [illegible] | [illegible] | [illegible] | [illegible]， |
| zjịj$^1$ | kięj$^2$ | kięj$^2$ | mjij$^1$ | zjịj$^1$ | tsə̣$^1$ | kięj$^2$ | mjij$^1$ | zjịj$^1$ |
| 著， | 欲 | 界 | 不 | 著， | 色 | 界 | 不 | 著， |
| [illegible] | [illegible] | [illegible]， | [illegible] | [illegible] | [illegible] | [illegible] | [illegible] | [illegible]， |
| ŋa$^1$ | mjij$^1$ | zjịj$^1$ | ·jij$^1$ | mjij$^1$ | tjị$^1$ | mjij$^1$ | mjij$^1$ | zjịj$^1$ |
| 空 | 不 | 著， | 相 | 无 | 愿 | 无 | 不 | 著， |

不著欲界，不著色界，不著空，不著无相无愿，

**28.24.4**

| | | | | | | | | |
|---|---|---|---|---|---|---|---|---|
| [illegible] | [illegible] | [illegible] | [illegible] | [illegible]， | [illegible] | [illegible] | [illegible] | [illegible] |
| thjɨ$^2$ | rjur$^1$ | kięj$^2$ | mjij$^1$ | zjịj$^1$ | mjij$^2$ | jịj$^2$ | rjur$^1$ | kięj$^2$ |
| 此 | 世 | 界 | 不 | 著， | 未 | 来 | 世 | 界 |
| [illegible] | [illegible] | [illegible]， | [illegible] | [illegible] | [illegible] | [illegible]。 | [illegible] | [illegible] |
| mjij$^1$ | zjịj$^1$ | ljɨ$^1$ | zji$^1$ | mjii$^1$ | djọ$^2$ | dźjịj$^1$ | mjii$^1$ | mjij$^1$ |
| 不 | 著 | 以， | 布 | 施 | 修 | 行。 | 施 | 不 |

不著此世界，不著未来世界，而行布施。不依止施，

**28.24.5**

| | | | | | | | | |
|---|---|---|---|---|---|---|---|---|
| [illegible] | [illegible]， | [illegible] | [illegible] | [illegible] | [illegible]， | [illegible] | [illegible] | [illegible] |
| bju$^{1}$ | gjị$^{2}$ | kie$^{1}$ | mjij$^{1}$ | bju$^{1}$ | gjị$^{2}$ | zeew$^{2}$ | mjij$^{1}$ | bju$^{1}$ |
| 依 | 止， | 戒 | 不 | 依 | 止， | 忍 | 不 | 依 |
| [illegible]， | [illegible] | [illegible] | [illegible] | [illegible] | [illegible]， | [illegible] | [illegible] | [illegible] |
| gjị$^{2}$ | khu$^{1}$ | dźjij$^{1}$ | mjij$^{1}$ | bju$^{1}$ | gjị$^{2}$ | śjã$^{1}$ | mjij$^{1}$ | bju$^{1}$ |
| 止， | 进 | 精 | 不 | 依 | 止， | 禅 | 不 | 依 |

不依止戒，不依止忍，不依止精进，不依止禅。

**28.24.6**

| | | | | | | | | |
|---|---|---|---|---|---|---|---|---|
| [illegible]。 | [illegible] | [illegible] | [illegible] | [illegible] | [illegible] | [illegible]， | [illegible] | [illegible] |
| gjị$^{2}$ | thjɨ$^{2}$ | sju$^{2}$ | śjã$^{1}$ | djɨj$^{2}$ | djọ$^{2}$ | dźjịj$^{1}$ | ·a | duu$^{2}$ |
| 止。 | 是 | 如 | 禅 | 定 | 修 | 行， | 阿 | 耨 |
| [illegible] | [illegible] | [illegible] | [illegible] | [illegible] | [illegible] | [illegible] | [illegible] | [illegible] |
| tow$^{1}$ | lo$^{1}$ | sã$^{1}$ | mjiw$^{2}$ | sã$^{1}$ | po$^{1}$ | tjɨj$^{1}$ | ljijr$^{1}$ | ljɨɨ$^{1}$ |
| 多 | 罗 | 三 | 藐 | 三 | 菩 | 提 | 向 | 回 |

如是修行禅定，回向阿耨多罗三藐三菩提，

**28.25.1**

| | | | | | | | | |
|---|---|---|---|---|---|---|---|---|
| [illegible]， | [illegible] | [illegible] | [illegible]。 | [illegible] | [illegible] | [illegible]， | [illegible] | [illegible] |
| tshwew$^{1}$ | mjij$^{1}$ | phjo$^{2}$ | kar$^{2}$ | ku$^{1}$ | thjɨ$^{2}$ | tja$^{1}$ | dźiã$^{2}$ | tsjij$^{2}$ |
| 趣， | 不 | 分 | 别。 | 则 | 是 | 者， | 菩 | 萨 |
| [illegible] | [illegible] | [illegible] | [illegible] | [illegible] | [illegible]。 | [illegible] | [illegible] | [illegible]， |
| ·jij$^{1}$ | śjã$^{1}$ | djɨj$^{2}$ | djọ$^{2}$ | dźjịj$^{1}$ | ŋwu$^{2}$ | neew$^{2}$ | goor$^{1}$ | gji$^{2}$ |
| 之 | 禅 | 定 | 修 | 行 | 是。 | 善 | 男 | 子， |

而不分别。是名菩萨修行禅定。善男子，

**28.25.2**

| | | | | | | | | |
|---|---|---|---|---|---|---|---|---|
| [illegible] | [illegible] | [illegible] | [illegible] | [illegible] | [illegible] | [illegible] | [illegible] | [illegible]？ |
| dźiã$^{2}$ | tsjij$^{2}$ | thjij$^{2}$ | sjo$^{2}$ | pa$^{2}$ | rja$^{2}$ | djọ$^{2}$ | dźjịj$^{1}$ | ljɨ$^{1}$ |
| 菩 | 萨 | 何 | 云 | 般 | 若 | 修 | 行 | 也？ |

| | | | | | | | | |
|---|---|---|---|---|---|---|---|---|
| [illegible] | [illegible] | [illegible]， | [illegible] | [illegible] | [illegible] | [illegible] | [illegible] | [illegible] |
| neew$^{2}$ | goor$^{1}$ | gji$^{2}$ | dźiã$^{2}$ | tsjij$^{2}$ | ·ju$^{2}$ | thjɨ$^{2}$ | sju$^{2}$ | sjwɨ$^{1}$ |
| 善 | 男 | 子， | 菩 | 萨 | 常 | 是 | 如 | 思 |

菩萨云何修行般若？善男子，菩萨常作如是思惟，

**28.25.3**

| | | | | | | | | |
|---|---|---|---|---|---|---|---|---|
| [illegible] | [illegible]， | [illegible] | [illegible] | [illegible] | [illegible]。 | [illegible] | [illegible] | [illegible] |
| lə | ljị$^{1}$ | dźiã$^{2}$ | tśhju$^{1}$ | ·jij$^{1}$ | dzjiij$^{2}$ | dźiã$^{2}$ | tśhju$^{1}$ | ·jij$^{1}$ |
| 惟 | 以， | 情 | 有 | 之 | 化。 | 情 | 有 | 之 |
| [illegible] | [illegible]， | [illegible] | [illegible] | [illegible] | [illegible]： | [illegible] | [illegible] | [illegible] |
| dzjiij$^{2}$ | nioow$^{1}$ | nioow$^{1}$ | thjɨ$^{2}$ | lə | wji$^{1}$ | ŋa$^{2}$ | mjɨ$^{1}$ | pjụ$^{1}$ |
| 化 | 已， | 复 | 是 | 念 | 作： | 我 | 无 | 量 |

而化众生。化众生已，复作是念：我化无量

**28.25.4**

| | | | | | | | | |
|---|---|---|---|---|---|---|---|---|
| [illegible] | [illegible]， | [illegible] | [illegible] | [illegible] | [illegible] | [illegible] | [illegible] | [illegible] |
| bju$^{2}$ | mjij$^{1}$ | dźiã$^{2}$ | tśhju$^{1}$ | rjur$^{1}$ | ·jij$^{1}$ | dzjiij$^{2}$ | gjij$^{2}$ | bju$^{1}$ |
| 边 | 无， | 情 | 有 | 界 | 之 | 化 | 余 | 以 |
| [illegible] | [illegible] | [illegible] | [illegible] | [illegible] | [illegible] | [illegible] | [illegible]， | [illegible] |
| mjij$^{1}$ | djiij$^{2}$ | phã$^{1}$ | rjur$^{1}$ | kha$^{1}$ | ·o$^{2}$ | phjo$^{2}$ | ŋa$^{2}$ | nioow$^{1}$ |
| 无 | 涅 | 槃 | 界 | 中 | 入 | 令 | △， | 复 |

无边众生界，令入无余涅槃界中，

**28.25.5**

| | | | | | | | | |
|---|---|---|---|---|---|---|---|---|
| [illegible] | [illegible] | [illegible] | [illegible] | [illegible] | [illegible] | [illegible] | [illegible] | [illegible] |
| lew$^{1}$ | zjij$^{1}$ | dźiã$^{2}$ | tśhju$^{1}$ | djiij$^{2}$ | phã$^{1}$ | rjur$^{1}$ | ·o$^{2}$ | tja$^{1}$ |
| 一 | 时 | 情 | 有 | 涅 | 槃 | 界 | 入 | 者 |
| [illegible] | [illegible]， | [illegible] | [illegible] | [illegible]？ | [illegible] | [illegible] | [illegible] | [illegible] |
| mjij$^{1}$ | ·jɨ$^{2}$ | thjij$^{2}$ | sjo$^{2}$ | ljɨ$^{1}$ | tha$^{1}$ | rjur$^{1}$ | tsjiir$^{1}$ | ŋowr$^{2}$ |
| 无 | 谓， | 何 | 云 | 也？ | 佛 | 诸 | 法 | 一 |

而无一众生入涅槃界者，何以故？如佛所说，一切诸法，

**28.25.6**

| | | | | | | | | |
|---|---|---|---|---|---|---|---|---|
| [illegible]， | [illegible] | [illegible] | [illegible] | [illegible] | [illegible]， | [illegible] | [illegible] | [illegible] |
| ŋowr² | ŋa² | mjij¹ | dźiã² | tśhju¹ | mjij¹ | ka̱¹ | mjij¹ | ·jur¹ |
| 切， | 我 | 无 | 情 | 有 | 无， | 命 | 无 | 养 |
| [illegible] | [illegible]， | [illegible] | [illegible] | [illegible] | [illegible] | [illegible] | [illegible] | [illegible] |
| khjij¹ | mjij¹ | pu¹ | te¹ | khja² | lo¹ | mjij¹ | ·jɨ² | djij² |
| 活 | 无， | 补 | 特 | 伽 | 罗 | 无 | 谓 | △ |

无我无众生，无命无养育，无富伽罗①。

**28.26.1**

| | | | | | | | | |
|---|---|---|---|---|---|---|---|---|
| [illegible] | [illegible] | [illegible] | [illegible] | [illegible]， | [illegible] | [illegible] | [illegible] | [illegible] |
| thjɨ² | sju² | zjɨr¹ | djo̱² | nioow¹ | thja² | zjɨr¹ | ljɨ̣¹ | ·a |
| 是 | 如 | 慧 | 修 | 已， | 彼 | 慧 | 以 | 阿 |
| [illegible] | [illegible] | [illegible] | [illegible] | [illegible] | [illegible] | [illegible] | [illegible] | [illegible] |
| duu² | tow¹ | lo¹ | sã¹ | mjiw² | sã¹ | po¹ | tjɨj¹ | ljijr¹ |
| 耨 | 多 | 罗 | 三 | 藐 | 三 | 菩 | 提 | 向 |

如是修慧，而以彼慧回向阿耨多罗三藐三菩提。

**28.26.2**

| | | | | | | | | |
|---|---|---|---|---|---|---|---|---|
| [illegible] | [illegible]。 | [illegible] | [illegible] | [illegible] | [illegible]， | [illegible] | [illegible] | [illegible] |
| ljɨɨ¹ | tshwew¹ | thjɨ² | sju² | tji̱¹ | śjwo¹ | thja² | sjij² | zjɨr¹ |
| 回 | 趣。 | 是 | 如 | 愿 | 发， | 彼 | 智 | 慧 |
| [illegible] | [illegible] | [illegible] | [illegible] | [illegible]。 | [illegible] | [illegible] | [illegible]， | [illegible] |
| ɣa² | phjo² | kar² | mjij¹ | śjwo¹ | ku¹ | thjɨ² | tja¹ | dźiã² |
| 于 | 分 | 别 | 不 | 生。 | 则 | 是 | 者， | 菩 |

作如是愿，而于智慧不生分别。是名菩萨

**28.26.3**

| | | | | | | | | |
|---|---|---|---|---|---|---|---|---|
| [illegible] | [illegible] | [illegible] | [illegible] | [illegible] | [illegible] | [illegible]。 | [illegible] | [illegible] |
| tsjij² | ·jij¹ | pa² | rja² | djo̱² | dźjij¹ | ŋwu² | neew² | goor¹ |

① 富伽罗，梵文 Pudgala，西夏文本音译为“补特伽罗”。旧译曰“人”，或“众生”。新译曰“数取趣”。

| | | | | | | | | |
|---|---|---|---|---|---|---|---|---|
| 萨 | 之 | 般 | 若 | 修 | 行 | 是。 | 善 | 男 |
| [illegible]， | [illegible] | [illegible] | [illegible] | [illegible] | [illegible] | [illegible] | [illegible] | [illegible] |
| gji$^{2}$ | po$^{1}$ | tsa$^{1}$ | ma$^{2}$ | ŋạ$^{2}$ | tsa$^{1}$ | thjɨ$^{2}$ | sju$^{2}$ | po$^{1}$ |
| 子， | 菩 | 萨 | 摩 | 诃 | 萨 | 是 | 如 | 菩 |

修行般若。善男子，菩萨摩诃萨如是发菩提心，

**28.26.4**

| | | | | | | | | |
|---|---|---|---|---|---|---|---|---|
| [illegible] | [illegible] | [illegible]， | [illegible] | [illegible] | [illegible] | [illegible] | [illegible] | [illegible] |
| tjɨj$^{1}$ | njiij$^{1}$ | śjwo$^{1}$ | ku$^{1}$ | dźiã$^{2}$ | tsjij$^{2}$ | ·jij$^{1}$ | po$^{1}$ | tjɨj$^{1}$ |
| 提 | 心 | 发， | 则 | 菩 | 萨 | 之 | 菩 | 提 |
| [illegible] | [illegible] | [illegible]。 | [illegible] | [illegible]， | [illegible] | [illegible] | [illegible] | [illegible] |
| njiij$^{1}$ | dzu$^{1}$ | ŋwu$^{2}$ | tśhjɨ$^{1}$ | zjọ$^{2}$ | rjur$^{1}$ | pjụ$^{1}$ | thjɨ$^{2}$ | wo$^{2}$ |
| 心 | 乐 | 是。 | 尔 | 时， | 世 | 尊 | 此 | 义 |

名为菩萨乐菩提心。尔时，世尊

**28.26.5**

| | | | | | | |
|---|---|---|---|---|---|---|
| [illegible] | [illegible] | [illegible]， | [illegible] | [illegible] | [illegible] | [illegible]： |
| dźju$^{1}$ | sjwij$^{1}$ | kięj$^{2}$ | ljaa$^{1}$ | dạ$^{2}$ | rjɨr$^{2}$ | tshjiij$^{1}$ |
| 显 | 明 | 欲， | 偈 | 言 | △ | 说： |

为显此义，偈重说言：

**28.26.6**

| | | | | | | | | |
|---|---|---|---|---|---|---|---|---|
| [illegible] | [illegible] | [illegible] | [illegible] | [illegible]， | [illegible] | [illegible] | [illegible] | [illegible] |
| dzjọ$^{1}$ | sju$^{2}$ | ljị$^{1}$ | njị$^{2}$ | ɣiej$^{1}$ | bji$^{1}$ | sej$^{1}$ | mjij$^{1}$ | dźjɨɨr$^{1}$ |
| 譬 | 如 | 宝 | 珠 | 真， | 光 | 明 | 不 | 舍 |
| [illegible]。 | [illegible] | [illegible] | [illegible] | [illegible] | [illegible]， | | | |
| ka$^{2}$ | nioow$^{1}$ | ŋjow$^{2}$ | kha$^{1}$ | kię$^{1}$ | sju$^{2}$ | | | |
| 离。 | 又 | 矿 | 中 | 金 | 如， | | | |

犹如真宝珠，光明不舍离。又如矿中金，

**28.27.1**

| | | | | | | | | |
|---|---|---|---|---|---|---|---|---|
| [illegible] | [illegible] | [illegible] | [illegible] | [illegible]。 | [illegible] | [illegible] | [illegible] | [illegible] |

tśhjwi¹ nioow¹ gjij¹ njij² swew¹ thjɨ² sju² po¹ tjɨj¹

冶 已 殊 倍 明。 是 如 菩 提

[illegible]

tsjiir² po¹ tjɨj¹ njiij¹ gjij¹ swew¹

性, 菩 提 心 殊 明。

治已转增明。如是菩提性,转明菩提心。

**28.27.2**

[illegible]

njɨɨ¹ bju² gji¹ sej¹ ku¹ ljiij² tśier¹ rjir¹ mjɨ¹

二 边 清 净 故, 魔 便 得 无

[illegible]

njwi²

能。

二边清净已,魔所不得便。

## 汉文本

善男子,菩萨云何修行禅定?善男子,菩萨不著欲故,不著灭故,不著离欲故,不著自身故,不著他身故,不著色受想行识,不著欲界,不著色界,不著空,不著无相无愿,不著此世界,不著未来世界,而行布施。不依止施,不依止戒,不依止忍,不依止精进,不依止禅。如是修行禅定,回向阿耨多罗三藐三菩提,而不分别。是名菩萨修行禅定。

善男子,菩萨云何修行般若?善男子,菩萨常作如是思惟,而化众生。化众生已,复作是念:我化无量无边众生界,令入无余涅槃界中,而无一众生入涅槃界者,何以故?如佛所说,一切诸法,无我无众生,无命无养育,无富伽罗。如是修慧,而以彼慧回向阿耨多罗三藐三菩提。作如是愿,而于智慧不生分别。是名菩萨修行般若。

善男子,菩萨摩诃萨如是发菩提心,名为菩萨乐菩提心。尔时,世尊为显此义,偈重说言:

犹如真宝珠,光明不舍离。

又如矿中金,治已转增明。

如是菩提性,转明菩提心。

二边清净已,魔所不得便。

**28.27.3**

[illegible]

| | | | | | | | | |
|---|---|---|---|---|---|---|---|---|
| neew² | goor¹ | gji² | po¹ | tsa¹ | ma² | ŋạ² | tsa¹ | ·jij¹ |
| 善 | 男 | 子， | 菩 | 萨 | 摩 | 诃 | 萨 | 之 |
| [illegible] | [illegible] | [illegible]， | [illegible] | [illegible] | [illegible]？ | [illegible] | [illegible] | [illegible]， |
| tsjiir¹ | dzu¹ | tja¹ | ljɨ̣¹ | kjɨ¹ | ŋwu² | neew² | goor¹ | gji² |
| 法 | 乐 | 者， | 何 | △ | 是？ | 善 | 男 | 子， |

善男子，云何菩萨摩诃萨乐法？善男子，

**28.27.4**

| | | | | | | | | |
|---|---|---|---|---|---|---|---|---|
| [illegible] | [illegible] | [illegible] | [illegible] | [illegible] | [illegible] | [illegible] | [illegible] | [illegible]、 |
| po¹ | tsa¹ | ma² | ŋạ² | tsa¹ | ·jij¹ | tsjiir² | dzu¹ | tsjiir¹ |
| 菩 | 萨 | 摩 | 诃 | 萨 | 自 | 性 | 乐 | 法、 |
| [illegible] | [illegible]、 | [illegible] | [illegible]。 | [illegible] | [illegible] | [illegible]、 | [illegible] | [illegible] |
| de² | tsjiir¹ | ·wụ² | tsjiir¹ | tjij¹ | śia¹ | mẽ¹ | pho¹ | lo¹ |
| 喜 | 法、 | 润 | 法。 | 若 | 沙 | 门、 | 婆 | 罗 |

菩萨摩诃萨，性自乐法、喜法、润法。若见沙门，若婆罗

**28.27.5**

| | | | | | | | | |
|---|---|---|---|---|---|---|---|---|
| [illegible]， | [illegible] | [illegible] | [illegible] | [illegible] | [illegible] | [illegible] | [illegible]， | [illegible] |
| mẽ¹ | tsjiir¹ | bju¹ | dźjij¹ | dzjwo² | ·jij¹ | ljij² | zjịj¹ | ɣa¹ |
| 门， | 法 | 如 | 行 | 人 | 之 | 见 | 时， | 门 |
| [illegible] | [illegible] | [illegible]， | [illegible] | [illegible] | [illegible] | [illegible]。 | [illegible] | [illegible] |
| dźjij² | dźjij² | bju¹ | thja² | ·jij¹ | zji¹ | mjii¹ | tjij¹ | tjị¹ |
| 有 | 有 | 随， | 彼 | 之 | 布 | 施。 | 若 | 食 |

门，如法人已，随所有物而以奉上。若饮

**28.27.6**

| | | | | | | | | |
|---|---|---|---|---|---|---|---|---|
| [illegible] | [illegible]， | [illegible] | [illegible] | [illegible] | [illegible]， | [illegible] | [illegible] | [illegible] |
| dzji² | njɨ² | ŋowr² | ŋowr² | mjii¹ | khjow¹ | rjɨr² | njɨ² | pjạ¹ |
| 食 | 等， | 一 | 切 | 施 | 与， | △ | 至 | 合 |
| [illegible]， | [illegible] | [illegible] | [illegible] | [illegible]。 | [illegible] | [illegible] | [illegible] | [illegible]， |
| phjoo² | dzjwɨ̣¹ | rejr² | njiij¹ | śjwo¹ | dzjwɨ̣¹ | rejr² | śjwo¹ | nioow¹ |
| 和， | 恭 | 敬 | 心 | 生。 | 恭 | 敬 | 生 | 已， |

食等,一切施与,乃至合掌,生恭敬心。生恭敬已,

**28.28.1**

| | | | | | | | | |
|---|---|---|---|---|---|---|---|---|
| [illegible] | [illegible] | [illegible] | [illegible] | [illegible] | [illegible] | [illegible] | [illegible]。 | [illegible] |
| thja$^2$ | do$^2$ | śji$^1$ | mji$^1$ | mjij$^2$ | djij$^2$ | tsjiir$^1$ | mji$^1$ | dźiã$^2$ |
| 彼 | 处 | 昔 | 闻 | 未 | 曾 | 法 | 闻。 | 菩 |
| [illegible] | [illegible] | [illegible] | [illegible] | [illegible] | [illegible] | [illegible], | [illegible] | [illegible] |
| tsjij$^2$ | thjɨ$^2$ | sju$^2$ | tśhja$^2$ | tsjiir$^1$ | kjụ$^1$ | nioow$^1$ | zjɨr$^1$ | bju$^1$ |
| 萨 | 是 | 如 | 正 | 法 | 求 | 故, | 实 | 如 |

从彼闻于未曾闻法。菩萨如是求正法已,如实

**28.28.2**

| | | | | | | | | | |
|---|---|---|---|---|---|---|---|---|---|
| [illegible] | [illegible]。 | [illegible] | [illegible] | [illegible] | [illegible] | [illegible] | [illegible] | [illegible] | [illegible], |
| djọ$^2$ | dźjij$^1$ | dźiã$^2$ | tsjij$^2$ | thja$^2$ | tsjiir$^1$ | ·jiij$^1$ | tsjiir$^1$ | gju$^2$ | ɣa$^2$ |
| 修 | 行。 | 菩 | 萨 | 彼 | 法 | 持 | 法 | 器 | 于, |
| [illegible] | [illegible] | [illegible] | [illegible], | [illegible] | [illegible] | [illegible] | [illegible], | [illegible] | |
| pjụ$^1$ | bjij$^2$ | sjiij$^2$ | śjwo$^1$ | xwa$^1$ | śjow$^2$ | sjiij$^2$ | śjwo$^1$ | ·a | |
| 尊 | 上 | 想 | 生, | 和 | 尚 | 想 | 生, | 阿 | |

修行。菩萨于彼持法法器,生于尊想,生和尚想、阿

**28.28.3**

| | | | | | | | | |
|---|---|---|---|---|---|---|---|---|
| [illegible] | [illegible] | [illegible] | [illegible]。 | [illegible] | [illegible] | [illegible] | [illegible]: | [illegible] |
| śja$^1$ | lji$^1$ | sjiij$^2$ | śjwo$^1$ | thjɨ$^2$ | sju$^2$ | lə | wji$^1$ | ŋa$^2$ |
| 阇 | 梨 | 想 | 生。 | 是 | 如 | 念 | 作: | 我 |
| [illegible] | [illegible] | [illegible] | [illegible] | [illegible] | [illegible], | [illegible] | [illegible] | [illegible] |
| śji$^1$ | dju$^1$ | njij$^2$ | ɣa$^2$ | rjɨr$^2$ | jịj$^2$ | śio$^1$ | dzjiij$^2$ | ljijr$^1$ |
| 昔 | 久 | 远 | 于 | △ | 来, | 导 | 师 | 向 |

阇梨想。起如是意:我从昔来,久失导师。

**28.28.4**

| | | | | | | | | |
|---|---|---|---|---|---|---|---|---|
| [illegible] | [illegible]。 | [illegible] | [illegible] | [illegible] | [illegible] | [illegible], | [illegible] | [illegible] |
| dja$^2$ | nu$^1$ | thjɨ$^2$ | wjɨ$^2$ | ·a | ber$^2$ | ŋa$^2$ | śio$^1$ | dzjiij$^2$ |

| | | | | | | | | |
|---|---|---|---|---|---|---|---|---|
| △ | 背。 | 此 | 刻 | △ | 遇 | △， | 导 | 师 |
| [illegible] | [illegible] | [illegible] | [illegible] | [illegible]。 | [illegible] | [illegible] | [illegible] | [illegible]： |
| sjiij$^{2}$ | śjwi$^{1}$ | ŋa$^{2}$ | lew$^{2}$ | ·jɨ$^{2}$ | nioow$^{1}$ | thjɨ$^{2}$ | lə | wji$^{1}$ |
| 想 | 生 | △ | 应 | 谓。 | 又 | 是 | 念 | 作： |

今忽遇之，生导师想。又作是念：

**28.28.5**

| | | | | | | | | |
|---|---|---|---|---|---|---|---|---|
| [illegible] | [illegible] | [illegible] | [illegible] | [illegible] | [illegible] | [illegible] | [illegible] | [illegible]， |
| ŋa$^{2}$ | ·ju$^{2}$ | rjur$^{1}$ | kha$^{1}$ | khjwɨ$^{2}$ | ·jij$^{2}$ | ·u$^{2}$ | phej$^{1}$ | tśjɨɨr$^{2}$ |
| 我 | 常 | 世 | 间 | 牢 | 狱 | 中 | 系 | 缚， |
| [illegible] | [illegible] | [illegible] | [illegible]， | [illegible] | [illegible] | [illegible] | [illegible] | [illegible]① |
| lhew$^{2}$ | mjij$^{1}$ | gjuu$^{2}$ | mjij$^{1}$ | tjoo$^{1}$ | ·ju$^{2}$ | mjijr$^{2}$ | tsjɨ$^{1}$ | mjij$^{1}$ |
| 解 | 无 | 救 | 无， | 寻 | 觅 | 者 | 亦 | 无。 |

我常缚在世间牢狱，无解无救，无推访者。

**28.28.6**

| | | | | | | | | |
|---|---|---|---|---|---|---|---|---|
| [illegible] | [illegible] | [illegible] | [illegible] | [illegible]， | [illegible] | [illegible] | [illegible] | [illegible] |
| thjɨ$^{2}$ | wjɨ$^{2}$ | ·a | ber$^{2}$ | ŋa$^{2}$ | tjoo$^{1}$ | ·ju$^{2}$ | sjiij$^{2}$ | śjwi$^{1}$ |
| 此 | 刻 | △ | 遇 | △， | 寻 | 觅 | 想 | 生 |
| [illegible] | [illegible] | [illegible]。 | [illegible] | [illegible] | [illegible] | [illegible]： | [illegible] | [illegible] |
| ŋa$^{2}$ | lew$^{2}$ | ·jɨ$^{2}$ | nioow$^{1}$ | thjɨ$^{2}$ | lə | wji$^{1}$ | ŋa$^{2}$ | śji$^{1}$ |
| △ | 应 | 谓。 | 又 | 是 | 念 | 作： | 我 | 昔 |

今忽遇之，生推觅想。又作是念：我

**28.29.1**

| | | | | | | | | |
|---|---|---|---|---|---|---|---|---|
| [illegible] | [illegible] | [illegible] | [illegible] | [illegible]， | [illegible] | [illegible] | [illegible] | [illegible]②， |
| dju$^{1}$ | njij$^{2}$ | ɣa$^{2}$ | rjɨr$^{2}$ | jij$^{2}$ | rjur$^{1}$ | kiej$^{2}$ | kha$^{1}$ | ·jɨ$^{2}$ |
| 久 | 远 | 于 | △ | 来， | 世 | 界 | 间 | 睡， |
| [illegible] | [illegible] | [illegible] | [illegible]。 | [illegible] | [illegible] | [illegible] | [illegible] | [illegible] |
| wẹ$^{1}$ | lə$^{2}$ | mej$^{1}$ | məə$^{1}$ | thjɨ$^{2}$ | wjɨ$^{2}$ | tśhjɨ$^{2}$ | rjar$^{2}$ | ŋa$^{2}$ |
| 愚 | 痴 | 目 | 盲。 | 此 | 刻 | 立 | 即 | 我 |

① "[illegible]"误倒，据原文的乙正符号校正。

② 原文因形近误作"[illegible]"，据汉文本，应作"[illegible]"。

久远来,睡于世间,愚痴盲目。忽于今者

**28.29.2**

| | | | | | | | | |
|---|---|---|---|---|---|---|---|---|
| [illegible] | [illegible] | [illegible], | [illegible] | [illegible]、 | [illegible] | [illegible] | [illegible] | [illegible] |
| mej¹ | wjɨ² | bie² | dwewr² | sjiij² | phie² | neej² | sjiij² | śjwi¹ |
| 目 | △ | 开, | 觉 | 想、 | 开 | 示 | 想 | 起 |
| [illegible] | [illegible] | [illegible]。 | [illegible] | [illegible] | [illegible] | [illegible]: | [illegible] | [illegible] |
| ŋa² | lew² | ·jɨ² | nioow¹ | thjɨ² | lə | wji¹ | ŋa² | śji¹ |
| △ | 应 | 谓。 | 又 | 是 | 念 | 作: | 我 | 昔 |

令我目开,即起觉想,起开示想。又作是念:我

**28.29.3**

| | | | | | | | | |
|---|---|---|---|---|---|---|---|---|
| [illegible] | [illegible] | [illegible] | [illegible] | [illegible], | [illegible] | [illegible] | [illegible] | [illegible] |
| dju¹ | njij² | ɣa² | rjɨr² | jij² | na¹ | tśior¹ | na¹ | kha¹ |
| 久 | 远 | 于 | △ | 来, | 深 | 泥 | 深 | 中 |
| [illegible], | [illegible] | [illegible] | [illegible] | [illegible]。 | [illegible] | [illegible] | [illegible] | [illegible] |
| djị¹ | gjuu² | la² | mjijr² | mjij¹ | thjɨ² | wjɨ² | ·a | ber² |
| 沉, | 济 | 拔 | 者 | 无。 | 此 | 刻 | △ | 遇 |

久远来,没深泥中,无拔济者。今忽遇之,

**28.29.4**

| | | | | | | | | |
|---|---|---|---|---|---|---|---|---|
| [illegible], | [illegible] | [illegible] | [illegible] | [illegible] | [illegible] | [illegible] | [illegible]。 | [illegible] |
| ŋa² | gjuu² | la² | sjiij² | śjwi¹ | ŋa² | lew² | ·jɨ² | nioow¹ |
| △, | 济 | 拔 | 想 | 生 | △ | 应 | 谓。 | 又 |
| [illegible] | [illegible] | [illegible]: | [illegible] | [illegible] | [illegible] | [illegible] | [illegible] | [illegible] |
| thjɨ² | lə | wji¹ | ŋa² | śji¹ | dju¹ | njij² | ɣa² | rjɨr² |
| 是 | 念 | 作: | 我 | 昔 | 久 | 远 | 于 | △ |

生拔济想。又作是念:我久远来,

**28.29.5**

| | | | | | | | | |
|---|---|---|---|---|---|---|---|---|
| [illegible], | [illegible] | [illegible] | [illegible] | [illegible] | [illegible]① | [illegible], | [illegible] | [illegible] |

① "[illegible]"(dzjiij² 师)字右旁有一小字"[illegible]"(neej² 示),"[illegible]"为校改后的字,但根据上下文及西夏语,本文仍然选用"[illegible][illegible]"(导师)。

| | | | | | | | | |
|---|---|---|---|---|---|---|---|---|
| jịj$^{2}$ | dźiã$^{2}$ | tśhju$^{1}$ | ·jij$^{1}$ | śio$^{1}$ | dzjiij$^{2}$ | mjijr$^{2}$ | śio$^{1}$ | dzjiij$^{2}$ |
| 来， | 情 | 有 | 之 | 导 | 师 | 者， | 导 | 师 |
| [illegible] | [illegible] | [illegible]。 | [illegible] | [illegible] | [illegible] | [illegible] | [illegible]， | [illegible] |
| ljijr$^{1}$ | dja$^{2}$ | nu$^{1}$ | thjɨ$^{2}$ | wjɨ$^{2}$ | ·a | ber$^{2}$ | ŋa$^{2}$ | śio$^{1}$ |
| 向 | △ | 背。 | 此 | 刻 | △ | 遇 | △， | 导 |

失于导师，引导众生。今忽遇之，

**28.29.6**

| | | | | | | | | |
|---|---|---|---|---|---|---|---|---|
| [illegible] | [illegible] | [illegible] | [illegible] | [illegible] | [illegible]。 | [illegible] | [illegible] | [illegible] |
| dzjiij$^{2}$ | sjiij$^{2}$ | śjwi$^{1}$ | ŋa$^{2}$ | lew$^{2}$ | ·jɨ$^{2}$ | nioow$^{1}$ | thjɨ$^{2}$ | lə |
| 师 | 想 | 起 | △ | 应 | 谓。 | 又 | 是 | 念 |
| [illegible]： | [illegible] | [illegible] | [illegible] | [illegible] | [illegible] | [illegible] | [illegible]， | [illegible] |
| wji$^{1}$ | ŋa$^{2}$ | śji$^{1}$ | dju$^{1}$ | njiij$^{2}$ | ɣa$^{2}$ | rjɨr$^{2}$ | jịj$^{2}$ | rjur$^{1}$ |
| 作： | 我 | 昔 | 久 | 远 | 于 | △ | 来， | 世 |

起导师想。又作是念：我久远来，闭在世间

**28.30.1**

| | | | | | | | | |
|---|---|---|---|---|---|---|---|---|
| [illegible] | [illegible]① | [illegible] | [illegible] | [illegible] | [illegible]， | [illegible] | [illegible] | [illegible] |
| kha$^{1}$ | lụ$^{2}$ | tśjị$^{1}$ | ŋjir$^{1}$ | do$^{2}$ | dźjiij$^{1}$ | gjuu$^{2}$ | la$^{2}$ | mjijr$^{2}$ |
| 间 | 贫 | 苦 | 难 | 处 | 在， | 济 | 拔 | 者 |
| [illegible]。 | [illegible] | [illegible] | [illegible] | [illegible] | [illegible]， | [illegible] | [illegible] | [illegible] |
| mjij$^{1}$ | thjɨ$^{2}$ | wjɨ$^{2}$ | ·a | ber$^{2}$ | tja$^{1}$ | thjɨ$^{2}$ | nioow$^{1}$ | gjuu$^{2}$ |
| 无。 | 此 | 刻 | △ | 遇 | 者， | 是 | 故 | 济 |

贫苦难处，无救接者。今忽遇之，是故

**28.30.2**

| | | | | | | | | |
|---|---|---|---|---|---|---|---|---|
| [illegible] | [illegible] | [illegible] | [illegible] | [illegible] | [illegible] | [illegible]。 | [illegible] | [illegible] |
| la$^{2}$ | mjijr$^{2}$ | sjiij$^{2}$ | śjwi$^{1}$ | ŋa$^{2}$ | lew$^{2}$ | ·jɨ$^{2}$ | nioow$^{1}$ | thjɨ$^{2}$ |
| 拔 | 者 | 想 | 生 | △ | 应 | 谓。 | 又 | 是 |
| [illegible] | [illegible]： | [illegible] | [illegible] | [illegible] | [illegible] | [illegible] | [illegible] | [illegible]， |

① 原文误作“[illegible]”，据右侧小字“[illegible]”改正。

lə　wji$^{1}$　ŋa$^{2}$　śji$^{1}$　dju$^{1}$　njij$^{2}$　ɣa$^{2}$　rjɨr$^{2}$　jịj$^{2}$
念　作:　我　昔　久　远　于　△　来,

即生救接者想。又作是念:我久远来,

**28.30.3**

[illegible]　[illegible]　[illegible]　[illegible]　[illegible],　[illegible]　[illegible]　[illegible]　[illegible]
ŋwər$^{2}$　gie$^{1}$　ŋo$^{2}$　rjir$^{2}$　dźju$^{2}$　djị$^{2}$　rjijr$^{1}$　tser$^{1}$　djị$^{2}$
愈　难　病　与　遇,　医　良　医　治
[illegible]　[illegible]。　[illegible]　[illegible]　[illegible]　[illegible]　[illegible],　[illegible]　[illegible]
mjijr$^{2}$　mjij$^{1}$　thjɨ$^{2}$　wjɨ$^{2}$　·a　ber$^{2}$　ŋa$^{2}$　djị$^{2}$　rjijr$^{1}$
者　无。　此　刻　△　遇　△,　医　良

遇难愈病,无有良医能疗治者。今忽遇之,起良医

**28.30.4**

[illegible]　[illegible]　[illegible]　[illegible]　[illegible]。　[illegible]　[illegible]　[illegible]　[illegible]:
sjiij$^{2}$　śjwi$^{1}$　ŋa$^{2}$　lew$^{2}$　·jɨ$^{2}$　nioow$^{1}$　thjɨ$^{2}$　lə　wji$^{1}$
想　起　△　应　谓。　又　是　念　作:
[illegible]　[illegible]　[illegible]　[illegible]　[illegible]　[illegible]　[illegible],　[illegible]　[illegible]
ŋa$^{2}$　śji$^{1}$　dju$^{1}$　njij$^{2}$　ɣa$^{2}$　rjɨr$^{2}$　jịj$^{2}$　lẹj$^{2}$　kiẹj$^{2}$
我　昔　久　远　于　△　来,　贪　欲

想。又作是念:我久远来,为贪欲

**28.30.5**

[illegible]　[illegible]　[illegible]　[illegible]　[illegible]　[illegible],　[illegible]　[illegible]　[illegible]
məə$^{1}$　·jij$^{1}$　pju$^{2}$　lu$^{2}$　lew$^{2}$　we$^{2}$　mə$^{1}$　dew$^{2}$　rjir$^{2}$
火　之　燃　烧　应　为,　天　雨　与
[illegible]　[illegible]　[illegible]。　[illegible]　[illegible]　[illegible]　[illegible]　[illegible],　[illegible]
mjij$^{2}$　ber$^{2}$　ŋa$^{2}$　thjɨ$^{2}$　wjɨ$^{2}$　·a　ber$^{2}$　ŋa$^{2}$　thjɨ$^{2}$
未　遇　△。　此　刻　△　遇　△,　是

火之所烧燃,未蒙云雨。今忽遇之,是

**28.30.6**

[illegible]　[illegible]　[illegible]　[illegible]　[illegible]　[illegible]　[illegible]　[illegible]。

| | | | | | | | |
|---|---|---|---|---|---|---|---|
| nioow¹ | mə¹ | dew² | sjiij² | śjwi¹ | ŋa² | lew² | ·jɨ² |
| 故 | 天 | 雨 | 想 | 生 | △ | 应 | 谓。 |

故即起大云雨想。

## 汉文本

善男子，云何菩萨摩诃萨乐法？善男子，菩萨摩诃萨，性自乐法、喜法、润法。若见沙门，若婆罗门，如法人已，随所有物而以奉上。若饮食等，一切施与，乃至合掌，生恭敬心。生恭敬已，从彼闻于未曾闻法。菩萨如是求正法已，如实修行。

菩萨于彼持法法器，生于尊想，生和尚想、阿阇梨想。起如是意：我从昔来，久失导师。今忽遇之，生导师想。

又作是念：我常缚在世间牢狱，无解无救，无推访者。今忽遇之，生推觅想。

又作是念：我久远来，睡于世间，愚痴盲目。忽于今者令我目开，即起觉想，起开示想。

又作是念：我久远来，没深泥中，无拔济者。今忽遇之，生拔济想。

又作是念：我久远来，失于导师，引导众生。今忽遇之，起导师想。

又作是念：我久远来，闭在世间贫苦难处，无救接者。今忽遇之，是故即生救接者想。

又作是念：我久远来，遇难愈病，无有良医能疗治者。今忽遇之，起良医想。

又作是念：我久远来，为贪欲火之所烧燃，未蒙云雨。今忽遇之，是故即起大云雨想。

**28.30.6**

| | | | | | | | | | |
|---|---|---|---|---|---|---|---|---|---|
| [illegible] | [illegible] | [illegible] | [illegible]， | [illegible] | [illegible] | [illegible] | [illegible]， | [illegible] | [illegible] |
| dźiã² | tsjij² | thjɨ² | sju² | thja² | ·jiw¹ | nioow¹ | bju¹ | tsja¹ | dźjij¹ |
| 菩 | 萨 | 是 | 如， | 彼 | 因 | 缘 | 以， | 热 | 寒 |

菩萨如是，为彼因缘，

**28.31.1**

| | | | | | | | | |
|---|---|---|---|---|---|---|---|---|
| [illegible] | [illegible] | [illegible] | [illegible] | [illegible] | [illegible] | [illegible]， | [illegible] | [illegible] |
| njɨ² | rjur¹ | tśjịj¹ | zjị¹ | dạ² | zeew² | njwi² | nioow¹ | rjur¹ |
| 等 | 诸 | 苦 | 恼 | 事 | 忍 | 能， | 及 | 诸 |
| [illegible] | [illegible] | [illegible] | [illegible] | [illegible] | [illegible] | [illegible] | [illegible]， | [illegible] |
| dźiã² | tśhju¹ | dzjwo² | ·jij¹ | zjị¹ | phji¹ | mjijr² | mjij¹ | sjij¹ |
| 情 | 有 | 人 | 之 | 恼 | 令 | 者 | 无， | 蚊 |

忍寒热等诸苦恼事，及诸众生能恼人者，若蚊

**28.31.2**

| | | | | | | | | |
|---|---|---|---|---|---|---|---|---|
| [illegible] | [illegible] | [illegible] | [illegible] | [illegible] | [illegible] | [illegible]， | [illegible] | [illegible] |
| lu | njɨ$^{2}$ | gjii$^{1}$ | tśjị$^{1}$ | zji$^{2}$ | zeew$^{2}$ | njwi$^{2}$ | nioow$^{1}$ | dźjwiw$^{2}$ |
| 虻 | 等 | 咬 | 苦 | 皆 | 忍 | 能， | 又 | 饥 |
| [illegible] | [illegible] | [illegible] | [illegible] | [illegible] | [illegible] | [illegible] | [illegible]。 | [illegible] |
| pạ$^{2}$ | njɨ$^{2}$ | dạ$^{2}$ | tsjɨ$^{1}$ | zji$^{2}$ | zeew$^{2}$ | lhjịj$^{2}$ | njwi$^{2}$ | rejr$^{2}$ |
| 渴 | 等 | 事 | 亦 | 皆 | 忍 | 受 | 能。 | 乐 |

虻等皆能忍之，亦能忍受饥渴等事。

**28.31.3**

| | | | | | | | | |
|---|---|---|---|---|---|---|---|---|
| [illegible] | [illegible] | [illegible] | [illegible]， | [illegible] | [illegible] | [illegible] | [illegible]。 | [illegible] |
| dźiã$^{2}$ | tśhju$^{1}$ | ljij$^{2}$ | zjij$^{1}$ | njiij$^{1}$ | zjij$^{1}$ | mjij$^{1}$ | śjwo$^{1}$ | thja$^{2}$ |
| 情 | 有 | 见 | 时， | 心 | 著 | 不 | 生。 | 彼 |
| [illegible] | [illegible] | [illegible] | [illegible] | [illegible] | [illegible]： | [illegible] | [illegible] | [illegible] |
| dźiã$^{2}$ | tsjij$^{2}$ | thjɨ$^{2}$ | sju$^{2}$ | lə | wji$^{1}$ | ŋa$^{2}$ | rjur$^{1}$ | kha$^{1}$ |
| 菩 | 萨 | 是 | 如 | 念 | 作： | 我 | 世 | 间 |

见乐众生，不生著心。彼菩萨作如是念：我虽得受世间

**28.31.4**

| | | | | | | | | |
|---|---|---|---|---|---|---|---|---|
| [illegible] | [illegible] | [illegible] | [illegible]， | [illegible] | [illegible] | [illegible] | [illegible] | [illegible] |
| bieej$^{1}$ | rejr$^{2}$ | kjɨ$^{1}$ | lhjịj$^{2}$ | tjij$^{1}$ | ·a | gjwi$^{2}$ | zjij$^{1}$ | tsjiir$^{1}$ |
| 快 | 乐 | △ | 受， | 若 | 一 | 句 | 时 | 法 |
| [illegible] | [illegible] | [illegible]， | [illegible] | [illegible] | [illegible] | [illegible] | [illegible]， | [illegible] |
| nji$^{2}$ | ŋa$^{2}$ | zjij$^{1}$ | mji$^{1}$ | zjɨr$^{1}$ | śjɨj$^{1}$ | ·jiw$^{2}$ | ku$^{1}$ | mji$^{1}$ |
| 闻 | △ | 时， | 闻 | 慧 | 成 | 就 | 故， | 闻 |

快乐，若我得闻一句法已，能成闻慧，

**28.31.5**

| | | | | | | | | |
|---|---|---|---|---|---|---|---|---|
| [illegible] | [illegible] | [illegible] | [illegible] | [illegible] | [illegible]。 | [illegible] | [illegible] | [illegible] |
| zjɨr$^{1}$ | sjiij$^{2}$ | śjwi$^{1}$ | ŋa$^{2}$ | lew$^{2}$ | ·jɨ$^{2}$ | dźiã$^{2}$ | tsjij$^{2}$ | thjɨ$^{2}$ |
| 慧 | 想 | 生 | △ | 应 | 谓。 | 菩 | 萨 | 是 |

| | | | | | | | | |
|---|---|---|---|---|---|---|---|---|
| [illegible] | [illegible] | [illegible] | [illegible] | [illegible] | [illegible]， | [illegible] | [illegible] | [illegible] |
| sju$^2$ | dzu$^1$ | tsjiir$^1$ | ·jiw$^1$ | nioow$^1$ | ku$^1$ | zji$^1$ | mjii$^1$ | djọ$^2$ |
| 如 | 乐 | 法 | 因 | 缘 | 故， | 布 | 施 | 修 |

生闻慧想。菩萨以是乐法因缘故，行布施，

**28.31.6**

| | | | | | | | | |
|---|---|---|---|---|---|---|---|---|
| [illegible]， | [illegible] | [illegible] | [illegible] | [illegible]， | [illegible] | [illegible] | [illegible] | [illegible] |
| dźjij$^1$ | sjwɨ$^1$ | zjị$^1$ | mjij$^1$ | śjwo$^1$ | rjɨr$^2$ | njɨ$^2$ | sjwɨ$^1$ | tśjị$^1$ |
| 行， | 忧 | 恼 | 不 | 生， | △ | 至 | 忧 | 苦 |
| [illegible] | [illegible] | [illegible] | [illegible]。 | [illegible] | [illegible] | [illegible] | [illegible]， | [illegible] |
| njɨ$^2$ | dạ$^2$ | mjij$^1$ | dju$^1$ | dźiã$^2$ | tsjij$^2$ | thjɨ$^2$ | sju$^2$ | sjwɨ$^1$ |
| 等 | 事 | 不 | 有。 | 菩 | 萨 | 是 | 如， | 忧 |

不生忧愁，乃至无有忧苦等事。菩萨如是，

**28.32.1**

| | | | | | | | | |
|---|---|---|---|---|---|---|---|---|
| [illegible] | [illegible] | [illegible] | [illegible] | [illegible] | [illegible] | [illegible]， | [illegible] | [illegible] |
| tśjị$^1$ | njɨ$^2$ | dạ$^2$ | ŋowr$^2$ | ŋowr$^2$ | khwa$^1$ | ka$^2$ | thjɨ$^2$ | sju$^2$ |
| 苦 | 等 | 事 | 一 | 切 | 远 | 离， | 是 | 如 |
| [illegible] | [illegible]： | [illegible] | [illegible] | [illegible] | [illegible] | [illegible] | [illegible] | [illegible] |
| njiij$^1$ | śjwo$^1$ | ŋa$^2$ | mjor$^1$ | ljij$^2$ | rjɨr$^2$ | tshjiij$^1$ | ·a | gjwi$^2$ |
| 心 | 起： | 我 | 如 | 来 | △ | 说 | 一 | 句 |

远离一切忧苦等事，起如是心：我为得闻如来所说一句

**28.32.2**

| | | | | | | | | |
|---|---|---|---|---|---|---|---|---|
| [illegible]， | [illegible] | [illegible] | [illegible] | [illegible]， | [illegible] | [illegible] | [illegible] | [illegible] |
| zjij$^1$ | tsjiir$^1$ | mji$^1$ | gjii$^2$ | nioow$^1$ | rjɨr$^2$ | njɨ$^2$ | ·a | phji$^2$ |
| 时， | 法 | 闻 | 求 | 故， | △ | 至 | 阿 | 鼻 |
| [illegible] | [illegible] | [illegible] | [illegible] | [illegible]。 | [illegible] | [illegible] | [illegible] | [illegible]， |
| dji$^1$ | ·jij$^2$ | ·u$^2$ | ·a | lju$^2$ | zjọ$^2$ | tsew$^2$ | ·a | kja$^2$ |
| 地 | 狱 | 内 | △ | 投。 | 寿 | 命 | 一 | 劫， |

法故，乃至入于阿鼻地狱。寿命一劫，

**28.32.3**

| | | | | | | | | |
|---|---|---|---|---|---|---|---|---|
| [illegible] | [illegible] | [illegible] | [illegible] | [illegible]① | [illegible]， | [illegible] | [illegible] | [illegible]② |
| tjij$^{1}$ | ·jir$^{2}$ | tụ$^{1}$ | kja$^{2}$ | wjij$^{2}$ | zar$^{2}$ | tsjɨ$^{1}$ | dwər$^{1}$ | ·jar$^{2}$ |
| 若 | 百 | 千 | 劫 | △ | 经， | 亦 | 厌 | 倦 |
| [illegible] | [illegible]。 | [illegible] | [illegible] | [illegible] | [illegible]， | [illegible] | [illegible] | [illegible] |
| mjij$^{1}$ | dju$^{1}$ | dwər$^{1}$ | ·jar$^{2}$ | mjij$^{1}$ | ku$^{1}$ | ŋowr$^{2}$ | ŋowr$^{2}$ | mə$^{2}$ |
| 不 | 有。 | 厌 | 倦 | 无 | 故， | 一 | 切 | 种 |

若百千劫，无疲倦。无疲倦已，然修行一切种智。

**28.32.4**

| | | | | | | | | |
|---|---|---|---|---|---|---|---|---|
| [illegible] | [illegible] | [illegible] | [illegible]。 | [illegible] | [illegible] | [illegible] | [illegible] | [illegible] |
| tsjiir$^{1}$ | djọ$^{2}$ | dźjij$^{1}$ | ŋa$^{2}$ | tjij$^{1}$ | tha$^{1}$ | tśhja$^{2}$ | tsjiir$^{1}$ | mjij$^{2}$ |
| 法 | 修 | 行 | △。 | 若 | 佛 | 正 | 法 | 未 |
| [illegible] | [illegible] | [illegible]， | [illegible] | [illegible] | [illegible] | [illegible] | [illegible]。 | [illegible] |
| rjir$^{2}$ | mjijr$^{2}$ | tja$^{1}$ | zji$^{2}$ | rjir$^{2}$ | phjo$^{2}$ | ŋa$^{2}$ | ·jɨ$^{2}$ | neew$^{2}$ |
| 得 | 者 | 者， | 皆 | 得 | 令 | △ | 谓。 | 善 |

若有未得佛正法者，能令得之。善

**28.32.5**

| | | | | | | | | |
|---|---|---|---|---|---|---|---|---|
| [illegible] | [illegible]， | [illegible] | [illegible] | [illegible] | [illegible] | [illegible]， | [illegible] | [illegible] |
| goor$^{1}$ | gji$^{2}$ | po$^{1}$ | tsa$^{1}$ | ma$^{2}$ | ŋạ$^{2}$ | tsa$^{1}$ | thjɨ$^{2}$ | sju$^{2}$ |
| 男 | 子， | 菩 | 萨 | 摩 | 诃 | 萨， | 是 | 如 |
| [illegible] | [illegible]， | [illegible] | [illegible] | [illegible] | [illegible] | [illegible] | [illegible] | [illegible] |
| dzu$^{1}$ | tsjiir$^{1}$ | ku$^{1}$ | tśhjwo$^{1}$ | dźiã$^{2}$ | tsjij$^{2}$ | ·jij$^{1}$ | dzu$^{1}$ | tsjiir$^{1}$ |
| 乐 | 法， | 则 | 故 | 菩 | 萨 | 之 | 乐 | 法 |

男子，菩萨摩诃萨，如是乐法，名为菩萨乐法。

**28.32.6**

| | | | | | | | | |
|---|---|---|---|---|---|---|---|---|
| [illegible]。 | [illegible] | [illegible]， | [illegible] | [illegible] | [illegible] | [illegible] | [illegible] | [illegible] |

① [illegible]，为动词希求式前缀。

② 原文误作“[illegible]”，与“[illegible]”形近而讹。

ŋwu$^{2}$ tśhjɨ$^{1}$ zjọ$^{2}$ rjur$^{1}$ pjụ$^{1}$ thjɨ$^{2}$ wo$^{2}$ dźju$^{1}$ sjwij$^{1}$
是。 尔 时， 世 尊 此 义 显 明
[illegible]， [illegible]① [illegible] [illegible] [illegible]：
kięj$^{2}$ ljaa$^{1}$ dạ$^{2}$ rjɨr$^{2}$ tshjiij$^{1}$
欲， 偈 言 △ 说：

尔时，世尊为显此义，偈重说言：

28.33.1

[illegible] [illegible] [illegible] [illegible] [illegible]， [illegible] [illegible] [illegible] [illegible]
ljij$^{2}$ sjij$^{2}$ tsjiir$^{1}$ kjụ$^{1}$ mjijr$^{2}$ rjur$^{1}$ dźiã$^{2}$ tsjij$^{2}$ njɨ$^{2}$
大 智 法 求 者， 诸 菩 萨 等
[illegible]。 [illegible] [illegible] [illegible] [illegible] [illegible]，
ŋwu$^{2}$ thja$^{2}$ dzjwį$^{1}$ rejr$^{2}$ njiij$^{1}$ ljɨ$^{1}$
是。 彼 恭 敬 心 以，

大智求法者，所谓诸菩萨。求法无厌足，

28.33.2

[illegible] [illegible] [illegible] [illegible] [illegible]。 [illegible] [illegible] [illegible] [illegible]
tsjiir$^{1}$ kjụ$^{1}$ dwər$^{1}$ lhə mjij$^{1}$ tśhja$^{2}$ tsjiir$^{1}$ ɣa$^{2}$ kjụ$^{1}$
法 求 厌 足 无。 正 法 于 求
[illegible]， [illegible] [illegible] [illegible] [illegible] [illegible]。
tja$^{1}$ tśhjwo$^{1}$ dźiã$^{2}$ tsjij$^{2}$ ·jij$^{1}$ ŋwu$^{2}$
者， 故 菩 萨 相 是。

以恭敬心故。当求于正法，是名菩萨相。

28.33.3

[illegible] [illegible] [illegible] [illegible] [illegible]， [illegible] [illegible] [illegible] [illegible]
mji$^{1}$ nioow$^{1}$ ·ju$^{2}$ lə ·jiij$^{1}$ nioow$^{1}$ tsjiir$^{1}$ bju$^{1}$ djọ$^{2}$
闻 已 常 忆 持， 复 法 如 修
[illegible]。

① “[illegible][illegible]”误倒，据乙正符号校正。

dźjịj$^1$

行。

闻已常忆持,复如法修行。

## 汉文本

菩萨如是,为彼因缘,忍寒热等诸苦恼事,及诸众生能恼人者,若蚊虻等皆能忍之,亦能忍受饥渴等事。见乐众生,不生著心。彼菩萨作如是念:我虽得受世间快乐,若我得闻一句法已,能成闻慧,生闻慧想。菩萨以是乐法因缘故,行布施,不生忧愁,乃至无有忧苦等事。菩萨如是,远离一切忧苦等事,起如是心:我为得闻如来所说一句法故,乃至入于阿鼻地狱。寿命一劫,若百千劫,无疲倦。无疲倦已,然修行一切种智。若有未得佛正法者,能令得之。善男子,菩萨摩诃萨,如是乐法,名为菩萨乐法。

尔时,世尊为显此义,偈重说言:

大智求法者,所谓诸菩萨。

求法无厌足,以恭敬心故。

当求于正法,是名菩萨相。

闻已常忆持,复如法修行。

**28.33.4**

| | | | | | | | | |
|---|---|---|---|---|---|---|---|---|
| [illegible] | [illegible] | [illegible], | [illegible] | [illegible] | [illegible] | [illegible] | [illegible] | [illegible] |
| neew$^2$ | goor$^1$ | gji$^2$ | po$^1$ | tsa$^1$ | ma$^2$ | ŋạ$^2$ | tsa$^1$ | ·jij$^1$ |
| 善 | 男 | 子, | 菩 | 萨 | 摩 | 诃 | 萨 | 之 |
| [illegible] | [illegible] | [illegible] | [illegible] | [illegible], | [illegible] | [illegible] | [illegible]? | [illegible] |
| tśhja$^2$ | tsjiir$^1$ | dźjɨ | bioo$^1$ | tja$^1$ | ljị$^1$ | kjɨ$^1$ | ŋwu$^2$ | neew$^2$ |
| 正 | 法 | 行 | 观 | 者, | 何 | △ | 是? | 善 |

善男子,云何菩萨摩诃萨观正法行?善

**28.33.5**

| | | | | | | | | |
|---|---|---|---|---|---|---|---|---|
| [illegible] | [illegible], | [illegible] | [illegible] | [illegible] | [illegible] | [illegible] | [illegible] | [illegible] |
| goor$^1$ | gji$^2$ | po$^1$ | tsa$^1$ | ma$^2$ | ŋạ$^2$ | tsa$^1$ | thjɨ$^2$ | sju$^2$ |
| 男 | 子, | 菩 | 萨 | 摩 | 诃 | 萨 | 是 | 如 |
| [illegible] | [illegible]: | [illegible] | [illegible] | [illegible] | [illegible] | [illegible], | [illegible] | [illegible] |
| bioo$^1$ | thjuu$^1$ | tsjiir$^1$ | ŋowr$^2$ | ŋowr$^2$ | ·wjɨ$^1$ | sju$^2$ | ·ju$^2$ | mur$^1$ |
| 观 | 察: | 法 | 一 | 切 | 幻 | 如, | 夫 | 凡 |

男子,菩萨摩诃萨作如是观:一切法如幻,诳凡夫故。

**28.33.6**

| | | | | | | | | |
|---|---|---|---|---|---|---|---|---|
| [illegible] | [illegible] | [illegible]。 | [illegible] | [illegible] | [illegible] | [illegible]， | [illegible] | [illegible] |
| ·jij$^{1}$ | dju$^{1}$ | ljɨ$^{1}$ | wẹ$^{1}$ | lə$^{2}$ | njiij$^{1}$ | ɣja$^{2}$ | tśhja$^{2}$ | zjɨr$^{1}$ |
| 之 | 诳 | 也。 | 愚 | 痴 | 心 | 覆， | 正 | 慧 |
| [illegible] | [illegible]。 | [illegible] | [illegible] | [illegible] | [illegible] | [illegible] | [illegible] | [illegible]， |
| mjij$^{1}$ | ljɨ$^{1}$ | tsjiir$^{1}$ | ŋowr$^{2}$ | ŋowr$^{2}$ | tshọ$^{2}$ | lạ$^{1}$ | mjiij$^{1}$ | sju$^{2}$ |
| 无 | 也。 | 法 | 一 | 切 | 虚 | 妄 | 梦 | 如， |

愚痴覆心，无正慧故。一切法虚妄如梦，

**28.34.1**

| | | | | | | | | |
|---|---|---|---|---|---|---|---|---|
| [illegible] | [illegible] | [illegible] | [illegible]。 | [illegible] | [illegible] | [illegible] | [illegible] | [illegible] |
| lew$^{1}$ | lə | nioow$^{1}$ | ljɨ$^{1}$ | tsjiir$^{1}$ | ŋowr$^{2}$ | ŋowr$^{2}$ | zjɨɨr$^{2}$ | kha$^{1}$ |
| 唯 | 念 | 故 | 也。 | 法 | 一 | 切 | 水 | 中 |
| [illegible] | [illegible]， | [illegible] | [illegible] | [illegible] | [illegible]。 | [illegible] | [illegible] | [illegible] |
| lhjịj$^{2}$ | sju$^{2}$ | dạ$^{2}$ | mjij$^{1}$ | dju$^{1}$ | ljɨ$^{1}$ | tsjiir$^{1}$ | ŋowr$^{2}$ | ŋowr$^{2}$ |
| 月 | 如， | 事 | 不 | 有 | 也。 | 法 | 一 | 切 |

以唯念故。一切法如水中月，非有事故。一切法

**28.34.2**

| | | | | | | | | |
|---|---|---|---|---|---|---|---|---|
| [illegible] | [illegible] | [illegible] | [illegible]， | [illegible] | [illegible] | [illegible] | [illegible]。 | [illegible] |
| tjɨj$^{1}$ | gu$^{2}$ | swu$^{2}$ | sju$^{2}$ | dźiā$^{2}$ | tśhju$^{1}$ | mjij$^{1}$ | ljɨ$^{1}$ | tsjiir$^{1}$ |
| 镜 | 中 | 像 | 如， | 情 | 有 | 无 | 也。 | 法 |
| [illegible] | [illegible] | [illegible] | [illegible]， | [illegible] | [illegible] | [illegible] | [illegible] | [illegible]。 |
| ŋowr$^{2}$ | ŋowr$^{2}$ | dźiwe$^{1}$ | sju$^{2}$ | ŋa$^{1}$ | ɣiẹ$^{2}$ | bju$^{1}$ | śjwo$^{1}$ | ljɨ$^{1}$ |
| 一 | 切 | 响 | 如， | 空 | 声 | 如 | 生 | 也。 |

如镜中像，无众生故。一切法如响，空声生故。

**28.34.3**

| | | | | | | | | |
|---|---|---|---|---|---|---|---|---|
| [illegible] | [illegible] | [illegible] | [illegible] | [illegible]， | [illegible] | [illegible] | [illegible] | [illegible] |
| tsjiir$^{1}$ | ŋowr$^{2}$ | ŋowr$^{2}$ | wee$^{1}$ | dzjar$^{2}$ | ·jiw$^{1}$ | nioow$^{1}$ | bju$^{1}$ | śjɨj$^{1}$ |
| 法 | 一 | 切 | 生 | 灭， | 因 | 缘 | 以 | 成 |

| | | | | | | | | |
|---|---|---|---|---|---|---|---|---|
| [illegible]。 | [illegible] | [illegible] | [illegible] | [illegible] | [illegible]， | [illegible] | [illegible] | [illegible] |
| lji¹ | tsjiir¹ | ŋowr² | ŋowr² | mjij¹ | wee¹ | mjor¹ | ɣiej¹ | tsjiir² |
| 也。 | 法 | 一 | 切 | 不 | 生， | 实 | 真 | 性 |

一切法生灭，因缘成故。一切法不生，真如性故。

**28.34.4**

| | | | | | | | | |
|---|---|---|---|---|---|---|---|---|
| [illegible]。 | [illegible] | [illegible] | [illegible] | [illegible] | [illegible]， | [illegible] | [illegible] | [illegible] |
| lji¹ | tsjiir¹ | ŋowr² | ŋowr² | mjij¹ | dzjar² | wee¹ | mjij¹ | nioow¹ |
| 也。 | 法 | 一 | 切 | 不 | 灭， | 生 | 无 | 故 |
| [illegible]。 | [illegible] | [illegible] | [illegible] | [illegible] | [illegible]， | [illegible] | [illegible] | [illegible] |
| lji¹ | tsjiir¹ | ŋowr² | ŋowr² | wji¹ | mjij¹ | wji¹ | mjijr² | mjij¹ |
| 也。 | 法 | 一 | 切 | 作 | 无， | 作 | 者 | 无 |

一切法不灭，以无生故。一切法无作，以无作者故。

**28.34.5**

| | | | | | | | | |
|---|---|---|---|---|---|---|---|---|
| [illegible]。 | [illegible] | [illegible] | [illegible] | [illegible] | [illegible] | [illegible]， | [illegible] | [illegible] |
| lji¹ | tsjiir¹ | ŋowr² | ŋowr² | tshọ² | ŋa¹ | sju² | laa¹ | mjij¹ |
| 也。 | 法 | 一 | 切 | 虚 | 空 | 如， | 染 | 无 |
| [illegible] | [illegible]。 | [illegible] | [illegible] | [illegible] | [illegible] | [illegible]， | [illegible] | [illegible] |
| nioow¹ | lji¹ | tsjiir¹ | ŋowr² | ŋowr² | mjij¹ | sej¹ | kwər¹ | tsjiir² |
| 故 | 也。 | 法 | 一 | 切 | 寂 | 静， | 体 | 性 |

一切法如虚空，以无染故。一切法寂静，体性

**28.34.6**

| | | | | | | | | |
|---|---|---|---|---|---|---|---|---|
| [illegible] | [illegible] | [illegible]。 | [illegible] | [illegible] | [illegible] | [illegible] | [illegible]， | [illegible] |
| laa¹ | mjij¹ | lji¹ | tsjiir¹ | ŋowr² | ŋowr² | ror² | ka² | ror² |
| 染 | 无 | 也。 | 法 | 一 | 切 | 垢 | 离， | 垢 |
| [illegible]① | [illegible] | [illegible] | [illegible]。 | [illegible] | [illegible] | [illegible] | [illegible] | [illegible]， |
| mjij¹ | ŋowr² | ka² | lji¹ | tsjiir¹ | ŋowr² | ŋowr² | tśjo | dzjar² |
| 无 | 一 | 离 | 也。 | 法 | 一 | 切 | 永 | 灭， |

① 根据汉文本文义，此字当为“[illegible]”。

无染故。一切法离垢，离一切垢故。一切法永灭，

**28.35.1**

| | | | | | | | | |
|---|---|---|---|---|---|---|---|---|
| [illegible] | [illegible] | [illegible] | [illegible] | [illegible] | [illegible]。 | [illegible] | [illegible] | [illegible] |
| mər$^2$ | zjị$^1$ | njɨɨ$^2$ | dzjar$^2$ | nioow$^1$ | ljɨ$^1$ | tsjiir$^1$ | ŋowr$^2$ | ŋowr$^2$ |
| 本 | 烦 | 恼 | 灭 | 故 | 也。 | 法 | 一 | 切 |
| [illegible] | [illegible]， | [illegible] | [illegible] | [illegible] | [illegible]。 | [illegible] | [illegible] | [illegible] |
| tsə̣$^1$ | mjij$^1$ | ljij$^2$ | tjị$^2$ | mjij$^1$ | ljɨ$^1$ | tsjiir$^1$ | ŋowr$^2$ | ŋowr$^2$ |
| 色 | 无， | 见 | 可 | 不 | 也。 | 法 | 一 | 切 |

以本灭烦恼故。一切法无色，不可见故。一切法

**28.35.2**

| | | | | | | | | |
|---|---|---|---|---|---|---|---|---|
| [illegible] | [illegible] | [illegible] | [illegible] | [illegible]， | [illegible] | [illegible] | [illegible] | [illegible]。 |
| njiij$^1$ | phji$^1$ | phji$^1$ | sjij$^2$ | ka$^2$ | ljụ$^2$ | mjij$^1$ | nioow$^1$ | ljɨ$^1$ |
| 心 | 意 | 意 | 识 | 离， | 身 | 无 | 故 | 也。 |
| [illegible] | [illegible] | [illegible] | [illegible] | [illegible]， | [illegible] | [illegible] | [illegible] | [illegible] |
| tsjiir$^1$ | ŋowr$^2$ | ŋowr$^2$ | dźjiij$^1$ | mjij$^1$ | ·a | lji$^1$ | ·ja$^2$ | ŋowr$^2$ |
| 法 | 一 | 切 | 住 | 无， | 阿 | 梨 | 耶 | 一 |

离心意意识，以无身故。一切法无住，灭一切阿梨耶故。

**28.35.3**

| | | | | | | | | |
|---|---|---|---|---|---|---|---|---|
| [illegible] | [illegible] | [illegible]。 | [illegible] | [illegible] | [illegible] | [illegible] | [illegible]， | [illegible]① |
| ŋowr$^2$ | dzjar$^2$ | ljɨ$^1$ | tsjiir$^1$ | ŋowr$^2$ | ŋowr$^2$ | kjụ$^1$ | mjij$^1$ | tśhju$^2$ |
| 切 | 灭 | 也。 | 法 | 一 | 切 | 求 | 无， | 此 |
| [illegible] | [illegible] | [illegible] | [illegible] | [illegible]。 | [illegible] | [illegible] | [illegible] | [illegible] |
| thja$^2$ | njij$^1$ | dzu$^1$ | ka$^2$ | ljɨ$^1$ | tsjiir$^1$ | ŋowr$^2$ | ŋowr$^2$ | zjịj$^1$ |
| 彼 | 亲 | 爱 | 离 | 也。 | 法 | 一 | 切 | 著 |

一切法无求，离此彼亲爱故。一切法无著，

**28.35.4**

| | | | | | | | | |
|---|---|---|---|---|---|---|---|---|
| [illegible]， | [illegible] | [illegible] | [illegible] | [illegible] | [illegible] | [illegible] | [illegible] | [illegible]。 |

① 原文为“[illegible]”，文义不通，据汉文本，此处当作“[illegible]”。

mjij¹ zji̩¹ njɨɨ² mjɨɨ² rjur¹ ŋowr² ŋowr² ka² ljɨ¹

无, 烦 恼 境 界 一 切 离 也。

[illegible] [illegible] [illegible] [illegible] [illegible], [illegible] [illegible] [illegible] [illegible]

tsjiir¹ ŋowr² ŋowr² phio² sju² tśier¹ ·ju² thjoo¹ tsjiir¹

法 一 切 蛇 如, 方 便 妙 法

离一切烦恼境界故。一切法如蛇,以无方便咒术

**28.35.5**

[illegible] [illegible] [illegible] [illegible]。 [illegible] [illegible] [illegible] [illegible] [illegible]

ɣie¹ mjij¹ nioow¹ ljɨ¹ tsjiir¹ ŋowr² ŋowr² mja¹ lhjṳ²

力 无 故 也。 法 一 切 芭 蕉

[illegible], [illegible] [illegible] [illegible] [illegible]。 [illegible] [illegible] [illegible] [illegible]

sju² mjij¹ zjɨr¹ nioow¹ ljɨ¹ tsjiir¹ ŋowr² ŋowr² zjɨɨr²

如, 不 实 故 也。 法 一 切 水

力故。一切法如芭蕉,以不实故。一切法如水

**28.35.6**

[illegible] [illegible], [illegible] [illegible] [illegible] [illegible]。 [illegible] [illegible] [illegible],

tśhiə¹ sju² tsjiir² ɣię² mjij¹ ljɨ¹ neew² goor¹ gji²

沫 如, 性 碍 无 也。 善 男 子,

[illegible] [illegible] [illegible] [illegible] [illegible] [illegible] [illegible] [illegible] [illegible]

po¹ tsa¹ ma² ŋạ² tsa¹ thjɨ² sju² tśhja² tsjiir¹

菩 萨 摩 诃 萨 是 如 正 法

沫,性无力故。善男子,菩萨摩诃萨如是观正法

**28.36.1**

[illegible] [illegible], [illegible] [illegible] [illegible] [illegible] [illegible] [illegible] [illegible]

dźjɨ bioo¹ ku¹ tśhjwo¹ dźiã² tsjij² ·jij¹ tśhja² tsjiir¹

行 观, 则 故 菩 萨 之 正 法

[illegible] [illegible] [illegible]。 [illegible] [illegible], [illegible] [illegible] [illegible] [illegible]

dźjɨ bioo¹ ŋwu² tśhjɨ¹ zjọ² rjur¹ pjụ¹ thjɨ² wo²

行 观 是。 尔 时, 世 尊 此 义

行，名为菩萨观正法行。尔时，世尊为显此义，

**28.36.2**

[illegible] [illegible] [illegible]， [illegible] [illegible] [illegible] [illegible]：

dźju¹ sjwij¹ kię j² ljaa¹ dạ² rjɨr² tshjiij¹

显 明 欲， 偈 言 △ 说：

偈重说言：

**28.36.3**

[illegible] [illegible] [illegible] [illegible] [illegible]， [illegible] [illegible] [illegible] [illegible]。

tsjiir¹ ŋowr² ŋowr² ·wjɨ¹ sju² dźiā² tśhju¹ ·jij¹ ɣja²

法 一 切 幻 如， 情 有 之 覆。

[illegible] [illegible] [illegible] [illegible] [illegible]，

tshọ² lạ¹ mjiij¹ wjɨ² sju²

虚 妄 梦 △ 如，

一切法如幻，覆众生心故。虚妄犹如梦，

**28.36.4**

[illegible] [illegible] [illegible] [illegible] [illegible]。 [illegible] [illegible] [illegible] [illegible]

thjɨ² sju² ɣiwej¹ ·jiij¹ lew²。 rjur¹ tsjiir¹ zjɨɨr² lhjij²

是 如 受 持 应。 诸 法 水 月

[illegible]， [illegible] [illegible] [illegible] [illegible] [illegible]。

sju² rər² swu² nioow¹ śjwo¹ ljɨ¹

如， 影 像 故 起 也。

应如是受持。诸法如水月，以影像起故。

**28.36.5**

[illegible] [illegible] [illegible] [illegible] [illegible]， [illegible] [illegible] [illegible] [illegible]

rjur¹ tsjiir¹ tjɨj¹ swu² sju² sjij² thjij² sjo² mjij¹

诸 法 镜 像 如， 智 何 云 不

[illegible]。

rjir¹

得。

诸法如镜像,智何不觉知。

## 汉文本

善男子,云何菩萨摩诃萨观正法行?善男子,菩萨摩诃萨作如是观:一切法如幻,诳凡夫故。愚痴覆心,无正慧故。一切法虚妄如梦,以唯念故。一切法如水中月,非有事故。一切法如镜中像,无众生故。一切法如响,空声生故。一切法生灭,因缘成故。一切法不生,真如性故。一切法不灭,以无生故。一切法无作,以无作者故。一切法如虚空,以无染故。一切法寂静,体性无染故。一切法离垢,离一切垢故。一切法永灭,以本灭烦恼故。一切法无色,不可见故。一切法离心意意识,以无身故。一切法无住,灭一切阿梨耶故。一切法无求,离此彼亲爱故。一切法无著,离一切烦恼境界故。一切法如蛇,以无方便咒术力故。一切法如芭蕉,以不实故。一切法如水沫,性无力故。善男子,菩萨摩诃萨如是观正法行,名为菩萨观正法行。

尔时,世尊为显此义,偈重说言:

一切法如幻,覆众生心故。

虚妄犹如梦,应如是受持。

诸法如水月,以影像起故。

诸法如镜像,智何不觉知。

**28.36.6**

| | | | | | | | | |
|---|---|---|---|---|---|---|---|---|
| [illegible] | [illegible] | [illegible], | [illegible] | [illegible] | [illegible] | [illegible] | [illegible] | [illegible] |
| neew$^{2}$ | goor$^{1}$ | gji$^{2}$ | po$^{1}$ | tsa$^{1}$ | ma$^{2}$ | ŋạ$^{2}$ | tsa$^{1}$ | ·jij$^{1}$ |
| 善 | 男 | 子, | 菩 | 萨 | 摩 | 诃 | 萨 | 之 |
| [illegible] | [illegible] | [illegible] | [illegible] | [illegible] | [illegible], | [illegible] | [illegible] | [illegible]? |
| tsjiir$^{1}$ | bioo$^{1}$ | tsjiir$^{1}$ | śjij$^{1}$ | wji$^{1}$ | tja$^{1}$ | ljɨ̣$^{1}$ | kjɨ$^{1}$ | ŋwu$^{2}$ |
| 法 | 观 | 法 | 顺 | 作 | 者, | 何 | △ | 是? |

善男子,云何菩萨摩诃萨观法顺法?

**28.37.1**

| | | | | | | | | |
|---|---|---|---|---|---|---|---|---|
| [illegible] | [illegible] | [illegible], | [illegible] | [illegible] | [illegible] | [illegible] | [illegible], | [illegible] |
| neew$^{2}$ | goor$^{1}$ | gji$^{2}$ | po$^{1}$ | tsa$^{1}$ | ma$^{2}$ | ŋạ$^{2}$ | tsa$^{1}$ | tsə̣$^{1}$ |
| 善 | 男 | 子, | 菩 | 萨 | 摩 | 诃 | 萨, | 色 |
| [illegible] | [illegible] | [illegible], | [illegible] | [illegible] | [illegible] | [illegible] | [illegible] | [illegible] |
| mjij$^{1}$ | ·ju$^{2}$ | bioo$^{1}$ | tsə̣$^{1}$ | dzjar$^{2}$ | ljɨ̣$^{1}$ | tsjiir$^{1}$ | rjur$^{1}$ | ljạ$^{1}$ |

| | | | | | | | | |
|---|---|---|---|---|---|---|---|---|
| 无 | 常 | 观， | 色 | 灭 | 以 | 法 | 界 | 证 |

善男子，菩萨摩诃萨，观色无常，而不以灭色故，证于法界。

**28.37.2**

| | | | | | | | | |
|---|---|---|---|---|---|---|---|---|
| [illegible] | [illegible]。 | [illegible] | [illegible] | [illegible] | [illegible]， | [illegible] | [illegible] | [illegible] |
| ljɨ$^{1}$ | njaa$^{2}$ | zjɨr$^{1}$ | bju$^{1}$ | sjij$^{2}$ | ljɨ$^{1}$ | thja$^{2}$ | tsjiir$^{1}$ | rjur$^{1}$ |
| 却 | 不。 | 实 | 如 | 智 | 以， | 彼 | 法 | 界 |
| [illegible]， | [illegible] | [illegible] | [illegible] | [illegible]， | [illegible] | [illegible] | [illegible] | [illegible]。 |
| kha$^{1}$ | dju$^{1}$ | dju$^{1}$ | rjur$^{1}$ | tsjiir$^{1}$ | zjɨr$^{1}$ | bju$^{1}$ | nwə$^{1}$ | dwewr$^{2}$ |
| 中， | 有 | 有 | 诸 | 法， | 实 | 如 | 知 | 觉。 |

以如实智，于法界中，所有诸法，如实觉知。

**28.37.3**

| | | | | | | | | |
|---|---|---|---|---|---|---|---|---|
| [illegible] | [illegible] | [illegible] | [illegible] | [illegible]， | [illegible] | [illegible] | [illegible] | [illegible]， |
| rjur$^{1}$ | tsjiir$^{1}$ | ·jij$^{1}$ | nwə$^{1}$ | nioow$^{1}$ | thja$^{2}$ | tsjiir$^{1}$ | rjur$^{1}$ | kha$^{1}$ |
| 诸 | 法 | 相 | 知 | 已， | 彼 | 法 | 界 | 中， |
| [illegible] | [illegible] | [illegible] | [illegible]， | [illegible] | [illegible] | [illegible] | [illegible]， | [illegible] |
| dju$^{1}$ | dju$^{1}$ | rjur$^{1}$ | ·jij$^{1}$ | la$^{1}$ | njwi$^{2}$ | djọ$^{2}$ | njwi$^{2}$ | rjɨr$^{2}$ |
| 有 | 有 | 诸 | 相， | 记 | 善 | 修 | 善， | △ |

诸法相已，善记善修，彼法界中，所有诸相，

**28.37.4**

| | | | | | | | | |
|---|---|---|---|---|---|---|---|---|
| [illegible] | [illegible] | [illegible]， | [illegible] | [illegible] | [illegible] | [illegible] | [illegible]， | [illegible] |
| tshjiij$^{1}$ | tshjiij$^{1}$ | rjɨr$^{2}$ | djọ$^{2}$ | djọ$^{2}$ | kjɨ$^{1}$ | la$^{1}$ | ɣiwej$^{1}$ | thja$^{2}$ |
| 说 | 说 | △， | 修 | 修 | △ | 记 | 授， | 彼 |
| [illegible] | [illegible] | [illegible]， | [illegible] | [illegible] | [illegible] | [illegible] | [illegible]。 | [illegible] |
| śjij$^{1}$ | thjɨ$^{2}$ | sju$^{2}$ | tsjiir$^{1}$ | rjur$^{1}$ | dźjɨ | kha$^{1}$ | lji$^{1}$ | thjɨ$^{2}$ |
| 顺 | 是 | 如， | 法 | 诸 | 行 | 中 | 入。 | 是 |

有所说者，修者记者，自然如是，入法界行。

**28.37.5**

| | | | | | | | | |
|---|---|---|---|---|---|---|---|---|
| [illegible] | [illegible] | [illegible] | [illegible] | [illegible] | [illegible] | [illegible]。 | [illegible] | [illegible] |

| | | | | | | | | |
|---|---|---|---|---|---|---|---|---|
| sju$^2$ | rjɨr$^2$ | njɨ$^2$ | lhjịj$^2$ | sjiij$^2$ | dźjɨ | sjij$^2$ | zjɨr$^1$ | bju$^1$ |
| 如 | △ | 至 | 受 | 想 | 行 | 识。 | 实 | 如 |
| [illegible] | [illegible] | [illegible]， | [illegible] | [illegible] | [illegible] | [illegible]， | [illegible] | [illegible] |
| bioo$^1$ | bju$^1$ | ljɨ$^1$ | tśhja$^2$ | bioo$^1$ | thjuu$^1$ | nioow$^1$ | sjij$^2$ | mjij$^1$ |
| 观 | 以 | 以， | 正 | 观 | 察 | 已， | 识 | 不 |

如是乃至受想行识。以如实观，正观察已，而不灭识，

**28.37.6**

| | | | | | | | | |
|---|---|---|---|---|---|---|---|---|
| [illegible]， | [illegible] | [illegible] | [illegible] | [illegible]， | [illegible] | [illegible] | [illegible] | [illegible]。 |
| dzjar$^2$ | mjij$^1$ | sjij$^2$ | dwər$^1$ | ka$^2$ | tsjiir$^1$ | rjur$^1$ | ljạ$^1$ | ·o$^2$ |
| 灭， | 不 | 识 | 厌 | 离， | 法 | 界 | 证 | 入。 |
| [illegible] | [illegible] | [illegible] | [illegible] | [illegible]， | [illegible] | [illegible] | [illegible] | [illegible]， |
| zjɨr$^1$ | ɣiej$^1$ | sjịj$^2$ | zjɨr$^1$ | ljɨ$^1$ | thja$^2$ | tsjiir$^1$ | rjur$^1$ | kha$^1$ |
| 实 | 真 | 智 | 慧 | 以， | 彼 | 法 | 界 | 中， |

不厌离识，证入法界。所有法界，一切诸法，以实智慧，

**28.38.1**

| | | | | | | | | |
|---|---|---|---|---|---|---|---|---|
| [illegible] | [illegible] | [illegible] | [illegible]， | [illegible] | [illegible] | [illegible] | [illegible]。 | [illegible] |
| rjur$^1$ | tsjiir$^1$ | ŋowr$^2$ | ŋowr$^2$ | zjɨr$^1$ | bju$^1$ | ljạ$^1$ | nwə$^1$ | thja$^2$ |
| 诸 | 法 | 一 | 切， | 实 | 如 | 证 | 知。 | 彼 |
| [illegible] | [illegible] | [illegible]， | [illegible] | [illegible] | [illegible] | [illegible]， | [illegible] | [illegible]， |
| rjur$^1$ | tsjiir$^1$ | kha$^1$ | rjur$^1$ | mjiij$^2$ | dji$^2$ | dju$^1$ | tshjiij$^1$ | njwi$^2$ |
| 诸 | 法 | 中， | 诸 | 名 | 字 | 有， | 说 | 善， |

如实证知。彼诸法中，有诸名字，善说，

**28.38.2**

| | | | | | | | | |
|---|---|---|---|---|---|---|---|---|
| [illegible] | [illegible]， | [illegible] | [illegible]， | [illegible] | [illegible]。 | [illegible] | [illegible] | [illegible] |
| djọ$^2$ | njwi$^2$ | la$^1$ | njwi$^2$ | nwə$^1$ | njwi$^2$ | djọ$^2$ | njwi$^2$ | la$^1$ |
| 修 | 善， | 记 | 善， | 知 | 善。 | 修 | 善 | 记 |
| [illegible] | [illegible]， | [illegible] | [illegible] | [illegible] | [illegible] | [illegible]， | [illegible] | [illegible] |
| njwi$^2$ | nioow$^1$ | thja$^2$ | śjij$^1$ | thjɨ$^2$ | sju$^2$ | tsjiir$^1$ | rjur$^1$ | dźjɨ |
| 善 | 故， | 彼 | 顺 | 是 | 如 | 法， | 诸 | 行 |

善知，善修，善记。以善知故①，以善修故，以善记故，自然如是，入法界行。

**28.38.3**

| | | | | | | | | |
|---|---|---|---|---|---|---|---|---|
| □ | □。 | □ | □ | □ | □， | □、 | □ | □ |
| kha$^{1}$ | lji̱$^{1}$ | mjij$^{1}$ | ·ju$^{2}$ | nwə$^{1}$ | sju$^{2}$ | tśji̱$^{1}$ | ŋa$^{2}$ | mjij$^{1}$ |
| 中 | 入。 | 无 | 常 | 知 | 如， | 苦、 | 我 | 无 |
| □ | □ | □， | □ | □ | □ | □ | □。 | □ |
| mjij$^{1}$ | sej$^{1}$ | nwə$^{1}$ | tsjɨ$^{1}$ | śji$^{1}$ | rjir$^{2}$ | ·a | tjɨ̱j$^{2}$ | tsə̣$^{1}$ |
| 不 | 静 | 知， | 亦 | 昔 | 与 | 一 | 样。 | 色 |

如知无常，如是知苦、无我不净，亦复如是。

**28.38.4**

| | | | | | | | | |
|---|---|---|---|---|---|---|---|---|
| □ | □ | □， | □ | □ | □ | □ | □， | □ |
| mjij$^{1}$ | ·ju$^{2}$ | bioo$^{1}$ | zjɨr$^{1}$ | bju$^{1}$ | nwə$^{1}$ | njwi$^{2}$ | nioow$^{1}$ | thja$^{2}$ |
| 不 | 常 | 观， | 实 | 如 | 知 | 善 | 已， | 彼 |
| □ | □， | □ | □ | □ | □ | □， | □ | □ |
| tsə̣$^{1}$ | kha$^{1}$ | kja̱$^{1}$ | le$^{2}$ | sjiij$^{2}$ | mjij$^{1}$ | śjwo$^{1}$ | thjij$^{2}$ | sjo$^{2}$ |
| 色 | 中， | 恐 | 怖 | 想 | 不 | 生， | 何 | 云 |

观色无常，如实善知，于彼色中，不复生于恐怖之想，何以故？

**28.38.5**

| | | | | | | | | |
|---|---|---|---|---|---|---|---|---|
| □？ | □ | □ | □ | □ | □ | □ | □ | □ |
| ljɨ$^{1}$ | tsə̣$^{1}$ | tsho̱$^{2}$ | la̱$^{1}$ | bju$^{1}$ | śjwo$^{1}$ | zjɨr$^{1}$ | bju$^{1}$ | nwə$^{1}$ |
| 也？ | 色 | 虚 | 妄 | 以 | 生 | 实 | 如 | 知 |
| □。 | □ | □ | □ | □， | □ | □ | □ | □ |
| ljɨ$^{1}$ | thjɨ$^{2}$ | sju$^{2}$ | dźiã$^{2}$ | tsjij$^{2}$ | zjɨr$^{1}$ | bju$^{1}$ | lhji̱j$^{2}$ | sjiij$^{2}$ |
| 也。 | 是 | 如 | 菩 | 萨， | 实 | 如 | 受 | 想 |

如实知色、虚妄生故。如是菩萨，如实善知②，受想行识，

**28.38.6**

| | | | | | | | | |
|---|---|---|---|---|---|---|---|---|
| □ | □， | □ | □ | □ | □， | □、 | □ | □、 |

① 以善知故，西夏译文未译。

② 如实善知，西夏译文见下一行。

| | | | | | | | | |
|---|---|---|---|---|---|---|---|---|
| dźjɨ | sjij$^{2}$ | to$^{2}$ | zji$^{2}$ | mjij$^{1}$ | ·ju$^{2}$ | tśjị$^{1}$ | ŋa$^{2}$ | mjij$^{1}$ |
| 行 | 识， | 悉 | 皆 | 无 | 常， | 苦、 | 我 | 无、 |
| [illegible] | [illegible] | [illegible] | [illegible] | [illegible] | [illegible]。 | [illegible] | [illegible] | [illegible]， |
| mjij$^{1}$ | sej$^{1}$ | njɨ$^{2}$ | ŋwu$^{2}$ | nwə$^{1}$ | njwi$^{2}$ | thja$^{2}$ | sjij$^{2}$ | kha$^{1}$ |
| 不 | 净 | 等 | 是 | 知 | 善。 | 彼 | 识 | 中， |

悉皆无常，皆苦无我、及不净等。于彼识中，

**28.39.1**

| | | | | | | | | |
|---|---|---|---|---|---|---|---|---|
| [illegible] | [illegible] | [illegible] | [illegible] | [illegible] | [illegible]， | [illegible] | [illegible] | [illegible]？ |
| nioow$^{1}$ | kjạ$^{1}$ | le$^{2}$ | sjiij$^{2}$ | mjij$^{1}$ | śjwo$^{1}$ | thjij$^{2}$ | sjo$^{2}$ | ljɨ$^{1}$ |
| 复 | 恐 | 怖 | 想 | 不 | 生， | 何 | 云 | 也？ |
| [illegible] | [illegible] | [illegible]① | [illegible]， | [illegible] | [illegible] | [illegible] | [illegible]。 | [illegible] |
| sjij$^{2}$ | tshọ$^{2}$ | lạ$^{1}$ | ŋwu$^{2}$ | zjɨr$^{1}$ | bju$^{1}$ | nwə$^{1}$ | ljɨ$^{1}$ | thjɨ$^{2}$ |
| 识 | 虚 | 妄 | 是， | 实 | 如 | 知 | 也。 | 是 |

不复生于恐怖之想，何以故？如实知识是虚妄故。

**28.39.2**

| | | | | | | | | |
|---|---|---|---|---|---|---|---|---|
| [illegible] | [illegible] | [illegible]， | [illegible] | [illegible] | [illegible] | [illegible]。 | [illegible] | [illegible] |
| sju$^{2}$ | dźiã$^{2}$ | tsjij$^{2}$ | zjɨr$^{1}$ | bju$^{1}$ | nwə$^{1}$ | njwi$^{2}$ | neew$^{2}$ | goor$^{1}$ |
| 如 | 菩 | 萨， | 实 | 如 | 知 | 善。 | 善 | 男 |
| [illegible]， | [illegible] | [illegible] | [illegible] | [illegible] | [illegible] | [illegible]， | [illegible] | [illegible] |
| gji$^{2}$ | dzjọ$^{1}$ | sju$^{2}$ | neew$^{2}$ | ɣjɨr$^{1}$ | ·wjị$^{1}$ | dzjiij$^{2}$ | nioow$^{1}$ | thja$^{2}$ |
| 子， | 譬 | 如 | 善 | 巧 | 幻 | 师， | 及 | 彼 |

菩萨如是，如实善知。善男子，譬如善巧幻师，

**28.39.3**

| | | | | | | | | | |
|---|---|---|---|---|---|---|---|---|---|
| [illegible] | [illegible]， | [illegible] | [illegible] | [illegible] | [illegible]、 | [illegible] | [illegible]、 | [illegible] | [illegible]② |
| dzjiij$^{2}$ | gji$^{2}$ | mə$^{2}$ | mə$^{2}$ | bju$^{2}$ | gja$^{1}$ | rjijr$^{1}$ | gja$^{1}$ | ko$^{1}$ | gja$^{1}$ |
| 弟 | 子， | 种 | 种 | 象 | 兵、 | 马 | 兵、 | 车 | 兵、 |
| [illegible] | [illegible] | [illegible] | [illegible] | [illegible] | [illegible]。 | [illegible] | [illegible] | [illegible] | |

---

① “[illegible][illegible]”误倒，据乙正符号校正。

② 原文误作“[illegible]”，据右旁小字“[illegible]”校改。

dźji gja$^{1}$ njɨ$^{2}$ dạ$^{2}$ ·wjɨ̣$^{1}$ wji$^{1}$ sjij$^{2}$ dzjwo$^{2}$ ljij$^{2}$

步 兵 等 事 幻 作。 智 人 见

幻师弟子，幻作种种四兵等事①，所谓象兵、马兵、车兵、步兵。智者见

**28.39.4**

□， □ □ □ □， □ □ □？ □ □

zjij$^{1}$ kją$^{1}$ le$^{2}$ mjij$^{1}$ śjwo$^{1}$ thjij$^{2}$ sjo$^{2}$ ljɨ$^{1}$ tshọ$^{2}$ lạ$^{1}$

时， 恐 怖 不 生， 何 云 也？ 虚 妄

□ □ □， □ □ □ □ □ □，

ljɨ̣$^{1}$ ·wjɨ̣$^{1}$ wji$^{1}$ dźiã$^{2}$ tśhju$^{1}$ ·jij$^{1}$ lha$^{2}$ lạ$^{1}$ nioow$^{1}$

以 幻 作， 情 有 之 诳 妄 故，

已，不生恐怖，何以故？善知虚妄幻所作，诳惑众生而

**28.39.5**

□ □ □。 □ □ □， □ □ □

·wjị$^{2}$ śja$^{2}$ ljɨ$^{1}$ neew$^{2}$ goor$^{1}$ gji$^{2}$ dźiã$^{2}$ tsjij$^{2}$ thjɨ$^{2}$

示 现 也。 善 男 子， 菩 萨 是

□， □ □ □ □ □ □ □② □③

sju$^{2}$ tsə̣$^{1}$ mjij$^{1}$ ·ju$^{2}$ bioo$^{1}$ mjij$^{1}$ ·ju$^{2}$ bioo$^{1}$ nioow$^{1}$

如， 色 不 常 观 不 常 观 已

示现之。善男子，菩萨如是，观色无常。观无常已，

**28.39.6**

□ □ □ □ □ □ □， □ □

thja$^{2}$ kha$^{1}$ kją$^{1}$ le$^{2}$ sjiij$^{2}$ mjij$^{1}$ śjwo$^{1}$ thjij$^{2}$ sjo$^{2}$

彼 中 恐 怖 想 不 生， 何 云

□？ □、 □ □ □ □ □ □

ljɨ$^{1}$ tsə̣$^{1}$ tshọ$^{2}$ lạ$^{1}$ bju$^{1}$ śjwo$^{1}$ zjɨr$^{1}$ bju$^{1}$

也？ 色、 虚 妄 以 生 实 如

① 四兵等事，西夏译文未译“四兵”。

② 原文“□”为增补小字。

③ 原文误作“□”，右侧有删改符号和小字“□”。

于中不生恐怖之想，何以故？如实知色、虚妄生故。

**28.40.1**

| | | | | | | | | |
|---|---|---|---|---|---|---|---|---|
| [illegible] | [illegible]。 | [illegible] | [illegible] | [illegible] | [illegible]， | [illegible] | [illegible] | [illegible] |
| nwə$^{1}$ | ljɨ$^{1}$ | dźiã$^{2}$ | tsjij$^{2}$ | thjɨ$^{2}$ | sju$^{2}$ | lhjij$^{2}$ | sjiij$^{2}$ | dźjɨ |
| 知 | 也。 | 菩 | 萨 | 是 | 如， | 受 | 想 | 行 |
| [illegible]， | [illegible] | [illegible] | [illegible] | [illegible]， | [illegible] | [illegible] | [illegible] | [illegible]。 |
| sjij$^{2}$ | zji$^{2}$ | mjij$^{1}$ | ·ju$^{2}$ | ŋwu$^{2}$ | zjɨr$^{1}$ | bju$^{1}$ | nwə$^{1}$ | njwi$^{2}$ |
| 识， | 皆 | 不 | 常 | 是， | 实 | 如 | 知 | 善。 |

菩萨如是，如实善知，受想行识，悉皆无常。

**28.40.2**

| | | | | | | | | |
|---|---|---|---|---|---|---|---|---|
| [illegible] | [illegible] | [illegible] | [illegible]， | [illegible] | [illegible] | [illegible]， | [illegible] | [illegible] |
| zjɨr$^{1}$ | bju$^{1}$ | nwə$^{1}$ | nioow$^{1}$ | thja$^{2}$ | sjij$^{2}$ | kha$^{1}$ | kja̱$^{1}$ | le$^{2}$ |
| 实 | 如 | 知 | 已， | 彼 | 识 | 中， | 恐 | 怖 |
| [illegible] | [illegible] | [illegible] | [illegible] | [illegible]？ | [illegible] | [illegible] | [illegible] | [illegible] |
| mjij$^{1}$ | śjwo$^{1}$ | thjij$^{2}$ | sjo$^{2}$ | ljɨ$^{1}$ | sjij$^{2}$ | tsho̱$^{2}$ | la̱$^{1}$ | bju$^{1}$ |
| 不 | 生 | 何 | 云 | 也？ | 识 | 虚 | 妄 | 以 |

观无常已，则于识中，不生恐怖，何以故？如实知识、虚妄生故。

**28.40.3**

| | | | | | | | | |
|---|---|---|---|---|---|---|---|---|
| [illegible] | [illegible] | [illegible] | [illegible] | [illegible]。 | [illegible] | [illegible] | [illegible] | [illegible]， |
| śjwo$^{1}$ | zjɨr$^{1}$ | bju$^{1}$ | nwə$^{1}$ | ljɨ$^{1}$ | dźiã$^{2}$ | tsjij$^{2}$ | thjɨ$^{2}$ | sju$^{2}$ |
| 生 | 实 | 如 | 知 | 也。 | 菩 | 萨 | 是 | 如， |
| [illegible] | [illegible] | [illegible] | [illegible]。 | [illegible] | [illegible] | [illegible]， | [illegible] | [illegible] |
| zjɨr$^{1}$ | bju$^{1}$ | nwə$^{1}$ | njwi$^{2}$ | neew$^{2}$ | goor$^{1}$ | gji$^{2}$ | dźiã$^{2}$ | tsjij$^{2}$ |
| 实 | 如 | 知 | 善。 | 善 | 男 | 子， | 菩 | 萨 |

菩萨如是，如实善知。善男子，菩萨

**28.40.4**

| | | | | | | | |
|---|---|---|---|---|---|---|---|
| [illegible] | [illegible] | [illegible] | [illegible] | [illegible] | [illegible] | [illegible] | [illegible]。 |
| thjɨ$^{2}$ | sju$^{2}$ | lji̱$^{1}$ | tsjiir$^{1}$ | bioo$^{1}$ | tsjiir$^{1}$ | śjij$^{1}$ | wji$^{1}$ |

| | | | | | | | |
|---|---|---|---|---|---|---|---|
| 是 | 如 | 以 | 法 | 观 | 法 | 顺 | 作。 |

如是观法顺法。

## 汉文本

善男子，云何菩萨摩诃萨观法顺法？善男子，菩萨摩诃萨，观色无常，而不以灭色故，证于法界。以如实智，于法界中，所有诸法，如实觉知。诸法相已，善记善修，彼法界中，所有诸相，有所说者，修者记者，自然如是，入法界行。如是乃至受想行识。以如实观，正观察已，而不灭识，不厌离识，证入法界。所有法界，一切诸法，以实智慧，如实证知。彼诸法中，有诸名字，善说，善知，善修，善记。以善知故，以善修故，以善记故，自然如是，入法界行。如知无常，如是知苦、无我不净，亦复如是。观色无常，如实善知，于彼色中，不复生于恐怖之想，何以故？如实知色、虚妄生故。如是菩萨，如实善知，受想行识，悉皆无常，皆苦无我、及不净等。于彼识中，不复生于恐怖之想，何以故？如实知识是虚妄故。菩萨如是，如实善知。善男子，譬如善巧幻师，幻师弟子，幻作种种四兵等事，所谓象兵、马兵、车兵、步兵。智者见已，不生恐怖，何以故？善知虚妄幻所作，诳惑众生而示现之。善男子，菩萨如是，观色无常。观无常已，于中不生恐怖之想，何以故？如实知色、虚妄生故。菩萨如是，如实善知，受想行识，悉皆无常。观无常已，则于识中，不生恐怖，何以故？如实知识、虚妄生故。菩萨如是，如实善知。善男子，菩萨如是观法顺法。

**28.40.4**

| | | | | | | | | | |
|---|---|---|---|---|---|---|---|---|---|
| [illegible] | [illegible]， | [illegible] | [illegible] | [illegible] | [illegible] | [illegible] | [illegible] | [illegible] | [illegible] |
| tśhjɨ$^{1}$ | zjọ$^{2}$ | sej$^{1}$ | ror$^{2}$ | mjij$^{1}$ | ljɨ̣$^{1}$ | lhjịj$^{2}$ | njij$^{2}$ | bji$^{1}$ | po$^{1}$ |
| 尔 | 时， | 净 | 垢 | 无 | 宝 | 月 | 王 | 光 | 菩 |

尔时，净无垢宝月王光菩

**28.40.5**

| | | | | | | | | |
|---|---|---|---|---|---|---|---|---|
| [illegible] | [illegible] | [illegible] | [illegible]， | [illegible] | [illegible] | [illegible] | [illegible]： | [illegible] |
| tsa$^{1}$ | ma$^{2}$ | ŋạ$^{2}$ | tsa$^{1}$ | tha$^{1}$ | ·jij$^{1}$ | dạ$^{2}$ | ·jɨ$^{2}$ | rjur$^{1}$ |
| 萨 | 摩 | 诃 | 萨， | 佛 | 之 | 言 | 谓： | 世 |
| [illegible]！ | [illegible] | [illegible] | [illegible] | [illegible] | [illegible] | [illegible] | [illegible] | [illegible]， |
| pjụ$^{1}$ | dźiã$^{2}$ | tsjij$^{2}$ | thjij$^{2}$ | sjo$^{2}$ | tsə̣$^{1}$ | mjij$^{1}$ | ·ju$^{2}$ | bioo$^{1}$ |
| 尊！ | 菩 | 萨 | 何 | 云 | 色 | 无 | 常 | 观， |

萨摩诃萨白佛言：世尊！云何菩萨观色无常，

**28.40.6**

| | | | | | | | | | |
|---|---|---|---|---|---|---|---|---|---|
| [illegible] | [illegible] | [illegible] | [illegible]， | [illegible] | [illegible] | [illegible]， | [illegible] | [illegible] | [illegible]， |

tsə̣¹ rjir² mjij¹ ka² tsjiir¹ rjur¹ tshjiij¹ tsjiir¹ rjur¹ ljạ¹
色 与 不 离, 法 界 说, 法 界 证,
[illegible]
tsjiir¹ rjur¹ djọ² ɣiew¹ sjij² zjɨr¹ ɣie¹ ljɨ¹ rjur¹
法 界 修 学, 智 慧 力 以 诸

而不离色,说于法界,证于法界,习学法界,一切诸法以智慧力,

**28.41.1**

[illegible]
tsjiir¹ ŋowr² ŋowr² zjɨr¹ bju¹ ljạ¹ nwə¹ ljɨ¹ tśhjɨ¹
法 一 切, 实 如 证 知 也? 尔
[illegible]
zjọ² rjur¹ pjụ¹ sej¹ ror² mjij¹ ljɨ¹ lhjij² njij²
时, 世 尊 净 垢 无 宝 月 王

如实证知? 尔时,世尊告净无垢宝月王

**28.41.2**

[illegible]
bji¹ po¹ tsa¹ ma² ŋa² tsa¹ ·jij¹ dạ² ·jɨ²
光 菩 萨 摩 诃 萨 之 言 谓:
[illegible]
neew² goor¹ gji² nji² dja² ·jɨr¹ bju¹ thjɨ² wjɨ²
善 男 子, 汝 △ 问 以, 此 刻

光菩萨摩诃萨言:善男子,为汝问故,我今

**28.41.3**

[illegible]
dzjọ¹ gjɨ² tshjiij¹ ŋa² neew² goor¹ gji² dzjọ¹ sju²
喻 有 说 △。 善 男 子, 譬 如
[illegible]
rjur¹ kha¹ sjij² zjɨr¹ dzjwo² gjɨ² rjur¹ do¹ do²
世 间 智 慧 人 有, 诸 毒 毒

说喻。善男子，譬如世间有智之人，持诸毒药。

**28.41.4**

| | | | | | | | | |
|---|---|---|---|---|---|---|---|---|
| [illegible] | [illegible]， | [illegible] | [illegible] | [illegible] | [illegible]①， | [illegible] | [illegible] | [illegible] |
| zow$^{2}$ | nioow$^{1}$ | tjij$^{1}$ | lẹ$^{1}$ | tjij$^{1}$ | tjɨj$^{1}$ | tjij$^{1}$ | dzjij$^{2}$ | tsə̣$^{1}$ |
| 持 | 已， | 或 | 煮 | 或 | 煎， | 或 | 余 | 药 |
| [illegible] | [illegible]， | [illegible] | [illegible] | [illegible] | [illegible]， | [illegible] | [illegible] | [illegible]， |
| lwụ$^{1}$ | nioow$^{1}$ | ·jij$^{1}$ | ljɨ$^{1}$ | mjij$^{1}$ | thji$^{1}$ | war$^{2}$ | gjii$^{2}$ | nioow$^{1}$ |
| 合 | 已， | 自 | 却 | 不 | 食， | 财 | 求 | 故， |

持毒药已②，或煎或熬，或合余药。合余药已，为财利故，

**28.41.5**

| | | | | | | | | |
|---|---|---|---|---|---|---|---|---|
| [illegible] | [illegible] | [illegible] | [illegible]③， | [illegible] | [illegible] | [illegible]？ | [illegible] | [illegible] |
| rjur$^{1}$ | rjur$^{1}$ | źji$^{2}$ | nja$^{1}$ | thjij$^{2}$ | sjo$^{2}$ | ljɨ$^{1}$ | thja$^{1}$ | dzjwo$^{2}$ |
| 诸 | 诸 | 卖 | △， | 何 | 云 | 也？ | 彼 | 人 |
| [illegible] | [illegible]， | [illegible] | [illegible] | [illegible] | [illegible] | [illegible] | [illegible]， | [illegible] |
| sjwɨ$^{1}$ | lə | ŋa$^{2}$ | ljụ$^{2}$ | thjɨ$^{2}$ | ·jiw$^{1}$ | nioow$^{1}$ | bju$^{1}$ | kạ$^{1}$ |
| 思 | 惟， | 我 | 身 | 是 | 因 | 缘 | 以， | 命 |

而衒卖之，而不自食，何以故？彼人思惟，勿令我身，由此因缘，

**28.41.6**

| | | | | | | | | |
|---|---|---|---|---|---|---|---|---|
| [illegible] | [illegible] | [illegible] | [illegible]。 | [illegible] | [illegible] | [illegible]， | [illegible] | [illegible] |
| ·a | tji$^{1}$ | bja$^{2}$ | ·jɨ$^{2}$ | neew$^{2}$ | goor$^{1}$ | gji$^{2}$ | po$^{1}$ | tsa$^{1}$ |
| △ | 勿 | 断 | 谓。 | 善 | 男 | 子， | 菩 | 萨 |
| [illegible] | [illegible] | [illegible]， | [illegible] | [illegible] | [illegible] | [illegible] | [illegible]， | [illegible] |
| ma$^{2}$ | ŋạ$^{2}$ | tsa$^{1}$ | njiij$^{1}$ | djiij$^{2}$ | phã$^{1}$ | śjij$^{1}$ | wji$^{1}$ | njiij$^{1}$ |
| 摩 | 诃 | 萨， | 心 | 涅 | 槃 | 顺 | 作， | 心 |

而致断命。善男子，菩萨摩诃萨，心顺向涅槃，心

① 原文作“[illegible] ŋur$^{1}$”（饼），文义不通，据汉文，可拟作“[illegible] tjɨj$^{1}$”（煎）。

② “持诸毒药。持毒药已”西夏译文简省为“[illegible]”（持诸毒药已），下句“或合余药。合余药已”的西夏译文为同类简省。

③ [illegible]（nja$^{1}$），动词趋向前缀。

**28.42.1**

| | | | | | | | | |
|---|---|---|---|---|---|---|---|---|
| [illegible] | [illegible] | [illegible] | [illegible], | [illegible] | [illegible] | [illegible] | [illegible] | [illegible], |
| djiij$^{2}$ | phã$^{1}$ | bju$^{1}$ | śjwɨ̣$^{2}$ | njiij$^{1}$ | djiij$^{2}$ | phã$^{1}$ | ljijr$^{1}$ | tshwew$^{1}$ |
| 涅 | 槃 | 依 | 随, | 心 | 涅 | 槃 | 向 | 趣, |
| [illegible] | [illegible] | [illegible] | [illegible] | [illegible] | [illegible]。 | [illegible] | [illegible] | [illegible] |
| njiij$^{1}$ | djiij$^{2}$ | phã$^{1}$ | kjɨ$^{1}$ | mjor$^{1}$ | lhjwi$^{1}$ | po$^{1}$ | tsa$^{1}$ | ma$^{2}$ |
| 心 | 涅 | 槃 | △ | 现 | 取。 | 菩 | 萨 | 摩 |

润向①涅槃,心润流②涅槃,心正取涅槃。菩萨摩

**28.42.2**

| | | | | | | | | |
|---|---|---|---|---|---|---|---|---|
| [illegible] | [illegible], | [illegible] | [illegible] | [illegible] | [illegible], | [illegible] | [illegible] | [illegible]? |
| ŋạ$^{2}$ | tsa$^{1}$ | djiij$^{2}$ | phã$^{1}$ | mjij$^{1}$ | ljạ$^{1}$ | thjij$^{2}$ | sjo$^{2}$ | ljɨ$^{1}$ |
| 诃 | 萨, | 涅 | 槃 | 不 | 证, | 何 | 云 | 也? |
| [illegible] | [illegible] | [illegible] | [illegible] | [illegible] | [illegible]: | [illegible] | [illegible] | [illegible] |
| dźiã$^{2}$ | tsjij$^{2}$ | thjɨ$^{2}$ | sju$^{2}$ | lə | wji$^{1}$ | ŋa$^{2}$ | thjɨ$^{2}$ | ·jiw$^{1}$ |
| 菩 | 萨 | 是 | 如 | 念 | 作: | 我 | 此 | 因 |

诃萨,而不证涅槃,何以故?菩萨思惟:勿令我身③,由此因

**28.42.3**

| | | | | | | | | |
|---|---|---|---|---|---|---|---|---|
| [illegible] | [illegible], | [illegible] | [illegible] | [illegible] | [illegible] | [illegible] | [illegible] | [illegible] |
| nioow$^{1}$ | bju$^{1}$ | po$^{1}$ | tjɨj$^{1}$ | ɣa$^{2}$ | wjɨ$^{2}$ | tji$^{1}$ | lhjii$^{1}$ | lhjwo$^{1}$ |
| 缘 | 以, | 菩 | 提 | 于 | △ | 勿 | 悔 | 退 |
| [illegible] | [illegible]。 | [illegible] | [illegible] | [illegible], | [illegible] | [illegible] | [illegible], | [illegible] |
| ŋa$^{2}$ | ·jɨ$^{2}$ | nioow$^{1}$ | tśjɨɨ$^{1}$ | bju$^{1}$ | neew$^{2}$ | goor$^{1}$ | gji$^{2}$ | nioow$^{1}$ |
| △ | 谓。 | 复 | 次 | 依, | 善 | 男 | 子, | 又 |

缘,退转菩提。复次,善男子,

**28.42.4**

| | | | | | | | | |
|---|---|---|---|---|---|---|---|---|
| [illegible] | [illegible] | [illegible] | [illegible]。 | [illegible] | [illegible] | [illegible], | [illegible] | [illegible] |

① 润向,西夏文译作“[illegible]”(依随)。
② 润流,西夏文译作“[illegible]”(向趣)。
③ “勿令我身”的西夏译文较上一处(28.41.5)脱一“[illegible]”(身)字。

| | | | | | | | | |
|---|---|---|---|---|---|---|---|---|
| dzjọ1 | gjɨ2 | tshjiij1 | ŋa2 | neew2 | goor1 | gji2 | dzjọ1 | sju2 |
| 喻 | 有 | 说 | △。 | 善 | 男 | 子， | 譬 | 如 |
| [illegible] | [illegible]， | [illegible] | [illegible] | [illegible] | [illegible]。 | [illegible] | [illegible] | [illegible] |
| dzjwo2 | dju1 | məə1 | ·jij1 | tshji2 | ljịj1 | məə1 | tshji2 | ljịj1 |
| 人 | 有， | 火 | 之 | 奉 | 事。 | 火 | 奉 | 事 |

我更说喻。善男子,譬如有人,奉事于火。彼事火

**28.42.5**

| | | | | | | | | |
|---|---|---|---|---|---|---|---|---|
| [illegible]， | [illegible] | [illegible] | [illegible] | [illegible] | [illegible] | [illegible]， | [illegible] | [illegible] |
| nioow1 | bjuu1 | bjij1 | dzjwɨ1 | lhejr2 | śjij1 | wji1 | ŋa2 | ŋa2 |
| 已， | 尊 | 重 | 恭 | 敬 | 顺 | 作， | 好 | 好 |
| [illegible] | [illegible]。 | [illegible] | [illegible] | [illegible] | [illegible] | [illegible]， | [illegible] | [illegible] |
| khjuu2 | ·wejr2 | ŋa2 | məə1 | ·jij1 | kjụ1 | tshwew1 | pjụ1 | bjuu1 |
| 守 | 护。 | 我 | 火 | 之 | 供 | 养， | 尊 | 敬 |

已,尊重敬顺,善将护之。而不生于如是之心①:我供养火,尊重

**28.42.6**

| | | | | | | | | |
|---|---|---|---|---|---|---|---|---|
| [illegible] | [illegible] | [illegible] | [illegible] | [illegible]。 | [illegible] | [illegible] | [illegible]， | [illegible] |
| ·jow2 | śja2 | ŋa2 | mjij1 | ·jɨ2 | khjuu2 | nioow1 | ku1 | njɨɨ1 |
| 赞 | 叹 | △ | 不 | 谓。 | 护 | 因 | 故， | 二 |
| [illegible] | [illegible] | [illegible]， | [illegible] | [illegible] | [illegible]？ | [illegible] | [illegible] | [illegible] |
| lạ1 | ljɨ̣1 | zow2 | thjij2 | sjo2 | ljɨ1 | thja2 | dzjwo2 | thjɨ2 |
| 手 | 以 | 执， | 何 | 云 | 也？ | 彼 | 人 | 是 |

赞叹。善将护故,二手捉之,何以故?彼人

**28.43.1**

| | | | | | | | | |
|---|---|---|---|---|---|---|---|---|
| [illegible] | [illegible] | [illegible]： | [illegible] | [illegible] | [illegible] | [illegible]， | [illegible] | [illegible] |
| sju2 | lə | wji1 | thjɨ2 | ·jiw1 | nioow1 | bju1 | ŋa2 | ·jij1 |
| 如 | 念 | 作： | 是 | 因 | 缘 | 以， | 我 | 之 |
| [illegible] | [illegible] | [illegible] | [illegible] | [illegible] | [illegible] | [illegible] | [illegible]。 | [illegible] |

---

① 而不生于如是之心,西夏译文简省为"[illegible]"(不),来否定如是之心:"我供养火,尊重赞叹"。

| | | | | | | | | |
|---|---|---|---|---|---|---|---|---|
| lju̜² | njiij¹ | tśji̜¹ | zji̜¹ | djij² | mjij¹ | ŋa² | ·jɨ² | neew² |
| 身 | 心 | 苦 | 恼 | 当 | 无 | △ | 谓。 | 善 |

作念:勿令我身,由此因缘,身苦心恼。善

**28.43.2**

| | | | | | | | | |
|---|---|---|---|---|---|---|---|---|
| goor¹ | gji² | po¹ | tsa¹ | ma² | ŋa̜² | tsa¹ | njiij¹ | djiij² |
| 男 | 子, | 菩 | 萨 | 摩 | 诃 | 萨, | 心 | 涅 |
| phã¹ | ljijr¹ | śjij¹ | wji¹ | njiij¹ | djiij² | phã¹ | bju¹ | śjwɨ̜² |
| 槃 | 向 | 顺 | 作, | 心 | 涅 | 槃 | 依 | 随, |

男子,菩萨摩诃萨,虽心顺向涅槃,心润向涅槃,

**28.43.3**

| | | | | | | | | |
|---|---|---|---|---|---|---|---|---|
| njiij¹ | djiij² | phã¹ | ljijr¹ | tshwew¹ | njiij¹ | djiij² | phã¹ | mjor¹ |
| 心 | 涅 | 槃 | 向 | 趣, | 心 | 涅 | 槃 | 现 |
| lhjwi¹ | djiij² | phã¹ | rewr² | śjij¹ | kjɨ¹ | wji¹ | thja² | dźiã² |
| 取, | 涅 | 槃 | 岸 | 顺 | △ | 作, | 彼 | 菩 |

心润向涅槃流,心正取向涅槃,顺向涅槃岸,而彼菩

**28.43.4**

| | | | | | | | | |
|---|---|---|---|---|---|---|---|---|
| tsjij² | djiij² | phã¹ | mjij¹ | lja̜¹ | thjij² | sjo² | ljɨ¹ | dźiã² |
| 萨 | 涅 | 槃 | 不 | 证, | 何 | 云 | 也? | 菩 |
| tsjij² | thjɨ² | sju² | lə | wji¹ | ŋa² | thjɨ² | ·jiw¹ | nioow¹ |
| 萨 | 是 | 如 | 念 | 作: | 我 | 此 | 因 | 缘 |

萨不证涅槃,何以故?菩萨思惟:勿令我身,以此因缘,

**28.43.5**

| | | | | | | | | |
|---|---|---|---|---|---|---|---|---|
| bju$^{1}$ | po$^{1}$ | tjɨj$^{1}$ | sjịj$^{2}$ | wjɨ$^{2}$ | tji$^{1}$ | lhjii$^{1}$ | lhjwo$^{1}$ | ŋa$^{2}$ |
| 以， | 菩 | 提 | 智 | △ | 勿 | 悔 | 退 | △ |
| [illegible]。 | [illegible] | [illegible]， | [illegible] | [illegible] | [illegible] | [illegible] | [illegible] | [illegible] |
| ·jɨ$^{2}$ | tśhjɨ$^{1}$ | zjọ$^{2}$ | sej$^{1}$ | ror$^{2}$ | mjij$^{1}$ | ljɨ$^{1}$ | lhjịj$^{2}$ | njij$^{2}$ |
| 谓。 | 尔 | 时， | 净 | 垢 | 无 | 宝 | 月 | 王 |

退菩提智。尔时，净无垢宝月王

**28.43.6**

| | | | | | | | | |
|---|---|---|---|---|---|---|---|---|
| [illegible] | [illegible] | [illegible] | [illegible] | [illegible] | [illegible] | [illegible] | [illegible] | [illegible] |
| bji$^{1}$ | po$^{1}$ | tsa$^{1}$ | ma$^{2}$ | ŋạ$^{2}$ | tsa$^{1}$ | tha$^{1}$ | ·jij$^{1}$ | dạ$^{2}$ |
| 光 | 菩 | 萨 | 摩 | 诃 | 萨 | 佛 | 之 | 言 |
| [illegible]： | [illegible] | [illegible]， | [illegible] | [illegible] | [illegible] | [illegible] | [illegible] | [illegible] |
| ·jɨ$^{2}$ | rjur$^{1}$ | pjụ$^{1}$ | ŋa$^{2}$ | tha$^{1}$ | rjɨr$^{2}$ | tshjiij$^{1}$ | wo$^{2}$ | bju$^{1}$ |
| 谓： | 世 | 尊， | 我 | 佛 | △ | 说 | 义 | 如 |

光菩萨摩诃萨白佛言：世尊，如我解佛所说法义，

**28.44.1**

| | | | | | | | | |
|---|---|---|---|---|---|---|---|---|
| [illegible] | [illegible]， | [illegible] | [illegible] | [illegible] | [illegible] | [illegible] | [illegible] | [illegible] |
| seew$^{2}$ | ŋa$^{2}$ | ku$^{1}$ | dźiã$^{2}$ | tsjij$^{2}$ | ·ju$^{2}$ | rjur$^{1}$ | kha$^{1}$ | dźjiij$^{1}$ |
| 思 | △， | 则 | 菩 | 萨 | 常 | 世 | 间 | 住 |
| [illegible]。 | [illegible] | [illegible]： | [illegible] | [illegible] | [illegible]， | [illegible] | [illegible]！ | [illegible] |
| lew$^{2}$ | tha$^{1}$ | dạ$^{2}$ | neew$^{2}$ | goor$^{1}$ | gji$^{2}$ | ŋwu$^{2}$ | ljɨ$^{1}$ | ŋwu$^{2}$ |
| 应。 | 佛 | 言： | 善 | 男 | 子， | 是 | 也！ | 是 |

菩萨应当常住世间。佛言：善男子，如是！如是！

**28.44.2**

| | | | | | | | |
|---|---|---|---|---|---|---|---|
| [illegible]！ | [illegible] | [illegible] | [illegible] | [illegible] | [illegible] | [illegible] | [illegible]。 |
| ljɨ$^{1}$ | dźiã$^{2}$ | tsjij$^{2}$ | ·ju$^{2}$ | rjur$^{1}$ | kha$^{1}$ | dźjiij$^{1}$ | lew$^{2}$ |
| 也！ | 菩 | 萨 | 常 | 世 | 间 | 住 | 应。 |

菩萨常应住于世间。

## 汉文本

尔时，净无垢宝月王光菩萨摩诃萨白佛言：世尊！云何菩萨观色无常，而不离色，说于法界，证于法界，习学法界，一切诸法以智慧力，如实证知？

尔时，世尊告净无垢宝月王光菩萨摩诃萨言：善男子，为汝问故，我今说喻。善男子，譬如世间有智之人，持诸毒药。持毒药已，或煎或熬，或合余药。合余药已，为财利故，而衒卖之，而不自食，何以故？彼人思惟，勿令我身，由此因缘，而致断命。善男子，菩萨摩诃萨，心顺向涅槃，心润向涅槃，心润流涅槃，心正取涅槃。菩萨摩诃萨，而不证涅槃，何以故？菩萨思惟：勿令我身，由此因缘，退转菩提。

复次，善男子，我更说喻。善男子，譬如有人，奉事于火。彼事火已，尊重敬顺，善将护之。而不生于如是之心：我供养火，尊重赞叹。善将护故，二手捉之，何以故？彼人作念：勿令我身，由此因缘，身苦心恼。善男子，菩萨摩诃萨，虽心顺向涅槃，心润向涅槃，心润向涅槃流，心正取向涅槃，顺向涅槃岸，而彼菩萨不证涅槃，何以故？菩萨思惟：勿令我身，以此因缘，退菩提智。

尔时，净无垢宝月王光菩萨摩诃萨白佛言：世尊，如我解佛所说法义，菩萨应当常住世间。佛言：善男子，如是！如是！菩萨常应住于世间。

**28.44.2**

| | | | | | | | | | |
|---|---|---|---|---|---|---|---|---|---|
| [illegible] | [illegible] | [illegible] | [illegible] | [illegible] | [illegible] | [illegible] | [illegible] | [illegible] | [illegible] |
| dzjɨj$^{1}$ | sej$^{1}$ | ror$^{2}$ | mjij$^{1}$ | ljɨ$^{1}$ | lhjij$^{2}$ | njij$^{2}$ | bji$^{1}$ | po$^{1}$ | tsa$^{1}$ |
| 时 | 净 | 垢 | 无 | 宝 | 月 | 王 | 光 | 菩 | 萨 |

时净无垢宝月王光菩萨

**28.44.3**

| | | | | | | | | |
|---|---|---|---|---|---|---|---|---|
| [illegible] | [illegible] | [illegible] | [illegible] | [illegible] | [illegible] | [illegible]： | [illegible] | [illegible]， |
| ma$^{2}$ | ŋạ$^{2}$ | tsa$^{1}$ | tha$^{1}$ | ·jij$^{1}$ | dạ$^{2}$ | ·jɨ$^{2}$ | rjur$^{1}$ | pjụ$^{1}$ |
| 摩 | 诃 | 萨 | 佛 | 之 | 言 | 谓： | 世 | 尊， |
| [illegible] | [illegible] | [illegible] | [illegible] | [illegible] | [illegible] | [illegible]， | [illegible] | [illegible] |
| thjij$^{2}$ | sjo$^{2}$ | dźiã$^{2}$ | tsjij$^{2}$ | rjur$^{1}$ | kha$^{1}$ | dźjiij$^{1}$ | rjur$^{1}$ | kha$^{1}$ |
| 何 | 云 | 菩 | 萨 | 世 | 间 | 住， | 世 | 间 |

摩诃萨白佛言：世尊，云何菩萨住于世间，而

**28.44.4**

| | | | | | | | | |
|---|---|---|---|---|---|---|---|---|
| [illegible] | [illegible] | [illegible] | [illegible] | [illegible] | [illegible] | [illegible]？ | [illegible] | [illegible]： |
| tsjiir$^{1}$ | ·jij$^{1}$ | laa$^{1}$ | lew$^{2}$ | mjij$^{1}$ | we$^{2}$ | ljɨ$^{1}$ | tha$^{1}$ | dạ$^{2}$ |

| | | | | | | | | |
|---|---|---|---|---|---|---|---|---|
| 法 | 之 | 染 | 应 | 不 | 为 | 也? | 佛 | 言: |
| [illegible] | [illegible] | [illegible], | [illegible] | [illegible] | [illegible] | [illegible] | [illegible] | [illegible] |
| neew$^{2}$ | goor$^{1}$ | gji$^{2}$ | ŋa$^{2}$ | sjij$^{1}$ | nji$^{2}$ | ·jij$^{1}$ | dzjọ$^{1}$ | gjɨ$^{2}$ |
| 善 | 男 | 子, | 我 | 今 | 汝 | 之 | 喻 | 有 |

不为世间法之所染？佛言：善男子，我今为汝以譬喻说。

**28.44.5**

| | | | | | | | | |
|---|---|---|---|---|---|---|---|---|
| [illegible] | [illegible] | [illegible]。 | [illegible] | [illegible] | [illegible], | [illegible] | [illegible] | [illegible] |
| tshjiij$^{1}$ | wji$^{1}$ | nja$^{2}$ | neew$^{2}$ | goor$^{1}$ | gji$^{2}$ | dzjọ$^{1}$ | sju$^{2}$ | dzjwo$^{2}$ |
| 说 | 作 | △。 | 善 | 男 | 子, | 譬 | 如 | 人 |
| [illegible], | [illegible] | [illegible] | [illegible] | [illegible], | [illegible] | [illegible] | [illegible] | [illegible]。 |
| gjɨ$^{2}$ | tśier$^{1}$ | ·ju$^{2}$ | wji$^{1}$ | ljɨ̣$^{1}$ | rjur$^{1}$ | ljwɨ̣$^{1}$ | dźjwow$^{1}$ | lju$^{2}$ |
| 有, | 方 | 便 | 作 | 以, | 诸 | 走 | 禽 | 捉。 |

善男子，譬如有人，善解方便，捉诸禽兽。

**28.44.6**

| | | | | | | | | | |
|---|---|---|---|---|---|---|---|---|---|
| [illegible] | [illegible] | [illegible] | [illegible], | [illegible] | [illegible] | [illegible] | [illegible], | [illegible] | [illegible] |
| ŋwəə$^{1}$ | ɣie$^{1}$ | nioow$^{1}$ | ku$^{1}$ | phio$^{2}$ | do$^{1}$ | rjir$^{2}$ | ·u$^{2}$ | rjur$^{1}$ | phio$^{2}$ |
| 咒 | 力 | 因 | 故, | 蛇 | 毒 | 与 | 戏, | 诸 | 蛇 |
| [illegible] | [illegible]。 | [illegible] | [illegible] | [illegible] | [illegible], | [illegible] | [illegible] | [illegible] | |
| do$^{1}$ | lju$^{2}$ | tjij$^{1}$ | ljaa$^{2}$ | ·u$^{2}$ | tśhju$^{1}$ | tjij$^{1}$ | lạ$^{1}$ | ljɨ̣$^{1}$ | |
| 毒 | 捉。 | 若 | 口 | 中 | 含, | 若 | 手 | 以 | |

以咒力故，共毒蛇戏，捉诸毒蛇。若含，若磨，

**28.45.1**

| | | | | | | | | |
|---|---|---|---|---|---|---|---|---|
| [illegible], | [illegible] | [illegible] | [illegible] | [illegible], | [illegible] | [illegible] | [illegible] | [illegible] |
| ljiir$^{1}$ | mə$^{2}$ | mə$^{2}$ | bə$^{1}$ | dźjwo$^{2}$ | tsjɨ$^{1}$ | tśjo | thja$^{1}$ | phio$^{2}$ |
| 磨, | 种 | 种 | 弃 | 掷, | 亦 | 终 | 彼 | 蛇 |
| [illegible] | [illegible] | [illegible] | [illegible], | [illegible] | [illegible] | [illegible] | [illegible]。 | [illegible] |
| nji$^{1}$ | ·jiw$^{1}$ | nioow$^{1}$ | bju$^{1}$ | ljụ$^{2}$ | kạ$^{1}$ | mjij$^{1}$ | tśjuu$^{1}$ | thjij$^{2}$ |
| 术 | 因 | 缘 | 以, | 身 | 命 | 不 | 害。 | 何 |

种种弄之，而终不以弄蛇因缘，被害命终。何

**28.45.2**

| | | | | | | | | |
|---|---|---|---|---|---|---|---|---|
| [illegible] | [illegible]？ | [illegible] | [illegible] | [illegible] | [illegible] | [illegible] | [illegible] | [illegible]。 |
| sjo$^{2}$ | ljɨ$^{1}$ | neew$^{2}$ | ɣjɨr$^{1}$ | ŋwəə$^{1}$ | tsjiir$^{1}$ | ɣie$^{1}$ | nioow$^{1}$ | ljɨ$^{1}$ |
| 云 | 也？ | 善 | 巧 | 咒 | 法 | 力 | 故 | 也。 |
| [illegible] | [illegible] | [illegible]， | [illegible] | [illegible] | [illegible] | [illegible] | [illegible]， | [illegible] |
| neew$^{2}$ | goor$^{1}$ | gji$^{2}$ | po$^{1}$ | tsa$^{1}$ | ma$^{2}$ | ŋạ$^{2}$ | tsa$^{1}$ | rjur$^{1}$ |
| 善 | 男 | 子， | 菩 | 萨 | 摩 | 诃 | 萨， | 世 |

以故？以有善巧咒术力故。善男子，菩萨摩诃萨，

**28.45.3**

| | | | | | | | | |
|---|---|---|---|---|---|---|---|---|
| [illegible] | [illegible] | [illegible]， | [illegible] | [illegible] | [illegible] | [illegible]。 | [illegible] | [illegible] |
| rjur$^{1}$ | kha$^{1}$ | dźjiij$^{1}$ | rjur$^{1}$ | kha$^{1}$ | tsjiir$^{1}$ | dźjij$^{1}$ | ljịj$^{2}$ | sjịj$^{2}$ |
| 界 | 中 | 住， | 世 | 间 | 法 | 行。 | 大 | 智 |
| [illegible] | [illegible]， | [illegible] | [illegible] | [illegible] | [illegible] | [illegible] | [illegible] | [illegible]， |
| neew$^{2}$ | ɣjɨr$^{1}$ | tśier$^{1}$ | ·ju$^{2}$ | ŋwəə$^{1}$ | tsjiir$^{1}$ | ɣie$^{1}$ | dźjij$^{2}$ | ku$^{1}$ |
| 善 | 巧， | 方 | 便 | 咒 | 法 | 力 | 有 | 故， |

住于世间，行世间法。以有善巧大智，方便咒术力故，

**28.45.4**

| | | | | | | | | |
|---|---|---|---|---|---|---|---|---|
| [illegible] | [illegible] | [illegible]、 | [illegible] | [illegible] | [illegible] | [illegible] | [illegible]， | [illegible] |
| rjur$^{1}$ | zjị$^{1}$ | njɨɨ$^{2}$ | do$^{2}$ | niow$^{2}$ | rjir$^{2}$ | gu$^{2}$ | dźjiij$^{1}$ | zjị$^{1}$ |
| 诸 | 烦 | 恼、 | 毒 | 恶 | 与 | 共 | 在， | 烦 |
| [illegible] | [illegible] | [illegible] | [illegible]， | [illegible] | [illegible] | [illegible] | [illegible] | [illegible] |
| njɨɨ$^{2}$ | phio$^{2}$ | rjir$^{2}$ | ·u$^{2}$ | thja$^{2}$ | zjị$^{1}$ | njɨɨ$^{2}$ | ·jiw$^{1}$ | nioow$^{1}$ |
| 恼 | 蛇 | 与 | 戏， | 彼 | 烦 | 恼 | 因 | 缘 |

共诸烦恼，恶毒药戏，弄烦恼蛇，而不为彼烦恼因缘

**28.45.5**

| | | | | | | | | |
|---|---|---|---|---|---|---|---|---|
| [illegible] | [illegible] | [illegible] | [illegible] | [illegible]。 | [illegible] | [illegible] | [illegible]？ | [illegible] |
| bju$^{1}$ | po$^{1}$ | tjɨj$^{1}$ | mjij$^{1}$ | lhjwo$^{1}$ | thjij$^{2}$ | sjo$^{2}$ | ljɨ$^{1}$ | dźiã$^{2}$ |
| 以 | 菩 | 提 | 不 | 退。 | 何 | 云 | 也？ | 菩 |

| | | | | | | | | |
|---|---|---|---|---|---|---|---|---|
| [illegible] | [illegible] | [illegible] | [illegible] | [illegible] | [illegible] | [illegible] | [illegible] | [illegible] |
| tsjij2 | neew2 | ɣjɨr1 | tśier1 | ·ju2 | sjịj2 | zjɨr1 | ɣie1 | śjɨj1 |
| 萨 | 善 | 巧 | 方 | 便 | 智 | 慧 | 力 | 成 |

退于菩提。何以故？菩萨成就善巧方便智慧力

**28.45.6**

| | | | | | | | | |
|---|---|---|---|---|---|---|---|---|
| [illegible] | [illegible] | [illegible]。 | [illegible] | [illegible]， | [illegible] | [illegible] | [illegible] | [illegible] |
| ·jiw2 | nioow1 | ljɨ | tśhjɨ1 | zjọ2 | sej1 | ror2 | mjij1 | ljɨ̣1 |
| 就 | 故 | 也。 | 尔 | 时， | 净 | 垢 | 无 | 宝 |
| [illegible] | [illegible] | [illegible] | [illegible] | [illegible] | [illegible] | [illegible] | [illegible] | [illegible] |
| lhjịj2 | njij2 | bji1 | po1 | tsa1 | ma2 | ŋạ2 | tsa1 | tha1 |
| 月 | 王 | 光 | 菩 | 萨 | 摩 | 诃 | 萨 | 佛 |

故。尔时，净无垢宝月王光菩萨摩诃萨白佛

**28.46.1**

| | | | | | | | | |
|---|---|---|---|---|---|---|---|---|
| [illegible] | [illegible] | [illegible]： | [illegible] | [illegible]， | [illegible] | [illegible] | [illegible] | [illegible]！ |
| ·jij1 | dạ2 | ·jɨ2 | rjur1 | pjụ1 | rjar1 | gjij1 | rjur1 | pjụ1 |
| 之 | 言 | 谓： | 世 | 尊， | 奇 | 特 | 世 | 尊！ |
| [illegible] | [illegible] | [illegible] | [illegible]！ | [illegible] | [illegible] | [illegible] | [illegible] | [illegible] |
| rjar1 | gjij1 | neew2 | bjiij2 | zji2 | kha1 | ber2 | gie1 | rjur1 |
| 奇 | 特 | 善 | 逝！ | 最 | 中 | 遇 | 难 | 世 |

言：世尊，甚奇世尊！奇哉善逝！最难有世尊，

**28.46.2**

| | | | | | | | | |
|---|---|---|---|---|---|---|---|---|
| [illegible]， | [illegible] | [illegible] | [illegible] | [illegible] | [illegible]！ | [illegible] | [illegible] | [illegible] |
| pjụ1 | zji2 | dju1 | gie1 | neew2 | bjiij2 | thja1 | rjur1 | po1 |
| 尊， | 最 | 有 | 难 | 善 | 逝！ | 彼 | 诸 | 菩 |
| [illegible] | [illegible] | [illegible] | [illegible]， | [illegible] | [illegible] | [illegible] | [illegible] | [illegible] |
| tsa1 | ma2 | ŋạ2 | tsa1 | tha1 | djiij2 | phã1 | ljijr1 | kjɨ1 |
| 萨 | 摩 | 诃 | 萨， | 佛 | 涅 | 槃 | 向 | △ |

最难有善逝！世尊，是诸菩萨摩诃萨，虽心向涅槃，

**28.46.3**

| | | | | | | | | |
|---|---|---|---|---|---|---|---|---|
| [illegible]， | [illegible] | [illegible] | [illegible] | [illegible]； | [illegible] | [illegible] | [illegible] | [illegible]， |
| tshwew$^{1}$ | djiij$^{2}$ | phã$^{1}$ | mjij$^{1}$ | ljạ$^{1}$ | rjur$^{1}$ | kha$^{1}$ | kjɨ$^{1}$ | dźjiij$^{1}$ |
| 趣， | 涅 | 槃 | 不 | 证； | 世 | 间 | △ | 在， |
| [illegible] | [illegible] | [illegible] | [illegible] | [illegible] | [illegible] | [illegible]。 | [illegible] | [illegible]， |
| rjur$^{1}$ | tsjiir$^{1}$ | ·jij$^{1}$ | laa$^{1}$ | tśior$^{1}$ | mjij$^{1}$ | we$^{2}$ | rjur$^{1}$ | pjụ$^{1}$ |
| 诸 | 法 | 之 | 染 | 泥 | 不 | 为。 | 世 | 尊， |

而不证涅槃；虽在世间，而不为世法之所染污。世尊，

**28.46.4**

| | | | | | | | | |
|---|---|---|---|---|---|---|---|---|
| [illegible] | [illegible] | [illegible] | [illegible] | [illegible] | [illegible] | [illegible] | [illegible] | [illegible]。 |
| ŋa$^{2}$ | sjij$^{1}$ | rjur$^{1}$ | dźiã$^{2}$ | tsjij$^{2}$ | ɣa$^{2}$ | bju$^{1}$ | tshjɨ$^{1}$ | ŋa$^{2}$ |
| 我 | 今 | 诸 | 菩 | 萨 | 于 | 依 | 归 | △。 |
| [illegible] | [illegible]， | [illegible] | [illegible] | [illegible] | [illegible] | [illegible]， | [illegible] | [illegible] |
| rjur$^{1}$ | pjụ$^{1}$ | tjɨ$^{1}$ | tjij$^{1}$ | neew$^{2}$ | goor$^{1}$ | gji$^{2}$ | neew$^{2}$ | sji$^{2}$ |
| 世 | 尊， | 假 | 若 | 善 | 男 | 子， | 善 | 女 |

我今归依诸菩萨。世尊，若有善男子、善女

**28.46.5**

| | | | | | | | | |
|---|---|---|---|---|---|---|---|---|
| [illegible]， | [illegible] | [illegible] | [illegible] | [illegible] | [illegible] | [illegible] | [illegible] | [illegible]， |
| dzjwo$^{2}$ | thjɨ$^{2}$ | sju$^{2}$ | dźiã$^{2}$ | tsjij$^{2}$ | ·jij$^{1}$ | dźjɨ | mji$^{1}$ | zjij$^{1}$ |
| 人， | 是 | 如 | 菩 | 萨 | 之 | 行 | 闻 | 时， |
| [illegible] | [illegible] | [illegible] | [illegible] | [illegible]， | [illegible] | [illegible] | [illegible] | [illegible] |
| dzjwo$^{2}$ | ljɨj$^{2}$ | njiij$^{1}$ | śjwo$^{1}$ | ku$^{1}$ | thja$^{2}$ | dzjwo$^{2}$ | wjɨ$^{2}$ | rar$^{2}$ |
| 人 | 喜 | 心 | 生 | 故， | 彼 | 人 | 过 | 去 |

人，得闻如此菩萨行已，生欢喜心者，彼人过去种

**28.46.6**

| | | | | | | | | |
|---|---|---|---|---|---|---|---|---|
| [illegible] | [illegible] | [illegible] | [illegible] | [illegible] | [illegible] | [illegible]①。 | [illegible] | [illegible] |
| zjọ$^{2}$ | rjur$^{1}$ | neew$^{2}$ | tśhji$^{2}$ | ljị$^{1}$ | djij$^{2}$ | sji$^{2}$ | thjij$^{2}$ | sjo$^{2}$ |

① [illegible]，为名物化助词。

| | | | | | | | | |
|---|---|---|---|---|---|---|---|---|
| 世 | 诸 | 善 | 根 | 种 | 曾 | △。 | 何 | 云 |
| [illegible]? | [illegible] | [illegible], | [illegible] | [illegible] | [illegible] | [illegible] | [illegible], | [illegible] |
| ljɨ$^{1}$ | rjur$^{1}$ | pjụ$^{1}$ | tjij$^{1}$ | thjɨ$^{2}$ | tsjiir$^{1}$ | ɣa$^{1}$ | mji$^{1}$ | rjɨr$^{2}$ |
| 也? | 世 | 尊, | 若 | 此 | 法 | 门 | 闻, | △ |

诸善根。何以故？若闻此法门,

**28.47.1**

| | | | | | | | | |
|---|---|---|---|---|---|---|---|---|
| [illegible] | [illegible] | [illegible] | [illegible] | [illegible], | [illegible] | [illegible] | [illegible] | [illegible] |
| njɨ$^{2}$ | lạ$^{1}$ | njar$^{1}$ | ljiij$^{1}$ | zjịj$^{1}$ | zjɨr$^{1}$ | dju$^{1}$ | njiij$^{1}$ | śjwo$^{1}$ |
| 至 | 手 | 弹 | 顷 | 时, | 希 | 有 | 心 | 生 |
| [illegible]。 | [illegible] | [illegible], | [illegible] | [illegible] | [illegible] | [illegible] | [illegible], | [illegible] |
| ku$^{1}$ | mjor$^{1}$ | ljij$^{2}$ | thja$^{1}$ | rjur$^{1}$ | neew$^{2}$ | goor$^{1}$ | gji$^{2}$ | neew$^{2}$ |
| 故。 | 如 | 来, | 彼 | 诸 | 善 | 男 | 子, | 善 |

乃至一弹指,顷生希有心。世尊,彼诸善男子、善

**28.47.2**

| | | | | | | | | |
|---|---|---|---|---|---|---|---|---|
| [illegible] | [illegible] | [illegible] | [illegible] | [illegible] | [illegible] | [illegible] | [illegible]。 | [illegible] |
| sji$^{2}$ | dzjwo$^{2}$ | ·jij$^{1}$ | tśhjɨ$^{2}$ | rjar$^{2}$ | la$^{1}$ | khjow$^{1}$ | ljɨ$^{1}$ | thjɨ$^{2}$ |
| 女 | 人 | 之 | 立 | 即 | 记 | 与 | 也。 | 是 |
| [illegible] | [illegible] | [illegible]? | [illegible] | [illegible] | [illegible] | [illegible], | [illegible] | [illegible] |
| tja$^{1}$ | thjij$^{2}$ | sjo$^{2}$ | thja$^{2}$ | tsjiir$^{1}$ | ɣa$^{1}$ | mji$^{1}$ | njiij$^{1}$ | tjị$^{1}$ |
| 者 | 何 | 云? | 彼 | 法 | 门 | 闻, | 心 | 归 |

女人,已为如来之所记也。何以故？闻此法门,至心

**28.47.3**

| | | | | | | | | |
|---|---|---|---|---|---|---|---|---|
| [illegible] | [illegible] | [illegible] | [illegible]。 | [illegible] | [illegible]: | [illegible] | [illegible] | [illegible], |
| djị$^{2}$ | nji$^{2}$ | nioow$^{1}$ | ljɨ$^{1}$ | tha$^{1}$ | dạ$^{2}$ | neew$^{2}$ | goor$^{1}$ | gji$^{2}$ |
| 谛 | 听 | 故 | 也。 | 佛 | 言: | 善 | 男 | 子, |
| [illegible] | [illegible]! | [illegible] | [illegible]! | [illegible] | [illegible] | [illegible] | [illegible] | [illegible], |
| ŋwu$^{2}$ | ljɨ$^{1}$ | ŋwu$^{2}$ | ljɨ$^{1}$ | thjɨ$^{2}$ | tsjiir$^{1}$ | ɣa$^{1}$ | tshjiij$^{1}$ | zjọ$^{2}$ |
| 是 | 也! | 是 | 也! | 此 | 法 | 门 | 说 | 时, |

谛听故。佛言:善男子,如是！如是！说此法门时,

**28.47.4**

| | | | | | | | | |
|---|---|---|---|---|---|---|---|---|
| [illegible] | [illegible] | [illegible] | [illegible] | [illegible] | [illegible] | [illegible] | [illegible]。 | [illegible] |
| ŋwə$^{1}$ | ·jir$^{2}$ | phji$^{2}$ | khjiw$^{2}$ | rar$^{2}$ | mjij$^{1}$ | njiij$^{1}$ | rjir$^{2}$ | rar$^{2}$ |
| 五 | 百 | 比 | 丘 | 漏 | 无 | 心 | 得。 | 漏 |
| [illegible] | [illegible] | [illegible] | [illegible]， | [illegible] | [illegible] | [illegible] | [illegible]， | [illegible] |
| mjij$^{1}$ | njiij$^{1}$ | rjir$^{2}$ | nioow$^{1}$ | dzuu$^{2}$ | tjị$^{2}$ | ·a | wor$^{1}$ | lhwu$^{1}$ |
| 无 | 心 | 得 | 已， | 座 | 处 | △ | 起， | 衣 |

五百比丘得无漏心。得无漏心已，从座而起，

**28.47.5**

| | | | | | | | | |
|---|---|---|---|---|---|---|---|---|
| [illegible] | [illegible] | [illegible]， | [illegible] | [illegible] | [illegible] | [illegible]， | [illegible] | [illegible] |
| gjwi$^{2}$ | dzjwɨ$^{2}$ | djị$^{2}$ | zjɨ̣$^{1}$ | ·wạ$^{1}$ | pha$^{1}$ | gjwi$^{2}$ | tśier$^{1}$ | ŋwer$^{2}$ |
| 服 | 修 | 治， | 左 | 肩 | 半 | 穿， | 右 | 膝 |
| [illegible] | [illegible]， | [illegible] | [illegible] | [illegible] | [illegible] | [illegible] | [illegible] | [illegible] |
| ljɨ̣$^{2}$ | zjịj$^{1}$ | tha$^{1}$ | ljijr$^{1}$ | pjạ$^{1}$ | phjoo$^{2}$ | rjur$^{1}$ | pjụ$^{1}$ | ·jij$^{1}$ |
| 地 | 著， | 佛 | 向 | 合 | 和 | 世 | 尊 | 之 |

整服右肩，右膝著地，合掌向佛

**28.47.6**

| | | | | | | | | |
|---|---|---|---|---|---|---|---|---|
| [illegible] | [illegible]： | [illegible] | [illegible]， | [illegible] | [illegible] | [illegible] | [illegible] | [illegible] |
| dạ$^{2}$ | ·jɨ$^{2}$ | rjur$^{1}$ | pjụ$^{1}$ | rjur$^{1}$ | dźiā$^{2}$ | tsjij$^{2}$ | njɨ$^{2}$ | neew$^{2}$ |
| 言 | 谓： | 世 | 尊， | 诸 | 菩 | 萨 | 等 | 善 |
| [illegible] | [illegible] | [illegible] | [illegible]， | [illegible] | [illegible] | [illegible] | [illegible] | [illegible] |
| bjiij$^{2}$ | ·jij$^{1}$ | dzjwɨ̣$^{1}$ | lhejr$^{2}$ | rjur$^{1}$ | dźiā$^{2}$ | tsjij$^{2}$ | ·jij$^{1}$ | dzjwɨ̣$^{1}$ |
| 逝 | 之 | 恭 | 敬， | 诸 | 菩 | 萨 | 之 | 敬 |

白言：世尊，世尊①，诸菩萨可以正恭敬善逝，可以礼敬诸菩萨。

**28.48.1**

| | | | | | | | | |
|---|---|---|---|---|---|---|---|---|
| [illegible] | [illegible]。 | [illegible] | [illegible]： | [illegible] | [illegible] | [illegible]， | [illegible] | [illegible]！ |
| ·jiij$^{1}$ | lew$^{2}$ | tha$^{1}$ | dạ$^{2}$ | rjur$^{1}$ | phji$^{2}$ | khjiw$^{2}$ | ŋwu$^{2}$ | ljɨ$^{1}$ |

① 汉文本“世尊，世尊”，西夏文译作“[illegible][illegible]”（世尊）。

| | | | | | | | | |
|---|---|---|---|---|---|---|---|---|
| 持 | 应。 | 佛 | 言： | 诸 | 比 | 丘， | 是 | 也！ |
| [illegible] | [illegible]！ | [illegible] | [illegible] | [illegible]， | [illegible] | [illegible] | [illegible] | [illegible] |
| ŋwu² | ljɨ¹ | neew² | goor¹ | gji² | po¹ | tsa¹ | ma² | ŋạ² |
| 是 | 也！ | 善 | 男 | 子， | 菩 | 萨 | 摩 | 诃 |

佛言:诸比丘,如是!如是!善男子,菩萨摩诃

**28.48.2**

| | | | | | | | | |
|---|---|---|---|---|---|---|---|---|
| [illegible] | [illegible] | [illegible] | [illegible] | [illegible] | [illegible] | [illegible] | [illegible] | [illegible]， |
| tsa¹ | thjɨ² | sju² | tsjiir¹ | bioo¹ | tsjiir¹ | śjij¹ | wji¹ | ku¹ |
| 萨 | 是 | 如 | 法 | 观 | 法 | 顺 | 作 | 故， |
| [illegible] | [illegible] | [illegible] | [illegible] | [illegible] | [illegible] | [illegible] | [illegible] | [illegible]① |
| dźiā² | tsjij² | ·jij¹ | tsjiir¹ | bioo¹ | tsjiir¹ | śjij¹ | wji¹ | ŋwu² |
| 菩 | 萨 | 之 | 法 | 观 | 法 | 顺 | 作 | 是 |

萨如是观法顺法,名为菩萨观法顺法。

**28.48.3**

| | | | | | | | | |
|---|---|---|---|---|---|---|---|---|
| [illegible] | [illegible]， | [illegible] | [illegible] | [illegible] | [illegible] | [illegible] | [illegible] | [illegible]， |
| tśhjɨ¹ | zjọ² | rjur¹ | pjụ¹ | thjɨ² | wo² | dźju¹ | sjwij¹ | kięj² |
| 尔 | 时， | 世 | 尊 | 此 | 义 | 显 | 明 | 欲， |
| [illegible] | [illegible] | [illegible] | [illegible]： | | | | | |
| ljaa¹ | dạ² | rjɨr² | tshjiij¹ | | | | | |
| 偈 | 言 | △ | 说： | | | | | |

尔时,世尊为显此义,偈重说言:

**28.48.4**

| | | | | | | | | |
|---|---|---|---|---|---|---|---|---|
| [illegible] | [illegible] | [illegible] | [illegible] | [illegible]， | [illegible] | [illegible] | [illegible] | [illegible] |
| ljij² | sjij² | zjɨr¹ | bjuu¹ | lew² | ljij² | le² | mjij¹ | dzjwį¹ |
| 大 | 智 | 慧 | 敬 | 应， | 大 | 畏 | 无 | 敬 |
| [illegible]。 | [illegible] | [illegible] | [illegible] | [illegible] | [illegible]， | | | |
| lew² | tsjiir¹ | lhwu¹ | mjijr² | dzjwį¹ | lew² | | | |

① “[illegible][illegible]”误倒,据乙正符号校正。

应。 法 服 者 敬 应,

应敬大智慧,应敬大无畏。应敬正服者,

**28.48.5**

[illegible] [illegible] [illegible] [illegible] [illegible]。 [illegible] [illegible] [illegible] [illegible]

tha$^{1}$ wee$^{1}$ tjị$^{2}$ dzjwɨ̣$^{1}$ lew$^{2}$ tśier$^{1}$ ·ju$^{2}$ ɣie$^{1}$ nioow$^{1}$

佛 生 可 敬 应。 方 便 力 因

[illegible], [illegible] [illegible] [illegible] [illegible] [illegible]。

ku$^{1}$ sjịj$^{2}$ zjɨr$^{1}$ neew$^{2}$ ɣjɨr$^{1}$ bju$^{1}$

故, 智 慧 善 巧 以。

应敬佛所生。以方便力故,智慧善巧故。

**28.48.6**

[illegible] [illegible] [illegible] [illegible] [illegible], [illegible] [illegible] [illegible] [illegible]

ɣię$^{2}$ mji$^{1}$ ljɨ̣$^{2}$ gjiij$^{1}$ dzjịj$^{1}$ dźiã$^{2}$ tsjij$^{2}$ ljịj$^{2}$ sjịj$^{2}$

声 闻 地 超 过, 菩 萨 大 智

[illegible] [illegible] [illegible] [illegible] [illegible] [illegible],

zjɨr$^{1}$ rjur$^{1}$ ŋur$^{1}$ ŋa$^{1}$ nwə$^{1}$ njwi$^{2}$

慧 诸 阴 虚 知 善,

超过声闻地,菩萨大智慧。善知诸阴虚,

**28.49.1**

[illegible] [illegible] [illegible] [illegible] [illegible]。 [illegible] [illegible] [illegible] [illegible]

wee$^{1}$ dzjar$^{2}$ mjij$^{1}$ djɨj$^{2}$ ku$^{1}$ rjur$^{1}$ kha$^{1}$ məə$^{1}$ wor$^{1}$

生 灭 不 定 故。 世 间 火 起

[illegible], [illegible] [illegible] [illegible] [illegible] [illegible]。

ljij$^{2}$ thjɨ$^{2}$ nioow$^{1}$ dzjar$^{2}$ mjij$^{1}$ ljạ$^{1}$

见, 是 故 灭 不 证。

生灭不定故。见世间火燃,是故不证灭。

**28.49.2**

[illegible] [illegible] [illegible], [illegible] [illegible], [illegible] [illegible] [illegible] [illegible]

| | | | | | | | | |
|---|---|---|---|---|---|---|---|---|
| neew² | goor¹ | gji² | thjɨ² | tja¹ | po¹ | tsa¹ | ma² | ŋạ² |
| 善 | 男 | 子， | 是 | 者， | 菩 | 萨 | 摩 | 诃 |
| [illegible] | [illegible] | [illegible] | [illegible] | [illegible] | [illegible] | [illegible] | [illegible]。 | |
| tsa¹ | ·jij¹ | tsjiir¹ | bioo¹ | tsjiir¹ | śjij¹ | wji¹ | ŋwu² | |
| 萨 | 之 | 法 | 观 | 法 | 顺 | 作 | 是。 | |

善男子，如是名为菩萨摩诃萨观法顺法。

## 汉文本

时净无垢宝月王光菩萨摩诃萨白佛言：世尊，云何菩萨住于世间，而不为世间法之所染？

佛言：善男子，我今为汝以譬喻说。善男子，譬如有人，善解方便，捉诸禽兽。以咒力故，共毒蛇戏，捉诸毒蛇。若含，若磨，种种弄之，而终不以弄蛇因缘，被害命终。何以故？以有善巧咒术力故。善男子，菩萨摩诃萨，住于世间，行世间法。以有善巧大智，方便咒术力故，共诸烦恼，恶毒药戏，弄烦恼蛇，而不为彼烦恼因缘退于菩提。何以故？菩萨成就善巧方便智慧力故。

尔时，净无垢宝月王光菩萨摩诃萨白佛言：世尊，甚奇世尊！奇哉善逝！最难有世尊，最难有善逝！世尊，是诸菩萨摩诃萨，虽心向涅槃，而不证涅槃；虽在世间，而不为世法之所染污。世尊，我今归依诸菩萨。世尊，若有善男子、善女人，得闻如此菩萨行已，生欢喜心者，彼人过去种诸善根。何以故？若闻此法门，乃至一弹指，顷生希有心。世尊，彼诸善男子、善女人，已为如来之所记也。何以故？闻此法门，至心谛听故。佛言：善男子，如是！如是！

说此法门时，五百比丘得无漏心。得无漏心已，从座而起，整服右肩，右膝著地，合掌向佛白言：世尊，世尊，诸菩萨可以正恭敬善逝，可以礼敬诸菩萨。

佛言：诸比丘，如是！如是！善男子，菩萨摩诃萨如是观法顺法，名为菩萨观法顺法。尔时，世尊为显此义，偈重说言：

应敬大智慧，应敬大无畏。

应敬正服者，应敬佛所生。

以方便力故，智慧善巧故。

超过声闻地，菩萨大智慧。

善知诸阴虚，生灭不定故。

见世间火燃，是故不证灭。

善男子，如是名为菩萨摩诃萨观法顺法。

**28.49.2**

[illegible]

neew²

善

善

**28.49.3**

| | | | | | | | | |
|---|---|---|---|---|---|---|---|---|
| goor$^{1}$ | gji$^{2}$ | po$^{1}$ | tsa$^{1}$ | ma$^{2}$ | ŋa̰$^{2}$ | tsa$^{1}$ | ·jij$^{1}$ | khwẹj$^{1}$ |
| 男 | 子, | 菩 | 萨 | 摩 | 诃 | 萨 | 之 | 慢 |
| ljịj$^{2}$ | khwẹj$^{1}$ | ka$^{2}$ | tja$^{1}$ | ljɨ$^{1}$ | kjɨ$^{1}$ | ŋwu$^{2}$ | neew$^{2}$ | goor$^{1}$ |
| 大 | 慢 | 离 | 者, | 何 | △ | 是? | 善 | 男 |

男子,云何菩萨摩诃萨离慢大慢?善男

**28.49.4**

| | | | | | | | | |
|---|---|---|---|---|---|---|---|---|
| gji$^{2}$ | khwẹj$^{1}$ | ·jɨ$^{2}$ | tja$^{1}$ | thjɨ$^{2}$ | sju$^{2}$ | njiij$^{1}$ | śjwo$^{1}$ | ŋa$^{2}$ |
| 子, | 慢 | 谓 | 者, | 是 | 如 | 心 | 生: | 我 |
| wəə$^{1}$ | tjij$^{1}$ | nji$^{1}$ | tjij$^{1}$ | mə$^{2}$ | tjij$^{1}$ | tsə̣$^{1}$ | nioow$^{1}$ | mə$^{2}$ |
| 有 | 若 | 家、 | 若 | 姓、 | 若 | 色, | 及 | 种 |

子,所言慢者,生如是心:我今所有,若家、若姓、若色,及以种

**28.49.5**

| | | | | | | | | |
|---|---|---|---|---|---|---|---|---|
| mə$^{2}$ | kię$^{1}$ | ŋwo$^{2}$① | kiwej$^{2}$ | ljɨ$^{1}$ | rjur$^{1}$ | ljɨ$^{1}$ | ·ụ$^{2}$ | njɨ$^{2}$ |
| 种 | 金 | 银 | 珍 | 宝, | 诸 | 宝 | 藏 | 等, |
| bju$^{2}$ | gja$^{1}$ | rjijr$^{1}$ | gja$^{1}$ | ko$^{1}$ | gja$^{1}$ | dźji | gja$^{1}$ | tja$^{1}$ |
| 象 | 兵、 | 马 | 兵、 | 车 | 兵、 | 步 | 兵 | 者, |

种金银珍宝,诸宝藏等,象兵、马兵、车兵、步兵,

**28.49.6**

① 原文误作“[illegible]”,文义不通,当作“[illegible]”。

| | | | | | | | | |
|---|---|---|---|---|---|---|---|---|
| zji$^{2}$ | mjɨ$^{1}$ | su$^{1}$ | gjij$^{1}$ | ŋa$^{2}$ | ·jɨ$^{2}$ | tjij$^{1}$ | dzjwo$^{2}$ | thjɨ$^{2}$ |
| 皆 | 他 | 胜 | 超 | △ | 谓。 | 若 | 人 | 是 |
| [illegible], | [illegible] | [illegible] | [illegible] | [illegible] | [illegible], | [illegible] | [illegible] | [illegible] |
| sju$^{2}$ | mjɨ$^{1}$ | gjiw$^{1}$ | khwẹj$^{1}$ | njiij$^{1}$ | śjwo$^{1}$ | ku$^{1}$ | tśhjwo$^{1}$ | khwẹj$^{1}$ |
| 如, | 不 | 恭 | 慢 | 心 | 起, | 则 | 故 | 慢 |

不劣他人。若人如是,起憍慢心,是名为慢。

**28.50.1**

| | | | | | | | | |
|---|---|---|---|---|---|---|---|---|
| [illegible] | [illegible]。 | [illegible] | [illegible] | [illegible] | [illegible]?① | [illegible] | [illegible] | [illegible] |
| ·jɨ$^{2}$ | ljɨ$^{1}$ | thjɨ$^{2}$ | tja$^{1}$ | thjij$^{2}$ | sjo$^{2}$ | dzjwɨ̣$^{1}$ | lhejr$^{2}$ | njiij$^{1}$ |
| 谓 | 也。 | 是 | 者 | 何 | 云? | 恭 | 敬 | 心 |
| [illegible] | [illegible] | [illegible]。 | [illegible] | [illegible] | [illegible], | [illegible] | [illegible] | [illegible] |
| mjij$^{1}$ | śjwo$^{1}$ | ljɨ$^{1}$ | neew$^{2}$ | goor$^{1}$ | gji$^{2}$ | ljij$^{2}$ | khwẹj$^{1}$ | tja$^{1}$ |
| 不 | 生 | 也。 | 善 | 男 | 子, | 大 | 慢 | 者 |

以其不生恭敬心故。善男子,何者大慢?

**28.50.2**

| | | | | | | | | |
|---|---|---|---|---|---|---|---|---|
| [illegible] | [illegible]? | [illegible] | [illegible] | [illegible], | [illegible] | [illegible] | [illegible] | [illegible] |
| thjij$^{2}$ | sjo$^{2}$ | neew$^{2}$ | goor$^{1}$ | gji$^{2}$ | tjɨ$^{1}$ | tjij$^{1}$ | dźiã$^{2}$ | tsjij$^{2}$ |
| 何 | 云? | 善 | 男 | 子, | 假 | 若 | 菩 | 萨 |
| [illegible] | [illegible] | [illegible] | [illegible]: | [illegible] | [illegible] | [illegible] | [illegible]、 | [illegible] |
| thjɨ$^{2}$ | sju$^{2}$ | lə | wji$^{1}$ | ŋa$^{2}$ | wəə$^{1}$ | tjij$^{1}$ | nji$^{1}$ | tjij$^{1}$ |
| 是 | 如 | 念 | 作: | 我 | 有 | 若 | 家、 | 若 |

善男子,若有菩萨作如是念:唯我若家、若

**28.50.3**

| | | | | | | | | |
|---|---|---|---|---|---|---|---|---|
| [illegible] | [illegible]、 | [illegible] | [illegible], | [illegible] | [illegible] | [illegible] | [illegible], | [illegible] |
| mə$^{2}$ | tjij$^{1}$ | tsə̣$^{1}$ | tjij$^{1}$ | kię$^{1}$ | ŋwo$^{2}$ | ljɨ̣$^{1}$ | ·ụ$^{2}$ | bju$^{2}$ |
| 姓 | 若、 | 色 | 若, | 金 | 银 | 宝 | 藏, | 象 |
| [illegible]、 | [illegible] | [illegible]、 | [illegible] | [illegible]、 | [illegible] | [illegible] | [illegible], | [illegible] |

① [illegible](是者何云),汉文本无。

| | | | | | | | | |
|---|---|---|---|---|---|---|---|---|
| gja¹ | rjijr¹ | gja¹ | ko¹ | gja¹ | dźji | gja¹ | tja¹ | zji² |
| 兵、 | 马 | 兵、 | 车 | 兵、 | 步 | 兵 | 者, | 皆 |

姓、若色,若金银宝藏,象兵、马兵、车兵、步兵,

**28.50.4**

| | | | | | | | | |
|---|---|---|---|---|---|---|---|---|
| [illegible] | [illegible] | [illegible] | [illegible]。 | [illegible] | [illegible] | [illegible] | [illegible] | [illegible] |
| mjɨ¹ | su¹ | gjij¹ | ŋa² | thjɨ² | nioow¹ | dzjwɨ̣¹ | lhejr² | njiij¹ |
| 他 | 胜 | 超 | △。 | 是 | 故 | 恭 | 敬 | 心 |
| [illegible] | [illegible], | [illegible] | [illegible] | [illegible] | [illegible] | [illegible]。 | [illegible] | [illegible] |
| mjij¹ | śjwo¹ | ku¹ | tśhjwo¹ | ljịj² | khwẹj¹ | ·jɨ² | neew² | goor¹ |
| 不 | 生, | 则 | 故 | 大 | 慢 | 谓。 | 善 | 男 |

胜于他人。是故不生恭敬之心,是名大慢。善男子,

**28.50.5**

| | | | | | | | | |
|---|---|---|---|---|---|---|---|---|
| [illegible], | [illegible] | [illegible] | [illegible] | [illegible] | [illegible] | [illegible] | [illegible] | [illegible], |
| gji² | thjɨ² | sju² | mjɨ¹ | gjiw¹ | khwẹj¹ | nioow¹ | ljịj² | khwẹj¹ |
| 子, | 是 | 如 | 不 | 恭 | 慢 | 及 | 大 | 慢, |
| [illegible] | [illegible] | [illegible] | [illegible] | [illegible] | [illegible] | [illegible] | [illegible] | [illegible]。 |
| po¹ | tsa¹ | ma² | ŋạ² | tsa¹ | to² | zji² | dźjiɨr¹ | ka² |
| 菩 | 萨 | 摩 | 诃 | 萨 | 悉 | 皆 | 舍 | 离。 |

如是憍慢①及以大慢,菩萨摩诃萨悉已舍离。

**28.50.6**

| | | | | | | | | |
|---|---|---|---|---|---|---|---|---|
| [illegible] | [illegible] | [illegible], | [illegible] | [illegible] | [illegible] | [illegible] | [illegible] | [illegible] |
| neew² | goor¹ | gji² | po¹ | tsa¹ | ma² | ŋạ² | tsa¹ | thjɨ² |
| 善 | 男 | 子, | 菩 | 萨 | 摩 | 诃 | 萨 | 是 |
| [illegible] | [illegible] | [illegible] | [illegible] | [illegible] | [illegible]。 | [illegible] | [illegible] | [illegible], |
| sju² | khwẹj¹ | nioow¹ | ljịj² | khwẹj¹ | ka² | tśhjɨ¹ | zjọ² | ljɨ¹ |
| 如 | 慢 | 及 | 大 | 慢 | 离。 | 尔 | 时 | 也, |

善男子,菩萨摩诃萨,如是离慢,离于大慢。尔时,

---

① 憍慢,西夏文译作"[illegible]"(不恭慢)。

**28.51.1**

| | | | | | | | | |
|---|---|---|---|---|---|---|---|---|
| [illegible] | [illegible] | [illegible] | [illegible] | [illegible] | [illegible] | [illegible], | [illegible] | [illegible] |
| rjur$^{1}$ | pjụ$^{1}$ | thjɨ$^{2}$ | wo$^{2}$ | dźju$^{1}$ | sjwij$^{1}$ | kięj$^{2}$ | ljaa$^{1}$ | dạ$^{2}$ |
| 世 | 尊 | 此 | 义 | 显 | 明 | 欲, | 偈 | 言 |
| [illegible] | [illegible]: | | | | | | | |
| rjɨr$^{2}$ | tshjiij$^{1}$ | | | | | | | |
| △ | 说: | | | | | | | |

世尊为显此义,偈重说言:

**28.51.2**

| | | | | | | | | |
|---|---|---|---|---|---|---|---|---|
| [illegible] | [illegible] | [illegible] | [illegible] | [illegible], | [illegible] | [illegible] | [illegible] | [illegible] |
| khwẹj$^{1}$ | ka$^{2}$ | ljịj$^{2}$ | khwẹj$^{1}$ | ka$^{2}$ | ·ju$^{2}$ | njij$^{2}$ | wjuu$^{1}$ | njiij$^{1}$ |
| 慢 | 离 | 大 | 慢 | 离, | 常 | 慈 | 悲 | 心 |
| [illegible]。 | [illegible] | [illegible] | [illegible] | [illegible] | [illegible], | | | |
| śjwo$^{1}$ | thja$^{2}$ | ljɨ̣$^{1}$ | njiij$^{1}$ | ·wụ$^{2}$ | ku$^{1}$ | | | |
| 生。 | 彼 | 以 | 心 | 润 | 故, | | | |

离慢离大慢,常行慈悲心。以彼润心故,

**28.51.3**

| | | | | | | | | |
|---|---|---|---|---|---|---|---|---|
| [illegible] | [illegible] | [illegible] | [illegible] | [illegible]。 | [illegible] | [illegible] | [illegible] | [illegible] |
| rjur$^{1}$ | ɣa$^{2}$ | mjij$^{1}$ | śja$^{1}$ | wjạ$^{2}$ | ·ju$^{2}$ | tjị$^{1}$ | śjij$^{2}$ | dạ$^{2}$ |
| 世 | 于 | 不 | 放 | 逸。 | 常 | 食 | 乞 | 事 |
| [illegible], | [illegible] | [illegible] | [illegible] | [illegible] | [illegible]。 | | | |
| dźjịj$^{1}$ | rjur$^{1}$ | dźiã$^{2}$ | tsjij$^{2}$ | ljịj$^{2}$ | dạ$^{2}$ | | | |
| 行, | 诸 | 菩 | 萨 | 大 | 事。 | | | |

于世不放逸。虽行乞食事,诸菩萨大事。

**28.51.4**

| | | | | | | | | |
|---|---|---|---|---|---|---|---|---|
| [illegible] | [illegible] | [illegible] | [illegible] | [illegible], | [illegible] | [illegible] | [illegible] | [illegible] |
| wo$^{2}$ | tshjiij$^{1}$ | gjij$^{1}$ | ɣie$^{2}$ | tshjiij$^{1}$ | rjur$^{1}$ | mə$^{1}$ | nioow$^{1}$ | dzjwo$^{2}$ |
| 义 | 说 | 利 | 益 | 说, | 诸 | 天 | 已 | 人 |

[illegible]。

sju²

如。

说义利益事,若诸天及人。

## 汉文本

善男子,云何菩萨摩诃萨离慢大慢?善男子,所言慢者,生如是心:我今所有,若家、若姓、若色,及以种种金银珍宝,诸宝藏等,象兵、马兵、车兵、步兵,不劣他人。若人如是,起憍慢心,是名为慢。以其不生恭敬心故。善男子,何者大慢?善男子,若有菩萨作如是念:唯我若家、若姓、若色,若金银宝藏,象兵、马兵、车兵、步兵,胜于他人。是故不生恭敬之心,是名大慢。善男子,如是憍慢及以大慢,菩萨摩诃萨悉已舍离。善男子,菩萨摩诃萨,如是离慢,离于大慢。尔时,世尊为显此义,偈重说言:

离慢离大慢,常行慈悲心。

以彼润心故,于世不放逸。

虽行乞食事,诸菩萨大事。

说义利益事,若诸天及人。

**28.51.5**

| | | | | | | | | |
|---|---|---|---|---|---|---|---|---|
| [illegible] | [illegible] | [illegible], | [illegible] | [illegible] | [illegible] | [illegible] | [illegible], | [illegible] |
| neew² | goor¹ | gji² | po¹ | tsa¹ | ma² | ŋạ² | tsa¹ | thjij² |
| 善 | 男 | 子, | 菩 | 萨 | 摩 | 诃 | 萨, | 何 |
| [illegible] | [illegible] | [illegible] | [illegible] | [illegible] | [illegible] | [illegible] | [illegible] | [illegible] |
| sjo² | mjor¹ | ljij² | ·jij¹ | dwuu² | rjɨj² | tsjiir¹ | tsjij | njwi² |
| 云 | 如 | 来 | 之 | 密 | 秘 | 法 | 解 | 善 |

善男子,云何菩萨摩诃萨,善解如来秘密之教?

**28.51.6**

| | | | | | | | | |
|---|---|---|---|---|---|---|---|---|
| [illegible]? | [illegible] | [illegible] | [illegible], | [illegible] | [illegible] | [illegible] | [illegible], | [illegible] |
| ljɨ¹ | neew² | goor¹ | gji² | po¹ | tsa¹ | ma² | tsa¹ | rjur¹ |
| 也? | 善 | 男 | 子, | 菩 | 萨 | 摩 | 萨, | 诸 |
| [illegible] | [illegible] | [illegible] | [illegible] | [illegible], | [illegible] | [illegible] | [illegible] | [illegible] |
| lwər² | lhejr² | kha¹ | rjɨr² | tshjiij¹ | ɣu¹ | phoo¹ | zji² | na¹ |
| 经 | 典 | 中 | △ | 说, | 上 | 覆 | 甚 | 深 |

善男子，菩萨摩诃萨①，于诸经中，所有隐覆②，甚深

**28.52.1**

| | | | | | | | | |
|---|---|---|---|---|---|---|---|---|
| [illegible] | [illegible] | [illegible] | [illegible]， | [illegible] | [illegible] | [illegible] | [illegible]。 | [illegible] |
| dwuu$^{2}$ | wo$^{2}$ | ŋowr$^{2}$ | ŋowr$^{2}$ | zjɨr$^{1}$ | bju$^{1}$ | nwə$^{1}$ | njwi$^{2}$ | neew$^{2}$ |
| 密 | 义 | 一 | 切， | 实 | 如 | 知 | 善。 | 善 |
| [illegible] | [illegible]， | [illegible] | [illegible] | [illegible] | [illegible] | [illegible] | [illegible]， | [illegible] |
| goor$^{1}$ | gji$^{2}$ | mjor$^{1}$ | ljij$^{2}$ | ·jij$^{1}$ | dwuu$^{2}$ | tsjiir$^{1}$ | tja$^{1}$ | ljɨ$^{1}$ |
| 男 | 子， | 如 | 来 | 之 | 密 | 法 | 者， | 何 |

密义，于彼说中，如实善知。善男子，何等是为如来密教？

**28.52.2**

| | | | | | | | | |
|---|---|---|---|---|---|---|---|---|
| [illegible] | [illegible]？ | [illegible] | [illegible] | [illegible]， | [illegible] | [illegible] | [illegible] | [illegible] |
| kjɨ$^{1}$ | ŋwu$^{2}$ | neew$^{2}$ | goor$^{1}$ | gji$^{2}$ | ŋa$^{2}$ | ɣiẹ$^{2}$ | mji$^{1}$ | ·jij$^{1}$ |
| △ | 是？ | 善 | 男 | 子， | 我 | 声 | 闻 | 之 |
| [illegible] | [illegible] | [illegible] | [illegible] | [illegible] | [illegible] | [illegible] | [illegible] | [illegible] |
| ·a | duu$^{2}$ | tow$^{1}$ | lo$^{1}$ | sã$^{1}$ | mjiw$^{2}$ | sã$^{1}$ | po$^{1}$ | tjɨj$^{1}$ |
| 阿 | 耨 | 多 | 罗 | 三 | 藐 | 三 | 菩 | 提 |

善男子，我记声闻，得阿耨多罗三藐三菩提者，

**28.52.3**

| | | | | | | | | |
|---|---|---|---|---|---|---|---|---|
| [illegible] | [illegible] | [illegible] | [illegible] | [illegible]， | [illegible] | [illegible] | [illegible] | [illegible] |
| rjir$^{1}$ | kjɨ$^{1}$ | la$^{1}$ | ŋa$^{2}$ | tja$^{1}$ | thja$^{2}$ | tsjɨ$^{1}$ | dwuu$^{2}$ | tsjiir$^{1}$ |
| 得 | △ | 记 | △ | 者， | 彼 | 亦 | 密 | 法 |
| [illegible]。 | [illegible] | [illegible] | [illegible] | [illegible] | [illegible] | [illegible] | [illegible] | [illegible] |
| ŋwu$^{2}$ | ŋa$^{2}$ | tjij$^{1}$ | ·a | na$^{1}$ | ·jij$^{1}$ | wər$^{2}$ | zjir$^{2}$ | ŋo$^{2}$ |
| 是。 | 我 | 若 | 阿 | 难 | 之 | 脊 | 背 | 病 |

此不应尔。如言阿难，我患背痛，

**28.52.4**

| | | | | | | | | |
|---|---|---|---|---|---|---|---|---|
| [illegible] | [illegible] | [illegible] | [illegible]， | [illegible] | [illegible] | [illegible] | [illegible] | [illegible]。 |

① 菩萨摩诃萨，西夏文译作“[illegible]”（菩萨摩萨），脱一“[illegible]”（诃）字。

② 隐覆，西夏文译作“[illegible]”（上覆）。

·jɨ² ŋa² dạ² tja¹ thja² tsjɨ¹ dwuu² tsjiir¹ ŋwu²

谓 △ 言 者, 彼 亦 密 法 是。

[illegible]

ŋa² rjur¹ phji² khjiw² ·jij¹ ŋa² dja² nar² ŋa²

我 诸 比 丘 之 我 △ 老, 我

此不应尔。语诸比丘,我今老弊,

**28.52.5**

[illegible]

tshji² mjijr² dja² ·ju² wji¹ ŋa² ·jij¹ ŋa² tja¹

侍 者 △ 觅 作 △ 之 我 者,

[illegible]

thja² tsjɨ¹ dwuu² tsjiir¹ ŋwu² ŋa² boo² ljɨj¹ ·jij¹

彼 亦 密 法 是。 我 目 连 之

汝可为我推觅侍者,此不应尔。语目连言,

**28.52.6**

[illegible]

khji¹ pho¹ djị² njij² do² rjɨr² wjị² ŋa² ·jij¹

耆 婆 医 王 处 △ 遣, 我 之

[illegible]

rjar¹ ŋo² śjij¹ wa² sju² tsə¹ thji¹ lew² ·jɨ²

患 病 顺 何 如 药 服 当 谓,

汝可往问耆婆医王,我所有患,当服何药,

**28.53.1**

[illegible]

śjɨ¹ phjo² ŋa² tja¹ thja² tsjɨ¹ dwuu² tsjiir¹ ŋwu²

往 令 △ 者, 彼 亦 密 法 是。

[illegible]

neew² goor¹ gji² mjor¹ ljij² rjur¹ rjur¹ tśja¹ nu¹

善 男 子, 如 来 诸 诸 道 外

此不应尔。善男子，如来处处逐诸外道，

**28.53.2**

| | | | | | | | | |
|---|---|---|---|---|---|---|---|---|
| [illegible]， | [illegible] | [illegible] | [illegible] | [illegible] | [illegible] | [illegible] | [illegible]， | [illegible] |
| rjir$^2$ | ljwu$^1$ | dwər$^2$ | buu$^2$ | dźju$^2$ | dzeej$^1$ | dạ$^2$ | tja$^1$ | thja$^2$ |
| 与， | 间 | 敌 | 胜 | 劣 | 捔 | 言 | 者， | 彼 |
| [illegible] | [illegible] | [illegible] | [illegible]。 | [illegible] | [illegible] | [illegible]， | [illegible] | [illegible] |
| tsjɨ$^1$ | dwuu$^2$ | tsjiir$^1$ | ŋwu$^2$ | neew$^2$ | goor$^1$ | gji$^2$ | khja$^2$ | we$^1$ |
| 亦 | 密 | 法 | 是。 | 善 | 男 | 子， | 佉 | 卫 |

论义捔胜，此不应尔。善男子，

**28.53.3**

| | | | | | | | | |
|---|---|---|---|---|---|---|---|---|
| [illegible] | [illegible] | [illegible]， | [illegible] | [illegible] | [illegible] | [illegible] | [illegible] | [illegible] |
| lo$^1$ | źjuu$^1$ | ljɨ$^1$ | mjor$^1$ | ljij$^2$ | ·jij$^1$ | khjɨ$^1$ | kjɨ$^1$ | tshwa$^1$ |
| 罗 | 刺 | 以， | 如 | 来 | 之 | 足 | △ | 刺 |
| [illegible]， | [illegible] | [illegible] | [illegible] | [illegible] | [illegible]。 | [illegible] | [illegible] | [illegible]， |
| tja$^1$ | thja$^2$ | tsjɨ$^1$ | dwuu$^2$ | tsjiir$^1$ | ŋwu$^2$ | neew$^2$ | goor$^1$ | gji$^2$ |
| 者， | 彼 | 亦 | 密 | 法 | 是。 | 善 | 男 | 子， |

佉陀罗①刺，刺如来足，此不应尔。善男子，

**28.53.4**

| | | | | | | | | |
|---|---|---|---|---|---|---|---|---|
| [illegible] | [illegible] | [illegible] | [illegible] | [illegible] | [illegible] | [illegible]， | [illegible] | [illegible] |
| mjor$^1$ | ljij$^2$ | thja$^1$ | thji$^1$ | pho$^1$ | tha$^2$ | tow$^1$ | ŋa$^2$ | ·jij$^1$ |
| 如 | 来 | 彼 | 提 | 婆 | 达 | 多， | 我 | 之 |
| [illegible] | [illegible] | [illegible]。 | [illegible] | [illegible] | [illegible] | [illegible] | [illegible] | [illegible] |
| njwo$^2$ | ljwij$^1$ | ŋwu$^2$ | ·ju$^2$ | ŋa$^2$ | pha$^1$ | tśier$^1$ | ·ju$^2$ | djij$^2$ |
| 宿 | 怨 | 是。 | 常 | 我 | 随 | 方 | 便 | △ |

如来又说，提婆达多，是我宿怨。常相随逐求觅我便，

**28.53.5**

| | | | | | | | | |
|---|---|---|---|---|---|---|---|---|
| [illegible] | [illegible]， | [illegible] | [illegible] | [illegible] | [illegible] | [illegible]。 | [illegible] | [illegible] |

① 佉陀罗，木名，梵语 khadira 的音译。又作佉陀啰、佉达罗、劫陀罗、劫地罗、朅达罗、珂地罗、朅地洛迦、佉提罗迦、呵黎罗等。西夏译文为“[illegible]”（佉卫罗）。

| | | | | | | | | |
|---|---|---|---|---|---|---|---|---|
| ·ji² | tja¹ | thja¹ | tsjɨ¹ | dwuu² | tsjiir¹ | ŋwu² | neew² | goor¹ |
| 谓 | 者, | 彼 | 亦 | 密 | 法 | 是。 | 善 | 男 |
| [illegible], | [illegible] | [illegible] | [illegible] | [illegible] | [illegible] | [illegible] | [illegible], | [illegible] |
| gji² | mjor¹ | ljij² | pjɨ¹ | njwo² | śja¹ | we² | we² | śja¹ |
| 子, | 如 | 来 | 今 | 昔 | 舍 | 卫 | 城, | 奢 |

此不应尔。善男子,如来昔日入舍卫城,

**28.53.6**

| | | | | | | | | |
|---|---|---|---|---|---|---|---|---|
| [illegible] | [illegible] | [illegible] | [illegible] | [illegible] | [illegible] | [illegible] | [illegible], | [illegible] |
| lji¹ | ·ja² | pho¹ | lo¹ | mẽ¹ | gjij² | nji¹ | kha¹ | rjur¹ |
| 犁 | 耶 | 婆 | 罗 | 门 | 村 | 家 | 中, | 诸 |
| [illegible] | [illegible] | [illegible] | [illegible] | [illegible] | [illegible] | [illegible] | [illegible] | [illegible] |
| rjur¹ | tjị¹ | śjij² | mjij¹ | rjir² | ŋa¹ | ŋa¹ | wjɨ² | lhjwo¹ |
| 诸 | 食 | 乞 | 不 | 得 | 空 | 空 | △ | 退 |

于奢犁耶婆罗门村,周遍乞食,空钵而出,

**28.54.1**

| | | | | | | | | |
|---|---|---|---|---|---|---|---|---|
| [illegible], | [illegible] | [illegible] | [illegible] | [illegible] | [illegible]。 | [illegible] | [illegible] | [illegible], |
| tja¹ | thja¹ | tsjɨ¹ | dwuu² | tsjiir¹ | ŋwu² | neew² | goor¹ | gji² |
| 者, | 彼 | 亦 | 密 | 法 | 是。 | 善 | 男 | 子, |
| [illegible] | [illegible] | [illegible] | [illegible] | [illegible] | [illegible] | [illegible] | [illegible], | [illegible] |
| tśja¹ | tśja¹ | mo² | no¹ | phji¹ | swẽ¹ | thow¹ | lji¹ | bja² |
| 旃 | 遮 | 摩 | 那 | 毗 | 孙 | 陀 | 梨, | 腹 |

此不应尔。善男子,旃遮摩那毗孙陀梨,

**28.54.2**

| | | | | | | | | |
|---|---|---|---|---|---|---|---|---|
| [illegible] | [illegible] | [illegible], | [illegible] | [illegible] | [illegible] | [illegible] | [illegible], | [illegible] |
| tśhjaa¹ | lhjịj¹ | kwow¹ | mjor¹ | ljij² | ·jij¹ | pjo¹ | tja¹ | thja¹ |
| 上 | 钵 | 俯, | 如 | 来 | 之 | 谤 | 者, | 彼 |
| [illegible] | [illegible] | [illegible] | [illegible]。 | [illegible] | [illegible] | [illegible], | [illegible] | [illegible] |
| tsjɨ¹ | dwuu² | tsjiir¹ | ŋwu² | neew² | goor¹ | gji² | mjor¹ | ljij² |
| 亦 | 密 | 法 | 是。 | 善 | 男 | 子, | 如 | 来 |

木器合腹，以谤如来，亦不应尔。善男子，如来

**28.54.3**

| | | | | | | | | |
|---|---|---|---|---|---|---|---|---|
| [illegible] | [illegible] | [illegible] | [illegible] | [illegible] | [illegible] | [illegible] | [illegible]， | [illegible] |
| pjɨ$^{1}$ | njwo$^{2}$ | phji$^{1}$ | lā$^{1}$ | tow$^{1}$ | lhjịj$^{2}$ | ·u$^{2}$ | dźjiij$^{1}$ | phji$^{2}$ |
| 往 | 昔 | 毗 | 兰 | 多 | 国 | 内 | 在， | 毗 |
| [illegible] | [illegible] | [illegible] | [illegible] | [illegible] | [illegible] | [illegible] | [illegible]， | [illegible] |
| lā$^{1}$ | zja$^{2}$ | pho$^{1}$ | lo$^{1}$ | mẽ$^{1}$ | ·jij$^{1}$ | ɣju$^{1}$ | lhjịj$^{2}$ | sọ$^{1}$ |
| 兰 | 若 | 婆 | 罗 | 门 | 之 | 请 | 受， | 三 |

昔在毗兰多国，受毗兰若婆罗门请，三

**28.54.4**

| | | | | | | | | |
|---|---|---|---|---|---|---|---|---|
| [illegible] | [illegible] | [illegible] | [illegible]， | [illegible] | [illegible] | [illegible] | [illegible]， | [illegible] |
| lhjịj$^{2}$ | phow$^{1}$ | dźjwij$^{2}$ | dzjị$^{2}$ | rjijr$^{1}$ | dzji$^{2}$ | dzji$^{1}$ | tja$^{1}$ | thja$^{2}$ |
| 月 | 个 | 夏 | 寂， | 马 | 饮 | 食 | 者， | 彼 |
| [illegible] | [illegible] | [illegible] | [illegible]。 | [illegible] | [illegible]， | [illegible] | [illegible] | [illegible] |
| tsjɨ$^{1}$ | dwuu$^{2}$ | tsjiir$^{1}$ | ŋwu$^{2}$ | tśhjɨ$^{1}$ | zjọ$^{2}$ | sej$^{1}$ | ror$^{2}$ | mjij$^{1}$ |
| 亦 | 密 | 法 | 是。 | 尔 | 时， | 净 | 垢 | 无 |

月安居①，而食麦者，此不应尔。尔时，净无垢

**28.54.5**

| | | | | | | | | |
|---|---|---|---|---|---|---|---|---|
| [illegible] | [illegible] | [illegible] | [illegible] | [illegible] | [illegible] | [illegible] | [illegible] | [illegible] |
| ljɨ$^{1}$ | lhjịj$^{2}$ | njij$^{2}$ | bji$^{1}$ | po$^{1}$ | tsa$^{1}$ | ma$^{2}$ | ŋạ$^{2}$ | tsa$^{1}$ |
| 宝 | 月 | 王 | 光 | 菩 | 萨 | 摩 | 诃 | 萨 |
| [illegible] | [illegible] | [illegible] | [illegible]： | [illegible] | [illegible]， | [illegible] | [illegible] | [illegible] |
| tha$^{1}$ | ·jij$^{1}$ | dạ$^{2}$ | ·jɨ$^{2}$ | rjur$^{1}$ | pjụ$^{1}$ | śji$^{1}$ | rjɨr$^{2}$ | tshjiij$^{1}$ |
| 佛 | 之 | 言 | 谓： | 世 | 尊， | 昔 | △ | 说 |

宝月王光菩萨摩诃萨白佛言：世尊，此向所说，

**28.54.6**

| | | | | | | | | |
|---|---|---|---|---|---|---|---|---|
| [illegible] | [illegible]， | [illegible] | [illegible] | [illegible] | [illegible]？ | [illegible] | [illegible]， | [illegible] |

① 安居，西夏文对译为“[illegible]”（夏寂）。

| | | | | | | | | |
|---|---|---|---|---|---|---|---|---|
| dạ² | tja¹ | thjij² | sjo² | zow² | lew² | rjur¹ | pjụ¹ | wa² |
| 言 | 者, | 何 | 云 | 取 | 当? | 世 | 尊, | 何 |
| [illegible] | [illegible] | [illegible] | [illegible] | [illegible] | [illegible] | [illegible] | [illegible] | [illegible] |
| nioow¹ | ɣię² | mji¹ | ·jij¹ | kjɨ¹ | la¹ | ·a | duu² | tow¹ |
| 故 | 声 | 闻 | 之 | △ | 记 | 阿 | 耨 | 多 |

当云何取?世尊,何故记诸声闻,得阿耨多

**28.55.1**

| | | | | | | | | |
|---|---|---|---|---|---|---|---|---|
| [illegible] | [illegible] | [illegible] | [illegible] | [illegible] | [illegible] | [illegible] | [illegible] | [illegible] |
| lo¹ | sã¹ | mjiw² | sã¹ | po¹ | tjɨj¹ | rjir² | lew² | ·jɨ² |
| 罗 | 三 | 藐 | 三 | 菩 | 提 | 得 | 应 | 谓 |
| [illegible]? | [illegible] | [illegible]: | [illegible] | [illegible] | [illegible], | [illegible] | [illegible] | [illegible] |
| nja² | tha¹ | dạ² | neew² | goor¹ | gji² | thja² | ɣię² | mji¹ |
| △? | 佛 | 言: | 善 | 男 | 子, | 彼 | 声 | 闻 |

罗三藐三菩提?佛言:善男子,我记声闻,

**28.55.2**

| | | | | | | | | |
|---|---|---|---|---|---|---|---|---|
| [illegible] | [illegible] | [illegible] | [illegible], | [illegible] | [illegible] | [illegible] | [illegible] | [illegible] |
| ·jij¹ | tha¹ | dźjij² | nioow¹ | ku¹ | ·a | duu² | tow¹ | lo¹ |
| 之 | 佛 | 有 | 因, | 故 | 阿 | 耨 | 多 | 罗 |
| [illegible] | [illegible] | [illegible] | [illegible] | [illegible] | [illegible] | [illegible] | [illegible] | [illegible]。 |
| sã¹ | mjiw² | sã¹ | po¹ | tjɨj¹ | rjir² | lew² | ·jɨ² | ŋa² |
| 三 | 藐 | 三 | 菩 | 提 | 得 | 应 | 谓 | △。 |

得阿耨多罗三藐三菩提者,以见声闻有佛性故。

## 汉文本

善男子,云何菩萨摩诃萨,善解如来秘密之教?善男子,菩萨摩诃萨,于诸经中,所有隐覆,甚深密义,于彼说中,如实善知。善男子,何等是为如来密教?善男子,我记声闻,得阿耨多罗三藐三菩提者,此不应尔。如言阿难,我患背痛,此不应尔。语诸比丘,我今老弊,汝可为我推觅侍者,此不应尔。语目连言,汝可往问耆婆医王,我所有患,当服何药,此不应尔。善男子,如来处处逐诸外道,论义摘胜,此不应尔。善男子,佉陀罗刺,刺如来足,此不应尔。善男子,如来又说,提婆达多,是我宿怨。常相随逐求觅我便,此不应尔。善男子,如来昔日入舍卫城,于奢犁耶婆罗门村,周遍乞食,空钵而出,此不应尔。善男子，旃遮摩那毗孙陀梨，木器合腹，以谤如来，亦不应尔。善男子，如来昔在毗兰多国，受毗兰若婆罗门请，三月安居，而食麦者，此不应尔。

尔时，净无垢宝月王光菩萨摩诃萨白佛言：世尊，此向所说，当云何取？世尊，何故记诸声闻，得阿耨多罗三藐三菩提？佛言：善男子，我记声闻，得阿耨多罗三藐三菩提者，以见声闻有佛性故。

**28.55.3**

| | | | | | | | | |
|---|---|---|---|---|---|---|---|---|
| [illegible] | [illegible] | [illegible] | [illegible] | [illegible] | [illegible] | [illegible] | [illegible] | [illegible] |
| dzjɨj$^{1}$ | sej$^{1}$ | ror$^{2}$ | mjij$^{1}$ | ljɨ̣$^{1}$ | lhjịj$^{2}$ | njij$^{2}$ | bji$^{1}$ | po$^{1}$ |
| 时 | 净 | 垢 | 无 | 宝 | 月 | 王 | 光 | 菩 |
| [illegible] | [illegible] | [illegible] | [illegible] | [illegible] | [illegible] | [illegible] | [illegible]： | [illegible] |
| tsa$^{1}$ | ma$^{2}$ | ŋạ$^{2}$ | tsa$^{1}$ | tha$^{1}$ | ·jij$^{1}$ | dạ$^{2}$ | ·jɨ$^{2}$ | rjur$^{1}$ |
| 萨 | 摩 | 诃 | 萨 | 佛 | 之 | 言 | 谓： | 世 |

时净无垢宝月王光菩萨摩诃萨白佛言：世

**28.55.4**

| | | | | | | | | |
|---|---|---|---|---|---|---|---|---|
| [illegible]， | [illegible] | [illegible] | [illegible] | [illegible]， | [illegible] | [illegible] | [illegible] | [illegible]， |
| pjṵ$^{1}$ | thja$^{1}$ | rjur$^{1}$ | ɣiẹ$^{2}$ | mji$^{1}$ | rjur$^{1}$ | rar$^{2}$ | dju$^{1}$ | phja$^{1}$ |
| 尊， | 彼 | 诸 | 声 | 闻， | 诸 | 漏 | 有 | 断， |
| [illegible] | [illegible] | [illegible] | [illegible]， | [illegible] | [illegible]① | | | |
| sọ$^{1}$ | dju$^{1}$ | khwa$^{1}$ | ka$^{2}$ | wee$^{1}$ | ·jiw$^{1}$ | | | |
| 三 | 有 | 舍 | 离， | 生 | 因 | | | |

尊，此诸声闻，断诸有漏，离于三有，生分

**28.55.5**

| | | | | | | | | |
|---|---|---|---|---|---|---|---|---|
| [illegible] | [illegible]， | [illegible] | [illegible] | [illegible] | [illegible]。 | [illegible] | [illegible] | [illegible] |
| ·a | bja$^{2}$ | tha$^{1}$ | tsjiir$^{2}$ | dju$^{1}$ | nioow$^{1}$ | mjor$^{1}$ | ljij$^{2}$ | ·a |
| △ | 断， | 佛 | 性 | 有 | 故。 | 如 | 来 | 阿 |
| [illegible] | [illegible] | [illegible] | [illegible] | [illegible] | [illegible] | [illegible] | [illegible] | [illegible] |
| duu$^{2}$ | tow$^{1}$ | lo$^{1}$ | sã$^{1}$ | mjiw$^{2}$ | sã$^{1}$ | po$^{1}$ | tjɨj$^{1}$ | kjɨ$^{1}$ |
| 耨 | 多 | 罗 | 三 | 藐 | 三 | 菩 | 提 | △ |

已断，而有性故。为如来授阿耨多罗三藐三菩提

① 原文献后有一“[illegible]”字，并标有删除符号。

**28.55.6**

[illegible] ， [illegible] ？ [illegible] ：

la¹ tja¹ thja¹ dạ² thjij² sjo² tha¹ dạ² neew² goor¹

记 者， 彼 言 何 云？ 佛 言： 善 男

[illegible] ， [illegible]

gji² ŋa² sjij¹ nji² ·jij¹ dzjọ¹ dạ² tshjiij¹ wji¹

子， 我 今 汝 之 喻 言 说 作

记者，此事云何？佛言：善男子，我今为汝，说于譬喻。

**28.56.1**

[illegible] 。 [illegible] ， [illegible]

nja² neew² goor¹ gji² dzjọ¹ sju² tśjiw² pho¹ dźiej²

△。 善 男 子， 譬 如 顶 灌 轮

[illegible] ， [illegible] ， [illegible]

deej¹ śjɨj² njij² tụ¹ gji² ŋowr² lhə thja¹ zji²

转 圣 王， 千 子 具 足， 彼 最

善男子，譬如灌顶转轮圣王，具足千子，随最

**28.56.2**

[illegible] ， [illegible] 。 [illegible]

ljɨj² tja¹ njij² lu² twę¹ lew² nioow¹ thja¹ dźiej²

大 者， 王 位 袭 应。 复 彼 轮

[illegible] ， [illegible] ， [illegible]

njij² ·jij¹ gji² tśhji² lwəj¹ kjɨɨr¹ ɣjɨr¹ ·wjɨ¹ nji¹

王， 自 子 根 钝， 工 巧 幻 术

大者①，授其王位。然彼轮王，以子根钝，

**28.56.3**

[illegible] ， [illegible] ， [illegible]

dạ² ŋowr² ŋowr² ɣu¹ bju¹ dzjiij² lew² tja¹ gu²

① 随最大者，西夏文译作“[illegible]”（彼最大者）。

| | | | | | | | | |
|---|---|---|---|---|---|---|---|---|
| 事 | 一 | 切， | 初 | 依 | 教 | 应 | 者， | 中 |
| □ | □ | □， | □ | □ | □ | □ | □， | □ |
| dzjiij$^2$ | dzju$^1$ | dzjiij$^2$ | gu$^2$ | zjịj$^1$ | dzjiij$^2$ | lew$^2$ | tja$^1$ | nja$^1$ |
| 教 | 诲 | 教， | 中 | 时 | 教 | 应 | 者， | △ |

应初教者，而中教之，应中教者，而后教之，一切工巧咒术等事。

**28.56.4**

| | | | | | | | | | |
|---|---|---|---|---|---|---|---|---|---|
| □ | □ | □。 | □ | □ | □ | □ | □ | □ | □ |
| mjiij$^1$ | bju$^1$ | dzjiij$^2$ | thja$^1$ | njij$^2$ | gji$^2$ | tsjɨ$^1$ | tśhji$^2$ | lwəj$^1$ | nioow$^1$ |
| 后 | 依 | 教。 | 彼 | 王 | 子 | 亦 | 根 | 钝 | 因 |
| □， | □ | □ | □ | □ | □， | □ | □ | □， | |
| ku$^1$ | ɣu$^1$ | bju$^1$ | ɣiew$^1$ | lew$^2$ | tja$^1$ | gu$^2$ | zjịj$^1$ | ɣiew$^1$ | |
| 故， | 初 | 依 | 学 | 应 | 者， | 中 | 时 | 学， | |

然是王子，以根钝故，应初学者，而中学之，

**28.56.5**

| | | | | | | | | |
|---|---|---|---|---|---|---|---|---|
| □ | □ | □ | □ | □， | □ | □ | □ | □。 |
| gu$^2$ | zjịj$^1$ | ɣiew$^1$ | lew$^2$ | tja$^1$ | nja$^1$ | mjiij$^1$ | bju$^1$ | ɣiew$^1$ |
| 中 | 时 | 学 | 应 | 者， | △ | 后 | 依 | 学。 |
| □ | □ | □， | □ | □ | □ | □？ | □ | □ |
| neew$^2$ | goor$^1$ | gji$^2$ | phji$^1$ | ɣa$^2$ | thjij$^2$ | sjo$^2$ | thja$^1$ | dźiej$^2$ |
| 善 | 男 | 子， | 意 | 于 | 何 | 云？ | 彼 | 轮 |

应中学者，而后学之。善男子，于意云何？彼轮

**28.56.6**

| | | | | | | | | |
|---|---|---|---|---|---|---|---|---|
| □ | □， | □ | □ | □ | □， | □ | □ | □ |
| njij$^2$ | gji$^2$ | thjɨ$^2$ | sju$^2$ | ɣiew$^1$ | ku$^1$ | njij$^2$ | ·jij$^1$ | gji$^2$ |
| 王 | 子， | 是 | 如 | 学 | 故， | 王 | 之 | 子 |
| □ | □ | □ | □？ | □ | □ | □ | □ | □ |
| ɣiej$^1$ | mja$^1$ | njaa$^2$ | ljɨ$^1$ | dzjɨj$^1$ | sej$^1$ | ror$^2$ | mjij$^1$ | ljɨ$^1$ |
| 真 | 恐 | 非 | 也？ | 时 | 净 | 垢 | 无 | 宝 |

王子，如是学已，岂可非是王正子耶？时净无垢宝

**28.57.1**

| | | | | | | | | |
|---|---|---|---|---|---|---|---|---|
| [illegible] | [illegible] | [illegible] | [illegible] | [illegible] | [illegible] | [illegible] | [illegible] | [illegible]： |
| lhjịj$^{2}$ | njij$^{2}$ | bji$^{1}$ | po$^{1}$ | tsa$^{1}$ | ma$^{2}$ | ŋạ$^{2}$ | tsa$^{1}$ | dạ$^{2}$ |
| 月 | 王 | 光 | 菩 | 萨 | 摩 | 诃 | 萨 | 言： |
| [illegible] | [illegible]， | [illegible] | [illegible]。 | [illegible] | [illegible]， | [illegible] | [illegible]。 | [illegible] |
| mjij$^{1}$ | ljɨ$^{1}$ | rjur$^{1}$ | pjụ$^{1}$ | mjij$^{1}$ | ljɨ$^{1}$ | neew$^{2}$ | bjiij$^{2}$ | njij$^{2}$ |
| 不 | 也， | 世 | 尊。 | 不 | 也， | 善 | 逝。 | 王 |

月王光菩萨摩诃萨言：不也，世尊。不尔，善逝。

**28.57.2**

| | | | | | | | | |
|---|---|---|---|---|---|---|---|---|
| [illegible] | [illegible] | [illegible] | [illegible]。 | [illegible] | [illegible]： | [illegible] | [illegible] | [illegible]， |
| gji$^{2}$ | ɣiej$^{1}$ | ŋwu$^{2}$ | ljɨ$^{1}$ | tha$^{1}$ | dạ$^{2}$ | neew$^{2}$ | goor$^{1}$ | gji$^{2}$ |
| 子 | 真 | 是 | 也。 | 佛 | 言： | 善 | 男 | 子， |
| [illegible] | [illegible] | [illegible] | [illegible] | [illegible]， | [illegible] | [illegible] | [illegible] | [illegible]。 |
| po$^{1}$ | tsa$^{1}$ | ma$^{2}$ | ŋạ$^{2}$ | tsa$^{1}$ | tsjɨ$^{1}$ | thja$^{1}$ | wjɨ$^{2}$ | sju$^{2}$ |
| 菩 | 萨 | 摩 | 诃 | 萨， | 亦 | 是 | △ | 如。 |

是真王子。佛言：善男子，菩萨摩诃萨，亦复如是。

**28.57.3**

| | | | | | | | | |
|---|---|---|---|---|---|---|---|---|
| [illegible] | [illegible] | [illegible] | [illegible]， | [illegible] | [illegible] | [illegible] | [illegible]， | [illegible] |
| tśhji$^{2}$ | lwəj$^{1}$ | nioow$^{1}$ | ku$^{1}$ | ɣu$^{1}$ | bju$^{1}$ | ɣiew$^{1}$ | tja$^{1}$ | gu$^{2}$ |
| 根 | 钝 | 因 | 故， | 初 | 依 | 学 | 者， | 中 |
| [illegible] | [illegible] | [illegible]， | [illegible] | [illegible] | [illegible] | [illegible]， | [illegible] | [illegible] |
| zjịj$^{1}$ | ɣiew$^{1}$ | lew$^{2}$ | gu$^{2}$ | zjịj$^{1}$ | ɣiew$^{1}$ | tja$^{1}$ | nja$^{1}$ | mjiij$^{1}$ |
| 时 | 学 | 应， | 中 | 时 | 学 | 者， | △ | 后 |

以根钝故，应初学者，而中学之，应中学者，而后学之。

**28.57.4**

| | | | | | | | | |
|---|---|---|---|---|---|---|---|---|
| [illegible] | [illegible]。 | [illegible] | [illegible] | [illegible] | [illegible] | [illegible] | [illegible] | [illegible] |
| bju$^{1}$ | ɣiew$^{1}$ | thjɨ$^{2}$ | sju$^{2}$ | dźiã$^{2}$ | tśhju$^{1}$ | ŋwə$^{1}$ | ŋur$^{1}$ | bju$^{1}$ |
| 依 | 学。 | 是 | 如 | 情 | 有 | 五 | 阴 | 依 |

| | | | | | | | | |
|---|---|---|---|---|---|---|---|---|
| [illegible], | [illegible] | [illegible] | [illegible] | [illegible]。 | [illegible] | [illegible] | [illegible] | [illegible], |
| bioo$^{1}$ | rjur$^{1}$ | źjị$^{1}$ | njɨɨ$^{2}$ | dzjar$^{2}$ | źjị$^{1}$ | njɨɨ$^{2}$ | dzjar$^{2}$ | ku$^{1}$ |
| 观, | 诸 | 烦 | 恼 | 灭。 | 烦 | 恼 | 灭 | 故, |

如是依观众生五阴,灭诸烦恼。烦恼灭已,

**28.57.5**

| | | | | | | | | |
|---|---|---|---|---|---|---|---|---|
| [illegible] | [illegible] | [illegible] | [illegible] | [illegible] | [illegible] | [illegible] | [illegible] | [illegible] |
| tśhjɨ$^{1}$ | mja$^{1}$ | nioow$^{1}$ | ·a | duu$^{2}$ | tow$^{1}$ | lo$^{1}$ | sã$^{1}$ | mjiw$^{2}$ |
| 尔 | 然 | 后 | 阿 | 耨 | 多 | 罗 | 三 | 藐 |
| [illegible] | [illegible] | [illegible] | [illegible]。 | [illegible] | [illegible] | [illegible], | [illegible] | [illegible] |
| sã$^{1}$ | po$^{1}$ | tjɨj$^{1}$ | rjir$^{2}$ | neew$^{2}$ | goor$^{1}$ | gji$^{2}$ | phji$^{1}$ | ɣa$^{2}$ |
| 三 | 菩 | 提 | 得。 | 善 | 男 | 子, | 意 | 于 |

然后得成阿耨多罗三藐三菩提。善男子,于意

**28.57.6**

| | | | | | | | | |
|---|---|---|---|---|---|---|---|---|
| [illegible] | [illegible]? | [illegible] | [illegible] | [illegible] | [illegible], | [illegible] | [illegible] | [illegible] |
| thjij$^{2}$ | sjo$^{2}$ | thja$^{1}$ | rjur$^{1}$ | ɣię$^{2}$ | mji$^{1}$ | thjɨ$^{2}$ | ·jiw$^{1}$ | nioow$^{1}$ |
| 何 | 云? | 彼 | 诸 | 声 | 闻, | 此 | 因 | 缘 |
| [illegible], | [illegible] | [illegible] | [illegible] | [illegible] | [illegible], | [illegible] | [illegible] | [illegible] |
| ljị$^{1}$ | tśhja$^{2}$ | ka$^{1}$ | dwewr$^{2}$ | śjɨj$^{1}$ | rjir$^{2}$ | ɣię$^{2}$ | mji$^{1}$ | tśhja$^{2}$ |
| 以, | 正 | 等 | 觉 | 成 | 得, | 声 | 闻 | 正 |

云何？彼诸声闻,以此因缘,得成正觉,岂可得言声闻

**28.58.1**

| | | | | | | | | |
|---|---|---|---|---|---|---|---|---|
| [illegible] | [illegible] | [illegible] | [illegible] | [illegible], | [illegible] | [illegible] | [illegible] | [illegible]? |
| ka$^{1}$ | dwewr$^{2}$ | mjij$^{1}$ | śjɨj$^{1}$ | ·jɨ$^{2}$ | tjị$^{2}$ | mjɨ$^{1}$ | tśhjɨ$^{1}$ | ·wjij$^{2}$ |
| 等 | 觉 | 不 | 成 | 言, | 可 | 不 | 尔 | 有? |
| [illegible] | [illegible] | [illegible] | [illegible] | [illegible] | [illegible] | [illegible] | [illegible] | [illegible] |
| dzjɨj$^{1}$ | sej$^{1}$ | ror$^{2}$ | mjij$^{1}$ | ljị$^{1}$ | lhjij$^{2}$ | njij$^{2}$ | bji$^{1}$ | po$^{1}$ |
| 时 | 净 | 垢 | 无 | 宝 | 月 | 王 | 光 | 菩 |

不得成正觉耶？时净无垢宝月王光菩

**28.58.2**

| | | | | | | | | |
|---|---|---|---|---|---|---|---|---|
| tsa$^1$ | ma$^2$ | ŋạ$^2$ | tsa$^1$ | dạ$^2$ | ŋwu$^2$ | ljɨ$^1$ | rjur$^1$ | pjụ$^1$ |
| 萨 | 摩 | 诃 | 萨 | 言： | 是 | 也， | 世 | 尊。 |
| tjij$^1$ | dzjwo$^2$ | tjij$^1$ | mə$^1$ | tjij$^1$ | ljiij$^2$ | tjij$^1$ | xiwã$^1$ | thjɨ$^2$ |
| 若 | 人 | 若 | 天， | 若 | 魔 | 若 | 梵， | 是 |

萨摩诃萨言：如是，世尊。我曾不见，若人若天，若魔若梵，是

**28.58.3**

| | | | | | | | | |
|---|---|---|---|---|---|---|---|---|
| njɨ$^2$ | ·ji$^1$ | kha$^1$ | ɣiẹ$^2$ | mji$^1$ | tśhja$^2$ | ka$^1$ | dwewr$^2$ | mjij$^1$ |
| 等 | 众 | 中， | 声 | 闻 | 正 | 等 | 觉 | 不 |
| śjɨj$^1$ | tshjiij$^1$ | djij$^2$ | mjɨ$^1$ | tśhjɨ$^1$ | lji$^2$ | ŋa$^2$ | lew$^1$ | ·jɨ$^1$ |
| 成 | 说 | △， | 不 | 尔 | 见 | △。 | 一 | [一] |

等众中，而有能说声闻不得成正觉者。

**28.58.4**

| | | | | | | | | |
|---|---|---|---|---|---|---|---|---|
| tśhja$^1$ | thji$^1$ | rjɨr$^2$ | nioow$^1$ | thjɨ$^2$ | sju$^2$ | ·jɨ$^2$ | mjijr$^2$ | ljɨ$^1$ |
| [阐] | [提] | 除 | 已， | 是 | 如 | 言 | 者 | 也。 |
| tśhjɨ$^1$ | zjọ$^2$ | mjor$^1$ | ljịj$^2$ | sej$^1$ | ror$^2$ | mjij$^1$ | ljị$^1$ | lhjịj$^2$ |
| 尔 | 时， | 如 | 来 | 净 | 垢 | 无 | 宝 | 月 |

若有能说，无有是处，除一阐提①。尔时，如来告净无垢宝月

**28.58.5**

| | | | | | | | | |
|---|---|---|---|---|---|---|---|---|
| njij$^2$ | bji$^1$ | po$^1$ | tsa$^1$ | ma$^2$ | ŋạ$^2$ | tsa$^1$ | ·jij$^1$ | dạ$^2$ |

① 一阐提，西夏文音译为“[illegible]”(·jɨ$^1$ tśhja$^1$ thji$^1$)。

| | | | | | | | | |
|---|---|---|---|---|---|---|---|---|
| 王 | 光 | 菩 | 萨 | 摩 | 诃 | 萨 | 之 | 言 |
| [illegible]： | [illegible] | [illegible] | [illegible]， | [illegible] | [illegible] | [illegible] | [illegible] | [illegible] |
| ·jɨ$^{2}$ | neew$^{2}$ | goor$^{1}$ | gji$^{2}$ | ŋa$^{2}$ | sjij$^{1}$ | nji$^{2}$ | ·jij$^{1}$ | ·jị$^{2}$ |
| 谓： | 善 | 男 | 子， | 我 | 今 | 汝 | 之 | 更 |

王光菩萨摩诃萨言：善男子，我今为汝，

**28.58.6**

| | | | | | | | | |
|---|---|---|---|---|---|---|---|---|
| [illegible] | [illegible] | [illegible] | [illegible] | [illegible]。 | [illegible] | [illegible] | [illegible]， | [illegible] |
| dzjọ$^{1}$ | dạ$^{2}$ | tshjiij$^{1}$ | wji$^{1}$ | nja$^{2}$ | neew$^{2}$ | goor$^{1}$ | gji$^{2}$ | tśhji$^{2}$ |
| 喻 | 言 | 说 | 作 | △。 | 善 | 男 | 子， | 根 |
| [illegible] | [illegible] | [illegible] | [illegible] | [illegible] | [illegible] | [illegible]， | [illegible] | [illegible] |
| dźja$^{2}$ | dźiã$^{2}$ | tsjij$^{2}$ | ɣạ$^{2}$ | tsew$^{2}$ | ljɨ̣$^{2}$ | dźjiij$^{1}$ | njɨɨ$^{1}$ | ŋa$^{2}$ |
| 利 | 菩 | 萨 | 十 | 第 | 地 | 住， | 二 | 我 |

更说譬喻。善男子，利根菩萨住第十地，除二

**28.59.1**

| | | | | | | | | |
|---|---|---|---|---|---|---|---|---|
| [illegible] | [illegible]。 | [illegible] | [illegible] | [illegible] | [illegible] | [illegible]， | [illegible] | [illegible] |
| mjij$^{1}$ | phja$^{1}$ | lhejr$^{2}$ | lhjoor$^{1}$ | ·u$^{2}$ | dzuu$^{2}$ | tja$^{1}$ | phja$^{1}$ | nioow$^{1}$ |
| 无 | 除。 | 道 | 场 | 内 | 坐 | 者， | 除 | 因 |
| [illegible] | [illegible] | [illegible]， | [illegible] | [illegible] | [illegible] | [illegible] | [illegible]？ | [illegible] |
| ku$^{1}$ | dzuu$^{2}$ | nioow$^{1}$ | mjij$^{1}$ | phja$^{1}$ | nioow$^{1}$ | dzuu$^{2}$ | ljɨ̣$^{1}$ | dzjɨj$^{1}$ |
| 故 | 坐 | 因， | 不 | 除 | 因 | 坐 | 也？ | 时 |

无我。坐道场者，为除故坐，不除坐耶？时

**28.59.2**

| | | | | | | | | |
|---|---|---|---|---|---|---|---|---|
| [illegible] | [illegible] | [illegible] | [illegible] | [illegible] | [illegible] | [illegible] | [illegible] | [illegible] |
| sej$^{1}$ | ror$^{2}$ | mjij$^{1}$ | ljɨ̣$^{1}$ | lhjịj$^{2}$ | njij$^{2}$ | bji$^{1}$ | po$^{1}$ | tsa$^{1}$ |
| 净 | 垢 | 无 | 宝 | 月 | 王 | 光 | 菩 | 萨 |
| [illegible] | [illegible] | [illegible] | [illegible] | [illegible] | [illegible] | [illegible] | [illegible]： | [illegible] |
| ma$^{2}$ | ŋạ$^{2}$ | tsa$^{1}$ | rjur$^{1}$ | pjụ$^{1}$ | ·jij$^{1}$ | dạ$^{2}$ | ·jɨ$^{2}$ | śji$^{1}$ |
| 摩 | 诃 | 萨 | 世 | 尊 | 之 | 言 | 谓： | 昔 |

净无垢宝月王光菩萨摩诃萨言：世尊，

**28.59.3**

| | | | | | | | | |
|---|---|---|---|---|---|---|---|---|
| [illegible] | [illegible] | [illegible] | [illegible], | [illegible] | [illegible]。 | [illegible] | [illegible] | [illegible] |
| phja¹ | nioow¹ | ku¹ | dzuu² | rjur¹ | pjụ¹ | phja¹ | nioow¹ | ku¹ |
| 除 | 因 | 故 | 坐, | 世 | 尊。 | 除 | 因 | 故 |
| [illegible], | [illegible] | [illegible]。 | | | | | | |
| dzuu² | neew² | bjiij² | | | | | | |
| 坐, | 善 | 逝。 | | | | | | |

已除故坐,世尊。已除故坐,善逝。

## 汉文本

时净无垢宝月王光菩萨摩诃萨白佛言:世尊,此诸声闻,断诸有漏,离于三有,生分已断,而有性故。为如来授阿耨多罗三藐三菩提记者,此事云何?

佛言:善男子,我今为汝,说于譬喻。善男子,譬如灌顶转轮圣王,具足千子,随最大者,授其王位。然彼轮王,以子根钝,应初教者,而中教之,应中教者,而后教之,一切工巧咒术等事。然是王子,以根钝故,应初学者,而中学之,应中学者,而后学之。善男子,于意云何?彼轮王子,如是学已,岂可非是王正子耶?

时净无垢宝月王光菩萨摩诃萨言:不也,世尊。不尔,善逝。是真王子。

佛言:善男子,菩萨摩诃萨,亦复如是。以根钝故,应初学者,而中学之,应中学者,而后学之。如是依观众生五阴,灭诸烦恼。烦恼灭已,然后得成阿耨多罗三藐三菩提。善男子,于意云何?彼诸声闻,以此因缘,得成正觉,岂可得言声闻不得成正觉耶?

时净无垢宝月王光菩萨摩诃萨言:如是,世尊。我曾不见,若人若天,若魔若梵,是等众中,而有能说声闻不得成正觉者。若有能说,无有是处,除一阐提。

尔时,如来告净无垢宝月王光菩萨摩诃萨言:善男子,我今为汝,更说譬喻。善男子,利根菩萨住第十地,除二无我。坐道场者,为除故坐,不除坐耶?

时净无垢宝月王光菩萨摩诃萨言:世尊,已除故坐,世尊。已除故坐,善逝。

**28.59.3**

| | | | | | |
|---|---|---|---|---|---|
| [illegible] | [illegible]: | [illegible] | [illegible] | [illegible], | [illegible] |
| tha¹ | dạ² | neew² | goor¹ | gji² | thja² |
| 佛 | 言: | 善 | 男 | 子, | 彼 |

佛言:善男子,彼

**28.59.4**

[illegible] [illegible] [illegible], [illegible] [illegible] [illegible] [illegible], [illegible] [illegible] tśhji$^{2}$ dźja$^{2}$ mjijr$^{2}$ thjɨ$^{2}$ ·jiw$^{1}$ nioow$^{1}$ bju$^{1}$ tśhja$^{2}$ ka$^{1}$

根 利 者， 此 因 缘 以， 正 等

[illegible]

dwewr$^{2}$ ·a śjɨj$^{1}$ ljɨ$^{1}$ dzjɨj$^{1}$ sej$^{1}$ ror$^{2}$ mjij$^{1}$ ljɨ$^{1}$

觉 △ 成 也？ 时 净 垢 无 宝

利根者，以此因缘，岂可不得成正觉耶？时净无垢宝

**28.59.5**

[illegible]

lhjij$^{2}$ njij$^{2}$ bji$^{1}$ po$^{1}$ tsa$^{1}$ ma$^{2}$ ŋạ$^{2}$ tsa$^{1}$ dạ$^{2}$

月 王 光 菩 萨 摩 诃 萨 言：

[illegible]

śjɨj$^{1}$ ljɨ$^{1}$ rjur$^{1}$ pjụ$^{1}$ śjɨj$^{1}$ ljɨ$^{1}$ neew$^{2}$ bjiij$^{2}$ tśhjɨ$^{1}$

成 也， 世 尊。 成 也， 善 逝。 尔

月王光菩萨摩诃萨言：得成，世尊。得成，善逝。尔

**28.59.6**

[illegible]

zjọ$^{2}$ rjur$^{1}$ pjụ$^{1}$ sej$^{1}$ ror$^{2}$ mjij$^{1}$ ljɨ$^{1}$ lhjij$^{2}$ njij$^{2}$

时， 世 尊 净 垢 无 宝 月 王

[illegible]

bji$^{1}$ po$^{1}$ tsa$^{1}$ ma$^{2}$ ŋạ$^{2}$ tsa$^{1}$ ·jij$^{1}$ dạ$^{2}$ ·jɨ$^{2}$

光 菩 萨 摩 诃 萨 之 言 谓：

时，如来①告净无垢宝月王光菩萨摩诃萨言：

**28.60.1**

[illegible]

neew$^{2}$ goor$^{1}$ gji$^{2}$ thjɨ$^{2}$ tsjɨ$^{1}$ thja$^{2}$ wjɨ$^{2}$ sju$^{2}$ ljɨ$^{1}$

善 男 子， 是 亦 彼 △ 如 也。

[illegible]

① 如来，西夏文译作“[illegible]”（世尊）。

tśhjɨ¹ zjọ² sej¹ ror² mjij¹ ljɨ̣¹ lhjịj² njij² bji¹

尔 时， 净 垢 无 宝 月 王 光

善男子，此处亦如是。尔时，净无垢宝月王光

**28.60.2**

[illegible] [illegible] [illegible] [illegible] [illegible] [illegible]： [illegible] [illegible]， [illegible]

po¹ tsa¹ ma² ŋạ² tsa¹ dạ² rjur¹ pjụ¹ mjor¹

菩 萨 摩 诃 萨 言： 世 尊， 如

[illegible] [illegible] [illegible] [illegible] [illegible] [illegible] [illegible] [illegible] [illegible]

ljij² pjɨ¹ njwo² thjij² sjo² ·a na¹ ·jij¹ wər²

来 往 昔 何 云 阿 难 之 脊

菩萨摩诃萨言：世尊，如来何故昔告阿难

**28.60.3**

[illegible] [illegible] [illegible] [illegible] [illegible]？ [illegible] [illegible]： [illegible] [illegible]

zjir² ŋo² ŋa² ·jɨ² nja² tha¹ dạ² neew² goor¹

背 病 △ 谓 △？ 佛 言： 善 男

[illegible]， [illegible] [illegible] [illegible] [illegible] [illegible] [illegible] [illegible] [illegible]

gji² ŋa² kụ¹ zjọ² dźiã² tśhju¹ ·jij¹ njij² śjow¹

子， 我 后 世 情 有 之 慈 悲

我患背痛？佛言：善男子，我观后世，怜愍众生。

**28.60.4**

[illegible]。 [illegible] [illegible] [illegible] [illegible]， [illegible] [illegible] [illegible] [illegible]

nioow¹ wər² zjir² ŋa² ·jɨ² ŋa² rjur¹ ŋo² dzjwo²

故。 脊 背 我 言， 我 诸 病 人

[illegible]， [illegible] [illegible] [illegible] [illegible]。 [illegible] [illegible] [illegible] [illegible]

njɨ² thjɨ² sju² rjijr² ·jɨ² tha¹ kię¹ dźja² ljụ²

等， 是 如 △ 谓。 佛 金 刚 身

作如是说①：言我背痛，令诸病者。作如是知：佛金刚身

① 作如是说，西夏文未译。“作如是知”同。

**28.60.5**

| | | | | | | | | | |
|---|---|---|---|---|---|---|---|---|---|
| [illegible] | [illegible] | [illegible] | [illegible] | [illegible]， | [illegible] | [illegible] | [illegible] | [illegible] | [illegible] |
| tsjɨ$^{1}$ | wər$^{2}$ | zjir$^{2}$ | ŋo$^{2}$ | dju$^{1}$ | nioow$^{1}$ | ŋa$^{2}$ | njɨ$^{2}$ | nioow$^{1}$ | dzjij$^{2}$ |
| 亦 | 脊 | 背 | 病 | 有， | 又 | 我 | 等 | 及 | 余 |
| [illegible] | [illegible] | [illegible]， | [illegible] | [illegible] | [illegible]？ | [illegible] | [illegible] | [illegible] | |
| ljijr$^{1}$ | dzjwo$^{2}$ | ·jɨ$^{2}$ | tji̱$^{2}$ | ljo̱$^{1}$ | ·wjij$^{2}$ | thjɨ$^{2}$ | da̱$^{2}$ | nioow$^{1}$ | |
| 向 | 人 | 谓， | 可 | 岂 | 有？ | 是 | 事 | 因 | |

尚有背痛，何况我等及其余者？以是事故，

**28.60.6**

| | | | | | | | | |
|---|---|---|---|---|---|---|---|---|
| [illegible]， | [illegible] | [illegible] | [illegible] | [illegible]， | [illegible] | [illegible] | [illegible] | [illegible] |
| ku$^{1}$ | thjɨ$^{2}$ | sju$^{2}$ | ·jɨ$^{2}$ | ŋa$^{2}$ | rjur$^{1}$ | we̱$^{1}$ | lə | dzjwo$^{2}$ |
| 故， | 是 | 如 | 谓 | △， | 诸 | 愚 | 痴 | 人 |
| [illegible] | [illegible] | [illegible] | [illegible]， | [illegible] | [illegible] | [illegible] | [illegible] | [illegible] |
| thja$^{1}$ | bju$^{1}$ | zjɨr$^{1}$ | zow$^{2}$ | tha$^{1}$ | zji$^{2}$ | dju$^{1}$ | wər$^{2}$ | zjir$^{2}$ |
| 彼 | 如 | 实 | 取， | 佛 | 最 | 有 | 脊 | 背 |

我说此言，而诸愚人如实取之，谓佛有病有背痛等，

**28.61.1**

| | | | | | | | | |
|---|---|---|---|---|---|---|---|---|
| [illegible] | [illegible] | [illegible] | [illegible]， | [illegible] | [illegible] | [illegible] | [illegible] | [illegible]， |
| ŋo$^{2}$ | thjwɨ$^{1}$ | djij$^{2}$ | ·jɨ$^{2}$ | ku$^{1}$ | thjɨ$^{2}$ | nioow$^{1}$ | ·jij$^{1}$ | ljiij$^{2}$ |
| 病 | 染 | △ | 谓， | 则 | 是 | 因 | 自 | 坏， |
| [illegible] | [illegible] | [illegible] | [illegible] | [illegible]。 | [illegible] | [illegible] | [illegible] | [illegible] |
| mjɨ$^{1}$ | tsjɨ$^{1}$ | ljiij$^{2}$ | phji$^{1}$ | ljɨ$^{1}$ | mjor$^{1}$ | ljij$^{2}$ | nioow$^{1}$ | sej$^{1}$ |
| 他 | 亦 | 坏 | 令 | 也。 | 如 | 来 | 复 | 净 |

则便自坏，亦令他坏。如来复告净

**28.61.2**

| | | | | | | | | |
|---|---|---|---|---|---|---|---|---|
| [illegible] | [illegible] | [illegible] | [illegible] | [illegible] | [illegible] | [illegible] | [illegible] | [illegible] |
| ror$^{2}$ | mjij$^{1}$ | ljɨ̱$^{1}$ | lhji̱j$^{2}$ | njij$^{2}$ | bji$^{1}$ | po$^{1}$ | tsa$^{1}$ | ma$^{2}$ |
| 垢 | 无 | 宝 | 月 | 王 | 光 | 菩 | 萨 | 摩 |

| | | | | | | | | |
|---|---|---|---|---|---|---|---|---|
| [illegible] | [illegible] | [illegible] | [illegible] | [illegible]： | [illegible] | [illegible] | [illegible]， | [illegible] |
| ŋạ$^{2}$ | tsa$^{1}$ | ·jij$^{1}$ | dạ$^{2}$ | ·jɨ$^{2}$ | neew$^{2}$ | goor$^{1}$ | gji$^{2}$ | ŋa$^{2}$ |
| 诃 | 萨 | 之 | 言 | 谓： | 善 | 男 | 子， | 我 |

无垢宝月王光菩萨摩诃萨言：善男子，我

**28.61.3**

| | | | | | | | | |
|---|---|---|---|---|---|---|---|---|
| [illegible] | [illegible] | [illegible] | [illegible] | [illegible] | [illegible] | [illegible] | [illegible]① | [illegible]， |
| pjɨ$^{1}$ | njwo$^{2}$ | rjur$^{1}$ | phji$^{2}$ | khjiw$^{2}$ | ·jij$^{1}$ | ŋa$^{2}$ | dja$^{2}$ | nar$^{2}$ |
| 往 | 昔 | 诸 | 比 | 丘 | 之 | 我 | △ | 老， |
| [illegible] | [illegible] | [illegible] | [illegible] | [illegible] | [illegible] | [illegible] | [illegible] | [illegible] |
| ŋa$^{2}$ | njɨ$^{2}$ | nji$^{2}$ | tshji$^{2}$ | mjijr$^{2}$ | dja$^{2}$ | ·ju$^{2}$ | wji$^{1}$ | ŋa$^{2}$ |
| 我 | 等 | 汝 | 侍 | 者 | △ | 觅 | 作 | △ |

于昔日告比丘言，我今老弊，汝可为我

**28.61.4**

| | | | | | | | | |
|---|---|---|---|---|---|---|---|---|
| [illegible]。 | [illegible] | [illegible]， | [illegible] | [illegible] | [illegible] | [illegible] | [illegible] | [illegible] |
| ·jɨ$^{2}$ | ŋa$^{2}$ | tja$^{1}$ | thja$^{1}$ | tsjɨ$^{1}$ | kụ$^{1}$ | zjọ$^{2}$ | dzjwo$^{2}$ | ·jij$^{1}$ |
| 谓。 | 我 | 者， | 彼 | 亦 | 后 | 世 | 人 | 之 |
| [illegible] | [illegible] | [illegible]， | [illegible] | [illegible] | [illegible] | [illegible]。 | [illegible] | [illegible] |
| njij$^{2}$ | śjow$^{1}$ | nioow$^{1}$ | thji$^{2}$ | sju$^{2}$ | ·jɨ$^{2}$ | ŋa$^{2}$ | kụ$^{1}$ | zjọ$^{2}$ |
| 慈 | 悲 | 故， | 是 | 如 | 言 | △。 | 后 | 世 |

推觅侍者。善男子，我说此言，亦为怜愍念后世故，作如是说。为令后世

**28.61.5**

| | | | | | | | | |
|---|---|---|---|---|---|---|---|---|
| [illegible] | [illegible] | [illegible] | [illegible]② | [illegible] | [illegible] | [illegible]， | [illegible] | [illegible] |
| ɣię$^{2}$ | mji$^{1}$ | dzjiij$^{2}$ | ɣiew$^{1}$ | dja$^{2}$ | nar$^{2}$ | zjij$^{1}$ | tshji$^{2}$ | mjijr$^{2}$ |
| 声 | 闻 | 弟 | 学 | △ | 老 | 时， | 侍 | 者 |
| [illegible] | [illegible] | [illegible]。 | [illegible] | [illegible] | [illegible] | [illegible]， | [illegible] | [illegible] |
| djij$^{2}$ | ·ju$^{2}$ | nioow$^{1}$ | ŋa$^{2}$ | sjij$^{1}$ | dja$^{2}$ | nar$^{2}$ | tshji$^{2}$ | mjijr$^{2}$ |
| 当 | 觅 | 故。 | 我 | 今 | △ | 老， | 侍 | 者 |

① “[illegible]”误倒，据右侧乙正符号校正。

② [illegible]（弟学），疑应为“[illegible]”（弟子）。

声闻弟子年老朽弊，应须给侍。故说此言，我今老弊，须觅侍者。

**28.61.6**

| | | | | | | | | |
|---|---|---|---|---|---|---|---|---|
| [illegible] | [illegible] | [illegible]。 | [illegible] | [illegible] | [illegible] | [illegible]， | [illegible] | [illegible] |
| śjwi$^{2}$ | ŋa$^{2}$ | ·jɨ$^{2}$ | ŋa$^{2}$ | mjij$^{2}$ | jij$^{2}$ | zjọ$^{2}$ | dzjwo$^{2}$ | thjɨ$^{2}$ |
| 须 | △ | 谓。 | 我 | 未 | 来 | 世， | 人 | 是 |
| [illegible] | [illegible] | [illegible]， | [illegible] | [illegible] | [illegible] | [illegible]。 | [illegible] | [illegible] |
| sju$^{2}$ | nwə$^{1}$ | ku$^{1}$ | lhjii$^{1}$ | lhjwo$^{1}$ | njiij$^{1}$ | mjij$^{1}$ | thjɨ$^{2}$ | wo$^{2}$ |
| 如 | 知 | 故， | 悔 | 退 | 心 | 不。 | 是 | 义 |

令未来世，如是知已，不生退转。以是义

**28.62.1**

| | | | | | | | | |
|---|---|---|---|---|---|---|---|---|
| [illegible]， | [illegible] | [illegible] | [illegible]， | [illegible] | [illegible] | [illegible] | [illegible]① | [illegible] |
| nioow$^{1}$ | ku$^{1}$ | ŋa$^{2}$ | nar$^{2}$ | ŋa$^{2}$ | nji$^{2}$ | njɨ$^{2}$ | tshji$^{2}$ | mjijr$^{2}$ |
| 因， | 故 | 我 | 老， | 我 | 汝 | 等 | 侍 | 者 |
| [illegible] | [illegible] | [illegible] | [illegible] | [illegible] | [illegible]， | [illegible] | [illegible] | [illegible] |
| dja$^{2}$ | ·ju$^{2}$ | wji$^{1}$ | ŋa$^{2}$ | ·jɨ$^{2}$ | ŋa$^{2}$ | rjur$^{1}$ | wẹ$^{1}$ | lə |
| △ | 觅 | 作 | △ | 谓 | △， | 诸 | 愚 | 痴 |

故，我说此言，我今老弊，汝可为我推觅侍者，而诸愚

**28.62.2**

| | | | | | | | | |
|---|---|---|---|---|---|---|---|---|
| [illegible] | [illegible] | [illegible] | [illegible] | [illegible]， | [illegible] | [illegible] | [illegible] | [illegible] |
| dzjwo$^{2}$ | thja$^{1}$ | bju$^{1}$ | zjɨr$^{1}$ | zow$^{2}$ | mjor$^{1}$ | ljij$^{2}$ | dja$^{2}$ | nar$^{2}$ |
| 人 | 彼 | 如 | 实 | 取， | 如 | 来 | △ | 老 |
| [illegible] | [illegible] | [illegible] | [illegible] | [illegible] | [illegible]。 | | | |
| tshji$^{2}$ | mjijr$^{2}$ | ·ju$^{2}$ | wji$^{1}$ | djij$^{2}$ | ·jɨ$^{2}$ | | | |
| 侍 | 者 | 觅 | 作 | △ | 谓。 | | | |

人如实取之，如来老弊故须侍者。

① 原文误为“[illegible]”，文义不通，据汉文本，当作“[illegible]”。

## 汉文本

佛言:善男子,彼利根者,以此因缘,岂可不得成正觉耶?

时净无垢宝月王光菩萨摩诃萨言:得成,世尊。得成,善逝。

尔时,如来告净无垢宝月王光菩萨摩诃萨言:善男子,此处亦如是。

尔时,净无垢宝月王光菩萨摩诃萨言:世尊,如来何故昔告阿难我患背痛?

佛言:善男子,我观后世,怜愍众生。作如是说:言我背痛,令诸病者。作如是知:佛金刚身,尚有背痛,何况我等及其余者?以是事故,我说此言,而诸愚人如实取之,谓佛有病有背痛等,则便自坏,亦令他坏。

如来复告净无垢宝月王光菩萨摩诃萨言:善男子,我于昔日告比丘言,我今老弊,汝可为我推觅侍者。善男子,我说此言,亦为怜愍念后世故,作如是说。为令后世声闻弟子年老朽弊,应须给侍。故说此言,我今老弊,须觅侍者。令未来世,如是知已,不生退转。以是义故,我说此言,我今老弊,汝可为我推觅侍者,而诸愚人如实取之,如来老弊故须侍者。

**28.62.3**

| | | | | | | | | |
|---|---|---|---|---|---|---|---|---|
| [illegible] | [illegible] | [illegible], | [illegible] | [illegible] | [illegible] | [illegible] | [illegible] | [illegible] |
| neew$^{2}$ | goor$^{1}$ | gji$^{2}$ | ŋa$^{2}$ | boo$^{2}$ | ljɨj$^{1}$ | khji$^{1}$ | pho$^{1}$ | ljịj$^{2}$ |
| 善 | 男 | 子, | 我 | 目 | 连 | 耆 | 婆 | 大 |
| [illegible] | [illegible] | [illegible] | [illegible] | [illegible] | [illegible], | [illegible] | [illegible] | [illegible] |
| djị$^{2}$ | njij$^{2}$ | do$^{2}$ | rjɨr$^{2}$ | wjị$^{2}$ | ŋa$^{2}$ | tsə$^{1}$ | thji$^{1}$ | śjij$^{1}$ |
| 医 | 王 | 处 | △ | 遣 | △, | 药 | 服 | 顺 |

善男子,云何当知,佛告目连,令到耆婆大医王所,问服药法,

**28.62.4**

| | | | | | | | | |
|---|---|---|---|---|---|---|---|---|
| [illegible] | [illegible] | [illegible] | [illegible] | [illegible]。 | [illegible] | [illegible] | [illegible], | [illegible] |
| ·jɨr$^{1}$ | śjɨ$^{1}$ | phjo$^{2}$ | ŋa$^{2}$ | tja$^{1}$ | neew$^{2}$ | goor$^{1}$ | gji$^{2}$ | thja$^{1}$ |
| 问 | 往 | 令 | △ | 者。 | 善 | 男 | 子, | 彼 |
| [illegible] | [illegible] | [illegible] | [illegible] | [illegible] | [illegible] | [illegible], | [illegible] | [illegible] |
| tsjɨ$^{1}$ | kụ$^{1}$ | zjọ$^{2}$ | dzjwo$^{2}$ | ·jij$^{1}$ | njij$^{2}$ | śjow$^{1}$ | nioow$^{1}$ | thjɨ$^{2}$ |
| 亦 | 后 | 世 | 人 | 之 | 慈 | 悲, | 故 | 是 |

善男子,此亦是我怜愍后世,

**28.62.5**

| | | | | | | | | |
|---|---|---|---|---|---|---|---|---|
| [illegible] | [illegible]。 | [illegible] | [illegible] | [illegible] | [illegible] | [illegible], | [illegible] | [illegible] |

| | | | | | | | | |
|---|---|---|---|---|---|---|---|---|
| sju$^{2}$ | ·jɨ$^{2}$ | ŋa$^{2}$ | rjur$^{1}$ | ɣię$^{2}$ | mji$^{1}$ | njɨ$^{2}$ | ljụ$^{2}$ | tsə̣$^{1}$ |
| 如 | 谓。 | 我 | 诸 | 声 | 闻 | 等， | 身 | 药 |
| [illegible] | [illegible] | [illegible] | [illegible]。 | [illegible] | [illegible] | [illegible] | [illegible] | [illegible] |
| ɣa$^{2}$ | rjijr$^{2}$ | bju$^{1}$ | gjị$^{2}$ | ŋa$^{2}$ | ·jij$^{1}$ | wjij$^{2}$ | lə | tha$^{1}$ |
| 于 | △ | 依 | 止。 | 我 | 之 | △ | 忆 | 佛 |

故作是说。有诸声闻，假药将身。彼当忆我佛

**28.62.6**

| | | | | | | | | |
|---|---|---|---|---|---|---|---|---|
| [illegible] | [illegible] | [illegible]， | [illegible] | [illegible] | [illegible] | [illegible]， | [illegible] | [illegible] |
| kię$^{1}$ | dźja$^{2}$ | ljụ$^{2}$ | tsjɨ$^{1}$ | tsə̣$^{1}$ | thji$^{1}$ | djij$^{2}$ | ŋa$^{2}$ | njɨ$^{2}$ |
| 金 | 刚 | 身， | 亦 | 药 | 服 | △， | 我 | 等 |
| [illegible] | [illegible] | [illegible] | [illegible] | [illegible]， | [illegible] | [illegible] | [illegible]？ | [illegible] |
| nioow$^{1}$ | dzjij$^{2}$ | ljijr$^{1}$ | dzjwo$^{2}$ | ·jɨ$^{2}$ | tjị$^{2}$ | ljọ$^{1}$ | ·wjij$^{2}$ | thjɨ$^{2}$ |
| 及 | 余 | 向 | 人 | 谓， | 可 | 岂 | 有？ | 是 |

金刚身，犹尚服药，何况我等及其余者？

**28.63.1**

| | | | | | | | | |
|---|---|---|---|---|---|---|---|---|
| [illegible] | [illegible] | [illegible]， | [illegible] | [illegible] | [illegible] | [illegible] | [illegible] | [illegible] |
| dạ$^{2}$ | nioow$^{1}$ | ku$^{1}$ | boo$^{2}$ | ljɨj$^{1}$ | ·jij$^{1}$ | khji$^{1}$ | pho$^{1}$ | ljịj$^{2}$ |
| 事 | 因 | 故， | 目 | 连 | 之 | 耆 | 婆 | 大 |
| [illegible] | [illegible] | [illegible] | [illegible] | [illegible] | [illegible]， | [illegible] | [illegible] | [illegible] |
| djị$^{2}$ | njij$^{2}$ | do$^{2}$ | rjɨr$^{2}$ | wjị$^{2}$ | ŋa$^{2}$ | tsə̣$^{1}$ | thji$^{1}$ | śjij$^{1}$ |
| 医 | 王 | 处 | △ | 遣 | △， | 药 | 服 | 顺 |

以是事故，我说此言，汝到耆婆大医王所，问服药法。

**28.63.2**

| | | | | | | | | |
|---|---|---|---|---|---|---|---|---|
| [illegible] | [illegible] | [illegible] | [illegible]。 | [illegible] | [illegible] | [illegible] | [illegible] | [illegible] |
| ·jɨr$^{1}$ | śjɨ$^{1}$ | phjo$^{2}$ | ŋa$^{2}$ | rjur$^{1}$ | wẹ$^{1}$ | lə | dzjwo$^{2}$ | thja$^{2}$ |
| 问 | 往 | 令 | △。 | 诸 | 愚 | 痴 | 人 | 彼 |
| [illegible] | [illegible] | [illegible]， | [illegible] | [illegible] | [illegible] | [illegible] | [illegible] | [illegible] |
| bju$^{1}$ | zjɨr$^{1}$ | zow$^{2}$ | mjor$^{1}$ | ljij$^{2}$ | ·jij$^{1}$ | ljụ$^{2}$ | tsjɨ$^{1}$ | rjar$^{1}$ |
| 如 | 实 | 取， | 如 | 来 | 之 | 身 | 亦 | 患 |

而诸愚人如实取之，谓如来身

**28.63.3**

| | | | | | | | | |
|---|---|---|---|---|---|---|---|---|
| [illegible] | [illegible] | [illegible] | [illegible]。 | [illegible] | [illegible] | [illegible]， | [illegible] | [illegible] |
| ŋo$^{2}$ | ljụ$^{2}$ | ŋwu$^{2}$ | ·jɨ$^{2}$ | neew$^{2}$ | goor$^{1}$ | gji$^{2}$ | mjor$^{1}$ | ljịj$^{2}$ |
| 病 | 身 | 是 | 谓。 | 善 | 男 | 子， | 如 | 来 |
| [illegible] | [illegible] | [illegible] | [illegible] | [illegible] | [illegible] | [illegible] | [illegible] | [illegible] |
| pjɨ$^{1}$ | njwo$^{2}$ | boo$^{2}$ | ljɨ$^{1}$ | phji$^{2}$ | khjiw$^{2}$ | ·jij$^{1}$ | khji$^{1}$ | pho$^{1}$ |
| 往 | 昔 | 目 | 连 | 比 | 丘 | 之 | 耆 | 婆 |

是病患身。善男子，如来昔告目连比丘，令彼目连问耆婆

**28.63.4**

| | | | | | | | | |
|---|---|---|---|---|---|---|---|---|
| [illegible]， | [illegible] | [illegible] | [illegible] | [illegible] | [illegible] | [illegible]。 | [illegible] | [illegible] |
| do$^{2}$ | tsə̣$^{1}$ | thji$^{1}$ | śjij$^{1}$ | ·jɨr$^{1}$ | śjɨ$^{1}$ | phji$^{1}$ | khji$^{1}$ | pho$^{1}$ |
| 处， | 药 | 服 | 顺 | 问 | 往 | 令。 | 耆 | 婆 |
| [illegible] | [illegible]， | [illegible] | [illegible] | [illegible] | [illegible]。 | [illegible] | [illegible] | [illegible] |
| mə$^{2}$ | rjur$^{1}$ | tśjɨj$^{1}$ | tśjɨj$^{1}$ | mjij$^{1}$ | kụ$^{2}$ | lew$^{1}$ | lhə | thji$^{1}$ |
| 忧 | 恨， | 正 | 正 | 不 | 答。 | 但 | 苏 | 服 |

药。耆婆无容①，故不正答，唯作是言②：

**28.63.5**

| | | | | | | | | |
|---|---|---|---|---|---|---|---|---|
| [illegible]， | [illegible] | [illegible] | [illegible] | [illegible] | [illegible]。 | [illegible] | [illegible] | [illegible] |
| lew$^{2}$ | lew$^{1}$ | lhə | thji$^{1}$ | lew$^{2}$ | ·jɨ$^{2}$ | mjor$^{1}$ | ljịj$^{2}$ | sjwɨj$^{1}$ |
| 当， | 但 | 苏 | 服 | 当 | 谓。 | 如 | 来 | 业 |
| [illegible] | [illegible] | [illegible]， | [illegible] | [illegible] | [illegible] | [illegible] | [illegible]， | [illegible] |
| tshja$^{2}$ | ·wjị$^{2}$ | śja$^{2}$ | rjur$^{1}$ | dzjiij$^{2}$ | gji$^{2}$ | mji$^{1}$ | ku$^{1}$ | thja$^{2}$ |
| 报 | 示 | 现， | 诸 | 弟 | 子 | 闻 | 故， | 彼 |

但当服苏，但当服苏。然是如来示业果报，令诸弟子闻，

**28.63.6**

| | | | | | | | | |
|---|---|---|---|---|---|---|---|---|
| [illegible] | [illegible] | [illegible] | [illegible] | [illegible] | [illegible] | [illegible] | [illegible]。 | [illegible] |

① 无容，西夏文音译为“[illegible][illegible]”。

② 唯作是言，西夏译文未译。

| | | | | | | | | |
|---|---|---|---|---|---|---|---|---|
| bju¹ | sjwɨ¹ | lə | njiij¹ | mjij¹ | lhjii¹ | lhjwo¹ | ljɨ¹ | neew² |
| 依 | 忧 | 忆 | 心 | 不 | 悔 | 退 | 也。 | 善 |
| [illegible] | [illegible]， | [illegible] | [illegible] | [illegible] | [illegible] | [illegible] | [illegible]， | [illegible] |
| goor¹ | gji² | mjor¹ | ljịj² | rjur¹ | rjur¹ | tśja¹ | nioow¹ | dzji¹ |
| 男 | 子， | 如 | 来 | 诸 | 诸 | 道 | 外， | 尼 |

当忆知而不退还。善男子，如来处处逐诸外道，尼

**28.64.1**

| | | | | | | | | |
|---|---|---|---|---|---|---|---|---|
| [illegible] | [illegible] | [illegible] | [illegible] | [illegible] | [illegible] | [illegible] | [illegible] | [illegible]， |
| khja² | gji² | njɨ² | rjir² | buu² | wo² | ljwu¹ | dwə¹ | tja¹ |
| 干 | 子 | 等 | 与 | 胜 | 义 | 间 | 捔 | 者， |
| [illegible] | [illegible] | [illegible] | [illegible]？ | [illegible] | [illegible] | [illegible]， | [illegible] | [illegible] |
| thja¹ | dạ² | thjij² | sjo² | neew² | goor¹ | gji² | ŋa² | kụ¹ |
| 彼 | 事 | 何 | 云？ | 善 | 男 | 子， | 我 | 后 |

干子等，捔胜论义，此事云何？善男子，我

**28.64.2**

| | | | | | | | | |
|---|---|---|---|---|---|---|---|---|
| [illegible] | [illegible] | [illegible] | [illegible] | [illegible] | [illegible]， | [illegible] | [illegible] | [illegible] |
| zjọ² | dźiã² | tśhju¹ | ·jij¹ | njij² | śjow¹ | nioow¹ | thjɨ² | sju² |
| 世 | 情 | 有 | 之 | 慈 | 悲， | 故 | 是 | 如 |
| [illegible] | [illegible] | [illegible] | [illegible]。 | [illegible] | [illegible] | [illegible] | [illegible] | [illegible] |
| dạ² | rjɨr² | wjo¹ | ŋa² | thja¹ | dźiã² | tśhju¹ | ·jij¹ | thjɨ² |
| 事 | △ | 作 | △。 | 彼 | 情 | 有 | 之 | 是 |

观后世，愍念众生，故作是事。令彼众生作如是

**28.64.3**

| | | | | | | | | |
|---|---|---|---|---|---|---|---|---|
| [illegible] | [illegible] | [illegible]： | [illegible] | [illegible] | [illegible] | [illegible]， | [illegible] | [illegible] |
| sju² | djij² | nwə¹ | rjur¹ | tha¹ | mjor¹ | ljịj² | tśhja² | ɣiej¹ |
| 如 | 当 | 知： | 诸 | 佛 | 如 | 来， | 正 | 真 |
| [illegible] | [illegible]， | [illegible] | [illegible] | [illegible] | [illegible] | [illegible]， | [illegible] | [illegible] |
| tśhja² | dwewr² | tsjɨ¹ | ljwịj¹ | lhji | dźjij² | ljɨ¹ | wja¹ | ŋa² |
| 正 | 觉， | 亦 | 怨 | 畏 | 有 | 也， | 曰 | 我 |

知:诸佛如来,正真正觉,尚有怨家,何况我等

**28.64.4**

| | | | | | | | | |
|---|---|---|---|---|---|---|---|---|
| □ | □ | □ | □ | □ | □, | □ | □ | □? |
| njɨ$^{2}$ | nioow$^{1}$ | dzjij$^{2}$ | ljijr$^{1}$ | dzjwo$^{2}$ | ·jɨ$^{2}$ | tjị$^{2}$ | ljọ$^{1}$ | ·wjij$^{2}$ |
| 等 | 及 | 余 | 向 | 人 | 谓, | 可 | 岂 | 有? |
| □ | □ | □ | □ | □ | □ | □ | □, | □ |
| rjur$^{1}$ | wẹ$^{1}$ | lə | dzjwo$^{2}$ | thja$^{2}$ | bju$^{1}$ | zjɨr$^{1}$ | zow$^{2}$ | tha$^{1}$ |
| 诸 | 愚 | 痴 | 人 | 彼 | 如 | 实 | 取, | 佛 |

及其余者?而诸愚人如实取之,谓佛

**28.64.5**

| | | | | | | | | |
|---|---|---|---|---|---|---|---|---|
| □ | □ | □ | □ | □ | □ | □ | □ | □。 |
| mjor$^{1}$ | ljịj$^{2}$ | tsjɨ$^{1}$ | zjɨr$^{1}$ | ljwịj$^{1}$ | lhji | dźjij$^{2}$ | ljɨ$^{1}$ | ·jɨ$^{2}$ |
| 如 | 来 | 亦 | 实 | 怨 | 畏 | 有 | 也 | 谓。 |
| □ | □ | □, | □ | □ | □ | □ | □ | □ |
| neew$^{2}$ | goor$^{1}$ | gji$^{2}$ | dźiej$^{2}$ | deej$^{1}$ | śjɨj$^{2}$ | njij$^{2}$ | ljow$^{2}$ | zjịj$^{1}$ |
| 善 | 男 | 子, | 轮 | 转 | 圣 | 王 | 稍 | 微 |

如来实有怨家。善男子,转轮圣王以少

**28.64.6**

| | | | | | | | | |
|---|---|---|---|---|---|---|---|---|
| □ | □, | □ | □ | □ | □ | □, | □ | □ |
| ljo$^{1}$ | bju$^{1}$ | tsjɨ$^{1}$ | ljwịj$^{1}$ | lhji | mjij$^{1}$ | ljɨ$^{1}$ | mjor$^{1}$ | ljịj$^{2}$ |
| 福 | 以, | 亦 | 怨 | 畏 | 无 | 也, | 如 | 来 |
| □ | □ | □ | □ | □ | □ | □ | □ | □, |
| mjɨ$^{1}$ | pjụ$^{1}$ | bju$^{2}$ | mjij$^{1}$ | tśhja$^{2}$ | ·ioow$^{1}$ | dja$^{2}$ | śjɨj$^{1}$ | ·jiw$^{2}$ |
| 无 | 量 | 边 | 无 | 功 | 德 | △ | 成 | 就, |

福故,尚无怨家①,何故如来成就无量无边功德?

**28.65.1**

| | | | | | |
|---|---|---|---|---|---|
| □ | □ | □ | □ | □ | □? |

① 尚无怨家,西夏译文多“□□□□□□”(岂有怨家),见下一行。

| | | | | | |
|---|---|---|---|---|---|
| ljwịj$^{1}$ | ·o$^{1}$ | dju$^{1}$ | tjị$^{2}$ | ljọ$^{1}$ | ·wjij$^{2}$ |
| 怨 | 家 | 有 | 可 | 岂 | 有？ |

**28.65.2**

| | | | | | | | | |
|---|---|---|---|---|---|---|---|---|
| [illegible] | [illegible] | [illegible]， | [illegible] | [illegible] | [illegible] | [illegible]， | [illegible] | [illegible] |
| neew$^{2}$ | goor$^{1}$ | gji$^{2}$ | khja$^{2}$ | we$^{1}$ | lo$^{1}$ | źjuu$^{1}$ | mjor$^{1}$ | ljịj$^{2}$ |
| 善 | 男 | 子， | 佉 | 卫 | 罗 | 刺， | 如 | 来 |
| [illegible] | [illegible] | [illegible] | [illegible] | [illegible]， | [illegible] | [illegible] | [illegible] | |
| ·jij$^{1}$ | khjɨ$^{1}$ | kjɨ$^{1}$ | tshwa$^{1}$ | tja$^{1}$ | thja$^{2}$ | dạ$^{2}$ | thjij$^{2}$ | |
| 之 | 足 | △ | 刺 | 者， | 彼 | 事 | 何 | |

善男子，佉陀罗刺，刺如来足，是事云何？

**28.65.3**

| | | | | | | | | |
|---|---|---|---|---|---|---|---|---|
| [illegible]？ | [illegible] | [illegible] | [illegible]， | [illegible] | [illegible] | [illegible] | [illegible] | [illegible] |
| sjo$^{2}$ | neew$^{2}$ | goor$^{1}$ | gji$^{2}$ | mjor$^{1}$ | ljịj$^{2}$ | sjwɨj$^{1}$ | tshja$^{2}$ | ·wjị$^{2}$ |
| 云？ | 善 | 男 | 子， | 如 | 来 | 业 | 报 | 示 |
| [illegible] | [illegible]， | [illegible] | [illegible] | [illegible] | [illegible] | [illegible] | [illegible] | [illegible]： |
| śja$^{2}$ | tja$^{1}$ | mjij$^{2}$ | jịj$^{2}$ | zjọ$^{2}$ | thjɨ$^{2}$ | sju$^{2}$ | djij$^{2}$ | nwə$^{1}$ |
| 现 | 者， | 未 | 来 | 世 | 是 | 如 | 当 | 知： |

善男子，如来示现，业果报故，令未来世作如是知：

**28.65.4**

| | | | | | | | | |
|---|---|---|---|---|---|---|---|---|
| [illegible] | [illegible] | [illegible] | [illegible] | [illegible] | [illegible] | [illegible] | [illegible] | [illegible]， |
| mjor$^{1}$ | ljịj$^{2}$ | mjɨ$^{1}$ | pjụ$^{1}$ | tśhja$^{2}$ | ·ioow$^{1}$ | dja$^{2}$ | śjɨj$^{1}$ | ·jiw$^{2}$ |
| 如 | 来 | 无 | 量 | 功 | 德 | △ | 成 | 就， |
| [illegible] | [illegible] | [illegible]， | [illegible] | [illegible] | [illegible] | [illegible] | [illegible] | |
| tsjɨ$^{1}$ | sjwɨj$^{1}$ | tshja$^{2}$ | ŋa$^{2}$ | njɨ$^{2}$ | nioow$^{1}$ | dzjij$^{2}$ | ljijr$^{1}$ | |
| 亦 | 业 | 报， | 我 | 等 | 及 | 余 | 向 | |

如来成就无量功德，而有业报，何况我等

**28.65.5**

| | | | | | | | | |
|---|---|---|---|---|---|---|---|---|
| [illegible] | [illegible]， | [illegible] | [illegible] | [illegible]？ | [illegible] | [illegible] | [illegible] | [illegible]， |

| | | | | | | | | |
|---|---|---|---|---|---|---|---|---|
| dzjwo$^{2}$ | ·jɨ$^{2}$ | tjị$^{2}$ | ljọ$^{1}$ | ·wjij$^{2}$ | thjɨ$^{2}$ | ·jiw$^{1}$ | nioow$^{1}$ | bju$^{1}$ |
| 人 | 谓， | 可 | 岂 | 有？ | 是 | 因 | 缘 | 以， |
| [illegible] | [illegible] | [illegible] | [illegible] | [illegible] | [illegible]。 | [illegible] | [illegible] | [illegible] |
| thja$^{2}$ | njɨ$^{2}$ | ·jij$^{1}$ | niow$^{2}$ | tạ$^{1}$ | sji$^{2}$ | ·jiw$^{1}$ | nioow$^{1}$ | wji$^{1}$ |
| 彼 | 等 | 之 | 恶 | 息 | △。 | 因 | 缘 | 作 |

及其余者？以是因缘，令彼息恶。复为因缘，我作是说，

**28.65.6**

| | | | | | | | | |
|---|---|---|---|---|---|---|---|---|
| [illegible] | [illegible]， | [illegible] | [illegible] | [illegible] | [illegible] | [illegible] | [illegible] | [illegible] |
| kięj$^{2}$ | nioow$^{1}$ | thjɨ$^{2}$ | sju$^{2}$ | sjwɨj$^{1}$ | tshja$^{2}$ | dju$^{1}$ | rjɨr$^{2}$ | tshjiij$^{1}$ |
| 欲 | 故， | 是 | 如 | 业 | 报 | 有 | △ | 说 |
| [illegible]。 | [illegible] | [illegible] | [illegible] | [illegible] | [illegible] | [illegible] | [illegible] | [illegible]， |
| ŋa$^{2}$ | rjur$^{1}$ | wẹ$^{1}$ | lə | dzjwo$^{2}$ | thja$^{2}$ | bju$^{1}$ | zjɨr$^{1}$ | zow$^{2}$ |
| △。 | 诸 | 愚 | 痴 | 人 | 彼 | 如 | 实 | 取， |

有是业报。而诸愚人如实取之，

**28.66.1**

| | | | | | | | | |
|---|---|---|---|---|---|---|---|---|
| [illegible] | [illegible] | [illegible] | [illegible]， | [illegible] | [illegible] | [illegible] | [illegible] | [illegible] |
| khja$^{2}$ | we$^{1}$ | lo$^{1}$ | źjuu$^{1}$ | mjor$^{1}$ | ljij$^{2}$ | ·jij$^{1}$ | khjɨ$^{1}$ | kjɨ$^{1}$ |
| 佉 | 卫 | 罗 | 刺， | 如 | 来 | 之 | 足 | △ |
| [illegible] | [illegible]。 | | | | | | | |
| tshwa$^{1}$ | ·jɨ$^{2}$ | | | | | | | |
| 刺 | 谓。 | | | | | | | |

佉陀罗刺，刺如来足。

## 汉文本

善男子，云何当知，佛告目连，令到耆婆大医王所，问服药法。善男子，此亦是我怜愍后世，故作是说。有诸声闻，假药将身。彼当忆我佛金刚身，犹尚服药，何况我等及其余者？以是事故，我说此言，汝到耆婆大医王所，问服药法。而诸愚人如实取之，谓如来身是病患身。善男子，如来昔告目连比丘，令彼目连问耆婆药。耆婆无容，故不正答，唯作是言：但当服苏，但当服苏。然是如来示业果报，令诸弟子闻，当忆知而不退还。

善男子，如来处处逐诸外道，尼干子等，捔胜论义，此事云何？善男子，我观后世，愍念众生，故作

是事。令彼众生作如是知：诸佛如来，正真正觉，尚有怨家，何况我等及其余者？而诸愚人如实取之，谓佛如来实有怨家。善男子，转轮圣王以少福故，尚无怨家，何故如来成就无量无边功德？

善男子，佉陀罗刺，刺如来足，是事云何？善男子，如来示现，业果报故，令未来世作如是知：如来成就无量功德，而有业报，何况我等及其余者？以是因缘，令彼息恶。复为因缘，我作是说，有是业报。而诸愚人如实取之，佉陀罗刺，刺如来足。

**28.66.2**

| | | | | | | | | |
|---|---|---|---|---|---|---|---|---|
| [illegible] | [illegible] | [illegible] | [illegible] | [illegible] | [illegible] | [illegible] | [illegible] | [illegible] |
| dzjɨj$^{1}$ | sej$^{1}$ | ror$^{2}$ | mjij$^{1}$ | ljɨ$^{1}$ | lhjij$^{2}$ | njij$^{2}$ | bji$^{1}$ | po$^{1}$ |
| 时 | 净 | 垢 | 无 | 宝 | 月 | 王 | 光 | 菩 |
| [illegible] | [illegible] | [illegible] | [illegible] | [illegible]： | [illegible] | [illegible]， | [illegible] | [illegible] |
| tsa$^{1}$ | ma$^{2}$ | ŋạ$^{2}$ | tsa$^{1}$ | dạ$^{2}$ | rjur$^{1}$ | pjụ$^{1}$ | thji$^{1}$ | pho$^{1}$ |
| 萨 | 摩 | 诃 | 萨 | 言： | 世 | 尊， | 提 | 婆 |

时净无垢宝月王光菩萨摩诃萨言：世尊，提婆

**28.66.3**

| | | | | | | | | |
|---|---|---|---|---|---|---|---|---|
| [illegible] | [illegible]， | [illegible] | [illegible] | [illegible] | [illegible] | [illegible] | [illegible]， | [illegible] |
| tha$^{2}$ | tow$^{1}$ | tha$^{1}$ | ·jij$^{1}$ | njwo$^{2}$ | ljwij$^{1}$ | lhji | ŋwu$^{2}$ | ·ju$^{2}$ |
| 达 | 多， | 佛 | 之 | 宿 | 怨 | 畏 | 是， | 常 |
| [illegible] | [illegible] | [illegible] | [illegible] | [illegible]。 | [illegible] | [illegible]①： | [illegible] | [illegible] |
| mjor$^{1}$ | ljij$^{2}$ | ·jij$^{1}$ | tśier$^{1}$ | ·ju$^{2}$ | tha$^{1}$ | dạ$^{2}$ | neew$^{2}$ | goor$^{1}$ |
| 如 | 来 | 之 | 方 | 便。 | 佛 | 言： | 善 | 男 |

达多，是佛宿怨，觅如来便。佛言：善男

**28.66.4**

| | | | | | | | | |
|---|---|---|---|---|---|---|---|---|
| [illegible]， | [illegible] | [illegible] | [illegible] | [illegible]② | [illegible]， | [illegible] | [illegible] | [illegible] |
| gji$^{2}$ | tjij$^{1}$ | thji$^{1}$ | pho$^{1}$ | tha$^{2}$ | tow$^{1}$ | neew$^{2}$ | nwə$^{1}$ | sjij$^{2}$ |
| 子， | 若 | 提 | 婆 | 达 | 多， | 善 | 知 | 识 |
| [illegible] | [illegible]， | [illegible] | [illegible] | [illegible] | [illegible] | [illegible] | [illegible] | [illegible] |
| mjij$^{1}$ | ku$^{1}$ | mjor$^{1}$ | ljij$^{2}$ | mjɨ$^{1}$ | pjụ$^{1}$ | tśhja$^{2}$ | ·ioow$^{1}$ | dźjij$^{2}$ |
| 无 | 故， | 如 | 来 | 无 | 量 | 功 | 德 | 有 |

① “[illegible][illegible]”误倒，据原文乙正符号校正。

② “[illegible][illegible]”误倒，据原文乙正符号校正。

子,若无提婆善知识者,终不得知,如来具有无量功德。

**28.66.5**

| | | | | | | | | |
|---|---|---|---|---|---|---|---|---|
| [illegible] | [illegible] | [illegible] | [illegible]。 | [illegible] | [illegible] | [illegible]， | [illegible] | [illegible] |
| dźju$^1$ | sjwij$^1$ | tji̠$^2$ | mjij$^1$ | neew$^2$ | goor$^1$ | gji$^2$ | thji$^1$ | pho$^1$ |
| 显 | 明 | 可 | 无。 | 善 | 男 | 子， | 提 | 婆 |
| [illegible] | [illegible] | [illegible]， | [illegible] | [illegible] | [illegible] | [illegible] | [illegible] | [illegible]。 |
| tha$^2$ | tow$^1$ | tja$^1$ | ŋa$^2$ | ·jij$^1$ | neew$^2$ | nwə$^1$ | sjij$^2$ | ŋwu$^2$ |
| 达 | 多 | 者， | 我 | 之 | 善 | 知 | 识 | 是。 |

善男子,提婆达多,是善知识,

**28.66.6**

| | | | | | | | | |
|---|---|---|---|---|---|---|---|---|
| [illegible] | [illegible] | [illegible] | [illegible] | [illegible] | [illegible] | [illegible] | [illegible] | [illegible] |
| mjor$^1$ | lji̠j$^2$ | ·jij$^1$ | mjɨ$^1$ | pju̠$^1$ | tśhja$^2$ | ·ioow$^1$ | dźju$^1$ | sjwij$^1$ |
| 如 | 来 | 之 | 无 | 量 | 功 | 德 | 显 | 明 |
| [illegible] | [illegible]， | [illegible] | [illegible] | [illegible] | [illegible] | [illegible] | [illegible] | [illegible] |
| kię̠j$^2$ | nioow$^1$ | ŋa$^2$ | rjir$^2$ | buu$^2$ | dźju$^2$ | ljwu$^1$ | dwər$^1$ | ljwi̠j$^1$ |
| 欲 | 故， | 我 | 与 | 胜 | 劣 | 间 | 争 | 怨 |

共我诤胜,现作怨家,得显如来无量功德。

**28.67.1**

| | | | | | | | | |
|---|---|---|---|---|---|---|---|---|
| [illegible] | [illegible] | [illegible]。 | [illegible] | [illegible] | [illegible]， | [illegible] | [illegible] | [illegible] |
| ·o$^1$ | ·wji̠$^2$ | śja$^2$ | neew$^2$ | goor$^1$ | gji$^2$ | thja$^2$ | thji$^1$ | pho$^1$ |
| 家 | 示 | 现。 | 善 | 男 | 子， | 彼 | 提 | 婆 |
| [illegible] | [illegible]， | [illegible] | [illegible] | [illegible] | [illegible] | [illegible]， | [illegible] | [illegible] |
| tha$^2$ | tow$^1$ | neew$^2$ | wjɨ$^1$ | nwə$^1$ | sjij$^2$ | tja$^1$ | njij$^2$ | mjii$^1$ |
| 达 | 多， | 善 | 友 | 知 | 识 | 者， | 王 | 宫 |

善男子,提婆达多,善友知识。在于宫

**28.67.2**

| | | | | | | | | |
|---|---|---|---|---|---|---|---|---|
| [illegible] | [illegible] | [illegible] | [illegible] | [illegible] | [illegible] | [illegible] | [illegible] | [illegible]， |
| ·u$^2$ | dźjiij$^1$ | ·a | śja$^1$ | śjɨ$^1$ | njij$^2$ | ·jij$^1$ | kjɨ$^1$ | neej$^2$ |

| | | | | | | | | |
|---|---|---|---|---|---|---|---|---|
| 内 | 住 | 阿 | 阇 | 世 | 王 | 之 | △ | 示, |
| [illegible] | [illegible] | [illegible] | [illegible] | [illegible] | [illegible] | [illegible]。 | [illegible] | [illegible] |
| mjor$^{1}$ | ljịj$^{2}$ | ·jij$^{1}$ | kjɨ$^{1}$ | tśjuu$^{1}$ | nja$^{2}$ | ·jɨ$^{2}$ | tśhjɨ$^{1}$ | dzjɨj$^{1}$ |
| 如 | 来 | 之 | △ | 害 | △ | 谓。 | 尔 | 时 |

内,语阿阇世王,令害如来。时

**28.67.3**

| | | | | | | | | |
|---|---|---|---|---|---|---|---|---|
| [illegible] | [illegible] | [illegible] | [illegible] | [illegible] | [illegible] | [illegible] | [illegible], | [illegible] |
| thja$^{2}$ | njij$^{2}$ | war$^{2}$ | tjij$^{1}$ | bju$^{2}$ | njij$^{2}$ | rjɨr$^{2}$ | wjij$^{2}$ | mjor$^{1}$ |
| 彼 | 王 | 财 | 若 | 象 | 王 | △ | 放, | 如 |
| [illegible] | [illegible] | [illegible] | [illegible]。 | [illegible] | [illegible] | [illegible], | [illegible] | [illegible] |
| ljịj$^{2}$ | ·jij$^{1}$ | tśjuu$^{1}$ | kięj$^{2}$ | neew$^{2}$ | goor$^{1}$ | gji$^{2}$ | mjor$^{1}$ | ljịj$^{2}$ |
| 来 | 之 | 害 | 欲。 | 善 | 男 | 子, | 如 | 来 |

王故放护财象王,令灭如来。善男子,如来

**28.67.4**

| | | | | | | | | |
|---|---|---|---|---|---|---|---|---|
| [illegible] | [illegible] | [illegible] | [illegible] | [illegible] | [illegible] | [illegible] | [illegible]。 | [illegible] |
| thja$^{1}$ | bju$^{2}$ | ·jij$^{1}$ | ljij$^{2}$ | tśhjɨ$^{2}$ | rjar$^{2}$ | ·wə$^{1}$ | phji$^{1}$ | tśhjɨ$^{1}$ |
| 彼 | 象 | 之 | 见 | 立 | 即 | 伏 | 令。 | 尔 |
| [illegible], | [illegible] | [illegible] | [illegible] | [illegible] | [illegible] | [illegible] | [illegible] | [illegible] |
| zjọ$^{2}$ | mjɨ$^{1}$ | pjụ$^{1}$ | bju$^{2}$ | mjij$^{1}$ | dźiā$^{2}$ | tśhju$^{1}$ | thja$^{1}$ | bju$^{2}$ |
| 时, | 无 | 量 | 边 | 无 | 情 | 有 | 彼 | 象 |

见象即调伏之。尔时,无量无边众生

**28.67.5**

| | | | | | | | | |
|---|---|---|---|---|---|---|---|---|
| [illegible] | [illegible] | [illegible] | [illegible], | [illegible] | [illegible] | [illegible] | [illegible]。 | [illegible] |
| ·jij$^{1}$ | ·jar$^{2}$ | ·wə$^{1}$ | ljij$^{2}$ | rjar$^{1}$ | gjij$^{1}$ | njiij$^{1}$ | śjwo$^{1}$ | tśhjɨ$^{2}$ |
| 之 | 调 | 伏 | 见, | 奇 | 特 | 心 | 生。 | 立 |
| [illegible] | [illegible] | [illegible] | [illegible] | [illegible] | [illegible] | [illegible], | [illegible] | [illegible], |
| rjar$^{2}$ | dja$^{2}$ | dźiej$^{2}$ | sọ$^{1}$ | ljɨ$^{1}$ | bju$^{1}$ | tjɨ$^{1}$ | thjɨ$^{2}$ | tja$^{1}$ |
| 即 | △ | 信 | 三 | 宝 | 依 | 归, | 是 | 者, |

见象调伏,生奇特心。即生正信,归依三宝,所谓

**28.67.6**

| | | | | | | | | |
|---|---|---|---|---|---|---|---|---|
| [illegible] | [illegible]、 | [illegible] | [illegible]、 | [illegible] | [illegible], | [illegible] | [illegible] | [illegible] |
| tha¹ | ljɨ̣¹ | tsjiir¹ | ljɨ̣¹ | sẽ¹ | ljɨ̣¹ | so̱¹ | ljɨ̣¹ | dźju¹ |
| 佛 | 宝、 | 法 | 宝、 | 僧 | 宝, | 三 | 宝 | 显 |
| [illegible]。 | [illegible] | [illegible] | [illegible], | [illegible] | [illegible] | [illegible] | [illegible] | [illegible] |
| ŋwu² | neew² | goor¹ | gji² | thjɨ² | sju² | da̱² | bju¹ | tśhjwo¹ |
| 是。 | 善 | 男 | 子, | 是 | 如 | 事 | 如 | 方 |

佛宝、法宝、僧宝,显三宝故。善男子,如此之事应如是知。

**28.68.1**

| | | | | | | | | |
|---|---|---|---|---|---|---|---|---|
| [illegible] | [illegible] | [illegible] | [illegible], | [illegible] | [illegible] | [illegible] | [illegible] | [illegible] |
| thji¹ | pho¹ | tha² | tow¹ | ŋa² | ·jij¹ | neew² | nwə¹ | sjij² |
| 提 | 婆 | 达 | 多, | 我 | 之 | 善 | 知 | 识 |
| [illegible]。 | [illegible] | [illegible] | [illegible] | [illegible] | [illegible] | [illegible] | [illegible] | [illegible] |
| ŋwu² | dju¹ | njij² | ɣa² | rjɨr² | jij² | ·ju² | ŋa² | pha¹ |
| 是。 | 久 | 远 | 于 | △ | 来 | 常 | △ | 随 |

提婆达多,是善知识。久来随逐,

**28.68.2**

| | | | | | | | | |
|---|---|---|---|---|---|---|---|---|
| [illegible] | [illegible] | [illegible] | [illegible] | [illegible]。 | [illegible] | [illegible] | [illegible] | [illegible] |
| śio¹ | ljwị j¹ | ·o¹ | ·wjị² | śja² | rjur¹ | we̱¹ | lə | dzjwo² |
| 导, | 怨 | 家 | 示 | 现。 | 诸 | 愚 | 痴 | 人 |
| [illegible] | [illegible] | [illegible] | [illegible], | [illegible] | [illegible] | [illegible] | [illegible], | |
| thja² | bju¹ | zjɨr¹ | zow² | thji¹ | pho¹ | tha² | tow¹ | |
| 彼 | 如 | 实 | 取, | 提 | 婆 | 达 | 多, | |

示现怨家。而诸愚人如实取之,作如是言:提婆达多,

**28.68.3**

| | | | | | | | | |
|---|---|---|---|---|---|---|---|---|
| [illegible] | [illegible] | [illegible] | [illegible] | [illegible], | [illegible] | [illegible] | [illegible] | [illegible] |
| tha¹ | ·jij¹ | tśjuu¹ | mjijr² | ŋwu² | tha¹ | ·jij¹ | ljwị j¹ | ·o¹ |
| 佛 | 之 | 害 | 者 | 是, | 佛 | 之 | 怨 | 家 |

| | | | | | | | | |
|---|---|---|---|---|---|---|---|---|
| [illegible] | [illegible]。 | [illegible] | [illegible] | [illegible]， | [illegible]① | [illegible] | [illegible] | [illegible] |
| ŋwu$^{2}$ | ·jɨ$^{2}$ | neew$^{2}$ | goor$^{1}$ | gji$^{2}$ | pjɨ$^{1}$ | njwo$^{2}$ | wjɨ$^{2}$ | rar$^{2}$ |
| 是 | 谓。 | 善 | 男 | 子， | 往 | 昔 | 过 | 去 |

是害佛者，是怨家者。善男子，乃至过去

**28.68.4**

| | | | | | | | | |
|---|---|---|---|---|---|---|---|---|
| [illegible] | [illegible] | [illegible] | [illegible]， | [illegible] | [illegible] | [illegible] | [illegible]。 | [illegible] |
| ŋwə$^{1}$ | ·jir$^{2}$ | zjọ$^{2}$ | kha$^{1}$ | ljọ$^{1}$ | rjɨr$^{2}$ | wee$^{1}$ | twụ$^{1}$ | thji$^{1}$ |
| 五 | 百 | 世 | 中， | 所 | △ | 生 | 处。 | 提 |
| [illegible] | [illegible] | [illegible]， | [illegible] | [illegible] | [illegible] | [illegible]， | [illegible] | [illegible] |
| pho$^{1}$ | tha$^{2}$ | tow$^{1}$ | neew$^{2}$ | nwə$^{1}$ | sjij$^{2}$ | ŋwu$^{2}$ | rjur$^{1}$ | dźiã$^{2}$ |
| 婆 | 达 | 多， | 善 | 知 | 识 | 是， | 诸 | 菩 |

五百世中，所生之处。提婆达多，是善知识，

**28.68.5**

| | | | | | | | | |
|---|---|---|---|---|---|---|---|---|
| [illegible] | [illegible] | [illegible] | [illegible] | [illegible] | [illegible] | [illegible] | [illegible] | [illegible] |
| tsjij$^{2}$ | nioow$^{1}$ | mjor$^{1}$ | ljij$^{2}$ | mjɨ$^{1}$ | pjụ$^{1}$ | tśhja$^{2}$ | ·ioow$^{1}$ | dźju$^{1}$ |
| 萨 | 及 | 如 | 来 | 无 | 量 | 功 | 德 | 显 |
| [illegible] | [illegible] | [illegible]， | [illegible] | [illegible] | [illegible] | [illegible] | [illegible]。 | [illegible] |
| sjwij$^{1}$ | kiẹj$^{2}$ | nioow$^{1}$ | ljwịj$^{1}$ | ·o$^{1}$ | dạ$^{2}$ | ·wjị$^{2}$ | śja$^{2}$ | rjur$^{1}$ |
| 明 | 欲 | 故， | 怨 | 家 | 事 | 示 | 现。 | 诸 |

示怨家事，悉是示现，显诸菩萨及显如来无量功德。而诸

**28.68.6**

| | | | | | | | | |
|---|---|---|---|---|---|---|---|---|
| [illegible] | [illegible] | [illegible]， | [illegible] | [illegible] | [illegible] | [illegible]， | [illegible] | [illegible] |
| wẹ$^{1}$ | lə | dzjwo$^{2}$ | thja$^{2}$ | bju$^{1}$ | zjɨr$^{1}$ | zow$^{2}$ | thji$^{1}$ | pho$^{1}$ |
| 愚 | 痴 | 人， | 彼 | 如 | 实 | 取， | 提 | 婆 |
| [illegible] | [illegible] | [illegible]， | [illegible] | [illegible] | [illegible] | [illegible] | [illegible]， | [illegible] |
| tha$^{2}$ | tow$^{1}$ | tja$^{1}$ | tha$^{1}$ | ·jij$^{1}$ | tśjuu$^{1}$ | mjijr$^{2}$ | ŋwu$^{2}$ | tha$^{1}$ |
| 达 | 多 | 者， | 佛 | 之 | 害 | 者 | 是， | 佛 |

① “[illegible][illegible]”误倒，据右侧乙正符号校正。

愚人,如实取之,提婆达多,是害佛者,

**28.69.1**

| | | | | | | | | |
|---|---|---|---|---|---|---|---|---|
| [illegible] | [illegible] | [illegible] | [illegible] | [illegible]。 | [illegible] | [illegible] | [illegible] | [illegible] |
| ·jij$^{1}$ | ljwịj$^{1}$ | ·o$^{1}$ | ŋwu$^{2}$ | ·jɨ$^{2}$ | thjɨ$^{2}$ | sju$^{2}$ | wo$^{2}$ | ljiij$^{1}$ |
| 之 | 怨 | 家 | 是 | 谓。 | 是 | 如 | 义 | 顷 |
| [illegible] | [illegible] | [illegible], | [illegible] | [illegible]、 | [illegible] | [illegible]、 | [illegible] | [illegible], |
| mjɨ$^{1}$ | khia$^{2}$ | nioow$^{1}$ | djị$^{1}$ | ·jɨj$^{2}$ | śjụ$^{1}$ | ·ju$^{1}$ | sju$^{2}$ | dzju$^{2}$ |
| 不 | 牢 | 故, | 地 | 狱、 | 饿 | 鬼、 | 牲 | 畜, |

是怨家者。以是不善,取义因缘,堕三塗中①,所谓地狱、饿鬼、畜生,

**28.69.2**

| | | | | | | | | |
|---|---|---|---|---|---|---|---|---|
| [illegible] | [illegible] | [illegible] | [illegible], | [illegible] | [illegible] | [illegible] | [illegible] | [illegible]。 |
| sọ$^{1}$ | niow$^{2}$ | tśja$^{1}$ | ·u$^{2}$ | rjur$^{1}$ | tśjị$^{1}$ | zjị$^{1}$ | twụ$^{1}$ | ljɨ$^{1}$ |
| 三 | 恶 | 途 | 内, | 诸 | 苦 | 恼 | 处 | 堕。 |
| [illegible] | [illegible] | [illegible]? | [illegible] | [illegible] | [illegible], | [illegible] | [illegible] | [illegible] |
| thjij$^{2}$ | sjo$^{2}$ | ljɨ$^{1}$ | neew$^{2}$ | goor$^{1}$ | gji$^{2}$ | thji$^{1}$ | pho$^{1}$ | tha$^{2}$ |
| 何 | 云 | 也? | 善 | 男 | 子, | 提 | 婆 | 达 |

诸苦恼处。何以故?善男子,提婆达

**28.69.3**

| | | | | | | | | |
|---|---|---|---|---|---|---|---|---|
| [illegible], | [illegible] | [illegible] | [illegible] | [illegible], | [illegible] | [illegible] | [illegible] | [illegible] |
| tow$^{1}$ | neew$^{2}$ | nwə$^{1}$ | sjij$^{2}$ | tja$^{1}$ | mjɨ$^{1}$ | pjụ$^{1}$ | rjur$^{1}$ | buu$^{2}$ |
| 多, | 善 | 知 | 识 | 者, | 无 | 量 | 诸 | 胜 |
| [illegible] | [illegible] | [illegible] | [illegible], | [illegible] | [illegible] | [illegible] | [illegible]。 | [illegible] |
| tśhja$^{2}$ | ·ioow$^{1}$ | djọ$^{2}$ | njwi$^{2}$ | neew$^{2}$ | tśhji$^{2}$ | djọ$^{2}$ | njwi$^{2}$ | rjur$^{1}$ |
| 功 | 德 | 修 | 善, | 善 | 根 | 修 | 善。 | 诸 |

多,善知识者。善修无量诸胜功德,善修善根。

**28.69.4**

| | | | | | | | | |
|---|---|---|---|---|---|---|---|---|
| [illegible] | [illegible] | [illegible], | [illegible] | [illegible] | [illegible] | [illegible]。 | [illegible] | [illegible] |

① 堕三塗中,西夏译文见下一行。

| | | | | | | | | |
|---|---|---|---|---|---|---|---|---|
| tha$^{1}$ | ? | njij$^{1}$ | njwo$^{2}$ | mər$^{2}$ | tśhja$^{2}$ | ljị$^{1}$ | njiij$^{1}$ | ljịj$^{2}$ |
| 佛 | 近 | 亲， | 宿 | 本 | 正 | 种。 | 心 | 大 |
| [illegible] | [illegible] | [illegible]， | [illegible] | [illegible] | [illegible] | [illegible]， | [illegible] | [illegible] |
| ·ṵ$^{2}$ | ljijr$^{1}$ | tshwew$^{1}$ | ljịj$^{2}$ | ·ṵ$^{2}$ | śjij$^{1}$ | wji$^{1}$ | ljịj$^{2}$ | ·ṵ$^{2}$ |
| 乘 | 向 | 趣， | 大 | 乘 | 顺 | 作， | 大 | 乘 |

亲近诸佛，宿殖德本。心向大乘，顺向大乘，向大乘

**28.69.5**

| | | | | | | | | |
|---|---|---|---|---|---|---|---|---|
| [illegible] | [illegible] | [illegible] | [illegible]， | [illegible] | [illegible] | [illegible] | [illegible] | [illegible] |
| tjịj$^{1}$ | rewr$^{2}$ | ljijr$^{1}$ | tshwew$^{1}$ | ·a | duu$^{2}$ | tow$^{1}$ | lo$^{1}$ | sã$^{1}$ |
| 彼 | 岸 | 向 | 趣， | 阿 | 耨 | 多 | 罗 | 三 |
| [illegible] | [illegible] | [illegible] | [illegible] | [illegible] | [illegible]。 | [illegible] | [illegible] | [illegible]， |
| mjiw$^{2}$ | sã$^{1}$ | po$^{1}$ | tjɨj$^{1}$ | ljijr$^{1}$ | ? | neew$^{2}$ | goor$^{1}$ | gji$^{2}$ |
| 藐 | 三 | 菩 | 提 | 向 | 近。 | 善 | 男 | 子， |

彼岸，近于阿耨多罗三藐三菩提。善男子，

**28.69.6**

| | | | | | | | | |
|---|---|---|---|---|---|---|---|---|
| [illegible] | [illegible] | [illegible] | [illegible] | [illegible]， | [illegible] | [illegible] | [illegible] | [illegible]， |
| thja$^{2}$ | njiij$^{1}$ | ljiij$^{2}$ | nioow$^{1}$ | ku$^{1}$ | mjij$^{2}$ | jij$^{2}$ | zjọ$^{2}$ | ɣa$^{2}$ |
| 彼 | 心 | 坏 | 因 | 故， | 未 | 来 | 世 | 于， |
| [illegible] | [illegible]、 | [illegible] | [illegible]、 | [illegible] | [illegible]， | [illegible] | [illegible] | [illegible] |
| djị$^{1}$ | ·jɨj$^{2}$ | śjụ$^{1}$ | ·ju$^{1}$ | sju$^{2}$ | dzju$^{2}$ | rjur$^{1}$ | niow$^{2}$ | tśja$^{1}$ |
| 地 | 狱、 | 饿 | 鬼、 | 牲 | 畜， | 诸 | 恶 | 道 |

彼坏心故，于未来世，生于地狱、饿鬼、畜生诸恶道

**28.70.1**

| | | |
|---|---|---|
| [illegible] | [illegible] | [illegible]。 |
| ·u$^{2}$ | ljɨ$^{1}$ | ljɨ$^{1}$ |
| 中 | 堕 | 也。 |

中。

## 汉文本

时净无垢宝月王光菩萨摩诃萨言:世尊,提婆达多,是佛宿怨,觅如来便。

佛言:善男子,若无提婆善知识者,终不得知,如来具有无量功德。善男子,提婆达多,是善知识,共我诤胜,现作怨家,得显如来无量功德。善男子,提婆达多,善友知识。在于宫内,语阿阇世王,令害如来。时王故放护财象王,令灭如来。善男子,如来见象即调伏之。尔时,无量无边众生见象调伏,生奇特心。即生正信,归依三宝,所谓佛宝、法宝、僧宝,显三宝故。善男子,如此之事应如是知。提婆达多,是善知识。久来随逐,示现怨家。而诸愚人如实取之,作如是言:提婆达多,是害佛者,是怨家者。善男子,乃至过去五百世中,所生之处。提婆达多,是善知识,示怨家事,悉是示现,显诸菩萨及显如来无量功德。而诸愚人,如实取之,提婆达多,是害佛者,是怨家者。以是不善,取义因缘,堕三塗中,所谓地狱、饿鬼、畜生,诸苦恼处。何以故?善男子,提婆达多,善知识者。善修无量诸胜功德,善修善根。亲近诸佛,宿殖德本。心向大乘,顺向大乘,向大乘彼岸,近于阿耨多罗三藐三菩提。善男子,彼坏心故,于未来世,生于地狱、饿鬼、畜生诸恶道中。

**28.70.2**

| | | | | | | | | |
|---|---|---|---|---|---|---|---|---|
| [illegible] | [illegible], | [illegible] | [illegible] | [illegible] | [illegible] | [illegible] | [illegible] | [illegible] |
| tśhjɨ1 | zjọ2 | sej1 | ror2 | mjij1 | ljị1 | lhjịj2 | njij2 | bji1 |
| 尔 | 时, | 净 | 垢 | 无 | 宝 | 月 | 王 | 光 |
| [illegible] | [illegible] | [illegible] | [illegible] | [illegible] | [illegible]: | [illegible] | [illegible], | [illegible] |
| po1 | tsa1 | ma2 | ŋạ2 | tsa1 | dạ2 | rjur1 | pjụ1 | mjor1 |
| 菩 | 萨 | 摩 | 诃 | 萨 | 言: | 世 | 尊, | 如 |

尔时,净无垢宝月王光菩萨摩诃萨言:世尊,如

**28.70.3**

| | | | | | | | | |
|---|---|---|---|---|---|---|---|---|
| [illegible] | [illegible] | [illegible] | [illegible] | [illegible] | [illegible], | [illegible] | [illegible] | [illegible] |
| ljịj2 | pjɨ1 | njwo2 | śja1 | we2 | we2 | śja1 | lji1 | ·ja2 |
| 来 | 往 | 昔 | 舍 | 卫 | 城, | 阇 | 梨 | 耶 |
| [illegible] | [illegible] | [illegible] | [illegible] | [illegible] | [illegible], | [illegible] | [illegible] | [illegible] |
| pho1 | lo1 | mẽ1 | gjịj2 | nji1 | kha1 | rjur1 | rjur1 | tjị1 |
| 婆 | 罗 | 门 | 野 | 宅 | 中, | 诸 | 诸 | 食 |

来昔日入舍卫城,于奢犁耶婆罗门村,周遍

**28.70.4**

| | | | | | | | | |
|---|---|---|---|---|---|---|---|---|
| [illegible] | [illegible] | [illegible], | [illegible] | [illegible] | [illegible] | [illegible] | [illegible], | [illegible] |

śjij² mjij¹ rjir¹ ŋa¹ ŋa¹ wjɨ² lhjwo¹ tja¹ thja¹

乞 不 得， 空 空 △ 退 者， 彼

[illegible] [illegible] [illegible]？ [illegible] [illegible] [illegible]， [illegible] [illegible]

dạ² thjij² sjo² neew² goor¹ gji² thja² tsjɨ¹

言 何 云？ 善 男 子， 彼 亦

乞食，空钵而出，此事云何？善男子，

**28.70.5**

[illegible] [illegible] [illegible] [illegible] [illegible] [illegible] [illegible] [illegible] [illegible]，

ŋa² kụ¹ zjọ² ŋa² dźiã² tśhju¹ nioow¹ njij² śjow¹

我 后 世 △ 情 有 因 慈 悲，

[illegible] [illegible] [illegible] [illegible] [illegible] [illegible] [illegible]。 [illegible] [illegible]

nioow¹ thjɨ² sju² dạ² rjɨr² ·wjị² śja² mjij² jịj²

故 是 如 言 △ 示 现。 未 来

我此所作，亦为愍念后世众生，故示是事。令未来

**28.70.6**

[illegible] [illegible]， [illegible] [illegible] [illegible] [illegible]： [illegible] [illegible] [illegible]

zjọ² dzjwo² thjɨ² sju² djij² nwə¹ mjor¹ ljij² mjɨ¹

世 人， 是 如 当 知： 如 来 无

[illegible] [illegible] [illegible] [illegible] [illegible]， [illegible] [illegible] [illegible] [illegible]

pjụ¹ tśhja² ·ioow¹ ŋowr² lhə tsjɨ¹ tjị¹ śjij² mjij¹

量 功 德 具 足， 亦 食 乞 不

世，作如是知：如来具足无量功德，尚空钵出，

**28.71.1**

[illegible]， [illegible] [illegible] [illegible] [illegible] [illegible]， [illegible] [illegible] [illegible]

rjir¹ ŋa¹ ŋa¹ wjɨ² lhjwo¹ sji² ŋa² njɨ² nioow¹

得， 空 空 △ 退 △， 我 等 及

[illegible] [illegible] [illegible]， [illegible] [illegible] [illegible] [illegible]？ [illegible] [illegible]

dzjij² dzjwo² ·jɨ² tjị² ljọ¹ ·wjij² ·jɨ² neew² goor¹

余 人 谓， 可 岂 有 谓？ 善 男

何况我等及其余者？善男

**28.71.2**

| | | | | | | | | |
|---|---|---|---|---|---|---|---|---|
| [illegible]， | [illegible] | [illegible] | [illegible] | [illegible] | [illegible] | [illegible] | [illegible] | [illegible]， |
| gji² | tśhioow¹ | tśhioow¹ | ljiij² | njij² | po¹ | sjwɨ¹ | dźjɨ | wji¹ |
| 子， | 或 | 或 | 魔 | 王 | 波 | 旬 | 行 | 作， |
| [illegible] | [illegible] | [illegible]、 | [illegible] | [illegible]、 | [illegible] | [illegible] | [illegible] | [illegible] |
| pho¹ | lo¹ | mẽ¹ | phə¹ | bjij¹ | ɣa¹ | pjụ¹ | njɨ² | ·jij¹ |
| 婆 | 罗 | 门、 | 长 | 者、 | 门 | 尊 | 等 | 之 |

子，复有说言①：是魔波旬，劝于婆罗门、长者、居士②，

**28.71.3**

| | | | | | | | | |
|---|---|---|---|---|---|---|---|---|
| [illegible] | [illegible]， | [illegible] | [illegible] | [illegible] | [illegible] | [illegible] | [illegible] | [illegible] |
| dzju¹ | neej² | mjor¹ | ljij² | ·jij¹ | mjij¹ | kjụ¹ | tshwew¹ | phji¹ |
| 教 | 示， | 如 | 来 | 之 | 不 | 供 | 养 | 令 |
| [illegible] | [illegible] | [illegible]， | [illegible] | [illegible] | [illegible]。 | [illegible] | [illegible] | [illegible]？ |
| ·jɨ² | djij² | tja¹ | thja¹ | tsjɨ¹ | njaa² | thjij² | sjo² | ljɨ¹ |
| 谓 | △ | 者， | 此 | 亦 | 不。 | 何 | 云 | 也？ |

令其不肯供养如来，此亦不尔。何以故？

**28.71.4**

| | | | | | | | | |
|---|---|---|---|---|---|---|---|---|
| [illegible] | [illegible] | [illegible]， | [illegible] | [illegible] | [illegible] | [illegible] | [illegible] | [illegible] |
| neew² | goor¹ | gji² | ljiij² | njij² | phə¹ | bjij¹ | njɨ² | ·jij¹ |
| 善 | 男 | 子， | 魔 | 王 | 长 | 者 | 等 | 之 |
| [illegible] | [illegible]， | [illegible] | [illegible] | [illegible] | [illegible] | [illegible] | [illegible] | [illegible] |
| dzju¹ | neej² | mjor¹ | ljij² | ·jij¹ | mjij¹ | kjụ¹ | tshwew¹ | phji¹ |
| 教 | 示， | 如 | 来 | 之 | 不 | 供 | 养 | 令 |

善男子，魔王无力能劝长者，令不供养如来食故。

**28.71.5**

| | | | | | | | | |
|---|---|---|---|---|---|---|---|---|
| [illegible] | [illegible] | [illegible] | [illegible] | [illegible]。 | [illegible] | [illegible] | [illegible]， | [illegible] |

① 复有说言，西夏文意译为“[illegible][illegible]……[illegible]”(或言……)。

② 居士，西夏文译为“[illegible][illegible]”(门尊)。

| | | | | | | | | |
|---|---|---|---|---|---|---|---|---|
| thja$^2$ | dạ$^2$ | mjɨ$^1$ | ljɨɨ$^1$ | ljɨ$^1$ | neew$^2$ | goor$^1$ | gji$^2$ | thjɨ$^2$ |
| 彼 | 事 | 无 | 成 | 也。 | 善 | 男 | 子， | 是 |
| [illegible] | [illegible] | [illegible] | [illegible] | [illegible] | [illegible]。 | [illegible] | [illegible] | [illegible]？ |
| dạ$^2$ | bju$^1$ | zjɨr$^1$ | tji$^1$ | ljɨ̣j$^2$ | nja$^2$ | thjij$^2$ | sjo$^2$ | ljɨ$^1$ |
| 事 | 如 | 实 | 不 | 执 | △。 | 何 | 云 | 也？ |

善男子，此事不应如是取之。何以故？

**28.71.6**

| | | | | | | | | |
|---|---|---|---|---|---|---|---|---|
| [illegible] | [illegible] | [illegible] | [illegible]， | [illegible] | [illegible] | [illegible] | [illegible] | [illegible] |
| ljiij$^2$ | njij$^2$ | ɣie$^1$ | mjij$^1$ | mjor$^1$ | ljij$^2$ | ·jij$^1$ | kjụ$^1$ | tshwew$^1$ |
| 魔 | 王 | 力 | 无， | 如 | 来 | 之 | 供 | 养 |
| [illegible] | [illegible] | [illegible] | [illegible] | [illegible]， | [illegible] | [illegible] | [illegible] | [illegible] |
| dạ$^2$ | ɣiẹ$^2$ | lụ$^2$ | mjɨ$^1$ | njwi$^2$ | thja$^2$ | tsjɨ$^1$ | mjor$^1$ | ljij$^2$ |
| 事 | 障 | 碍 | 无 | 能， | 彼 | 亦 | 如 | 来 |

魔王无力，而能遮障如来供养，乃是如来

**28.72.1**

| | | | | | | | | |
|---|---|---|---|---|---|---|---|---|
| [illegible] | [illegible] | [illegible] | [illegible] | [illegible] | [illegible]， | [illegible] | [illegible]、 | [illegible] |
| ljiij$^2$ | njij$^2$ | ·jij$^1$ | ·wụ$^2$ | bjiij$^2$ | bju$^1$ | phə$^1$ | bjij$^1$ | pho$^1$ |
| 魔 | 王 | 之 | 祐 | 助 | 以， | 长 | 者、 | 婆 |
| [illegible] | [illegible] | [illegible] | [illegible] | [illegible] | [illegible]， | [illegible] | [illegible] | [illegible] |
| lo$^1$ | mẽ$^1$ | njɨ$^2$ | ·jij$^1$ | dzju$^1$ | neej$^2$ | mjij$^1$ | kjụ$^1$ | tshwew$^1$ |
| 罗 | 门 | 等 | 之 | 教 | 示， | 不 | 供 | 养 |

劝持魔王，令语长者、婆罗门等而不供养。

**28.72.2**

| | | | | | | | | |
|---|---|---|---|---|---|---|---|---|
| [illegible]。 | [illegible] | [illegible] | [illegible]， | [illegible] | [illegible] | [illegible] | [illegible] | [illegible] |
| phji$^1$ | neew$^2$ | goor$^1$ | gji$^2$ | mjor$^1$ | ljij$^2$ | ɣiẹ$^2$ | lụ$^2$ | ŋowr$^2$ |
| 令。 | 善 | 男 | 子， | 如 | 来 | 障 | 碍 | 一 |
| [illegible] | [illegible] | [illegible]， | [illegible] | [illegible] | [illegible] | [illegible] | [illegible] | [illegible] |
| ŋowr$^2$ | wjɨ$^2$ | dzjar$^2$ | mjɨ$^1$ | pjụ$^1$ | rjur$^1$ | buu$^2$ | tśhja$^2$ | ·ioow$^1$ |
| 切 | △ | 灭， | 无 | 量 | 诸 | 胜 | 功 | 德 |

善男子,如来已灭一切障碍,成就无量诸胜功德。

**28.72.3**

| | | | | | | | | |
|---|---|---|---|---|---|---|---|---|
| [illegible] | [illegible]。 | [illegible] | [illegible] | [illegible] | [illegible] | [illegible] | [illegible] | [illegible] |
| śjɨj$^{1}$ | ·jiw$^{2}$ | mjor$^{1}$ | ljịj$^{2}$ | ·jij$^{1}$ | kjụ$^{1}$ | tshwew$^{1}$ | dạ$^{2}$ | ɣiẹ$^{2}$ |
| 成 | 就。 | 如 | 来 | 之 | 供 | 养 | 事 | 障 |
| [illegible] | [illegible] | [illegible] | [illegible], | [illegible] | [illegible] | [illegible] | [illegible] | [illegible] |
| lụ$^{2}$ | njwi$^{2}$ | mjijr$^{2}$ | tja$^{1}$ | mjij$^{1}$ | mjor$^{1}$ | ljịj$^{2}$ | zjɨr$^{1}$ | sjwɨj$^{1}$ |
| 碍 | 能 | 者 | 者, | 无 | 如 | 来 | 实 | 业 |

而有能障如来供养,无有是处。如来无有实业

**28.72.4**

| | | | | | | | | |
|---|---|---|---|---|---|---|---|---|
| [illegible] | [illegible] | [illegible], | [illegible] | [illegible] | [illegible] | [illegible] | [illegible] | [illegible] |
| tshja$^{2}$ | mjij$^{1}$ | dju$^{1}$ | thja$^{1}$ | dźiã$^{2}$ | tśhju$^{1}$ | ·jij$^{1}$ | tśja$^{1}$ | rjir$^{2}$ |
| 报 | 不 | 有, | 彼 | 情 | 有 | 之 | 道 | 得 |
| [illegible] | [illegible] | [illegible], | [illegible] | [illegible] | [illegible] | [illegible] | [illegible] | [illegible] |
| phji$^{1}$ | kiẹj$^{2}$ | nioow$^{1}$ | tśhjwo$^{1}$ | mjor$^{1}$ | ljịj$^{2}$ | thjɨ$^{2}$ | sju$^{2}$ | tśier$^{1}$ |
| 令 | 欲 | 故, | 方 | 如 | 来 | 是 | 如 | 方 |

果报,为彼众生令得道故,如来示现如是

**28.72.5**

| | | | | | | | | |
|---|---|---|---|---|---|---|---|---|
| [illegible] | [illegible] | [illegible] | [illegible] | [illegible] | [illegible] | [illegible]。 | [illegible] | [illegible] |
| ·ju$^{2}$ | neew$^{2}$ | ɣjɨr$^{1}$ | rjur$^{1}$ | dạ$^{2}$ | ·wjị$^{2}$ | śja$^{2}$ | neew$^{2}$ | goor$^{1}$ |
| 便 | 善 | 巧 | 诸 | 事 | 示 | 现。 | 善 | 男 |
| [illegible], | [illegible] | [illegible] | [illegible] | [illegible] | [illegible] | [illegible] | [illegible] | [illegible] |
| gji$^{2}$ | mjor$^{1}$ | ljịj$^{2}$ | tjij$^{1}$ | ·a | tśiẹj$^{2}$ | tjị$^{1}$ | mjij$^{2}$ | rjir$^{2}$ |
| 子, | 如 | 来 | 若 | 一 | 遍 | 食 | △ | 得 |

方便善巧诸事。善男子,如来若断一餐食已,

**28.72.6**

| | | | | | | | | |
|---|---|---|---|---|---|---|---|---|
| [illegible], | [illegible] | [illegible] | [illegible] | [illegible] | [illegible] | [illegible] | [illegible]、 | [illegible] |
| nioow$^{1}$ | rjur$^{1}$ | ɣiẹ$^{2}$ | mji$^{1}$ | nioow$^{1}$ | ljiij$^{2}$ | po$^{1}$ | sjwɨ$^{1}$ | mə$^{1}$ |

| | | | | | | | | |
|---|---|---|---|---|---|---|---|---|
| 故， | 诸 | 声 | 闻 | 及 | 魔 | 波 | 旬、 | 天 |
| ·we$^{1}$ | ·jar$^{1}$ | djij$^{1}$ | nioow$^{1}$ | rjur$^{1}$ | mə$^{1}$ | zjɨ$^{1}$ | dźjwɨ$^{1}$ | wjị$^{1}$ |
| 龙 | 八 | 部 | 及 | 诸 | 天 | 子 | 相 | 友 |

令诸声闻及魔波旬、天龙八部及诸天子，

**28.73.1**

| | | | | | | | | |
|---|---|---|---|---|---|---|---|---|
| njɨ$^{2}$ | ·jij$^{1}$ | sjwɨ$^{1}$ | tśjị$^{1}$ | njiij$^{1}$ | mjij$^{1}$ | śjwo$^{1}$ | phji$^{1}$ | thja$^{2}$ |
| 等 | 之 | 忧 | 苦 | 心 | 不 | 生 | 令。 | 彼 |
| rjur$^{1}$ | dạ$^{2}$ | nioow$^{1}$ | tśhjwo$^{1}$ | thjɨ$^{2}$ | mjor$^{1}$ | ljịj$^{2}$ | njɨɨ$^{2}$ | gjɨ$^{2}$ |
| 诸 | 事 | 因， | 故 | 是 | 如 | 来， | 日 | 夜 |

作如是念：无令眷属生忧苦心。为彼诸事，是故如来，日夜

**28.73.2**

| | | | | | | | | |
|---|---|---|---|---|---|---|---|---|
| thjɨ$^{2}$ | sju$^{2}$ | njɨ$^{2}$ | dạ$^{2}$ | ·wjị$^{2}$ | śja$^{2}$ | ·a | lə | mjij$^{1}$ |
| 是 | 如 | 等 | 事 | 示 | 现， | 一 | 念 | 不 |
| neew$^{2}$ | njiij$^{1}$ | śjwo$^{1}$ | phji$^{1}$ | nioow$^{1}$ | tśhjwo$^{1}$ | mjor$^{1}$ | ljịj$^{2}$ | rjur$^{1}$ |
| 善 | 心 | 生 | 令 | 故。 | 然 | 如 | 来 | 诸 |

示现如是等事，令发一念不善之心。乃是如来，

**28.73.3**

| | | | | | | | | |
|---|---|---|---|---|---|---|---|---|
| dju$^{1}$ | phja$^{1}$ | ŋwu$^{2}$ | dźju$^{1}$ | sjwij$^{1}$ | śji$^{1}$ | ·wjị$^{2}$ | śja$^{2}$ | sju$^{2}$ |
| 有 | 断 | 是。 | 显 | 明 | 昔 | 示 | 现 | 如， |
| kụ$^{1}$ | tsjɨ$^{1}$ | ·a | tjịj$^{2}$ | mjij$^{2}$ | jij$^{2}$ | zjọ$^{2}$ | dzjwo$^{2}$ | thjɨ$^{2}$ |
| 后 | 亦 | 一 | 样。 | 未 | 来 | 世 | 人， | 是 |

断于诸有。如前示现，后亦如是。令未来世，作如是知：

**28.73.4**

| | | | | | | | | |
|---|---|---|---|---|---|---|---|---|
| [illegible] | [illegible] | [illegible]: | [illegible] | [illegible] | [illegible] | [illegible], | [illegible] | [illegible] |
| sju$^{2}$ | djij$^{2}$ | nwə$^{1}$ | mjor$^{1}$ | ljij$^{2}$ | dju$^{1}$ | phja$^{1}$ | tsjɨ$^{1}$ | thjɨ$^{2}$ |
| 如 | 当 | 知: | 如 | 来 | 有 | 断, | 亦 | 是 |
| [illegible] | [illegible] | [illegible], | [illegible] | [illegible] | [illegible] | [illegible] | [illegible] | [illegible] |
| sju$^{2}$ | dạ$^{2}$ | dju$^{1}$ | ŋa$^{2}$ | njɨ$^{2}$ | nioow$^{1}$ | dzjij$^{2}$ | ljijr$^{1}$ | dzjwo$^{2}$ |
| 如 | 言 | 有, | 我 | 等 | 及 | 余 | 向 | 人 |

如来断有,尚有此事,何况我等及其余者?

**28.73.5**

| | | | | | | | | |
|---|---|---|---|---|---|---|---|---|
| [illegible], | [illegible] | [illegible] | [illegible] | [illegible]? | [illegible] | [illegible] | [illegible] | [illegible], |
| ·jɨ$^{2}$ | tjị$^{2}$ | ljọ$^{1}$ | ·wjij$^{2}$ | ·jɨ$^{2}$ | thjɨ$^{2}$ | dạ$^{2}$ | śja$^{2}$ | zjọ$^{2}$ |
| 谓, | 可 | 岂 | 有 | 谓? | 是 | 事 | 现 | 时, |
| [illegible] | [illegible] | [illegible] | [illegible], | [illegible] | [illegible] | [illegible] | [illegible] | [illegible] |
| śjạ$^{1}$ | khjɨ$^{2}$ | mə$^{1}$ | ·ji$^{1}$ | mjor$^{1}$ | ljij$^{2}$ | do$^{2}$ | gji$^{1}$ | sej$^{1}$ |
| 七 | 万 | 天 | 众, | 如 | 来 | 处 | 清 | 净 |

现此事时,七万天众,于如来所起清净

**28.73.6**

| | | | | | | | | |
|---|---|---|---|---|---|---|---|---|
| [illegible] | [illegible]。 | [illegible] | [illegible] | [illegible] | [illegible] | [illegible] | [illegible] | [illegible] |
| njiij$^{1}$ | śjwo$^{1}$ | tśhjɨ$^{1}$ | dzjɨj$^{1}$ | mjor$^{1}$ | ljij$^{2}$ | thja$^{1}$ | ·jij$^{1}$ | njiij$^{1}$ |
| 心 | 起。 | 尔 | 时 | 如 | 来 | 彼 | 之 | 心 |
| [illegible], | [illegible] | [illegible] | [illegible] | [illegible] | [illegible], | [illegible] | [illegible] | [illegible] |
| nwə$^{1}$ | mə$^{2}$ | mə$^{2}$ | tsjiir$^{1}$ | tshjiij$^{1}$ | wji$^{1}$ | thja$^{1}$ | tsjiir$^{1}$ | mji$^{1}$ |
| 知, | 种 | 种 | 法 | 说 | 作, | 彼 | 法 | 闻 |

心。如来尔时知其心已,种种说法,彼闻法

**28.74.1**

| | | | | | | | | |
|---|---|---|---|---|---|---|---|---|
| [illegible], | [illegible] | [illegible] | [illegible] | [illegible]。 | [illegible] | [illegible] | [illegible], | [illegible] |
| nioow$^{1}$ | sej$^{1}$ | tsjiir$^{1}$ | mej$^{1}$ | rjir$^{2}$ | neew$^{2}$ | goor$^{1}$ | gji$^{2}$ | ŋa$^{2}$ |
| 已, | 净 | 法 | 眼 | 得。 | 善 | 男 | 子, | 我 |

| | | | | | | | | |
|---|---|---|---|---|---|---|---|---|
| [illegible] | [illegible] | [illegible] | [illegible] | [illegible] | [illegible]， | [illegible] | [illegible] | [illegible] |
| kụ$^{1}$ | zjọ$^{2}$ | dzjwo$^{2}$ | ·jij$^{1}$ | bioo$^{1}$ | nioow$^{1}$ | thja$^{2}$ | dạ$^{2}$ | ·wjị$^{2}$ |
| 后 | 世 | 人 | 之 | 观 | 已， | 彼 | 事 | 示 |

已，得法眼净。善男子，我观后世，故示是事，

**28.74.2**

| | | | | | | | | |
|---|---|---|---|---|---|---|---|---|
| [illegible]， | [illegible] | [illegible] | [illegible] | [illegible] | [illegible] | [illegible] | [illegible] | [illegible]。 |
| śja$^{2}$ | mjor$^{1}$ | ljij$^{2}$ | thjɨ$^{2}$ | sju$^{2}$ | sjwɨj$^{1}$ | tshja$^{2}$ | mjij$^{1}$ | ljɨ$^{1}$ |
| 现， | 如 | 来 | 是 | 如 | 业 | 报 | 无 | 也。 |

如来无有如是业报。

## 汉文本

尔时，净无垢宝月王光菩萨摩诃萨言：世尊，如来昔日入舍卫城，于奢犁耶婆罗门村，周遍乞食，空钵而出，此事云何？

善男子，我此所作，亦为愍念后世众生，故示是事。令未来世，作如是知：如来具足无量功德，尚空钵出，何况我等及其余者？善男子，复有说言：是魔波旬，劝于婆罗门、长者、居士，令其不肯供养如来，此亦不尔。何以故？善男子，魔王无力能劝长者，令不供养如来食故。善男子，此事不应如是取之。何以故？魔王无力，而能遮障如来供养，乃是如来劝持魔王，令语长者、婆罗门等而不供养。善男子，如来已灭一切障碍，成就无量诸胜功德。而有能障如来供养，无有是处。如来无有实业果报，为彼众生令得道故，如来示现如是方便善巧诸事。善男子，如来若断一餐食已，令诸声闻及魔波旬、天龙八部及诸天子，作如是念：无令眷属生忧苦心。为彼诸事，是故如来，日夜示现如是等事，令发一念不善之心。乃是如来，断于诸有。如前示现，后亦如是。令未来世，作如是知：如来断有，尚有此事，何况我等及其余者？现此事时，七万天众，于如来所起清净心。如来尔时知其心已，种种说法，彼闻法已，得法眼净。善男子，我观后世，故示是事，如来无有如是业报。

**28.74.3**

| | | | | | | | | |
|---|---|---|---|---|---|---|---|---|
| [illegible] | [illegible]， | [illegible] | [illegible] | [illegible] | [illegible] | [illegible] | [illegible] | [illegible] |
| tśhjɨ$^{1}$ | zjọ$^{2}$ | sej$^{1}$ | ror$^{2}$ | mjij$^{1}$ | ljị$^{1}$ | lhjịj$^{2}$ | njij$^{2}$ | bji$^{1}$ |
| 尔 | 时， | 净 | 垢 | 无 | 宝 | 月 | 王 | 光 |
| [illegible] | [illegible] | [illegible] | [illegible] | [illegible] | [illegible]： | [illegible] | [illegible]， | [illegible] |
| po$^{1}$ | tsa$^{1}$ | ma$^{2}$ | ŋạ$^{2}$ | tsa$^{1}$ | dạ$^{2}$ | rjur$^{1}$ | pjụ$^{1}$ | tśja$^{1}$ |
| 菩 | 萨 | 摩 | 诃 | 萨 | 言： | 世 | 尊， | 旃 |

尔时，净无垢宝月王光菩萨摩诃萨言：世尊，旃

**28.74.4**

| | | | | | | | | |
|---|---|---|---|---|---|---|---|---|
| [illegible] | [illegible] | [illegible] | [illegible] | [illegible] | [illegible] | [illegible]， | [illegible] | [illegible] |
| tśja$^1$ | mo$^2$ | no$^1$ | phji$^1$ | swẽ$^1$ | thow$^1$ | lji$^1$ | bja$^2$ | tśhjaa$^1$ |
| 遮 | 摩 | 那 | 毗 | 孙 | 陀 | 梨， | 腹 | 上 |
| [illegible] | [illegible]， | [illegible] | [illegible] | [illegible] | [illegible] | [illegible]， | [illegible] | [illegible] |
| lhjịj$^1$ | kwow$^1$ | rjur$^1$ | pjụ$^1$ | ·jij$^1$ | pjo$^1$ | tja$^1$ | thja$^2$ | dạ$^2$ |
| 钵 | 俯， | 世 | 尊 | 之 | 谤 | 者， | 彼 | 言 |

遮摩那毗孙陀梨，木器合腹，以谤世尊，此事

**28.74.5**

| | | | | | | | | |
|---|---|---|---|---|---|---|---|---|
| [illegible] | [illegible]？ | [illegible] | [illegible]： | [illegible] | [illegible] | [illegible]， | [illegible] | [illegible] |
| thjij$^2$ | sjo$^2$ | tha$^1$ | dạ$^2$ | neew$^2$ | goor$^1$ | gji$^2$ | thja$^1$ | tsjɨ$^1$ |
| 何 | 云？ | 佛 | 言： | 善 | 男 | 子， | 彼 | 亦 |
| [illegible] | [illegible] | [illegible]。 | [illegible] | [illegible] | [illegible] | [illegible] | [illegible] | [illegible] |
| dwuu$^2$ | tsjiir$^1$ | ŋwu$^2$ | mjor$^1$ | ljịj$^2$ | mjɨ$^1$ | pjụ$^1$ | tśhja$^2$ | ·ioow$^1$ |
| 密 | 法 | 是。 | 如 | 来 | 无 | 量 | 功 | 德 |

云何？佛言：善男子，此亦不尔。如来成就无量功德，

**28.74.6**

| | | | | | | | | |
|---|---|---|---|---|---|---|---|---|
| [illegible] | [illegible]， | [illegible] | [illegible] | [illegible] | [illegible] | [illegible]。 | [illegible] | [illegible] |
| śjɨj$^1$ | ·jiw$^2$ | sjwɨj$^1$ | tshja$^2$ | ŋo$^2$ | mjij$^1$ | ljɨ$^1$ | neew$^2$ | goor$^1$ |
| 成 | 就， | 业 | 报 | 病 | 无 | 也。 | 善 | 男 |
| [illegible]， | [illegible] | [illegible] | [illegible] | [illegible] | [illegible] | [illegible]， | [illegible] | [illegible] |
| gji$^2$ | ŋa$^2$ | ·jij$^1$ | pjụ$^1$ | mee$^2$ | ɣie$^1$ | bju$^1$ | thja$^2$ | tśja$^1$ |
| 子， | 我 | 之 | 威 | 神 | 力 | 以， | 彼 | 旃 |

无业报患。善男子，乃是如来威神之力，能令旃

**28.75.1**

| | | | | | | | | |
|---|---|---|---|---|---|---|---|---|
| [illegible] | [illegible] | [illegible] | [illegible] | [illegible] | [illegible] | [illegible] | [illegible] | [illegible] |
| tśja$^1$ | mo$^2$ | no$^1$ | phji$^1$ | swẽ$^1$ | thow$^1$ | lji$^1$ | njɨ$^2$ | ·jij$^1$ |
| 遮 | 摩 | 那 | 毗 | 孙 | 陀 | 梨 | 等 | 之 |

| | | | | | | | | |
|---|---|---|---|---|---|---|---|---|
| [illegible] | [illegible] | [illegible] | [illegible] | [illegible] | [illegible] | [illegible] | [illegible]， | [illegible] |
| mjɨ$^{1}$ | pjụ$^{1}$ | khjã$^{2}$ | khja$^{2}$ | bẹ$^{1}$ | njɨ$^{2}$ | rjur$^{1}$ | rjur$^{1}$ | tjịj$^{1}$ |
| 无 | 量 | 恒 | 河 | 沙 | 等 | 世 | 界， | 彼 |

遮摩那毗孙陀梨等，置过无量恒河等世界之外，

**28.75.2**

| | | | | | | | | |
|---|---|---|---|---|---|---|---|---|
| [illegible] | [illegible] | [illegible] | [illegible] | [illegible]① | [illegible]， | [illegible] | [illegible] | [illegible] |
| ɣa$^{2}$ | bə$^{1}$ | dźjwo$^{2}$ | ljị$^{1}$ | wjọ$^{2}$ | ŋa$^{2}$ | thjɨ$^{2}$ | wjɨ$^{2}$ | pjo$^{1}$ |
| 于 | 弃 | 掷 | 而 | 会 | △， | 此 | 刻 | 谤 |
| [illegible] | [illegible]， | [illegible] | [illegible] | [illegible] | [illegible] | [illegible] | [illegible] | [illegible] |
| tsjij$^{2}$ | tja$^{1}$ | mjor$^{1}$ | ljij$^{2}$ | tśier$^{1}$ | ·ju$^{2}$ | ɣie$^{1}$ | ljị$^{1}$ | rjɨr$^{2}$ |
| 诽 | 者， | 如 | 来 | 方 | 便 | 力 | 以 | △ |

而被谤者，乃是如来以方便力，

**28.75.3**

| | | | | | | | | |
|---|---|---|---|---|---|---|---|---|
| [illegible]， | [illegible] | [illegible] | [illegible] | [illegible] | [illegible]。 | [illegible] | [illegible] | [illegible] |
| neej$^{2}$ | ·wjị$^{2}$ | śja$^{2}$ | sjwɨj$^{1}$ | tshja$^{2}$ | ŋwu$^{2}$ | ŋa$^{2}$ | rjur$^{1}$ | dzjiij$^{2}$ |
| 示， | 示 | 现 | 业 | 报 | 是。 | 我 | 诸 | 弟 |
| [illegible]， | [illegible] | [illegible] | [illegible] | [illegible]， | [illegible] | [illegible] | [illegible]， | [illegible] |
| gji$^{2}$ | ljo$^{1}$ | bji$^{1}$ | nioow$^{1}$ | ku$^{1}$ | nji$^{1}$ | phjɨ$^{1}$ | nioow$^{1}$ | rjur$^{1}$ |
| 子， | 福 | 薄 | 因 | 故， | 家 | 出 | 已， | 诸 |

示业果报。我诸弟子，以薄福故，既得出家，

**28.75.4**

| | | | | | | | | | |
|---|---|---|---|---|---|---|---|---|---|
| [illegible] | [illegible] | [illegible] | [illegible]， | [illegible] | [illegible] | [illegible] | [illegible] | [illegible]， | [illegible] |
| ŋa$^{2}$ | tsjiir$^{1}$ | kha$^{1}$ | dźjiij$^{1}$ | mjɨ$^{1}$ | dźjɨ | wji$^{1}$ | pjo$^{1}$ | zjịj$^{1}$ | tśhjɨ$^{2}$ |
| 我 | 法 | 中 | 在， | 他 | 行 | 作 | 谤 | 时， | 立 |
| [illegible] | [illegible] | [illegible] | [illegible] | [illegible] | [illegible]。 | [illegible] | [illegible] | [illegible] | |
| rjar$^{2}$ | ŋa$^{2}$ | ·jij$^{1}$ | tsjiir$^{1}$ | lhjii$^{1}$ | lhjwo$^{1}$ | mjor$^{1}$ | ljij$^{2}$ | tsjiir$^{1}$ | |
| 即 | 我 | 之 | 法 | 悔 | 退。 | 如 | 来 | 法 | |

---

① [illegible]（wjọ$^{2}$），“[illegible]”（wjị$^{2}$）的衍生式。

在我法中，以被谤故，则退我法。

**28.75.5**

| | | | | | | | | |
|---|---|---|---|---|---|---|---|---|
| [illegible] | [illegible] | [illegible] | [illegible] | [illegible]， | [illegible] | [illegible] | [illegible] | [illegible]： |
| dạ² | mjij¹ | seew² | sjiij² | ku¹ | thjɨ² | sju² | dạ² | ·jɨ² |
| 事 | 不 | 思 | 想 | 故， | 是 | 如 | 言 | 谓： |
| [illegible] | [illegible] | [illegible] | [illegible]， | [illegible] | [illegible] | [illegible] | [illegible] | [illegible] |
| ŋa² | njɨ² | thjɨ² | wjɨ² | mjɨ¹ | dźjɨ | wji¹ | pjo¹ | tsjij² |
| 我 | 等 | 此 | 刻， | 他 | 行 | 作 | 谤 | 诽 |

以不思量如来言教，作如是说：我等今者，已被谤故，

**28.75.6**

| | | | | | | | | |
|---|---|---|---|---|---|---|---|---|
| [illegible] | [illegible]①， | [illegible] | [illegible] | [illegible] | [illegible] | [illegible] | [illegible] | [illegible] |
| wji¹ | nji² | tha¹ | tśhja² | tsjiir¹ | kha¹ | mjij¹ | dźjiij¹ | nji² |
| 作 | △， | 佛 | 正 | 法 | 中 | 不 | 在 | △ |
| [illegible]。 | [illegible] | [illegible] | [illegible] | [illegible] | [illegible] | [illegible] | [illegible] | [illegible] |
| ·jɨ² | thja² | rjur¹ | dzjwo² | njɨ² | tsjiir¹ | mji¹ | sjwɨ¹ | lə |
| 谓。 | 彼 | 诸 | 人 | 等 | 法 | 闻 | 忧 | 忆 |

不应得在佛正法中。令彼诸人闻教忆念。

**28.76.1**

| | | | | | | | | |
|---|---|---|---|---|---|---|---|---|
| [illegible]。 | [illegible] | [illegible] | [illegible] | [illegible]， | [illegible] | [illegible] | [illegible] | [illegible] |
| phji¹ | rjur¹ | tha¹ | mjor¹ | ljịj² | tsjiir¹ | phiow¹ | ŋowr² | ŋowr² |
| 令。 | 诸 | 佛 | 如 | 来， | 法 | 白 | 一 | 切 |
| [illegible] | [illegible] | [illegible] | [illegible]， | [illegible] | [illegible] | [illegible] | [illegible] | [illegible]， |
| ŋowr² | lhə | śjɨj¹ | ·jiw² | rjur¹ | niow² | tsjiir¹ | wjɨ² | dzjar² |
| 具 | 足 | 成 | 就， | 诸 | 恶 | 法 | △ | 灭， |

诸佛如来，具足成就一切白法，灭诸恶法，

**28.76.2**

| | | | | | | | | |
|---|---|---|---|---|---|---|---|---|
| [illegible] | [illegible] | [illegible] | [illegible] | [illegible] | [illegible] | [illegible] | [illegible] | [illegible] |

① [illegible]，为第一人称复数动词人称呼应后缀，与句首“[illegible][illegible]”（我等）呼应。

| | | | | | | | | |
|---|---|---|---|---|---|---|---|---|
| tsjɨ$^{1}$ | thjɨ$^{2}$ | sju$^{2}$ | niow$^{2}$ | tshja$^{2}$ | dju$^{1}$ | mjɨ$^{1}$ | pjo$^{1}$ | tsjij$^{2}$ |
| 亦 | 是 | 如 | 恶 | 报 | 有 | 他 | 谤 | 诽 |
| [illegible]， | [illegible] | [illegible] | [illegible] | [illegible] | [illegible] | [illegible] | [illegible] | [illegible]， |
| ljɨ$^{1}$ | wja$^{1}$ | ŋa$^{2}$ | njɨ$^{2}$ | nioow$^{1}$ | dzjij$^{2}$ | ljijr$^{1}$ | dzjwo$^{2}$ | ·jɨ$^{2}$ |
| 也， | 曰 | 我 | 等 | 及 | 余 | 向 | 人 | 谓， |

尚有如是恶对被谤，何况我等及其余者？

**28.76.3**

| | | | | | | | | |
|---|---|---|---|---|---|---|---|---|
| [illegible] | [illegible] | [illegible] | [illegible]？ | [illegible] | [illegible] | [illegible] | [illegible]， | [illegible] |
| tjị$^{2}$ | ljo̦$^{1}$ | ·wjij$^{2}$ | ·jɨ$^{2}$ | thjɨ$^{2}$ | sju$^{2}$ | nwə$^{1}$ | nioow$^{1}$ | njiij$^{1}$ |
| 可 | 岂 | 有 | 谓？ | 是 | 如 | 知 | 已， | 心 |
| [illegible] | [illegible] | [illegible]， | [illegible] | [illegible] | [illegible] | [illegible]。 | [illegible] | [illegible] |
| mjij$^{1}$ | lhjii$^{1}$ | lhjwo$^{1}$ | sej$^{1}$ | xiwã$^{1}$ | dźjɨ | djo̦$^{2}$ | neew$^{2}$ | goor$^{1}$ |
| 不 | 悔 | 退， | 净 | 梵 | 行 | 修。 | 善 | 男 |

如是知已，不复退还，修净梵行。善男

**28.76.4**

| | | | | | | | | |
|---|---|---|---|---|---|---|---|---|
| [illegible]， | [illegible] | [illegible] | [illegible] | [illegible] | [illegible] | [illegible] | [illegible] | [illegible] |
| gji$^{2}$ | tśja$^{1}$ | tśja$^{1}$ | mo$^{2}$ | no$^{1}$ | phji$^{1}$ | swẽ$^{1}$ | thow$^{1}$ | lji$^{1}$ |
| 子 | 旃 | 遮 | 摩 | 那 | 毗 | 孙 | 陀 | 梨 |
| [illegible]， | [illegible] | [illegible] | [illegible] | [illegible]， | [illegible] | [illegible] | [illegible] | [illegible]， |
| njɨ$^{2}$ | niow$^{2}$ | njiij$^{1}$ | ·a | śjwo$^{1}$ | tha$^{1}$ | ɣie$^{1}$ | nioow$^{1}$ | ku$^{1}$ |
| 等， | 恶 | 心 | △ | 起， | 佛 | 力 | 因 | 故， |

子，旃遮摩那毗孙陀梨等，起于恶心，以佛力故，

**28.76.5**

| | | | | | | | | |
|---|---|---|---|---|---|---|---|---|
| [illegible] | [illegible] | [illegible] | [illegible]， | [illegible] | [illegible] | [illegible] | [illegible]。 | [illegible] |
| mjiij$^{1}$ | gu$^{2}$ | lhjịj$^{2}$ | phji$^{1}$ | thjɨ$^{2}$ | sju$^{2}$ | dạ$^{2}$ | ·jɨ$^{2}$ | ŋa$^{2}$ |
| 梦 | 中 | 受 | 令， | 是 | 如 | 言 | 谓。 | 我 |
| [illegible] | [illegible] | [illegible] | [illegible] | [illegible] | [illegible]， | [illegible] | [illegible] | [illegible] |
| njɨ$^{2}$ | zjɨr$^{1}$ | tha$^{1}$ | ·jij$^{1}$ | pjo$^{1}$ | tsjij$^{2}$ | kạ$^{1}$ | bja$^{2}$ | nioow$^{1}$ |
| 等 | 实 | 佛 | 之 | 谤 | 诽， | 命 | 断 | 已 |

令梦开悟。我实谤佛,我若舍身,

**28.76.6**

| | | | | | | | | |
|---|---|---|---|---|---|---|---|---|
| [illegible]， | [illegible] | [illegible] | [illegible] | [illegible] | [illegible] | [illegible] | [illegible] | [illegible] |
| rjijr$^{2}$ | kjɨ$^{1}$ | djɨj$^{2}$ | sọ$^{1}$ | niow$^{2}$ | tśja$^{1}$ | ·u$^{2}$ | ljɨ$^{1}$ | nji$^{2}$ |
| △， | △ | 定 | 三 | 恶 | 道 | 内 | 堕 | △ |
| [illegible]。 | [illegible] | [illegible] | [illegible]， | [illegible] | [illegible] | [illegible] | [illegible] | [illegible] |
| ·jɨ$^{2}$ | neew$^{2}$ | goor$^{1}$ | gji$^{2}$ | mjor$^{1}$ | ljij$^{2}$ | tjij$^{1}$ | tśhjwɨj$^{1}$ | ·wejr$^{2}$ |
| 谓。 | 善 | 男 | 子， | 如 | 来 | 若 | 防 | 护 |

必堕三恶。善男子,如来若知

**28.77.1**

| | | | | | | | | |
|---|---|---|---|---|---|---|---|---|
| [illegible] | [illegible] | [illegible] | [illegible]， | [illegible] | [illegible] | [illegible] | [illegible]， | [illegible] |
| lew$^{2}$ | ŋwu$^{2}$ | nwə$^{1}$ | ku$^{1}$ | kjɨ$^{1}$ | djɨj$^{2}$ | tśhjwɨj$^{1}$ | ·wejr$^{2}$ | thjɨ$^{2}$ |
| 应 | 是 | 知 | 故， | △ | 定 | 防 | 护， | 是 |
| [illegible] | [illegible] | [illegible] | [illegible] | [illegible]。 | [illegible] | [illegible] | [illegible]， | [illegible] |
| nioow$^{1}$ | thjɨ$^{2}$ | dạ$^{2}$ | ·wjị$^{2}$ | śja$^{2}$ | neew$^{2}$ | goor$^{1}$ | gji$^{2}$ | mjor$^{1}$ |
| 故 | 是 | 事 | 示 | 现。 | 善 | 男 | 子， | 如 |

可防护者,必防护之,是故示现如此之事。善男子,

**28.77.2**

| | | | | | | | | |
|---|---|---|---|---|---|---|---|---|
| [illegible] | [illegible] | [illegible] | [illegible] | [illegible] | [illegible] | [illegible] | [illegible]， | [illegible] |
| ljij$^{2}$ | lew$^{1}$ | zjij$^{1}$ | dźiã$^{2}$ | tśhju$^{1}$ | phjɨ$^{1}$ | dźjɨɨr$^{1}$ | nioow$^{1}$ | thja$^{2}$ |
| 来 | 一 | 略 | 情 | 有 | 弃 | 舍 | 因， | 彼 |
| [illegible] | [illegible] | [illegible] | [illegible] | [illegible]。 | | | | |
| dạ$^{2}$ | ·wjị$^{2}$ | śja$^{2}$ | ljɨ$^{1}$ | njaa$^{2}$ | | | | |
| 事 | 示 | 现 | 而 | 非。 | | | | |

无一众生,如来舍者,故现此事。

## 汉文本

尔时,净无垢宝月王光菩萨摩诃萨言:世尊,旃遮摩那毗孙陀梨,木器合腹,以谤世尊,此事云何?

佛言:善男子,此亦不尔。如来成就无量功德,无业报患。善男子,乃是如来威神之力,能令旃遮

摩那毗孙陀梨等，置过无量恒河等世界之外，而被谤者，乃是如来以方便力，示业果报。我诸弟子，以薄福故，既得出家，在我法中，以被谤故，则退我法。以不思量如来言教，作如是说：我等今者，已被谤故，不应得在佛正法中。令彼诸人闻教忆念。诸佛如来，具足成就一切白法，灭诸恶法，尚有如是恶对被谤，何况我等及其余者？如是知已，不复退还，修净梵行。善男子，旃遮摩那毗孙陀梨等，起于恶心，以佛力故，令梦开悟。我实谤佛，我若舍身，必堕三恶。善男子，如来若知可防护者，必防护之，是故示现如此之事。善男子，无一众生，如来舍者，故现此事。

**28.77.2**

| | | | |
|---|---|---|---|
| tśhjɨ$^{1}$ | zjọ$^{2}$ | sej$^{1}$ | ror$^{2}$ |
| 尔 | 时， | 净 | 垢 |

尔时，净无垢

**28.77.3**

| | | | | | | | | |
|---|---|---|---|---|---|---|---|---|
| mjij$^{1}$ | ljɨ$^{1}$ | lhjịj$^{2}$ | njij$^{2}$ | bji$^{1}$ | po$^{1}$ | tsa$^{1}$ | ma$^{2}$ | ŋạ$^{2}$ |
| 无 | 宝 | 月 | 王 | 光 | 菩 | 萨 | 摩 | 诃 |
| tsa$^{1}$ | dạ$^{2}$ | rjur$^{1}$ | pjụ$^{1}$ | mjor$^{1}$ | ljịj$^{2}$ | pjɨ$^{1}$ | njwo$^{2}$ | phji$^{1}$ |
| 萨 | 言： | 世 | 尊， | 如 | 来 | 往 | 昔 | 毗 |

宝月王光菩萨摩诃萨言：世尊，如来昔在毗

**28.77.4**

| | | | | | | | | |
|---|---|---|---|---|---|---|---|---|
| lã$^{1}$ | tow$^{1}$ | lhjij | ·u$^{2}$ | dźjiij$^{1}$ | phji$^{2}$ | lã$^{1}$ | zja$^{2}$ | pho$^{1}$ |
| 兰 | 多 | 国 | 内 | 在， | 毗 | 兰 | 若 | 婆 |
| lo$^{1}$ | mẽ$^{1}$ | ·jij$^{1}$ | ɣju$^{1}$ | lhjịj$^{2}$ | rjijr$^{1}$ | dzji$^{2}$ | dzji$^{1}$ | tja$^{1}$ |
| 罗 | 门 | 之 | 请 | 受， | 马 | 饮 | 食 | 者， |

兰多国，受毗兰若婆罗门请而食麦者，

**28.77.5**

| | | | | | | | | |
|---|---|---|---|---|---|---|---|---|
| [illegible] | [illegible] | [illegible] | [illegible]? | [illegible] | [illegible]①: | [illegible] | [illegible] | [illegible], |
| thjɨ$^{2}$ | dạ$^{2}$ | thjij$^{2}$ | sjo$^{2}$ | tha$^{1}$ | dạ$^{2}$ | neew$^{2}$ | goor$^{1}$ | gji$^{2}$ |
| 是 | 事 | 何 | 云? | 佛 | 言: | 善 | 男 | 子, |
| [illegible] | [illegible] | [illegible] | [illegible] | [illegible] | [illegible] | [illegible] | [illegible] | [illegible], |
| ŋa$^{2}$ | kụ$^{1}$ | zjọ$^{2}$ | dźiã$^{2}$ | tśhju$^{1}$ | ·jij$^{1}$ | njij$^{2}$ | śjow$^{1}$ | nioow$^{1}$ |
| 我 | 后 | 世 | 情 | 有 | 之 | 慈 | 悲 | 因, |

此事云何？佛言：善男子，我亦愍念后世众生，

**28.77.6**

| | | | | | | | | |
|---|---|---|---|---|---|---|---|---|
| [illegible] | [illegible] | [illegible] | [illegible] | [illegible] | [illegible] | [illegible]。 | [illegible] | [illegible] |
| ku$^{1}$ | thjɨ$^{2}$ | dạ$^{2}$ | rjɨr$^{2}$ | ·wjị$^{2}$ | śja$^{2}$ | ŋa$^{2}$ | mjor$^{1}$ | ljịj$^{2}$ |
| 故 | 是 | 事 | △ | 示 | 现 | △。 | 如 | 来 |
| [illegible] | [illegible] | [illegible] | [illegible] | [illegible]、 | [illegible] | [illegible] | [illegible] | [illegible] |
| thja$^{2}$ | rjur$^{1}$ | pho$^{1}$ | lo$^{1}$ | mẽ$^{1}$ | ɣa$^{1}$ | pjụ$^{1}$ | njɨ$^{2}$ | ·jij$^{1}$ |
| 彼 | 诸 | 婆 | 罗 | 门、 | 门 | 尊 | 等 | 之 |

故现是事。如来实知诸婆罗门、居士等

**28.78.1**

| | | | | | | | | |
|---|---|---|---|---|---|---|---|---|
| [illegible] | [illegible] | [illegible] | [illegible] | [illegible] | [illegible] | [illegible] | [illegible] | [illegible] |
| njiij$^{1}$ | khju$^{1}$ | djɨ$^{2}$ | ɣju$^{1}$ | nioow$^{1}$ | ljijr$^{1}$ | kjụ$^{1}$ | tshwew$^{1}$ | mjij$^{1}$ |
| 心 | 下 | △ | 请 | 及 | 向 | 供 | 养 | 不 |
| [illegible] | [illegible], | [illegible] | [illegible] | [illegible] | [illegible], | [illegible] | [illegible] | [illegible] |
| wji$^{1}$ | nwə$^{1}$ | ljị$^{1}$ | nwə$^{1}$ | ŋa$^{2}$ | djij$^{2}$ | nioow$^{1}$ | ɣju$^{1}$ | wjɨ$^{2}$ |
| 作 | 知, | 而 | 知 | △ | △, | 及 | 请 | △ |

请而不供养，而受其请，

**28.78.2**

| | | | | | | | | |
|---|---|---|---|---|---|---|---|---|
| [illegible] | [illegible], | [illegible] | [illegible] | [illegible] | [illegible] | [illegible] | [illegible]。 | [illegible] |
| lhjịj$^{2}$ | ŋa$^{2}$ | thja$^{1}$ | do$^{2}$ | dźjwij$^{2}$ | dzjị$^{2}$ | śji$^{2}$ | ŋa$^{2}$ | thjij$^{2}$ |

① [illegible](dạ$^{2}$)，与“[illegible]”(dạ$^{2}$)通假。

| | | | | | | | | |
|---|---|---|---|---|---|---|---|---|
| 受 | △， | 彼 | 处 | 夏 | 寂 | 往 | △。 | 何 |
| [illegible] | [illegible]？ | [illegible] | [illegible] | [illegible]， | [illegible] | [illegible] | [illegible] | [illegible] |
| sjo$^{2}$ | ljɨ$^{1}$ | neew$^{2}$ | goor$^{1}$ | gji$^{2}$ | thja$^{2}$ | dźjwij$^{2}$ | dzji̧$^{2}$ | tji̧$^{2}$ |
| 云 | 也？ | 善 | 男 | 子， | 彼 | 夏 | 寂 | 处 |

彼处安居。何以故？善男子，彼安居处

**28.78.3**

| | | | | | | | | |
|---|---|---|---|---|---|---|---|---|
| [illegible] | [illegible] | [illegible] | [illegible]， | [illegible] | [illegible] | [illegible] | [illegible] | [illegible] |
| ŋwə$^{1}$ | ·jir$^{2}$ | rjijr$^{1}$ | dźjiij$^{1}$ | thja$^{2}$ | rjijr$^{1}$ | ·jij$^{1}$ | dzji$^{1}$ | lew$^{2}$ |
| 五 | 百 | 马 | 在， | 彼 | 马 | 之 | 食 | 应 |
| [illegible] | [illegible] | [illegible] | [illegible]， | [illegible] | [illegible] | [illegible] | [illegible] | [illegible] |
| ljij$^{2}$ | ·ji$^{1}$ | ·jij$^{1}$ | mjii$^{1}$ | sọ$^{1}$ | lhjịj$^{2}$ | phow$^{1}$ | dźjwij$^{2}$ | rjɨr$^{2}$ |
| 大 | 众 | 之 | 施， | 三 | 月 | 个 | 粮 | △ |

有五百马，所有食麦施与众僧，令至三月。

**28.78.4**

| | | | | | | | | |
|---|---|---|---|---|---|---|---|---|
| [illegible]①。 | [illegible] | [illegible] | [illegible]， | [illegible] | [illegible] | [illegible] | [illegible]， | [illegible] |
| wji$^{1}$ | neew$^{2}$ | goor$^{1}$ | gji$^{2}$ | thja$^{2}$ | rjijr$^{1}$ | njɨ$^{2}$ | tja$^{1}$ | zji$^{2}$ |
| 作。 | 善 | 男 | 子， | 彼 | 马 | 等 | 者， | 皆 |
| [illegible] | [illegible] | [illegible] | [illegible]。 | [illegible] | [illegible] | [illegible] | [illegible] | [illegible]。 |
| ljij$^{2}$ | dźiã$^{2}$ | tsjij$^{2}$ | ŋwu$^{2}$ | njwo$^{2}$ | mər$^{2}$ | tśhja$^{2}$ | rjɨr$^{2}$ | lji̧$^{1}$ |
| 大 | 菩 | 萨 | 是。 | 宿 | 本 | 德 | △ | 种。 |

善男子，彼马悉是大菩萨也。宿殖德本，

**28.78.5**

| | | | | | | | | |
|---|---|---|---|---|---|---|---|---|
| [illegible] | [illegible] | [illegible] | [illegible] | [illegible] | [illegible]， | [illegible] | [illegible] | [illegible] |
| thja$^{1}$ | niow$^{2}$ | wjɨ$^{1}$ | rjir$^{2}$ | ber$^{2}$ | nioow$^{1}$ | rjur$^{1}$ | niow$^{2}$ | sjwɨj$^{1}$ |
| 彼 | 恶 | 友 | 与 | 遇 | 因， | 诸 | 恶 | 业 |
| [illegible] | [illegible]， | [illegible] | [illegible] | [illegible] | [illegible]。 | [illegible] | [illegible] | [illegible]， |
| rjɨr$^{2}$ | wji$^{1}$ | sju$^{2}$ | dzju$^{2}$ | kha$^{1}$ | ljɨ$^{1}$ | neew$^{2}$ | goor$^{1}$ | gji$^{2}$ |

① “[illegible]”误倒，据右侧乙正符号校正。

| | | | | | | | | |
|---|---|---|---|---|---|---|---|---|
| △ | 作， | 牲 | 畜 | 中 | 堕。 | 善 | 男 | 子， |

而值恶友，造诸恶业，生畜生中。善男子，

**28.78.6**

| | | | | | | | | |
|---|---|---|---|---|---|---|---|---|
| [illegible] | [illegible] | [illegible] | [illegible] | [illegible] | [illegible] | [illegible] | [illegible] | [illegible]， |
| thja$^{2}$ | ŋwə$^{1}$ | ·jir$^{2}$ | rjijr$^{1}$ | ·jij$^{1}$ | dzju$^{1}$ | dzjiij$^{2}$ | mjijr$^{2}$ | gjɨ$^{2}$ |
| 彼 | 五 | 百 | 马 | 之 | 教 | 调 | 者 | 有， |
| [illegible] | [illegible] | [illegible] | [illegible] | [illegible]。 | [illegible] | [illegible] | [illegible] | [illegible]， |
| be$^{2}$ | ·ụ$^{2}$ | dźiã$^{2}$ | tsjij$^{2}$ | ŋwu$^{2}$ | tjị$^{1}$ | ɣie$^{1}$ | nioow$^{1}$ | ku$^{1}$ |
| 日 | 藏 | 菩 | 萨 | 是。 | 愿 | 力 | 因 | 故， |

彼五百马，有调马者，是日藏菩萨。以愿力故，生在

**28.79.1**

| | | | | | | | | | |
|---|---|---|---|---|---|---|---|---|---|
| [illegible] | [illegible] | [illegible] | [illegible]。 | [illegible] | [illegible] | [illegible]， | [illegible] | [illegible] | [illegible] |
| thja$^{2}$ | do$^{2}$ | wee$^{1}$ | jịj$^{2}$ | neew$^{2}$ | goor$^{1}$ | gji$^{2}$ | thja$^{2}$ | be$^{2}$ | ·ụ$^{2}$ |
| 彼 | 处 | 生 | 来。 | 善 | 男 | 子， | 彼 | 日 | 藏 |
| [illegible] | [illegible] | [illegible] | [illegible] | [illegible] | [illegible] | [illegible] | [illegible] | [illegible] | |
| dźiã$^{2}$ | tsjij$^{2}$ | ŋwə$^{1}$ | ·jir$^{2}$ | rjijr$^{1}$ | ·jij$^{1}$ | bie$^{2}$ | lhew$^{2}$ | phji$^{1}$ | |
| 菩 | 萨 | 五 | 百 | 马 | 之 | 解 | 脱 | 令 | |

彼处。善男子，是日藏菩萨劝五百马

**28.79.2**

| | | | | | | | | |
|---|---|---|---|---|---|---|---|---|
| [illegible]， | [illegible] | [illegible] | [illegible] | [illegible] | [illegible] | [illegible] | [illegible] | [illegible]， |
| nioow$^{1}$ | thja$^{2}$ | do$^{2}$ | wjɨ$^{2}$ | wee$^{1}$ | rjijr$^{1}$ | njɨ$^{2}$ | ·jij$^{1}$ | pjwɨɨr$^{1}$ |
| 故， | 彼 | 处 | △ | 生 | 马 | 等 | 之 | 劝， |
| [illegible] | [illegible] | [illegible] | [illegible] | [illegible] | [illegible]。 | [illegible] | [illegible] | [illegible]， |
| zji$^{2}$ | po$^{1}$ | tjɨj$^{1}$ | njiij$^{1}$ | śjwo$^{1}$ | phji$^{1}$ | neew$^{2}$ | goor$^{1}$ | gji$^{2}$ |
| 皆 | 菩 | 提 | 心 | 发 | 令。 | 善 | 男 | 子， |

发菩提心，为令得脱，故生彼处。善男子，

**28.79.3**

| | | | | | | | | |
|---|---|---|---|---|---|---|---|---|
| [illegible] | [illegible] | [illegible] | [illegible] | [illegible] | [illegible] | [illegible] | [illegible] | [illegible]， |

thja² rjijr¹ dzju¹ dzjiij² mjijr² ·jij¹ ɣie¹ nioow¹ ku¹

彼 马 教 调 者 之 力 因 故,

[illegible] [illegible] [illegible] [illegible] [illegible] [illegible] [illegible] [illegible] [illegible]

thja² ŋwə¹ ·jir² rjijr¹ zji² njwo² kạ¹ sjịj² lə

彼 五 百 马 皆 昔 命 智 忆

以彼善调马主力故,彼五百马皆忆宿命。

**28.79.4**

[illegible]。 [illegible] [illegible] [illegible] [illegible], [illegible] [illegible] [illegible] [illegible]。

njwi² po¹ tjij¹ njiij¹ śjwo¹ ·ji² mər² njiij¹ rjir²

能。 菩 提 心 生, 复 本 心 得。

[illegible] [illegible] [illegible], [illegible] [illegible] [illegible] [illegible] [illegible] [illegible]

neew² goor¹ gji² mjor¹ ljij² thja² ŋwə¹ ·jir² rjijr¹

善 男 子, 如 来 彼 五 百 马

得菩提心,还得本心。善男子,如来愍念彼五百马

**28.79.5**

[illegible] [illegible] [illegible] [illegible], [illegible] [illegible] [illegible] [illegible], [illegible]

·jij¹ njij² śjow¹ nioow¹ tśhjwo¹ ɣju¹ wjɨ² lhjịj² thja²

之 慈 悲 故, 方 请 △ 受, 彼

[illegible] [illegible] [illegible]。 [illegible] [illegible] [illegible] [illegible] [illegible] [illegible]

do² dźjwij² dzjị² thja² rjijr¹ dzju¹ dzjiij² mjijr² ·jij¹

处 夏 寂。 彼 马 教 调 者 之

故,受彼请,彼处安居。调马人麦,

**28.79.6**

[illegible] [illegible], [illegible] [illegible] [illegible] [illegible], [illegible] [illegible] [illegible]

dzji¹ lew² mjor¹ ljij² ·jij¹ khjow¹ ŋwə¹ ·jir² rjijr¹

食 应, 如 来 之 与, 五 百 马

[illegible] [illegible], [illegible] [illegible] [illegible] [illegible] [illegible]。 [illegible] [illegible]

dzji¹ lew² rjur¹ dzjiij² gji² ·jij¹ mjii¹ neew² goor¹

食 应, 诸 弟 子 之 施。 善 男

与如来食,五百马麦,诸弟子食。善男

**28.80.1**

| | | | | | | | | | |
|---|---|---|---|---|---|---|---|---|---|
| [illegible], | [illegible] | [illegible] | [illegible] | [illegible] | [illegible], | [illegible] | [illegible] | [illegible] | [illegible], |
| gji2 | thja2 | rjijr1 | dzju1 | dzjiij2 | mjijr2 | rjijr1 | ŋwuu1 | njij2 | ljɨ1 |
| 子, | 彼 | 马 | 教 | 调 | 者, | 马 | 言 | 音 | 以, |
| [illegible] | [illegible] | [illegible] | [illegible] | [illegible] | [illegible], | [illegible] | [illegible] | [illegible] | |
| ŋwə1 | ·jir2 | rjijr1 | ·jij1 | kjɨ1 | neej2 | zji2 | dźjị2 | rewr2 | |
| 五 | 百 | 马 | 之 | △ | 示, | 皆 | 罪 | 悔 | |

子,彼调马者,以马音声,调五百马,皆令忏悔,

**28.80.2**

| | | | | | | | | |
|---|---|---|---|---|---|---|---|---|
| [illegible] | [illegible] | [illegible]。 | [illegible] | [illegible] | [illegible] | [illegible] | [illegible] | [illegible] |
| njiij1 | śjwo1 | phji1 | nioow1 | thja2 | rjijr1 | ·jij1 | tha1 | tsjiir1 |
| 心 | 发 | 令。 | 复 | 彼 | 马 | 之 | 佛 | 法 |
| [illegible], | [illegible] | [illegible] | [illegible] | [illegible] | [illegible] | [illegible] | [illegible] | [illegible]。 |
| kha1 | sọ1 | ljɨ̣1 | do2 | dzjwɨ̣1 | lhejr2 | njiij1 | śjwo1 | phji1 |
| 中, | 三 | 宝 | 处 | 恭 | 敬 | 心 | 起 | 令。 |

劝其发心。复令彼马于佛法中,于三宝所起敬重心。

**28.80.3**

| | | | | | | | | |
|---|---|---|---|---|---|---|---|---|
| [illegible] | [illegible] | [illegible], | [illegible] | [illegible] | [illegible] | [illegible] | [illegible], | [illegible] |
| neew2 | goor1 | gji2 | sọ1 | lhjịj2 | phow1 | nioow1 | rjijr2 | thja2 |
| 善 | 男 | 子, | 三 | 月 | 个 | 已 | △, | 彼 |
| [illegible] | [illegible] | [illegible], | [illegible] | [illegible] | [illegible] | [illegible], | [illegible] | [illegible] |
| ŋwə1 | ·jir2 | rjijr1 | ljụ2 | ljij1 | kạ1 | bja2 | sọ1 | ɣạ2 |
| 五 | 百 | 马, | 身 | 舍 | 命 | 断, | 三 | 十 |

善男子,过三月已,彼五百马,舍身生于三十

**28.80.4**

| | | | | | | | | |
|---|---|---|---|---|---|---|---|---|
| [illegible] | [illegible] | [illegible] | [illegible] | [illegible]。 | [illegible] | [illegible] | [illegible] | [illegible] |
| sọ1 | mə1 | tśhjaa1 | wjɨ2 | wee1 | thja2 | sju2 | dzju2 | kha1 |

| | | | | | | | | |
|---|---|---|---|---|---|---|---|---|
| 三 | 天 | 上 | △ | 生。 | 彼 | 牲 | 畜 | 中 |
| [illegible]， | [illegible] | [illegible] | [illegible] | [illegible] | [illegible] | [illegible]。 | [illegible] | [illegible] |
| dźjiij$^{1}$ | tsjɨ$^{1}$ | thjɨ$^{2}$ | sju$^{2}$ | gjịj$^{1}$ | ɣie$^{2}$ | rjir$^{2}$ | tśhjɨ$^{1}$ | dzjɨj$^{1}$ |
| 在， | 亦 | 是 | 如 | 利 | 益 | 得。 | 尔 | 时 |

三天。彼在畜生,尚得是利。如来尔时

**28.80.5**

| | | | | | | | | |
|---|---|---|---|---|---|---|---|---|
| [illegible] | [illegible] | [illegible] | [illegible] | [illegible] | [illegible]， | [illegible] | [illegible] | [illegible] |
| mjor$^{1}$ | ljịj$^{2}$ | thja$^{2}$ | ·jij$^{1}$ | tsjiir$^{1}$ | tshjiij$^{1}$ | ·a | duu$^{2}$ | tow$^{1}$ |
| 如 | 来 | 彼 | 之 | 法 | 说， | 阿 | 耨 | 多 |
| [illegible] | [illegible] | [illegible] | [illegible] | [illegible] | [illegible] | [illegible] | [illegible] | [illegible]。 |
| lo$^{1}$ | sã$^{1}$ | mjiw$^{2}$ | sã$^{1}$ | po$^{1}$ | tjịj$^{1}$ | la$^{1}$ | rjir$^{2}$ | phji$^{1}$ |
| 罗 | 三 | 藐 | 三 | 菩 | 提 | 记 | 得 | 令。 |

为彼说法,令得阿耨多罗三藐三菩提记。

**28.80.6**

| | | | | | | | | |
|---|---|---|---|---|---|---|---|---|
| [illegible] | [illegible] | [illegible]， | [illegible] | [illegible] | [illegible] | [illegible] | [illegible] | [illegible] |
| neew$^{2}$ | goor$^{1}$ | gji$^{2}$ | mjor$^{1}$ | ljịj$^{2}$ | thja$^{2}$ | do$^{2}$ | dźjiij$^{1}$ | dźjiij$^{1}$ |
| 善 | 男 | 子， | 如 | 来 | 彼 | 处 | 住 | 住 |
| [illegible] | [illegible] | [illegible] | [illegible] | [illegible] | [illegible] | [illegible]， | [illegible] | [illegible] |
| ŋwə$^{1}$ | ·jir$^{2}$ | rjijr$^{1}$ | ·jij$^{1}$ | dzju$^{1}$ | dzjiij$^{2}$ | mjijr$^{2}$ | nioow$^{1}$ | rjijr$^{1}$ |
| 五 | 百 | 马 | 之 | 教 | 调 | 者， | 及 | 马 |

善男子,彼处所有调五百马、

**28.81.1**

| | | | | | | | | |
|---|---|---|---|---|---|---|---|---|
| [illegible] | [illegible]① | [illegible] | [illegible] | [illegible] | [illegible] | [illegible]， | [illegible] | [illegible] |
| khjuu$^{2}$ | ·wejr$^{2}$ | mjijr$^{2}$ | ·jij$^{1}$ | kjɨ$^{1}$ | la$^{1}$ | kụ$^{1}$ | ·jij$^{1}$ | njiij$^{1}$ |
| 守 | 护 | 者 | 之 | △ | 记 | 后， | 自 | 心 |
| [illegible] | [illegible]、 | [illegible] | [illegible] | [illegible] | [illegible] | [illegible]。 | | |
| rjur$^{1}$ | ·jar$^{2}$ | tjịj$^{1}$ | dwewr$^{2}$ | tśja$^{1}$ | śjịj$^{1}$ | ·jiw$^{2}$ | | |

① “[illegible][illegible]”误倒,据原文乙正符号校正。

| | | | | | | |
|---|---|---|---|---|---|---|
| 折 | 伏、 | 缘 | 觉 | 道 | 成 | 就。 |

防护马者,如来记彼,当得成就自调伏心、缘觉之道。

## 汉文本

尔时,净无垢宝月王光菩萨摩诃萨言:世尊,如来昔在毗兰多国,受毗兰若婆罗门请而食麦者,此事云何?

佛言:善男子,我亦愍念后世众生,故现是事。如来实知诸婆罗门、居士等请而不供养,而受其请,彼处安居。何以故?善男子,彼安居处有五百马,所有食麦施与众僧,令至三月。善男子,彼马悉是大菩萨也。宿殖德本,而值恶友,造诸恶业,生畜生中。善男子,彼五百马,有调马者,是日藏菩萨。以愿力故,生在彼处。善男子,是日藏菩萨劝五百马发菩提心,为令得脱,故生彼处。善男子,以彼善调马主力故,彼五百马皆忆宿命。得菩提心,还得本心。善男子,如来愍念彼五百马故,受彼请,彼处安居。调马人麦,与如来食,五百马麦,诸弟子食。善男子,彼调马者,以马音声,调五百马,皆令忏悔,劝其发心。复令彼马于佛法中,于三宝所起敬重心。善男子,过三月已,彼五百马,舍身生于三十三天。彼在畜生,尚得是利。如来尔时为彼说法,令得阿耨多罗三藐三菩提记。善男子,彼处所有调五百马、防护马者,如来记彼,当得成就自调伏心、缘觉之道。

**28.81.1**

| | |
|---|---|
| [illegible] | [illegible] |
| neew$^{2}$ | goor$^{1}$ |
| 善 | 男 |

善男

**28.81.2**

| | | | | | | | | |
|---|---|---|---|---|---|---|---|---|
| [illegible], | [illegible] | [illegible] | [illegible] | [illegible] | [illegible] | [illegible], | [illegible] | [illegible] |
| gji$^{2}$ | rjur$^{1}$ | kha$^{1}$ | dju$^{1}$ | dju$^{1}$ | dzji$^{1}$ | lew$^{2}$ | mjor$^{1}$ | ljịj$^{2}$ |
| 子, | 世 | 间 | 有 | 有 | 食 | 应, | 如 | 来 |
| [illegible] | [illegible], | [illegible] | [illegible] | [illegible] | [illegible] | [illegible]。 | [illegible] | [illegible] |
| dzji$^{1}$ | zjịj$^{1}$ | zji$^{2}$ | thjoo$^{1}$ | wjị$^{1}$ | ljịj$^{2}$ | we$^{2}$ | neew$^{2}$ | goor$^{1}$ |
| 食 | 时, | 极 | 妙 | 味 | 美 | 为。 | 善 | 男 |

子,世间无有是可食物,如来食之而有不作微妙味者。善男

**28.81.3**

| | | | | | | | | |
|---|---|---|---|---|---|---|---|---|
| [illegible], | [illegible] | [illegible] | [illegible] | [illegible] | [illegible] | [illegible] | [illegible] | [illegible] |

| | | | | | | | | |
|---|---|---|---|---|---|---|---|---|
| gji² | tjɨ¹ | tjij¹ | mjor¹ | ljij² | dzjiw¹ | low² | ɣjị¹ | lụ¹ |
| 子， | 假 | 若 | 如 | 来 | 土 | 块 | 瓦 | 石 |
| [illegible] | [illegible] | [illegible]， | [illegible] | [illegible] | [illegible] | [illegible] | [illegible] | [illegible]。 |
| njɨ² | wjij² | dzji¹ | tsjɨ¹ | zji² | thjoo¹ | wjị¹ | tjị¹ | we² |
| 等 | △ | 食， | 亦 | 皆 | 妙 | 味 | 食 | 为。 |

子，假使如来食于土块瓦石等物，而无不退微妙味食。

**28.81.4**

| | | | | | | | | |
|---|---|---|---|---|---|---|---|---|
| [illegible] | [illegible] | [illegible]， | [illegible] | [illegible] | [illegible] | [illegible] | [illegible] | [illegible] |
| neew² | goor¹ | gji² | mjor¹ | ljij² | wjɨ² | dzji¹ | dzji¹ | tjị¹ |
| 善 | 男 | 子， | 如 | 来 | △ | 食 | 食 | 食 |
| [illegible] | [illegible] | [illegible] | [illegible] | [illegible]， | [illegible] | [illegible] | [illegible] | [illegible] |
| zji² | phju² | thjoo¹ | wjị¹ | we² | rjur¹ | kha¹ | sọ¹ | tụ¹ |
| 皆 | 上 | 妙 | 味 | 为， | 世 | 间 | 三 | 千 |

善男子，如来所食皆作上味，无有世间三千

**28.81.5**

| | | | | | | | | |
|---|---|---|---|---|---|---|---|---|
| [illegible] | [illegible] | [illegible] | [illegible] | [illegible] | [illegible] | [illegible] | [illegible] | [illegible] |
| ljij² | tụ¹ | rjur¹ | kiẹj² | ·u² | tjị¹ | dzji¹ | zji² | thja² |
| 大 | 千 | 世 | 界 | 中 | 食 | 食 | 皆 | 彼 |
| [illegible] | [illegible]。 | [illegible] | [illegible] | [illegible]？ | [illegible] | [illegible] | [illegible] | [illegible] |
| mjɨ¹ | ？ | thjij² | sjo² | ljɨ¹ | mjor¹ | ljij² | wjị¹ | kha¹ |
| 不 | 及。 | 何 | 云 | 也？ | 如 | 来 | 味 | 中 |

大千世界之中所食之物而可比者。何以故？以如来得味中

**28.81.6**

| | | | | | | | | |
|---|---|---|---|---|---|---|---|---|
| [illegible] | [illegible] | [illegible]， | [illegible] | [illegible] | [illegible] | [illegible] | [illegible] | [illegible]， |
| phju² | wjị¹ | rjir¹ | tjị¹ | kha¹ | phju² | wjị¹ | tjị¹ | rjir² |
| 上 | 味 | 得， | 食 | 中 | 上 | 味 | 食 | 得， |
| [illegible] | [illegible] | [illegible]① | [illegible] | [illegible] | [illegible] | [illegible] | [illegible] | [illegible] |

① [illegible][illegible]，“丈夫”，多与汉语“君子”对译。

| | | | | | | | | |
|---|---|---|---|---|---|---|---|---|
| ljịj² | goor¹ | kiej² | rjur¹ | ·jij¹ | ŋạ² | njɨ² | rjir² | nioow¹ |
| 大 | 丈 | 夫 | 诸 | 相 | 好 | 等 | 得 | 故 |

上味，得食上味，得大丈夫诸相好等。

**28.82.1**

| | | | | | | | | |
|---|---|---|---|---|---|---|---|---|
| [illegible]。 | [illegible] | [illegible] | [illegible]， | [illegible] | [illegible] | [illegible] | [illegible] | [illegible] |
| ljɨ¹ | neew² | goor¹ | gji² | sjij¹ | mjor¹ | ljịj² | wjɨ² | dzji¹ |
| 也。 | 善 | 男 | 子， | 今 | 如 | 来 | △ | 食 |
| [illegible] | [illegible]， | [illegible] | [illegible] | [illegible] | [illegible]， | [illegible] | [illegible] | [illegible] |
| dzji¹ | tjị¹ | zji² | thjoo¹ | wjị¹ | ŋwu² | ŋwer¹ | ka¹ | tjị² |
| 食 | 食， | 极 | 妙 | 味 | 是， | 同 | 等 | 可 |

善男子，汝今应当如是正取如来所食，悉微妙味，无有可比。

**28.82.2**

| | | | | | | | | |
|---|---|---|---|---|---|---|---|---|
| [illegible] | [illegible] | [illegible]。 | [illegible] | [illegible] | [illegible]， | [illegible] | [illegible] | [illegible] |
| mjij¹ | dźiej² | lew² | neew² | goor¹ | gji² | ·a | na¹ | phji² |
| 无 | 信 | 应。 | 善 | 男 | 子， | 阿 | 难 | 比 |
| [illegible]， | [illegible] | [illegible] | [illegible] | [illegible] | [illegible]， | [illegible] | [illegible] | [illegible] |
| khjiw² | ŋa² | ·jij¹ | njij² | śjow¹ | nioow¹ | thjɨ² | sju² | dạ² |
| 丘 | 我 | 之 | 慈 | 悲 | 故， | 是 | 如 | 言 |

善男子，阿难比丘，怜愍我故，而作是言：

**28.82.3**

| | | | | | | | | |
|---|---|---|---|---|---|---|---|---|
| [illegible]： | [illegible] | [illegible] | [illegible] | [illegible] | [illegible] | [illegible] | [illegible] | [illegible]， |
| ·jɨ² | mjor¹ | ljịj² | dźiej² | deej¹ | śjɨj² | njij² | nji¹ | wee¹ |
| 谓： | 如 | 来 | 轮 | 转 | 圣 | 王 | 家 | 生， |
| [illegible] | [illegible] | [illegible] | [illegible] | [illegible] | [illegible] | [illegible] | [illegible]， | [illegible] |
| njij² | lu² | wjɨ² | dźjɨɨr¹ | nioow¹ | nji¹ | dja² | phji² | thjij² |
| 王 | 位 | △ | 舍 | 已 | 家 | △ | 舍， | 何 |

云何如来生转轮圣王家，舍王位出家，而能食麦？

**28.82.4**

| | | | | | | | | |
|---|---|---|---|---|---|---|---|---|
| [illegible] | [illegible] | [illegible] | [illegible] | [illegible] | [illegible] | [illegible] | [illegible]？ | [illegible] |

| | | | | | | | | |
|---|---|---|---|---|---|---|---|---|
| sjo$^{2}$ | thjɨ$^{2}$ | wjɨ$^{2}$ | rjijr$^{1}$ | dzji$^{1}$ | dźjij$^{1}$ | dzjo$^{1}$ | nja$^{2}$ | mjor$^{1}$ |
| 云 | 此 | 刻 | 马 | 食 | 纯 | 食 | △? | 如 |
| [illegible] | [illegible] | [illegible] | [illegible] | [illegible] | [illegible], | [illegible] | [illegible] | [illegible] |
| ljij$^{2}$ | ·a | na$^{1}$ | ·jij$^{1}$ | njiij$^{1}$ | nwə$^{1}$ | ku$^{1}$ | rjijr$^{1}$ | dzji$^{1}$ |
| 来 | 阿 | 难 | 之 | 心 | 知, | 故 | 马 | 食 |

如来善知阿难心已,故与

**28.82.5**

| | | | | | | | | |
|---|---|---|---|---|---|---|---|---|
| [illegible] | [illegible] | [illegible] | [illegible] | [illegible] | [illegible] | [illegible] | [illegible] | [illegible]: |
| ·a | gjiwr$^{2}$ | dja$^{2}$ | khjow$^{1}$ | ·a | na$^{1}$ | ·jij$^{1}$ | dạ$^{2}$ | ·jɨ$^{2}$ |
| 一 | 点 | △ | 与 | 阿 | 难 | 之 | 言 | 谓: |
| [illegible] | [illegible] | [illegible] | [illegible] | [illegible] | [illegible] | [illegible], | [illegible] | [illegible] |
| nji$^{2}$ | sjij$^{1}$ | thjɨ$^{2}$ | wa$^{2}$ | sju$^{2}$ | wji$^{1}$ | ŋwu$^{2}$ | nji$^{2}$ | wjɨ$^{2}$ |
| 汝 | 今 | 此 | 何 | 如 | 味 | 是, | 汝 | △ |

麦告言:阿难,汝当知之此是何味?

**28.82.6**

| | | | | | | | | |
|---|---|---|---|---|---|---|---|---|
| [illegible] | [illegible]? | [illegible] | [illegible] | [illegible] | [illegible] | [illegible], | [illegible] | [illegible] |
| dzjo$^{1}$ | nja$^{2}$ | ·a | na$^{1}$ | wjɨ$^{2}$ | dzji$^{1}$ | nioow$^{1}$ | rjar$^{1}$ | gjij$^{1}$ |
| 食 | △? | 阿 | 难 | △ | 食 | 已, | 奇 | 特 |
| [illegible] | [illegible], | [illegible] | [illegible] | [illegible] | [illegible]① | [illegible] | [illegible], | [illegible] |
| njiij$^{1}$ | śjwo$^{1}$ | ŋa$^{2}$ | ·jij$^{1}$ | dạ$^{2}$ | ·jɨ$^{2}$ | rjur$^{1}$ | pjụ$^{1}$ | ŋa$^{2}$ |
| 心 | 生, | 我 | 之 | 言 | 谓: | 世 | 尊, | 我 |

阿难食已,生奇特心,即语我言:世尊,我

**28.83.1**

| | | | | | | | | |
|---|---|---|---|---|---|---|---|---|
| [illegible] | [illegible] | [illegible] | [illegible] | [illegible], | [illegible] | [illegible] | [illegible] | [illegible], |
| njij$^{2}$ | mjii$^{1}$ | we$^{2}$ | ·u$^{2}$ | dźjiij$^{1}$ | njij$^{2}$ | mjii$^{1}$ | ·u$^{2}$ | dzja$^{1}$ |
| 王 | 舍 | 城 | 内 | 在, | 王 | 舍 | 内 | 长, |
| [illegible] | [illegible] | [illegible] | [illegible] | [illegible] | [illegible] | [illegible] | [illegible] | [illegible]。 |

① “[illegible][illegible]”误倒,据右侧乙正符号校正。

| | | | | | | | | |
|---|---|---|---|---|---|---|---|---|
| thjɨ$^{2}$ | sju$^{2}$ | phju$^{2}$ | wjị$^{1}$ | dzji$^{1}$ | mjɨ$^{1}$ | tśhjɨ$^{1}$ | dji$^{2}$ | ŋa$^{2}$ |
| 是 | 如 | 上 | 味 | 食 | 无 | 尔 | 曾 | △。 |

生在王家，长养王家，而未曾得如是上味。

**28.83.2**

| | | | | | | | | |
|---|---|---|---|---|---|---|---|---|
| [illegible] | [illegible] | [illegible]， | [illegible] | [illegible] | [illegible] | [illegible]， | [illegible] | [illegible] |
| neew$^{2}$ | goor$^{1}$ | gji$^{2}$ | ·a | na$^{1}$ | phji$^{2}$ | khjiw$^{2}$ | thja$^{2}$ | tjị$^{1}$ |
| 善 | 男 | 子， | 阿 | 难 | 比 | 丘， | 彼 | 食 |
| [illegible] | [illegible]， | [illegible] | [illegible] | [illegible] | [illegible]， | [illegible]① | [illegible] | [illegible] |
| wjị$^{1}$ | nioow$^{1}$ | ljụ$^{2}$ | njiij$^{1}$ | no$^{2}$ | rejr$^{2}$ | śja$^{1}$ | ·jaar$^{2}$ | tśjɨj$^{1}$ |
| 味 | 故， | 身 | 心 | 安 | 乐， | 七 | 日 | 正 |

善男子，阿难比丘以彼食味，身心得安，

**28.83.3**

| | | | | | | | | |
|---|---|---|---|---|---|---|---|---|
| [illegible] | [illegible] | [illegible] | [illegible]。 | [illegible] | [illegible] | [illegible]， | [illegible] | [illegible] |
| tśhioow$^{1}$ | mjɨ$^{1}$ | tśhjɨ$^{1}$ | thji$^{1}$ | neew$^{2}$ | goor$^{1}$ | gji$^{2}$ | thjɨ$^{2}$ | dạ$^{2}$ |
| 或 | 无 | 尔 | 食。 | 善 | 男 | 子， | 是 | 事 |
| [illegible]， | [illegible] | [illegible] | [illegible] | [illegible] | [illegible] | [illegible] | [illegible] | [illegible] |
| nioow$^{1}$ | ku$^{1}$ | tśhjwo$^{1}$ | mjor$^{1}$ | ljij$^{2}$ | sjwɨj$^{1}$ | tshja$^{2}$ | mjij$^{1}$ | nwə$^{1}$ |
| 因， | 则 | 故 | 如 | 来 | 业 | 报 | 无 | 知 |

七日不食。善男子，以是事故当知，如来无有业报。

**28.83.4**

| | | | | | | | | |
|---|---|---|---|---|---|---|---|---|
| [illegible]。 | [illegible] | [illegible] | [illegible]、 | [illegible] | [illegible] | [illegible] | [illegible] | [illegible] |
| lew$^{2}$ | thja$^{2}$ | ɣa$^{1}$ | pjụ$^{1}$ | pho$^{1}$ | lo$^{1}$ | mẽ$^{1}$ | njɨ$^{2}$ | rjur$^{1}$ |
| 应。 | 彼 | 门 | 尊、 | 婆 | 罗 | 门 | 等 | 诸 |
| [illegible] | [illegible] | [illegible] | [illegible] | [illegible] | [illegible] | [illegible] | [illegible] | [illegible] |
| tśhja$^{2}$ | dźjij$^{2}$ | gji$^{1}$ | sej$^{1}$ | phji$^{2}$ | khjiw$^{2}$ | ·jij$^{1}$ | djɨ$^{2}$ | ɣju$^{1}$ |
| 德 | 有 | 清 | 净 | 比 | 丘 | 之 | △ | 请 |

然彼居士、婆罗门，请诸有德清净比丘

① "[illegible]śja$^{1}$"(十)，与"[illegible]śjạ$^{1}$"(七)通假。

**28.83.5**

| | | | | | | | | |
|---|---|---|---|---|---|---|---|---|
| [illegible] | [illegible] | [illegible] | [illegible]， | [illegible] | [illegible] | [illegible] | [illegible] | [illegible] |
| kjụ$^{1}$ | tshwew$^{1}$ | mjij$^{1}$ | wji$^{1}$ | rjur$^{1}$ | phji$^{2}$ | khjiw$^{2}$ | njɨ$^{2}$ | thja$^{2}$ |
| 供 | 养 | 不 | 作， | 诸 | 比 | 丘 | 等 | 彼 |
| [illegible] | [illegible] | [illegible]， | [illegible] | [illegible] | [illegible] | [illegible] | [illegible] | [illegible] |
| ·jij$^{1}$ | ɣju$^{1}$ | lhjịj$^{2}$ | thja$^{2}$ | do$^{2}$ | rjɨr$^{2}$ | śji$^{2}$ | kjụ$^{1}$ | tshwew$^{1}$ |
| 之 | 请 | 受， | 彼 | 处 | △ | 往 | 供 | 养 |

不供养者，诸比丘等受请，往彼而不供养，

**28.83.6**

| | | | | | | | | |
|---|---|---|---|---|---|---|---|---|
| [illegible] | [illegible] | [illegible]， | [illegible] | [illegible] | [illegible] | [illegible] | [illegible]。 | [illegible] | [illegible] |
| mjij$^{1}$ | rjir$^{2}$ | tja$^{1}$ | mjaa$^{1}$ | tshja$^{2}$ | ·wjị$^{2}$ | śja$^{2}$ | ŋwu$^{2}$ | neew$^{2}$ | goor$^{1}$ |
| 不 | 得 | 者， | 果 | 报 | 示 | 现 | 是。 | 善 | 男 |
| [illegible]， | [illegible] | [illegible] | [illegible] | [illegible] | [illegible] | [illegible] | [illegible] | [illegible] | |
| gji$^{2}$ | nji$^{2}$ | sjij$^{1}$ | mjor$^{1}$ | ljịj$^{2}$ | ·jij$^{1}$ | mee$^{2}$ | ɣie$^{1}$ | bioo$^{1}$ | |
| 子， | 汝 | 今 | 如 | 来 | 之 | 神 | 力 | 观 | |

示现业报。善男子，汝应当观如来神力。

**28.84.1**

| | | | | | | | | |
|---|---|---|---|---|---|---|---|---|
| [illegible]。 | [illegible] | [illegible] | [illegible] | [illegible] | [illegible] | [illegible] | [illegible] | [illegible] |
| lew$^{2}$ | thja$^{2}$ | pho$^{1}$ | lo$^{1}$ | mẽ$^{1}$ | tha$^{1}$ | nioow$^{1}$ | phji$^{2}$ | khjiw$^{2}$ |
| 应。 | 彼 | 婆 | 罗 | 门 | 佛 | 及 | 比 | 丘 |
| [illegible] | [illegible] | [illegible] | [illegible] | [illegible] | [illegible] | [illegible]， | [illegible] | [illegible] |
| ·jij$^{1}$ | djɨ$^{2}$ | ɣju$^{1}$ | kjụ$^{1}$ | tshwew$^{1}$ | mjij$^{1}$ | wji$^{1}$ | mjor$^{1}$ | ljịj$^{2}$ |
| 之 | △ | 请 | 供 | 养 | 不 | 作， | 如 | 来 |

彼婆罗门请佛及僧而不供养，如来

**28.84.2**

| | | | | | | | | |
|---|---|---|---|---|---|---|---|---|
| [illegible] | [illegible] | [illegible] | [illegible]， | [illegible] | [illegible] | [illegible] | [illegible] | [illegible] |
| thja$^{1}$ | ·jij$^{1}$ | kjɨ$^{1}$ | la$^{1}$ | niow$^{2}$ | tśja$^{1}$ | ·u$^{2}$ | mjij$^{1}$ | ljɨ$^{1}$ |
| 彼 | 之 | △ | 记， | 恶 | 道 | 内 | 不 | 堕 |

| | | | | | | | | |
|---|---|---|---|---|---|---|---|---|
| [illegible]。 | [illegible] | [illegible] | [illegible]， | [illegible] | [illegible] | [illegible] | [illegible] | [illegible] |
| ·jɨ$^{2}$ | neew$^{2}$ | goor$^{1}$ | gji$^{2}$ | rjur$^{1}$ | phji$^{2}$ | khjiw$^{2}$ | tha$^{1}$ | rjir$^{2}$ |
| 谓。 | 善 | 男 | 子， | 诸 | 比 | 丘 | 佛 | 与 |

记彼，不堕恶道。善男子，共佛

**28.84.3**

| | | | | | | | | |
|---|---|---|---|---|---|---|---|---|
| [illegible] | [illegible] | [illegible] | [illegible]， | [illegible] | [illegible] | [illegible] | [illegible] | [illegible] |
| gu$^{2}$ | gu$^{2}$ | ɣju$^{1}$ | lhjịj$^{2}$ | ŋwə$^{1}$ | ·jir$^{2}$ | dźjwij$^{2}$ | dzjị$^{2}$ | phji$^{2}$ |
| 共 | 共 | 请 | 受， | 五 | 百 | 夏 | 寂 | 比 |
| [illegible] | [illegible]， | [illegible] | [illegible] | [illegible] | [illegible]， | [illegible] | [illegible] | [illegible] |
| khjiw$^{2}$ | kha$^{1}$ | ljɨɨr$^{1}$ | ɣạ$^{2}$ | phji$^{2}$ | khjiw$^{2}$ | lẹj$^{2}$ | njiij$^{1}$ | rejr$^{2}$ |
| 丘 | 中， | 四 | 十 | 比 | 丘， | 贪 | 心 | 多 |

受请彼处安居，五百比丘，于中乃有四十比丘，多有贪心，

**28.84.4**

| | | | | | | | | |
|---|---|---|---|---|---|---|---|---|
| [illegible]， | [illegible] | [illegible] | [illegible] | [illegible] | [illegible] | [illegible] | [illegible]。 | [illegible] |
| śjwo$^{1}$ | mjij$^{1}$ | sej$^{1}$ | dźjɨ | bioo$^{1}$ | thjuu$^{1}$ | mjɨ$^{1}$ | njwi$^{2}$ | tjij$^{1}$ |
| 生， | 不 | 净 | 行 | 观 | 察 | 不 | 能。 | 若 |
| [illegible] | [illegible] | [illegible] | [illegible] | [illegible] | [illegible] | [illegible]， | [illegible] | [illegible] |
| njiij$^{1}$ | ·o$^{2}$ | zji$^{2}$ | thjoo$^{1}$ | tjị$^{1}$ | rjir$^{2}$ | ku$^{1}$ | to$^{2}$ | zji$^{2}$ |
| 心 | 悦 | 皆 | 妙 | 食 | 得 | 故， | 悉 | 皆 |

不能观察不净行故。若得称意微妙食者，悉皆

**28.84.5**

| | | | | | | | | |
|---|---|---|---|---|---|---|---|---|
| [illegible] | [illegible]， | [illegible] | [illegible] | [illegible] | [illegible]， | [illegible] | [illegible] | [illegible] |
| lhjii$^{1}$ | lhjwo$^{1}$ | rjijr$^{1}$ | dzji$^{1}$ | dzji$^{1}$ | nioow$^{1}$ | kiẹj$^{2}$ | njiij$^{1}$ | mjij$^{1}$ |
| 悔 | 退， | 马 | 食 | 食 | 故， | 欲 | 心 | 不 |
| [illegible]， | [illegible] | [illegible] | [illegible] | [illegible]， | [illegible] | [illegible] | [illegible] | [illegible] |
| śjwo$^{1}$ | śja$^{1}$ | ·jaar$^{2}$ | nioow$^{1}$ | rjijr$^{2}$ | zji$^{2}$ | ·ja | lo$^{1}$ | xã$^{1}$ |
| 生， | 七 | 日 | 已 | △， | 皆 | 阿 | 罗 | 汉 |

退转，食马麦故，不生欲心，过七日已，得阿罗汉果。

**28.84.6**

| | | | | | | | | |
|---|---|---|---|---|---|---|---|---|
| [illegible] | [illegible]。 | [illegible] | [illegible] | [illegible]， | [illegible] | [illegible] | [illegible] | [illegible]， |
| mjaa$^{1}$ | rjir$^{2}$ | neew$^{2}$ | goor$^{1}$ | gji$^{2}$ | mjor$^{1}$ | ljij$^{2}$ | neew$^{2}$ | ɣjɨr$^{1}$ |
| 果 | 得。 | 善 | 男 | 子， | 如 | 来 | 善 | 巧， |
| [illegible] | [illegible] | [illegible] | [illegible]， | [illegible] | [illegible] | [illegible] | [illegible]① | [illegible]， |
| dźiã$^{2}$ | tśhju$^{1}$ | njiij$^{1}$ | nwə$^{1}$ | ku$^{1}$ | thja$^{2}$ | ·jij$^{1}$ | gju$^{1}$ | nioow$^{1}$ |
| 情 | 有 | 心 | 知， | 故 | 彼 | 之 | 度 | 因， |

善男子，如来善巧，知众生心，故受彼请，

**28.85.1**

| | | | | | | | | |
|---|---|---|---|---|---|---|---|---|
| [illegible] | [illegible] | [illegible] | [illegible]。 | [illegible] | [illegible] | [illegible]， | [illegible] | [illegible] |
| tśhjwo$^{1}$ | ɣju$^{1}$ | lhjij$^{2}$ | ljɨ$^{1}$ | neew$^{2}$ | goor$^{1}$ | gji$^{2}$ | po$^{1}$ | tsa$^{1}$ |
| 故 | 请 | 受 | 也。 | 善 | 男 | 子， | 菩 | 萨 |
| [illegible] | [illegible] | [illegible]， | [illegible] | [illegible] | [illegible] | [illegible] | [illegible] | [illegible] |
| ma$^{2}$ | ŋạ$^{2}$ | tsa$^{1}$ | thjɨ$^{2}$ | sju$^{2}$ | zji$^{2}$ | na$^{1}$ | dwuu$^{2}$ | rjɨj$^{2}$ |
| 摩 | 诃 | 萨， | 是 | 如 | 甚 | 深 | 密 | 秘 |

为度彼故。善男子，菩萨摩诃萨，善巧成就如是甚深秘密

**28.85.2**

| | | | | | | | | |
|---|---|---|---|---|---|---|---|---|
| [illegible] | [illegible] | [illegible] | [illegible] | [illegible] | [illegible] | [illegible] | [illegible]。 | [illegible] |
| tsjiir$^{1}$ | neew$^{2}$ | ɣjɨr$^{1}$ | ·wjị$^{2}$ | śja$^{2}$ | dạ$^{2}$ | śjɨj$^{1}$ | ·jiw$^{2}$ | tjij$^{1}$ |
| 法 | 善 | 巧 | 示 | 现 | 事 | 成 | 就。 | 若 |
| [illegible] | [illegible] | [illegible]， | [illegible] | [illegible] | [illegible] | [illegible] | [illegible] | [illegible] |
| thjɨ$^{2}$ | sju$^{2}$ | nwə$^{1}$ | ku$^{1}$ | tśhjwo$^{1}$ | mjor$^{1}$ | ljij$^{2}$ | ·jij$^{1}$ | dwuu$^{2}$ |
| 是 | 如 | 知， | 则 | 故 | 如 | 来 | 之 | 密 |

法教示现之事。若如是知，名为善解如来密教。

**28.85.3**

| | | | | | | | | |
|---|---|---|---|---|---|---|---|---|
| [illegible] | [illegible] | [illegible] | [illegible] | [illegible]。 | [illegible] | [illegible]， | [illegible] | [illegible] |
| rjɨj$^{2}$ | tsjiir$^{1}$ | tsjij$^{2}$ | njwi$^{2}$ | ·jɨ$^{2}$ | tśhjɨ$^{1}$ | zjọ$^{2}$ | rjur$^{1}$ | pjụ$^{1}$ |

① [illegible](gju$^{1}$)，与“[illegible]”(gju$^{1}$)通假。

| | | | | | | | | |
|---|---|---|---|---|---|---|---|---|
| 秘 | 法 | 解 | 善 | 谓。 | 尔 | 时, | 世 | 尊 |
| □ | □ | □ | □ | □, | □ | □ | □ | □: |
| thjɨ$^{2}$ | wo$^{2}$ | dźju$^{1}$ | sjwij$^{1}$ | kięj$^{2}$ | ljaa$^{1}$ | dạ$^{2}$ | rjɨr$^{2}$ | tshjiij$^{1}$ |
| 此 | 义 | 显 | 明 | 欲, | 偈 | 言 | △ | 说: |

尔时,世尊为显此义,偈重说言:

**28.85.4**

| | | | | | | | | |
|---|---|---|---|---|---|---|---|---|
| □ | □ | □ | □ | □ | □ | □ | □ | □ |
| tśjɨɨ$^{1}$ | tsjiir$^{1}$ | nioow$^{1}$ | twụ$^{1}$ | tsjiir$^{1}$ | tshjiij$^{1}$ | śjij$^{1}$ | tśjɨ$^{1}$ | tsjij$^{2}$ |
| 次 | 法 | 及 | 正 | 法 | 说 | 顺 | 醒 | 悟 |
| □。 | □ | □ | □ | □ | □, | | | |
| njwi$^{2}$ | rjur$^{1}$ | dźiã$^{2}$ | tsjij$^{2}$ | ·wjị$^{2}$ | śja$^{2}$ | | | |
| 善。 | 诸 | 菩 | 萨 | 示 | 现, | | | |

善知渐法门,及以顿所说。内心善巧知①,

**28.85.5**

| | | | | | | | | |
|---|---|---|---|---|---|---|---|---|
| □ | □ | □ | □ | □。 | □ | □ | □ | □ |
| njiij$^{1}$ | khju$^{1}$ | neew$^{2}$ | ɣjɨr$^{1}$ | nwə$^{1}$ | dwuu$^{2}$ | rjɨj$^{2}$ | neew$^{2}$ | ɣjɨr$^{1}$ |
| 心 | 下 | 善 | 巧 | 知。 | 密 | 秘 | 善 | 巧 |
| □, | □ | □ | □ | □ | □。 | | | |
| nwə$^{1}$ | rjur$^{1}$ | ·jiw$^{2}$ | ljɨj$^{1}$ | khwa$^{1}$ | ka$^{2}$ | | | |
| 知, | 诸 | 疑 | 惑 | 远 | 离。 | | | |

诸菩萨示现。善巧知秘密,远离诸疑惑。

**28.85.6**

| | | | | | | | | |
|---|---|---|---|---|---|---|---|---|
| □ | □ | □ | □ | □, | □ | □ | □ | □ |
| rjur$^{1}$ | tha$^{1}$ | dwuu$^{2}$ | rjɨj$^{2}$ | tsjiir$^{1}$ | tshjiij$^{1}$ | śjij$^{1}$ | tśjɨ$^{1}$ | tsjij$^{2}$ |
| 诸 | 佛 | 密 | 秘 | 法, | 说 | 顺 | 醒 | 悟 |
| □。 | | | | | | | | |
| njwi$^{2}$ | | | | | | | | |

① 内心善巧知,西夏译文见下一行。

善。

善知诸佛说，所有秘密教。

## 汉文本

善男子，世间无有是可食物，如来食之而有不作微妙味者。善男子，假使如来食于土块瓦石等物，而无不退微妙味食。善男子，如来所食皆作上味，无有世间三千大千世界之中所食之物而可比者。何以故？以如来得味中上味，得食上味，得大丈夫诸相好等。善男子，汝今应当如是正取如来所食，悉微妙味，无有可比。善男子，阿难比丘，怜愍我故，而作是言：云何如来生转轮圣王家，舍王位出家，而能食麦？如来善知阿难心已，故与一麦告言：阿难，汝当知之此是何味？阿难食已，生奇特心，即语我言：世尊，我生在王家，长养王家，而未曾得如是上味。善男子，阿难比丘以彼食味，身心得安，七日不食。善男子，以是事故当知，如来无有业报。然彼居士、婆罗门，请诸有德清净比丘不供养者，诸比丘等受请，往彼而不供养，示现业报。善男子，汝应当观如来神力。彼婆罗门请佛及僧而不供养，如来记彼，不堕恶道。善男子，共佛受请彼处安居，五百比丘，于中乃有四十比丘，多有贪心，不能观察不净行故。若得称意微妙食者，悉皆退转，食马麦故，不生欲心，过七日已，得阿罗汉果。善男子，如来善巧，知众生心，故受彼请，为度彼故。善男子，菩萨摩诃萨，善巧成就如是甚深秘密法教示现之事。若如是知，名为善解如来密教。

尔时，世尊为显此义，偈重说言：

善知渐法门，及以顿所说。

内心善巧知，诸菩萨示现。

善巧知秘密，远离诸疑惑。

善知诸佛说，所有秘密教。

**28.86.1**

| | | | | | | | | |
|---|---|---|---|---|---|---|---|---|
| [illegible] | [illegible]， | [illegible] | [illegible] | [illegible] | [illegible] | [illegible] | [illegible] | [illegible] |
| tśhjɨ[1] | zjọ[2] | sej[1] | ror[2] | mjij[1] | ljɨ̣[1] | lhjịj[2] | njij[2] | bji[1] |
| 尔 | 时， | 净 | 垢 | 无 | 宝 | 月 | 王 | 光 |
| [illegible] | [illegible] | [illegible] | [illegible] | [illegible] | [illegible] | [illegible] | [illegible] | [illegible]： |
| po[1] | tsa[1] | ma[2] | ŋạ[2] | tsa[1] | tha[1] | ·jij[1] | dạ[2] | ·jɨ[2] |
| 菩 | 萨 | 摩 | 诃 | 萨 | 佛 | 之 | 言 | 谓： |

尔时，净无垢宝月王光菩萨摩诃萨白佛言：

**28.86.2**

| | | | | | | | | |
|---|---|---|---|---|---|---|---|---|
| [illegible] | [illegible]， | [illegible] | [illegible] | [illegible] | [illegible] | [illegible]， | [illegible] | [illegible] |
| rjur[1] | pjụ[1] | po[1] | tsa[1] | ma[2] | ŋạ[2] | tsa[1] | thjij[2] | sjo[2] |

| | | | | | | | | |
|---|---|---|---|---|---|---|---|---|
| 世 | 尊， | 菩 | 萨 | 摩 | 诃 | 萨， | 何 | 云 |
| [illegible] | [illegible] | [illegible] | [illegible] | [illegible] | [illegible] | [illegible] | [illegible]？ | [illegible] |
| ɣię² | mji¹ | tjij¹ | dwewr² | ·ų² | mjij¹ | kjų¹ | ljɨ¹ | tha¹ |
| 声 | 闻 | 缘 | 觉 | 乘 | 不 | 求 | 也？ | 佛 |

世尊，云何菩萨摩诃萨不求声闻缘觉乘？佛

**28.86.3**

| | | | | | | | | |
|---|---|---|---|---|---|---|---|---|
| [illegible]： | [illegible] | [illegible] | [illegible]， | [illegible] | [illegible] | [illegible] | [illegible] | [illegible] |
| dạ² | neew² | goor¹ | gji² | po¹ | tsa¹ | ma² | ŋạ² | tsa¹ |
| 言： | 善 | 男 | 子， | 菩 | 萨 | 摩 | 诃 | 萨 |
| [illegible] | [illegible]、 | [illegible] | [illegible]、 | [illegible] | [illegible]， | [illegible] | [illegible] | [illegible] |
| djị¹ | ·jɨj² | śjų¹ | ·ju¹ | sju² | dzju² | rjur¹ | niow² | tśja¹ |
| 地 | 狱、 | 饿 | 鬼、 | 牲 | 畜， | 诸 | 恶 | 道 |

言：善男子，菩萨摩诃萨在于地狱、饿鬼、畜生，诸恶道

**28.86.4**

| | | | | | | | | |
|---|---|---|---|---|---|---|---|---|
| [illegible] | [illegible]， | [illegible] | [illegible] | [illegible] | [illegible] | [illegible] | [illegible]， | [illegible] |
| kha¹ | ljɨ¹ | thja² | kha¹ | tshjiij¹ | tjị² | mjij¹ | zji² | ɣar¹ |
| 中 | 堕， | 彼 | 中 | 说 | 可 | 不 | 皆， | 极 |
| [illegible] | [illegible] | [illegible]， | [illegible] | [illegible] | [illegible] | [illegible] | [illegible] | [illegible] |
| tśjị¹ | ljɨɨ¹ | lhjịj² | tsjɨ¹ | ɣię² | mji¹ | tjij¹ | dwewr² | ·ų² |
| 苦 | 重 | 受， | 亦 | 声 | 闻 | 缘 | 觉 | 乘 |

中，虽在彼处受极重苦，不可具说，而心不求声闻缘觉乘，

**28.86.5**

| | | | | | | | | |
|---|---|---|---|---|---|---|---|---|
| [illegible] | [illegible] | [illegible] | [illegible]， | [illegible] | [illegible] | [illegible] | [illegible] | [illegible] |
| kjų¹ | njiij¹ | mjij¹ | śjwo¹ | ·jij¹ | bie² | lhew² | kjų¹ | njiij¹ |
| 求 | 心 | 不 | 生， | 自 | 解 | 脱 | 求 | 心 |
| [illegible] | [illegible]。 | [illegible] | [illegible] | [illegible] | [illegible]， | [illegible] | [illegible] | [illegible] |
| tsjɨ¹ | mjij¹ | zjɨɨr¹ | kięj² | mjij¹ | lə | zjɨɨr¹ | wji¹ | mjij¹ |
| 亦 | 无。 | 少 | 欲 | 不 | 念， | 少 | 作 | 不 |

亦无心求自得解脱。不念少欲，不念少作，

**28.86.6**

| | | | | | | | | |
|---|---|---|---|---|---|---|---|---|
| [illegible]， | [illegible] | [illegible] | [illegible] | [illegible]， | [illegible] | [illegible] | [illegible] | [illegible] |
| lə | zjɨɨr$^{1}$ | kięj$^{2}$ | mjij$^{1}$ | dźjij$^{1}$ | zjɨɨr$^{1}$ | wji$^{1}$ | dạ$^{2}$ | tsjɨ$^{1}$ |
| 念， | 少 | 欲 | 不 | 行， | 少 | 作 | 事 | 亦 |
| [illegible] | [illegible]。 | [illegible] | [illegible] | [illegible]， | [illegible] | [illegible] | [illegible] | [illegible] |
| mjij$^{1}$ | dźjij$^{1}$ | neew$^{2}$ | goor$^{1}$ | gji$^{2}$ | dźiã$^{2}$ | tsjij$^{2}$ | thja$^{2}$ | neew$^{2}$ |
| 不 | 行。 | 善 | 男 | 子， | 菩 | 萨 | 彼 | 善 |

不行少欲,不行少作事。善男子,菩萨于彼善

**28.87.1**

| | | | | | | | | |
|---|---|---|---|---|---|---|---|---|
| [illegible] | [illegible] | [illegible] | [illegible] | [illegible] | [illegible] | [illegible] | [illegible] | [illegible]， |
| sjwɨj$^{1}$ | dźjij$^{2}$ | dźiã$^{2}$ | tśhju$^{1}$ | rjir$^{2}$ | wji$^{1}$ | lew$^{2}$ | dạ$^{2}$ | thwuu$^{1}$ |
| 业 | 有 | 情 | 有 | 与 | 作 | 应 | 言 | 同， |
| [illegible] | [illegible] | [illegible] | [illegible] | [illegible] | [illegible] | [illegible] | [illegible] | [illegible] |
| nioow$^{1}$ | thja$^{2}$ | dźiã$^{2}$ | tsjij$^{2}$ | thja$^{2}$ | dźiã$^{2}$ | tśhju$^{1}$ | ·jij$^{1}$ | pjwɨɨr$^{1}$ |
| 又 | 彼 | 菩 | 萨 | 彼 | 情 | 有 | 之 | 劝 |

业众生而与同事,然是菩萨于彼众生

**28.87.2**

| | | | | | | | | |
|---|---|---|---|---|---|---|---|---|
| [illegible]， | [illegible] | [illegible] | [illegible] | [illegible] | [illegible] | [illegible] | [illegible] | [illegible] |
| dzjiij$^{2}$ | ·a | duu$^{2}$ | tow$^{1}$ | lo$^{1}$ | sã$^{1}$ | mjiw$^{2}$ | sã$^{1}$ | po$^{1}$ |
| 化， | 阿 | 耨 | 多 | 罗 | 三 | 藐 | 三 | 菩 |
| [illegible] | [illegible] | [illegible] | [illegible] | [illegible] | [illegible]。 | [illegible] | [illegible] | [illegible]， |
| tjɨj$^{1}$ | njiij$^{1}$ | śjwo$^{1}$ | djọ$^{2}$ | dźjij$^{1}$ | phji$^{1}$ | neew$^{2}$ | goor$^{1}$ | gji$^{2}$ |
| 提 | 心 | 生 | 修 | 行 | 令。 | 善 | 男 | 子， |

善劝化之,令其修行发阿耨多罗三藐三菩提心。善男子,

**28.87.3**

| | | | | | | | | |
|---|---|---|---|---|---|---|---|---|
| [illegible] | [illegible] | [illegible] | [illegible] | [illegible] | [illegible] | [illegible] | [illegible] | [illegible] |
| po$^{1}$ | tsa$^{1}$ | ma$^{2}$ | ŋạ$^{2}$ | tsa$^{1}$ | thjɨ$^{2}$ | sju$^{2}$ | tsjiir$^{1}$ | śjɨj$^{1}$ |
| 菩 | 萨 | 摩 | 诃 | 萨 | 是 | 如 | 法 | 成 |

| | | | | | | | | |
|---|---|---|---|---|---|---|---|---|
| [illegible] | [illegible]， | [illegible] | [illegible] | [illegible] | [illegible] | [illegible] | [illegible] | [illegible] |
| ·jiw$^{2}$ | ku$^{1}$ | tśhjwo$^{1}$ | ɣię$^{2}$ | mji$^{1}$ | tjịj$^{1}$ | dwewr$^{2}$ | ·jij$^{1}$ | po$^{1}$ |
| 就 | 故， | 方 | 声 | 闻 | 缘 | 觉 | 之 | 菩 |

菩萨摩诃萨成就如是法故,不求声闻缘觉菩

**28.87.4**

| | | | | | | | | |
|---|---|---|---|---|---|---|---|---|
| [illegible] | [illegible] | [illegible]。 | [illegible] | [illegible]， | [illegible] | [illegible] | [illegible] | [illegible] |
| tjɨj$^{1}$ | mjij$^{1}$ | kjụ$^{1}$ | tśhjɨ$^{1}$ | dzjɨj$^{1}$ | rjur$^{1}$ | pjụ$^{1}$ | thjɨ$^{2}$ | wo$^{2}$ |
| 提 | 不 | 求。 | 尔 | 时， | 世 | 尊 | 此 | 义 |
| [illegible] | [illegible] | [illegible]， | [illegible] | [illegible] | [illegible] | [illegible]： | | |
| dźju$^{1}$ | sjwij$^{1}$ | kięj$^{2}$ | ljaa$^{1}$ | dạ$^{2}$ | rjɨr$^{2}$ | tshjiij$^{1}$ | | |
| 显 | 明 | 欲， | 偈 | 言 | △ | 说： | | |

提。尔时,世尊为显此义,偈重说言:

**28.87.5**

| | | | | | | | | |
|---|---|---|---|---|---|---|---|---|
| [illegible] | [illegible] | [illegible] | [illegible] | [illegible]， | [illegible] | [illegible] | [illegible] | [illegible] |
| ·ju$^{2}$ | dźiã$^{2}$ | tsjij$^{2}$ | ·jij$^{1}$ | dzjiij$^{2}$ | njiij$^{1}$ | dwər$^{1}$ | tjɨ$^{2}$ | mjij$^{1}$ |
| 常 | 菩 | 萨 | 于 | 化， | 心 | 厌 | 倦 | 不 |
| [illegible]。 | [illegible] | [illegible] | [illegible] | [illegible] | [illegible]， | | | |
| śjwo$^{1}$ | zji$^{2}$ | phju$^{2}$ | po$^{1}$ | tjɨj$^{1}$ | ɣa$^{2}$ | | | |
| 生。 | 无 | 上 | 菩 | 提 | 于， | | | |

常化诸众生①,心不生疲倦。于无上菩提,

**28.87.6**

| | | | | | | | | |
|---|---|---|---|---|---|---|---|---|
| [illegible] | [illegible] | [illegible] | [illegible] | [illegible]。 | [illegible] | [illegible] | [illegible] | [illegible] |
| gjwɨ$^{1}$ | lwo$^{2}$ | mjij$^{1}$ | lhjii$^{1}$ | lhjwo$^{1}$ | njiij$^{1}$ | phji$^{1}$ | mju$^{2}$ | tjɨ$^{2}$ |
| 坚 | 固 | 不 | 悔 | 退。 | 心 | 意 | 动 | 可 |
| [illegible]， | [illegible] | [illegible] | [illegible] | [illegible] | [illegible]。 | | | |
| mjij$^{1}$ | thjoo$^{1}$ | ŋər$^{1}$ | njij$^{2}$ | wjɨ$^{2}$ | sju$^{2}$ | | | |
| 无， | 妙 | 山 | 王 | △ | 如。 | | | |

① 众生,西夏文误译为“[illegible][illegible]”,当作“[illegible][illegible]”。

坚固不退转。其心不可动，犹如妙山王。

**28.88.1**

| | | | | | | | | |
|---|---|---|---|---|---|---|---|---|
| [illegible] | [illegible] | [illegible] | [illegible] | [illegible]， | [illegible] | [illegible] | [illegible] | [illegible] |
| njij$^2$ | wjuu$^1$ | njiij$^1$ | djọ$^2$ | dźjij$^1$ | njɨɨ$^1$ | ·ụ$^2$ | tśja$^1$ | mjij$^1$ |
| 慈 | 悲 | 心 | 修 | 行， | 二 | 乘 | 道 | 不 |
| [illegible]。 | | | | | | | | |
| kjụ$^1$ | | | | | | | | |
| 求。 | | | | | | | | |

修行慈悲心，不求二乘道。

**28.88.2**

| | | | | | | | | |
|---|---|---|---|---|---|---|---|---|
| [illegible] | [illegible]， | [illegible] | [illegible] | [illegible] | [illegible] | [illegible] | [illegible] | [illegible] |
| tśhjɨ$^1$ | zjọ$^2$ | sej$^1$ | ror$^2$ | mjij$^1$ | ljị$^1$ | lhjij$^2$ | njij$^2$ | bji$^1$ |
| 尔 | 时， | 净 | 垢 | 无 | 宝 | 月 | 王 | 光 |
| [illegible] | [illegible] | [illegible] | [illegible] | [illegible] | [illegible] | [illegible] | [illegible] | [illegible]： |
| po$^1$ | tsa$^1$ | ma$^2$ | ŋạ$^2$ | tsa$^1$ | tha$^1$ | ·jij$^1$ | dạ$^2$ | ·jɨ$^2$ |
| 菩 | 萨 | 摩 | 诃 | 萨 | 佛 | 之 | 言 | 谓： |

尔时，净无垢宝月王光菩萨摩诃萨白佛言：

**28.88.3**

| | | | | | | | | |
|---|---|---|---|---|---|---|---|---|
| [illegible] | [illegible]， | [illegible] | [illegible] | [illegible] | [illegible] | [illegible] | [illegible] | [illegible] |
| rjur$^1$ | pjụ$^1$ | mjor$^1$ | ljij$^2$ | rjɨr$^2$ | tshjiij$^1$ | dźiã$^2$ | tsjij$^2$ | thjɨ$^2$ |
| 世 | 尊， | 如 | 来 | △ | 说 | 菩 | 萨 | 是 |
| [illegible] | [illegible] | [illegible] | [illegible] | [illegible]。 | [illegible] | [illegible] | [illegible] | [illegible] |
| sju$^2$ | njɨ$^2$ | tsjiir$^1$ | śjɨj$^1$ | ·jiw$^2$ | ku$^1$ | thjɨ$^2$ | nioow$^1$ | ljij$^2$ |
| 如 | 等 | 法 | 成 | 就。 | 则 | 是 | 故 | 大 |

世尊，如来已说菩萨成就如是等法。是故

**28.88.4**

| | | | | | | | | |
|---|---|---|---|---|---|---|---|---|
| [illegible] | [illegible] | [illegible]， | [illegible] | [illegible] | [illegible] | [illegible]， | [illegible] | [illegible] |
| ·ụ$^2$ | dźjij$^1$ | ·jɨ$^2$ | ljij$^2$ | ·ụ$^2$ | dźjiij$^1$ | tja$^1$ | mjor$^1$ | ljij$^2$ |

| | | | | | | | | |
|---|---|---|---|---|---|---|---|---|
| 乘 | 行 | 谓， | 大 | 乘 | 住 | 者， | 如 | 来 |
| [illegible] | [illegible] | [illegible] | [illegible] | [illegible] | [illegible]， | [illegible] | [illegible] | [illegible] |
| mjij¹ | tshjiij¹ | wa² | wo² | nioow¹ | ku¹ | thjɨ² | ljịj² | ·ụ² |
| 不 | 说 | 何 | 义 | 因 | 故， | 是 | 大 | 乘 |

名为行大乘，住大乘，而如来不说以何义故，此大乘

**28.88.5**

| | | | | | | | | |
|---|---|---|---|---|---|---|---|---|
| [illegible] | [illegible] | [illegible] | [illegible] | [illegible]？ | [illegible] | [illegible]， | [illegible] | [illegible] |
| ·jij¹ | ljịj² | ·ụ² | ·jɨ² | ljɨ¹ | tśhjɨ¹ | zjọ² | rjur¹ | pjụ¹ |
| 之 | 大 | 乘 | 谓 | 也？ | 尔 | 时， | 世 | 尊 |
| [illegible] | [illegible] | [illegible] | [illegible] | [illegible] | [illegible] | [illegible] | [illegible] | [illegible] |
| sej¹ | ror² | mjij¹ | ljɨ¹ | lhjịj² | njij² | bji¹ | po¹ | tsa¹ |
| 净 | 垢 | 无 | 宝 | 月 | 王 | 光 | 菩 | 萨 |

名为大乘？尔时，世尊告净无垢宝月王光菩萨

**28.88.6**

| | | | | | | | | |
|---|---|---|---|---|---|---|---|---|
| [illegible] | [illegible] | [illegible] | [illegible] | [illegible] | [illegible]： | [illegible] | [illegible] | [illegible] |
| ma² | ŋạ² | tsa¹ | ·jij¹ | dạ² | ·jɨ² | ŋa² | sjij¹ | nji² |
| 摩 | 诃 | 萨 | 之 | 言 | 谓： | 我 | 今 | 汝 |
| [illegible] | [illegible]， | [illegible] | [illegible] | [illegible] | [illegible] | [illegible]。 | [illegible] | [illegible] |
| ·jij¹ | ·jɨr¹ | phji¹ | bju¹ | rjɨr² | tshjii² | nja² | neew² | goor¹ |
| 之 | 问， | 意 | 随 | △ | 说 | △。 | 善 | 男 |

摩诃萨言：我今问汝，随汝意说。善男

**28.89.1**

| | | | | | | | | |
|---|---|---|---|---|---|---|---|---|
| [illegible]， | [illegible] | [illegible] | [illegible] | [illegible]？ | [illegible] | [illegible] | [illegible] | [illegible] |
| gji² | phji¹ | ɣa² | thjij² | sjo² | dźiej² | deej¹ | śjɨj² | njij² |
| 子， | 意 | 于 | 何 | 云？ | 轮 | 转 | 圣 | 王 |
| [illegible] | [illegible] | [illegible]， | [illegible] | [illegible] | [illegible] | [illegible] | [illegible] | [illegible] |
| ·jij¹ | dźjij¹ | tśja¹ | ljiɨr¹ | gja¹ | ·ji¹ | ·jij¹ | dźjij¹ | tśja¹ |
| 之 | 行 | 道， | 四 | 兵 | 众 | 之 | 行 | 道 |

子，于意云何？转轮圣王所行之道，具四兵众所行处道，

**28.89.2**

| | | | | | | | | |
|---|---|---|---|---|---|---|---|---|
| [illegible]， | [illegible] | [illegible] | [illegible] | [illegible] | [illegible]？ | [illegible] | [illegible] | [illegible] |
| tja$^{1}$ | wa$^{2}$ | sju$^{2}$ | mjiij$^{2}$ | phjij$^{1}$ | lew$^{2}$ | sej$^{1}$ | ror$^{2}$ | mjij$^{1}$ |
| 者， | 何 | 如 | 名 | 说 | 应？ | 净 | 垢 | 无 |
| [illegible] | [illegible] | [illegible] | [illegible] | [illegible] | [illegible] | [illegible] | [illegible] | [illegible] |
| ljɨ̣$^{1}$ | lhjịj$^{2}$ | njij$^{2}$ | bji$^{1}$ | po$^{1}$ | tsa$^{1}$ | ma$^{2}$ | ŋạ$^{2}$ | tsa$^{1}$ |
| 宝 | 月 | 王 | 光 | 菩 | 萨 | 摩 | 诃 | 萨 |

以何而说？时净无垢宝月王光菩萨摩诃萨

**28.89.3**

| | | | | | | | | |
|---|---|---|---|---|---|---|---|---|
| [illegible]： | [illegible] | [illegible]， | [illegible] | [illegible] | [illegible] | [illegible] | [illegible]， | [illegible] |
| dạ$^{2}$ | rjur$^{1}$ | pjụ$^{1}$ | thja$^{2}$ | njij$^{2}$ | tśja$^{1}$ | ŋwu$^{2}$ | ·jɨ$^{2}$ | ljịj$^{2}$ |
| 言： | 世 | 尊， | 是 | 王 | 道 | 是 | 谓， | 大 |
| [illegible] | [illegible] | [illegible]， | [illegible] | [illegible] | [illegible] | [illegible] | [illegible]， | [illegible] |
| tśja$^{1}$ | ŋwu$^{2}$ | ·jɨ$^{2}$ | kjạ$^{1}$ | mjij$^{1}$ | tśja$^{1}$ | ŋwu$^{2}$ | ·jɨ$^{2}$ | ɣiẹ$^{2}$ |
| 道 | 是 | 谓， | 畏 | 无 | 道 | 是 | 谓， | 碍 |

言：世尊，是名王道，是名大道，是无畏道，

**28.89.4**

| | | | | | | | | |
|---|---|---|---|---|---|---|---|---|
| [illegible] | [illegible] | [illegible] | [illegible]， | [illegible]① | [illegible] | [illegible] | [illegible] | [illegible] |
| mjij$^{1}$ | tśja$^{1}$ | ŋwu$^{2}$ | ·jɨ$^{2}$ | rjur$^{1}$ | lhjịj | njij$^{2}$ | ŋowr$^{2}$ | ŋowr$^{2}$ |
| 无 | 道 | 是 | 谓， | 诸 | 国 | 王 | 一 | 切 |
| [illegible] | [illegible] | [illegible] | [illegible] | [illegible] | [illegible]。 | [illegible] | [illegible] | [illegible] |
| su$^{1}$ | buu$^{2}$ | tśja$^{1}$ | ŋwu$^{2}$ | ·jɨ$^{2}$ | lew$^{2}$ | tha$^{1}$ | sej$^{1}$ | ror$^{2}$ |
| 超 | 胜 | 道 | 是 | 谓 | 应。 | 佛 | 净 | 垢 |

是无碍道，是胜一切诸国王道。佛语净无垢

**28.89.5**

| | | | | | | | | |
|---|---|---|---|---|---|---|---|---|
| [illegible] | [illegible] | [illegible] | [illegible] | [illegible] | [illegible] | [illegible] | [illegible] | [illegible] |
| mjij$^{1}$ | ljɨ̣$^{1}$ | lhjịj$^{2}$ | njij$^{2}$ | bji$^{1}$ | po$^{1}$ | tsa$^{1}$ | ma$^{2}$ | ŋạ$^{2}$ |

① [illegible](rjur$^{1}$)，与“[illegible]”(rjur$^{1}$)通假。

| | | | | | | | | |
|---|---|---|---|---|---|---|---|---|
| 无 | 宝 | 月 | 王 | 光 | 菩 | 萨 | 摩 | 诃 |
| [illegible] | [illegible] | [illegible] | [illegible]: | [illegible] | [illegible] | [illegible], | [illegible] | [illegible] |
| tsa1 | ·jij1 | dạ2 | ·jɨ2 | neew2 | goor1 | gji2 | rjur1 | tha1 |
| 萨 | 之 | 言 | 谓: | 善 | 男 | 子, | 诸 | 佛 |

宝月王光菩萨摩诃萨言:善男子,诸佛

**28.89.6**

| | | | | | | | | |
|---|---|---|---|---|---|---|---|---|
| [illegible] | [illegible], | [illegible] | [illegible] | [illegible] | [illegible] | [illegible] | [illegible] | [illegible] |
| mjor1 | ljij2 | tśhja2 | ɣiej1 | tśhja2 | dwewr2 | dźjij1 | tjị2 | tśja1 |
| 如 | 来, | 正 | 真 | 正 | 觉 | 行 | 所 | 道 |
| [illegible], | [illegible] | [illegible] | [illegible] | [illegible] | [illegible] | [illegible], | [illegible] | [illegible] |
| tja1 | thja2 | ·ụ2 | ljij2 | ·ụ2 | mjiij2 | we2 | phju2 | ·ụ2 |
| 者, | 彼 | 乘 | 大 | 乘 | 名 | 为, | 上 | 乘 |

如来,正真正觉所行之道,彼乘名为大乘,名为上乘,

**28.90.1**

| | | | | | | | | |
|---|---|---|---|---|---|---|---|---|
| [illegible] | [illegible], | [illegible] | [illegible] | [illegible] | [illegible], | [illegible] | [illegible] | [illegible] |
| mjiij2 | we2 | thjoo1 | ·ụ2 | mjiij2 | we2 | buu2 | ·ụ2 | mjiij2 |
| 名 | 为, | 妙 | 乘 | 名 | 为, | 胜 | 乘 | 名 |
| [illegible], | [illegible] | [illegible] | [illegible] | [illegible] | [illegible] | [illegible], | [illegible] | [illegible] |
| we2 | zji2 | phju2 | phju2 | ·ụ2 | mjiij2 | we2 | ŋwer1 | mjij1 |
| 为, | 最 | 上 | 上 | 乘 | 名 | 为, | 等 | 无 |

名为妙乘,名为胜乘,名无上乘①,名无上上乘,名无等

**28.90.2**

| | | | | | | | | |
|---|---|---|---|---|---|---|---|---|
| [illegible] | [illegible] | [illegible], | [illegible] | [illegible] | [illegible] | [illegible] | [illegible], | [illegible] |
| ·ụ2 | mjiij2 | we2 | mjij1 | niow2 | ·ụ2 | mjiij2 | we2 | ŋwer1 |
| 乘 | 名 | 为, | 不 | 恶 | 乘 | 名 | 为, | 等 |
| [illegible] | [illegible] | [illegible] | [illegible] | [illegible]。 | [illegible] | [illegible] | [illegible], | [illegible] |
| ŋwer1 | mjij1 | ·ụ2 | mjiij2 | we2 | neew2 | goor1 | gji2 | thjɨ2 |

① 名无上乘,西夏译文未译。

| | | | | | | | | |
|---|---|---|---|---|---|---|---|---|
| 等 | 无 | 乘 | 名 | 为。 | 善 | 男 | 子， | 是 |

乘，名不恶乘，名为无等等乘。善男子，以是

**28.90.3**

| | | | | | | | | |
|---|---|---|---|---|---|---|---|---|
| [illegible] | [illegible]， | [illegible] | [illegible] | [illegible] | [illegible] | [illegible]。 | [illegible] | [illegible] |
| wo$^{2}$ | nioow$^{1}$ | ku$^{1}$ | tśhjwo$^{1}$ | ljij$^{2}$ | ·ụ$^{2}$ | ·jɨ$^{2}$ | dzjɨj$^{1}$ | sej$^{1}$ |
| 义 | 因， | 则 | 故 | 大 | 乘 | 谓。 | 时 | 净 |
| [illegible] | [illegible] | [illegible] | [illegible] | [illegible] | [illegible] | [illegible] | [illegible] | [illegible] |
| ror$^{2}$ | mjij$^{1}$ | ljɨ$^{1}$ | lhjịj$^{2}$ | njij$^{2}$ | bji$^{1}$ | po$^{1}$ | tsa$^{1}$ | ma$^{2}$ |
| 垢 | 无 | 宝 | 月 | 王 | 光 | 菩 | 萨 | 摩 |

义故，名为大乘。时净无垢宝月王光菩萨摩

**28.90.4**

| | | | | | | | | |
|---|---|---|---|---|---|---|---|---|
| [illegible] | [illegible] | [illegible] | [illegible] | [illegible] | [illegible]： | [illegible] | [illegible]， | [illegible] |
| ŋạ$^{2}$ | tsa$^{1}$ | tha$^{1}$ | ·jij$^{1}$ | dạ$^{2}$ | ·jɨ$^{2}$ | tjij$^{2}$ | rjijr$^{2}$ | rjur$^{1}$ |
| 诃 | 萨 | 佛 | 之 | 言 | 谓： | 善 | 哉， | 世 |
| [illegible]！ | [illegible] | [illegible]， | [illegible] | [illegible]！ | [illegible] | [illegible]， | [illegible] | [illegible]！ |
| pjụ$^{1}$ | tjij$^{2}$ | rjijr$^{2}$ | neew$^{2}$ | bjiij$^{2}$ | tjij$^{2}$ | rjijr$^{2}$ | rjur$^{1}$ | pjụ$^{1}$ |
| 尊！ | 善 | 哉， | 善 | 逝！ | 善 | 哉， | 世 | 尊！ |

诃萨白佛言：善哉，世尊！善哉，善逝！善哉，世尊！

**28.90.5**

| | | | | | | | | |
|---|---|---|---|---|---|---|---|---|
| [illegible] | [illegible] | [illegible] | [illegible] | [illegible] | [illegible] | [illegible] | [illegible] | [illegible] |
| thjɨ$^{2}$ | sju$^{2}$ | ljij$^{2}$ | ·ụ$^{2}$ | mjiij$^{2}$ | wo$^{2}$ | tshjiij$^{1}$ | rjijr$^{1}$ | nja$^{2}$ |
| 是 | 如 | 大 | 乘 | 名 | 义 | 说 | 利 | △ |
| [illegible]。 | | | | | | | | |
| ljɨ$^{1}$ | | | | | | | | |
| 也。 | | | | | | | | |

快说如是大乘名义。

## 汉文本

尔时，净无垢宝月王光菩萨摩诃萨白佛言：世尊，云何菩萨摩诃萨不求声闻缘觉乘？

佛言:善男子,菩萨摩诃萨在于地狱、饿鬼、畜生,诸恶道中,虽在彼处受极重苦,不可具说,而心不求声闻缘觉乘,亦无心求自得解脱。不念少欲,不念少作,不行少欲,不行少作事。善男子,菩萨于彼善业众生而与同事,然是菩萨于彼众生善劝化之,令其修行发阿耨多罗三藐三菩提心。善男子,菩萨摩诃萨成就如是法故,不求声闻缘觉菩提。

尔时,世尊为显此义,偈重说言:

常化诸众生,心不生疲倦。

于无上菩提,坚固不退转。

其心不可动,犹如妙山王。

修行慈悲心,不求二乘道。

尔时,净无垢宝月王光菩萨摩诃萨白佛言:世尊,如来已说菩萨成就如是等法。是故名为行大乘,住大乘,而如来不说以何义故,此大乘名为大乘?

尔时,世尊告净无垢宝月王光菩萨摩诃萨言:我今问汝,随汝意说。善男子,于意云何?转轮圣王所行之道,具四兵众所行处道,以何而说?

时净无垢宝月王光菩萨摩诃萨言:世尊,是名王道,是名大道,是无畏道,是无碍道,是胜一切诸国王道。

佛语净无垢宝月王光菩萨摩诃萨言:善男子,诸佛如来,正真正觉所行之道,彼乘名为大乘,名为上乘,名为妙乘,名为胜乘,名无上乘,名无上上乘,名无等乘,名不恶乘,名为无等等乘。善男子,以是义故,名为大乘。

时净无垢宝月王光菩萨摩诃萨白佛言:善哉,世尊!善哉,善逝!善哉,世尊!快说如是大乘名义。

**28.90.6**

| | | | | | | | | | |
|---|---|---|---|---|---|---|---|---|---|
| [illegible] | [illegible] | [illegible] | [illegible] | [illegible] | [illegible] | [illegible] | [illegible] | [illegible], | [illegible] |
| mjor$^{1}$ | ljịj$^{2}$ | thjɨ$^{2}$ | ɣạ$^{2}$ | tsjiir$^{1}$ | tsjiir$^{1}$ | ɣa$^{1}$ | tshjiij$^{1}$ | zjọ$^{2}$ | ljiij$^{2}$ |
| 如 | 来 | 是 | 十 | 法 | 法 | 门 | 说 | 时, | 魔 |
| [illegible] | [illegible] | [illegible] | [illegible] | [illegible] | [illegible] | [illegible]: | [illegible] | [illegible] | |
| njij$^{2}$ | po$^{1}$ | sjwɨ$^{1}$ | thjɨ$^{2}$ | sju$^{2}$ | lə | wji$^{1}$ | pjɨ$^{1}$ | njɨɨ$^{2}$ | |
| 王 | 波 | 旬 | 是 | 如 | 念 | 作: | 今 | 日 | |

如来说是十法法门时,魔波旬作是念言:今日

**28.91.1**

| | | | | | | | | |
|---|---|---|---|---|---|---|---|---|
| [illegible] | [illegible] | [illegible] | [illegible] | [illegible] | [illegible] | [illegible] | [illegible]。 | [illegible] |
| śia$^{1}$ | mẽ$^{1}$ | khju$^{2}$ | thã$^{1}$ | ŋa$^{2}$ | mjɨɨ$^{2}$ | rjur$^{1}$ | dzjịj$^{1}$ | tjij$^{1}$ |
| 沙 | 门 | 瞿 | 昙 | 我 | 境 | 界 | 过。 | 若 |
| [illegible] | [illegible] | [illegible] | [illegible] | [illegible] | [illegible] | [illegible] | [illegible], | [illegible] |

| | | | | | | | | |
|---|---|---|---|---|---|---|---|---|
| ŋa² | sjij¹ | ljɨɨr¹ | mə² | gja¹ | ·ji¹ | śioo¹ | dzjɨ̣² | thja² |
| 我 | 今 | 四 | 种 | 兵 | 众 | 集 | 具， | 彼 |

沙门瞿昙过我境界。若我具备四种兵众，恼①彼

**28.91.2**

| | | | | | | | | |
|---|---|---|---|---|---|---|---|---|
| [illegible] | [illegible] | [illegible] | [illegible] | [illegible]， | [illegible] | [illegible] | [illegible] | [illegible] |
| khju² | thā¹ | ·jij¹ | tsju̧¹ | pjɨ¹ | thja² | tsjiir¹ | ɣa¹ | mjɨ¹ |
| 瞿 | 昙 | 之 | 犯 | 界， | 彼 | 法 | 门 | 无 |
| [illegible] | [illegible] | [illegible] | [illegible] | [illegible]。 | [illegible] | [illegible] | [illegible] | [illegible] |
| tśhjɨ¹ | tshjiij¹ | phjo² | ŋa² | ·jɨ² | dzjij¹ | ljiij² | po¹ | sjwɨ¹ |
| 尔 | 说 | 令 | △ | 谓。 | 时 | 魔 | 波 | 旬 |

瞿昙，令其不得说此法门。时魔波旬

**28.91.3**

| | | | | | | | | |
|---|---|---|---|---|---|---|---|---|
| [illegible] | [illegible] | [illegible] | [illegible]， | [illegible] | [illegible] | [illegible] | [illegible]， | [illegible] |
| thjɨ² | sju² | lə | nioow¹ | ljɨɨr¹ | gja¹ | rjɨr² | śio¹ | njij² |
| 是 | 如 | 念 | 已， | 四 | 兵 | △ | 导， | 王 |
| [illegible] | [illegible] | [illegible] | [illegible] | [illegible] | [illegible] | [illegible] | [illegible]。 | [illegible] |
| mjii¹ | we² | khji¹ | śja¹ | tsor² | ŋər¹ | kha¹ | njɨ² | dzjij¹ |
| 舍 | 城 | 耆 | 阇 | 崛 | 山 | 中 | 至。 | 时 |

作是念已，即具四兵，至王舍城耆阇崛山。时

**28.91.4**

| | | | | | | | | |
|---|---|---|---|---|---|---|---|---|
| [illegible] | [illegible] | [illegible] | [illegible] | [illegible] | [illegible] | [illegible] | [illegible] | [illegible] |
| sej¹ | ror² | mjij¹ | ljɨ̣¹ | lhji̧j² | njij² | bji¹ | po¹ | tsa¹ |
| 净 | 垢 | 无 | 宝 | 月 | 王 | 光 | 菩 | 萨 |
| [illegible] | [illegible] | [illegible]， | [illegible] | [illegible] | [illegible] | [illegible] | [illegible] | [illegible] |
| ma² | ŋa̧² | tsa¹ | po¹ | sjwɨ¹ | nioow¹ | ljɨɨr¹ | gja¹ | ·ji¹ |
| 摩 | 诃 | 萨， | 波 | 旬 | 及 | 四 | 兵 | 众 |

净无垢宝月王光菩萨摩诃萨，遥见波旬具四兵众，

---

① 恼，西夏文译作“[illegible][illegible]”（犯界）。

**28.91.5**

| | | | | | | | | |
|---|---|---|---|---|---|---|---|---|
| [illegible] | [illegible] | [illegible] | [illegible] | [illegible]， | [illegible] | [illegible] | [illegible] | [illegible] |
| mjor$^{1}$ | ljịj$^{2}$ | ·jij$^{1}$ | tsjụ$^{1}$ | pjɨ$^{1}$ | thjɨ$^{2}$ | tsjiir$^{1}$ | ɣa$^{1}$ | mjij$^{1}$ |
| 如 | 来 | 之 | 犯 | 界， | 此 | 法 | 门 | 不 |
| [illegible] | [illegible]， | [illegible] | [illegible] | [illegible] | [illegible] | [illegible] | [illegible]①。 | [illegible] |
| tshjiij$^{1}$ | phji$^{1}$ | kięj$^{2}$ | dźjo$^{1}$ | dźjo$^{1}$ | kjɨ$^{1}$ | lja$^{1}$ | ljij$^{2}$ | dzjɨj$^{1}$ |
| 说 | 令， | 欲 | 远 | 远 | △ | 来 | 见。 | 时 |

为恼如来，令不得说此法门故，欲来至此。时

**28.91.6**

| | | | | | | | | |
|---|---|---|---|---|---|---|---|---|
| [illegible] | [illegible] | [illegible] | [illegible] | [illegible] | [illegible] | [illegible] | [illegible] | [illegible] |
| sej$^{1}$ | ror$^{2}$ | mjij$^{1}$ | ljɨ̣$^{1}$ | lhjịj$^{2}$ | njij$^{2}$ | bji$^{1}$ | po$^{1}$ | tsa$^{1}$ |
| 净 | 垢 | 无 | 宝 | 月 | 王 | 光 | 菩 | 萨 |
| [illegible] | [illegible] | [illegible]， | [illegible] | [illegible] | [illegible] | [illegible] | [illegible] | [illegible]。 |
| ma$^{2}$ | ŋạ$^{2}$ | tsa$^{1}$ | tśhjɨ$^{2}$ | rjar$^{2}$ | mee$^{2}$ | mjijr$^{2}$ | wjɨ$^{2}$ | śja$^{2}$ |
| 摩 | 诃 | 萨， | 立 | 即 | 神 | 通 | △ | 现。 |

净无垢宝月王光菩萨摩诃萨，即现神通。

**28.92.1**

| | | | | | | | | |
|---|---|---|---|---|---|---|---|---|
| [illegible] | [illegible] | [illegible] | [illegible]， | [illegible] | [illegible] | [illegible] | [illegible] | [illegible] |
| thja$^{1}$ | mee$^{2}$ | mjijr$^{2}$ | bju$^{1}$ | ljiij$^{2}$ | po$^{1}$ | sjwɨ$^{1}$ | ·jij$^{1}$ | njij$^{2}$ |
| 彼 | 神 | 通 | 以， | 魔 | 波 | 旬 | 之 | 王 |
| [illegible] | [illegible] | [illegible] | [illegible] | [illegible] | [illegible]， | [illegible] | [illegible] | [illegible] |
| mjii$^{1}$ | we$^{2}$ | ljɨɨr$^{1}$ | tśja$^{1}$ | lhejr$^{2}$ | ·u$^{2}$ | thjɨ$^{2}$ | sju$^{2}$ | ·jɨ$^{2}$ |
| 舍 | 城 | 四 | 衢 | 道 | 内， | 是 | 如 | 谓 |

现神通已，令魔波旬至王舍城四衢道头，唱如是言：

**28.92.2**

| | | | | | | | | |
|---|---|---|---|---|---|---|---|---|
| [illegible]： | [illegible] | [illegible] | [illegible] | [illegible]， | [illegible] | [illegible] | [illegible] | [illegible]， |
| phji$^{1}$ | njij$^{2}$ | mjii$^{1}$ | we$^{2}$ | ·u$^{2}$ | rjur$^{1}$ | sjij$^{2}$ | ·ju$^{2}$ | njɨ$^{2}$ |

① “[illegible][illegible]”误倒，据右侧乙正符号校正。

| | | | | | | | | |
|---|---|---|---|---|---|---|---|---|
| 令： | 王 | 舍 | 城 | 内， | 诸 | 庶 | 民 | 等， |
| [illegible] | [illegible] | [illegible] | [illegible] | [illegible] | [illegible] | [illegible] | [illegible]， | [illegible] |
| nwə$^{1}$ | lew$^{2}$ | pjɨ$^{1}$ | njɨɨ$^{2}$ | śia$^{1}$ | mẽ$^{1}$ | khju$^{2}$ | thã$^{1}$ | njij$^{2}$ |
| 知 | 当 | 今 | 日 | 沙 | 门 | 瞿 | 昙， | 王 |

汝王舍城诸人民等，当知今日沙门瞿昙，

**28.92.3**

| | | | | | | | | |
|---|---|---|---|---|---|---|---|---|
| [illegible] | [illegible] | [illegible] | [illegible] | [illegible] | [illegible] | [illegible]， | [illegible] | [illegible] |
| mjii$^{1}$ | we$^{2}$ | khji$^{1}$ | śja$^{1}$ | tsor$^{2}$ | ŋər$^{1}$ | kha$^{1}$ | rjur$^{1}$ | ljɨɨr$^{1}$ |
| 舍 | 城 | 耆 | 阇 | 崛 | 山 | 中， | 诸 | 四 |
| [illegible] | [illegible] | [illegible] | [illegible] | [illegible] | [illegible]。 | [illegible] | [illegible] | [illegible] |
| ·ji$^{1}$ | ·jij$^{1}$ | tśhja$^{2}$ | tsjiir$^{1}$ | tshjiij$^{1}$ | ·jij$^{1}$ | ɣu$^{1}$ | gu$^{2}$ | mjiij$^{2}$ |
| 众 | 之 | 正 | 法 | 说 | 将。 | 初 | 中 | 后 |

在王舍城耆阇崛山，为诸四众具说正法。初中后

**28.92.4**

| | | | | | | | | |
|---|---|---|---|---|---|---|---|---|
| [illegible]， | [illegible] | [illegible] | [illegible] | [illegible]， | [illegible] | [illegible] | [illegible] | [illegible] |
| neew$^{2}$ | ·jwɨr$^{2}$ | wo$^{2}$ | zji$^{2}$ | na$^{1}$ | gji$^{1}$ | sej$^{1}$ | xiwã$^{1}$ | dźjɨ |
| 善， | 文 | 义 | 甚 | 深， | 清 | 净 | 梵 | 行 |
| [illegible] | [illegible] | [illegible] | [illegible]。 | [illegible] | [illegible] | [illegible] | [illegible]， | [illegible] |
| dźjɨ$^{1}$ | dźjij$^{1}$ | ŋowr$^{2}$ | lhə | nji$^{2}$ | njɨ$^{2}$ | rjur$^{1}$ | dzjwo$^{2}$ | thja$^{2}$ |
| 纯 | 真 | 具 | 足。 | 汝 | 等 | 诸 | 人， | 彼 |

善，文义俱深，淳备具足清净梵行。汝等诸人，

**28.92.5**

| | | | | | | | | |
|---|---|---|---|---|---|---|---|---|
| [illegible] | [illegible] | [illegible] | [illegible] | [illegible]， | [illegible] | [illegible] | [illegible] | [illegible]， |
| śia$^{1}$ | mẽ$^{1}$ | khju$^{2}$ | thã$^{1}$ | do$^{2}$ | tsjiir$^{1}$ | nji$^{2}$ | śjɨ$^{1}$ | nji$^{2}$ |
| 沙 | 门 | 瞿 | 昙 | 处， | 法 | 闻 | 往 | △， |
| [illegible] | [illegible] | [illegible] | [illegible] | [illegible] | [illegible] | [illegible] | [illegible] | [illegible] |
| ku$^{1}$ | gjɨ$^{2}$ | zjir$^{2}$ | kha$^{1}$ | ljij$^{2}$ | no$^{2}$ | rejr$^{2}$ | rjur$^{1}$ | gjij$^{1}$ |
| 则 | 夜 | 长 | 中 | 大 | 安 | 乐 | 诸 | 利 |

可往诣彼沙门瞿昙，听其说法，令汝长夜

**28.92.6**

| | | | | | |
|---|---|---|---|---|---|
| [illegible] | [illegible] | [illegible] | [illegible] | [illegible] | [illegible]。 |
| ɣie$^2$ | dạ$^2$ | śjɨj$^1$ | ·jiw$^2$ | ljɨ$^1$ | ·jɨ$^2$ |
| 益 | 事 | 成 | 就 | 也 | 谓。 |

成大安乐诸利益事。

**28.93.1**

| | | | | | | | | |
|---|---|---|---|---|---|---|---|---|
| [illegible] | [illegible], | [illegible] | [illegible] | [illegible] | [illegible] | [illegible] | [illegible] | [illegible] |
| tśhjɨ$^1$ | zjọ$^2$ | njij$^2$ | mjii$^1$ | ljịj$^2$ | we$^2$ | ·u$^2$ | rjur$^1$ | pho$^1$ |
| 尔 | 时, | 王 | 舍 | 大 | 城 | 中 | 诸 | 婆 |
| [illegible] | [illegible]、 | [illegible] | [illegible] | [illegible]、 | [illegible] | [illegible] | [illegible] | [illegible] |
| lo$^1$ | mẽ$^1$ | tśhia$^1$ | tji$^2$ | lji$^2$ | phə$^1$ | bjịj$^1$ | nioow$^1$ | ɣa$^1$ |
| 罗 | 门、 | 刹 | 帝 | 利、 | 长 | 者 | 及 | 门 |

尔时,王舍大城之中,诸婆罗门、刹利、长者及居

**28.93.2**

| | | | | | | | | |
|---|---|---|---|---|---|---|---|---|
| [illegible] | [illegible], | [illegible] | [illegible] | [illegible] | [illegible] | [illegible], | [illegible] | [illegible]、 |
| pjụ$^1$ | njɨ$^2$ | ljiij$^2$ | kjɨ$^1$ | neej$^2$ | nioow$^1$ | twụ$^1$ | śja$^1$ | wjạ$^1$ |
| 尊 | 等, | 魔 | △ | 示 | 已 | 处, | 香 | 花、 |
| [illegible] | [illegible]、 | [illegible] | [illegible]、 | [illegible] | [illegible]、 | [illegible] | [illegible]、 | [illegible] |
| ma$^2$ | śja$^1$ | mẹ$^2$ | śja$^1$ | njwị$^1$ | śja$^1$ | ljị$^1$ | źjow$^1$ | ljɨɨ$^1$ |
| 涂 | 香、 | 末 | 香、 | 烧 | 香、 | 宝 | 幢、 | 幡 |

士等,被魔劝已,手执香花、涂香、末香、烧香、宝幢、宝盖①,

**28.93.3**

| | | | | | | | | |
|---|---|---|---|---|---|---|---|---|
| [illegible] | [illegible], | [illegible] | [illegible] | [illegible] | [illegible] | [illegible] | [illegible], | [illegible] |
| ɣja$^2$ | zow$^2$ | njij$^2$ | mjii$^1$ | we$^2$ | ·u$^2$ | wjɨ$^2$ | lho | khji$^1$ |
| 盖 | 持, | 王 | 舍 | 城 | 内 | △ | 出, | 耆 |
| [illegible] | [illegible] | [illegible] | [illegible], | [illegible] | [illegible] | [illegible] | [illegible]。 | [illegible] |
| śja$^1$ | tsor$^2$ | ŋər$^1$ | kha$^1$ | mjor$^1$ | ljịj$^2$ | do$^2$ | njɨ$^2$ | tha$^1$ |

① 宝盖,西夏文译作"[illegible][illegible]"(幡盖)。

| | | | | | | | | |
|---|---|---|---|---|---|---|---|---|
| 阇 | 崛 | 山 | 中， | 如 | 来 | 处 | 至。 | 佛 |

出王舍城,至耆阇崛山,到如来所。

**28.93.4**

| | | | | | | | | |
|---|---|---|---|---|---|---|---|---|
| [illegible] | [illegible] | [illegible]， | [illegible] | [illegible] | [illegible] | [illegible]， | [illegible] | [illegible] |
| rewr$^{2}$ | tśjiw$^{2}$ | tshwew$^{1}$ | pjụ$^{1}$ | bjuu$^{1}$ | ·jow$^{2}$ | śja$^{2}$ | ·a | njijr$^{2}$ |
| 足 | 顶 | 礼， | 尊 | 敬 | 赞 | 显， | 一 | 面 |
| [illegible] | [illegible]。 | [illegible] | [illegible] | [illegible] | [illegible] | [illegible] | [illegible] | [illegible] |
| wjɨ$^{2}$ | dzuu$^{2}$ | dzjɨj$^{1}$ | ljiij$^{2}$ | po$^{1}$ | sjwɨ$^{1}$ | tsjɨ$^{1}$ | ljɨɨr$^{1}$ | gja$^{1}$ |
| △ | 坐。 | 时 | 魔 | 波 | 旬 | 亦 | 四 | 兵 |

顶礼佛足,尊重赞叹,却坐一面。时魔波旬亦具四兵,

**28.93.5**

| | | | | | | | | |
|---|---|---|---|---|---|---|---|---|
| [illegible] | [illegible]， | [illegible] | [illegible] | [illegible] | [illegible] | [illegible] | [illegible]， | [illegible] |
| ·ji$^{1}$ | śio$^{1}$ | njij$^{2}$ | mjii$^{1}$ | wo$^{2}$ | ·u$^{2}$ | wjɨ$^{2}$ | lho | khji$^{1}$ |
| 众 | 导， | 王 | 舍 | 城 | 内 | △ | 出， | 耆 |
| [illegible] | [illegible] | [illegible] | [illegible]， | [illegible] | [illegible] | [illegible] | [illegible]， | [illegible] |
| śja$^{1}$ | tsor$^{2}$ | ŋər$^{1}$ | kha$^{1}$ | mjor$^{1}$ | ljij$^{2}$ | do$^{2}$ | njɨ$^{2}$ | mã$^{1}$ |
| 阇 | 崛 | 山 | 中， | 如 | 来 | 处 | 至， | 曼 |

从王舍城出,至耆阇崛山,到如来所,

**28.93.6**

| | | | | | | | | | |
|---|---|---|---|---|---|---|---|---|---|
| [illegible] | [illegible] | [illegible] | [illegible] | [illegible]。 | [illegible] | [illegible] | [illegible] | [illegible]， | [illegible] |
| thow$^{1}$ | lo$^{1}$ | wją$^{1}$ | djii$^{2}$ | wji$^{1}$ | mjor$^{1}$ | ljij$^{2}$ | tśhjaa$^{1}$ | lju$^{2}$ | ljɨɨr$^{1}$ |
| 陀 | 罗 | 花 | 化 | 作。 | 如 | 来 | 上 | 散， | 四 |
| [illegible] | [illegible] | [illegible]， | [illegible] | [illegible] | [illegible] | [illegible]。 | [illegible] | [illegible] | |
| gja$^{1}$ | ·ji$^{1}$ | rjir$^{2}$ | ·a | njijr$^{2}$ | wjɨ$^{2}$ | dzuu$^{2}$ | dzjɨj$^{1}$ | sej$^{1}$ | |
| 兵 | 众 | 与， | 一 | 面 | △ | 坐。 | 时 | 净 | |

化作曼陀罗花。散如来已,与四兵众,却坐一面。时净

**28.94.1**

| | | | | | | | | |
|---|---|---|---|---|---|---|---|---|
| [illegible] | [illegible] | [illegible] | [illegible] | [illegible] | [illegible] | [illegible] | [illegible] | [illegible] |

| | | | | | | | | |
|---|---|---|---|---|---|---|---|---|
| ror$^{2}$ | mjij$^{1}$ | ljɨ$^{1}$ | lhjij$^{2}$ | njij$^{2}$ | bji$^{1}$ | po$^{1}$ | tsa$^{1}$ | ma$^{2}$ |
| 垢 | 无 | 宝 | 月 | 王 | 光 | 菩 | 萨 | 摩 |
| 黹 | 㪍, | 㑷 | 䋢 | 䍮 | 䄡 | 㧗 | 㟴 | 䋌 |
| ŋạ$^{2}$ | tsa$^{1}$ | ljiij$^{2}$ | po$^{1}$ | sjwɨ$^{1}$ | njɨ$^{2}$ | ·a | njijr$^{2}$ | wjɨ$^{2}$ |
| 诃 | 萨, | 魔 | 波 | 旬 | 等 | 一 | 面 | △ |

无垢宝月王光菩萨摩诃萨,知魔波旬坐一面已,

**28.94.2**

| | | | | | | | | |
|---|---|---|---|---|---|---|---|---|
| 䋼 | 㪉, | 㑷 | 䋬 | 䏏 | 䕑: | 㑷 | 䍮 | 䋢 |
| dzuu$^{2}$ | ljij$^{2}$ | ljiij$^{2}$ | ·jij$^{1}$ | dạ$^{2}$ | ·jɨ$^{2}$ | ljiij$^{2}$ | njij$^{2}$ | po$^{1}$ |
| 坐 | 见, | 魔 | 之 | 言 | 谓: | 魔 | 王 | 波 |
| 䍮, | 㪍 | 䋥 | 䋫 | 䋰, | 䋛 | 㪸 | 䋸 | 㫹, |
| sjwɨ$^{1}$ | wa$^{2}$ | ·jiw$^{1}$ | nioow$^{1}$ | ku$^{1}$ | ljɨɨr$^{1}$ | gja$^{1}$ | ·ji$^{1}$ | śio$^{1}$ |
| 旬, | 何 | 因 | 缘 | 故, | 四 | 兵 | 众 | 导, |

即语魔言:汝魔波旬,以何因缘,将四兵众,

**28.94.3**

| | | | | | | | | |
|---|---|---|---|---|---|---|---|---|
| 䋰 | 㣳 | 䋬 | 䋴 | 䋹, | 㥦 | 䋰 | 㣳 | 䋵 |
| mjor$^{1}$ | ljịj$^{2}$ | ·jij$^{1}$ | tsjụ$^{1}$ | pjɨ$^{1}$ | nioow$^{1}$ | mjor$^{1}$ | ljịj$^{2}$ | thjɨ$^{2}$ |
| 如 | 来 | 之 | 犯 | 界, | 及 | 如 | 来 | 是 |
| 䄙 | 㪍 | 䋦 | 䋺, | 䋥 | 㣲① | 䋮 | 䋯 | 䝉? |
| tsjiir$^{1}$ | ɣa$^{1}$ | tshjiij$^{1}$ | do$^{2}$ | ɣię$^{2}$ | lụ$^{2}$ | wji$^{1}$ | kię$^{2}$ | nja$^{2}$ |
| 法 | 门 | 说 | 处, | 障 | 碍 | 作 | 欲 | △? |

恼乱如来,并障如来,说此法门?

**28.94.4**

| | | | | | | | | |
|---|---|---|---|---|---|---|---|---|
| 䎑 | 䋻 | 䋰 | 㣳 | 䋺, | 䌌 | 䋼 | 䋽 | 䎐, |
| nji$^{2}$ | sjij$^{1}$ | mjor$^{1}$ | ljịj$^{2}$ | do$^{2}$ | bjuu$^{1}$ | ·ju$^{2}$ | njiij$^{1}$ | śjwo$^{1}$ |
| 汝 | 今 | 如 | 来 | 处, | 敬 | 常 | 心 | 生, |
| 䎒 | 䋌 | 䝊② | 䝉。 | 䋰 | 䍋 | 䋾 | 䋿 | 䎓 |

① 原文"䋥㣲"为校改后的小字。

② "䝊䋌"误倒,据右侧乙正符号校正。

| | | | | | | | | |
|---|---|---|---|---|---|---|---|---|
| dźjar$^{2}$ | wjɨ$^{2}$ | rewr$^{2}$ | nja$^{2}$ | ku$^{1}$ | gjɨ$^{2}$ | zji$^{2}$ | kha$^{1}$ | gjịj$^{1}$ |
| 过 | △ | 悔 | △。 | 则 | 夜 | 最 | 中 | 利 |

汝今应当于如来所，生惭愧心，起忏悔心。无令汝于长夜得无利益，

**28.94.5**

| | | | | | | | | |
|---|---|---|---|---|---|---|---|---|
| [illegible] | [illegible]， | [illegible] | [illegible] | [illegible] | [illegible] | [illegible] | [illegible] | [illegible] |
| ɣie$^{2}$ | mjij$^{1}$ | ljịj$^{2}$ | tśjị$^{1}$ | tshja$^{2}$ | mjɨ$^{1}$ | tśhjɨ$^{1}$ | lhjị$^{2}$ | nja$^{2}$ |
| 益 | 无， | 大 | 苦 | 报 | 无 | 尔 | 受 | △ |
| [illegible]。 | [illegible] | [illegible] | [illegible] | [illegible]① | [illegible] | [illegible] | [illegible] | [illegible] |
| ·jɨ$^{2}$ | dzjɨj$^{1}$ | ljiij$^{2}$ | po$^{1}$ | sjwɨ$^{1}$ | sej$^{1}$ | ror$^{2}$ | mjij$^{1}$ | ljɨ$^{1}$ |
| 谓。 | 时 | 魔 | 波 | 旬 | 净 | 垢 | 无 | 宝 |

成大苦报。时魔波旬闻净无垢宝

**28.94.6**

| | | | | | | | | |
|---|---|---|---|---|---|---|---|---|
| [illegible] | [illegible] | [illegible] | [illegible] | [illegible] | [illegible] | [illegible] | [illegible]， | [illegible] |
| lhjij$^{2}$ | njij$^{2}$ | bji$^{1}$ | dźiã$^{2}$ | tsjij$^{2}$ | ·jij$^{1}$ | dạ$^{2}$ | mji$^{1}$ | lạ$^{1}$ |
| 月 | 王 | 光 | 菩 | 萨 | 之 | 言 | 闻， | 手 |
| [illegible] | [illegible] | [illegible]， | [illegible] | [illegible] | [illegible] | [illegible] | [illegible]。 | [illegible] |
| dzjwị$^{1}$ | pjạ$^{1}$ | phjoo$^{2}$ | mjor$^{1}$ | ljij$^{2}$ | rewr$^{2}$ | ·jij$^{1}$ | tshwew$^{1}$ | mjor$^{1}$ |
| 敬 | 合 | 和， | 如 | 来 | 足 | 之 | 礼。 | 如 |

月王光菩萨语已，即合十指，爪掌拄地，礼如来足。于如来

**28.95.1**

| | | | | | | | | |
|---|---|---|---|---|---|---|---|---|
| [illegible]， | [illegible] | [illegible] | [illegible] | [illegible]， | [illegible] | [illegible] | [illegible] | [illegible]， |
| do$^{2}$ | bjuu$^{1}$ | ·ju$^{2}$ | njiij$^{1}$ | śjwo$^{1}$ | njiij$^{1}$ | tjị$^{1}$ | dźjị$^{2}$ | rewr$^{2}$ |
| 处， | 敬 | 常 | 心 | 生， | 心 | 诚 | 罪 | 悔， |
| [illegible] | [illegible] | [illegible] | [illegible]： | [illegible] | [illegible] | [illegible] | [illegible] | [illegible] |
| thjɨ$^{2}$ | sju$^{2}$ | dạ$^{2}$ | ·jɨ$^{2}$ | ŋa$^{2}$ | thjɨ$^{2}$ | wjɨ$^{2}$ | mjor$^{1}$ | ljij$^{2}$ |
| 是 | 如 | 言 | 谓： | 我 | 此 | 刻 | 如 | 来 |

所，生惭愧心，起忏悔心，而作是言：我于今者，甚畏如来。

① “[illegible][illegible]”误倒，据右侧乙正符号校正。

**28.95.2**

| | | | | | | | | |
|---|---|---|---|---|---|---|---|---|
| [illegible] | [illegible] | [illegible]。 | [illegible] | [illegible] | [illegible] | [illegible]。 | [illegible] | [illegible] |
| ·jij$^{1}$ | kjɨ̣$^{1}$ | ŋa$^{2}$ | rjar$^{1}$ | gjij$^{1}$ | neew$^{2}$ | bjiij$^{2}$ | lew$^{1}$ | tjị$^{1}$ |
| 之 | 畏 | △。 | 奇 | 甚 | 善 | 逝。 | 唯 | 愿 |
| [illegible] | [illegible] | [illegible] | [illegible] | [illegible] | [illegible] | [illegible] | [illegible] | [illegible]。 |
| ljịj$^{2}$ | njij$^{2}$ | ŋa$^{2}$ | ·jij$^{1}$ | dźjar$^{2}$ | wjɨ$^{2}$ | rewr$^{2}$ | phji$^{1}$ | ŋa$^{2}$ |
| 大 | 慈 | 我 | 之 | 过 | △ | 悔 | 令 | △。 |

甚奇善逝。唯愿大慈受我忏悔。

**28.95.3**

| | | | | | | | | |
|---|---|---|---|---|---|---|---|---|
| [illegible] | [illegible] | [illegible] | [illegible]， | [illegible] | [illegible] | [illegible] | [illegible] | [illegible] |
| ŋa$^{2}$ | zji$^{2}$ | kha$^{1}$ | lə$^{2}$ | sjịj$^{2}$ | zjɨr$^{1}$ | nioow$^{1}$ | neew$^{2}$ | ɣjɨr$^{1}$ |
| 我 | 最 | 中 | 痴， | 智 | 慧 | 及 | 善 | 巧 |
| [illegible] | [illegible] | [illegible] | [illegible] | [illegible]， | [illegible] | [illegible] | [illegible] | |
| sjịj$^{2}$ | mjɨ$^{1}$ | tśhjɨ$^{1}$ | dźjo$^{2}$ | ŋa$^{2}$ | ·jij$^{1}$ | ljụ$^{2}$ | mjij$^{1}$ | |
| 智 | 无 | 尔 | 有 | △， | 自 | 身 | 不 | |

我甚愚痴，无有智慧，无善巧智，不自惜身，

**28.95.4**

| | | | | | | | | |
|---|---|---|---|---|---|---|---|---|
| [illegible]， | [illegible] | [illegible] | [illegible] | [illegible] | [illegible] | [illegible] | [illegible] | [illegible]， |
| ·wier$^{1}$ | mjor$^{1}$ | ljịj$^{2}$ | do$^{2}$ | niow$^{2}$ | njiij$^{1}$ | ·a | śjwi$^{1}$ | ŋa$^{2}$ |
| 惜， | 如 | 来 | 处 | 恶 | 心 | △ | 起 | △， |
| [illegible] | [illegible] | [illegible] | [illegible] | [illegible] | [illegible] | [illegible] | [illegible]， | [illegible] |
| nioow$^{1}$ | thjɨ$^{2}$ | tsjiir$^{1}$ | ɣa$^{1}$ | ·jij$^{1}$ | dzjwɨr$^{1}$ | bjaa$^{1}$ | phji$^{1}$ | njiij$^{1}$ |
| 复 | 此 | 法 | 门 | 之 | 断 | 绝 | 令， | 心 |

而于如来，起于恶心，复欲令此法门绝灭。

**28.95.5**

| | | | | | | | | |
|---|---|---|---|---|---|---|---|---|
| [illegible] | [illegible] | [illegible]。 | [illegible] | [illegible]， | [illegible] | [illegible]！ | [illegible] | [illegible] |
| wjɨ$^{2}$ | lja$^{1}$ | ŋa$^{2}$ | tjij$^{2}$ | rjijr$^{2}$ | rjur$^{1}$ | pjụ$^{1}$ | ŋa$^{2}$ | ·jij$^{1}$ |
| △ | 来 | △。 | 善 | 哉， | 世 | 尊！ | 我 | 之 |

| | | | | |
|---|---|---|---|---|
| [illegible] | [illegible] | [illegible] | [illegible] | [illegible]。 |
| dźjar$^{2}$ | wjɨ$^{2}$ | rewr$^{2}$ | nwə$^{1}$ | ŋa$^{2}$ |
| 过 | △ | 悔 | 知 | △。 |

善哉，世尊！重受我忏。

## 汉文本

如来说是十法法门时，魔波旬作是念言：今日沙门瞿昙过我境界。若我具备四种兵众，恼彼瞿昙，令其不得说此法门。时魔波旬作是念已，即具四兵，至王舍城耆阇崛山。

时净无垢宝月王光菩萨摩诃萨，遥见波旬具四兵众，为恼如来，令不得说此法门故，欲来至此。时净无垢宝月王光菩萨摩诃萨，即现神通。现神通已，令魔波旬至王舍城四衢道头，唱如是言：汝王舍城诸人民等，当知今日沙门瞿昙，在王舍城耆阇崛山，为诸四众具说正法。初中后善，文义俱深，淳备具足清净梵行。汝等诸人，可往诣彼沙门瞿昙，听其说法，令汝长夜成大安乐诸利益事。

尔时，王舍大城之中，诸婆罗门、刹利、长者及居士等，被魔劝已，手执香花、涂香、末香、烧香、宝幢、宝盖，出王舍城，至耆阇崛山，到如来所。顶礼佛足，尊重赞叹，却坐一面。时魔波旬亦具四兵，从王舍城出，至耆阇崛山，到如来所，化作曼陀罗花。散如来已，与四兵众，却坐一面。

时净无垢宝月王光菩萨摩诃萨，知魔波旬坐一面已，即语魔言：汝魔波旬，以何因缘，将四兵众，恼乱如来，并障如来，说此法门？汝今应当于如来所，生惭愧心，起忏悔心。无令汝于长夜得无利益，成大苦报。

时魔波旬闻净无垢宝月王光菩萨语已，即合十指，爪掌拄地，礼如来足。于如来所，生惭愧心，起忏悔心，而作是言：我于今者，甚畏如来。甚奇善逝。唯愿大慈受我忏悔。我甚愚痴，无有智慧，无善巧智，不自惜身，而于如来，起于恶心，复欲令此法门绝灭。善哉，世尊！重受我忏。

**28.95.5**

| | | | |
|---|---|---|---|
| [illegible] | [illegible]： | [illegible] | [illegible] |
| tha$^{1}$ | dạ$^{2}$ | po$^{1}$ | pji$^{1}$ |
| 佛 | 言： | 波 | 卑 |

佛言：波卑

**28.95.6**

| | | | | | | | | |
|---|---|---|---|---|---|---|---|---|
| [illegible]。 | [illegible] | [illegible]！ | [illegible] | [illegible]！ | [illegible] | [illegible] | [illegible] | [illegible] |
| ·ja$^{2}$ | tjij$^{2}$ | rjijr$^{2}$ | tjij$^{2}$ | rjijr$^{2}$ | neew$^{2}$ | tśhji$^{2}$ | dzja$^{1}$ | ljij$^{1}$ |
| 椽。 | 善 | 哉！ | 善 | 哉！ | 善 | 根 | 长 | 增 |
| [illegible] | [illegible] | [illegible]。 | [illegible] | [illegible] | [illegible] | [illegible]， | [illegible] | [illegible] |

phji$^{1}$ njwi$^{2}$ nja$^{2}$ ŋa$^{2}$ tha$^{1}$ tsjiir$^{1}$ kha$^{1}$ neew$^{2}$ goor$^{1}$

令 善 △。 我 佛 法 中, 善 男

椽。善哉!善哉!长养善根。若我法中,有善男

**28.96.1**

[illegible]

gji$^{2}$ neew$^{2}$ sji$^{2}$ dzjwo$^{2}$ njiij$^{1}$ śjwo$^{1}$ dźjar$^{2}$ rewr$^{2}$ gji$^{1}$

子、 善 女 人, 心 起 过 悔, 清

[illegible]

sej$^{1}$ kjụ$^{1}$ tja$^{1}$ tsjɨ$^{1}$ nja$^{2}$ rjir$^{2}$ ·a tjɨj$^{2}$ ljɨ$^{1}$

净 求 者, 亦 汝 与 一 样 也。

子,若善女人,起心忏悔,以求清净。善哉!波卑椽①。

**28.96.2**

[illegible]

dzjɨj$^{1}$ ljiij$^{2}$ po$^{1}$ sjwɨ$^{1}$ tha$^{1}$ do$^{2}$ wjɨ$^{2}$ ·jar$^{1}$ rjur$^{1}$

时 魔 波 旬 佛 处 △ 立, 世

[illegible]

pjụ$^{1}$ ·jij$^{1}$ dạ$^{2}$ ·jɨr$^{1}$ mjor$^{1}$ ljij$^{2}$ ·jij$^{1}$ rjur$^{1}$ lwər$^{2}$

尊 之 言: 问 如 来 之 诸 经

时魔波旬至佛所立,白言:世尊,如来诸经,

**28.96.3**

[illegible]

lhejr$^{2}$ tja$^{1}$ zji$^{2}$ niow$^{2}$ dạ$^{2}$ mjij$^{1}$ neew$^{2}$ dạ$^{2}$ phja$^{1}$

契 者, 皆 恶 言、 不 善 言 断

[illegible]

wji$^{1}$ mjor$^{1}$ ljij$^{2}$ kụ$^{2}$ dạ$^{2}$ ŋwu$^{2}$ ljɨ$^{1}$ ŋwu$^{2}$ ljɨ$^{1}$

作? 如 来 答 言: 是 也, 是 也。

皆断恶语、不善语耶?如来答言:如是,如是。

① 善哉!波卑椽,西夏译文未译。

**28.96.4**

| | | | | | | | | |
|---|---|---|---|---|---|---|---|---|
| [illegible] | [illegible] | [illegible] | [illegible]: | [illegible] | [illegible] | [illegible]、 | [illegible] | [illegible]、 |
| ljiij² | po¹ | sjwɨ¹ | dạ² | mjor¹ | ljịj² | tsjiir¹ | njij² | tsjiir¹ |
| 魔 | 波 | 旬 | 言: | 如 | 来 | 法、 | 王 | 法、 |
| [illegible] | [illegible] | [illegible] | [illegible] | [illegible] | [illegible] | [illegible]? | [illegible] | [illegible] |
| wə¹ | tsjiir¹ | ·jij¹ | dzju² | rjir² | thjij² | sjo² | ŋa² | ·jij¹ |
| 主 | 法 | 自 | 主 | 得 | 何 | 云? | 我 | 之 |

魔波旬言:云何如来法、王法、主得法自在而语?

**28.96.5**

| | | | | | | | | |
|---|---|---|---|---|---|---|---|---|
| [illegible] | [illegible] | [illegible] | [illegible] | [illegible]。 | [illegible] | [illegible]: | [illegible] | [illegible] |
| po¹ | pji¹ | ·ja² | ·jɨ² | ljɨ¹ | tha¹ | dạ² | po¹ | pji¹ |
| 波 | 卑 | 椽 | 谓 | 也。 | 佛 | 言: | 波 | 卑 |
| [illegible]。 | [illegible] | [illegible] | [illegible] | [illegible] | [illegible] | [illegible] | [illegible] | [illegible]。 |
| ·ja² | ŋa² | sjij¹ | nji² | ·jij¹ | dzjọ¹ | dza² | tshjiij¹ | ŋa² |
| 椽。 | 我 | 今 | 汝 | 之 | 譬 | 喻 | 说 | △。 |

称我言波卑椽,如是唤我。佛言:波卑椽。我今为汝,说于譬喻。

**28.96.6**

| | | | | | | | | |
|---|---|---|---|---|---|---|---|---|
| [illegible] | [illegible] | [illegible], | [illegible] | [illegible] | [illegible] | [illegible] | [illegible] | [illegible], |
| neew² | goor¹ | gji² | dzjọ¹ | sju² | phə¹ | bjij¹ | ɣa¹ | pjụ¹ |
| 善 | 男 | 子, | 譬 | 如 | 长 | 者 | 门 | 尊, |
| [illegible] | [illegible] | [illegible] | [illegible]。 | [illegible] | [illegible] | [illegible] | [illegible], | [illegible] |
| tjị¹ | war² | mjɨ¹ | pjụ¹ | gji² | tjij¹ | gjɨ² | ·ji¹ | thjij² |
| 食 | 财 | 无 | 量。 | 子 | 独 | 有 | 众, | 何 |

善男子,譬如长者居士,财富无穷。唯有一子,甚爱念之。

**28.97.1**

| | | | | | | | | |
|---|---|---|---|---|---|---|---|---|
| [illegible] | [illegible] | [illegible], | [illegible] | [illegible] | [illegible] | [illegible], | [illegible] | [illegible] |
| kjir² | dzu¹ | ·wier¹ | tsej² | mjij¹ | dźjow¹ | ka² | ·jij¹ | kạ¹ |
| 能 | 爱 | 惜, | 暂 | 不 | 分 | 离, | 自 | 命 |

| | | | | | | | | |
|---|---|---|---|---|---|---|---|---|
| [illegible] | [illegible]。 | [illegible] | [illegible] | [illegible] | [illegible] | [illegible] | [illegible] | [illegible]， |
| su$^{1}$ | ·wier$^{1}$ | tjij$^{1}$ | thja$^{2}$ | gji$^{2}$ | rjur$^{1}$ | tśhji$^{2}$ | mjij$^{1}$ | neew$^{2}$ |
| 胜 | 惜。 | 若 | 彼 | 子 | 诸 | 根 | 不 | 善， |

不用离目，以命系子。然彼一子，诸根不调，

**28.97.2**

| | | | | | | | | |
|---|---|---|---|---|---|---|---|---|
| [illegible] | [illegible] | [illegible] | [illegible]。 | [illegible] | [illegible] | [illegible] | [illegible] | [illegible] |
| zji$^{2}$ | niow$^{2}$ | lạ$^{1}$ | ljoor$^{1}$ | phə$^{1}$ | bjij$^{1}$ | ɣa$^{1}$ | pjụ$^{1}$ | dzu$^{1}$ |
| 甚 | 恶 | 谀 | 谄。 | 长 | 者 | 门 | 尊 | 乐 |
| [illegible] | [illegible] | [illegible]， | [illegible] | [illegible] | [illegible] | [illegible]， | [illegible] | [illegible] |
| ·wier$^{1}$ | nioow$^{1}$ | ku$^{1}$ | tjij$^{1}$ | bo$^{2}$ | tjij$^{1}$ | ɣjɨ$^{1}$ | tjij$^{1}$ | lụ$^{1}$ |
| 惜 | 因 | 故， | 或 | 杖 | 或 | 瓦， | 或 | 石 |

甚恶谄曲。长者居士爱念心故，以杖打之，或瓦或石，

**28.97.3**

| | | | | | | | | |
|---|---|---|---|---|---|---|---|---|
| [illegible] | [illegible] | [illegible] | [illegible] | [illegible]。 | [illegible] | [illegible] | [illegible] | [illegible] |
| ljɨ$^{1}$ | gji$^{2}$ | ·jij$^{1}$ | tjwɨ$^{1}$ | pjiij$^{1}$ | thja$^{2}$ | dạ$^{2}$ | wjij$^{2}$ | djɨj$^{2}$ |
| 以 | 子 | 之 | 捶 | 打。 | 彼 | 言 | △ | 息 |
| [illegible]。 | [illegible] | [illegible] | [illegible]， | [illegible] | [illegible] | [illegible] | [illegible]？ | [illegible] |
| ·jɨ$^{2}$ | neew$^{2}$ | goor$^{1}$ | gji$^{2}$ | phji$^{1}$ | ɣa$^{2}$ | thjij$^{2}$ | sjo$^{2}$ | thjɨ$^{2}$ |
| 谓。 | 善 | 男 | 子， | 意 | 于 | 何 | 云？ | 是 |

欲令此子息彼事故。善男子，于汝意云何？是

**28.97.4**

| | | | | | | | | |
|---|---|---|---|---|---|---|---|---|
| [illegible] | [illegible] | [illegible] | [illegible] | [illegible] | [illegible] | [illegible] | [illegible] | [illegible] |
| phə$^{1}$ | bjij$^{1}$ | ɣa$^{1}$ | pjụ$^{1}$ | thja$^{2}$ | gji$^{2}$ | ·jij$^{1}$ | kjɨ$^{1}$ | tju$^{2}$ |
| 长 | 者 | 门 | 尊 | 彼 | 子 | 之 | △ | 打 |
| [illegible]， | [illegible] | [illegible] | [illegible] | [illegible]？ | [illegible] | [illegible] | [illegible] | [illegible]： |
| tja$^{1}$ | niow$^{2}$ | njiij$^{1}$ | ·a | dju$^{1}$ | ljiij$^{2}$ | po$^{1}$ | sjwɨ$^{1}$ | dạ$^{2}$ |
| 者， | 恶 | 心 | △ | 有？ | 魔 | 波 | 旬 | 言： |

长者居士挝打其子，有恶心不？魔波旬言：

**28.97.5**

| | | | | | | | | |
|---|---|---|---|---|---|---|---|---|
| □ | □， | □ | □。 | □ | □ | □ | □， | □ |
| mjij$^{1}$ | ljɨ$^{1}$ | rjur$^{1}$ | pjụ$^{1}$ | gji$^{2}$ | dzu$^{1}$ | ·wier$^{1}$ | nioow$^{1}$ | śjɨj$^{1}$ |
| 不 | 也， | 世 | 尊。 | 子 | 爱 | 惜 | 因， | 成 |
| □ | □ | □， | □① | □ | □ | □ | □ | □， |
| ·jiw$^{2}$ | phji$^{1}$ | kięj$^{2}$ | ku$^{1}$ | dzjwo$^{2}$ | djij$^{2}$ | śjɨj$^{1}$ | ·jɨ$^{2}$ | nioow$^{1}$ |
| 就 | 令 | 欲， | 则 | 人 | 当 | 成 | 谓 | 因， |

不也，世尊。欲令成就，爱念子故，

**28.97.6**

| | | | | | | | | |
|---|---|---|---|---|---|---|---|---|
| □ | □ | □ | □。 | □ | □： | □ | □ | □ |
| thjɨ$^{2}$ | sju$^{2}$ | rjɨr$^{2}$ | wji$^{1}$ | tha$^{1}$ | dạ$^{2}$ | po$^{1}$ | sjwɨ$^{1}$ | mjor$^{1}$ |
| 是 | 如 | △ | 作。 | 佛 | 言： | 波 | 旬 | 如 |
| □ | □ | □ | □ | □， | □ | □ | □ | □ |
| ljịj$^{2}$ | tśhja$^{2}$ | ɣiej$^{1}$ | tśhja$^{2}$ | dwewr$^{2}$ | dźiā$^{2}$ | tśhju$^{1}$ | ·jij$^{1}$ | njiij$^{1}$ |
| 来 | 正 | 真 | 正 | 觉， | 情 | 有 | 之 | 心 |

作如是事。佛言：波旬当知如来正真正觉，善知众生心

**28.98.1**

| | | | | | | | | |
|---|---|---|---|---|---|---|---|---|
| □ | □ | □ | □ | □ | □， | □ | □ | □ |
| tsjiir$^{2}$ | tśhji$^{2}$ | kięj$^{2}$ | dzu$^{1}$ | nwə$^{1}$ | njwi$^{2}$ | ku$^{1}$ | thjɨ$^{2}$ | nioow$^{1}$ |
| 性 | 根 | 欲 | 乐 | 知 | 善， | 则 | 是 | 故 |
| □ | □。 | □ | □ | □ | □ | □ | □② | □， |
| bioo$^{1}$ | thjuu$^{1}$ | dạ$^{2}$ | niow$^{2}$ | ŋwu$^{2}$ | gju$^{1}$ | dzjịj$^{1}$ | wo$^{2}$ | tja$^{1}$ |
| 观 | 察。 | 言 | 恶 | 以 | 度 | 过 | 应 | 者， |

性根欲，是故观察。应以恶言而得度者，

**28.98.2**

| | | | | | | | | |
|---|---|---|---|---|---|---|---|---|
| □ | □ | □ | □ | □ | □。 | □ | □ | □ |

① “□□”误倒，据右侧乙正符号校正。

② □(wo$^{2}$)，与“□”(·wo$^{2}$)通假。

| | | | | | | | | |
|---|---|---|---|---|---|---|---|---|
| tśhjɨ$^{2}$ | rjar$^{2}$ | dạ$^{2}$ | niow$^{2}$ | tshjiij$^{1}$ | wji$^{1}$ | mjɨ$^{2}$ | mji$^{2}$ | ŋwu$^{2}$ |
| 立 | 即 | 言 | 恶 | 说 | 作。 | 默 | 然 | 以 |
| [illegible] | [illegible] | [illegible] | [illegible] | [illegible] | [illegible]， | [illegible] | [illegible]① | [illegible]， |
| gju$^{1}$ | dzjịj$^{1}$ | wo$^{2}$ | tja$^{1}$ | mjij$^{1}$ | ŋwuu$^{1}$ | -ja$^{2}$ | thjɨ$^{1}$ | ŋwu$^{2}$ |
| 度 | 过 | 应 | 者 | 不 | 言， | 驱 | 遣 | 以， |

即说恶言。应以默然,无所言说而得度者,即为默然②。应以驱遣

**28.98.3**

| | | | | | | | | |
|---|---|---|---|---|---|---|---|---|
| [illegible] | [illegible] | [illegible] | [illegible]， | [illegible] | [illegible] | [illegible] | [illegible]。 | [illegible] |
| gju$^{1}$ | dzjịj$^{1}$ | wo$^{2}$ | tja$^{1}$ | tśhjɨ$^{2}$ | rjar$^{2}$ | -ja$^{2}$ | -ja$^{2}$ | tsjiir$^{1}$ |
| 度 | 过 | 应 | 者， | 立 | 即 | 驱 | 遣。 | 法 |
| [illegible] | [illegible] | [illegible] | [illegible] | [illegible] | [illegible]， | [illegible] | [illegible] | [illegible] |
| tshjiij$^{1}$ | ŋwu$^{2}$ | gju$^{1}$ | dzjịj$^{1}$ | wo$^{2}$ | tja$^{1}$ | xja$^{1}$ | tsjiir$^{1}$ | tshjiij$^{1}$ |
| 说 | 以 | 度 | 过 | 应 | 者， | 即 | 法 | 说 |

而得度者,即驱遣之。应以说法而得度者,即为说之。

**28.98.4**

| | | | | | | | | |
|---|---|---|---|---|---|---|---|---|
| [illegible]。 | [illegible] | [illegible] | [illegible] | [illegible] | [illegible] | [illegible] | [illegible]， | [illegible] |
| wji$^{1}$ | ɣjiw$^{1}$ | ɣiwej$^{1}$ | ljɨ$^{1}$ | dzju$^{1}$ | dzjiij$^{2}$ | wo$^{2}$ | tja$^{1}$ | tśhjɨ$^{2}$ |
| 作。 | 摄 | 受 | 以 | 教 | 化 | 应 | 者， | 立 |
| [illegible] | [illegible] | [illegible]。 | [illegible] | [illegible] | [illegible] | [illegible] | [illegible] | [illegible] |
| rjar$^{2}$ | ɣjiw$^{1}$ | ɣiwej$^{1}$ | tsə̣$^{1}$ | ljụ$^{2}$ | ljij$^{2}$ | ŋwu$^{2}$ | gju$^{1}$ | dzjịj$^{1}$ |
| 即 | 摄 | 受。 | 色 | 身 | 见 | 以 | 度 | 过 |

应以摄受而得度者,即摄受之。应见色身而得度

**28.98.5**

| | | | | | | | | |
|---|---|---|---|---|---|---|---|---|
| [illegible] | [illegible]， | [illegible] | [illegible] | [illegible] | [illegible]， | [illegible] | [illegible] | [illegible] |
| wo$^{2}$ | tja$^{1}$ | xja$^{1}$ | tsə̣$^{1}$ | ljụ$^{2}$ | śja$^{2}$ | thja$^{2}$ | ·jij$^{1}$ | ljij$^{2}$ |
| 应 | 者， | 即 | 色 | 身 | 现， | 彼 | 之 | 见 |
| [illegible]。 | [illegible] | [illegible] | [illegible] | [illegible]、 | [illegible] | [illegible] | [illegible] | [illegible] |

① “[illegible]”误倒,据右侧乙正符号校正。

② 默然,西夏文译为“[illegible]”(不言)。

phji$^{1}$ tjij$^{1}$ ɣiẹ$^{2}$ dzji$^{1}$ mji$^{1}$ tjij$^{1}$ wjị$^{1}$ tsjụ$^{1}$ rjir$^{2}$

令。 若 声 食 闻、 若 味 触 得

者，即现色身，令彼见之。应闻声香、若得味触

**28.98.6**

[illegible] [illegible] [illegible] [illegible]， [illegible] [illegible] [illegible] [illegible]， [illegible]

gju$^{1}$ dzjịj$^{1}$ wo$^{2}$ tja$^{1}$ tśhjɨ$^{2}$ rjar$^{2}$ ɣiẹ$^{2}$ śja$^{2}$ thjoo$^{1}$

度 过 应 者， 立 即 声 现， 妙

[illegible] [illegible] [illegible]， [illegible] [illegible] [illegible] [illegible]， [illegible] [illegible]

tsjiir$^{1}$ tshjiij$^{1}$ wji$^{1}$ dzji$^{1}$ wjị$^{1}$ tsjụ$^{1}$ śja$^{2}$ gju$^{1}$ dzjịj$^{1}$

法 说 作， 食 味 触 现， 度 过

而得度者，即为现声，而为说法，至香味触，现令得度。

**28.99.1**

[illegible] [illegible]。 [illegible] [illegible] [illegible] [illegible] [illegible] [illegible]， [illegible]

rjir$^{1}$ ljɨ$^{1}$ dzjɨj$^{1}$ ljiij$^{2}$ po$^{1}$ sjwɨ$^{1}$ njiij$^{1}$ gjiij$^{1}$ ·jị$^{2}$

得 也。 时 魔 波 旬 心 跃， 复

[illegible] [illegible] [illegible] [illegible]， [illegible] [illegible] [illegible] [illegible]， [illegible]

lạ$^{1}$ dzjwɨ$^{1}$ pjạ$^{1}$ phjoo$^{2}$ tha$^{1}$ rewr$^{2}$ tśjiw$^{2}$ tshwew$^{1}$ rjur$^{1}$

手 敬 合 和， 佛 足 顶 礼， 世

时魔波旬欢喜踊跃，复合十指爪掌，顶礼佛足，

**28.99.2**

[illegible] [illegible] [illegible] [illegible]： [illegible] [illegible] [illegible]①， [illegible] [illegible]

pjụ$^{1}$ ·jij$^{1}$ dạ$^{2}$ ·jɨ$^{2}$ tjij$^{1}$ gjij$^{2}$ nji$^{1}$ tjij$^{1}$ we$^{2}$

尊 之 言 谓： 若 村 家， 若 城

[illegible]， [illegible] [illegible] [illegible] [illegible]， [illegible] [illegible] [illegible] [illegible]

·u$^{2}$ tjij$^{1}$ njij$^{2}$ mjii$^{1}$ ·u$^{2}$ thjɨ$^{2}$ tsjiir$^{1}$ ɣa$^{1}$ tshjiij$^{1}$

内， 若 王 舍 内， 此 法 门 说

白言：世尊，随所有处，若村，若城，若在王都，说此法门。

① “[illegible]”误倒，据右侧乙正符号校正。

**28.99.3**

| | | | | | | | | |
|---|---|---|---|---|---|---|---|---|
| [illegible]。 | [illegible] | [illegible] | [illegible] | [illegible] | [illegible] | [illegible] | [illegible] | [illegible]， |
| twụ$^{1}$ | ŋa$^{2}$ | tsjiir$^{1}$ | ɣa$^{2}$ | nji$^{2}$ | lhjịj$^{2}$ | kiẹj$^{2}$ | nioow$^{1}$ | ŋa$^{2}$ |
| 处。 | 我 | 法 | 于 | 闻 | 受 | 欲 | 故 | △， |
| [illegible] | [illegible] | [illegible] | [illegible] | [illegible] | [illegible]， | [illegible] | [illegible] | [illegible] |
| thja$^{2}$ | do$^{2}$ | śjɨ$^{1}$ | thjɨ$^{2}$ | tsjiir$^{1}$ | ɣa$^{1}$ | nioow$^{1}$ | thja$^{2}$ | tsjiir$^{1}$ |
| 彼 | 处 | 往 | 此 | 法 | 门， | 及 | 彼 | 法 |

我为听受此法门故，当往其所护此法门，亦

**28.99.4**

| | | | | | | | | |
|---|---|---|---|---|---|---|---|---|
| [illegible] | [illegible] | [illegible] | [illegible] | [illegible] | [illegible] | [illegible]。 | [illegible] | [illegible]， |
| ·jiij$^{1}$ | mjijr$^{2}$ | tsjiir$^{1}$ | gju$^{2}$ | ·jij$^{1}$ | ·wejr$^{2}$ | ŋa$^{2}$ | rjur$^{1}$ | pjụ$^{1}$ |
| 持 | 者 | 法 | 器 | 之 | 护 | △。 | 世 | 尊， |
| [illegible] | [illegible] | [illegible] | [illegible]， | [illegible] | [illegible] | [illegible] | [illegible] | [illegible]。 |
| ŋa$^{2}$ | thja$^{2}$ | njɨ$^{2}$ | zjịj$^{1}$ | kjɨ$^{1}$ | djɨj$^{2}$ | ·ji$^{1}$ | ·jij$^{1}$ | dju$^{1}$ |
| 我 | 彼 | 至 | 时， | △ | 定 | 众 | 相 | 有。 |

为护彼持法法器。世尊，我至彼时，必有众相。

**28.99.5**

| | | | | | | | | |
|---|---|---|---|---|---|---|---|---|
| [illegible] | [illegible] | [illegible] | [illegible]， | [illegible] | [illegible] | [illegible] | [illegible]。 | [illegible] |
| rjur$^{1}$ | ·ji$^{1}$ | mjij$^{1}$ | sej$^{1}$ | ·jɨ$^{2}$ | me$^{2}$ | ɣja$^{2}$ | ka$^{2}$ | nioow$^{1}$ |
| 诸 | 众 | 寂 | 静， | 睡 | 眠 | 盖 | 离。 | 复 |
| [illegible] | [illegible] | [illegible] | [illegible] | [illegible] | [illegible]， | [illegible] | [illegible] | [illegible] |
| rjur$^{1}$ | ljijr$^{1}$ | zji$^{2}$ | buu$^{2}$ | tsjiir$^{1}$ | gju$^{2}$ | thja$^{1}$ | do$^{2}$ | tsjiir$^{1}$ |
| 诸 | 向 | 最 | 胜 | 法 | 器， | 彼 | 处 | 法 |

诸众寂定，离睡眠盖。复令诸方上胜法器

**28.99.6**

| | | | | | | | | |
|---|---|---|---|---|---|---|---|---|
| [illegible] | [illegible] | [illegible] | [illegible]。 | [illegible] | [illegible]， | [illegible] | [illegible]， | [illegible] |
| ·jɨr$^{1}$ | śjɨ$^{1}$ | phjo$^{2}$ | ŋa$^{2}$ | tjij$^{1}$ | do$^{1}$ | tjij$^{1}$ | tshjɨɨ$^{1}$ | tjij$^{1}$ |
| 问 | 往 | 令 | △。 | 若 | 读， | 若 | 诵， | 若 |

| | | | | | | | | |
|---|---|---|---|---|---|---|---|---|
| [illegible] | [illegible]① | [illegible]， | [illegible] | [illegible] | [illegible] | [illegible]， | [illegible] | [illegible] |
| ɣiwej$^{1}$ | ·jiij$^{1}$ | tja$^{1}$ | ljụ$^{2}$ | njiij$^{1}$ | no$^{2}$ | rejr$^{2}$ | khwẹj$^{1}$ | njiij$^{1}$ |
| 受 | 持 | 者， | 身 | 心 | 安 | 乐， | 慢 | 心 |

而来问法。若读，若诵，若受持者，身心俱安，不起慢心。

**28.100.1**

| | | | | | | | | |
|---|---|---|---|---|---|---|---|---|
| [illegible] | [illegible]。 | [illegible] | [illegible] | [illegible] | [illegible] | [illegible]， | [illegible] | [illegible] |
| mjij$^{1}$ | śjwo$^{1}$ | thjɨ$^{2}$ | tsjiir$^{1}$ | tjij$^{1}$ | wạ$^{2}$ | tshjiij$^{1}$ | tjij$^{1}$ | ljow$^{2}$ |
| 不 | 起。 | 此 | 法 | 若 | 广 | 说， | 若 | 略 |
| [illegible] | [illegible] | [illegible]。 | [illegible] | [illegible] | [illegible] | [illegible]， | [illegible] | [illegible] |
| tshjiij$^{1}$ | lew$^{2}$ | mjij$^{1}$ | zji$^{2}$ | mjor$^{1}$ | ljij$^{2}$ | do$^{2}$ | njiij$^{1}$ | ljɨj$^{2}$ |
| 说 | 应 | 无。 | 皆 | 如 | 来 | 处， | 心 | 喜 |

随说此法，若广说者，若略说者。于如来所，生欢喜心。

**28.100.2**

| | | | | | | | | |
|---|---|---|---|---|---|---|---|---|
| [illegible] | [illegible]。 | [illegible] | [illegible] | [illegible] | [illegible] | [illegible] | [illegible] | [illegible] |
| njiij$^{1}$ | śjwo$^{1}$ | nioow$^{1}$ | mjor$^{1}$ | ljij$^{2}$ | tsjɨ$^{1}$ | rjur$^{1}$ | dźiã$^{2}$ | tśhju$^{1}$ |
| 心 | 生。 | 复 | 如 | 来 | 亦 | 诸 | 情 | 有 |
| [illegible] | [illegible] | [illegible] | [illegible]。 | [illegible] | [illegible] | [illegible] | [illegible]， | [illegible] |
| ɣa$^{2}$ | njiij$^{1}$ | ljɨj$^{2}$ | śjwo$^{1}$ | thja$^{2}$ | rjur$^{1}$ | dźiã$^{2}$ | tśhju$^{1}$ | njiij$^{1}$ |
| 于 | 心 | 喜 | 生。 | 彼 | 诸 | 情 | 有， | 心 |

又复如来，于诸众生，起欢喜心。彼诸众生，心

**28.100.3**

| | | | | | | | | |
|---|---|---|---|---|---|---|---|---|
| [illegible] | [illegible] | [illegible]， | [illegible] | [illegible] | [illegible] | [illegible]， | [illegible] | [illegible] |
| ljɨj$^{2}$ | śjwo$^{1}$ | nioow$^{1}$ | neew$^{2}$ | tśhji$^{2}$ | dzja$^{1}$ | ljij$^{1}$ | niow$^{2}$ | tsjiir$^{1}$ |
| 喜 | 生 | 已， | 善 | 根 | 长 | 增， | 恶 | 法 |
| [illegible] | [illegible]。 | [illegible] | [illegible] | [illegible] | [illegible]， | [illegible] | [illegible] | [illegible] |
| dźjwi$^{1}$ | dzjar$^{2}$ | dzjɨj$^{1}$ | ljij$^{2}$ | ·ji$^{1}$ | kha$^{1}$ | rjur$^{1}$ | tśja$^{1}$ | nioow$^{1}$ |
| 消 | 灭。 | 时 | 大 | 众 | 中， | 诸 | 道 | 外 |

① “[illegible][illegible]”误倒，据右侧乙正符号校正。

欢喜已,善根增长,恶法消灭。时大众中,有诸外道

**28.100.4**

| | | | | | | | | |
|---|---|---|---|---|---|---|---|---|
| [illegible] | [illegible] | [illegible] | [illegible], | [illegible] | [illegible] | [illegible] | [illegible] | [illegible] |
| mẹ$^{2}$ | khja$^{2}$ | gji$^{2}$ | nji$^{2}$ | ljiij$^{2}$ | sjwɨ$^{1}$ | ·jij$^{1}$ | thjɨ$^{2}$ | sju$^{2}$ |
| 尼 | 干 | 子 | 等, | 魔 | 旬 | 之 | 是 | 如 |
| [illegible] | [illegible] | [illegible] | [illegible], | [illegible] | [illegible] | [illegible] | [illegible], | [illegible] |
| dźjar$^{2}$ | rewr$^{2}$ | djij$^{2}$ | mji$^{1}$ | njiij$^{1}$ | ljịj$^{2}$ | njiij$^{1}$ | ljɨj$^{2}$ | mjɨ$^{1}$ |
| 过 | 悔 | △ | 闻, | 心 | 大 | 心 | 喜, | 无 |

尼干子等,闻魔波旬如是忏悔,心大欢喜,

**28.100.5**

| | | | | | | | |
|---|---|---|---|---|---|---|---|
| [illegible] | [illegible] | [illegible], | [illegible] | [illegible] | [illegible] | [illegible] | [illegible]。 |
| pjụ$^{1}$ | rjɨr$^{2}$ | gjiij$^{1}$ | wee$^{1}$ | mjij$^{1}$ | tsjiir$^{1}$ | zeew$^{2}$ | rjir$^{1}$ |
| 量 | △ | 跃, | 生 | 无 | 法 | 忍 | 得。 |

踊跃无量,得无生忍。

## 汉文本

佛言:波卑椽。善哉！善哉！长养善根。若我法中,有善男子,若善女人,起心忏悔,以求清净。善哉！波卑椽。时魔波旬至佛所立,白言:世尊,如来诸经,皆断恶语、不善语耶？如来答言:如是,如是。魔波旬言:云何如来法、王法、主得法自在而语？称我言波卑椽,如是唤我。

佛言:波卑椽。我今为汝,说于譬喻。善男子,譬如长者居士,财富无穷。唯有一子,甚爱念之。不用离目,以命系子。然彼一子,诸根不调,甚恶谄曲。长者居士爱念心故,以杖打之,或瓦或石,欲令此子息彼事故。善男子,于汝意云何？是长者居士挞打其子,有恶心不？

魔波旬言:不也,世尊。欲令成就,爱念子故,作如是事。

佛言:波旬当知如来正真正觉,善知众生心性根欲,是故观察。应以恶言而得度者,即说恶言。应以默然,无所言说而得度者,即为默然。应以驱遣而得度者,即驱遣之。应以说法而得度者,即为说之。应以摄受而得度者,即摄受之。应见色身而得度者,即现色身,令彼见之。应闻声香、若得味触而得度者,即为现声,而为说法,至香味触,现令得度。

时魔波旬欢喜踊跃,复合十指爪掌,顶礼佛足,白言:世尊,随所有处,若村,若城,若在王都,说此法门。我为听受此法门故,当往其所护此法门,亦为护彼持法法器。世尊,我至彼时,必有众相。诸众寂定,离睡眠盖。复令诸方上胜法器而来问法。若读,若诵,若受持者,身心俱安,不起慢心。随说此法,若广说者,若略说者。于如来所,生欢喜心。又复如来,于诸众生,起欢喜心。彼诸众生,心欢喜已,善根增长,恶法消灭。时大众中,有诸外道尼干子等,闻魔波旬如是忏悔,心大欢喜,踊跃无量,得

无生忍。

**28.100.6**

| | | | | | | | | |
|---|---|---|---|---|---|---|---|---|
| [illegible] | [illegible]， | [illegible] | [illegible] | [illegible] | [illegible] | [illegible] | [illegible] | [illegible] |
| tśhjɨ$^{1}$ | zjọ$^{2}$ | pjụ$^{1}$ | tja$^{1}$ | ·a | na$^{1}$ | tha$^{1}$ | ·jij$^{1}$ | dạ$^{2}$ |
| 尔 | 时， | 尊 | 者 | 阿 | 难 | 佛 | 之 | 言 |
| [illegible]： | [illegible] | [illegible]， | [illegible] | [illegible] | [illegible] | [illegible] | [illegible] | [illegible] |
| ·jɨ$^{2}$ | rjur$^{1}$ | pjụ$^{1}$ | wa$^{2}$ | ·jiw$^{1}$ | nioow$^{1}$ | bju$^{1}$ | thjɨ$^{2}$ | tsjiir$^{1}$ |
| 谓： | 世 | 尊， | 何 | 因 | 缘 | 以 | 此 | 法 |

尔时，尊者阿难白佛言：世尊，以何因缘说此法时，

**28.101.1**

| | | | | | | | | |
|---|---|---|---|---|---|---|---|---|
| [illegible] | [illegible]， | [illegible] | [illegible] | [illegible] | [illegible]， | [illegible] | [illegible] | [illegible] |
| tshjiij$^{1}$ | nioow$^{1}$ | rjur$^{1}$ | tśja$^{1}$ | nioow$^{1}$ | njɨ$^{2}$ | wee$^{1}$ | mjij$^{1}$ | zeew$^{2}$ |
| 说 | 已， | 诸 | 道 | 外 | 等， | 生 | 无 | 忍 |
| [illegible]？ | [illegible] | [illegible]： | [illegible] | [illegible]， | [illegible] | [illegible] | [illegible] | [illegible]， |
| rjir$^{1}$ | tha$^{1}$ | dạ$^{2}$ | ·a | na$^{1}$ | njwo$^{2}$ | wjɨ$^{2}$ | rar$^{2}$ | zjọ$^{2}$ |
| 得？ | 佛 | 言： | 阿 | 难， | 昔 | 过 | 去 | 世， |

此诸外道，得无生忍？佛言：阿难，乃往过去，

**28.101.2**

| | | | | | | | | |
|---|---|---|---|---|---|---|---|---|
| [illegible] | [illegible] | [illegible] | [illegible] | [illegible] | [illegible]。 | [illegible] | [illegible] | [illegible] |
| mjɨ$^{1}$ | pjụ$^{1}$ | kja$^{2}$ | su$^{1}$ | ɣwə$^{2}$ | rjir$^{2}$ | thjɨ$^{2}$ | njij$^{2}$ | mjii$^{1}$ |
| 无 | 量 | 劫 | 胜 | 以 | 前。 | 此 | 王 | 舍 |
| [illegible] | [illegible] | [illegible] | [illegible] | [illegible] | [illegible]， | [illegible] | [illegible] | [illegible] |
| we$^{2}$ | khji$^{1}$ | śja$^{1}$ | tsor$^{2}$ | ŋər$^{1}$ | kha$^{1}$ | thja$^{2}$ | zjọ$^{2}$ | tha$^{1}$ |
| 城 | 耆 | 阇 | 崛 | 山 | 中， | 彼 | 时 | 佛 |

过无量劫。此王舍城耆阇崛山，尔时有佛，

**28.101.3**

| | | | | | | | | |
|---|---|---|---|---|---|---|---|---|
| [illegible] | [illegible] | [illegible]， | [illegible] | [illegible] | [illegible]， | [illegible]① | [illegible] | [illegible] |

① 原文作“[illegible]”，为“[illegible]”之误。

| | | | | | | | | |
|---|---|---|---|---|---|---|---|---|
| gjɨ² | mjiij² | tja¹ | phju² | ɣie¹ | lhə | tśhja² | ɣiej¹ | tśhja² |
| 有 | 名 | 者， | 上 | 力 | 足， | 正 | 真 | 正 |
| [illegible]， | [illegible] | [illegible] | [illegible] | [illegible]。 | [illegible] | [illegible] | [illegible] | [illegible]， |
| dwewr² | thjɨ² | do² | tsjiir¹ | tshjiij¹ | tha¹ | tsjiir¹ | tshjiij¹ | nioow¹ |
| 觉， | 此 | 处 | 法 | 说。 | 佛 | 法 | 说 | 已， |

名上力足，正真正觉，在此说法。佛说法已，

**28.101.4**

| | | | | | | | | |
|---|---|---|---|---|---|---|---|---|
| [illegible] | [illegible] | [illegible] | [illegible] | [illegible] | [illegible] | [illegible] | [illegible]。 | [illegible] |
| rjur¹ | tśja¹ | nioow¹ | njɨ² | tha¹ | ·jij¹ | tśjuu¹ | kięj² | nioow¹ |
| 诸 | 道 | 外 | 等 | 佛 | 之 | 害 | 欲。 | 复 |
| [illegible] | [illegible] | [illegible] | [illegible] | [illegible]， | [illegible] | [illegible] | [illegible] | [illegible] |
| thjɨ² | tsjiir¹ | ɣa¹ | tshjiij¹ | do² | ɣię² | lų² | wji¹ | kięj² |
| 此 | 法 | 门 | 说 | 处， | 障 | 碍 | 作 | 欲 |

有诸外道来向佛所，欲恼如来。复欲障说此法门

**28.101.5**

| | | | | | | | | |
|---|---|---|---|---|---|---|---|---|
| [illegible]， | [illegible] | [illegible] | [illegible] | [illegible]。 | [illegible] | [illegible] | [illegible] | [illegible]， |
| nioow¹ | tha¹ | do² | rjɨr² | ljij² | tsjiir¹ | mji¹ | nioow¹ | ljijr¹ |
| 故， | 佛 | 处 | △ | 来。 | 法 | 闻 | 已 | 向， |
| [illegible] | [illegible] | [illegible] | [illegible]， | [illegible] | [illegible] | [illegible] | [illegible] | [illegible]： |
| njiij¹ | ljɨj² | njiij¹ | śjwo¹ | mjor¹ | ljij² | ·jij¹ | dạ² | ·jɨ² |
| 心 | 喜 | 心 | 生， | 如 | 来 | 之 | 言 | 谓： |

故，来至佛所。既闻法已，心生欢喜，即言世尊：

**28.101.6**

| | | | | | | | | |
|---|---|---|---|---|---|---|---|---|
| [illegible] | [illegible] | [illegible] | [illegible] | [illegible] | [illegible]。 | [illegible] | [illegible] | [illegible] |
| thjɨ² | tsjiir¹ | tshjiij¹ | rjijr¹ | nja² | ·jɨ² | nioow¹ | mjor¹ | ljij² |
| 此 | 法 | 说 | 利 | △ | 谓。 | 复 | 如 | 来 |
| [illegible]， | [illegible] | [illegible] | [illegible] | [illegible]。 | [illegible] | [illegible] | [illegible] | [illegible]， |
| do² | rjar¹ | gjij¹ | njiij¹ | śjwo¹ | thjɨ² | ·jiw¹ | nioow¹ | bju¹ |
| 处， | 奇 | 特 | 心 | 生。 | 是 | 因 | 缘 | 以， |

快说此法。于如来所，生奇特心。以是因缘，

**28.102.1**

| | | | | | | | | |
|---|---|---|---|---|---|---|---|---|
| [illegible] | [illegible] | [illegible] | [illegible]， | [illegible] | [illegible]、 | [illegible] | [illegible]、 | [illegible] |
| tśhjiw$^{1}$ | ɣạ$^{2}$ | kja$^{2}$ | kha$^{1}$ | djị$^{1}$ | ·jɨj$^{2}$ | śjụ$^{1}$ | ·ju$^{1}$ | sju$^{2}$ |
| 六 | 十 | 劫 | 中， | 地 | 狱、 | 饿 | 鬼、 | 牲 |
| [illegible] | [illegible] | [illegible] | [illegible]。 | [illegible] | [illegible] | [illegible] | [illegible] | [illegible] |
| dzju$^{2}$ | kha$^{1}$ | mjij$^{1}$ | ljɨ$^{1}$ | lew$^{1}$ | dzjwo$^{2}$ | mə$^{1}$ | kha$^{1}$ | wee$^{1}$ |
| 畜 | 中 | 不 | 堕。 | 唯 | 人 | 天 | 中 | 生 |

六十劫中，不堕地狱、饿鬼、畜生。唯生人天所生之处，

**28.102.2**

| | | | | | | | | |
|---|---|---|---|---|---|---|---|---|
| [illegible] | [illegible] | [illegible] | [illegible]， | [illegible] | [illegible] | [illegible] | [illegible] | [illegible]。 |
| ljọ$^{1}$ | wjɨ$^{2}$ | wee$^{1}$ | twụ$^{1}$ | thja$^{2}$ | tha$^{1}$ | ·jij$^{1}$ | lə | gjɨ$^{2}$ |
| 岂 | △ | 生 | 处， | 彼 | 佛 | 之 | 忆 | 有。 |
| [illegible] | [illegible] | [illegible] | [illegible] | [illegible] | [illegible] | [illegible] | [illegible]。 | |
| sjwɨ$^{1}$ | lə | thja$^{2}$ | neew$^{2}$ | wjị$^{1}$ | rjir$^{2}$ | mjij$^{2}$ | ber$^{2}$ | |
| 忧 | 忆 | 彼 | 善 | 友 | 与 | 未 | 遇。 | |

忆念彼佛。虽忆念佛，而无善友。

**28.102.3**

| | | | | | | | | |
|---|---|---|---|---|---|---|---|---|
| [illegible] | [illegible]， | [illegible] | [illegible] | [illegible] | [illegible]？ | [illegible] | [illegible] | [illegible] |
| ·a | na$^{1}$ | phji$^{1}$ | ɣa$^{2}$ | thjij$^{2}$ | sjo$^{2}$ | thja$^{2}$ | rjur$^{1}$ | tśja$^{1}$ |
| 阿 | 难， | 意 | 于 | 何 | 云？ | 彼 | 诸 | 道 |
| [illegible]、 | [illegible] | [illegible] | [illegible] | [illegible]， | [illegible] | [illegible] | [illegible] | [illegible] |
| nioow$^{1}$ | dzji$^{1}$ | khja$^{2}$ | gji$^{2}$ | njɨ$^{2}$ | dzjij$^{2}$ | pha$^{1}$ | dzjwo$^{2}$ | tśhjaa$^{1}$ |
| 外、 | 尼 | 干 | 子 | 等， | 余 | 异 | 人 | 上 |

阿难，于意云何？彼诸外道、尼干子等，岂异人乎？

**28.102.4**

| | | | | | | | | |
|---|---|---|---|---|---|---|---|---|
| [illegible] | [illegible] | [illegible]？ | [illegible] | [illegible] | [illegible] | [illegible]， | [illegible] | [illegible] |
| tji$^{1}$ | dze$^{2}$ | nja$^{2}$ | sjij$^{1}$ | thjɨ$^{2}$ | ljwu$^{2}$ | kha$^{1}$ | rjur$^{1}$ | tśja$^{1}$ |

| | | | | | | | | |
|---|---|---|---|---|---|---|---|---|
| 不 | 称 | △? | 今 | 此 | 会 | 中, | 诸 | 道 |
| [illegible] | [illegible] | [illegible]。 | [illegible] | [illegible] | [illegible]? | [illegible] | [illegible] | [illegible] |
| nioow$^{1}$ | njɨ$^{2}$ | ŋwu$^{2}$ | thjij$^{2}$ | sjo$^{2}$ | ljɨ$^{1}$ | thjɨ$^{2}$ | rjur$^{1}$ | neew$^{2}$ |
| 外 | 等 | 是。 | 何 | 云 | 也? | 此 | 诸 | 善 |

今此众中,诸外道是。何以故?此诸善

**28.102.5**

| | | | | | | | | |
|---|---|---|---|---|---|---|---|---|
| [illegible] | [illegible], | [illegible] | [illegible] | [illegible] | [illegible] | [illegible] | [illegible], | [illegible] |
| goor$^{1}$ | gji$^{2}$ | thja$^{2}$ | zjọ$^{2}$ | niow$^{2}$ | ljij$^{2}$ | ŋowr$^{2}$ | lhə | mjor$^{1}$ |
| 男 | 子, | 彼 | 时 | 恶 | 见 | 具 | 足, | 如 |
| [illegible] | [illegible] | [illegible], | [illegible] | [illegible] | [illegible] | [illegible] | [illegible] | [illegible] |
| ljij$^{2}$ | ·jij$^{1}$ | tśjuu$^{1}$ | nioow$^{1}$ | thjɨ$^{2}$ | tsjiir$^{1}$ | ɣię$^{2}$ | lụ$^{2}$ | wji$^{1}$ |
| 来 | 之 | 害, | 并 | 此 | 法 | 障 | 碍 | 作 |

男子,当尔之时,具足恶见故,欲恼如来,并障此法。

**28.102.6**

| | | | | | | | | |
|---|---|---|---|---|---|---|---|---|
| [illegible]。 | [illegible] | [illegible] | [illegible] | [illegible], | [illegible] | [illegible] | [illegible] | [illegible]。 |
| kięj$^{2}$ | tsjiir$^{1}$ | mji$^{1}$ | nioow$^{1}$ | ljijr$^{1}$ | ljij$^{2}$ | njiij$^{1}$ | ljɨj$^{2}$ | śjwo$^{1}$ |
| 欲。 | 法 | 闻 | 已 | 向, | 大 | 心 | 喜 | 生。 |
| [illegible] | [illegible] | [illegible] | [illegible], | [illegible] | [illegible] | [illegible] | [illegible] | [illegible]。 |
| thjɨ$^{2}$ | ·jiw$^{1}$ | nioow$^{1}$ | bju$^{1}$ | sjij$^{1}$ | tha$^{1}$ | do$^{2}$ | la$^{1}$ | rjir$^{2}$ |
| 是 | 因 | 缘 | 以, | 今 | 佛 | 处 | 记 | 得。 |

彼既闻法,生大欢喜。以是因缘,今蒙佛记。

**28.103.1**

| | | | | | | | | |
|---|---|---|---|---|---|---|---|---|
| [illegible] | [illegible] | [illegible] | [illegible] | [illegible], | [illegible] | [illegible] | [illegible] | [illegible] |
| thjɨ$^{2}$ | rjur$^{1}$ | tśja$^{1}$ | nioow$^{1}$ | kụ$^{1}$ | ·a | duu$^{2}$ | tow$^{1}$ | lo$^{1}$ |
| 是 | 诸 | 道 | 外 | 后, | 阿 | 耨 | 多 | 罗 |
| [illegible] | [illegible] | [illegible] | [illegible] | [illegible] | [illegible] | [illegible] | [illegible]。 | [illegible] |
| sã$^{1}$ | mjiw$^{2}$ | sã$^{1}$ | po$^{1}$ | tjɨj$^{1}$ | tsji$^{1}$ | rjir$^{1}$ | lew$^{2}$ | nioow$^{1}$ |
| 三 | 藐 | 三 | 菩 | 提 | 亦 | 得 | 当。 | 又 |

是诸外道,当得阿耨多罗三藐三菩提。

**28.103.2**

| | | | | | | | | |
|---|---|---|---|---|---|---|---|---|
| [illegible] | [illegible] | [illegible] | [illegible] | [illegible] | [illegible] | [illegible] | [illegible]， | [illegible] |
| thjɨ$^{2}$ | wjɨ$^{2}$ | wee$^{1}$ | mjij$^{1}$ | zeew$^{2}$ | rjir$^{2}$ | ·jɨ$^{2}$ | tja$^{1}$ | ·jɨ$^{2}$ |
| 此 | 刻 | 生 | 无 | 忍 | 得 | 谓 | 者， | 谓 |
| [illegible] | [illegible] | [illegible]？ | [illegible] | [illegible] | [illegible] | [illegible]， | [illegible] | [illegible]①， |
| lew$^{2}$ | wa$^{2}$ | ·o$^{1}$ | thjɨ$^{2}$ | tsjiir$^{1}$ | tshjiij$^{1}$ | zjọ$^{2}$ | ·a | na$^{1}$ |
| 当 | 何 | 有？ | 此 | 法 | 说 | 时， | 阿 | 难， |

何况于今，得无生忍？说此法门时，

**28.103.3**

| | | | | | | | | |
|---|---|---|---|---|---|---|---|---|
| [illegible] | [illegible] | [illegible] | [illegible]， | [illegible] | [illegible] | [illegible] | [illegible]， | [illegible] |
| njɨɨ$^{1}$ | tụ$^{1}$ | dźiã$^{2}$ | tśhju$^{1}$ | lhjɨ$^{2}$ | khwa$^{1}$ | ror$^{2}$ | ka$^{2}$ | sej$^{1}$ |
| 二 | 千 | 情 | 有， | 尘 | 舍 | 垢 | 离， | 净 |
| [illegible] | [illegible] | [illegible]。 | [illegible] | [illegible] | [illegible] | [illegible]， | [illegible] | [illegible] |
| tsjiir$^{1}$ | mej$^{1}$ | rjir$^{2}$ | njɨɨ$^{1}$ | khjɨ$^{2}$ | dźiã$^{2}$ | tśhju$^{1}$ | ·a | duu$^{2}$ |
| 法 | 眼 | 得。 | 二 | 万 | 情 | 有， | 阿 | 耨 |

万二千众生，远尘离垢，得法眼净。二万众生，发阿耨

**28.103.4**

| | | | | | | | | | |
|---|---|---|---|---|---|---|---|---|---|
| [illegible] | [illegible] | [illegible] | [illegible] | [illegible] | [illegible] | [illegible] | [illegible] | [illegible]。 | [illegible] |
| tow$^{1}$ | lo$^{1}$ | sã$^{1}$ | mjiw$^{2}$ | sã$^{1}$ | po$^{1}$ | tjɨj$^{1}$ | njiij$^{1}$ | śjwo$^{1}$ | tśhjɨ$^{1}$ |
| 多 | 罗 | 三 | 藐 | 三 | 菩 | 提 | 心 | 生。 | 尔 |
| [illegible]， | [illegible] | [illegible] | [illegible] | [illegible] | [illegible] | [illegible] | [illegible] | [illegible]： | |
| zjọ$^{2}$ | pjụ$^{1}$ | tja$^{1}$ | ·a | na$^{1}$ | tha$^{1}$ | ·jij$^{1}$ | dạ$^{2}$ | ·jɨ$^{2}$ | |
| 时， | 尊 | 者 | 阿 | 难 | 佛 | 之 | 言 | 谓： | |

多罗三藐三菩提心。尔时，尊者阿难白佛言：

**28.103.5**

| | | | | | | | | |
|---|---|---|---|---|---|---|---|---|
| [illegible] | [illegible]， | [illegible] | [illegible] | [illegible] | [illegible] | [illegible]、 | [illegible] | [illegible] |
| rjur$^{1}$ | pjụ$^{1}$ | tjɨ$^{1}$ | tjij$^{1}$ | neew$^{2}$ | goor$^{1}$ | gji$^{2}$ | neew$^{2}$ | sji$^{2}$ |

① [illegible][illegible]（阿难），汉文本无。

| | | | | | | | | |
|---|---|---|---|---|---|---|---|---|
| 世 | 尊, | 假 | 若 | 善 | 男 | 子、 | 善 | 女 |
| [illegible] | [illegible], | [illegible] | [illegible] | [illegible] | [illegible], | [illegible] | [illegible] | [illegible] |
| dzjwo$^{2}$ | njɨ$^{2}$ | thjɨ$^{2}$ | tsjiir$^{1}$ | ɣa$^{1}$ | bju$^{1}$ | ·a | lə | zjịj$^{1}$ |
| 人 | 等, | 此 | 法 | 门 | 以, | 一 | 念 | 时 |

世尊,若有善男子,若善女人,于此法门,起一念

**28.103.6**

| | | | | | | | | |
|---|---|---|---|---|---|---|---|---|
| [illegible] | [illegible], | [illegible] | [illegible] | [illegible] | [illegible] | [illegible] | [illegible]。 | [illegible] |
| dźiej$^{2}$ | śjwo$^{1}$ | tsjɨ$^{1}$ | mjɨ$^{1}$ | pjụ$^{1}$ | tśhja$^{2}$ | ·ioow$^{1}$ | rjir$^{2}$ | nioow$^{1}$ |
| 信 | 起, | 亦 | 无 | 量 | 功 | 德 | 得。 | 复 |
| [illegible] | [illegible] | [illegible] | [illegible], | [illegible] | [illegible] | [illegible] | [illegible] | [illegible] |
| do$^{1}$ | tshjɨɨ$^{1}$ | ɣiwej$^{1}$ | ·jiij$^{1}$ | tśjụ$^{1}$ | ·wejr$^{2}$ | mjɨ$^{1}$ | ·jij$^{1}$ | wạ$^{2}$ |
| 读 | 诵 | 受 | 持, | 拥 | 护 | 他 | 之 | 广 |

信,功德无量。况复读诵受持,拥护广

**28.104.1**

| | | | | | | | | |
|---|---|---|---|---|---|---|---|---|
| [illegible] | [illegible] | [illegible], | [illegible] | [illegible] | [illegible]? | [illegible] | [illegible]: | [illegible] |
| tshjiij$^{1}$ | tja$^{1}$ | ·jɨ$^{2}$ | tjɨ$^{2}$ | ljọ$^{1}$ | ·wjij$^{2}$ | tha$^{1}$ | dạ$^{2}$ | ·a |
| 说 | 者 | 谓, | 可 | 岂 | 有? | 佛 | 言: | 阿 |
| [illegible], | [illegible] | [illegible] | [illegible] | [illegible] | [illegible]、 | [illegible] | [illegible] | [illegible] |
| na$^{1}$ | tjɨ$^{1}$ | tjij$^{1}$ | neew$^{2}$ | goor$^{1}$ | gji$^{2}$ | neew$^{2}$ | sji$^{2}$ | dzjwo$^{2}$ |
| 难, | 假 | 若 | 善 | 男 | 子、 | 善 | 女 | 人 |

为人说? 佛言:阿难,若有善男子、善女人,

**28.104.2**

| | | | | | | | | |
|---|---|---|---|---|---|---|---|---|
| [illegible], | [illegible] | [illegible] | [illegible] | [illegible] | [illegible] | [illegible] | [illegible] | [illegible] |
| njɨ$^{2}$ | mjij$^{1}$ | sji$^{1}$ | dźiā$^{2}$ | tśhju$^{1}$ | ·jij$^{1}$ | pjwɨɨr$^{1}$ | ·a | duu$^{2}$ |
| 等, | 无 | 尽 | 情 | 有 | 之 | 劝 | 阿 | 耨 |
| [illegible] | [illegible] | [illegible] | [illegible] | [illegible] | [illegible] | [illegible] | [illegible] | [illegible] |
| tow$^{1}$ | lo$^{1}$ | sā$^{1}$ | mjiw$^{2}$ | sā$^{1}$ | po$^{1}$ | tjɨj$^{1}$ | njiij$^{1}$ | śjwo$^{1}$ |
| 多 | 罗 | 三 | 藐 | 三 | 菩 | 提 | 心 | 生 |

劝无余众生界,令发阿耨多罗三藐三菩提心。

**28.104.3**

| | | | | | | | | |
|---|---|---|---|---|---|---|---|---|
| [illegible]。 | [illegible] | [illegible] | [illegible] | [illegible]、 | [illegible] | [illegible] | [illegible]， | [illegible] |
| phji[1] | tjij[1] | neew[2] | goor[1] | gji[2] | neew[2] | sji[2] | dzjwo[2] | thjɨ[2] |
| 令。 | 若 | 善 | 男 | 子、 | 善 | 女 | 人， | 此 |
| [illegible] | [illegible] | [illegible]， | [illegible] | [illegible] | [illegible] | [illegible] | [illegible]， | [illegible] |
| tsjiir[1] | ɣa[1] | bju[1] | ·a | lə | zjij[1] | dźiej[2] | śjwo[1] | tjij[1] |
| 法 | 门 | 以， | 一 | 念 | 时 | 信 | 起， | 若 |

若复有善男子、善女人，于此法门，起一念信，若

**28.104.4**

| | | | | | | | | |
|---|---|---|---|---|---|---|---|---|
| [illegible] | [illegible] | [illegible]， | [illegible] | [illegible] | [illegible] | [illegible]。 | [illegible] | [illegible] |
| do[1] | tjij[1] | tshjɨɨ[1] | mjɨ[1] | ·jij[1] | wạ[2] | tshjiij[1] | ku[1] | thjɨ[2] |
| 读 | 若 | 诵， | 他 | 之 | 广 | 说。 | 则 | 此 |
| [illegible] | [illegible] | [illegible] | [illegible] | [illegible] | [illegible] | [illegible]， | [illegible] | [illegible] |
| dzjwo[2] | ·jij[1] | ljo[1] | śji[1] | rjɨr[2] | tshjiij[1] | su[1] | thjij[2] | sjo[2] |
| 人 | 之 | 福 | 前 | △ | 说 | 胜， | 何 | 云 |

读若诵，广为他说。此人得福过前说者，何以故？

**28.104.5**

| | | | | | | | | |
|---|---|---|---|---|---|---|---|---|
| [illegible]？ | [illegible] | [illegible]， | [illegible] | [illegible] | [illegible] | [illegible]， | [illegible] | [illegible] |
| ljɨ[1] | ·a | na[1] | thjɨ[2] | tsjiir[1] | ɣa[1] | tja[1] | ŋowr[2] | ŋowr[2] |
| 也？ | 阿 | 难， | 此 | 法 | 门 | 者， | 一 | 切 |
| [illegible] | [illegible] | [illegible] | [illegible] | [illegible] | [illegible]。 | [illegible] | [illegible]， | [illegible] |
| sjij[2] | sjij[2] | ·jij[1] | tśja[1] | ŋwu[2] | ljɨ[1] | ·a | na[1] | tjij[1] |
| 智 | 智 | 之 | 道 | 是 | 也。 | 阿 | 难， | 若 |

阿难，以此法门，是一切智智道处。阿难，若

**28.104.6**

| | | | | | | | | |
|---|---|---|---|---|---|---|---|---|
| [illegible] | [illegible] | [illegible]、 | [illegible] | [illegible] | [illegible]， | [illegible] | [illegible] | [illegible] |
| neew[2] | goor[1] | gji[2] | neew[2] | sji[2] | dzjwo[2] | thjɨ[2] | tsjiir[1] | ɣa[1] |
| 善 | 男 | 子、 | 善 | 女 | 人， | 此 | 法 | 门 |

| | | | | | | | | |
|---|---|---|---|---|---|---|---|---|
| [illegible]， | [illegible] | [illegible] | [illegible] | [illegible] | [illegible] | [illegible] | [illegible] | [illegible] |
| mji$^{1}$ | nioow$^{1}$ | thjɨ$^{2}$ | tsjiir$^{1}$ | ɣa$^{1}$ | ·jiij$^{1}$ | mjijr$^{2}$ | tsjiir$^{1}$ | dzjiij$^{2}$ |
| 闻， | 及 | 此 | 法 | 门 | 持 | 者 | 法 | 师 |

有男子女人，闻此法门，及见持此法门法师，

**28.105.1**

| | | | | | | | | |
|---|---|---|---|---|---|---|---|---|
| [illegible] | [illegible] | [illegible]， | [illegible] | [illegible] | [illegible] | [illegible]， | [illegible] | [illegible] |
| ·jij$^{1}$ | ljij$^{2}$ | zjij$^{1}$ | njiij$^{1}$ | niow$^{2}$ | śjwo$^{1}$ | ku$^{1}$ | thja$^{2}$ | dzwej$^{1}$ |
| 之 | 见 | 时， | 心 | 恶 | 生 | 故， | 彼 | 罪 |
| [illegible] | [illegible] | [illegible] | [illegible] | [illegible] | [illegible]。 | [illegible] | [illegible]， | [illegible] |
| tsjɨ$^{1}$ | zji$^{2}$ | śji$^{1}$ | su$^{1}$ | dzjịj$^{1}$ | ljɨ$^{1}$ | tśhjɨ$^{1}$ | zjọ$^{2}$ | sej$^{1}$ |
| 亦 | 皆 | 前 | 出 | 过 | 也。 | 尔 | 时， | 净 |

若起恶心，得罪过前。尔时，净

**28.105.2**

| | | | | | | | | |
|---|---|---|---|---|---|---|---|---|
| [illegible] | [illegible] | [illegible] | [illegible] | [illegible] | [illegible] | [illegible] | [illegible] | [illegible] |
| ror$^{2}$ | mjij$^{1}$ | ljị$^{1}$ | njij$^{2}$ | bji$^{1}$ | po$^{1}$ | tsa$^{1}$ | ma$^{2}$ | ŋạ$^{2}$ |
| 垢 | 无 | 宝 | 王 | 光 | 菩 | 萨 | 摩 | 诃 |
| [illegible] | [illegible]： | [illegible] | [illegible] | [illegible] | [illegible]、 | [illegible] | [illegible]， | [illegible] |
| tsa$^{1}$ | dạ$^{2}$ | tjij$^{1}$ | neew$^{2}$ | goor$^{1}$ | gji$^{2}$ | sji$^{2}$ | dzjwo$^{2}$ | thjɨ$^{2}$ |
| 萨 | 言： | 若 | 善 | 男 | 子、 | 女 | 人， | 此 |

无垢宝月王光菩萨摩诃萨言：若有男子女人，

**28.105.3**

| | | | | | | | | |
|---|---|---|---|---|---|---|---|---|
| [illegible] | [illegible] | [illegible] | [illegible] | [illegible] | [illegible]， | [illegible] | [illegible] | [illegible] |
| lwər$^{2}$ | lhejr$^{2}$ | pjo$^{1}$ | nioow$^{1}$ | rjir$^{2}$ | sji$^{2}$ | dzwej$^{1}$ | sjwɨj$^{1}$ | śji$^{1}$ |
| 经 | 契 | 谤 | 故 | 得 | △， | 罪 | 业 | 前 |
| [illegible] | [illegible] | [illegible] | [illegible]， | [illegible] | [illegible] | [illegible] | [illegible] | [illegible] |
| su$^{1}$ | rejr$^{2}$ | zjịj$^{2}$ | sjwɨj$^{1}$ | śji$^{1}$ | mjor$^{1}$ | ljịj$^{2}$ | rjɨr$^{2}$ | tshjiij$^{1}$ |
| 出 | 过 | 多 | 业， | 昔 | 如 | 来 | △ | 说 |

谤此经者，如来已说，得罪过前。

**28.105.4**

| | | | | | | | | |
|---|---|---|---|---|---|---|---|---|
| [illegible] | [illegible]。 | [illegible] | [illegible] | [illegible] | [illegible] | [illegible] | [illegible] | [illegible] |
| tja$^{1}$ | ŋwu$^{2}$ | tha$^{1}$ | sej$^{1}$ | ror$^{2}$ | mjij$^{1}$ | ljɨ̣$^{1}$ | lhjịj$^{2}$ | njij$^{2}$ |
| 者 | 是。 | 佛 | 净 | 垢 | 无 | 宝 | 月 | 王 |
| [illegible] | [illegible] | [illegible] | [illegible] | [illegible] | [illegible] | [illegible] | [illegible] | [illegible]： |
| bji$^{1}$ | po$^{1}$ | tsa$^{1}$ | ma$^{2}$ | ŋạ$^{2}$ | tsa$^{1}$ | ·jij$^{1}$ | dạ$^{2}$ | ·jɨ$^{2}$ |
| 光 | 菩 | 萨 | 摩 | 诃 | 萨 | 之 | 言 | 谓： |

佛告净无垢宝月王光菩萨摩诃萨言：

**28.105.5**

| | | | | | | | | |
|---|---|---|---|---|---|---|---|---|
| [illegible] | [illegible] | [illegible] | [illegible]、 | [illegible] | [illegible]， | [illegible] | [illegible] | [illegible] |
| tjij$^{1}$ | neew$^{2}$ | goor$^{1}$ | gji$^{2}$ | sji$^{2}$ | dzjwo$^{2}$ | dźiã$^{2}$ | tśhju$^{1}$ | ŋowr$^{2}$ |
| 若 | 善 | 男 | 子、 | 女 | 人， | 情 | 有 | 一 |
| [illegible] | [illegible] | [illegible] | [illegible] | [illegible] | [illegible] | [illegible] | [illegible]。 | [illegible] |
| ŋowr$^{2}$ | ·jij$^{1}$ | ka$^{1}$ | ka$^{1}$ | mej$^{1}$ | mjaa$^{1}$ | thjɨ$^{1}$ | wji$^{1}$ | tjij$^{1}$ |
| 切 | 之 | 等 | 等 | 目 | 果 | 遣 | 作。 | 若 |

若男子女人，一时挑却一切众生所有①眼目。若

**28.105.6**

| | | | | | | | | |
|---|---|---|---|---|---|---|---|---|
| [illegible]② | [illegible] | [illegible]、 | [illegible] | [illegible]， | [illegible] | [illegible] | [illegible] | [illegible] |
| tjij$^{1}$ | goor$^{1}$ | gji$^{2}$ | sji$^{2}$ | dzjwo$^{2}$ | thjɨ$^{2}$ | tsjiir$^{1}$ | ɣa$^{1}$ | ɣa$^{2}$ |
| 若 | 男 | 子、 | 女 | 人， | 此 | 法 | 门 | 于 |
| [illegible] | [illegible] | [illegible]③ | [illegible] | [illegible] | [illegible] | [illegible] | [illegible]， | [illegible] |
| nioow$^{1}$ | tsjiir$^{1}$ | ·jiij$^{1}$ | mjijr$^{2}$ | ·jij$^{1}$ | ·a | lə | zjij$^{1}$ | niow$^{2}$ |
| 及 | 法 | 持 | 者 | 之 | 一 | 念 | 时， | 恶 |

复有男子女人，于此法门及持法者，起一恶心，

**28.106.1**

| | | | | | | | | |
|---|---|---|---|---|---|---|---|---|
| [illegible] | [illegible] | [illegible]， | [illegible] | [illegible] | [illegible] | [illegible]。 | [illegible] | [illegible] |

① 所有，西夏译文用叠词“[illegible][illegible]”（等等）表示。
② 西夏译文疑衍一“若”字。
③ “[illegible][illegible]”误倒，据右侧乙正符号校正。

njiij¹ śjwo¹ ku¹ dzwej¹ śji¹ su¹ rejr² thjij² sjo²
心 起 故, 罪 昔 出 过。 何 云
[illegible]? [illegible] [illegible], [illegible] [illegible] [illegible] [illegible], [illegible] [illegible]
ljɨ¹ ·a na¹ thjɨ² tsjiir¹ ɣa¹ tja¹ mjiij² tja¹
也? 阿 难, 此 法 门 者, 名 者

得罪过彼。何以故?阿难,以此法门,名为

**28.106.2**

[illegible] [illegible] [illegible] [illegible] [illegible] [illegible] [illegible] [illegible] [illegible]
bji¹ sej¹ dźiã² tśhju¹ ŋowr² ŋowr² ·jij¹ zjɨr¹ mej¹
光 明 情 有 一 切 之 慧 目
[illegible] [illegible] [illegible]。
khjow¹ njwi² ljɨ¹
与 能 也。

光明,能施一切众生慧目。

## 汉文本

尔时,尊者阿难白佛言:世尊,以何因缘说此法时,此诸外道,得无生忍?

佛言:阿难,乃往过去,过无量劫。此王舍城耆阇崛山,尔时有佛,名上力足,正真正觉,在此说法。佛说法已,有诸外道来向佛所,欲恼如来。复欲障说此法门故,来至佛所。既闻法已,心生欢喜,即言世尊:快说此法。于如来所,生奇特心。以是因缘,六十劫中,不堕地狱、饿鬼、畜生。唯生人天所生之处,忆念彼佛。虽忆念佛,而无善友。阿难,于意云何?彼诸外道、尼干子等,岂异人乎?今此众中,诸外道是。何以故?此诸善男子,当尔之时,具足恶见故,欲恼如来,并障此法。彼既闻法,生大欢喜。以是因缘,今蒙佛记。是诸外道,当得阿耨多罗三藐三菩提。何况于今,得无生忍?

说此法门时,万二千众生,远尘离垢,得法眼净。二万众生,发阿耨多罗三藐三菩提心。尔时,尊者阿难白佛言:世尊,若有善男子,若善女人,于此法门,起一念信,功德无量。况复读诵受持,拥护广为人说?

佛言:阿难,若有善男子、善女人,劝无余众生界,令发阿耨多罗三藐三菩提心。若复有善男子、善女人,于此法门,起一念信,若读若诵,广为他说。此人得福过前说者,何以故?阿难,以此法门,是一切智智道处。阿难,若有男子女人,闻此法门,及见持此法门法师,若起恶心,得罪过前。

尔时,净无垢宝月王光菩萨摩诃萨言:若有男子女人,谤此经者,如来已说,得罪过前。佛告净无垢宝月王光菩萨摩诃萨言:若男子女人,一时挑却一切众生所有眼目。若复有男子女人,于此法门及持法者,起一恶心,得罪过彼。何以故?阿难,以此法门,名为光明,能施一切众生慧目。

**28.106.3**

| | | | | | | | | |
|---|---|---|---|---|---|---|---|---|
| [illegible] | [illegible] | [illegible] | [illegible] | [illegible] | [illegible] | [illegible] | [illegible]: | [illegible] |
| pjụ¹ | tja¹ | ·a | na¹ | tha¹ | ·jij¹ | dạ² | ·jɨ² | rjur¹ |
| 尊 | 者 | 阿 | 难 | 佛 | 之 | 言 | 谓: | 世 |
| [illegible], | [illegible] | [illegible] | [illegible] | [illegible], | [illegible] | [illegible] | [illegible] | [illegible] |
| pjụ¹ | thjɨ² | tsjiir¹ | ɣa¹ | tja¹ | mjij¹ | dźiej² | goor¹ | gji² |
| 尊, | 此 | 法 | 门 | 者, | 不 | 信 | 男 | 子 |

尊者阿难白佛言:世尊,此法门不应于不信男子

**28.106.4**

| | | | | | | | | |
|---|---|---|---|---|---|---|---|---|
| [illegible] | [illegible] | [illegible] | [illegible], | [illegible] | [illegible] | [illegible] | [illegible]。 | [illegible] |
| sji² | dzjwo² | ·ju² | rjir² | mjij¹ | tshjiij¹ | wji¹ | lew² | thjij² |
| 女 | 人 | 前 | 面, | 不 | 说 | 作 | 应。 | 何 |
| [illegible] | [illegible]? | [illegible] | [illegible] | [illegible] | [illegible] | [illegible] | [illegible] | [illegible]。 |
| sjo² | ljɨ¹ | thja² | dźiã² | tśhju¹ | ·jij¹ | ·wejr² | lew² | ljɨ¹ |
| 云 | 也? | 彼 | 情 | 有 | 之 | 护 | 应 | 也。 |

女人前说。何以故?须护众生故。

**28.106.5**

| | | | | | | | | |
|---|---|---|---|---|---|---|---|---|
| [illegible] | [illegible], | [illegible] | [illegible] | [illegible]①? | [illegible] | [illegible], | [illegible] | [illegible] |
| thjɨ² | tja¹ | thjij² | sjo² | ljɨ¹ | rjur¹ | pjụ¹ | thjɨ² | sju² |
| 是 | 者, | 何 | 云 | 也? | 世 | 尊, | 是 | 如 |
| [illegible] | [illegible] | [illegible] | [illegible] | [illegible], | [illegible] | [illegible]、 | [illegible] | [illegible]、 |
| tsjiir¹ | pjo¹ | sjwɨj¹ | ·jiw¹ | tja¹ | djị¹ | ·jɨj² | śjụ¹ | ·ju¹ |
| 法 | 谤 | 业 | 缘 | 者, | 地 | 狱、 | 饿 | 鬼、 |

世尊,我见如是谤法业缘,生于地狱、饿鬼、

**28.106.6**

| | | | | | | | | |
|---|---|---|---|---|---|---|---|---|
| [illegible] | [illegible], | [illegible] | [illegible] | [illegible] | [illegible] | [illegible] | [illegible] | [illegible] |
| sju² | dzju² | niow² | tśja¹ | ·u² | ljɨ¹ | sji² | ŋwu² | nwə¹ |

① 西夏译文"[illegible][illegible][illegible][illegible][illegible]?"(是何以故),汉文本无。

| | | | | | | | | |
|---|---|---|---|---|---|---|---|---|
| 牲 | 畜, | 恶 | 道 | 中 | 堕 | △ | 是 | 知 |
| [illegible]。 | [illegible] | [illegible]: | [illegible] | [illegible], | [illegible] | [illegible] | [illegible] | [illegible] |
| ŋa$^{2}$ | tha$^{1}$ | dạ$^{2}$ | ·a | na$^{1}$ | thjɨ$^{2}$ | tsjiir$^{1}$ | ɣa$^{1}$ | tshjiij$^{1}$ |
| △。 | 佛 | 言: | 阿 | 难, | 此 | 法 | 门 | 说 |

畜生恶道中故。佛言:阿难,应说此法门,

**28.107.1**

| | | | | | | | | |
|---|---|---|---|---|---|---|---|---|
| [illegible] | [illegible], | [illegible] | [illegible] | [illegible] | [illegible]。 | [illegible] | [illegible] | [illegible]? |
| lew$^{2}$ | ŋwu$^{2}$ | mjij$^{1}$ | tshjiij$^{1}$ | lew$^{2}$ | njaa$^{2}$ | thjij$^{2}$ | sjo$^{2}$ | ljɨ$^{1}$ |
| 应 | 是, | 不 | 说 | 应 | 不。 | 何 | 云 | 也? |
| [illegible] | [illegible] | [illegible] | [illegible] | [illegible] | [illegible] | [illegible] | [illegible], | [illegible] |
| thjɨ$^{2}$ | tsjiir$^{1}$ | ljị$^{1}$ | thja$^{1}$ | ·jij$^{1}$ | ·jiw$^{1}$ | we$^{2}$ | ku$^{1}$ | thjɨ$^{2}$ |
| 此 | 法 | 以 | 彼 | 之 | 因 | 为 | 故, | 是 |

不应不说。何以故?以此名为彼者因故,

**28.107.2**

| | | | | | | | | |
|---|---|---|---|---|---|---|---|---|
| [illegible] | [illegible] | [illegible] | [illegible] | [illegible] | [illegible] | [illegible] | [illegible] | [illegible] |
| nioow$^{1}$ | djọ$^{2}$ | dźjij$^{1}$ | ·a | duu$^{2}$ | tow$^{1}$ | lo$^{1}$ | sã$^{1}$ | mjiw$^{2}$ |
| 故 | 修 | 行 | 阿 | 耨 | 多 | 罗 | 三 | 藐 |
| [illegible] | [illegible] | [illegible] | [illegible] | [illegible]。 | | | | |
| sã$^{1}$ | po$^{1}$ | tjịj$^{1}$ | rjir$^{2}$ | ljɨ$^{1}$ | | | | |
| 三 | 菩 | 提 | 得 | 也。 | | | | |

令修行已,得阿耨多罗三藐三菩提故。

**28.107.3**

| | | | | | | | | |
|---|---|---|---|---|---|---|---|---|
| [illegible] | [illegible] | [illegible] | [illegible] | [illegible] | [illegible]: | [illegible] | [illegible], | [illegible] |
| ·a | na$^{1}$ | tha$^{1}$ | ·jij$^{1}$ | dạ$^{2}$ | ·jɨ$^{2}$ | rjur$^{1}$ | pjụ$^{1}$ | thjɨ$^{2}$ |
| 阿 | 难 | 佛 | 之 | 言 | 谓: | 世 | 尊, | 此 |
| [illegible] | [illegible] | [illegible], | [illegible] | [illegible] | [illegible] | [illegible] | [illegible]? | [illegible] |
| tsjiir$^{1}$ | ɣa$^{1}$ | tja$^{1}$ | wa$^{2}$ | sju$^{2}$ | mjiij$^{2}$ | ·jɨ$^{2}$ | lew$^{2}$ | thjij$^{2}$ |
| 法 | 门 | 者, | 何 | 如 | 名 | 谓 | 当? | 何 |

阿难白佛言:世尊,当以何名,名此法门?云何

**28.107.4**

| | | |
|---|---|---|
| [Tangut] | [Tangut] | [Tangut]? |
| sjo² | ɣiwej¹ | ·jiij¹ |
| 云 | 受 | 持? |

奉持?

**28.107.5**

| | | | | | | | | |
|---|---|---|---|---|---|---|---|---|
| [Tangut] | [Tangut] | [Tangut] | [Tangut] | [Tangut]: | [Tangut] | [Tangut] | [Tangut] | [Tangut]。 |
| tha¹ | ·a | na¹ | ·jij¹ | ·jɨ² | ·a | na¹ | nwə¹ | lew² |
| 佛 | 阿 | 难 | 之 | 谓: | 阿 | 难 | 知 | 当。 |
| [Tangut] | [Tangut] | [Tangut] | [Tangut], | [Tangut] | [Tangut] | [Tangut] | [Tangut] | [Tangut] |
| ɣạ² | tsjiir¹ | tshjiij¹ | ku¹ | thjɨ² | tja¹ | ɣạ² | tsjiir¹ | tsjiir¹ |
| 十 | 法 | 说 | 故, | 是 | 者 | 十 | 法 | 法 |

佛言:阿难,阿难当知①。以说十法,是故名为十法法

**28.107.6**

| | | | | | | | | |
|---|---|---|---|---|---|---|---|---|
| [Tangut] | [Tangut] | [Tangut], | [Tangut] | [Tangut] | [Tangut] | [Tangut] | [Tangut]。 | [Tangut] |
| ɣa¹ | mjiij² | we² | thjɨ² | sju² | ɣiwej¹ | ·jiij¹ | lew² | nioow¹ |
| 门 | 名 | 为, | 是 | 如 | 受 | 持 | 应。 | 又 |
| [Tangut] | [Tangut] | [Tangut] | [Tangut] | [Tangut] | [Tangut] | [Tangut] | [Tangut] | [Tangut] |
| mjiij² | sej¹ | ror² | mjij¹ | ljɨ¹ | lhjij² | njij² | bji¹ | po¹ |
| 名 | 净 | 垢 | 无 | 宝 | 月 | 王 | 光 | 菩 |

门,如是受持。亦名净无垢宝月王光菩

**28.108.1**

| | | | | | | | | |
|---|---|---|---|---|---|---|---|---|
| [Tangut] | [Tangut] | [Tangut] | [Tangut] | [Tangut] | [Tangut] | [Tangut], | [Tangut] | [Tangut] |
| tsa¹ | ma² | ŋạ² | tsa¹ | dja² | ·jɨr¹ | ŋwu² | thjɨ² | sju² |
| 萨 | 摩 | 诃 | 萨 | △ | 问 | 是, | 是 | 如 |
| [Tangut] | [Tangut] | [Tangut]。 | | | | | | |
| ɣiwej¹ | ·jiij¹ | lew² | | | | | | |

① 阿难,阿难当知,西夏译文未译前一个“[Tangut]”(阿难)。

受 持 应。

萨所问,如是受持。

**28.108.2**

tha¹ thjɨ² tsjiir¹ ɣa¹ tshjiij¹ dźjwa¹ pjụ¹ tja¹ ·a

佛 此 法 门 说 竟, 尊 者 阿

na¹ sej¹ ror² mjij¹ ljɨ¹ lhjịj² njij² bji¹

难、 净 垢 无 宝 月 王 光

佛说此法门时,尊者阿难、净无垢宝月王光

**28.108.3**

po¹ tsa¹ ma² ŋạ² tsa¹ nioow¹ ·ji¹ ljwu² kha¹

菩 萨 摩 诃 萨, 及 众 会 中

rjur¹ dźiā² tsjij² rjur¹ ɣiẹ² mji¹ ·ji¹ mee² ·we¹

诸 菩 萨, 诸 声 闻, 众 天 龙

菩萨摩诃萨,并众会中诸大菩萨及声闻,众天龙

**28.108.4**

·jar¹ djij¹ tha¹ rjɨr² tshjiij¹ mji¹ zji² ljij² njiij¹

八 部, 佛 △ 说 闻, 皆 大 心

ljɨj² dźiej² ɣiwej¹ śjij¹ dźjij¹

喜, 信 受 顺 行。

八部,闻佛所说,皆大欢喜,顶受奉行。

**28.108.5**

| | | | | | | | | | | |
|---|---|---|---|---|---|---|---|---|---|---|
| ljịj$^{2}$ | ljɨ̣$^{1}$ | tśiow$^{1}$ | lwər$^{2}$ | lhejr$^{2}$ | ? | njɨɨ$^{1}$ | ɣạ$^{2}$ | ·jar$^{1}$ | tsew$^{2}$ | njoor$^{1}$ |
| 大 | 宝 | 积 | 经 | 契 | 卷 | 二 | 十 | 八 | 第 | 水 |

《大宝积经》卷第二十八 水①

## 汉文本

尊者阿难白佛言：世尊，此法门不应于不信男子女人前说。何以故？须护众生故。世尊，我见如是谤法业缘，生于地狱、饿鬼、畜生恶道中故。佛言：阿难，应说此法门，不应不说。何以故？以此名为彼者因故，令修行已，得阿耨多罗三藐三菩提故。阿难白佛言：世尊，当以何名，名此法门？云何奉持？

佛言：阿难，阿难当知。以说十法，是故名为十法法门，如是受持。亦名净无垢宝月王光菩萨所问，如是受持。

佛说此法门时，尊者阿难、净无垢宝月王光菩萨摩诃萨，并众会中诸大菩萨及声闻，众天龙八部，闻佛所说，皆大欢喜，顶受奉行。

① 此为帙号。

# 西夏文《大宝积经》

·卷二十九·

**《文殊师利普门会》**

**第十整理与研究**

## 内容和版本介绍

《大宝积经 · 文殊师利普门会》主要讲解的是想要学普入不思议法门,应修习诸三昧门:色相三昧,声相三昧,香相三昧,味相三昧,触相三昧,意界三昧,女相三昧,男相三昧,童男相三昧,童女相三昧,天相三昧,龙相三昧,夜叉相三昧,乾闼婆相三昧,阿修罗相三昧,迦楼罗相三昧,紧那罗相三昧,摩睺罗伽相三昧,地狱相三昧,畜生相三昧,阎魔罗界三昧,贪相三昧,瞋相三昧,痴相三昧,不善法三昧,善法三昧,有为三昧,无为三昧。

西夏文《大宝积经》卷二十九《文殊师利普门会》第十,由1909年科兹洛夫率领的俄国皇家蒙古四川地理考察队发现于黑水城遗址,现藏于俄罗斯科学院东方文献研究所。据克恰诺夫《西夏佛典目录》,该卷全文留存,入藏编号 инв.№ 519。该卷版式:写本,经折装,共50折,每折6行,每行18字。天头4.5厘米,地脚3厘米。经名后有帙号和仁宗皇帝尊号。卷尾有经名和帙号。инв.№ 519首次刊布于《俄藏黑水城文献》第21册第170—173页。

西夏文《大宝积经》卷二十九经名后有"奉天显道"四字,当是仁宗皇帝尊号"奉天显道耀武宣文神谋睿智制义去邪惇睦懿恭"的简称,可知该本为西夏仁宗皇帝(1139—1193年在位)时期的校译本。

下面的录文和释读依据 инв.№ 519,释读采用逐折、逐行对译的形式,并用数字标明西夏文录文的卷次、原版折面和行次,如29.1.1,为第二十九卷第一折第一行。

# 文本释读

**29.1.1**

| | | | | | | | | | |
|---|---|---|---|---|---|---|---|---|---|
| [illegible] | [illegible] | [illegible] | [illegible] | [illegible] | [illegible] | [illegible] | [illegible] | [illegible] | [illegible] |
| ljij$^2$ | ljɨ̣$^1$ | tśiow$^1$ | lwər$^2$ | lhejr$^2$ | ? | njɨɨ$^1$ | ɣạ$^2$ | gjɨɨ$^1$ | tsew$^2$ |
| 大 | 宝 | 积 | 经 | 契 | 卷 | 二 | 十 | 九 | 第 |

《大宝积经》卷第二十九①

**29.1.2**

| | | | |
|---|---|---|---|
| [illegible] | [illegible] | [illegible] | [illegible] |
| tshjwu$^1$ | bju$^1$ | tśja$^1$ | dźju$^1$ |
| 天 | 奉 | 道 | 显 |

奉天显道②

**29.1.3**

| | | | | | | | | |
|---|---|---|---|---|---|---|---|---|
| [illegible] | [illegible] | [illegible] | [illegible] | [illegible] | [illegible] | [illegible] | [illegible] | [illegible] |
| mã$^1$ | śjuu$^1$ | śjɨ$^1$ | lji$^1$ | njɨ$^2$ | ɣa$^1$ | ljwu$^2$ | ɣạ$^2$ | tsew$^2$ |
| 文 | 殊 | 师 | 利 | 普 | 门 | 会 | 十 | 第 |

《文殊师利普门会》第十

**29.1.4**

| | | | | | | | | |
|---|---|---|---|---|---|---|---|---|
| [illegible] | [illegible] | [illegible] | [illegible] | [illegible]。 | [illegible] | [illegible] | [illegible] | [illegible] |
| thjɨ$^2$ | sju$^2$ | mjo$^1$ | ŋa$^2$ | ljɨ$^1$ | dzjɨj$^1$ | tha$^1$ | njij$^2$ | mjii$^1$ |
| 是 | 如 | 闻 | △ | 也。 | 时 | 佛 | 王 | 舍 |
| [illegible] | [illegible] | [illegible] | [illegible] | [illegible] | [illegible] | [illegible]， | [illegible] | [illegible] |
| we$^2$ | khji$^1$ | śja$^1$ | tsor$^2$ | ŋər$^1$ | kha$^1$ | dźjiij$^1$ | ·jar$^1$ | ·jir$^2$ |
| 城 | 耆 | 阇 | 崛 | 山 | 中 | 在， | 八 | 百 |

如是我闻。一时佛在王舍城耆阇崛山中，

① 据卷尾，本卷的帙号是“[illegible]”(论)。

② 仁宗的尊号“奉天显道耀武宣文神谋睿智制义去邪惇睦懿恭皇帝嵬名”的省称。

**29.1.5**

| | | | | | | | | |
|---|---|---|---|---|---|---|---|---|
| [illegible] | [illegible] | [illegible] | [illegible]， | [illegible] | [illegible] | [illegible] | [illegible] | [illegible] |
| ljịj$^{2}$ | phji$^{2}$ | khjiw$^{2}$ | ·ji$^{1}$ | nioow$^{1}$ | ljɨɨr$^{1}$ | khjɨ$^{2}$ | njɨɨ$^{1}$ | tụ$^{1}$ |
| 大 | 比 | 丘 | 众， | 及 | 四 | 万 | 二 | 千 |
| [illegible] | [illegible] | [illegible] | [illegible] | [illegible] | [illegible] | [illegible]。 | [illegible] | [illegible] |
| po$^{1}$ | tsa$^{1}$ | ma$^{2}$ | ŋạ$^{2}$ | tsa$^{1}$ | rjir$^{2}$ | dzjị$^{2}$ | dzjɨj$^{1}$ | dźiã$^{2}$ |
| 菩 | 萨 | 摩 | 诃 | 萨 | 与 | 俱。 | 时 | 菩 |

与大比丘众八百人俱，菩萨摩诃萨四万二千。时

**29.1.6**

| | | | | | | | | |
|---|---|---|---|---|---|---|---|---|
| [illegible] | [illegible] | [illegible] | [illegible] | [illegible] | [illegible] | [illegible]， | [illegible] | [illegible] |
| tsjij$^{2}$ | gjɨ$^{2}$ | mjiij$^{2}$ | tja$^{1}$ | ror$^{2}$ | mjij$^{1}$ | ·ụ$^{2}$ | gjɨɨ$^{1}$ | khjɨ$^{2}$ |
| 萨 | 有 | 名 | 者 | 垢 | 无 | 藏， | 九 | 万 |
| [illegible] | [illegible] | [illegible] | [illegible] | [illegible] | [illegible] | [illegible]， | [illegible] | [illegible] |
| njɨɨ$^{1}$ | tụ$^{1}$ | rjur$^{1}$ | dźiã$^{2}$ | tsjij$^{2}$ | ·ji$^{1}$ | rjir$^{2}$ | śiə | śio$^{1}$ |
| 二 | 千 | 诸 | 菩 | 萨 | 众 | 与， | 随 | 引 |

有菩萨名无垢藏，与九万二千诸菩萨众，

**29.2.1**

| | | | | | | | | |
|---|---|---|---|---|---|---|---|---|
| [illegible] | [illegible] | [illegible] | [illegible]， | [illegible] | [illegible] | [illegible] | [illegible] | [illegible]。 |
| dzjwị$^{1}$ | rejr$^{2}$ | ·wiọ$^{1}$ | tśjị$^{1}$ | ŋa$^{1}$ | gu$^{2}$ | nja$^{1}$ | ljịj$^{2}$ | ljịj$^{2}$ |
| 恭 | 敬 | 围 | 绕， | 空 | 中 | △ | 来 | 见。 |
| [illegible] | [illegible]， | [illegible] | [illegible]① | [illegible] | [illegible] | [illegible] | [illegible] | [illegible]： |
| tśhjɨ$^{1}$ | zjọ$^{2}$ | rjur$^{1}$ | pjụ$^{1}$ | ljịj$^{2}$ | ·ji$^{1}$ | ·jij$^{1}$ | dạ$^{2}$ | ·jɨ$^{2}$ |
| 尔 | 时， | 世 | 尊 | 大 | 众 | 之 | 言 | 谓： |

恭敬围绕，从空而来。尔时，世尊即告大众：

**29.2.2**

| | | | | | | | | |
|---|---|---|---|---|---|---|---|---|
| [illegible] | [illegible] | [illegible] | [illegible] | [illegible]， | [illegible] | [illegible] | [illegible] | [illegible] |
| thja$^{2}$ | rjur$^{1}$ | dźiã$^{2}$ | tsjij$^{2}$ | tja$^{1}$ | njɨ$^{2}$ | gji$^{1}$ | sej$^{1}$ | dźjɨ |

① “[illegible][illegible]”误倒，据右侧乙正符号校正。

彼 诸 菩 萨 者, 遍 清 净 行

[illegible] [illegible] [illegible]。 [illegible] [illegible] [illegible] [illegible] [illegible] [illegible]①,

rjur$^{1}$ kięj$^{2}$ ·u$^{2}$ njɨ$^{2}$ wją$^{1}$ mjor$^{1}$ ljij$^{2}$ dźjɨ wji$^{1}$

世 界 内。 普 华 如 来 △ △,

彼诸菩萨,为遍清净行世界。普华如来,

**29.2.3**

[illegible] [illegible] [illegible] [illegible] [illegible] [illegible] [illegible] [illegible]。 [illegible]

pjwɨɨr$^{1}$ neej$^{2}$ thjɨ$^{2}$ so$^{2}$ pho$^{1}$ rjur$^{1}$ kięj$^{2}$ ·u$^{2}$ ŋa$^{2}$

劝 发 此 娑 婆 世 界 内。 我

[illegible] [illegible] [illegible], [illegible] [illegible] [illegible] [illegible] [illegible] [illegible]

do$^{2}$ rjɨr$^{2}$ wjij$^{2}$ seew$^{2}$ tshjiij$^{1}$ mjij$^{1}$ njɨ$^{2}$ ·o$^{2}$ tsjiir$^{1}$

所 △ 遣, 思 议 不 普 入 法

劝发来此娑婆世界。令于我所,听受普入不思议法门。

**29.2.4**

[illegible] [illegible] [illegible] [illegible]。 [illegible] [illegible] [illegible] [illegible] [illegible]

ɣa$^{1}$ nji$^{2}$ lja$^{1}$ phji$^{1}$ thja$^{2}$ rjur$^{1}$ dźiã$^{2}$ tsjij$^{2}$ thju$^{2}$

门 听 来 令。 其 诸 菩 萨 此

[illegible] [illegible] [illegible] [illegible] [illegible]② [illegible] [illegible] [illegible] [illegible],

ljwu$^{2}$ dzjɨ̣$^{2}$ lja$^{1}$ ·jij$^{1}$ sji$^{2}$ thjɨ$^{2}$ dą$^{2}$ ·jɨ$^{2}$ dźjwa$^{1}$

会 集 来 临 △。 是 语 说 已,

其诸菩萨亦当集会。说是语已,

**29.2.5**

[illegible] [illegible] [illegible] [illegible], [illegible] [illegible] [illegible] [illegible], [illegible]

mjɨ$^{1}$ pjụ$^{1}$ bju$^{2}$ mjij$^{1}$ thjɨ$^{2}$ kięj$^{2}$ tsjij$^{1}$ ljijr$^{2}$ rjur$^{1}$

无 量 边 无, 此 界 他 方, 诸

[illegible] [illegible] [illegible], [illegible] [illegible] [illegible] [illegible] [illegible] [illegible]

dźiã$^{2}$ tsjij$^{2}$ ·ji$^{1}$ zji$^{2}$ zji$^{2}$ khji$^{1}$ śja$^{1}$ tsor$^{2}$ ŋər$^{1}$

① “[illegible][illegible]”(dźjɨ wji$^{1}$),义为“行为”,在此为动作发出者标记。

② [illegible](sji$^{2}$),为名物化助词。

| | | | | | | | | |
|---|---|---|---|---|---|---|---|---|
| 菩 | 萨 | 众， | 悉 | 皆 | 耆 | 阇 | 崛 | 山 |

无量无边，他方此界，诸菩萨众，悉来集会耆阇崛山。

**29.2.6**

| | | | | | |
|---|---|---|---|---|---|
| [illegible] | [illegible] | [illegible]。 | [illegible] | [illegible] | [illegible] |
| kha$^{1}$ | kjɨ$^{1}$ | dzjɨ̣$^{2}$ | tha$^{1}$ | rewr$^{2}$ | tśjiw$^{2}$ |
| 中 | △ | 集。 | 佛 | 足 | 顶 |
| [illegible]， | [illegible] | [illegible] | [illegible] | [illegible]。 | |
| tshwew$^{1}$ | ·a | njijr$^{2}$ | wjɨ$^{2}$ | ·jar$^{1}$ | |
| 礼， | 一 | 面 | △ | 立。 | |

顶礼佛足，却住一面。

**29.3.1**

| | | | | | | | | |
|---|---|---|---|---|---|---|---|---|
| [illegible] | [illegible]， | [illegible] | [illegible] | [illegible] | [illegible] | [illegible]， | [illegible] | [illegible] |
| tśhjɨ$^{1}$ | zjọ$^{2}$ | ror$^{2}$ | mjij$^{1}$ | ·ụ$^{2}$ | dźiā$^{2}$ | tsjij$^{2}$ | lạ$^{1}$ | ljɨ̣$^{1}$ |
| 尔 | 时， | 垢 | 无 | 藏 | 菩 | 萨， | 手 | 以 |
| [illegible] | [illegible] | [illegible] | [illegible] | [illegible] | [illegible] | [illegible]， | [illegible] | [illegible] |
| śjạ$^{1}$ | ljɨ̣$^{1}$ | tụ$^{1}$ | bạ$^{2}$ | wjạ$^{1}$ | sej$^{1}$ | zow$^{2}$ | mjor$^{1}$ | ljịj$^{2}$ |
| 七 | 宝 | 千 | 叶 | 花 | 莲 | 持， | 如 | 来 |

尔时，无垢藏菩萨，手持七宝千叶莲花，至如来

**29.3.2**

| | | | | | | | | |
|---|---|---|---|---|---|---|---|---|
| [illegible] | [illegible] | [illegible] | [illegible] | [illegible] | [illegible] | [illegible]。 | [illegible] | [illegible] |
| do$^{2}$ | ljịj$^{2}$ | ljạ$^{1}$ | tjị$^{2}$ | rewr$^{2}$ | ·jij$^{1}$ | tshwew$^{1}$ | tha$^{1}$ | ·jij$^{1}$ |
| 处 | 至， | 面 | 处 | 足 | 之 | 礼。 | 佛 | 之 |
| [illegible] | [illegible]： | [illegible] | [illegible]， | [illegible] | [illegible] | [illegible] | [illegible] | [illegible] |
| dạ$^{2}$ | ·jɨ$^{2}$ | rjur$^{1}$ | pjụ$^{1}$ | njɨ$^{2}$ | gji$^{1}$ | sej$^{1}$ | dźjɨ | rjur$^{1}$ |
| 白 | 谓： | 世 | 尊， | 遍 | 清 | 净 | 行 | 世 |

所，头面礼足。白佛言：世尊，遍清净行世

**29.3.3**

| | | | | | | | |
|---|---|---|---|---|---|---|---|
| [illegible] | [illegible]， | [illegible] | [illegible] | [illegible] | [illegible]， | [illegible] | [illegible] |

| | | | | | | | | |
|---|---|---|---|---|---|---|---|---|
| kiẹj$^{2}$ | ·u$^{2}$ | njɨ$^{2}$ | wją$^{1}$ | mjor$^{1}$ | ljịj$^{2}$ | thjɨ$^{2}$ | ljɨ$^{1}$ | wją$^{1}$ |
| 界 | 内， | 普 | 花 | 如 | 来， | 此 | 宝 | 花 |
| [illegible] | [illegible] | [illegible] | [illegible] | [illegible] | [illegible] | [illegible] | [illegible]， | [illegible] |
| rjɨr$^{2}$ | khie$^{1}$ | rjur$^{1}$ | pjụ$^{1}$ | do$^{2}$ | ljịj$^{2}$ | phji$^{1}$ | ŋa$^{2}$ | mjɨ$^{1}$ |
| △ | 恶 | 世 | 尊 | 处 | 来 | 令 | △。 | 无 |

界，普花如来，以是宝花奉上世尊，

**29.3.4**

| | | | | | | | | |
|---|---|---|---|---|---|---|---|---|
| [illegible] | [illegible] | [illegible]。 | [illegible] | [illegible] | [illegible] | [illegible]， | [illegible] | [illegible] |
| pjụ$^{1}$ | bjuu$^{1}$ | ·jɨr$^{1}$ | mja$^{1}$ | ŋo$^{2}$ | mja$^{1}$ | zjị$^{1}$ | dzuu$^{2}$ | wor$^{1}$ |
| 量 | 敬 | 问。 | 少 | 病 | 少 | 恼， | 坐 | 起 |
| [illegible] | [illegible]， | [illegible] | [illegible] | [illegible] | [illegible]。 | [illegible] | [illegible] | [illegible] |
| ·a | ·jij$^{1}$ | ·a | no$^{2}$ | rejr$^{2}$ | nja$^{2}$ | thjɨ$^{2}$ | dạ$^{2}$ | ·jɨ$^{2}$ |
| △ | 轻， | △ | 安 | 乐 | △。 | 是 | 语 | 谓 |

致问无量。少病少恼，起居轻利，安乐行不。作是语

**29.3.5**

| | | | | | | | | |
|---|---|---|---|---|---|---|---|---|
| [illegible]， | [illegible] | [illegible] | [illegible] | [illegible]， | [illegible] | [illegible] | [illegible] | [illegible]。 |
| dźjwa$^{1}$ | ŋa$^{1}$ | gu$^{2}$ | wjɨ$^{2}$ | śji$^{2}$ | khjɨ$^{1}$ | ljɨɨ$^{1}$ | tśja$^{1}$ | dzuu$^{2}$ |
| 已， | 空 | 中 | △ | 往， | 足 | 结 | 趺 | 坐。 |

已，即升虚空，结跏趺坐。

**29.3.6**

| | | | | | | | | |
|---|---|---|---|---|---|---|---|---|
| [illegible] | [illegible]， | [illegible] | [illegible] | [illegible] | [illegible]， | [illegible] | [illegible] | [illegible] |
| tśhjɨ$^{1}$ | zjọ$^{2}$ | mã$^{1}$ | śjuu$^{1}$ | śjɨ$^{1}$ | lji$^{1}$ | po$^{1}$ | tsa$^{1}$ | ma$^{2}$ |
| 尔 | 时， | 文 | 殊 | 师 | 利， | 菩 | 萨 | 摩 |
| [illegible] | [illegible]， | [illegible] | [illegible] | [illegible] | [illegible]， | [illegible] | [illegible] | [illegible] |
| ŋạ$^{2}$ | tsa$^{1}$ | thja$^{2}$ | ljịj$^{2}$ | ·ji$^{1}$ | kha$^{1}$ | dzuu$^{2}$ | tjị$^{2}$ | ·a |
| 诃 | 萨， | 彼 | 大 | 众 | 中， | 坐 | 处 | △ |

尔时，文殊师利，菩萨摩诃萨，于大众中，即从座起，

**29.4.1**

| | | | | | | | | |
|---|---|---|---|---|---|---|---|---|
| [illegible]， | [illegible] | [illegible] | [illegible] | [illegible]， | [illegible] | [illegible] | [illegible] | [illegible]， |

| | | | | | | | | |
|---|---|---|---|---|---|---|---|---|
| wor1 | zjɨ1 | ·wạ1 | pha1 | gjwi2 | tśier1 | ŋwer2 | ljɨ̣1 | zjij1 |
| 起， | 左 | 肩 | 偏 | 服， | 右 | 膝 | 地 | 著， |
| [Tangut] | [Tangut] | [Tangut] | [Tangut]， | [Tangut] | [Tangut] | [Tangut] | [Tangut]： | [Tangut] |
| pjạ1 | phjoo2 | dzjwɨ̣1 | rejr2 | tha1 | ·jij1 | dạ2 | ·jɨ2 | ŋa2 |
| 合 | 掌 | 恭 | 敬， | 佛 | 之 | 白 | 谓： | 我 |

偏袒右肩，右膝著地，合掌恭敬，而白佛言：我

**29.4.2**

| | | | | | | | | |
|---|---|---|---|---|---|---|---|---|
| [Tangut] | [Tangut] | [Tangut] | [Tangut]， | [Tangut] | [Tangut] | [Tangut] | [Tangut]， | [Tangut] |
| wjɨ2 | rar2 | dju1 | njij2 | njɨ2 | tjij1 | tha1 | do2 | seew2 |
| 过 | 去 | 久 | 远， | 普 | 灯 | 佛 | 处， | 思 |
| [Tangut] | [Tangut] | [Tangut] | [Tangut] | [Tangut] | [Tangut] | [Tangut] | [Tangut] | [Tangut] |
| tshjiij1 | tjị2 | mjij1 | njɨ2 | ·o2 | tsjiir1 | ɣa1 | tshjiij1 | djij2 |
| 议 | 可 | 不 | 普 | 入 | 法 | 门 | 说 | △ |

念过去久远世时，曾于普灯佛所，闻说普入不思议法门。

**29.4.3**

| | | | | | | | | |
|---|---|---|---|---|---|---|---|---|
| [Tangut]。 | [Tangut] | [Tangut] | [Tangut]， | [Tangut] | [Tangut] | [Tangut] | [Tangut] | [Tangut] |
| mjo1 | ŋa2 | thja2 | zjọ2 | tśhjɨ2 | rjar2 | ·jar1 | tụ1 | ljɨɨr1 |
| 闻。 | 我 | 彼 | 时， | 立 | 即 | 八 | 千 | 四 |
| [Tangut] | [Tangut] | [Tangut] | [Tangut] | [Tangut] | [Tangut] | [Tangut] | [Tangut] | [Tangut]， |
| ·jir2 | rjir2 | no1 | ·jiw1 | thow1 | sã1 | mej2 | rjor2 | ŋa2 |
| 百 | 亿 | 那 | 由 | 他 | 三 | 昧 | 得 | △， |

我于尔时，即便获得八千四百亿那由他三昧，

**29.4.4**

| | | | | | | | | |
|---|---|---|---|---|---|---|---|---|
| [Tangut] | [Tangut] | [Tangut] | [Tangut] | [Tangut] | [Tangut] | [Tangut] | [Tangut] | [Tangut] |
| nioow1 | śjạ1 | ɣạ2 | śjạ1 | khjɨ2 | rjir2 | no1 | ·jiw1 | thow1 |
| 又 | 七 | 十 | 七 | 万 | 亿 | 那 | 由 | 他 |
| [Tangut] | [Tangut] | [Tangut] | [Tangut] | [Tangut]。 | [Tangut] | [Tangut]！ | [Tangut] | [Tangut]！ |
| sã1 | mej2 | ·a | tsjij2 | ŋa2 | tjij2 | rjijr2 | rjur1 | pjụ1 |
| 三 | 昧 | △ | 了 | △。 | 善 | 哉！ | 世 | 尊！ |

又能了知七十七万亿那由他三昧。善哉！世尊！

**29.4.5**

| | | | | | | | | |
|---|---|---|---|---|---|---|---|---|
| [illegible] | [illegible] | [illegible] | [illegible]， | [illegible] | [illegible] | [illegible] | [illegible] | [illegible] |
| lew$^{1}$ | tji̤$^{1}$ | njij$^{2}$ | śjow$^{1}$ | rjur$^{1}$ | dźiā$^{2}$ | tsjij$^{2}$ | ·jij$^{1}$ | thjɨ$^{2}$ |
| 惟 | 愿 | 哀 | 愍， | 诸 | 菩 | 萨 | 之 | 此 |
| [illegible] | [illegible] | [illegible] | [illegible] | [illegible] | [illegible]。 | [illegible] | [illegible]， | [illegible] |
| tsjiir$^{1}$ | ɣa$^{1}$ | rjɨr$^{2}$ | tshjiij$^{1}$ | wji$^{1}$ | nji$^{2}$ | tśhjɨ$^{1}$ | zjo̤$^{2}$ | tha$^{1}$ |
| 法 | 门 | △ | 说 | 为 | △。 | 尔 | 时， | 佛 |

愿垂哀愍，为诸菩萨说此法门。尔时，佛

**29.4.6**

| | | | | | | | | |
|---|---|---|---|---|---|---|---|---|
| [illegible] | [illegible] | [illegible] | [illegible] | [illegible] | [illegible] | [illegible]： | [illegible] | [illegible] |
| mã$^{1}$ | śjuu$^{1}$ | śjɨ$^{1}$ | lji$^{1}$ | ·jij$^{1}$ | da̤$^{2}$ | ·jɨ$^{2}$ | nji$^{2}$ | sjij$^{1}$ |
| 文 | 殊 | 师 | 利 | 之 | 告 | 谓： | 汝 | 今 |
| [illegible] | [illegible]， | [illegible] | [illegible] | [illegible] | [illegible]， | [illegible] | [illegible] | [illegible] |
| dji̤$^{2}$ | nji$^{2}$ | ŋa̤$^{2}$ | ŋa̤$^{2}$ | lə | lew$^{2}$ | nji$^{2}$ | njɨ$^{2}$ | ·jij$^{1}$ |
| 谛 | 听， | 好 | 好 | 念 | 当， | 汝 | 等 | 之 |

告文殊师利：汝今谛听，善思念之，

**29.5.1**

| | | | | | | | | |
|---|---|---|---|---|---|---|---|---|
| [illegible] | [illegible] | [illegible]。 | [illegible] | [illegible] | [illegible] | [illegible] | [illegible]： | [illegible] |
| tshjiij$^{1}$ | wji$^{1}$ | nji$^{2}$ | mã$^{1}$ | śjuu$^{1}$ | śjɨ$^{1}$ | lji$^{1}$ | da̤$^{2}$ | lew$^{1}$ |
| 说 | 为 | △。 | 文 | 殊 | 师 | 利 | 言： | 唯 |
| [illegible] | [illegible] | [illegible] | [illegible] | [illegible]① | [illegible] | [illegible]。 | [illegible] | [illegible]： |
| tji̤$^{1}$ | rjur$^{1}$ | pjṳ$^{1}$ | nji$^{2}$ | lhjɨj$^{1}$ | ŋwe$^{1}$ | nji$^{2}$ | tha$^{1}$ | da̤$^{2}$ |
| 愿 | 世 | 尊 | 闻 | 听 | 乐 | △。 | 佛 | 言： |

当为汝说。文殊师利言：唯然世尊愿乐欲闻。佛言：

**29.5.2**

| | | | | | | | | |
|---|---|---|---|---|---|---|---|---|
| [illegible] | [illegible] | [illegible] | [illegible] | [illegible] | [illegible] | [illegible] | [illegible]， | [illegible] |

① 原文该字残，据汉文本补。

| | | | | | | | | |
|---|---|---|---|---|---|---|---|---|
| tjij$^{1}$ | rjur$^{1}$ | dźiã$^{2}$ | tsjij$^{2}$ | thjɨ$^{2}$ | tsjiir$^{1}$ | ɣiew$^{1}$ | kięj$^{2}$ | ku$^{1}$ |
| 若 | 诸 | 菩 | 萨 | 此 | 法 | 学 | 欲， | 则 |
| [illegible] | [illegible] | [illegible] | [illegible] | [illegible] | [illegible] | [illegible]。 | [illegible] | [illegible] |
| rjur$^{1}$ | sã$^{1}$ | mej$^{2}$ | ɣa$^{1}$ | djọ$^{2}$ | dzjɨɨ$^{2}$ | lew$^{2}$ | thjɨ$^{2}$ | tja$^{1}$ |
| 诸 | 三 | 昧 | 门 | 修 | 习 | 当。 | 此 | 者 |

若诸菩萨欲学此法，应当修习诸三昧门。所谓

**29.5.3**

| | | | | | | | | |
|---|---|---|---|---|---|---|---|---|
| [illegible] | [illegible] | [illegible] | [illegible]， | [illegible] | [illegible] | [illegible] | [illegible]， | [illegible] |
| tsə̣$^{1}$ | ·jij$^{1}$ | sã$^{1}$ | mej$^{2}$ | ɣię̣$^{2}$ | ·jij$^{1}$ | sã$^{1}$ | mej$^{2}$ | lji$^{2}$ |
| 色 | 相 | 三 | 昧， | 声 | 相 | 三 | 昧， | 香 |
| [illegible]① | [illegible] | [illegible]， | [illegible] | [illegible] | [illegible] | [illegible]， | [illegible] | [illegible] |
| ·jiij$^{1}$ | sã$^{1}$ | mej$^{2}$ | wjị$^{1}$ | ·jij$^{1}$ | sã$^{1}$ | mej$^{2}$ | tsjụ$^{1}$ | ·jij$^{1}$ |
| 持 | 三 | 昧， | 味 | 相 | 三 | 昧， | 触 | 相 |

色相三昧，声相三昧，香相三昧，味相三昧，触相

**29.5.4**

| | | | | | | | | |
|---|---|---|---|---|---|---|---|---|
| [illegible] | [illegible]， | [illegible] | [illegible] | [illegible] | [illegible]， | [illegible] | [illegible] | [illegible] |
| sã$^{1}$ | mej$^{2}$ | phji$^{1}$ | kięj$^{2}$ | sã$^{1}$ | mej$^{2}$ | sji$^{2}$ | ·jij$^{1}$ | sã$^{1}$ |
| 三 | 昧， | 意 | 界 | 三 | 昧， | 女 | 相 | 三 |
| [illegible]， | [illegible] | [illegible] | [illegible] | [illegible]， | [illegible] | [illegible]② | [illegible] | [illegible] |
| mej$^{2}$ | goor$^{1}$ | ·jij$^{1}$ | sã$^{1}$ | mej$^{2}$ | zjɨ̣$^{1}$ | lji$^{1}$ | ·jij$^{1}$ | sã$^{1}$ |
| 昧， | 男 | 相 | 三 | 昧， | 童 | 男 | 相 | 三 |

三昧，意界三昧，女相三昧，男相三昧，童男相三

**29.5.5**

| | | | | | | | | |
|---|---|---|---|---|---|---|---|---|
| [illegible]， | [illegible] | [illegible] | [illegible] | [illegible] | [illegible]， | [illegible] | [illegible] | [illegible] |
| mej$^{2}$ | zjɨ̣$^{1}$ | mjịj$^{1}$ | ·jij$^{1}$ | sã$^{1}$ | mej$^{2}$ | mee$^{2}$ | ·jij$^{1}$ | sã$^{1}$ |
| 昧， | 童 | 女 | 相 | 三 | 昧， | 天 | 相 | 三 |
| [illegible]， | [illegible] | [illegible] | [illegible] | [illegible]， | [illegible] | [illegible] | [illegible] | [illegible] |

① [illegible](jiij$^{1}$)，与“[illegible]”(jij$^{1}$)字通假。

② [illegible](lji$^{1}$)，与“[illegible]”(lji$^{1}$)字通假。

| | | | | | | | | |
|---|---|---|---|---|---|---|---|---|
| mej$^2$ | ·we$^1$ | ·jij$^1$ | sã$^1$ | mej$^2$ | ·jij$^1$ | khja$^2$ | ·jij$^1$ | sã$^1$ |
| 昧， | 龙 | 相 | 三 | 昧， | 夜 | 叉 | 相 | 三 |

昧，童女相三昧，天相三昧，龙相三昧，夜叉相三

**29.5.6**

| | | | | | | | | | |
|---|---|---|---|---|---|---|---|---|---|
| [illegible]， | [illegible] | [illegible] | [illegible] | [illegible]① | [illegible] | [illegible]， | [illegible] | [illegible] | [illegible] |
| mej$^2$ | khjã$^2$ | tha$^2$ | pho$^1$ | ·jij$^1$ | sã$^1$ | mej$^2$ | ·a | sew$^2$ | lo$^1$ |
| 昧， | 乾 | 闼 | 婆 | 相 | 三 | 昧， | 阿 | 修 | 罗 |
| [illegible] | [illegible] | [illegible]， | [illegible] | [illegible] | [illegible] | [illegible] | [illegible] | [illegible]， | |
| ·jij$^1$ | sã$^1$ | mej$^2$ | kja$^1$ | lew$^1$ | lo$^1$ | ·jij$^1$ | sã$^1$ | mej$^2$ | |
| 相 | 三 | 昧， | 迦 | 楼 | 罗 | 相 | 三 | 昧， | |

昧，乾闼婆相三昧，阿修罗相三昧，迦楼罗相三昧，

**29.6.1**

| | | | | | | | | |
|---|---|---|---|---|---|---|---|---|
| [illegible] | [illegible] | [illegible] | [illegible] | [illegible] | [illegible]， | [illegible] | [illegible] | [illegible] |
| kjĩ$^1$ | no$^1$ | lo$^1$ | ·jij$^1$ | sã$^1$ | mej$^2$ | mo$^2$ | xew$^1$ | lo$^1$ |
| 紧 | 那 | 罗 | 相 | 三 | 昧， | 摩 | 睺 | 罗 |
| [illegible] | [illegible] | [illegible] | [illegible]， | [illegible] | [illegible] | [illegible] | [illegible] | [illegible]， |
| khja$^2$ | ·jij$^1$ | sã$^1$ | mej$^2$ | djị$^1$ | ·jịj$^2$ | ·jij$^1$ | sã$^1$ | mej$^2$ |
| 伽 | 相 | 三 | 昧， | 地 | 狱 | 相 | 三 | 昧， |

紧那罗相三昧，摩睺罗伽相三昧，地狱相三昧，

**29.6.2**

| | | | | | | | | |
|---|---|---|---|---|---|---|---|---|
| [illegible] | [illegible] | [illegible] | [illegible] | [illegible]， | [illegible] | [illegible] | [illegible] | [illegible] |
| sju$^2$ | dzju$^2$ | ·jij$^1$ | sã$^1$ | mej$^2$ | ·jã$^1$ | mo$^2$ | lo$^1$ | kiẹj$^2$ |
| 畜 | 生 | 相 | 三 | 昧， | 阎 | 摩 | 罗 | 界 |
| [illegible] | [illegible]②， | [illegible] | [illegible] | [illegible] | [illegible]， | [illegible] | [illegible] | [illegible] |
| sã$^1$ | mej$^2$ | lẹj$^2$ | ·jij$^1$ | sã$^1$ | mej$^2$ | tshjạ$^1$ | ·jij$^1$ | sã$^1$ |
| 三 | 昧， | 贪 | 相 | 三 | 昧， | 瞋 | 相 | 三 |

畜生相三昧，阎魔罗界三昧，贪相三昧，瞋相三

① 原文"[illegible]"为增补小字。
② 原文"[illegible]"为增补小字。

**29.6.3**

| | | | | | | | | |
|---|---|---|---|---|---|---|---|---|
| [illegible]， | [illegible] | [illegible] | [illegible] | [illegible]， | [illegible] | [illegible] | [illegible] | [illegible] |
| mej$^{2}$ | lə$^{2}$ | ·jij$^{1}$ | sã$^{1}$ | mej$^{2}$ | mji$^{1}$ | neew$^{2}$ | tsjiir$^{1}$ | sã$^{1}$ |
| 昧， | 痴 | 相 | 三 | 昧， | 不 | 善 | 法 | 三 |
| [illegible]， | [illegible] | [illegible] | [illegible] | [illegible]， | [illegible] | [illegible] | [illegible] | [illegible]， |
| mej$^{2}$ | neew$^{2}$ | tsjiir$^{1}$ | sã$^{1}$ | mej$^{2}$ | dźiəj$^{2}$ | lheew$^{2}$ | sã$^{1}$ | mej$^{2}$ |
| 昧， | 善 | 法 | 三 | 昧， | 为 | 有 | 三 | 昧， |

昧，痴相三昧，不善法三昧，善法三昧，有为三昧，

**29.6.4**

| | | | | | | | | |
|---|---|---|---|---|---|---|---|---|
| [illegible] | [illegible] | [illegible] | [illegible] | [illegible]。 | [illegible] | [illegible] | [illegible] | [illegible]， |
| dźiəj$^{2}$ | mə̣$^{1}$ | sã$^{1}$ | mej$^{2}$ | ŋwu$^{2}$ | mã$^{1}$ | śjuu$^{1}$ | śjɨ$^{1}$ | lji$^{1}$ |
| 为 | 无 | 三 | 昧 | 是。 | 文 | 殊 | 师 | 利， |
| [illegible] | [illegible] | [illegible] | [illegible]， | [illegible] | [illegible] | [illegible] | [illegible] | [illegible] |
| tjij$^{1}$ | rjur$^{1}$ | tshjɨ$^{1}$ | tsjij$^{2}$ | thjɨ$^{2}$ | sju$^{2}$ | njɨ$^{2}$ | sã$^{1}$ | mej$^{2}$ |
| 若 | 诸 | 菩 | 萨， | 是 | 如 | 等 | 三 | 昧 |

无为三昧。文殊师利，若诸菩萨，于如是等一切三昧

**29.6.5**

| | | | | | | | | |
|---|---|---|---|---|---|---|---|---|
| [illegible] | [illegible] | [illegible] | [illegible] | [illegible]， | [illegible] | [illegible] | [illegible] | [illegible] |
| ŋowr$^{2}$ | ŋowr$^{2}$ | tsjij$^{2}$ | dar$^{1}$ | njwi$^{2}$ | ku$^{1}$ | thjɨ$^{2}$ | tsjiir$^{1}$ | rjɨr$^{2}$ |
| 一 | 切 | 通 | 达 | 能， | 则 | 此 | 法 | △ |
| [illegible] | [illegible] | [illegible] | [illegible] | [illegible] | [illegible]。 | | | |
| djọ$^{2}$ | ɣiew$^{1}$ | rjir$^{2}$ | ·a | tjịj$^{2}$ | we$^{2}$ | | | |
| 修 | 学 | 与 | 一 | 样 | 为。 | | | |

善通达者，是则已为修学此法。

## 汉文本

如是我闻。一时佛在王舍城耆阇崛山中，与大比丘众八百人俱，菩萨摩诃萨四万二千。时有菩萨名无垢藏，与九万二千诸菩萨众，恭敬围绕，从空而来。尔时，世尊即告大众：彼诸菩萨，为遍清净行世界。普华如来，劝发来此娑婆世界。令于我所，听受普入不思议法门。其诸菩萨亦当集会。说是语

已，无量无边，他方此界，诸菩萨众，悉来集会耆阇崛山。顶礼佛足，却住一面。

尔时，无垢藏菩萨，手持七宝千叶莲花，至如来所，头面礼足。白佛言：世尊，遍清净行世界，普花如来，以是宝花奉上世尊，致问无量。少病少恼，起居轻利，安乐行不。作是语已，即升虚空，结跏趺坐。

尔时，文殊师利，菩萨摩诃萨，于大众中，即从座起，偏袒右肩，右膝著地，合掌恭敬，而白佛言：我念过去久远世时，曾于普灯佛所，闻说普入不思议法门。我于尔时，即便获得八千四百亿那由他三昧，又能了知七十七万亿那由他三昧。善哉！世尊！愿垂哀愍，为诸菩萨说此法门。尔时，佛告文殊师利：汝今谛听，善思念之，当为汝说。文殊师利言：唯然世尊愿乐欲闻。

佛言：若诸菩萨欲学此法，应当修习诸三昧门。所谓色相三昧，声相三昧，香相三昧，味相三昧，触相三昧，意界三昧，女相三昧，男相三昧，童男相三昧，童女相三昧，天相三昧，龙相三昧，夜叉相三昧，乾闼婆相三昧，阿修罗相三昧，迦楼罗相三昧，紧那罗相三昧，摩睺罗伽相三昧，地狱相三昧，畜生相三昧，阎魔罗界三昧，贪相三昧，瞋相三昧，痴相三昧，不善法三昧，善法三昧，有为三昧，无为三昧。文殊师利，若诸菩萨，于如是等一切三昧善通达者，是则已为修学此法。

**29.6.5**

[illegible] [illegible] [illegible]

mã[1] śjuu[1] śjɨ[1]

文 殊 师

文殊师

**29.6.6**

[illegible]， [illegible] [illegible] [illegible] [illegible] [illegible]， [illegible]

lji[1] tsə[1] ·jij[1] sã[1] mej[2] tja[1] ljɨ[1]

利， 色 相 三 昧 者， 何

[illegible] [illegible]？ [illegible] [illegible] [illegible] [illegible]：

kjɨ[1] ŋwu[2] ljaa[1] dạ[2] rjɨr[2] tshjiij[1]

△ 是？ 颂 言 △ 说：

利，云何名为色相三昧？即说颂曰：

**29.7.1**

[illegible] [illegible] [illegible] [illegible] [illegible]， [illegible] [illegible] [illegible]

tsə[1] bioo[1] zjɨɨr[2] tśhiə[1] sju[2] thja[2] kha[1] gjwɨ[1]

色 观 水 沫 如， 彼 中 坚

[illegible] [illegible]。 [illegible] [illegible] [illegible] [illegible] [illegible]，

źjɨr1 mjij1 zow2 ·jiij1 tjị2 mjij1 ku1
实 无。 执 持 可 无 故,
观色如聚沫,中无有坚实。不可执持故,

**29.7.2**

[illegible] [illegible] [illegible] [illegible] [illegible]。
tsə̣1 ·jij1 sã1 mej2 ŋwu2
色 相 三 昧 是。
是名色三昧。

**29.7.3**

[illegible] [illegible], [illegible] [illegible] [illegible] [illegible], [illegible] [illegible] [illegible]
nioow1 tśjɨɨ1 mã1 śjuu1 śjɨ1 lji1 ɣię2 ·jij1 sã1
复 次, 文 殊 师 利, 声 相 三
[illegible] [illegible], [illegible] [illegible] [illegible]? [illegible] [illegible] [illegible] [illegible]:
mej2 tja1 ljɨ̣1 kjɨ1 ŋwu2 ljaa1 dạ2 rjɨr2 tshjiij1
昧 者, 何 △ 是? 颂 言 △ 说:
复次,文殊师利,云何名为声相三昧?即说颂曰:

**29.7.4**

[illegible] [illegible] [illegible] [illegible] [illegible], [illegible] [illegible] [illegible]
ɣię2 bioo1 dźiwe1 ɣię2 sju2 thja2 tsjiir2 rjir2
声 观 响 声 如, 其 性 得
[illegible] [illegible]。 [illegible] [illegible] [illegible] [illegible] [illegible],
tjị2 mjij1 rjur1 tsjiir1 tsjɨ1 thjɨ2 sju2
可 不。 诸 法 亦 是 如,
观声如谷响,其性不可得。诸法亦如是,

**29.7.5**

[illegible] [illegible] [illegible] [illegible] [illegible]。 [illegible] [illegible] [illegible]
·jij1 mjij1 do2 pha1 mjij1 zji2 mjij1 sej1
相 无 差 别 无。 皆 寂 静

| | | | | | | |
|---|---|---|---|---|---|---|
| [illegible] | [illegible]， | [illegible] | [illegible] | [illegible] | [illegible] | [illegible]。 |
| tsjij$^{2}$ | ku$^{1}$ | ɣię$^{2}$ | ·jij$^{1}$ | sã$^{1}$ | mej$^{2}$ | ŋwu$^{2}$ |
| 了 | 故， | 声 | 相 | 三 | 昧 | 是。 |

无相无差别。了知皆寂静，是名声三昧。

**29.7.6**

| | | | | | | | | |
|---|---|---|---|---|---|---|---|---|
| [illegible] | [illegible]， | [illegible] | [illegible] | [illegible] | [illegible]， | [illegible] | [illegible] | [illegible] |
| nioow$^{1}$ | tśjɨɨ$^{1}$ | mã$^{1}$ | śjuu$^{1}$ | śjɨ$^{1}$ | lji$^{1}$ | lji$^{2}$ | ·jij$^{1}$ | sã$^{1}$ |
| 复 | 次， | 文 | 殊 | 师 | 利， | 香 | 相 | 三 |
| [illegible] | [illegible]， | [illegible] | [illegible] | [illegible]？ | [illegible] | [illegible] | [illegible] | [illegible]： |
| mej$^{2}$ | tja$^{1}$ | ljɨ̣$^{1}$ | kjɨ$^{1}$ | ŋwu$^{2}$ | ljaa$^{1}$ | dạ$^{2}$ | rjɨr$^{2}$ | tshjiij$^{1}$ |
| 昧 | 者， | 何 | △ | 是？ | 颂 | 言 | △ | 说： |

复次，文殊师利，云何名为香相三昧？即说颂曰：

**29.8.1**

| | | | | | | | |
|---|---|---|---|---|---|---|---|
| [illegible] | [illegible] | [illegible] | [illegible] | [illegible]， | [illegible] | [illegible] | [illegible] |
| tjɨ$^{1}$ | tjij$^{1}$ | ·jir$^{2}$ | tụ$^{1}$ | kja$^{2}$ | ·ju$^{2}$ | rjur$^{1}$ | lji$^{2}$ |
| 假 | 若 | 百 | 千 | 劫， | 常 | 诸 | 香 |
| [illegible] | [illegible]。 | [illegible] | [illegible] | [illegible] | [illegible] | [illegible]， | |
| ljii$^{1}$ | tsjɨ$^{1}$ | ŋjow$^{2}$ | ·ji$^{1}$ | zjɨɨr$^{2}$ | thwo$^{2}$ | sju$^{2}$ | |
| 嗅 | 亦。 | 海 | 众 | 流 | 纳 | 如， | |

假令百千劫，常嗅种种香。如海纳众流，

**29.8.2**

| | | | | | | | |
|---|---|---|---|---|---|---|---|
| [illegible] | [illegible] | [illegible] | [illegible] | [illegible]。 | [illegible] | [illegible] | [illegible] |
| dwər$^{1}$ | lhə | be$^{2}$ | mji$^{1}$ | dju$^{1}$ | thja$^{2}$ | lji$^{2}$ | źjɨr$^{1}$ |
| 厌 | 足 | 日 | 不 | 有。 | 其 | 香 | 实 |
| [illegible] | [illegible]， | [illegible] | [illegible] | [illegible] | [illegible] | [illegible]①？ | |
| ŋwu$^{2}$ | ku$^{1}$ | thja$^{2}$ | mji$^{1}$ | sə$^{1}$ | lhə | mo$^{2}$ | |
| 是 | 故， | 其 | 不 | 满 | 足 | 耶？ | |

① [illegible](mo$^{2}$)，疑问语气词，相当于汉语的“乎”或“耶”。

而无有厌足。其香若是实，则应可满足。

**29.8.3**

| | | | | | | | |
|---|---|---|---|---|---|---|---|
| [illegible] | [illegible] | [illegible] | [illegible] | [illegible]， | [illegible] | [illegible] | [illegible] |
| lew$^{1}$ | dź- | mjiij$^{2}$ | dju$^{1}$ | ku$^{1}$ | źjɨr$^{1}$ | tsjiir$^{1}$ | lhjwi$^{1}$ |
| 但 | 假 | 名 | 有 | 故， | 实 | 法 | 取 |
| [illegible] | [illegible]。 | [illegible] | [illegible] | [illegible] | [illegible] | [illegible]， | |
| tjị$^{2}$ | mjij$^{1}$ | lhjwi$^{1}$ | tjị$^{2}$ | mjij$^{1}$ | nioow$^{1}$ | ku$^{1}$ | |
| 可 | 不。 | 取 | 可 | 不 | 因 | 故， | |

但有假名字，其实不可取。以不可取故，

**29.8.4**

| | | | | | | | |
|---|---|---|---|---|---|---|---|
| [illegible] | [illegible] | [illegible] | [illegible] | [illegible]。 | [illegible] | [illegible] | [illegible] |
| njii$^{2}$ | tsjɨ$^{1}$ | dju$^{1}$ | lew$^{2}$ | mjij$^{1}$ | tsjiir$^{2}$ | ŋa$^{1}$ | mjij$^{1}$ |
| 鼻 | 亦 | 有 | 所 | 无。 | 性 | 空 | 寂 |
| [illegible] | [illegible]， | [illegible] | [illegible] | [illegible] | [illegible] | [illegible]。 | |
| tsjij$^{2}$ | ku$^{1}$ | lji$^{2}$ | ·jij$^{1}$ | sã$^{1}$ | mej$^{2}$ | ŋwu$^{2}$ | |
| 了 | 故， | 香 | 相 | 三 | 昧 | 是。 | |

鼻亦无所有。了知性空寂，是名香三昧。

**29.8.5**

| | | | | | | | | |
|---|---|---|---|---|---|---|---|---|
| [illegible] | [illegible]， | [illegible] | [illegible] | [illegible] | [illegible]， | [illegible] | [illegible] | [illegible] |
| nioow$^{1}$ | tśjɨɨ$^{1}$ | mã$^{1}$ | śjuu$^{1}$ | śjɨ$^{1}$ | lji$^{1}$ | wjị$^{1}$ | ·jij$^{1}$ | sã$^{1}$ |
| 复 | 次， | 文 | 殊 | 师 | 利， | 味 | 相 | 三 |
| [illegible] | [illegible]， | [illegible] | [illegible] | [illegible]？ | [illegible] | [illegible] | [illegible] | [illegible]： |
| mej$^{2}$ | tja$^{1}$ | ljɨ̣$^{1}$ | kjɨ$^{1}$ | ŋwu$^{2}$ | ljaa$^{1}$ | dạ$^{2}$ | rjɨr$^{2}$ | tshjiij$^{1}$ |
| 昧 | 者， | 何 | △ | 是？ | 颂 | 言 | △ | 说： |

复次，文殊师利，云何名为味相三昧？即说颂曰：

**29.8.6**

| | | | | | | | |
|---|---|---|---|---|---|---|---|
| [illegible] | [illegible] | [illegible] | [illegible] | [illegible]， | [illegible] | [illegible] | [illegible] |
| lhjwa$^{1}$ | tśhji$^{2}$ | ·jij$^{1}$ | lhjịj$^{2}$ | lew$^{2}$ | tśhjwi$^{1}$ | tśhjwɨr$^{2}$ | njɨ$^{2}$ |

舌 根 之 受 所， 咸 醋 等

[illegible] [illegible]。 [illegible] [illegible] [illegible] [illegible] [illegible]，

rjur$^{1}$ wjị$^{1}$ zji$^{2}$ ·ji$^{1}$ nioow$^{1}$ bju$^{1}$ śjwo$^{1}$

诸 味。 皆 众 缘 从 生，

舌根之所受，咸醋等诸味。皆从众缘生，

**29.9.1**

[illegible] [illegible] [illegible] [illegible] [illegible]。 [illegible] [illegible] [illegible]

thja$^{2}$ tsjiir$^{2}$ dju$^{1}$ lew$^{2}$ mjij$^{1}$ tjij$^{1}$ ·jiw$^{1}$ nioow$^{1}$

其 性 有 所 无。 若 因 缘

[illegible] [illegible]， [illegible] [illegible] [illegible] [illegible] [illegible]。

dzow$^{1}$ ŋwej$^{2}$ thja$^{2}$ bju$^{1}$ gu$^{1}$ wor$^{1}$ nwə$^{1}$

和 合， 其 从 发 起 知。

其性无所有。若能如是知，因缘和合起。

**29.9.2**

[illegible] [illegible] [illegible] [illegible] [illegible]， [illegible] [illegible] [illegible]

seew$^{2}$ tshjiij$^{1}$ mjij$^{1}$ tsjij$^{2}$ ku$^{1}$ wjị$^{1}$ ·jij$^{1}$ sã$^{1}$

思 议 不 了 故， 味 相 三

[illegible] [illegible]。

mej$^{2}$ ŋwu$^{2}$

昧 是。

了此不思议，是名味三昧。

**29.9.3**

[illegible] [illegible]， [illegible] [illegible] [illegible] [illegible]， [illegible] [illegible] [illegible]

nioow$^{1}$ tśjɨɨ$^{1}$ mã$^{1}$ śjuu$^{1}$ śjɨ$^{1}$ lji$^{1}$ tsjụ$^{1}$ ·jij$^{1}$ sã$^{1}$

复 次， 文 殊 师 利， 触 相 三

[illegible] [illegible]， [illegible] [illegible] [illegible]？ [illegible] [illegible] [illegible] [illegible]：

mej$^{2}$ tja$^{1}$ ljɨ$^{1}$ kjɨ$^{1}$ ŋwu$^{2}$ ljaa$^{1}$ dạ$^{2}$ rjɨr$^{2}$ tshjiij$^{1}$

昧 者， 何 △ 是？ 颂 言 △ 说：

复次，文殊师利，云何名为触相三昧？即说颂曰：

**29.9.4**

| | | | | | | | |
|---|---|---|---|---|---|---|---|
| [illegible] | [illegible] | [illegible] | [illegible] | [illegible]， | [illegible] | [illegible] | [illegible] |
| tsjụ¹ | lew¹ | mjiij² | dji² | dju¹ | thja² | tsjiir² | rjir² |
| 触 | 但 | 名 | 字 | 有， | 其 | 性 | 得 |
| [illegible] | [illegible]。 | [illegible] | [illegible] | [illegible] | [illegible] | [illegible]， | |
| tjị² | mjij¹ | lhjii¹ | nejr¹ | njɨ² | rjur¹ | tsjiir¹ | |
| 可 | 不。 | 细 | 滑 | 等 | 诸 | 法， | |

触但有名字，其性不可得。细滑等诸法，

**29.9.5**

| | | | | | | | |
|---|---|---|---|---|---|---|---|
| [illegible] | [illegible] | [illegible] | [illegible] | [illegible]。 | [illegible] | [illegible] | [illegible] |
| zji² | ·jiw¹ | nioow¹ | bju¹ | śjwo¹ | tjij¹ | ·jiw¹ | nioow¹ |
| 皆 | 因 | 缘 | 从 | 生。 | 若 | 因 | 缘 |
| [illegible] | [illegible]， | [illegible] | [illegible] | [illegible] | [illegible] | [illegible]。 | |
| dzow¹ | ŋwej² | thja² | bju¹ | tsjụ¹ | tsjiir¹ | śjwo¹ | |
| 和 | 合， | 其 | 从 | 触 | 法 | 起。 | |

皆是从缘生。若能知触性，因缘和合起。

**29.9.6**

| | | | | | | | |
|---|---|---|---|---|---|---|---|
| [illegible] | [illegible] | [illegible] | [illegible] | [illegible]， | [illegible] | [illegible] | [illegible] |
| zji² | dźjwa¹ | mjij¹ | nwə¹ | ku¹ | tsjụ¹ | ·jij¹ | sã¹ |
| 毕 | 竟 | 无 | 知 | 故， | 触 | 相 | 三 |
| [illegible] | [illegible]。 | | | | | | |
| mej² | ŋwu² | | | | | | |
| 昧 | 是。 | | | | | | |

毕竟无所有，是名触三昧。

**29.10.1**

| | | | | | | | | |
|---|---|---|---|---|---|---|---|---|
| [illegible] | [illegible]， | [illegible] | [illegible] | [illegible] | [illegible]， | [illegible] | [illegible] | [illegible] |
| nioow¹ | tśjɨɨ¹ | mã¹ | śjuu¹ | śjɨ¹ | lji¹ | phji¹ | kięj² | sã¹ |
| 复 | 次， | 文 | 殊 | 师 | 利， | 意 | 界 | 三 |

| | | | | | | | | |
|---|---|---|---|---|---|---|---|---|
| [illegible] | [illegible]， | [illegible] | [illegible] | [illegible]？ | [illegible] | [illegible] | [illegible] | [illegible]： |
| mej² | tja¹ | ljɨ¹ | kjɨ¹ | ŋwu² | ljaa¹ | dạ² | rjɨr² | tshjiij¹ |
| 昧 | 者， | 何 | △ | 是？ | 颂 | 言 | △ | 说： |

复次，文殊师利，云何名为意界三昧？即说颂曰：

**29.10.2**

| | | | | | | | |
|---|---|---|---|---|---|---|---|
| [illegible] | [illegible] | [illegible] | [illegible] | [illegible]， | [illegible] | [illegible] | [illegible] |
| tjɨ¹ | tjij¹ | sọ¹ | tụ¹ | kiẹj² | mjɨ¹ | pjụ¹ | dźiã² |
| 假 | 若 | 三 | 千 | 界， | 无 | 量 | 众 |
| [illegible] | [illegible]。 | [illegible] | [illegible] | [illegible] | [illegible] | [illegible]， | |
| tśhju¹ | dzjị² | ·a | njiij¹ | gu² | seew² | tsjɨ¹ | |
| 生 | 集。 | 一 | 心 | 共 | 思 | 亦， | |

设集三千界，无量诸众生。一心共思求，

**29.10.3**

| | | | | | | | |
|---|---|---|---|---|---|---|---|
| [illegible] | [illegible] | [illegible] | [illegible] | [illegible]。 | [illegible] | [illegible] | [illegible] |
| phji¹ | kiẹj² | rjir² | tjị² | mjij¹ | ·u² | djɨr² | zjɨ² |
| 意 | 界 | 得 | 可 | 不。 | 内 | 外 | 俱 |
| [illegible] | [illegible]， | [illegible] | [illegible] | [illegible] | [illegible] | [illegible]。 | |
| mji¹ | dźjiij¹ | nioow¹ | śioo¹ | ror² | tjị² | mjij¹ | |
| 不 | 在， | 亦 | 聚 | 集 | 可 | 不。 | |

意界不可得。不在于内外，亦不可聚集。

**29.10.4**

| | | | | | | | |
|---|---|---|---|---|---|---|---|
| [illegible] | [illegible] | [illegible] | [illegible] | [illegible]， | [illegible] | [illegible] | [illegible] |
| lew¹ | dź- | mjiij² | dji² | bju¹ | mə² | mə² | ·jij¹ |
| 但 | 假 | 名 | 字 | 以， | 种 | 种 | 相 |
| [illegible] | [illegible]。 | [illegible] | [illegible] | [illegible] | [illegible] | [illegible]， | |
| dju¹ | tshjiij¹ | dzjọ¹ | sju² | ·wjɨ¹ | djii² | dạ² | |
| 有 | 说。 | 譬 | 如 | 幻 | 化 | 事， | |

但以于假名，说有种种相。犹如于幻化，

**29.10.5**

| | | | | | | | |
|---|---|---|---|---|---|---|---|
| [illegible] | [illegible] | [illegible] | [illegible] | [illegible]。 | [illegible] | [illegible] | [illegible] |
| dźjiij[1] | mjij[1] | dźjiij[1] | tji̠[2] | mjij[1] | thja[2] | tsjiir[2] | ŋa[1] |
| 住 | 无 | 住 | 处 | 无。 | 彼 | 性 | 空 |
| [illegible] | [illegible]， | [illegible] | [illegible] | [illegible] | [illegible] | [illegible]。 | |
| tsjij[2] | ku[1] | phji[1] | kię̠j[2] | sã[1] | mej[2] | ŋwu[2] | |
| 了 | 故， | 意 | 界 | 三 | 昧 | 是。 | |

无住无处所。了知彼性空，是名意三昧。

## 汉文本

文殊师利，云何名为色相三昧？即说颂曰：

观色如聚沫，中无有坚实。

不可执持故，是名色三昧。

复次，文殊师利，云何名为声相三昧？即说颂曰：

观声如谷响，其性不可得。

诸法亦如是，无相无差别。

了知皆寂静，是名声三昧。

复次，文殊师利，云何名为香相三昧？即说颂曰：

假令百千劫，常嗅种种香。

如海纳众流，而无有厌足。

其香若是实，则应可满足。

但有假名字，其实不可取。

以不可取故，鼻亦无所有。

了知性空寂，是名香三昧。

复次，文殊师利，云何名为味相三昧？即说颂曰：

舌根之所受，咸醋等诸味。

皆从众缘生，其性无所有。

若能如是知，因缘和合起。

了此不思议，是名味三昧。

复次，文殊师利，云何名为触相三昧？即说颂曰：

触但有名字，其性不可得。

细滑等诸法，皆是从缘生。

若能知触性，因缘和合起。

毕竟无所有，是名触三昧。

复次，文殊师利，云何名为意界三昧？即说颂曰：

设集三千界，无量诸众生。

一心共思求，意界不可得。

不在于内外，亦不可聚集。

但以于假名，说有种种相。

犹如于幻化，无住无处所。

了知彼性空，是名意三昧。

**29.10.6**

| | | | | | | | | |
|---|---|---|---|---|---|---|---|---|
| [illegible] | [illegible]， | [illegible] | [illegible] | [illegible] | [illegible]， | [illegible] | [illegible] | [illegible] |
| nioow$^{1}$ | tśjɨɨ$^{1}$ | mã$^{1}$ | śjuu$^{1}$ | śjɨ$^{1}$ | lji$^{1}$ | sji$^{2}$ | ·jij$^{1}$ | sã$^{1}$ |
| 复 | 次， | 文 | 殊 | 师 | 利， | 女 | 相 | 三 |
| [illegible] | [illegible]， | [illegible] | [illegible] | [illegible]？ | [illegible] | [illegible] | [illegible] | [illegible]： |
| mej$^{2}$ | tja$^{1}$ | ljɨ$^{1}$ | kjɨ$^{1}$ | ŋwu$^{2}$ | ljaa$^{1}$ | dạ$^{2}$ | rjɨr$^{2}$ | tshjiij$^{1}$ |
| 昧 | 者， | 何 | △ | 是？ | 颂 | 言 | △ | 说： |

复次，文殊师利，云何名为女相三昧？即说颂曰：

**29.11.1**

| | | | | | | | |
|---|---|---|---|---|---|---|---|
| [illegible] | [illegible] | [illegible] | [illegible] | [illegible]， | [illegible] | [illegible] | [illegible] |
| ljɨɨr$^{1}$ | ljij$^{2}$ | njir$^{2}$ | sji$^{2}$ | we$^{2}$ | thja$^{2}$ | kha$^{1}$ | sji$^{2}$ |
| 四 | 大 | 假 | 女 | 为， | 其 | 中 | 女 |
| [illegible] | [illegible]。 | [illegible] | [illegible] | [illegible] | [illegible] | [illegible]， | |
| mji$^{1}$ | dju$^{1}$ | ·ju$^{2}$ | mur$^{1}$ | lhạ$^{2}$ | njiij$^{1}$ | ljɨ$^{1}$ | |
| 不 | 有。 | 夫 | 凡 | 惑 | 心 | 以， | |

四大假为女，其中无所有。凡夫迷惑心，

**29.11.2**

| | | | | | | | |
|---|---|---|---|---|---|---|---|
| [illegible] | [illegible] | [illegible] | [illegible] | [illegible]。 | [illegible] | [illegible] | [illegible] |
| zow$^{2}$ | zjij$^{1}$ | źjɨr$^{1}$ | we$^{2}$ | phji$^{1}$ | sji$^{2}$ | kwər$^{1}$ | ·wjɨ$^{1}$ |
| 执 | 著 | 实 | 为 | 令。 | 女 | 体 | 幻 |
| [illegible] | [illegible]， | [illegible] | [illegible] | [illegible] | [illegible] | [illegible]。 | |
| djii$^{2}$ | sju$^{2}$ | wẹ$^{1}$ | mjijr$^{2}$ | tsjij$^{2}$ | mjɨ$^{1}$ | njwi$^{2}$ | |
| 化 | 如， | 愚 | 者 | 了 | 不 | 能。 | |

执取以为实。女人如幻化,愚者不能了。

**29.11.3**

| | | | | | | | |
|---|---|---|---|---|---|---|---|
| [illegible] | [illegible] | [illegible] | [illegible] | [illegible]， | [illegible] | [illegible] | [illegible] |
| lwow$^{1}$ | sji$^{2}$ | ·jij$^{1}$ | ljij$^{2}$ | nioow$^{1}$ | laa$^{1}$ | zjịj$^{1}$ | njiij$^{1}$ |
| 妄 | 女 | 相 | 见 | 已， | 染 | 著 | 心 |
| [illegible] | [illegible]。 | [illegible] | [illegible] | [illegible] | [illegible] | [illegible]， | |
| gu$^{1}$ | śjwo$^{1}$ | dzjọ$^{1}$ | sju$^{2}$ | ·wjɨ$^{1}$ | djii$^{2}$ | sji$^{2}$ | |
| 发 | 生。 | 譬 | 如 | 幻 | 化 | 女， | |

妄见女相故,生于染著心。譬如幻化女,

**29.11.4**

| | | | | | | | |
|---|---|---|---|---|---|---|---|
| [illegible] | [illegible] | [illegible] | [illegible] | [illegible]。 | [illegible] | [illegible] | [illegible] |
| źjɨr$^{1}$ | ɣiej$^{1}$ | sji$^{2}$ | dzjwo$^{2}$ | njaa$^{2}$ | lə | dzjwo$^{2}$ | njiij$^{1}$ |
| 实 | 真 | 女 | 人 | 非。 | 痴 | 人 | 心 |
| [illegible] | [illegible]， | [illegible] | [illegible] | [illegible] | [illegible] | [illegible]。 | |
| lhạ$^{2}$ | nioow$^{1}$ | dźjo$^{1}$ | dźjo$^{1}$ | kiẹj$^{2}$ | sjiij$^{2}$ | śjwo$^{1}$ | |
| 惑 | 因， | 遥 | 遥 | 欲 | 想 | 生。 | |

而非实女人。无智者迷惑,便生于欲想。

**29.11.5**

| | | | | | | | |
|---|---|---|---|---|---|---|---|
| [illegible] | [illegible] | [illegible] | [illegible] | [illegible]， | [illegible] | [illegible] | [illegible] |
| rjur$^{1}$ | sji$^{2}$ | sji$^{2}$ | ·jij$^{1}$ | mjij$^{1}$ | thjɨ$^{2}$ | ·jij$^{1}$ | zji$^{2}$ |
| 诸 | 女 | 女 | 相 | 无， | 此 | 相 | 皆 |
| [illegible] | [illegible]， | [illegible] | [illegible] | [illegible] | [illegible] | [illegible]， | |
| mjij$^{1}$ | sej$^{1}$ | thjɨ$^{2}$ | sju$^{2}$ | nwə$^{1}$ | tsjij$^{2}$ | ku$^{1}$ | |
| 寂 | 静， | 是 | 如 | 知 | 了 | 故， | |

如是了知已,一切女无相。此相皆寂静,

**29.11.6**

| | | | | |
|---|---|---|---|---|
| [illegible] | [illegible] | [illegible] | [illegible] | [illegible]。 |
| sji$^{2}$ | ·jij$^{1}$ | sã$^{1}$ | mej$^{2}$ | ŋwu$^{2}$ |

| | | | | |
|---|---|---|---|---|
| 女 | 相 | 三 | 昧 | 是。 |

是名女三昧。

**29.12.1**

| | | | | | | | | |
|---|---|---|---|---|---|---|---|---|
| [illegible] | [illegible], | [illegible] | [illegible] | [illegible] | [illegible], | [illegible] | [illegible] | [illegible] |
| nioow$^{1}$ | tśjɨɨ$^{1}$ | mã$^{1}$ | śjuu$^{1}$ | śjɨ$^{1}$ | lji$^{1}$ | goor$^{1}$ | ·jij$^{1}$ | sã$^{1}$ |
| 复 | 次, | 文 | 殊 | 师 | 利, | 男 | 相 | 三 |
| [illegible] | [illegible], | [illegible] | [illegible] | [illegible]? | [illegible] | [illegible] | [illegible] | [illegible]: |
| mej$^{2}$ | tja$^{1}$ | ljɨ$^{1}$ | kjɨ$^{1}$ | ŋwu$^{2}$ | ljaa$^{1}$ | dạ$^{2}$ | rjɨr$^{2}$ | tshjiij$^{1}$ |
| 昧 | 者, | 何 | △ | 是? | 颂 | 言 | △ | 说: |

复次,文殊师利,云何名为男相三昧?即说颂曰:

**29.12.2**

| | | | | | | | |
|---|---|---|---|---|---|---|---|
| [illegible] | [illegible] | [illegible] | [illegible]① | [illegible], | [illegible] | [illegible] | [illegible] |
| tjij$^{1}$ | goor$^{1}$ | ŋwu$^{2}$ | ŋa$^{2}$ | ·jɨ$^{2}$ | dzjij$^{2}$ | sji$^{2}$ | źjɨr$^{1}$ |
| 若 | 男 | 是 | △ | 谓, | 彼 | 女 | 实 |
| [illegible] | [illegible]。 | [illegible] | [illegible] | [illegible] | [illegible] | [illegible], | |
| ŋwu$^{2}$ | phji$^{1}$ | thjɨ$^{2}$ | phjo$^{2}$ | kar$^{2}$ | njiij$^{1}$ | nioow$^{1}$ | |
| 是 | 令。 | 此 | 分 | 别 | 心 | 由, | |

自谓是男子,见彼为女人。由斯分别心,

**29.12.3**

| | | | | | | | |
|---|---|---|---|---|---|---|---|
| [illegible] | [illegible] | [illegible] | [illegible] | [illegible]。 | [illegible] | [illegible] | [illegible] |
| thja$^{2}$ | ɣa$^{2}$ | kiẹj$^{2}$ | sjiij$^{2}$ | śjwo$^{1}$ | kiẹj$^{2}$ | njiij$^{1}$ | mər$^{2}$ |
| 其 | 于 | 欲 | 想 | 生。 | 欲 | 心 | 本 |
| [illegible] | [illegible], | [illegible] | [illegible] | [illegible] | [illegible] | [illegible]。 | |
| ɣa$^{2}$ | mjij$^{1}$ | njiij$^{1}$ | ·jij$^{1}$ | rjir$^{2}$ | tjị$^{2}$ | mə$^{1}$ | |
| 于 | 无, | 心 | 相 | 得 | 可 | 无。 | |

而生于欲想。欲心本无有,心相不可得。

① [illegible],为第一人称代词单数的人称呼应后缀。

**29.12.4**

| | | | | | | | |
|---|---|---|---|---|---|---|---|
| [illegible] | [illegible] | [illegible] | [illegible] | [illegible]， | [illegible] | [illegible] | [illegible] |
| lwow$^{1}$ | phjo$^{2}$ | kar$^{2}$ | nioow$^{1}$ | ku$^{1}$ | ·jij$^{1}$ | ɣa$^{2}$ | goor$^{1}$ |
| 妄 | 分 | 别 | 由 | 故， | 身 | 于 | 男 |
| [illegible] | [illegible]。 | [illegible] | [illegible] | [illegible] | [illegible] | [illegible]， | |
| sjiij$^{2}$ | śjwo$^{1}$ | thja$^{2}$ | kha$^{1}$ | źjɨr$^{1}$ | goor$^{1}$ | mjij$^{1}$ | |
| 想 | 生。 | 是 | 中 | 实 | 男 | 无， | |

由妄分别故，于身起男想。是中实无男，

**29.12.5**

| | | | | | | | |
|---|---|---|---|---|---|---|---|
| [illegible] | [illegible] | [illegible] | [illegible] | [illegible]。 | [illegible] | [illegible] | [illegible] |
| ŋa$^{2}$ | so$^{2}$ | lwew$^{1}$ | sju$^{2}$ | tshjiij$^{1}$ | goor$^{1}$ | ·jij$^{1}$ | mjij$^{1}$ |
| 我 | 阳 | 焰 | 如 | 说。 | 男 | 相 | 无 |
| [illegible] | [illegible]， | [illegible] | [illegible] | [illegible] | [illegible] | [illegible]。 | |
| nwə$^{1}$ | ku$^{1}$ | goor$^{1}$ | ·jij$^{1}$ | sã$^{1}$ | mej$^{2}$ | ŋwu$^{2}$ | |
| 知 | 故， | 男 | 相 | 三 | 昧 | 是。 | |

我说如阳焰。知男相寂静，是名男三昧。

**29.12.6**

| | | | | | | | | | |
|---|---|---|---|---|---|---|---|---|---|
| [illegible] | [illegible]， | [illegible] | [illegible] | [illegible] | [illegible]， | [illegible] | [illegible] | [illegible] | [illegible] |
| nioow$^{1}$ | tśjɨɨ$^{1}$ | mã$^{1}$ | śjuu$^{1}$ | śjɨ$^{1}$ | lji$^{1}$ | zjɨ̣$^{1}$ | lji$^{2}$ | ·jij$^{1}$ | sã$^{1}$ |
| 复 | 次， | 文 | 殊 | 师 | 利， | 童 | 男 | 相 | 三 |
| [illegible] | [illegible]， | [illegible] | [illegible] | [illegible]？ | [illegible] | [illegible] | [illegible] | [illegible]： | |
| mej$^{2}$ | tja$^{1}$ | ljɨ̣$^{1}$ | kjɨ$^{1}$ | ŋwu$^{2}$ | ljaa$^{1}$ | dạ$^{2}$ | rjɨr$^{2}$ | tshjiij$^{1}$ | |
| 昧 | 者， | 何 | △ | 是？ | 颂 | 言 | △ | 说： | |

复次，文殊师利，云何名为童男相三昧？即说颂曰：

**29.13.1**

| | | | | | | | |
|---|---|---|---|---|---|---|---|
| [illegible] | [illegible] | [illegible] | [illegible] | [illegible]， | [illegible] | [illegible] | [illegible] |
| dzjọ$^{1}$ | phu$^{2}$ | tśhji$^{2}$ | war$^{2}$ | mjij$^{1}$ | wjạ$^{1}$ | to$^{2}$ | tji$^{2}$ |
| 如 | 树 | 根 | 枝 | 无， | 花 | 出 | 可 |

| | | | | | | |
|---|---|---|---|---|---|---|
| [illegible] | [illegible]。 | [illegible] | [illegible] | [illegible] | [illegible] | [illegible]， |
| mji$^{1}$ | dju$^{1}$ | wjạ$^{1}$ | mji$^{1}$ | dju$^{1}$ | nioow$^{1}$ | ku$^{1}$ |
| 不 | 有。 | 花 | 不 | 有 | 以 | 故， |

如树无根枝，花则不可得。以花无有故，

**29.13.2**

| | | | | | | | |
|---|---|---|---|---|---|---|---|
| [illegible] | [illegible] | [illegible] | [illegible] | [illegible]。 | [illegible] | [illegible] | [illegible] |
| mjaa$^{2}$ | tsjɨ̣$^{1}$ | to$^{2}$ | tjị$^{2}$ | mjij$^{1}$ | thja$^{2}$ | sji$^{2}$ | ·jij$^{1}$ |
| 果 | 亦 | 生 | 可 | 不。 | 彼 | 女 | 相 |

| | | | | | | |
|---|---|---|---|---|---|---|
| [illegible] | [illegible]， | [illegible] | [illegible] | [illegible] | [illegible] | [illegible]。 |
| mjij$^{1}$ | ku$^{1}$ | zjɨ̣$^{1}$ | lji$^{2}$ | tsjɨ̣$^{1}$ | mji$^{1}$ | dju$^{1}$ |
| 无 | 故， | 童 | 男 | 亦 | 非 | 有。 |

其果亦不生。由无彼女人，童男亦非有。

**29.13.3**

| | | | | | | | |
|---|---|---|---|---|---|---|---|
| [illegible] | [illegible] | [illegible] | [illegible] | [illegible]， | [illegible] | [illegible] | [illegible] |
| lew$^{1}$ | phjo$^{2}$ | kar$^{2}$ | njiij$^{1}$ | bju$^{1}$ | thjɨ$^{2}$ | sju$^{2}$ | mjiij$^{2}$ |
| 但 | 分 | 别 | 心 | 随， | 是 | 如 | 名 |

| | | | | | | |
|---|---|---|---|---|---|---|
| [illegible] | [illegible]。 | [illegible] | [illegible] | [illegible] | [illegible] | [illegible]， |
| dź- | tshjiij$^{1}$ | thja$^{2}$ | sji$^{2}$ | nioow$^{1}$ | zjɨ̣$^{1}$ | lji$^{2}$ |
| 假 | 说。 | 彼 | 女 | 又 | 童 | 男， |

随于分别者，假说如是名。了知彼女人，

**29.13.4**

| | | | | | | | |
|---|---|---|---|---|---|---|---|
| [illegible] | [illegible] | [illegible] | [illegible] | [illegible]。 | [illegible] | [illegible] | [illegible] |
| zjɨ̣$^{2}$ | njɨɨ$^{1}$ | mjij$^{1}$ | nwə$^{1}$ | tsjij$^{2}$ | thjɨ$^{2}$ | sju$^{2}$ | bioo$^{1}$ |
| 俱 | 二 | 无 | 知 | 了。 | 是 | 如 | 观 |

| | | | | | | |
|---|---|---|---|---|---|---|
| [illegible] | [illegible]， | [illegible] | [illegible] | [illegible] | [illegible] | [illegible]。 |
| njwi$^{2}$ | ku$^{1}$ | zjɨ̣$^{1}$ | lji$^{2}$ | sã$^{1}$ | mej$^{2}$ | ŋwu$^{2}$ |
| 能 | 故， | 童 | 男 | 三 | 昧 | 是。 |

及童男非有。能如是观察，是童男三昧。

**29.13.5**

| | | | | | | | | | |
|---|---|---|---|---|---|---|---|---|---|
| [illegible] | [illegible]， | [illegible] | [illegible] | [illegible] | [illegible]， | [illegible] | [illegible] | [illegible] | [illegible] |
| nioow$^{1}$ | tśjɨɨ$^{1}$ | mã$^{1}$ | śjuu$^{1}$ | śjɨ$^{1}$ | lji$^{1}$ | zjɨ$^{1}$ | mjij$^{1}$ | ·jij$^{1}$ | sã$^{1}$ |
| 复 | 次， | 文 | 殊 | 师 | 利， | 童 | 女 | 相 | 三 |
| [illegible] | [illegible]， | [illegible] | [illegible] | [illegible]？ | [illegible] | [illegible] | [illegible] | [illegible]： | |
| mej$^{2}$ | tja$^{1}$ | ljɨ̣$^{1}$ | kjɨ$^{1}$ | ŋwu$^{2}$ | ljaa$^{1}$ | dạ$^{2}$ | rjɨr$^{2}$ | tshjiij$^{1}$ | |
| 昧 | 者， | 何 | △ | 是？ | 颂 | 言 | △ | 说： | |

复次，文殊师利，云何名为童女相三昧？即说颂曰：

**29.13.6**

| | | | | | | | |
|---|---|---|---|---|---|---|---|
| [illegible] | [illegible] | [illegible] | [illegible] | [illegible]， | [illegible] | [illegible] | [illegible] |
| dzjọ$^{1}$ | tow$^{1}$ | lo$^{1}$ | phu$^{2}$ | khjwɨ$^{1}$ | sji$^{1}$ | dźjwa$^{1}$ | ·jị$^{2}$ |
| 如 | 多 | 罗 | 树 | 断， | 毕 | 竟 | 复 |
| [illegible] | [illegible]。 | [illegible] | [illegible] | [illegible] | [illegible] | [illegible]， | |
| mji$^{1}$ | to$^{2}$ | bju$^{1}$ | dźjwo$^{1}$ | sjij$^{2}$ | zjɨr$^{1}$ | dzjwo$^{2}$ | |
| 不 | 生。 | 聪 | 明 | 智 | 慧 | 人， | |

如断多罗树，毕竟不复生。何有智慧人，

**29.14.1**

| | | | | | | | |
|---|---|---|---|---|---|---|---|
| [illegible] | [illegible] | [illegible] | [illegible] | [illegible]。 | [illegible] | [illegible] | [illegible] |
| thja$^{2}$ | kha$^{1}$ | mjaa$^{2}$ | mji$^{1}$ | kjụ$^{1}$ | tjij$^{1}$ | rjur$^{1}$ | tsjiir$^{1}$ |
| 彼 | 中 | 果 | 不 | 求。 | 若 | 诸 | 法 |
| [illegible] | [illegible]， | [illegible] | [illegible] | [illegible] | [illegible] | [illegible]。 | |
| wee$^{1}$ | mjij$^{1}$ | thjɨ$^{2}$ | sju$^{2}$ | nwə$^{1}$ | njwi$^{2}$ | ku$^{1}$ | |
| 生 | 无， | 是 | 如 | 知 | 能 | 故。 | |

于中求果实。若有能了知，诸法无生者。

**29.14.2**

| | | | | | | | |
|---|---|---|---|---|---|---|---|
| [illegible] | [illegible] | [illegible] | [illegible] | [illegible]， | [illegible] | [illegible] | [illegible] |
| zjɨ$^{1}$ | mjij$^{1}$ | gjwɨ$^{1}$ | tjị$^{2}$ | ŋwu$^{2}$ | thjɨ$^{2}$ | sju$^{2}$ | sjiij$^{2}$ |
| 童 | 女 | 堕 | 可 | 是， | 是 | 如 | 想 |

| | | | | | | |
|---|---|---|---|---|---|---|
| [illegible] | [illegible]。 | [illegible] | [illegible] | [illegible] | [illegible] | [illegible]， |
| tji$^{1}$ | śjwo$^{1}$ | nioow$^{1}$ | dzjọ$^{1}$ | tśjiw$^{2}$ | kwo$^{1}$ | ljwi$^{1}$ |
| 莫 | 生。 | 又 | 如 | 焦 | 谷 | 种， |

不应起分别，童女为能生①。又如焦谷种，

**29.14.3**

| | | | | | | | |
|---|---|---|---|---|---|---|---|
| [illegible] | [illegible] | [illegible] | [illegible] | [illegible]。 | [illegible] | [illegible] | [illegible] |
| mər$^{2}$ | ɣa$^{2}$ | ljịj$^{1}$ | mji$^{1}$ | to$^{2}$ | sji$^{2}$ | tsjɨ$^{1}$ | thja$^{2}$ |
| 本 | 于 | 芽 | 不 | 生。 | 女 | 亦 | 彼 |
| [illegible] | [illegible]， | [illegible] | [illegible] | [illegible] | [illegible] | [illegible]。 | |
| sju$^{2}$ | ku$^{1}$ | zjɨ̣$^{1}$ | mjịj$^{1}$ | sã$^{1}$ | mej$^{2}$ | ŋwu$^{2}$ | |
| 如 | 故， | 童 | 女 | 三 | 昧 | 是。 | |

其芽本不生。女人亦复然，是童女三昧。

## 汉文本

复次，文殊师利，云何名为女相三昧？即说颂曰：
四大假为女，其中无所有。
凡夫迷惑心，执取以为实。
女人如幻化，愚者不能了。
妄见女相故，生于染著心。
譬如幻化女，而非实女人。
无智者迷惑，便生于欲想。
如是了知已，一切女无相。
此相皆寂静，是名女三昧。
复次，文殊师利，云何名为男相三昧？即说颂曰：
自谓是男子，见彼为女人。
由斯分别心，而生于欲想。
欲心本无有，心相不可得。
由妄分别故，于身起男想。
是中实无男，我说如阳焰。
知男相寂静，是名男三昧。
复次，文殊师利，云何名为童男相三昧？即说颂曰：
如树无根枝，花则不可得。

① 不应起分别，童女为能生，西夏译文意译为“[illegible]”（莫生是想，童女可堕）。

以花无有故,其果亦不生。

由无彼女人,童男亦非有。

随于分别者,假说如是名。

了知彼女人,及童男非有。

能如是观察,是童男三昧。

复次,文殊师利,云何名为童女相三昧?即说颂曰:

如断多罗树,毕竟不复生。

何有智慧人,于中求果实。

若有能了知,诸法无生者。

不应起分别,童女为能生。

又如焦谷种,其芽本不生。

女人亦复然,是童女三昧。

**29.14.4**

| | | | | | | | | |
|---|---|---|---|---|---|---|---|---|
| [illegible] | [illegible], | [illegible] | [illegible] | [illegible] | [illegible], | [illegible] | [illegible] | [illegible] |
| nioow$^{1}$ | tśjɨɨ$^{1}$ | mã$^{1}$ | śjuu$^{1}$ | śjɨ$^{1}$ | lji$^{1}$ | mee$^{2}$ | ·jij$^{1}$ | sã$^{1}$ |
| 复 | 次, | 文 | 殊 | 师 | 利, | 天 | 相 | 三 |
| [illegible] | [illegible], | [illegible] | [illegible] | [illegible]? | [illegible] | [illegible] | [illegible] | [illegible]: |
| mej$^{2}$ | tja$^{1}$ | ljɨ̣$^{1}$ | kjɨ$^{1}$ | ŋwu$^{2}$ | ljaa$^{1}$ | dạ$^{2}$ | rjɨr$^{2}$ | tshjiij$^{1}$ |
| 昧 | 者, | 何 | △ | 是? | 颂 | 言 | △ | 说: |

复次,文殊师利,云何名为天相三昧?即说颂曰:

**29.14.5**

| | | | | | | | |
|---|---|---|---|---|---|---|---|
| [illegible] | [illegible] | [illegible] | [illegible] | [illegible], | [illegible] | [illegible] | [illegible] |
| gji$^{1}$ | sej$^{1}$ | dźiej$^{2}$ | njiij$^{1}$ | bju$^{1}$ | nioow$^{1}$ | ·ji$^{1}$ | neew$^{2}$ |
| 清 | 净 | 信 | 心 | 以, | 又 | 众 | 善 |
| [illegible] | [illegible]。 | [illegible] | [illegible] | [illegible] | [illegible] | [illegible], | |
| sjwɨj$^{1}$ | nioow$^{1}$ | rjur$^{1}$ | mə$^{1}$ | tśhjaa$^{1}$ | buu$^{2}$ | tshja$^{2}$ | |
| 业 | 因。 | 诸 | 天 | 上 | 胜 | 报, | |

因清净信心,及以众善业。受诸天胜报,

**29.14.6**

| | | | | | | | |
|---|---|---|---|---|---|---|---|
| [illegible] | [illegible] | [illegible] | [illegible] | [illegible]。 | [illegible] | [illegible] | [illegible] |
| śjwo$^{2}$ | ljuu$^{2}$ | thjoo$^{1}$ | ljụ$^{2}$ | lhjịj$^{2}$ | kiwej$^{2}$ | ljɨ̣$^{1}$ | rjur$^{1}$ |

| | | | | | | | |
|---|---|---|---|---|---|---|---|
| 端 | 正 | 妙 | 身 | 受。 | 珍 | 宝 | 诸 |
| □ | □， | □ | □ | □ | □ | □。 | |
| mjii¹ | pju̧² | wji¹ | ljɨ̣¹ | dja² | śjɨj¹ | njaa² | |
| 宫 | 殿， | 作 | 以 | △ | 成 | 非。 | |

端正殊妙身。珍宝诸宫殿，非由造作成。

**29.15.1**

| | | | | | | | |
|---|---|---|---|---|---|---|---|
| □ | □ | □ | □ | □， | □ | □ | □ |
| mã¹ | thow¹ | lo¹ | thjoo¹ | wja̧¹ | ljɨ̣¹ | mjijr² | mjij¹ |
| 曼 | 陀 | 罗 | 妙 | 花， | 种 | 者 | 无 |
| □ | □。 | □ | □ | □ | □ | □， | |
| ·jij¹ | to² | thjɨ² | sju² | seew² | tshjiij¹ | mjij¹ | |
| 身 | 生。 | 是 | 如 | 思 | 议 | 不， | |

曼陀罗妙花，亦无种植者。如是不思议，

**29.15.2**

| | | | | | | | |
|---|---|---|---|---|---|---|---|
| □ | □ | □ | □ | □。 | □ | □ | □ |
| zji² | sjwɨj¹ | ɣie¹ | nioow¹ | śjwo¹ | mə² | mə² | ·jij¹ |
| 皆 | 业 | 力 | 因 | 起。 | 种 | 种 | 相 |
| □ | □， | □ | □ | □ | □ | □。 | |
| śja² | njwi² | sej¹ | niaa² | ɣjɨ¹ | wjɨ² | sju² | |
| 现 | 能， | 净 | 琉 | 璃 | △ | 如。 | |

皆因业力起。能现种种相，犹若净琉璃。

**29.15.3**

| | | | | | | | |
|---|---|---|---|---|---|---|---|
| □ | □ | □ | □ | □， | □ | □ | □ |
| thjɨ² | sju² | thjoo¹ | gjij¹ | lju̧² | nioow¹ | rjur¹ | mjii¹ |
| 是 | 如 | 妙 | 殊 | 身， | 又 | 诸 | 宫 |
| □ | □。 | □ | □ | □ | □ | □， | |
| pju̧² | njɨ² | zji² | dź- | bju¹ | śjwo¹ | ku¹ | |
| 殿 | 等。 | 皆 | 虚 | 从 | 生 | 故， | |

如是殊妙身，及诸宫殿等。皆从虚妄生，

**29.15.4**

| | | | | |
|---|---|---|---|---|
| [illegible] | [illegible] | [illegible] | [illegible] | [illegible]。 |
| mee$^2$ | ·jij$^1$ | sã$^1$ | mej$^2$ | ŋwu$^2$ |
| 天 | 相 | 三 | 昧 | 是。 |

是名天三昧。

**29.15.5**

| | | | | | | | | |
|---|---|---|---|---|---|---|---|---|
| [illegible] | [illegible]， | [illegible] | [illegible] | [illegible] | [illegible]， | [illegible] | [illegible] | [illegible] |
| nioow$^1$ | tśjɨɨ$^1$ | mã$^1$ | śjuu$^1$ | śjɨ$^1$ | lji$^1$ | ·we$^1$ | ·jij$^1$ | sã$^1$ |
| 复 | 次， | 文 | 殊 | 师 | 利， | 龙 | 相 | 三 |
| [illegible] | [illegible]， | [illegible] | [illegible] | [illegible]？ | [illegible] | [illegible] | [illegible] | [illegible]： |
| mej$^2$ | tja$^1$ | ljɨ̣$^1$ | kjɨ$^1$ | ŋwu$^2$ | ljaa$^1$ | dạ$^2$ | rjɨr$^2$ | tshjiij$^1$ |
| 昧 | 者， | 何 | △ | 是？ | 颂 | 言 | △ | 说： |

复次，文殊师利，云何名为龙相三昧？即说颂曰：

**29.15.6**

| | | | | | | | |
|---|---|---|---|---|---|---|---|
| [illegible] | [illegible] | [illegible] | [illegible] | [illegible]， | [illegible] | [illegible] | [illegible] |
| no$^2$ | zeew$^2$ | mji$^1$ | djọ$^2$ | nioow$^1$ | thjɨ$^2$ | rjur$^1$ | ·we$^1$ |
| 安 | 忍 | 不 | 修 | 故， | 此 | 诸 | 龙 |
| [illegible] | [illegible]。 | [illegible] | [illegible] | [illegible] | [illegible] | [illegible]， | |
| ljụ$^2$ | lhjịj$^2$ | djɨ̣j$^2$ | śjwo$^1$ | ljịj$^2$ | dzjụ$^2$ | dzjụ$^2$ | |
| 身 | 受。 | 云 | 生 | 大 | 雨 | 雨， | |

受此诸龙身，由不修于忍。兴澍大云雨，

**29.16.1**

| | | | | | | | |
|---|---|---|---|---|---|---|---|
| [illegible] | [illegible] | [illegible] | [illegible] | [illegible]。 | [illegible] | [illegible] | [illegible] |
| ·jã$^1$ | xu$^1$ | thji$^1$ | zji$^2$ | njɨ$^2$ | śji$^1$ | zjọ$^2$ | nioow$^1$ |
| 阎 | 浮 | 提 | 皆 | 遍。 | 前 | 世 | 后 |
| [illegible] | [illegible]， | [illegible] | [illegible] | [illegible] | [illegible] | [illegible]。 | |
| kụ$^1$ | zjọ$^2$ | mjor$^1$ | zjọ$^2$ | njɨ$^2$ | sọ$^1$ | ɣa$^2$ | |
| 后 | 世， | 现 | 世 | 等 | 三 | 于。 | |

遍满阎浮提。不从前后际，亦不在中间。

**29.16.2**

| | | | | | | | |
|---|---|---|---|---|---|---|---|
| [illegible] | [illegible] | [illegible] | [illegible] | [illegible]， | [illegible] | [illegible] | [illegible] |
| ljịj$^{2}$ | dzjụ$^{2}$ | zjɨɨr$^{2}$ | wjɨ$^{2}$ | to$^{2}$ | ŋjow$^{2}$ | ·u$^{2}$ | ljɨɨ$^{1}$ |
| 大 | 雨 | 水 | △ | 生， | 海 | 中 | 归 |
| [illegible] | [illegible]。 | [illegible] | [illegible] | [illegible] | [illegible] | [illegible]， | |
| ljɨ̣$^{1}$ | njaa$^{2}$ | thjɨ$^{2}$ | sju$^{2}$ | rjur$^{1}$ | ·we$^{1}$ | njɨ$^{2}$ | |
| 而 | 非。 | 是 | 如 | 诸 | 龙 | 等， | |

而能生此水，复归于大海。如是诸龙等，

**29.16.3**

| | | | | | | | |
|---|---|---|---|---|---|---|---|
| [illegible] | [illegible] | [illegible] | [illegible] | [illegible]。 | [illegible] | [illegible] | [illegible] |
| rjɨr$^{2}$ | dzjɨɨ$^{2}$ | tsjiir$^{2}$ | do$^{2}$ | pha$^{1}$ | mə$^{2}$ | mə$^{2}$ | sjwɨj$^{1}$ |
| △ | 习 | 性 | 差 | 别。 | 种 | 种 | 业 |
| [illegible] | [illegible]， | [illegible] | [illegible] | [illegible] | [illegible] | [illegible]。 | |
| gu$^{1}$ | śjwo$^{1}$ | sjwɨj$^{1}$ | tsjɨ$^{1}$ | wee$^{1}$ | lew$^{2}$ | mjij$^{1}$ | |
| 起 | 生， | 业 | 亦 | 生 | 所 | 无。 | |

积习性差别。起于种种业，业亦无有生。

**29.16.4**

| | | | | | | | |
|---|---|---|---|---|---|---|---|
| [illegible] | [illegible] | [illegible] | [illegible] | [illegible]， | [illegible] | [illegible] | [illegible] |
| ŋowr$^{2}$ | ŋowr$^{2}$ | zjɨr$^{1}$ | ɣiej$^{1}$ | njaa$^{2}$ | lə | dzjwo$^{2}$ | dju$^{1}$ |
| 一 | 切 | 实 | 真 | 非， | 痴 | 人 | 有 |
| [illegible] | [illegible]。 | [illegible] | [illegible] | [illegible] | [illegible] | [illegible]， | |
| ŋwu$^{2}$ | ·jɨ$^{2}$ | thjɨ$^{2}$ | sju$^{2}$ | nwə$^{1}$ | njwi$^{2}$ | ku$^{1}$ | |
| 是 | 谓。 | 是 | 如 | 知 | 能 | 故， | |

一切非真实，愚者谓为有。能如是了知，

**29.16.5**

| | | | | |
|---|---|---|---|---|
| [illegible] | [illegible] | [illegible] | [illegible] | [illegible]。 |
| ·we$^{1}$ | ·jij$^{1}$ | sã$^{1}$ | mej$^{2}$ | ŋwu$^{2}$ |

龙 相 三 昧 是。

是名龙三昧。

**29.16.6**

nioow¹ tśjɨɨ¹ mã¹ śjuu¹ śjɨ¹ lji¹ ·jij¹ khja² ·jij¹ sã¹

复 次, 文 殊 师 利, 夜 叉 相 三

mej² tja¹ ljɨ̣¹ kjɨ¹ ŋwu² ljaa¹ dạ² rjɨr² tshjiij¹

昧 者, 何 △ 是? 颂 言 △ 说:

复次,文殊师利,云何名为夜叉相三昧?即说颂曰:

**29.17.1**

ljịj² ·jij¹ khja² ljụ² tja¹ ·jij¹ ·jij¹ njiij¹

大 夜 叉 身 者, 自 己 心

ɣa² śjwo¹ thja² kha¹ zjɨr¹ ɣiej¹ mjij¹

于 起。 是 中 实 真 无,

是大夜叉身,从于自心起。是中无有实,

**29.17.2**

lwow¹ kjạ¹ le² njiij¹ śjwo¹ thja² kjạ¹ le²

妄 恐 怖 心 生。 是 畏 怖

śjwo¹ gu¹ njiij¹ tsjɨ¹ mji¹ dju¹ ŋwu²

生 起, 心 亦 不 有 是。

妄生于恐怖。亦无有怖心,而生于怖畏。

**29.17.3**

| | | | | | | | |
|---|---|---|---|---|---|---|---|
| tsjiir$^{1}$ | zjɨr$^{1}$ | njaa$^{2}$ | bioo$^{1}$ | ku$^{1}$ | ·jij$^{1}$ | mjij$^{1}$ | rjir$^{1}$ |
| 法 | 实 | 非 | 观 | 故， | 相 | 无 | 得 |
| [illegible] | [illegible]。 | [illegible] | [illegible] | [illegible] | [illegible] | [illegible]， | |
| lew$^{2}$ | mjij$^{1}$ | ŋa$^{1}$ | mjij$^{1}$ | mjij$^{1}$ | sej$^{1}$ | do$^{2}$ | |
| 所 | 无。 | 空 | 寂 | 寂 | 静 | 处， | |

观法非实故，无相无所得。空无寂静处，

**29.17.4**

| | | | | | | | |
|---|---|---|---|---|---|---|---|
| [illegible] | [illegible] | [illegible] | [illegible] | [illegible]。 | [illegible] | [illegible] | [illegible] |
| thjɨ$^{2}$ | ·jij$^{1}$ | khja$^{2}$ | ·jij$^{1}$ | śja$^{2}$ | thjɨ$^{2}$ | sju$^{2}$ | dź- |
| 此 | 夜 | 叉 | 相 | 现。 | 是 | 如 | 虚 |
| [illegible] | [illegible]， | [illegible] | [illegible] | [illegible] | [illegible] | [illegible]。 | |
| nwə$^{1}$ | ku$^{1}$ | ·jij$^{1}$ | khja$^{2}$ | sã$^{1}$ | mej$^{2}$ | ŋwu$^{2}$ | |
| 知 | 故， | 夜 | 叉 | 三 | 昧 | 是。 | |

现此夜叉相。如是知虚妄，是夜叉三昧。

## 汉文本

复次，文殊师利，云何名为天相三昧？即说颂曰：

因清净信心，及以众善业。

受诸天胜报，端正殊妙身。

珍宝诸宫殿，非由造作成。

曼陀罗妙花，亦无种植者。

如是不思议，皆因业力起。

能现种种相，犹若净琉璃。

如是殊妙身，及诸宫殿等。

皆从虚妄生，是名天三昧。

复次，文殊师利，云何名为龙相三昧？即说颂曰：

受此诸龙身，由不修于忍。

兴澍大云雨，遍满阎浮提。

不从前后际，亦不在中间。

而能生此水，复归于大海。

如是诸龙等，积习性差别。

起于种种业，业亦无有生。

一切非真实，愚者谓为有。

能如是了知,是名龙三昧。

复次,文殊师利,云何名为夜叉相三昧?即说颂曰:

是大夜叉身,从于自心起。

是中无有实,妄生于恐怖。

亦无有怖心,而生于怖畏。

观法非实故,无相无所得。

空无寂静处,现此夜叉相。

如是知虚妄,是夜叉三昧。

**29.17.5**

| | | | | | | | | | |
|---|---|---|---|---|---|---|---|---|---|
| [illegible] | [illegible], | [illegible] | [illegible] | [illegible] | [illegible], | [illegible] | [illegible] | [illegible] | [illegible] |
| nioow[1] | tśjɨɨ[1] | mã[1] | śjuu[1] | śjɨ[1] | lji[1] | khjã[2] | tha[2] | pho[1] | ·jij[1] |
| 复 | 次, | 文 | 殊 | 师 | 利, | 乾 | 闼 | 婆 | 相 |
| [illegible] | [illegible] | [illegible], | [illegible] | [illegible] | [illegible]? | [illegible] | [illegible] | [illegible] | [illegible]: |
| sã[1] | mej[2] | tja[1] | ljị[1] | kjɨ[1] | ŋwu[2] | ljaa[1] | dạ[2] | rjɨr[2] | tshjiij[1] |
| 三 | 昧 | 者, | 何 | △ | 是? | 颂 | 言 | △ | 说: |

复次,文殊师利,云何名为乾闼婆相三昧?即说颂曰:

**29.17.6**

| | | | | | | | |
|---|---|---|---|---|---|---|---|
| [illegible] | [illegible] | [illegible] | [illegible] | [illegible], | [illegible] | [illegible] | [illegible] |
| thja[2] | zjɨr[1] | tshwew[1] | lew[2] | mjij[1] | ŋwuu[1] | dạ[2] | dź- |
| 彼 | 实 | 趣 | 所 | 无, | 语 | 言 | 虚 |
| [illegible] | [illegible]。 | [illegible] | [illegible] | [illegible] | [illegible] | [illegible], | |
| thu[1] | phjij[1] | tshwew[1] | mji[1] | tshwew[1] | nwə[1] | ku[1] | |
| 设 | 置。 | 趣 | 不 | 趣 | 知 | 故, | |

彼实无所趣,名言假施设。了知趣非趣,

**29.18.1**

| | | | | |
|---|---|---|---|---|
| [illegible] | [illegible] | [illegible] | [illegible] | [illegible]。 |
| khjã[2] | tha[2] | sã[1] | mej[2] | ŋwu[2] |
| 乾 | 闼 | 三 | 昧 | 是。 |

乾闼婆三昧。

**29.18.2**

| | | | | | | | | | |
|---|---|---|---|---|---|---|---|---|---|
| [illegible] | [illegible]， | [illegible] | [illegible] | [illegible] | [illegible]， | [illegible] | [illegible] | [illegible] | [illegible] |
| nioow$^{1}$ | tśjɨɨ$^{1}$ | mã$^{1}$ | śjuu$^{1}$ | śjɨ$^{1}$ | lji$^{1}$ | ·a | sew$^{2}$ | lo$^{1}$ | ·jij$^{1}$ |
| 复 | 次， | 文 | 殊 | 师 | 利， | 阿 | 修 | 罗 | 相 |
| [illegible] | [illegible] | [illegible]， | [illegible] | [illegible] | [illegible]？ | [illegible] | [illegible] | [illegible] | [illegible]： |
| sã$^{1}$ | mej$^{2}$ | tja$^{1}$ | ljɨ̣$^{1}$ | kjɨ$^{1}$ | ŋwu$^{2}$ | ljaa$^{1}$ | dạ$^{2}$ | rjɨr$^{2}$ | tshjiij$^{1}$ |
| 三 | 昧 | 者， | 何 | △ | 是？ | 颂 | 言 | △ | 说： |

复次，文殊师利，云何名为阿修罗相三昧？即说颂曰：

**29.18.3**

| | | | | | | | |
|---|---|---|---|---|---|---|---|
| [illegible] | [illegible] | [illegible] | [illegible] | [illegible]， | [illegible] | [illegible] | [illegible] |
| sew$^{2}$ | lo$^{1}$ | ·jwɨr$^{1}$ | ·jij$^{1}$ | tja$^{1}$ | mər$^{2}$ | ɣa$^{2}$ | njij$^{2}$ |
| 修 | 罗 | 状 | 相 | 者， | 本 | 于 | 远 |
| [illegible] | [illegible]。 | [illegible] | [illegible] | [illegible] | [illegible] | [illegible]， | |
| wee$^{1}$ | mjij$^{1}$ | wee$^{1}$ | mjij$^{1}$ | ku$^{1}$ | dzjar$^{2}$ | mjij$^{1}$ | |
| 生 | 无。 | 生 | 无 | 故 | 灭 | 无， | |

修罗相所印，其相本无生。无生故无灭，

**29.18.4**

| | | | | |
|---|---|---|---|---|
| [illegible] | [illegible] | [illegible] | [illegible] | [illegible]。 |
| sew$^{2}$ | lo$^{1}$ | sã$^{1}$ | mej$^{2}$ | ŋwu$^{2}$ |
| 修 | 罗 | 三 | 昧 | 是。 |

阿修罗三昧。

**29.18.5**

| | | | | | | | | | |
|---|---|---|---|---|---|---|---|---|---|
| [illegible] | [illegible]， | [illegible] | [illegible] | [illegible] | [illegible]， | [illegible] | [illegible] | [illegible]① | [illegible] |
| nioow$^{1}$ | tśjɨɨ$^{1}$ | mã$^{1}$ | śjuu$^{1}$ | śjɨ$^{1}$ | lji$^{1}$ | kja$^{1}$ | lew$^{1}$ | lo$^{1}$ | sã$^{1}$ |
| 复 | 次， | 文 | 殊 | 师 | 利， | 迦 | 楼 | 罗 | 三 |
| [illegible] | [illegible]， | [illegible] | [illegible] | [illegible]？ | [illegible] | [illegible] | [illegible] | [illegible]： | |
| mej$^{2}$ | tja$^{1}$ | ljɨ̣$^{1}$ | kjɨ$^{1}$ | ŋwu$^{2}$ | ljaa$^{1}$ | dạ$^{2}$ | rjɨr$^{2}$ | tshjiij$^{1}$ | |

① 西夏译文脱“[illegible]”（相）字。

昧 者, 何 △ 是? 颂 言 △ 说:

复次,文殊师利,云何名为迦楼罗相三昧?即说颂曰:

**29.18.6**

[illegible]

ljụ² mjij¹ ljɨ¹ ljụ² we² mjiij² dji² dź-

身 无 以 身 为, 名 字 虚

[illegible]

thu¹ phjij¹ mjiij² ·jij¹ mji¹ dju¹ ku¹

设 置。 名 相 不 有 故,

无身以为身,名字假施设。名相无所有,

**29.19.1**

[illegible]

kja¹ lew¹ sã¹ mej² ŋwu²

迦 楼 三 昧 是。

迦楼罗三昧。

**29.19.2**

[illegible]

nioow¹ tśjɨɨ¹ mã¹ śjuu¹ śjɨ¹ lji¹ kjĩ¹ no¹ lo¹

复 次, 文 殊 师 利, 紧 那 罗

[illegible]

sã¹ mej² tja¹ ljɨ¹ kjɨ¹ ŋwu² ljaa¹ dạ²

三 昧 者, 何 △ 是? 颂 言

复次,文殊师利,云何名为紧那罗相三昧?即说颂

**29.19.3**

[illegible]

rjɨr² tshjiij¹

△ 说:

曰:

**29.19.4**

| | | | | | | | |
|---|---|---|---|---|---|---|---|
| [illegible] | [illegible] | [illegible] | [illegible] | [illegible], | [illegible] | [illegible] | [illegible] |
| tsjiir$^{1}$ | wji$^{1}$ | mjij$^{1}$ | rjɨr$^{2}$ | wji$^{1}$ | kjĩ$^{1}$ | no$^{1}$ | lo$^{1}$ |
| 法 | 作 | 无 | △ | 作, | 紧 | 那 | 罗 |
| [illegible] | [illegible]。 | [illegible] | [illegible] | [illegible] | [illegible] | [illegible], | |
| ŋwu$^{2}$ | ·jɨ$^{2}$ | thjɨ$^{2}$ | mji$^{1}$ | wee$^{1}$ | tsjij$^{2}$ | ku$^{1}$ | |
| 是 | 谓。 | 是 | 不 | 生 | 了 | 故, | |

法无作而作,说为紧那罗。了知此不生,

**29.19.5**

| | | | | |
|---|---|---|---|---|
| [illegible] | [illegible] | [illegible] | [illegible] | [illegible]。 |
| kjĩ$^{1}$ | no$^{1}$ | sã$^{1}$ | mej$^{2}$ | ŋwu$^{2}$ |
| 紧 | 那 | 三 | 昧 | 是。 |

紧那罗三昧。

**29.19.6**

| | | | | | | | | |
|---|---|---|---|---|---|---|---|---|
| [illegible] | [illegible], | [illegible] | [illegible] | [illegible] | [illegible], | [illegible] | [illegible] | [illegible] |
| nioow$^{1}$ | tśjiɨ$^{1}$ | mã$^{1}$ | śjuu$^{1}$ | śjɨ$^{1}$ | lji$^{1}$ | mo$^{2}$ | xew$^{1}$ | lo$^{1}$ |
| 复 | 次, | 文 | 殊 | 师 | 利, | 摩 | 睺 | 罗 |
| [illegible] | [illegible] | [illegible] | [illegible] | [illegible], | [illegible] | [illegible] | [illegible]? | [illegible] |
| khja$^{2}$ | ·jij$^{1}$ | sã$^{1}$ | mej$^{2}$ | tja$^{1}$ | ljɨ$^{1}$ | kjɨ$^{1}$ | ŋwu$^{2}$ | ljaa$^{1}$ |
| 伽 | 相 | 三 | 昧 | 者, | 何 | △ | 是? | 颂 |

复次,文殊师利,云何名为摩睺罗伽相三昧?

**29.20.1**

| | | |
|---|---|---|
| [illegible] | [illegible] | [illegible]: |
| dạ$^{2}$ | rjɨr$^{2}$ | tshjiij$^{1}$ |
| 言 | △ | 说: |

即说颂曰:

**29.20.2**

| | | | | | | | |
|---|---|---|---|---|---|---|---|
| [illegible] | [illegible] | [illegible] | [illegible] | [illegible], | [illegible] | [illegible] | [illegible] |

| | | | | | | | |
|---|---|---|---|---|---|---|---|
| thja$^{2}$ | ·jij$^{1}$ | mjiij$^{2}$ | dji$^{2}$ | tja$^{1}$ | rjur$^{1}$ | bju$^{1}$ | ·a |
| 彼 | 之 | 名 | 字 | 者， | 世 | 随 | △ |
| [illegible] | [illegible]。 | [illegible] | [illegible] | [illegible] | [illegible] | [illegible]， | |
| gu$^{1}$ | śjwo$^{1}$ | thja$^{2}$ | kha$^{1}$ | tsjiir$^{1}$ | mji$^{1}$ | dju$^{1}$ | |
| 起 | 生。 | 是 | 中 | 法 | 不 | 有， | |

彼由于名字,随世而安立。是中无有法,

**29.20.3**

| | | | | | | | |
|---|---|---|---|---|---|---|---|
| [illegible] | [illegible] | [illegible] | [illegible] | [illegible]。 | [illegible] | [illegible] | [illegible] |
| lwow$^{1}$ | phjo$^{2}$ | kar$^{2}$ | njiij$^{1}$ | śjwo$^{1}$ | phjo$^{2}$ | kar$^{2}$ | ·jij$^{1}$ |
| 妄 | 分 | 别 | 心 | 起。 | 分 | 别 | 自 |
| [illegible] | [illegible]， | [illegible] | [illegible] | [illegible] | [illegible] | [illegible]， | |
| tsjiir$^{2}$ | mjij$^{1}$ | thja$^{2}$ | ·jij$^{1}$ | tsjɨ$^{1}$ | mjij$^{1}$ | sej$^{1}$ | |
| 性 | 无， | 是 | 相 | 亦 | 寂 | 静， | |

而妄起分别。了知此分别,自性无所有,

**29.20.4**

| | | | | | | | |
|---|---|---|---|---|---|---|---|
| [illegible] | [illegible] | [illegible] | [illegible] | [illegible]， | [illegible] | [illegible] | [illegible] |
| thjɨ$^{2}$ | sju$^{2}$ | nwə$^{1}$ | tsjij$^{2}$ | ku$^{1}$ | mo$^{2}$ | xew$^{1}$ | sã$^{1}$ |
| 是 | 如 | 知 | 了 | 故， | 摩 | 睺 | 三 |
| [illegible] | [illegible]。 | | | | | | |
| mej$^{2}$ | ŋwu$^{2}$ | | | | | | |
| 昧 | 是。 | | | | | | |

彼相寂静故,摩睺罗三昧。

## 汉文本

复次,文殊师利,云何名为乾闼婆相三昧？即说颂曰：

彼实无所趣,名言假施设。

了知趣非趣,乾闼婆三昧。

复次,文殊师利,云何名为阿修罗相三昧？即说颂曰：

修罗相所印,其相本无生。

无生故无灭,阿修罗三昧。

复次，文殊师利，云何名为迦楼罗相三昧？即说颂曰：

无身以为身，名字假施设。

名相无所有，迦楼罗三昧。

复次，文殊师利，云何名为紧那罗相三昧？即说颂曰：

法无作而作，说为紧那罗。

了知此不生，紧那罗三昧。

复次，文殊师利，云何名为摩睺罗伽相三昧？即说颂曰：

彼由于名字，随世而安立。

是中无有法，而妄起分别。

了知此分别，自性无所有，

彼相寂静故，摩睺罗三昧。

**29.20.5**

| | | | | | | | | | |
|---|---|---|---|---|---|---|---|---|---|
| [illegible] | [illegible]， | [illegible] | [illegible] | [illegible] | [illegible]， | [illegible] | [illegible] | [illegible] | [illegible] |
| nioow$^{1}$ | tśjɨɨ$^{1}$ | mã$^{1}$ | śjuu$^{1}$ | śjɨ$^{1}$ | lji$^{1}$ | djị$^{1}$ | ·jɨj$^{2}$ | ·jij$^{1}$ | sã$^{1}$ |
| 复 | 次， | 文 | 殊 | 师 | 利， | 地 | 狱 | 相 | 三 |
| [illegible] | [illegible]， | [illegible] | [illegible] | [illegible]？ | [illegible] | [illegible] | [illegible] | [illegible]： | |
| mej$^{2}$ | tja$^{1}$ | ljɨ̣$^{1}$ | kjɨ$^{1}$ | ŋwu$^{2}$ | ljaa$^{1}$ | dạ$^{2}$ | rjɨr$^{2}$ | tshjiij$^{1}$ | |
| 昧 | 者， | 何 | △ | 是？ | 颂 | 言 | △ | 说： | |

复次，文殊师利，云何名为地狱相三昧？即说颂曰：

**29.20.6**

| | | | | | | | |
|---|---|---|---|---|---|---|---|
| [illegible] | [illegible] | [illegible] | [illegible] | [illegible]， | [illegible] | [illegible] | [illegible] |
| djị$^{1}$ | ·jɨj$^{2}$ | ŋa$^{1}$ | ·jij$^{1}$ | mjij$^{1}$ | kwər$^{1}$ | tsjiir$^{2}$ | zji$^{2}$ |
| 地 | 狱 | 空 | 相 | 无， | 体 | 性 | 极 |
| [illegible] | [illegible]。 | [illegible] | [illegible] | [illegible] | [illegible] | [illegible]， | |
| gji$^{1}$ | sej$^{1}$ | thja$^{2}$ | kha$^{1}$ | wji$^{1}$ | mjijr$^{2}$ | mjij$^{1}$ | |
| 清 | 净。 | 是 | 中 | 作 | 者 | 无， | |

地狱空无相，其性极清净。是中无作者，

**29.21.1**

| | | | | | | | |
|---|---|---|---|---|---|---|---|
| [illegible] | [illegible] | [illegible] | [illegible] | [illegible]。 | [illegible] | [illegible] | [illegible] |
| ·jij$^{1}$ | phjo$^{2}$ | kar$^{2}$ | bju$^{1}$ | śjwo$^{1}$ | ŋa$^{2}$ | lhejr$^{2}$ | lhjoor$^{1}$ |
| 自 | 分 | 别 | 从 | 生。 | 我 | 道 | 场 |

| | | | | | | |
|---|---|---|---|---|---|---|
| [illegible] | [illegible], | [illegible] | [illegible] | [illegible] | [illegible] | [illegible]。 |
| dzuu$^2$ | zjọ$^2$ | thjɨ$^2$ | wee$^1$ | mjij$^1$ | ·jij$^1$ | tsjij$^2$ |
| 坐 | 时, | 此 | 生 | 无 | 相 | 了。 |

从自分别生。我坐道场时,了此无生相。

**29.21.2**

| | | | | | | | |
|---|---|---|---|---|---|---|---|
| [illegible] | [illegible] | [illegible] | [illegible] | [illegible], | [illegible] | [illegible] | [illegible] |
| ·jij$^1$ | mjij$^1$ | wee$^1$ | mjij$^1$ | ku$^1$ | thja$^2$ | tsjiir$^2$ | tshọ$^2$ |
| 相 | 无 | 生 | 无 | 故, | 其 | 性 | 虚 |
| [illegible] | [illegible]。 | [illegible] | [illegible] | [illegible] | [illegible] | [illegible], | |
| ŋa$^1$ | sju$^2$ | thjɨ$^2$ | ·jij$^1$ | zji$^2$ | mjij$^1$ | ku$^1$ | |
| 空 | 如。 | 此 | 相 | 皆 | 无 | 故, | |

无相无生故,其性如虚空。此相皆寂静,

**29.21.3**

| | | | | |
|---|---|---|---|---|
| [illegible] | [illegible] | [illegible] | [illegible] | [illegible]。 |
| djị$^1$ | ·jɨj$^2$ | sã$^1$ | mej$^2$ | ŋwu$^2$ |
| 地 | 狱 | 三 | 昧 | 是。 |

是地狱三昧。

**29.21.4**

| | | | | | | | | | |
|---|---|---|---|---|---|---|---|---|---|
| [illegible] | [illegible], | [illegible] | [illegible] | [illegible] | [illegible], | [illegible] | [illegible] | [illegible] | [illegible] |
| nioow$^1$ | tśjɨɨ$^1$ | mã$^1$ | śjuu$^1$ | śjɨ$^1$ | lji$^1$ | sju$^2$ | dzju$^2$ | ·jij$^1$ | sã$^1$ |
| 复 | 次, | 文 | 殊 | 师 | 利, | 畜 | 生 | 相 | 三 |
| [illegible] | [illegible], | [illegible] | [illegible] | [illegible]? | [illegible] | [illegible] | [illegible] | [illegible]: | |
| mej$^2$ | tja$^1$ | ljɨ$^1$ | kjɨ$^1$ | ŋwu$^2$ | ljaa$^1$ | dạ$^2$ | rjɨr$^2$ | tshjiij$^1$ | |
| 昧 | 者, | 何 | △ | 是? | 颂 | 言 | △ | 说: | |

复次,文殊师利,云何名为畜生相三昧?即说颂曰:

**29.21.5**

| | | | | | | | |
|---|---|---|---|---|---|---|---|
| [illegible] | [illegible] | [illegible] | [illegible] | [illegible], | [illegible] | [illegible] | [illegible] |
| djɨj$^2$ | sju$^2$ | dźiã$^2$ | tśhju$^1$ | śja$^2$ | thja$^2$ | kha$^1$ | zjɨr$^1$ |

| | | | | | | | |
|---|---|---|---|---|---|---|---|
| 云 | 如 | 众 | 生 | 现， | 是 | 中 | 实 |
| [illegible] | [illegible]。 | [illegible] | [illegible] | [illegible] | [illegible] | [illegible]， | |
| mji$^{1}$ | dju$^{1}$ | wẹ$^{1}$ | lə | sjịj$^{2}$ | mjij$^{1}$ | dzjwo$^{2}$ | |
| 不 | 有。 | 愚 | 痴 | 智 | 无 | 人， | |

如云现众色，是中无有实。能令无智人，

**29.21.6**

| | | | | | | | |
|---|---|---|---|---|---|---|---|
| [illegible] | [illegible] | [illegible] | [illegible] | [illegible]。 | [illegible] | [illegible] | [illegible] |
| thja$^{2}$ | ɣa$^{2}$ | lha$^{2}$ | ljɨ̣j$^{1}$ | śjwo$^{1}$ | nioow$^{1}$ | sju$^{2}$ | dzju$^{2}$ |
| 此 | 于 | 迷 | 惑 | 生。 | 复 | 畜 | 生 |
| [illegible] | [illegible]， | [illegible] | [illegible] | [illegible] | [illegible] | [illegible]。 | |
| tśja$^{1}$ | ·u$^{2}$ | mə$^{2}$ | mə$^{2}$ | do$^{2}$ | ljụ$^{2}$ | lhjịj$^{2}$ | |
| 道 | 内， | 种 | 种 | 各 | 身 | 受。 | |

于此生迷惑。于彼畜生趣，而受种种身。

**29.22.1**

| | | | | | | | |
|---|---|---|---|---|---|---|---|
| [illegible] | [illegible] | [illegible] | [illegible] | [illegible]， | [illegible] | [illegible] | [illegible] |
| dzjọ$^{1}$ | sju$^{2}$ | tshọ$^{2}$ | ŋa$^{1}$ | djɨ̣j$^{2}$ | mə$^{2}$ | njijr$^{2}$ | tsə̣$^{1}$ |
| 譬 | 如 | 虚 | 空 | 云， | 种 | 诸 | 色 |
| [illegible]。 | [illegible] | [illegible] | [illegible] | [illegible] | [illegible]， | | |
| swu$^{2}$ | sjwɨ̣j$^{1}$ | ·wjɨ̣$^{1}$ | sju$^{2}$ | tsjij$^{2}$ | ku$^{1}$ | | |
| 像。 | 业 | 幻 | 如 | 了 | 故， | | |

犹如虚空云，现于诸色像。了知业如幻，

**29.22.2**

| | | | | | | | |
|---|---|---|---|---|---|---|---|
| [illegible] | [illegible] | [illegible] | [illegible] | [illegible]。 | [illegible] | [illegible] | [illegible] |
| lha$^{2}$ | ljɨ̣j$^{1}$ | njiij$^{1}$ | mji$^{1}$ | śjwo$^{1}$ | thja$^{1}$ | ·jij$^{1}$ | mər$^{2}$ |
| 迷 | 惑 | 心 | 不 | 生。 | 彼 | 相 | 本 |
| [illegible] | [illegible]， | [illegible] | [illegible] | [illegible] | [illegible] | [illegible]。 | |
| mjij$^{1}$ | ku$^{1}$ | sju$^{2}$ | dzju$^{2}$ | sã$^{1}$ | mej$^{2}$ | ŋwu$^{2}$ | |
| 寂 | 故， | 畜 | 生 | 三 | 昧 | 是。 | |

不生迷惑心。彼相本寂静，是畜生三昧。

**29.22.3**

| | | | | | | | | | |
|---|---|---|---|---|---|---|---|---|---|
| nioow$^{1}$ | tśjɨɨ$^{1}$ | mã$^{1}$ | śjuu$^{1}$ | śjɨ$^{1}$ | lji$^{1}$ | ·jã$^{1}$ | mo$^{2}$ | lo$^{1}$ | kięj$^{2}$ |
| 复 | 次， | 文 | 殊 | 师 | 利， | 阎 | 摩 | 罗 | 界 |
| sã$^{1}$ | mej$^{2}$ | tja$^{1}$ | ljɨ̣$^{1}$ | kjɨ$^{1}$ | ŋwu$^{2}$ | ljaa$^{1}$ | dạ$^{2}$ | rjɨr$^{2}$ | |
| 三 | 昧 | 者， | 何 | △ | 是？ | 颂 | 言 | △ | |

复次，文殊师利，云何名为阎魔罗界三昧？即说颂

**29.22.4**

tshjiij$^{1}$

说：

曰：

**29.22.5**

| | | | | | | | |
|---|---|---|---|---|---|---|---|
| niow$^{2}$ | sjwɨj$^{1}$ | nioow$^{1}$ | dza$^{1}$ | sjwɨj$^{1}$ | thjɨ$^{2}$ | sju$^{2}$ | wji$^{1}$ |
| 恶 | 业 | 及 | 杂 | 业， | 是 | 如 | 作 |
| ɣjɨr$^{1}$ | mjijr$^{2}$ | ·jã$^{1}$ | lo$^{1}$ | kięj$^{2}$ | ·u$^{2}$ | ljɨ$^{1}$ | |
| 造 | 者。 | 阎 | 罗 | 界 | 内 | 堕， | |

造作纯黑业，及以杂业者。流转阎罗界，

**29.22.6**

| | | | | | | | |
|---|---|---|---|---|---|---|---|
| mə$^{2}$ | mə$^{2}$ | tśjị$^{1}$ | ɣar$^{1}$ | lhjịj$^{2}$ | ·jã$^{1}$ | lo$^{1}$ | kięj$^{2}$ |
| 种 | 种 | 苦 | 极 | 受。 | 阎 | 罗 | 界 |
| zjɨr$^{1}$ | mjij$^{1}$ | nioow$^{1}$ | ljɨ$^{1}$ | mjijr$^{2}$ | tsjɨ$^{1}$ | mjij$^{1}$ | |
| 实 | 无， | 及 | 堕 | 者 | 亦 | 无。 | |

受于种种苦。实无阎罗界，亦无流转者。

**29.23.1**

| | | | | | | | |
|---|---|---|---|---|---|---|---|
| [illegible] | [illegible] | [illegible] | [illegible] | [illegible]， | [illegible] | [illegible] | [illegible] |
| ·jij[1] | tsjiir[2] | mər[2] | wee[1] | mjij[1] | rjur[1] | tśjị[1] | tsjɨ[1] |
| 自 | 性 | 本 | 生 | 无， | 诸 | 苦 | 亦 |
| [illegible] | [illegible]。 | [illegible] | [illegible] | [illegible] | [illegible] | [illegible]， | |
| mjiij[1] | sju[2] | tjij[1] | thjɨ[2] | sju[2] | bioo[1] | ku[1] | |
| 梦 | 如。 | 若 | 是 | 如 | 观 | 故， | |

自性本无生，诸苦犹如梦。若能如是观，

**29.23.2**

| | | | | |
|---|---|---|---|---|
| [illegible] | [illegible] | [illegible] | [illegible] | [illegible]。 |
| ·jã[1] | lo[1] | sã[1] | mej[2] | ŋwu[2] |
| 阎 | 罗 | 三 | 昧 | 是。 |

阎罗界三昧。

## 汉文本

复次，文殊师利，云何名为地狱相三昧？即说颂曰：
地狱空无相，其性极清净。
是中无作者，从自分别生。
我坐道场时，了此无生相。
无相无生故，其性如虚空。
此相皆寂静，是地狱三昧。
复次，文殊师利，云何名为畜生相三昧？即说颂曰：
如云现众色，是中无有实。
能令无智人，于此生迷惑。
于彼畜生趣，而受种种身。
犹如虚空云，现于诸色像。
了知业如幻，不生迷惑心。
彼相本寂静，是畜生三昧。
复次，文殊师利，云何名为阎魔罗界三昧？即说颂曰：
造作纯黑业，及以杂业者。
流转阎罗界，受于种种苦。

实无阎罗界,亦无流转者。

自性本无生,诸苦犹如梦。

若能如是观,阎罗界三昧。

**29.23.3**

| | | | | | | | | |
|---|---|---|---|---|---|---|---|---|
| [illegible] | [illegible], | [illegible] | [illegible] | [illegible] | [illegible], | [illegible] | [illegible] | [illegible] |
| nioow$^{1}$ | tśjɨɨ$^{1}$ | mã$^{1}$ | śjuu$^{1}$ | śjɨ$^{1}$ | lji$^{1}$ | lẹj$^{2}$ | ·jij$^{1}$ | sã$^{1}$ |
| 复 | 次, | 文 | 殊 | 师 | 利, | 贪 | 相 | 三 |
| [illegible] | [illegible], | [illegible] | [illegible] | [illegible]? | [illegible] | [illegible] | [illegible] | [illegible]: |
| mej$^{2}$ | tja$^{1}$ | ljɨ̣$^{1}$ | kjɨ$^{1}$ | ŋwu$^{2}$ | ljaa$^{1}$ | dạ$^{2}$ | rjɨr$^{2}$ | tshjiij$^{1}$ |
| 昧 | 者, | 何 | △ | 是? | 颂 | 言 | △ | 说: |

复次,文殊师利,云何名为贪相三昧?即说颂曰:

**29.23.4**

| | | | | | | | |
|---|---|---|---|---|---|---|---|
| [illegible] | [illegible] | [illegible] | [illegible] | [illegible], | [illegible] | [illegible] | [illegible] |
| lẹj$^{2}$ | phjo$^{2}$ | kar$^{2}$ | bju$^{1}$ | śjwo$^{1}$ | phjo$^{2}$ | kar$^{2}$ | tsjɨ$^{1}$ |
| 贪 | 分 | 别 | 从 | 生, | 分 | 别 | 亦 |
| [illegible] | [illegible]。 | [illegible] | [illegible] | [illegible] | [illegible] | [illegible], | |
| mji$^{1}$ | dju$^{1}$ | wee$^{1}$ | mjij$^{1}$ | ·jij$^{1}$ | tsjɨ$^{1}$ | mjij$^{1}$ | |
| 非 | 有。 | 生 | 无 | 相 | 亦 | 无, | |

贪从分别生,分别亦非有。无生亦无相,

**29.23.5**

| | | | | | | | |
|---|---|---|---|---|---|---|---|
| [illegible] | [illegible] | [illegible] | [illegible] | [illegible]。 | [illegible] | [illegible] | [illegible] |
| dźjiij$^{1}$ | tjị$^{2}$ | rjir$^{2}$ | tjị$^{2}$ | mjij$^{1}$ | lẹj$^{2}$ | tsjiir$^{2}$ | tshọ$^{2}$ |
| 住 | 处 | 得 | 可 | 不。 | 贪 | 性 | 虚 |
| [illegible] | [illegible], | [illegible] | [illegible] | [illegible] | [illegible] | [illegible]。 | |
| ŋa$^{1}$ | sju$^{2}$ | gu$^{1}$ | śjwo$^{1}$ | tsjɨ$^{1}$ | mji$^{1}$ | dju$^{1}$ | |
| 空 | 如, | 建 | 立 | 亦 | 无 | 有。 | |

住处不可得。贪性如虚空,亦无有建立。

**29.23.6**

| | | | | | | | |
|---|---|---|---|---|---|---|---|
| [illegible] | [illegible] | [illegible] | [illegible] | [illegible], | [illegible] | [illegible] | [illegible] |

| | | | | | | | |
|---|---|---|---|---|---|---|---|
| ·ju$^2$ | mur$^1$ | lwow$^1$ | phjo$^2$ | kar$^2$ | thjɨ$^2$ | nioow$^1$ | laa$^1$ |
| 夫 | 凡 | 妄 | 分 | 别， | 是 | 故 | 染 |
| [illegible] | [illegible]。 | [illegible] | [illegible] | [illegible] | [illegible] | [illegible]， | |
| zjij$^1$ | śjwo$^1$ | tsjiir$^1$ | tsjiir$^2$ | mər$^2$ | laa$^1$ | mjij$^1$ | |
| 著 | 立。 | 法 | 性 | 本 | 染 | 无， | |

凡夫妄分别，由斯贪染生。法性本无染，

**29.24.1**

| | | | | | | | |
|---|---|---|---|---|---|---|---|
| [illegible] | [illegible] | [illegible] | [illegible] | [illegible]。 | [illegible] | [illegible] | [illegible] |
| gji$^1$ | sej$^1$ | tsho̱$^2$ | ŋa$^1$ | sju$^2$ | śja$^1$ | ljijr$^2$ | zjir$^2$ |
| 清 | 净 | 虚 | 空 | 如。 | 十 | 方 | 遍 |
| [illegible] | [illegible]， | [illegible] | [illegible] | [illegible] | [illegible] | [illegible]。 | |
| tjoo$^1$ | ·ju$^2$ | thja$^1$ | tsjiir$^2$ | rjir$^1$ | tji̱$^2$ | mjij$^1$ | |
| 推 | 求， | 其 | 性 | 得 | 可 | 不。 | |

清净如虚空。十方遍推求，其性不可得。

**29.24.2**

| | | | | | | | |
|---|---|---|---|---|---|---|---|
| [illegible] | [illegible] | [illegible] | [illegible] | [illegible]， | [illegible] | [illegible] | [illegible] |
| tsjiir$^2$ | ŋa$^1$ | mji$^1$ | tsjij$^2$ | ku$^1$ | lej̱$^2$ | ljij$^2$ | kja̱$^1$ |
| 性 | 空 | 不 | 了 | 故， | 贪 | 见 | 畏 |
| [illegible] | [illegible]。 | [illegible] | [illegible] | [illegible] | [illegible] | [illegible]， | |
| le$^2$ | śjwo$^1$ | kja̱$^1$ | mjij$^1$ | ɣa$^2$ | kja̱$^1$ | śjwo$^1$ | |
| 怖 | 生。 | 畏 | 无 | 于 | 畏 | 生， | |

不了性空故，见贪生怖畏。无畏生畏想，

**29.24.3**

| | | | | | | | |
|---|---|---|---|---|---|---|---|
| [illegible] | [illegible] | [illegible] | [illegible] | [illegible]？ | [illegible] | [illegible] | [illegible] |
| no$^2$ | rejr$^2$ | thjij$^2$ | sjo$^2$ | rjir$^2$ | dzjo̱$^1$ | sju$^2$ | we̱$^1$ |
| 安 | 乐 | 何 | 云 | 得？ | 譬 | 如 | 愚 |
| [illegible] | [illegible]， | [illegible] | [illegible] | [illegible] | [illegible] | [illegible]。 | |
| lə | dzjwo$^2$ | tsho̱$^2$ | ŋa$^1$ | ·jij$^1$ | kja̱$^1$ | le$^2$ | |
| 痴 | 人， | 虚 | 空 | 之 | 畏 | 怖。 | |

于何得安乐？譬如愚痴人，怖畏于虚空。

**29.24.4**

| | | | | | | | |
|---|---|---|---|---|---|---|---|
| [illegible] | [illegible] | [illegible] | [illegible] | [illegible]， | [illegible] | [illegible] | [illegible] |
| tśjɨɨr$^{2}$ | ŋewr$^{1}$ | gjiw$^{1}$ | tśhjaa$^{1}$ | ta$^{1}$ | ŋa$^{1}$ | bji$^{2}$ | ljij$^{2}$ |
| 惊 | 惧 | 隐 | 于 | 走， | 空 | 避 | 见 |
| [illegible] | [illegible]。 | [illegible] | [illegible] | [illegible] | [illegible] | [illegible]， | |
| mjij$^{1}$ | kiẹj$^{2}$ | tshọ$^{2}$ | ŋa$^{1}$ | zji$^{2}$ | do$^{2}$ | njɨ$^{2}$ | |
| 不 | 欲。 | 虚 | 空 | 皆 | 处 | 遍， | |

惊惧而驰走，避空不欲见。虚空遍一切，

**29.24.5**

| | | | | | | | |
|---|---|---|---|---|---|---|---|
| [illegible] | [illegible] | [illegible] | [illegible] | [illegible]？ | [illegible] | [illegible] | [illegible] |
| dźjow$^{1}$ | ka$^{2}$ | tjị$^{2}$ | ljọ$^{2}$ | wjij$^{2}$ | wẹ$^{1}$ | mjijr$^{2}$ | njiij$^{1}$ |
| 分 | 离 | 可 | 岂 | 有？ | 愚 | 者 | 心 |
| [illegible] | [illegible]， | [illegible] | [illegible] | [illegible] | [illegible] | [illegible]。 | |
| lha$^{2}$ | nioow$^{1}$ | tśhjɨɨ$^{2}$ | tśhjuu$^{2}$ | phjo$^{2}$ | kar$^{2}$ | śjwo$^{1}$ | |
| 迷 | 故， | 颠 | 倒 | 分 | 别 | 生。 | |

于何而得离？愚夫迷惑故，颠倒分别生。

**29.24.6**

| | | | | | | | |
|---|---|---|---|---|---|---|---|
| [illegible] | [illegible] | [illegible] | [illegible] | [illegible]， | [illegible] | [illegible] | [illegible] |
| lẹj$^{2}$ | mər$^{2}$ | ·jij$^{1}$ | tsjiir$^{2}$ | mjij$^{1}$ | lwow$^{1}$ | dwər$^{1}$ | ka$^{2}$ |
| 贪 | 本 | 自 | 性 | 无， | 妄 | 厌 | 离 |
| [illegible] | [illegible]。 | [illegible] | [illegible] | [illegible] | [illegible] | [illegible]， | |
| njiij$^{1}$ | śjwo$^{1}$ | dzjọ$^{1}$ | dzjwo$^{2}$ | ŋa$^{1}$ | ·jij$^{1}$ | bji$^{2}$ | |
| 心 | 生。 | 如 | 人 | 空 | 之 | 避， | |

贪本无自性，妄生厌离心。如人欲避空，

**29.25.1**

| | | | | | | | |
|---|---|---|---|---|---|---|---|
| [illegible] | [illegible] | [illegible] | [illegible] | [illegible]。 | [illegible] | [illegible] | [illegible] |
| tsiow | śjij$^{1}$ | lja$^{1}$ | tjị$^{2}$ | mjij$^{1}$ | rjur$^{1}$ | tsjiir$^{1}$ | tsjiir$^{2}$ |
| 永 | 世 | 脱 | 可 | 不。 | 诸 | 法 | 性 |

| | | | | | | |
|---|---|---|---|---|---|---|
| [illegible] | [illegible]， | [illegible] | [illegible] | [illegible] | [illegible] | [illegible]。 |
| ·jij$^{1}$ | ka$^{2}$ | djiij$^{2}$ | phã$^{1}$ | rjir$^{2}$ | ·a | tjịj$^{2}$ |
| 自 | 离， | 涅 | 槃 | 与 | 一 | 样。 |

终无能脱者。诸法性自离，犹如于涅槃。

**29.25.2**

| | | | | | | | |
|---|---|---|---|---|---|---|---|
| [illegible] | [illegible] | [illegible] | [illegible] | [illegible]， | [illegible] | [illegible] | [illegible] |
| sọ$^{1}$ | zjọ$^{2}$ | tha$^{1}$ | ŋowr$^{2}$ | ŋowr$^{2}$ | lẹj$^{2}$ | tsjiir$^{2}$ | ŋa$^{1}$ |
| 三 | 世 | 佛 | 一 | 切， | 贪 | 性 | 空 |
| [illegible] | [illegible]。 | [illegible] | [illegible] | [illegible] | [illegible] | [illegible]， | |
| tsjij$^{2}$ | ku$^{1}$ | thjɨ$^{2}$ | mjɨɨ$^{2}$ | rjur$^{1}$ | kha$^{1}$ | dźjiij$^{1}$ | |
| 了 | 故。 | 此 | 境 | 界 | 中 | 住， | |

三世一切佛，了知贪性空。住此境界中，

**29.25.3**

| | | | | | | | |
|---|---|---|---|---|---|---|---|
| [illegible] | [illegible] | [illegible] | [illegible] | [illegible]。 | [illegible] | [illegible] | [illegible] |
| tsej$^{2}$ | zjịj$^{1}$ | mjij$^{1}$ | dźjɨɨr$^{1}$ | ka$^{2}$ | lẹj$^{2}$ | ɣa$^{2}$ | kjạ$^{1}$ |
| 霎 | 时 | 不 | 舍 | 离。 | 贪 | 于 | 畏 |
| [illegible] | [illegible]， | [illegible] | [illegible] | [illegible] | [illegible] | [illegible]。 | |
| le$^{2}$ | mjijr$^{2}$ | sjwɨ$^{1}$ | sjiij$^{2}$ | bie$^{2}$ | lhew$^{2}$ | kjụ$^{1}$ | |
| 怖 | 者， | 思 | 想 | 解 | 脱 | 求。 | |

未曾有舍离。于贪怖畏者，思惟求解脱。

**29.25.4**

| | | | | | | | |
|---|---|---|---|---|---|---|---|
| [illegible] | [illegible] | [illegible] | [illegible] | [illegible]， | [illegible] | [illegible] | [illegible] |
| thjɨ$^{2}$ | sju$^{2}$ | lẹj$^{2}$ | ·jij$^{1}$ | tsjiir$^{2}$ | zji$^{2}$ | dźjwa$^{1}$ | ·ju$^{2}$ |
| 是 | 如 | 贪 | 自 | 性， | 究 | 竟 | 常 |
| [illegible] | [illegible]。 | [illegible] | [illegible] | [illegible] | [illegible] | [illegible] | |
| gji$^{1}$ | sej$^{1}$ | ŋa$^{2}$ | po$^{1}$ | tjɨj$^{1}$ | ljạ$^{1}$ | ja$^{1}$ | |
| 清 | 净。 | 我 | 菩 | 提 | 证 | 时， | |

如是贪自性，究竟常清净。我证菩提时，

**29.25.5**

| | | | | | | | |
|---|---|---|---|---|---|---|---|
| [illegible] | [illegible] | [illegible] | [illegible] | [illegible]。 | [illegible] | [illegible] | [illegible] |
| zji$^{2}$ | ·a | tjɨj$^{2}$ | tśjɨ$^{1}$ | tsjij$^{2}$ | tjij$^{1}$ | lẹj$^{2}$ | dju$^{1}$ |
| 皆 | 一 | 样 | 悟 | 了。 | 若 | 贪 | 有 |
| [illegible] | [illegible], | [illegible] | [illegible] | [illegible] | [illegible] | [illegible]。 | |
| zow$^{2}$ | zjij$^{1}$ | thja$^{2}$ | ɣa$^{2}$ | ka$^{2}$ | lew$^{2}$ | dju$^{1}$ | |
| 执 | 著, | 彼 | 于 | 离 | 当 | 有。 | |

了达皆平等。若执贪为有,于彼当舍离。

**29.25.6**

| | | | | | | | |
|---|---|---|---|---|---|---|---|
| [illegible] | [illegible] | [illegible] | [illegible] | [illegible], | [illegible] | [illegible] | [illegible] |
| lwow$^{1}$ | phjo$^{2}$ | kar$^{2}$ | nioow$^{1}$ | ku$^{1}$ | lẹj$^{2}$ | dźjɨɨr$^{1}$ | ka$^{2}$ |
| 妄 | 分 | 别 | 因 | 故, | 贪 | 舍 | 离 |
| [illegible] | [illegible]。 | [illegible] | [illegible] | [illegible] | [illegible] | [illegible], | |
| ŋa$^{2}$ | ·jɨ$^{2}$ | thjɨ$^{2}$ | phjo$^{2}$ | kar$^{2}$ | njiij$^{1}$ | ŋwu$^{2}$ | |
| △ | 言。 | 此 | 分 | 别 | 心 | 是, | |

由妄分别故,而言舍离贪。此唯分别心,

**29.26.1**

| | | | | | | | |
|---|---|---|---|---|---|---|---|
| [illegible] | [illegible] | [illegible] | [illegible] | [illegible]。 | [illegible] | [illegible] | [illegible] |
| zjɨr$^{1}$ | dźjɨɨr$^{1}$ | ka$^{2}$ | mji$^{1}$ | dju$^{1}$ | thja$^{1}$ | tsjiir$^{2}$ | rjir$^{1}$ |
| 实 | 舍 | 离 | 无 | 有。 | 其 | 性 | 得 |
| [illegible] | [illegible], | [illegible] | [illegible] | [illegible] | [illegible] | [illegible]。 | |
| tjị$^{2}$ | mjij$^{1}$ | dzjar$^{2}$ | ljiij$^{2}$ | lew$^{2}$ | tsjɨ$^{1}$ | mjij$^{1}$ | |
| 可 | 不, | 灭 | 坏 | 当 | 亦 | 无。 | |

实无有舍离。其性不可得,亦无有灭坏。

**29.26.2**

| | | | | | | | |
|---|---|---|---|---|---|---|---|
| [illegible] | [illegible] | [illegible] | [illegible] | [illegible], | [illegible] | [illegible] | [illegible] |
| tśhja$^{2}$ | ka$^{1}$ | zjɨr$^{1}$ | bju$^{2}$ | kha$^{1}$ | bie$^{2}$ | lhew$^{2}$ | phjo$^{2}$ |
| 平 | 等 | 实 | 际 | 中, | 解 | 脱 | 分 |

| | | | | | | |
|---|---|---|---|---|---|---|
| [illegible] | [illegible]。 | [illegible] | [illegible] | [illegible] | [illegible] | [illegible]， |
| kar² | mjij¹ | lẹj² | ɣa² | bie² | lhew² | ku¹ |
| 别 | 无。 | 贪 | 于 | 解 | 脱 | 故， |

平等实际中，无解脱分别。若于贪解脱，

**29.26.3**

| | | | | | | | |
|---|---|---|---|---|---|---|---|
| [illegible] | [illegible] | [illegible] | [illegible] | [illegible]。 | [illegible] | [illegible] | [illegible] |
| ŋa¹ | ɣa² | tsjɨ¹ | phjo² | kar² | tshọ² | ŋa¹ | ljị¹ |
| 空 | 于 | 亦 | 分 | 别。 | 虚 | 空 | 与 |
| [illegible] | [illegible]， | [illegible] | [illegible] | [illegible] | [illegible] | [illegible]。 | |
| nioow¹ | lẹj² | sji¹ | mjij¹ | do² | pha¹ | mjij¹ | |
| 及 | 贪， | 尽 | 无 | 差 | 别 | 无。 | |

于空亦解脱。虚空及与贪，无尽无差别。

**29.26.4**

| | | | | | | | |
|---|---|---|---|---|---|---|---|
| [illegible] | [illegible] | [illegible] | [illegible] | [illegible]， | [illegible] | [illegible] | [illegible] |
| tjij¹ | do² | pha¹ | ljij² | ku¹ | thja² | ·jij¹ | dźjɨɨr¹ |
| 若 | 差 | 别 | 见 | 故， | 彼 | 之 | 舍 |
| [illegible] | [illegible]。 | [illegible] | [illegible] | [illegible] | [illegible] | [illegible]， | |
| ka² | tshjiij¹ | lẹj² | zjɨr¹ | śjwo¹ | lew² | dju¹ | |
| 离 | 说。 | 贪 | 实 | 生 | 当 | 有， | |

若见差别者，我说令舍离。贪实无有生，

**29.26.5**

| | | | | | | | |
|---|---|---|---|---|---|---|---|
| [illegible] | [illegible] | [illegible] | [illegible] | [illegible]。 | [illegible] | [illegible] | [illegible] |
| lwow¹ | phjo² | kar² | gu¹ | śjwo¹ | thja² | lẹj² | mər² |
| 妄 | 分 | 别 | 起 | 生。 | 彼 | 贪 | 本 |
| [illegible] | [illegible]， | [illegible] | [illegible] | [illegible] | [illegible] | [illegible]。 | |
| tsjiir² | ŋa¹ | lew¹ | dź- | mjiij² | dji² | dju¹ | |
| 性 | 空， | 但 | 假 | 名 | 字 | 有。 | |

妄起生分别。彼贪本性空，但有假名字。

**29.26.6**

| | | | | | | | |
|---|---|---|---|---|---|---|---|
| [illegible] | [illegible] | [illegible] | [illegible] | [illegible]， | [illegible] | [illegible] | [illegible] |
| thjɨ$^{2}$ | dź- | mjiij$^{2}$ | dji$^{2}$ | bju$^{1}$ | zow$^{2}$ | zjij$^{1}$ | śjwo$^{1}$ |
| 此 | 假 | 名 | 字 | 以， | 执 | 著 | 生 |
| [illegible] | [illegible]。 | [illegible] | [illegible] | [illegible] | [illegible] | [illegible]， | |
| lew$^{2}$ | njaa$^{2}$ | lẹj$^{2}$ | laa$^{1}$ | mjij$^{1}$ | tsjij$^{2}$ | ku$^{1}$ | |
| 应 | 不。 | 贪 | 染 | 无 | 了 | 故， | |

不应以此名，而生于执著。了贪无染故，

**29.27.1**

| | | | | | | | |
|---|---|---|---|---|---|---|---|
| [illegible] | [illegible] | [illegible] | [illegible] | [illegible]。 | [illegible] | [illegible] | [illegible] |
| sji$^{1}$ | dźjwa$^{1}$ | ŋa$^{1}$ | ɣiej$^{1}$ | ŋwu$^{2}$ | lẹj$^{2}$ | ·jij$^{1}$ | dzjar$^{2}$ |
| 毕 | 竟 | 空 | 实 | 是。 | 贪 | 之 | 灭 |
| [illegible] | [illegible]， | [illegible] | [illegible] | [illegible]① | [illegible] | [illegible]。 | |
| ljiij$^{2}$ | nioow$^{1}$ | bie$^{2}$ | lhew$^{2}$ | rjir$^{2}$ | ljɨ$^{1}$ | njaa$^{2}$ | |
| 坏 | 由， | 解 | 脱 | 得 | 与 | 不。 | |

是则毕竟空。不由灭坏贪，而得于解脱。

**29.27.2**

| | | | | | | | |
|---|---|---|---|---|---|---|---|
| [illegible] | [illegible] | [illegible] | [illegible] | [illegible]， | [illegible] | [illegible] | [illegible] |
| lẹj$^{2}$ | tsjiir$^{1}$ | tha$^{1}$ | tsjiir$^{1}$ | rjir$^{2}$ | ·a | tjɨj$^{2}$ | djiij$^{2}$ |
| 贪 | 法 | 佛 | 法 | 与， | 一 | 样 | 涅 |
| [illegible] | [illegible]。 | [illegible] | [illegible] | [illegible] | [illegible] | [illegible]， | |
| phã$^{1}$ | ŋwu$^{2}$ | sjij$^{2}$ | zjɨr$^{1}$ | mjijr$^{2}$ | nwə$^{1}$ | lew$^{2}$ | |
| 槃 | 是。 | 智 | 慧 | 者 | 知 | 当， | |

贪法与佛法，平等即涅槃。智者应当知，

**29.27.3**

| | | | | | | | |
|---|---|---|---|---|---|---|---|
| [illegible] | [illegible] | [illegible] | [illegible] | [illegible]。 | [illegible] | [illegible] | [illegible] |

① 原文残，据汉文文义拟补。

| | | | | | | | |
|---|---|---|---|---|---|---|---|
| lẹj² | mjij¹ | sej¹ | ·a | tsjij² | mjij¹ | sej¹ | rjur¹ |
| 贪 | 寂 | 静 | 已 | 了。 | 寂 | 静 | 界 |
| [illegible] | [illegible]， | [illegible] | [illegible] | [illegible] | [illegible] | [illegible]。 | |
| ·o² | ku¹ | lẹj² | ·jij¹ | sã¹ | mej² | ŋwu² | |
| 入 | 故， | 贪 | 相 | 三 | 昧 | 是。 | |

了贪寂静已。入于寂静界，是名贪三昧。

## 汉文本

复次，文殊师利，云何名为贪相三昧？即说颂曰：

贪从分别生，分别亦非有。

无生亦无相，住处不可得。

贪性如虚空，亦无有建立。

凡夫妄分别，由斯贪染生。

法性本无染，清净如虚空。

十方遍推求，其性不可得。

不了性空故，见贪生怖畏。

无畏生畏想，于何得安乐？

譬如愚痴人，怖畏于虚空。

惊惧而驰走，避空不欲见。

虚空遍一切，于何而得离？

愚夫迷惑故，颠倒分别生。

贪本无自性，妄生厌离心。

如人欲避空，终无能脱者。

诸法性自离，犹如于涅槃。

三世一切佛，了知贪性空。

住此境界中，未曾有舍离。

于贪怖畏者，思惟求解脱。

如是贪自性，究竟常清净。

我证菩提时，了达皆平等。

若执贪为有，于彼当舍离。

由妄分别故，而言舍离贪。

此唯分别心，实无有舍离。

其性不可得，亦无有灭坏。

平等实际中，无解脱分别。

若于贪解脱，于空亦解脱。

虚空及与贪，无尽无差别。

若见差别者，我说令舍离。
贪实无有生，妄起生分别。
彼贪本性空，但有假名字。
不应以此名，而生于执著。
了贪无染故，是则毕竟空。
不由灭坏贪，而得于解脱。
贪法与佛法，平等即涅槃。
智者应当知，了贪寂静已。
入于寂静界，是名贪三昧。

**29.27.4**

| | | | | | | | | |
|---|---|---|---|---|---|---|---|---|
| [illegible] | [illegible]， | [illegible] | [illegible] | [illegible] | [illegible]， | [illegible] | [illegible] | [illegible] |
| nioow$^1$ | tśjɨɨ$^1$ | mã$^1$ | śjuu$^1$ | śjɨ$^1$ | lji$^1$ | tshjạ$^1$ | ·jij$^1$ | sã$^1$ |
| 复 | 次， | 文 | 殊 | 师 | 利， | 瞋 | 相 | 三 |
| [illegible] | [illegible]， | [illegible] | [illegible] | [illegible]？ | [illegible] | [illegible] | [illegible] | [illegible]： |
| mej$^2$ | tja$^1$ | ljɨ̣$^1$ | kjɨ$^1$ | ŋwu$^2$ | ljaa$^1$ | dạ$^2$ | rjɨr$^2$ | tshjiij$^1$ |
| 昧 | 者， | 何 | △ | 是？ | 颂 | 言 | △ | 说： |

复次，文殊师利，云何名为瞋相三昧？即说颂曰：

**29.27.5**

| | | | | | | | |
|---|---|---|---|---|---|---|---|
| [illegible] | [illegible] | [illegible] | [illegible] | [illegible]， | [illegible] | [illegible] | [illegible] |
| tshọ$^2$ | lạ$^1$ | ·jiw$^1$ | nioow$^1$ | bju$^1$ | lwow$^1$ | tshjạ$^1$ | kwow$^2$ |
| 虚 | 妄 | 因 | 缘 | 以， | 妄 | 瞋 | 恚 |
| [illegible] | [illegible]。 | [illegible] | [illegible] | [illegible] | [illegible] | [illegible]， | |
| njiij$^1$ | śjwo$^1$ | ŋa$^2$ | mjij$^1$ | twụ$^1$ | ŋa$^2$ | zow$^2$ | |
| 心 | 生。 | 我 | 无 | 处 | 我 | 执， | |

以虚妄因缘，而起于瞋恚。无我执为我，

**29.27.6**

| | | | | | | | |
|---|---|---|---|---|---|---|---|
| [illegible] | [illegible] | [illegible] | [illegible] | [illegible]。 | [illegible] | [illegible] | [illegible] |
| niow$^2$ | bja$^1$ | niow$^2$ | ɣię$^2$ | nioow$^1$ | kjir$^1$ | dźja$^2$ | tshjạ$^1$ |
| 恶 | 粗 | 恶 | 声 | 由。 | 猛 | 利 | 瞋 |
| [illegible] | [illegible]， | [illegible] | [illegible] | [illegible] | [illegible] | [illegible]。 | |

| | | | | | | |
|---|---|---|---|---|---|---|
| njiij$^{1}$ | śjwo$^{1}$ | do$^{1}$ | ɣar$^{1}$ | do$^{2}$ | wjɨ$^{2}$ | sju$^{2}$ |
| 心 | 生， | 毒 | 极 | 毒 | 犹 | 如。 |

及由粗恶声。起猛利瞋心，犹如于恶毒。

**29.28.1**

| | | | | | | | |
|---|---|---|---|---|---|---|---|
| [illegible] | [illegible] | [illegible] | [illegible] | [illegible]， | [illegible] | [illegible] | [illegible] |
| mə$^{2}$ | ɣię$^{2}$ | nioow$^{1}$ | tshjạ$^{1}$ | kwow$^{2}$ | zji$^{2}$ | dźjwa$^{1}$ | dju$^{1}$ |
| 音 | 声 | 及 | 瞋 | 恚， | 究 | 竟 | 有 |
| [illegible] | [illegible]。 | [illegible] | [illegible] | [illegible] | [illegible] | [illegible]， | |
| lew$^{2}$ | mjij$^{1}$ | sji$^{1}$ | ljạ$^{1}$ | məə$^{1}$ | to$^{2}$ | sju$^{2}$ | |
| 所 | 无。 | 木 | 钻 | 火 | 出 | 如， | |

音声及瞋恚，究竟无所有。如钻木出火，

**29.28.2**

| | | | | | | | |
|---|---|---|---|---|---|---|---|
| [illegible] | [illegible] | [illegible] | [illegible] | [illegible]。 | [illegible] | [illegible] | [illegible] |
| ·ji$^{1}$ | ·jiw$^{1}$ | nioow$^{1}$ | ɣa$^{2}$ | tha$^{2}$ | tjij$^{1}$ | ·jiw$^{1}$ | mjij$^{1}$ |
| 众 | 因 | 缘 | 于 | 假。 | 若 | 缘 | 不 |
| [illegible] | [illegible]， | [illegible] | [illegible] | [illegible] | [illegible] | [illegible]。 | |
| ŋwej$^{2}$ | ku$^{1}$ | tśjo | məə$^{1}$ | to$^{2}$ | lew$^{2}$ | mjij$^{1}$ | |
| 合 | 故， | 终 | 火 | 出 | 所 | 无。 | |

要假众缘力。若缘不和合，火终不得生。

**29.28.3**

| | | | | | | | |
|---|---|---|---|---|---|---|---|
| [illegible] | [illegible] | [illegible] | [illegible] | [illegible]， | [illegible] | [illegible] | [illegible] |
| thja$^{2}$ | njiij$^{1}$ | mjij$^{1}$ | ·o$^{2}$ | ɣię$^{2}$ | zji$^{2}$ | dźjwa$^{1}$ | dju$^{1}$ |
| 是 | 心 | 不 | 悦 | 声， | 毕 | 竟 | 有 |
| [illegible] | [illegible]。 | [illegible] | [illegible] | [illegible] | [illegible] | [illegible]， | |
| lew$^{2}$ | mjij$^{1}$ | ɣię$^{2}$ | tsjiir$^{2}$ | ŋa$^{1}$ | nwə$^{1}$ | ku$^{1}$ | |
| 所 | 无。 | 声 | 性 | 空 | 知 | 故， | |

是不悦意声，毕竟无所有。知声性空故，

**29.28.4**

| | | | | | | | |
|---|---|---|---|---|---|---|---|
| [illegible] | [illegible] | [illegible] | [illegible] | [illegible]。 | [illegible] | [illegible] | [illegible] |

| | | | | | | | |
|---|---|---|---|---|---|---|---|
| mjij¹ | tshją¹ | tsjɨ¹ | mjij¹ | śjwo¹ | tshją¹ | ɣię² | ɣa² |
| 不 | 瞋 | 亦 | 不 | 生。 | 瞋 | 声 | 于 |
| [illegible] | [illegible], | [illegible] | [illegible] | [illegible] | [illegible] | [illegible]。 | |
| mjij¹ | dźjiij¹ | ljụ² | ·u² | tsjɨ¹ | mjij¹ | dźjiij¹ | |
| 不 | 在, | 身 | 中 | 亦 | 不 | 住。 | |

瞋亦不复生。瞋不在于声,亦不身中住。

**29.28.5**

| | | | | | | | |
|---|---|---|---|---|---|---|---|
| [illegible] | [illegible] | [illegible] | [illegible] | [illegible], | [illegible] | [illegible] | [illegible] |
| ·jiw¹ | dzow¹ | ŋwej² | bju¹ | wor¹ | ·jiw¹ | ka² | tśjo |
| 因 | 和 | 合 | 从 | 起, | 缘 | 离 | 终 |
| [illegible] | [illegible]。 | [illegible] | [illegible] | [illegible] | [illegible] | [illegible], | |
| mjij¹ | śjwo¹ | dzjọ¹ | lhju¹ | njɨ² | ·jiw¹ | nioow¹ | |
| 不 | 生。 | 如 | 乳 | 等 | 因 | 缘, | |

因缘和合起,离缘终不生。如因乳等缘,

**29.28.6**

| | | | | | | | |
|---|---|---|---|---|---|---|---|
| [illegible] | [illegible] | [illegible] | [illegible] | [illegible]。 | [illegible] | [illegible] | [illegible] |
| ŋwej² | bju¹ | njwɨ¹ | lhə | to² | tshją¹ | ·jij¹ | tsjiir² |
| 合 | 从 | 酪 | 酥 | 生。 | 瞋 | 自 | 性 |
| [illegible] | [illegible], | [illegible] | [illegible] | [illegible] | [illegible] | [illegible]。 | |
| śjwo¹ | mjij¹ | bją¹ | niow² | mə² | ɣię² | nioow¹ | |
| 起 | 无, | 粗 | 恶 | 音 | 声 | 因。 | |

和合生酥酪。瞋自性无起,因于粗恶声。

**29.29.1**

| | | | | | | | |
|---|---|---|---|---|---|---|---|
| [illegible] | [illegible] | [illegible] | [illegible] | [illegible], | [illegible] | [illegible] | [illegible] |
| wę¹ | mjijr² | mjij¹ | tsjij² | bju¹ | tsja¹ | śjwo¹ | ·jij¹ |
| 愚 | 者 | 不 | 了 | 依, | 热 | 起 | 自 |
| [illegible] | [illegible]。 | [illegible] | [illegible] | [illegible] | [illegible] | [illegible], | |
| ·jij¹ | lu² | tshją¹ | tsjiir² | mər² | mjij¹ | sej¹ | |
| 自 | 烧。 | 瞋 | 性 | 本 | 寂 | 静, | |

愚者不能了，热恼自烧燃。应当如是知①，

**29.29.2**

| | | | | | | | |
|---|---|---|---|---|---|---|---|
| [illegible] | [illegible] | [illegible] | [illegible] | [illegible]， | [illegible] | [illegible] | [illegible] |
| zji$^{2}$ | dźjwa$^{1}$ | dju$^{1}$ | lew$^{2}$ | mjij$^{1}$ | lew$^{1}$ | dź- | mjiij$^{2}$ |
| 究 | 竟 | 有 | 所 | 无， | 但 | 假 | 名 |
| [illegible] | [illegible]， | [illegible] | [illegible] | [illegible] | [illegible] | [illegible]。 | |
| dji$^{2}$ | dju$^{1}$ | thjɨ$^{2}$ | sju$^{2}$ | nwə$^{1}$ | tsjij$^{2}$ | lew$^{2}$ | |
| 字 | 有， | 是 | 如 | 知 | 了 | 应。 | |

究竟无所有，瞋性本寂静②，但有于假名。

**29.29.3**

| | | | | | | | |
|---|---|---|---|---|---|---|---|
| [illegible] | [illegible] | [illegible] | [illegible] | [illegible]， | [illegible] | [illegible] | [illegible] |
| tshjạ$^{1}$ | ·jij$^{1}$ | zjɨr$^{1}$ | bju$^{2}$ | ŋwu$^{2}$ | mjor$^{1}$ | ɣiej$^{1}$ | bju$^{1}$ |
| 瞋 | 自 | 实 | 际 | 是， | 实 | 真 | 依 |
| [illegible] | [illegible]。 | [illegible] | [illegible] | [illegible] | [illegible] | [illegible]， | |
| gu$^{1}$ | śjwo$^{1}$ | tsjiir$^{1}$ | rjur$^{1}$ | sju$^{2}$ | tsjij$^{2}$ | ku$^{1}$ | |
| 起 | 生。 | 法 | 界 | 如 | 了 | 故， | |

瞋恚即实际，以依真如起。了知如法界，

**29.29.4**

| | | | | |
|---|---|---|---|---|
| [illegible] | [illegible] | [illegible] | [illegible] | [illegible]。 |
| tshjạ$^{1}$ | ·jij$^{1}$ | sã$^{1}$ | mej$^{2}$ | ŋwu$^{2}$ |
| 瞋 | 相 | 三 | 昧 | 是。 |

是名瞋三昧。

## 汉文本

复次，文殊师利，云何名为瞋相三昧？即说颂曰：

以虚妄因缘，而起于瞋恚。

无我执为我，及由粗恶声。

① 应当如是知，西夏译文见下一行。

② 瞋性本寂静，西夏译文见上一行。

起猛利瞋心，犹如于恶毒。
音声及瞋恚，究竟无所有。
如钻木出火，要假众缘力。
若缘不和合，火终不得生。
是不悦意声，毕竟无所有。
知声性空故，瞋亦不复生。
瞋不在于声，亦不身中住。
因缘和合起，离缘终不生。
如因乳等缘，和合生酥酪。
瞋自性无起，因于粗恶声。
愚者不能了，热恼自烧燃。
应当如是知，究竟无所有，
瞋性本寂静，但有于假名。
瞋恚即实际，以依真如起。
了知如法界，是名瞋三昧。

**29.29.5**

| | | | | | | | | |
|---|---|---|---|---|---|---|---|---|
| [illegible] | [illegible]， | [illegible] | [illegible] | [illegible] | [illegible]， | [illegible] | [illegible] | [illegible] |
| nioow[1] | tśjiɨ[1] | mã[1] | śjuu[1] | śjɨ[1] | lji[1] | lə[2] | ·jij[1] | sã[1] |
| 复 | 次， | 文 | 殊 | 师 | 利， | 痴 | 相 | 三 |
| [illegible] | [illegible]， | [illegible] | [illegible] | [illegible]？ | [illegible] | [illegible] | [illegible] | [illegible]： |
| mej[2] | tja[1] | lji̹[1] | kjɨ[1] | ŋwu[2] | ljaa[1] | dạ[2] | rjɨr[2] | tshjiij[1] |
| 昧 | 者， | 何 | △ | 是？ | 颂 | 言 | △ | 说： |

复次，文殊师利，云何名为痴相三昧？即说颂曰：

**29.29.6**

| | | | | | | | |
|---|---|---|---|---|---|---|---|
| [illegible] | [illegible] | [illegible] | [illegible] | [illegible]， | [illegible] | [illegible] | [illegible] |
| bju[1] | mjij[1] | kwər[1] | tsjiir[2] | ŋa[1] | mər[2] | ɣa[2] | njiij[1] |
| 明 | 无 | 体 | 性 | 空， | 本 | 于 | 心 |
| [illegible] | [illegible]。 | [illegible] | [illegible] | [illegible] | [illegible] | [illegible]， | |
| śjwo[1] | mjij[1] | thja[2] | kha[1] | zjɨɨr[1] | zjij[1] | lə[2] | |
| 起 | 无。 | 是 | 中 | 少 | 许 | 痴， | |

无明体性空，本自无生起。是中无少法，

**29.30.1**

| | | | | | | | |
|---|---|---|---|---|---|---|---|
| [illegible] | [illegible] | [illegible] | [illegible] | [illegible]。 | [illegible] | [illegible] | [illegible] |
| mjiij² | sji² | tsjiir¹ | mjij¹ | dju¹ | ·ju² | mur¹ | lə² |
| 名 | △ | 法 | 不 | 有。 | 夫 | 凡 | 痴 |
| [illegible] | [illegible]， | [illegible] | [illegible] | [illegible] | [illegible] | [illegible]。 | |
| mjij¹ | twụ¹ | lwow¹ | lə² | sjiij² | gu¹ | śjwo¹ | |
| 无 | 处， | 妄 | 痴 | 想 | 起 | 生。 | |

而可说为痴。凡夫于无痴，而妄生痴想。

**29.30.2**

| | | | | | | | |
|---|---|---|---|---|---|---|---|
| [illegible] | [illegible] | [illegible] | [illegible] | [illegible]， | [illegible] | [illegible] | [illegible] |
| zjịj¹ | mjij¹ | twụ¹ | zjịj¹ | śjwo¹ | tshọ² | ŋa¹ | tśhiow¹ |
| 著 | 无 | 处 | 著 | 生， | 虚 | 空 | 结 |
| [illegible] | [illegible]。 | [illegible] | [illegible] | [illegible] | [illegible] | [illegible]， | |
| wjɨ² | sju² | ŋo² | djiij² | wẹ¹ | lə² | dzjwo² | |
| △ | 如。 | 病 | 痛 | 愚 | 痴 | 人， | |

于无著生著，犹若结虚空。奇哉愚痴人①，

**29.30.3**

| | | | | | | | |
|---|---|---|---|---|---|---|---|
| [illegible] | [illegible] | [illegible] | [illegible] | [illegible]。 | [illegible] | [illegible] | [illegible] |
| wji¹ | lew² | njaa² | dju¹ | wji¹ | rjur¹ | tsjiir¹ | zji² |
| 作 | 应 | 不 | 有 | 作。 | 诸 | 法 | 皆 |
| [illegible] | [illegible]， | [illegible] | [illegible] | [illegible] | [illegible] | [illegible]。 | |
| mji¹ | dju¹ | dza¹ | laa¹ | phjo² | kar² | śjwo¹ | |
| 非 | 有， | 杂 | 染 | 分 | 别 | 生。 | |

不应作而作。诸法皆非有，杂染分别生。

**29.30.4**

| | | | | | | | |
|---|---|---|---|---|---|---|---|
| [illegible] | [illegible] | [illegible] | [illegible] | [illegible]， | [illegible] | [illegible] | [illegible] |
| dzjọ¹ | sju² | tshọ² | ŋa¹ | lhjwi¹ | ·a | rjijr² | ɣa² |

① 奇哉愚痴人，西夏译文为“[illegible]”（病痛愚痴人）。

| | | | | | | | |
|---|---|---|---|---|---|---|---|
| 譬 | 如 | 虚 | 空 | 取， | 一 | 方 | 于 |
| [illegible] | [illegible]。 | [illegible] | [illegible] | [illegible] | [illegible] | [illegible]， | |
| tji̱$^{2}$ | kie̱j$^{2}$ | tu̱$^{1}$ | khjɨ$^{2}$ | kja$^{2}$ | zar$^{2}$ | tsjɨ$^{1}$ | |
| 处 | 欲。 | 千 | 万 | 劫 | 经 | 亦， | |

如欲取虚空，安置于一处。设经千万劫，

**29.30.5**

| | | | | | | | |
|---|---|---|---|---|---|---|---|
| [illegible] | [illegible] | [illegible] | [illegible] | [illegible]。 | [illegible] | [illegible] | [illegible] |
| tśjo | śioo$^{1}$ | ror$^{2}$ | tji̱$^{2}$ | mjij$^{1}$ | we̱$^{1}$ | mjijr$^{2}$ | ɣu$^{1}$ |
| 终 | 积 | 聚 | 可 | 无。 | 愚 | 者 | 始 |
| [illegible] | [illegible]， | [illegible] | [illegible] | [illegible] | [illegible] | [illegible]。 | |
| mjij$^{1}$ | ljị j$^{2}$ | seew$^{2}$ | tshjiij$^{1}$ | mjij$^{1}$ | kja$^{2}$ | zar$^{2}$ | |
| 无 | 来， | 思 | 议 | 不 | 劫 | 经。 | |

终无有积聚。愚夫从本来，经不思议劫。

**29.30.6**

| | | | | | | | |
|---|---|---|---|---|---|---|---|
| [illegible] | [illegible] | [illegible] | [illegible] | [illegible]， | [illegible] | [illegible] | [illegible] |
| rjɨr$^{2}$ | śjwo$^{1}$ | we̱$^{1}$ | lə$^{2}$ | tśhiow$^{1}$ | zjiɨr$^{1}$ | zji̱j$^{1}$ | lhu$^{1}$ |
| △ | 起 | 愚 | 痴 | 结， | 少 | 时 | 增 |
| [illegible] | [illegible]。 | [illegible] | [illegible] | [illegible] | [illegible] | [illegible]， | |
| lew$^{2}$ | mjij$^{1}$ | sju$^{2}$ | tsho̱$^{2}$ | ŋa$^{1}$ | ·jij$^{1}$ | lhjwi$^{1}$ | |
| 应 | 无。 | 如 | 虚 | 空 | 之 | 取， | |

所起于痴结，而无少分增。如彼取虚空，

**29.31.1**

| | | | | | | | |
|---|---|---|---|---|---|---|---|
| [illegible] | [illegible] | [illegible] | [illegible] | [illegible]。 | [illegible] | [illegible] | [illegible] |
| tśjo | lhu$^{1}$ | tji̱j$^{1}$ | mji$^{1}$ | dju$^{1}$ | rejr$^{2}$ | kja$^{2}$ | lə$^{2}$ |
| 终 | 增 | 减 | 无 | 有。 | 多 | 劫 | 痴 |
| [illegible] | [illegible]， | [illegible] | [illegible] | [illegible] | [illegible] | [illegible]。 | |
| śioo$^{1}$ | ror$^{2}$ | lhu$^{1}$ | tji̱j$^{1}$ | tsjɨ$^{1}$ | thji$^{2}$ | sju$^{2}$ | |
| 聚 | 集， | 增 | 减 | 亦 | 是 | 如。 | |

终无有增减。多劫集于痴，增减亦如是。

**29.31.2**

| | | | | | | | |
|---|---|---|---|---|---|---|---|
| [illegible] | [illegible] | [illegible] | [illegible] | [illegible]， | [illegible] | [illegible] | [illegible] |
| dzjọ$^{1}$ | khwụ$^{2}$ | lju$^{1}$ | wjɨ$^{2}$ | sju$^{2}$ | ljɨ$^{1}$ | kjur$^{1}$ | tsew$^{2}$ |
| 如 | 吹 | 管 | △ | 如， | 风 | 盛 | 第 |
| [illegible] | [illegible]。 | [illegible] | [illegible] | [illegible] | [illegible] | [illegible]， | |
| duu$^{2}$ | mjij$^{1}$ | wẹ$^{1}$ | lə$^{2}$ | kięj$^{2}$ | rejr$^{2}$ | zjịj$^{1}$ | |
| 怒 | 无。 | 愚 | 痴 | 欲 | 乐 | 著， | |

又如于橐籥①，受风无际限。愚痴著欲乐，

**29.31.3**

| | | | | | | | |
|---|---|---|---|---|---|---|---|
| [illegible] | [illegible] | [illegible] | [illegible] | [illegible]。 | [illegible] | [illegible] | [illegible] |
| dwər$^{1}$ | lhə | be$^{2}$ | mji$^{1}$ | dju$^{1}$ | thjɨ$^{2}$ | lə$^{2}$ | dju$^{1}$ |
| 厌 | 足 | 日 | 无 | 有。 | 是 | 痴 | 有 |
| [illegible] | [illegible]， | [illegible] | [illegible] | [illegible] | [illegible] | [illegible]。 | |
| lew$^{2}$ | mjij$^{1}$ | tśhji$^{2}$ | mjij$^{1}$ | dźjiij$^{1}$ | tjị$^{2}$ | mjij$^{1}$ | |
| 所 | 无， | 根 | 无 | 住 | 处 | 无。 | |

无有厌足时。是痴无所有，无根无住处。

**29.31.4**

| | | | | | | | |
|---|---|---|---|---|---|---|---|
| [illegible] | [illegible] | [illegible] | [illegible] | [illegible]， | [illegible] | [illegible] | [illegible] |
| tśhji$^{2}$ | mji$^{1}$ | dju$^{1}$ | nioow$^{1}$ | ku$^{1}$ | lə$^{2}$ | tsjɨ$^{1}$ | sji$^{1}$ |
| 根 | 无 | 有 | 因 | 故， | 痴 | 亦 | 尽 |
| [illegible] | [illegible]。 | [illegible] | [illegible] | [illegible] | [illegible] | [illegible]， | |
| tjị$^{2}$ | mjij$^{1}$ | lə$^{2}$ | sji$^{1}$ | tjị$^{2}$ | mjij$^{1}$ | ku$^{1}$ | |
| 可 | 无。 | 痴 | 尽 | 可 | 无 | 故， | |

以根非有故，亦无痴可尽。以痴无尽故，

**29.31.5**

| | | | | | | | |
|---|---|---|---|---|---|---|---|
| [illegible] | [illegible] | [illegible] | [illegible] | [illegible]。 | [illegible] | [illegible] | [illegible] |
| bju$^{2}$ | ljow$^{2}$ | rjir$^{1}$ | tjị$^{2}$ | mjij$^{1}$ | thjɨ$^{2}$ | nioow$^{1}$ | dźiã$^{2}$ |

① 橐籥，古代冶炼时用来鼓风吹火的装置，西夏文译为“[illegible][illegible]”（吹管）。

边 际 得 可 不。 是 故 众

[illegible]

tśhju[1] ·jij[1] sji[1] phji[1] mjɨ[1] ljɨɨ[1] ŋa[2]

生 之, 尽 令 不 能 △。

边际不可得。是故诸众生,我不能令尽。

**29.31.6**

[illegible]

tjij[1] ŋa[2] tjɨ[1] njɨɨ[2] be[2] so̱[1] tụ[1] rjur[1]

若 我 假 昼 日, 三 千 世

[illegible]

kięj[2] ·u[2] rjur[1] dźiã[2] tśhju[1] ·jij[1] gju[1]

界 中。 诸 众 生 之 度,

设我一日中,能度三千界。所有诸众生,

**29.32.1**

[illegible]

zji[2] djiij[2] phã[1] ·o[2] phji[1] nioow[1] mjɨ[1] pjụ[1]

皆 涅 槃 入 令。 复 无 量

[illegible]

·jir[2] tụ[1] seew[2] tshjiij[1] mjij[1] kja[2] kha[1]

百 千, 思 议 不 劫 中。

皆令入涅槃。复经不思议,无量千万劫。

**29.32.2**

[illegible]

njɨɨ[2] njɨɨ[2] dzjiij[2] dzju[1] tsjɨ[1] dźiã[2] tśhju[1] kięj[2]

日 日 化 教 亦, 众 生 界

[illegible]

mjij[1] sji[1] lə[2] kięj[2] dźiã[2] tśhju[1] kięj[2]

不 尽。 痴 界 众 生 界,

日日如是化,众生界不尽。痴界众生界,

**29.32.3**

| | | | | | | | |
|---|---|---|---|---|---|---|---|
| [illegible] | [illegible] | [illegible] | [illegible] | [illegible]。 | [illegible] | [illegible] | [illegible] |
| thjɨ$^{2}$ | njɨɨ$^{1}$ | zjɨ̣$^{2}$ | ·jij$^{1}$ | mjij$^{1}$ | thjɨ$^{2}$ | zji$^{2}$ | wjɨ$^{2}$ |
| 是 | 二 | 俱 | 相 | 无。 | 彼 | 皆 | △ |
| [illegible] | [illegible]， | [illegible] | [illegible] | [illegible] | [illegible] | [illegible]。 | |
| sju$^{2}$ | ku$^{1}$ | tśhjwo$^{1}$ | sji$^{1}$ | phji$^{1}$ | mjɨ$^{1}$ | ljɨɨ$^{1}$ | |
| 如 | 故， | 故 | 尽 | 令 | 不 | 能。 | |

是二俱无相。彼皆如幻化，故不能令尽。

**29.32.4**

| | | | | | | | |
|---|---|---|---|---|---|---|---|
| [illegible] | [illegible] | [illegible] | [illegible] | [illegible]， | [illegible] | [illegible] | [illegible] |
| lə$^{2}$ | tsjiir$^{2}$ | tha$^{1}$ | tsjiir$^{2}$ | rjir$^{2}$ | ·a | tjɨ̣j$^{2}$ | do$^{2}$ |
| 痴 | 性 | 佛 | 性 | 与， | 一 | 样 | 差 |
| [illegible] | [illegible]。 | [illegible] | [illegible] | [illegible] | [illegible] | [illegible]， | |
| pha$^{1}$ | mjij$^{1}$ | tha$^{1}$ | ·jij$^{1}$ | phjo$^{2}$ | kar$^{2}$ | ku$^{1}$ | |
| 别 | 无。 | 佛 | 之 | 分 | 别 | 故， | |

痴性与佛性，平等无差别。若分别于佛，

**29.32.5**

| | | | | | | | |
|---|---|---|---|---|---|---|---|
| [illegible] | [illegible] | [illegible] | [illegible] | [illegible]。 | [illegible] | [illegible] | [illegible] |
| wẹ$^{1}$ | lə$^{2}$ | dźjiij$^{1}$ | mjijr$^{2}$ | ŋwu$^{2}$ | lə$^{2}$ | nioow$^{1}$ | ŋowr$^{2}$ |
| 愚 | 痴 | 在 | 者 | 是。 | 痴 | 及 | 一 |
| [illegible] | [illegible]， | [illegible] | [illegible] | [illegible] | [illegible] | [illegible]。 | |
| ŋowr$^{2}$ | sjịj$^{2}$ | tsjiir$^{2}$ | zjɨ̣$^{2}$ | rjir$^{1}$ | tjị$^{2}$ | mjij$^{1}$ | |
| 切 | 智， | 性 | 俱 | 得 | 可 | 不。 | |

彼则住愚痴。痴及一切智，性皆不可得。

**29.32.6**

| | | | | | | | |
|---|---|---|---|---|---|---|---|
| [illegible] | [illegible] | [illegible] | [illegible] | [illegible]， | [illegible] | [illegible] | [illegible] |
| nioow$^{1}$ | thja$^{2}$ | rjur$^{1}$ | dźiã$^{2}$ | tśhju$^{1}$ | zji$^{2}$ | lə$^{2}$ | rjir$^{2}$ |
| 及 | 彼 | 诸 | 众 | 生， | 皆 | 痴 | 与 |

| | | | | | | |
|---|---|---|---|---|---|---|
| [illegible] | [illegible]。 | [illegible] | [illegible] | [illegible] | [illegible] | [illegible]， |
| tśhja² | ka¹ | dźiã² | tśhju¹ | seew² | tshjiij¹ | mjij¹ |
| 平 | 等。 | 众 | 生 | 思 | 议 | 不， |

然彼诸众生，皆与痴平等。众生不思议，

**29.33.1**

| | | | | | | | |
|---|---|---|---|---|---|---|---|
| [illegible] | [illegible] | [illegible] | [illegible] | [illegible]。 | [illegible] | [illegible] | [illegible] |
| lə² | tsjɨ¹ | seew² | tshjiij¹ | mjij¹ | seew² | tshjiij¹ | tji̱² |
| 痴 | 亦 | 思 | 议 | 不。 | 思 | 议 | 可 |
| [illegible] | [illegible]， | [illegible] | [illegible] | [illegible] | [illegible] | [illegible]。 | |
| mjij¹ | ku¹ | phjo² | kar² | mjij¹ | śjwo¹ | lew² | |
| 不 | 故， | 分 | 别 | 不 | 起 | 应。 | |

痴亦不思议。以不思议故，不应取分别。

**29.33.2**

| | | | | | | | |
|---|---|---|---|---|---|---|---|
| [illegible] | [illegible] | [illegible] | [illegible] | [illegible]， | [illegible] | [illegible] | [illegible] |
| thjɨ² | sju² | sjwɨ¹ | sjiij² | lew² | seew² | dza² | rjir² |
| 是 | 如 | 思 | 想 | 应， | 思 | 量 | 得 |
| [illegible] | [illegible]。 | [illegible] | [illegible] | [illegible] | [illegible] | [illegible]， | |
| tji̱² | mjij¹ | lə² | bju² | ljow² | mjij¹ | nioow¹ | |
| 可 | 不。 | 痴 | 边 | 际 | 无 | 故， | |

如是思惟心，思量不可得。痴亦不可量，

**29.33.3**

| | | | | | | | |
|---|---|---|---|---|---|---|---|
| [illegible] | [illegible] | [illegible] | [illegible] | [illegible]。 | [illegible] | [illegible] | [illegible] |
| tśhjwo¹ | pju̱¹ | dza² | tji̱² | mjij¹ | bju² | ljow² | ljɨ¹ |
| 故 | 量 | 度 | 可 | 不。 | 边 | 际 | 与 |
| [illegible] | [illegible]， | [illegible] | [illegible] | [illegible] | [illegible] | [illegible]？ | |
| mjij¹ | ku¹ | wa² | ɣa² | gu¹ | wor¹ | ljɨ¹ | |
| 无 | 故， | 何 | 于 | 起 | 生 | 也？ | |

以无边际故。既无有边际，从何而得生？

**29.33.4**

| | | | | | | | |
|---|---|---|---|---|---|---|---|
| [illegible] | [illegible] | [illegible] | [illegible] | [illegible], | [illegible] | [illegible] | [illegible] |
| ·jij$^{1}$ | tsjiir$^{2}$ | wee$^{1}$ | mjij$^{1}$ | ku$^{1}$ | ·jij$^{1}$ | tsjɨ$^{1}$ | rjir$^{1}$ |
| 自 | 性 | 生 | 无 | 故, | 相 | 亦 | 得 |
| [illegible] | [illegible]。 | [illegible] | [illegible] | [illegible] | [illegible] | [illegible], | |
| tjị$^{2}$ | mjij$^{1}$ | lə$^{2}$ | ·jij$^{1}$ | mjij$^{1}$ | tsjij$^{2}$ | ku$^{1}$ | |
| 可 | 不。 | 痴 | 相 | 无 | 了 | 故, | |

自性无生故,相亦不可得。了痴无有相,

**29.33.5**

| | | | | | | | |
|---|---|---|---|---|---|---|---|
| [illegible] | [illegible] | [illegible] | [illegible] | [illegible]。 | [illegible] | [illegible] | [illegible] |
| tha$^{1}$ | bioo$^{1}$ | tsjɨ$^{1}$ | thja$^{2}$ | sju$^{2}$ | tsjiir$^{1}$ | ŋowr$^{2}$ | ŋowr$^{2}$ |
| 佛 | 观 | 亦 | 彼 | 如。 | 法 | 一 | 切 |
| [illegible] | [illegible], | [illegible] | [illegible] | [illegible] | [illegible] | [illegible], | |
| mjij$^{1}$ | njɨɨ$^{1}$ | lə$^{2}$ | tsjiir$^{2}$ | mər$^{2}$ | mjij$^{1}$ | sej$^{1}$ | |
| 不 | 二, | 痴 | 性 | 本 | 寂 | 静, | |

观佛亦复然。应当如是知①,一切法无二,

**29.33.6**

| | | | | | | | |
|---|---|---|---|---|---|---|---|
| [illegible] | [illegible] | [illegible] | [illegible] | [illegible], | [illegible] | [illegible] | [illegible] |
| lew$^{1}$ | dź- | mjiij$^{2}$ | dji$^{2}$ | dju$^{1}$ | thjɨ$^{2}$ | sju$^{2}$ | nwə$^{1}$ |
| 但 | 假 | 名 | 字 | 有, | 是 | 如 | 知 |
| [illegible] | [illegible]。 | [illegible] | [illegible] | [illegible] | [illegible] | [illegible] | |
| tsjij$^{2}$ | lew$^{2}$ | ŋa$^{2}$ | po$^{1}$ | tjɨj$^{1}$ | ljạ$^{1}$ | ja$^{1}$ | |
| 了 | 应。 | 我 | 菩 | 提 | 证 | 时, | |

痴性本寂静②,但有于假名。我证菩提时,

**29.34.1**

| | | | | | | | |
|---|---|---|---|---|---|---|---|
| [illegible] | [illegible] | [illegible] | [illegible] | [illegible]。 | [illegible] | [illegible] | [illegible] |

① 应当如是知,西夏译文见下一行。

② 痴性本寂静,西夏译文见上一行。

| | | | | | | | |
|---|---|---|---|---|---|---|---|
| lə$^{2}$ | tśhja$^{2}$ | ka$^{1}$ | nwə$^{1}$ | tsjij$^{2}$ | thjɨ$^{2}$ | sju$^{2}$ | bioo$^{1}$ |
| 痴 | 平 | 等 | 知 | 了。 | 是 | 如 | 观 |
| [illegible] | [illegible]， | [illegible] | [illegible] | [illegible] | [illegible] | [illegible]。 | |
| njwi$^{2}$ | ku$^{1}$ | lə$^{2}$ | ·jij$^{1}$ | sã$^{1}$ | mej$^{2}$ | ŋwu$^{2}$ | |
| 能 | 故， | 痴 | 相 | 三 | 昧 | 是。 | |

亦了痴平等。能作如是观,是名痴三昧。

## 汉文本

复次,文殊师利,云何名为痴相三昧?即说颂曰:

无明体性空,本自无生起。
是中无少法,而可说为痴。
凡夫于无痴,而妄生痴想。
于无著生著,犹若结虚空。
奇哉愚痴人,不应作而作。
诸法皆非有,杂染分别生。
如欲取虚空,安置于一处。
设经千万劫,终无有积聚。
愚夫从本来,经不思议劫。
所起于痴结,而无少分增。
如彼取虚空,终无有增减。
多劫集于痴,增减亦如是。
又如于橐籥,受风无际限。
愚痴著欲乐,无有厌足时。
是痴无所有,无根无住处。
以根非有故,亦无痴可尽。
以痴无尽故,边际不可得。
是故诸众生,我不能令尽。
设我一日中,能度三千界。
所有诸众生,皆令入涅槃。
复经不思议,无量千万劫。
日日如是化,众生界不尽。
痴界众生界,是二俱无相。
彼皆如幻化,故不能令尽。
痴性与佛性,平等无差别。
若分别于佛,彼则住愚痴。
痴及一切智,性皆不可得。

然彼诸众生，皆与痴平等。
众生不思议，痴亦不思议。
以不思议故，不应取分别。
如是思惟心，思量不可得。
痴亦不可量，以无边际故。
既无有边际，从何而得生？
自性无生故，相亦不可得。
了痴无有相，观佛亦复然。
应当如是知，一切法无二，
痴性本寂静，但有于假名。
我证菩提时，亦了痴平等。
能作如是观，是名痴三昧。

**29.34.2**

| | | | | | | | | |
|---|---|---|---|---|---|---|---|---|
| [illegible] | [illegible]， | [illegible] | [illegible] | [illegible] | [illegible]， | [illegible] | [illegible] | [illegible] |
| nioow[1] | tśjiɨ[1] | mã[1] | śjuu[1] | śjɨ[1] | lji[1] | mji[1] | neew[2] | sã[1] |
| 复 | 次， | 文 | 殊 | 师 | 利， | 不 | 善 | 三 |
| [illegible] | [illegible]， | [illegible] | [illegible] | [illegible]？ | [illegible] | [illegible] | [illegible] | [illegible]： |
| mej[2] | tja[1] | ljɨ[1] | kjɨ[1] | ŋwu[2] | ljaa[1] | dạ[2] | rjɨr[2] | tshjiij[1] |
| 昧 | 者， | 何 | △ | 是？ | 颂 | 言 | △ | 说： |

复次，文殊师利，云何名为不善三昧？即说颂曰：

**29.34.3**

| | | | | | | | |
|---|---|---|---|---|---|---|---|
| [illegible] | [illegible] | [illegible] | [illegible] | [illegible]， | [illegible] | [illegible] | [illegible] |
| thja[2] | lej[2] | tshja[1] | lə[2] | njɨ[2] | mə[2] | mə[2] | rjur[1] |
| 彼 | 贪 | 瞋 | 痴 | 等， | 种 | 种 | 诸 |
| [illegible] | [illegible]。 | [illegible] | [illegible] | [illegible] | [illegible] | [illegible]， | |
| źjị[1] | njiɨ[2] | rjur[1] | dźjɨ | ·jij[1] | ŋowr[2] | ŋowr[2] | |
| 烦 | 恼。 | 诸 | 行 | 相 | 一 | 切， | |

知彼贪瞋痴，种种诸烦恼。所有诸行相，

**29.34.4**

| | | | | | | | |
|---|---|---|---|---|---|---|---|
| [illegible] | [illegible] | [illegible] | [illegible] | [illegible]。 | [illegible] | [illegible] | [illegible] |
| tshọ[2] | lạ[1] | zjɨr[1] | mjij[1] | nwə[1] | thjɨ[2] | sju[2] | bioo[1] |

虚 妄 实 无 知。 是 如 观

[illegible] [illegible]， [illegible] [illegible] [illegible] [illegible] [illegible]。

njwi$^{2}$ ku$^{1}$ mji$^{1}$ neew$^{2}$ sã$^{1}$ mej$^{2}$ ŋwu$^{2}$

能 故， 不 善 三 昧 是。

虚妄无真实。能如是观察，是不善三昧。

**29.34.5**

[illegible] [illegible]， [illegible] [illegible] [illegible] [illegible]， [illegible] [illegible] [illegible]

nioow$^{1}$ tśjɨɨ$^{1}$ mã$^{1}$ śjuu$^{1}$ śjɨ$^{1}$ lji$^{1}$ neew$^{2}$ tsjiir$^{1}$ sã$^{1}$

复 次， 文 殊 师 利， 善 法 三

[illegible] [illegible]， [illegible] [illegible] [illegible]？ [illegible] [illegible] [illegible] [illegible]：

mej$^{2}$ tja$^{1}$ ljɨ$^{1}$ kjɨ$^{1}$ ŋwu$^{2}$ ljaa$^{1}$ dạ$^{2}$ rjɨr$^{2}$ tshjiij$^{1}$

昧 者， 何 △ 是？ 颂 言 △ 说：

复次，文殊师利，云何名为善法三昧？即说颂曰：

**29.34.6**

[illegible] [illegible] [illegible] [illegible] [illegible]， [illegible] [illegible] [illegible]

rjur$^{1}$ neew$^{2}$ phji$^{1}$ ŋwe$^{1}$ mjij$^{1}$ njiij$^{1}$ dźjɨ twụ$^{1}$

诸 善 意 乐 不， 心 行 各

[illegible] [illegible]， [illegible] [illegible] [illegible] [illegible] [illegible]，

do$^{2}$ pha$^{1}$ zji$^{2}$ dźjɨ tjịj$^{1}$ gjɨ$^{2}$ thwuu$^{1}$

差 别， 皆 行 独 一 同，

汝等应当知①，诸善意乐者，心行各差别，

**29.35.1**

[illegible] [illegible] [illegible] [illegible] [illegible]， [illegible] [illegible] [illegible]

nji$^{2}$ njɨ$^{2}$ nwə$^{1}$ tsjij$^{2}$ lew$^{2}$ lew$^{1}$ lho ka$^{2}$

汝 等 知 了 应， 一 出 离

[illegible] [illegible]， [illegible] [illegible] [illegible] [illegible] [illegible]，

·jij$^{1}$ ljɨ$^{1}$ ŋowr$^{2}$ ŋowr$^{2}$ mjij$^{1}$ sej$^{1}$ ŋwu$^{2}$

① 汝等应当知，西夏译文见下一行。

| | | | | | | |
|---|---|---|---|---|---|---|
| 相 | 以, | 一 | 切 | 寂 | 静 | 是, |

皆同于一行①,以一出离相,了知于一切,

**29.35.2**

| | | | | | | | |
|---|---|---|---|---|---|---|---|
| [illegible] | [illegible] | [illegible] | [illegible] | [illegible], | [illegible] | [illegible] | [illegible] |
| to² | zji² | tśjɨ¹ | tsjij² | ku¹ | neew² | tsjiir¹ | sã¹ |
| 悉 | 皆 | 悟 | 了 | 故, | 善 | 法 | 三 |
| [illegible] | [illegible]。 | | | | | | |
| mej² | ŋwu² | | | | | | |
| 昧 | 是。 | | | | | | |

皆悉寂静故,是名善三昧。

**29.35.3**

| | | | | | | | | |
|---|---|---|---|---|---|---|---|---|
| [illegible] | [illegible], | [illegible] | [illegible] | [illegible] | [illegible], | [illegible] | [illegible] | [illegible] |
| nioow¹ | tśjii¹ | mã¹ | śjuu¹ | śjɨ¹ | lji¹ | dźiəj² | lheew² | sã¹ |
| 复 | 次, | 文 | 殊 | 师 | 利, | 为 | 有 | 三 |
| [illegible] | [illegible], | [illegible] | [illegible] | [illegible]? | [illegible] | [illegible] | [illegible] | [illegible]: |
| mej² | tja¹ | ljɨ̣¹ | kjɨ¹ | ŋwu² | ljaa¹ | dạ² | rjɨr² | tshjiij¹ |
| 昧 | 者, | 何 | △ | 是? | 颂 | 言 | △ | 说: |

复次,文殊师利,云何名有为三昧?即说颂曰:

**29.35.4**

| | | | | | | | |
|---|---|---|---|---|---|---|---|
| [illegible] | [illegible] | [illegible] | [illegible] | [illegible], | [illegible] | [illegible] | [illegible] |
| dźiəj² | lheew² | tsjiir¹ | ŋowr² | ŋowr² | rjɨr² | wji¹ | sji² |
| 为 | 有 | 法 | 一 | 切, | △ | 为 | △ |
| [illegible] | [illegible], | [illegible] | [illegible] | [illegible] | [illegible] | [illegible], | |
| tsjiir¹ | njaa² | pjụ¹ | dza² | tjị² | tsjɨ¹ | mjij¹ | |
| 法 | 非, | 量 | 称 | 可 | 亦 | 无, | |

汝等应当知,一切有为法,非是所造作,

① 皆同于一行,西夏译文见上一行。

**29.35.5**

| | | | | | | | |
|---|---|---|---|---|---|---|---|
| [illegible] | [illegible] | [illegible] | [illegible] | [illegible]。 | [illegible] | [illegible] | [illegible] |
| nji$^{2}$ | njɨ$^{2}$ | nwə$^{1}$ | tsjij$^{2}$ | lew$^{2}$ | ŋa$^{2}$ | rjur$^{1}$ | dźjɨ |
| 汝 | 等 | 知 | 了 | 应。 | 我 | 诸 | 行 |
| [illegible] | [illegible]， | [illegible] | [illegible] | [illegible] | [illegible] | [illegible]， | |
| ŋowr$^{2}$ | ŋowr$^{2}$ | tsjiir$^{2}$ | to$^{2}$ | zji$^{2}$ | mjij$^{1}$ | sej$^{1}$ | |
| 一 | 切， | 性 | 悉 | 皆 | 寂 | 静， | |

亦无可称量①。我了知诸行,性无有积集,

**29.35.6**

| | | | | | | | |
|---|---|---|---|---|---|---|---|
| [illegible] | [illegible] | [illegible] | [illegible] | [illegible]， | [illegible] | [illegible] | [illegible] |
| tśiow$^{1}$ | dzjɨ̣$^{2}$ | nwə$^{1}$ | tsjij$^{2}$ | ku$^{1}$ | dźiəj$^{2}$ | lheew$^{2}$ | sã$^{1}$ |
| 积 | 集 | 知 | 了 | 故， | 为 | 有 | 三 |
| [illegible] | [illegible]。 | | | | | | |
| mej$^{2}$ | ŋwu$^{2}$ | | | | | | |
| 昧 | 是。 | | | | | | |

一切皆寂静,名有为三昧。

**29.36.1**

| | | | | | | | | |
|---|---|---|---|---|---|---|---|---|
| [illegible] | [illegible]， | [illegible] | [illegible] | [illegible] | [illegible]， | [illegible] | [illegible] | [illegible] |
| nioow$^{1}$ | tśjɨɨ$^{1}$ | mã$^{1}$ | śjuu$^{1}$ | śjɨ$^{1}$ | lji$^{1}$ | dźiəj$^{2}$ | mə̣$^{1}$ | sã$^{1}$ |
| 复 | 次， | 文 | 殊 | 师 | 利， | 为 | 无 | 三 |
| [illegible] | [illegible]， | [illegible] | [illegible] | [illegible]？ | [illegible] | [illegible] | [illegible] | [illegible]： |
| mej$^{2}$ | tja$^{1}$ | ljɨ̣$^{1}$ | kjɨ$^{1}$ | ŋwu$^{2}$ | ljaa$^{1}$ | dạ$^{2}$ | rjɨr$^{2}$ | tshjiij$^{1}$ |
| 昧 | 者， | 何 | △ | 是？ | 颂 | 言 | △ | 说： |

复次,文殊师利,云何名无为三昧？即说颂曰：

**29.36.2**

| | | | | | | | |
|---|---|---|---|---|---|---|---|
| [illegible] | [illegible] | [illegible] | [illegible] | [illegible]， | [illegible] | [illegible] | [illegible] |
| dźiəj$^{2}$ | mə̣$^{1}$ | tsjiir$^{2}$ | mjij$^{1}$ | sej$^{1}$ | thjɨ$^{2}$ | kha$^{1}$ | zjij$^{1}$ |

① 亦无可称量,西夏译文见上一行。

| | | | | | | | |
|---|---|---|---|---|---|---|---|
| 为 | 无 | 性 | 寂 | 静， | 是 | 中 | 著 |
| [illegible] | [illegible]。 | [illegible] | [illegible] | [illegible] | [illegible] | [illegible]， | |
| lew² | mjij¹ | nioow¹ | lho | ka² | tsjɨ¹ | mjij¹ | |
| 所 | 无。 | 复 | 出 | 离 | 亦 | 无， | |

无为性寂静，于中无所著。亦复无出离，

**29.36.3**

| | | | | | | | |
|---|---|---|---|---|---|---|---|
| [illegible] | [illegible] | [illegible] | [illegible] | [illegible]。 | [illegible] | [illegible] | [illegible] |
| lew¹ | dź- | mjiij² | dji² | dju¹ | dźiã² | tśhju¹ | zow² |
| 但 | 假 | 名 | 字 | 有。 | 众 | 生 | 执 |
| [illegible] | [illegible]①， | [illegible] | [illegible] | [illegible] | [illegible] | [illegible]。 | |
| zjij¹ | nioow¹ | tśhjwo¹ | dź- | mjiij² | dji² | tshjiij¹ | |
| 著 | 因， | 故 | 假 | 名 | 字 | 说。 | |

但有假名字。为执著众生，而说彼名字。

**29.36.4**

| | | | | | | | |
|---|---|---|---|---|---|---|---|
| [illegible] | [illegible] | [illegible] | [illegible] | [illegible]。 | [illegible] | [illegible] | [illegible] |
| thjɨ² | sju² | nwə¹ | njwi² | ku¹ | dźiəj² | mə¹ | sã¹ |
| 是 | 如 | 知 | 能 | 故。 | 为 | 无 | 三 |
| [illegible] | [illegible]。 | | | | | | |
| mej² | ŋwu² | | | | | | |
| 昧 | 是。 | | | | | | |

能如是了知，名无为三昧。

## 汉文本

复次，文殊师利，云何名为不善三昧？即说颂曰：

知彼贪瞋痴，种种诸烦恼。

所有诸行相，虚妄无真实。

能如是观察，是不善三昧。

复次，文殊师利，云何名为善法三昧？即说颂曰：

汝等应当知，诸善意乐者，

① “[illegible][illegible]”误倒，据右侧乙正符号校正。

心行各差别，皆同于一行，
以一出离相，了知于一切，
皆悉寂静故，是名善三昧。
复次，文殊师利，云何名有为三昧？即说颂曰：
汝等应当知，一切有为法，
非是所造作，亦无可称量。
我了知诸行，性无有积集，
一切皆寂静，名有为三昧。
复次，文殊师利，云何名无为三昧？即说颂曰：
无为性寂静，于中无所著。
亦复无出离，但有假名字。
为执著众生，而说彼名字。
能如是了知，名无为三昧。

**29.36.5**

| | | | | | | | | |
|---|---|---|---|---|---|---|---|---|
| [illegible] | [illegible]， | [illegible] | [illegible] | [illegible] | [illegible] | [illegible] | [illegible] | [illegible] |
| tśhjɨ$^{1}$ | zjọ$^{2}$ | rjur$^{1}$ | pjụ$^{1}$ | thjɨ$^{2}$ | sju$^{2}$ | njɨ$^{2}$ | seew$^{2}$ | tshjiij$^{1}$ |
| 尔 | 时， | 世 | 尊 | 是 | 如 | 等 | 思 | 议 |
| [illegible] | [illegible] | [illegible] | [illegible] | [illegible] | [illegible] | [illegible] | [illegible]， | [illegible] |
| tjị$^{2}$ | mjij$^{1}$ | zji$^{2}$ | thjoo$^{1}$ | ljaa$^{1}$ | rjɨr$^{2}$ | tshjiij$^{1}$ | zjọ$^{2}$ | gjɨɨ$^{1}$ |
| 可 | 不 | 最 | 妙 | 偈 | △ | 说 | 时， | 九 |

尔时，世尊说如是等不可思议微妙偈时，九

**29.36.6**

| | | | | | | | | |
|---|---|---|---|---|---|---|---|---|
| [illegible] | [illegible] | [illegible] | [illegible] | [illegible] | [illegible]， | [illegible] | [illegible] | [illegible] |
| khjɨ$^{2}$ | njɨɨ$^{1}$ | tụ$^{1}$ | dźiã$^{2}$ | tsjij$^{2}$ | we$^{2}$ | mjij$^{1}$ | tsjiir$^{1}$ | zeew$^{2}$ |
| 万 | 二 | 千 | 菩 | 萨 | 为， | 无 | 法 | 忍 |
| [illegible]。 | [illegible] | [illegible] | [illegible] | [illegible] | [illegible] | [illegible]， | [illegible] | [illegible] |
| rjir$^{2}$ | sọ$^{1}$ | khjɨ$^{2}$ | tśhjiw$^{1}$ | tụ$^{1}$ | phji$^{2}$ | khjiw$^{2}$ | rjur$^{1}$ | rar$^{2}$ |
| 得。 | 三 | 万 | 六 | 千 | 比 | 丘， | 诸 | 漏 |

万二千菩萨，得无生法忍。三万六千比丘，而于诸漏

**29.37.1**

| | | | | | | | | |
|---|---|---|---|---|---|---|---|---|
| [illegible] | [illegible] | [illegible] | [illegible] | [illegible]。 | [illegible] | [illegible] | [illegible] | [illegible] |

| | | | | | | | | |
|---|---|---|---|---|---|---|---|---|
| kha$^{1}$ | njiij$^{1}$ | bie$^{2}$ | lhew$^{2}$ | rjir$^{2}$ | śją$^{1}$ | ɣą$^{2}$ | njɨɨ$^{1}$ | rjir$^{2}$ |
| 中 | 心 | 解 | 脱 | 得。 | 七 | 十 | 二 | 亿 |
| [illegible] | [illegible] | [illegible] | [illegible] | [illegible]， | [illegible] | [illegible] | [illegible] | [illegible] |
| no$^{1}$ | ·jiw$^{1}$ | thow$^{1}$ | rjur$^{1}$ | mee$^{2}$ | nioow$^{1}$ | tśhjiw$^{1}$ | tụ$^{1}$ | phji$^{2}$ |
| 那 | 由 | 他 | 诸 | 天， | 及 | 六 | 千 | 比 |

心得解脱。七十二万亿那由他诸天，及六千比

**29.37.2**

| | | | | | | | | |
|---|---|---|---|---|---|---|---|---|
| [illegible] | [illegible]， | [illegible] | [illegible] | [illegible] | [illegible] | [illegible] | [illegible] | [illegible]， |
| khjiw$^{2}$ | dźji$^{1}$ | ·jir$^{2}$ | ·jar$^{1}$ | ɣą$^{2}$ | khjɨ$^{2}$ | ·jiw$^{2}$ | pho$^{1}$ | se$^{2}$ |
| 丘 | 尼， | 百 | 八 | 十 | 万 | 优 | 婆 | 塞， |
| [illegible] | [illegible] | [illegible] | [illegible] | [illegible] | [illegible] | [illegible] | [illegible]， | [illegible] |
| njɨɨ$^{1}$ | tụ$^{1}$ | njɨɨ$^{1}$ | ·jir$^{2}$ | ·jiw$^{2}$ | pho$^{1}$ | ·ji$^{1}$ | njɨ$^{2}$ | zji$^{2}$ |
| 二 | 千 | 二 | 百 | 优 | 婆 | 夷 | 等， | 皆 |

丘尼，一百八十万优婆塞，二千二百优婆夷等，皆

**29.37.3**

| | | | | | | | | |
|---|---|---|---|---|---|---|---|---|
| [illegible] | [illegible] | [illegible] | [illegible] | [illegible] | [illegible] | [illegible] | [illegible] | [illegible] |
| ·a | duu$^{2}$ | tow$^{1}$ | lo$^{1}$ | sã$^{1}$ | mjiw$^{2}$ | sã$^{1}$ | po$^{1}$ | tjɨj$^{1}$ |
| 阿 | 耨 | 多 | 罗 | 三 | 藐 | 三 | 菩 | 提 |
| [illegible] | [illegible] | [illegible]。 | [illegible] | [illegible]， | [illegible] | [illegible] | [illegible] | [illegible] |
| njiij$^{1}$ | ·a | śjwo$^{1}$ | tśhjɨ$^{1}$ | zjọ$^{2}$ | mã$^{1}$ | śjuu$^{1}$ | śjɨ$^{1}$ | lji$^{1}$ |
| 心 | △ | 发。 | 尔 | 时， | 文 | 殊 | 师 | 利 |

发阿耨多罗三藐三菩提心。尔时，文殊师利

**29.37.4**

| | | | | | | | | |
|---|---|---|---|---|---|---|---|---|
| [illegible] | [illegible] | [illegible] | [illegible] | [illegible] | [illegible] | [illegible]： | [illegible] | [illegible] |
| dźiã$^{2}$ | tsjij$^{2}$ | nioow$^{1}$ | tha$^{1}$ | ·jij$^{1}$ | dạ$^{2}$ | ·jɨ$^{2}$ | lew$^{1}$ | tjị$^{1}$ |
| 菩 | 萨 | 复 | 佛 | 之 | 言 | 谓： | 唯 | 愿 |
| [illegible] | [illegible]， | [illegible] | [illegible] | [illegible] | [illegible] | [illegible] | [illegible] | [illegible] |
| rjur$^{1}$ | pjụ$^{1}$ | rjur$^{1}$ | tshjɨ$^{1}$ | tsjij$^{2}$ | ·jij$^{1}$ | mə$^{2}$ | mə$^{2}$ | sã$^{1}$ |
| 世 | 尊， | 诸 | 菩 | 萨 | 之 | 种 | 种 | 三 |

菩萨复白佛言:唯愿世尊,为诸菩萨演说①种种三

**29.37.5**

| | | | | | | | | |
|---|---|---|---|---|---|---|---|---|
| [illegible] | [illegible] | [illegible] | [illegible] | [illegible] | [illegible] | [illegible], | [illegible] | [illegible] |
| mej$^{2}$ | mjiij$^{2}$ | dji$^{2}$ | rjɨr$^{2}$ | tshjiij$^{1}$ | wji$^{1}$ | nji$^{2}$ | thja$^{1}$ | mji$^{1}$ |
| 昧 | 名 | 字 | △ | 说 | 为 | △, | 其 | 闻 |
| [illegible] | [illegible] | [illegible] | [illegible] | [illegible] | [illegible], | [illegible] | [illegible] | [illegible] |
| mjijr$^{2}$ | ·jij$^{1}$ | rjur$^{1}$ | tśhji$^{2}$ | mjijr$^{2}$ | dar$^{1}$ | tsjiir$^{1}$ | ŋowr$^{2}$ | ŋowr$^{2}$ |
| 者 | 之 | 诸 | 根 | 通 | 达, | 法 | 一 | 切 |

昧名字,令其闻者诸根通利,而于诸法

**29.37.6**

| | | | | | | | | |
|---|---|---|---|---|---|---|---|---|
| [illegible] | [illegible] | [illegible] | [illegible] | [illegible] | [illegible]。 | [illegible] | [illegible] | [illegible] |
| ɣa$^{2}$ | sjij$^{2}$ | zjɨr$^{1}$ | swew$^{1}$ | djij$^{2}$ | rjir$^{1}$ | dow$^{1}$ | ljij$^{2}$ | dźiã$^{2}$ |
| 于 | 智 | 慧 | 明 | 当 | 得。 | 邪 | 见 | 众 |
| [illegible] | [illegible] | [illegible] | [illegible] | [illegible] | [illegible] | [illegible] | [illegible] | [illegible], |
| tśhju$^{1}$ | ŋowr$^{2}$ | ŋowr$^{2}$ | ·jij$^{1}$ | dźjwu$^{1}$ | wəə$^{1}$ | lew$^{2}$ | tji$^{1}$ | we$^{2}$ |
| 生 | 一 | 切 | 之 | 摧 | 伏 | 所 | 不 | 为, |

得智慧明。不为一切邪见众生之所摧伏,

**29.38.1**

| | | | | | | | | |
|---|---|---|---|---|---|---|---|---|
| [illegible] | [illegible] | [illegible] | [illegible] | [illegible] | [illegible] | [illegible]。 | [illegible] | [illegible] |
| nioow$^{1}$ | ljɨɨr$^{1}$ | ɣiẹ$^{2}$ | mjij$^{1}$ | nwə | kjij$^{1}$ | ljạ$^{1}$ | lew$^{1}$ | ·jwɨr$^{2}$ |
| 又 | 四 | 碍 | 无 | 辩 | 使 | 证。 | 一 | 文 |
| [illegible] | [illegible], | [illegible] | [illegible] | [illegible] | [illegible] | [illegible] | [illegible]。 | [illegible] |
| dji$^{2}$ | ɣa$^{2}$ | mə$^{2}$ | mə$^{2}$ | ·jwɨr$^{2}$ | dji$^{2}$ | ·jij$^{1}$ | tsjij$^{2}$ | rjur$^{1}$ |
| 字 | 于, | 种 | 种 | 文 | 字 | △ | 了。 | 诸 |

亦令证得四无碍辩。于一文字,而能了知种种文字。于诸

**29.38.2**

| | | | | | | | | |
|---|---|---|---|---|---|---|---|---|
| [illegible] | [illegible] | [illegible], | [illegible] | [illegible] | [illegible] | [illegible] | [illegible]。 | [illegible] |

① 演说,西夏译文见下一行。

| | | | | | | | | |
|---|---|---|---|---|---|---|---|---|
| ·jwɨr² | dji² | ɣa² | lew¹ | ·jwɨr² | dji² | ·jij¹ | tsjij² | nioow¹ |
| 文 | 字 | 于， | 一 | 文 | 字 | △ | 了。 | 复 |
| [illegible] | [illegible] | [illegible] | [illegible] | [illegible]， | [illegible] | [illegible] | [illegible] | [illegible] |
| bju² | mjij¹ | nwə | ŋwo² | ljị¹ | rjur¹ | dźiã² | tśhju¹ | ·jij¹ |
| 边 | 无 | 辩 | 才 | 以， | 诸 | 众 | 生 | 之 |

文字，了一文字。复以无边辩才，为诸众生

**29.38.3**

| | | | | | | | | |
|---|---|---|---|---|---|---|---|---|
| [illegible] | [illegible] | [illegible] | [illegible] | [illegible]， | [illegible] | [illegible] | [illegible] | [illegible] |
| tsjiir¹ | tshji¹ | tshjiij¹ | djij² | njwi² | nioow¹ | zji² | na¹ | tsjiir¹ |
| 法 | 要 | 说 | 当 | 能， | 又 | 甚 | 深 | 法 |
| [illegible] | [illegible] | [illegible]。 | [illegible] | [illegible] | [illegible] | [illegible]， | [illegible] | [illegible] |
| zeew² | kjij¹ | ljạ¹ | tśhia¹ | no¹ | ljiij¹ | zjij¹ | dźjɨ | ŋowr² |
| 忍 | 使 | 证。 | 刹 | 那 | 顷 | 时， | 行 | 一 |

善说法要，亦令证得甚深法忍。于一刹那，了一

**29.38.4**

| | | | | | | | | |
|---|---|---|---|---|---|---|---|---|
| [illegible] | [illegible] | [illegible]。 | [illegible] | [illegible] | [illegible] | [illegible]。 | [illegible] | [illegible] |
| ŋowr² | ·jij¹ | tsjij² | thja² | dźjɨ | ŋowr² | ŋowr² | ·jij¹ | twụ¹ |
| 切 | △ | 了。 | 是 | 行 | 一 | 切。 | 自 | 各 |
| [illegible] | [illegible] | [illegible] | [illegible] | [illegible] | [illegible]， | [illegible] | [illegible] | [illegible] |
| nioow¹ | bju² | mjij¹ | dźjɨ | ·jij¹ | dju¹ | zji² | tśjɨ¹ | tsjij² |
| 复 | 边 | 无 | 行 | 相 | 有， | 皆 | 悟 | 了 |

切行，是一切行。各各复有无边行相，皆能了知。

**29.38.5**

| | | | | | | | | |
|---|---|---|---|---|---|---|---|---|
| [illegible] | [illegible]。 | [illegible] | [illegible]： | [illegible] | [illegible] | [illegible] | [illegible] | [illegible] |
| djij² | njwi² | tha¹ | dạ² | mã¹ | śjuu¹ | śjɨ¹ | lji¹ | ·jij¹ |
| 当 | 能。 | 佛 | 言： | 文 | 殊 | 师 | 利 | 之 |
| [illegible] | [illegible] | [illegible] | [illegible] | [illegible]， | [illegible] | [illegible] | [illegible] | [illegible] |
| ·jɨ² | sã¹ | mej² | gjɨ² | dju¹ | mjiij² | tja¹ | bju² | mjij¹ |
| 谓 | 三 | 昧 | △ | 有， | 名 | 者 | 边 | 无 |

佛言:文殊师利有三昧,名无边

**29.38.6**

| | | | | | | | | |
|---|---|---|---|---|---|---|---|---|
| [illegible] | [illegible]。 | [illegible] | [illegible] | [illegible] | [illegible] | [illegible] | [illegible] | [illegible] |
| ror$^{2}$ | ka$^{2}$ | tjij$^{1}$ | tshjɨ$^{1}$ | tsjij$^{2}$ | thjɨ$^{2}$ | sã$^{1}$ | mej$^{2}$ | rjir$^{2}$ |
| 垢 | 离。 | 若 | 菩 | 萨 | 此 | 三 | 昧 | 得 |
| [illegible], | [illegible] | [illegible] | [illegible] | [illegible] | [illegible] | [illegible] | [illegible] | [illegible]。 |
| zjịj$^{1}$ | rjur$^{1}$ | gji$^{1}$ | sej$^{1}$ | tsə̣$^{1}$ | ŋowr$^{2}$ | ŋowr$^{2}$ | śja$^{2}$ | njwi$^{2}$ |
| 时, | 诸 | 清 | 净 | 色 | 一 | 切 | 现 | 能。 |

离垢。若菩萨得此三昧,能现一切诸清净色。

**29.39.1**

| | | | | | | | | |
|---|---|---|---|---|---|---|---|---|
| [illegible] | [illegible] | [illegible] | [illegible] | [illegible], | [illegible] | [illegible] | [illegible] | [illegible] |
| nioow$^{1}$ | sã$^{1}$ | mej$^{2}$ | gjɨ$^{2}$ | dju$^{1}$ | mjiij$^{2}$ | tja$^{1}$ | kjạ$^{1}$ | lew$^{2}$ |
| 复 | 三 | 昧 | △ | 有, | 名 | 者 | 畏 | 可 |
| [illegible]。 | [illegible] | [illegible] | [illegible] | [illegible] | [illegible], | [illegible] | [illegible] | [illegible] |
| njiijr$^{2}$ | thjɨ$^{2}$ | sã$^{1}$ | mej$^{2}$ | rjir$^{2}$ | zjịj$^{1}$ | ljịj$^{2}$ | pju$^{1}$ | bji$^{1}$ |
| 面。 | 此 | 三 | 昧 | 得 | 时, | 大 | 威 | 光 |

复有三昧,名可畏面。得此三昧,有大威光,

**29.39.2**

| | | | | | | | | |
|---|---|---|---|---|---|---|---|---|
| [illegible], | [illegible] | [illegible] | [illegible] | [illegible]。 | [illegible] | [illegible] | [illegible] | [illegible] |
| dźjij$^{2}$ | be$^{2}$ | lhjịj$^{2}$ | ·jwɨɨ$^{1}$ | t- | nioow$^{1}$ | sã$^{1}$ | mej$^{2}$ | gjɨ$^{2}$ |
| 有, | 日 | 月 | 映 | 蔽。 | 复 | 三 | 昧 | △ |
| [illegible], | [illegible] | [illegible] | [illegible] | [illegible] | [illegible]。 | [illegible] | [illegible] | [illegible] |
| dju$^{1}$ | mjiij$^{2}$ | tja$^{1}$ | ljoor$^{1}$ | bji$^{1}$ | to$^{2}$ | thjɨ$^{2}$ | sã$^{1}$ | mej$^{2}$ |
| 有, | 名 | 者 | 焰 | 光 | 出。 | 此 | 三 | 昧 |

映蔽日月。复有三昧,名出焰光。得此三昧,

**29.39.3**

| | | | | | | | | |
|---|---|---|---|---|---|---|---|---|
| [illegible] | [illegible], | [illegible] | [illegible] | [illegible] | [illegible] | [illegible] | [illegible] | [illegible] |
| rjir$^{2}$ | zjịj$^{1}$ | śjɨ$^{2}$ | xiwã$^{1}$ | pju$^{1}$ | bji$^{1}$ | ŋowr$^{2}$ | ŋowr$^{2}$ | ·jwɨɨ$^{1}$ |

得 时， 释 梵 威 光 一 切 蔽

[illegible]。 ， 

njwi$^{2}$ nioow$^{1}$ sã$^{1}$ mej$^{2}$ gjɨ$^{2}$ dju$^{1}$ mjiij$^{2}$ tja$^{1}$ lho

能。 复 三 昧 △ 有， 名 者 出

能蔽一切释梵威光。复有三昧，名为出

**29.39.4**

[illegible]。 ，

ka$^{2}$ thjɨ$^{2}$ sã$^{1}$ mej$^{2}$ rjir$^{2}$ zjij$^{1}$ rjur$^{1}$ dźiã$^{2}$ tśhju$^{1}$

离。 此 三 昧 得 时， 诸 众 生

[illegible]

·jij$^{1}$ lẹj$^{2}$ tshjạ$^{1}$ wẹ$^{1}$ lə$^{2}$ ŋowr$^{2}$ ŋowr$^{2}$ lho ka$^{2}$

之 贪 瞋 愚 痴 一 切 出 离

离。得此三昧，令诸众生出离一切贪恚愚痴。

**29.39.5**

[illegible]。 ，

phji$^{1}$ nioow$^{1}$ sã$^{1}$ mej$^{2}$ gjɨ$^{2}$ dju$^{1}$ mjiij$^{2}$ tja$^{1}$ ɣiẹ$^{2}$

令。 复 三 昧 △ 有， 名 者 碍

[illegible]。 ，

mjij$^{1}$ bji$^{1}$ thjɨ$^{2}$ sã$^{1}$ mej$^{2}$ rjir$^{2}$ zjij$^{1}$ tha$^{1}$ lhjịj

无 光。 此 三 昧 得 时， 佛 刹

复有三昧，名无碍光。得此三昧，则能

**29.39.6**

[illegible]。

ŋowr$^{2}$ ŋowr$^{2}$ sej$^{1}$ swew$^{1}$ njwi$^{2}$ nioow$^{1}$ sã$^{1}$ mej$^{2}$ gjɨ$^{2}$

一 切 照 曜 能。 复 三 昧 △

[illegible]， 。

dju$^{1}$ mjiij$^{2}$ tja$^{1}$ mji$^{1}$ phjɨ$^{1}$ mjɨ̣$^{2}$ thjɨ$^{2}$ sã$^{1}$ mej$^{2}$

有， 名 者 不 失 忘。 此 三 昧

照曜一切佛刹。复有三昧，名无忘失。得此三昧，

**29.40.1**

| | | | | | | | | |
|---|---|---|---|---|---|---|---|---|
| [illegible] | [illegible]， | [illegible] | [illegible] | [illegible] | [illegible] | [illegible] | [illegible] | [illegible]， |
| rjir$^{2}$ | zjịj$^{1}$ | rjur$^{1}$ | tha$^{1}$ | rjɨr$^{2}$ | tshjiij$^{1}$ | tsjiir$^{1}$ | ·jiij$^{1}$ | njwi$^{2}$ |
| 得 | 时， | 诸 | 佛 | △ | 说 | 法 | 持 | 能， |
| [illegible] | [illegible] | [illegible] | [illegible] | [illegible] | [illegible] | [illegible] | [illegible]。 | [illegible] |
| nioow$^{1}$ | mjɨ$^{1}$ | ·jij$^{1}$ | thjɨ$^{2}$ | wo$^{2}$ | nẹ$^{1}$ | tshjiij$^{1}$ | njwi$^{2}$ | nioow$^{1}$ |
| 复 | 他 | 之 | 此 | 义 | 演 | 说 | 能。 | 复 |

能持诸佛所说教法,亦能为他敷演斯义。复

**29.40.2**

| | | | | | | | | |
|---|---|---|---|---|---|---|---|---|
| [illegible] | [illegible] | [illegible] | [illegible]， | [illegible] | [illegible] | [illegible] | [illegible] | [illegible]。 |
| sã$^{1}$ | mej$^{2}$ | gjɨ$^{2}$ | dju$^{1}$ | mjiij$^{2}$ | tja$^{1}$ | mə$^{1}$ | djii$^{1}$ | ɣiẹ$^{2}$ |
| 三 | 昧 | △ | 有， | 名 | 者 | 天 | 雷 | 音。 |
| [illegible] | [illegible] | [illegible] | [illegible] | [illegible]， | [illegible] | [illegible] | [illegible] | [illegible] |
| thjɨ$^{2}$ | sã$^{1}$ | mej$^{2}$ | rjir$^{2}$ | zjịj$^{1}$ | phju$^{2}$ | rjur$^{1}$ | kha$^{1}$ | kjɨ$^{1}$ |
| 此 | 三 | 昧 | 得 | 时， | 上 | 世 | 中 | △ |

有三昧,名曰雷音。得此三昧,

**29.40.3**

| | | | | | | | | |
|---|---|---|---|---|---|---|---|---|
| [illegible] | [illegible] | [illegible] | [illegible] | [illegible] | [illegible] | [illegible] | [illegible] | [illegible]。 |
| njɨ$^{2}$ | ŋwuu$^{1}$ | njij$^{2}$ | ŋowr$^{2}$ | ŋowr$^{2}$ | zji$^{2}$ | dźju$^{1}$ | sjwij$^{1}$ | njwi$^{2}$ |
| 遍 | 言 | 音 | 一 | 切 | 皆 | 显 | 明 | 能。 |
| [illegible] | [illegible] | [illegible] | [illegible] | [illegible]， | [illegible] | [illegible] | [illegible] | [illegible]。 |
| nioow$^{1}$ | sã$^{1}$ | mej$^{2}$ | gjɨ$^{2}$ | dju$^{1}$ | mjiij$^{2}$ | tja$^{1}$ | de$^{2}$ | rejr$^{2}$ |
| 复 | 三 | 昧 | △ | 有， | 名 | 者 | 喜 | 乐。 |

善能显示一切言音,上至梵世。复有三昧,名为喜乐。

**29.40.4**

| | | | | | | | | |
|---|---|---|---|---|---|---|---|---|
| [illegible] | [illegible] | [illegible] | [illegible] | [illegible]， | [illegible] | [illegible] | [illegible] | [illegible] |
| thjɨ$^{2}$ | sã$^{1}$ | mej$^{2}$ | rjir$^{2}$ | zjịj$^{1}$ | rjur$^{1}$ | dźiã$^{2}$ | tśhju$^{1}$ | ·jij$^{1}$ |
| 此 | 三 | 昧 | 得 | 时， | 诸 | 众 | 生 | 之 |

| | | | | | | | | |
|---|---|---|---|---|---|---|---|---|
| [illegible] | [illegible] | [illegible] | [illegible] | [illegible]。 | [illegible] | [illegible] | [illegible] | [illegible] |
| de² | rejr² | sə¹ | lhə | phji¹ | nioow¹ | sã¹ | mej² | gjɨ² |
| 喜 | 乐 | 满 | 足 | 令。 | 复 | 三 | 昧 | △ |

得此三昧,令诸众生喜乐满足。复有三昧,

**29.40.5**

| | | | | | | | | |
|---|---|---|---|---|---|---|---|---|
| [illegible], | [illegible] | [illegible] | [illegible] | [illegible]① | [illegible]。 | [illegible] | [illegible] | [illegible] |
| dju¹ | mjiij² | tja¹ | de² | dwər¹ | mjij¹ | thjɨ² | sã¹ | mej² |
| 有, | 名 | 者 | 喜 | 厌 | 无。 | 此 | 三 | 昧 |
| [illegible] | [illegible], | [illegible] | [illegible] | [illegible] | [illegible] | [illegible] | [illegible] | [illegible] |
| rjir² | zjịj¹ | thja¹ | mji¹ | ljij² | mjijr² | ·jij¹ | dwər¹ | lhə |
| 得 | 时, | 其 | 闻 | 见 | 者 | 之 | 厌 | 足 |

名喜无厌。得此三昧,其见闻者无有厌足。

**29.40.6**

| | | | | | | | | |
|---|---|---|---|---|---|---|---|---|
| [illegible] | [illegible]。 | [illegible] | [illegible] | [illegible] | [illegible] | [illegible], | [illegible] | [illegible] |
| mjij¹ | phji¹ | nioow¹ | sã¹ | mej² | gjɨ² | dju¹ | mjiij² | tja¹ |
| 无 | 令。 | 复 | 三 | 昧 | △ | 有, | 名 | 者 |
| [illegible] | [illegible] | [illegible] | [illegible] | [illegible] | [illegible] | [illegible] | [illegible] | [illegible]。 |
| lew¹ | mjɨɨ² | ɣa² | njiij¹ | tjị¹ | seew² | gie¹ | tśhja² | ·ioow¹ |
| 一 | 境 | 于 | 心 | 归 | 思 | 难 | 功 | 德。 |

复有三昧,名专一境难思功德。

**29.41.1**

| | | | | | | | | |
|---|---|---|---|---|---|---|---|---|
| [illegible] | [illegible] | [illegible] | [illegible] | [illegible], | [illegible] | [illegible] | [illegible] | [illegible] |
| thjɨ² | sã¹ | mej² | rjir² | zjịj¹ | mee² | wjɨ̣¹ | ŋowr² | ŋowr² |
| 此 | 三 | 昧 | 得 | 时, | 神 | 变 | 一 | 切 |
| [illegible] | [illegible] | [illegible]。 | [illegible] | [illegible] | [illegible] | [illegible] | [illegible], | [illegible] |
| ·wjị² | śja² | njwi² | nioow¹ | sã¹ | mej² | gjɨ² | dju¹ | mjiij² |
| 示 | 现 | 能。 | 复 | 三 | 昧 | △ | 有, | 名 |

① "[illegible][illegible]"误倒,据右侧乙正符号校正。

得此三昧,而能示现一切神变。复有三昧,名

**29.41.2**

| | | | | | | | | |
|---|---|---|---|---|---|---|---|---|
| [illegible] | [illegible] | [illegible] | [illegible] | [illegible] | [illegible] | [illegible] | [illegible] | [illegible]。 |
| tja$^{1}$ | dźiã$^{2}$ | tśhju$^{1}$ | ŋowr$^{2}$ | ŋowr$^{2}$ | ·jij$^{1}$ | ŋwuu$^{1}$ | dạ$^{2}$ | tsjij$^{2}$ |
| 者 | 众 | 生 | 一 | 切 | 之 | 语 | 言 | 解。 |
| [illegible] | [illegible]① | [illegible] | [illegible] | [illegible], | [illegible] | [illegible] | [illegible] | [illegible] |
| thji$^{2}$ | sã$^{1}$ | mej$^{2}$ | rjir$^{2}$ | zjịj$^{1}$ | ŋwuu$^{1}$ | dạ$^{2}$ | ŋowr$^{2}$ | ŋowr$^{2}$ |
| 此 | 三 | 昧 | 得 | 时, | 语 | 言 | 一 | 切 |

解一切众生语言。得此三昧,善能宣说②一切语言,

**29.41.3**

| | | | | | | | | |
|---|---|---|---|---|---|---|---|---|
| [illegible] | [illegible] | [illegible], | [illegible] | [illegible] | [illegible] | [illegible] | [illegible] | [illegible] |
| nẹ$^{1}$ | tshjiij$^{1}$ | njwi$^{2}$ | lew$^{1}$ | dji$^{2}$ | kha$^{1}$ | dji$^{2}$ | ŋowr$^{2}$ | ŋowr$^{2}$ |
| 宣 | 说 | 能, | 一 | 字 | 中 | 字 | 一 | 切 |
| [illegible], | [illegible] | [illegible] | [illegible] | [illegible] | [illegible] | [illegible]。 | [illegible] | [illegible] |
| tshjiij$^{1}$ | lew$^{1}$ | dji$^{2}$ | rjir$^{2}$ | thwuu$^{1}$ | tśji$^{1}$ | tsjij$^{2}$ | nioow$^{1}$ | sã$^{1}$ |
| 说, | 一 | 字 | 与 | 同 | 悟 | 了。 | 复 | 三 |

于一字中说一切字,了一切字同于一字。复

**29.41.4**

| | | | | | | | | |
|---|---|---|---|---|---|---|---|---|
| [illegible] | [illegible] | [illegible], | [illegible] | [illegible] | [illegible] | [illegible] | [illegible] | [illegible] |
| mej$^{2}$ | gji$^{2}$ | dju$^{1}$ | mjiij$^{2}$ | tja$^{1}$ | thow$^{1}$ | lo$^{1}$ | dzji$^{1}$ | ŋowr$^{2}$ |
| 昧 | △ | 有, | 名 | 者 | 陀 | 罗 | 尼 | 一 |
| [illegible] | [illegible] | [illegible] | [illegible]。 | [illegible] | [illegible] | [illegible] | [illegible] | [illegible], |
| ŋowr$^{2}$ | gjiij$^{1}$ | dzjịj$^{1}$ | njij$^{2}$ | thji$^{2}$ | sã$^{1}$ | mej$^{2}$ | rjir$^{2}$ | zjịj$^{1}$ |
| 切 | 超 | 出 | 王。 | 此 | 三 | 昧 | 得 | 时, |

有三昧,名超一切陀罗尼王。得此三昧,

**29.41.5**

| | | | | | | | | |
|---|---|---|---|---|---|---|---|---|
| [illegible] | [illegible] | [illegible] | [illegible] | [illegible] | [illegible] | [illegible]。 | [illegible] | [illegible] |

① “[illegible]”误倒,据右侧乙正符号校正。

② 善能宣说,西夏译文见下一行。

| | | | | | | | | |
|---|---|---|---|---|---|---|---|---|
| rjur$^{1}$ | thow$^{1}$ | lo$^{1}$ | dzji$^{1}$ | nwə$^{1}$ | tsjij$^{2}$ | njwi$^{2}$ | nioow$^{1}$ | sã$^{1}$ |
| 诸 | 陀 | 罗 | 尼 | 知 | 了 | 能。 | 复 | 三 |
| [illegible] | [illegible] | [illegible]， | [illegible] | [illegible] | [illegible] | [illegible] | [illegible] | [illegible] |
| mej$^{2}$ | gjɨ$^{2}$ | dju$^{1}$ | mjiij$^{2}$ | tja$^{1}$ | nwə | ŋwo$^{2}$ | ŋowr$^{2}$ | ŋowr$^{2}$ |
| 昧 | △ | 有， | 名 | 者 | 辩 | 才 | 一 | 切 |

能善了知诸陀罗尼。复有三昧，名为一切辩才

**29.41.6**

| | | | | | | | | |
|---|---|---|---|---|---|---|---|---|
| [illegible] | [illegible]。 | [illegible] | [illegible] | [illegible] | [illegible] | [illegible]， | [illegible] | [illegible] |
| śjwo$^{2}$ | tshjịj$^{2}$ | thjɨ$^{2}$ | sã$^{1}$ | mej$^{2}$ | rjir$^{2}$ | zjịj$^{1}$ | ·jwɨr$^{2}$ | dji$^{2}$ |
| 庄 | 严。 | 此 | 三 | 昧 | 得 | 时， | 文 | 字 |
| [illegible] | [illegible]、 | [illegible] | [illegible] | [illegible] | [illegible] | [illegible] | [illegible] | [illegible] |
| ŋowr$^{2}$ | ŋowr$^{2}$ | mə$^{2}$ | mə$^{2}$ | ŋwuu$^{1}$ | njij$^{2}$ | zji$^{2}$ | phjo$^{2}$ | kar$^{2}$ |
| 一 | 切、 | 种 | 种 | 言 | 音 | 皆 | 分 | 别 |

庄严。得此三昧，善能分别一切文字、种种言音。

**29.42.1**

| | | | | | | | | |
|---|---|---|---|---|---|---|---|---|
| [illegible]。 | [illegible] | [illegible] | [illegible] | [illegible] | [illegible]， | [illegible] | [illegible] | [illegible] |
| njwi$^{2}$ | nioow$^{1}$ | sã$^{1}$ | mej$^{2}$ | gjɨ$^{2}$ | dju$^{1}$ | mjiij$^{2}$ | tja$^{1}$ | neew$^{2}$ |
| 能。 | 复 | 三 | 昧 | △ | 有， | 名 | 者 | 善 |
| [illegible] | [illegible] | [illegible] | [illegible] | [illegible]。 | [illegible] | [illegible] | [illegible] | [illegible] |
| tsjiir$^{1}$ | ŋowr$^{2}$ | ŋowr$^{2}$ | tśiow$^{1}$ | dzjɨ̣$^{2}$ | thjɨ$^{2}$ | sã$^{1}$ | mej$^{2}$ | rjir$^{2}$ |
| 法 | 一 | 切 | 积 | 集。 | 此 | 三 | 昧 | 得 |

复有三昧，名为积集一切善法。得此三昧，

**29.42.2**

| | | | | | | | | |
|---|---|---|---|---|---|---|---|---|
| [illegible]， | [illegible] | [illegible] | [illegible] | [illegible] | [illegible] | [illegible] | [illegible]、 | [illegible] |
| zjịj$^{1}$ | rjur$^{1}$ | dźiã$^{2}$ | tśhju$^{1}$ | ·jij$^{1}$ | zji$^{2}$ | tha$^{1}$ | ɣię$^{2}$ | sẽ$^{1}$ |
| 时， | 诸 | 情 | 有 | 之 | 悉 | 佛 | 声、 | 僧 |
| [illegible]、 | [illegible] | [illegible] | [illegible]、 | [illegible] | [illegible] | [illegible]、 | [illegible] | [illegible] |
| ɣię$^{2}$ | ɣię$^{2}$ | mji$^{1}$ | ɣię$^{2}$ | tjij$^{1}$ | dwewr$^{2}$ | ɣię$^{2}$ | dźiã$^{2}$ | tśhju$^{1}$ |
| 声、 | 声 | 闻 | 声、 | 缘 | 觉 | 声、 | 情 | 有 |

能令众生悉闻佛声、法声①、僧声、声闻声、缘觉声、菩萨②声、

**29.42.3**

| | | | | | | | | |
|---|---|---|---|---|---|---|---|---|
| [illegible]、 | [illegible] | [illegible] | [illegible]③ | [illegible] | [illegible] | [illegible]。 | [illegible] | [illegible] |
| ɣię$^2$ | po$^1$ | lo$^1$ | bjii$^2$ | mji$^1$ | phji$^1$ | ljɨɨ$^1$ | thjɨ$^2$ | sju$^2$ |
| 声、 | 波 | 罗 | 蜜 | 闻 | 令 | 能。 | 是 | 如 |
| [illegible] | [illegible] | [illegible] | [illegible] | [illegible] | [illegible], | [illegible] | [illegible] | [illegible] |
| dźiā$^2$ | tsjij$^2$ | sā$^1$ | mej$^2$ | dźjiij$^1$ | zjij$^1$ | rjur$^1$ | dźiā$^2$ | tśhju$^1$ |
| 菩 | 萨 | 三 | 昧 | 住 | 时, | 诸 | 情 | 有 |

波罗蜜声。如是菩萨住三昧时,令诸众生

**29.42.4**

| | | | | | | |
|---|---|---|---|---|---|---|
| [illegible] | [illegible] | [illegible] | [illegible] | [illegible] | [illegible] | [illegible]。 |
| ·jij$^1$ | ·ju$^2$ | twę$^2$ | twę$^2$ | ɣię$^2$ | mji$^1$ | phji$^1$ |
| 之 | 常 | 续 | 续 | 声 | 闻 | 令。 |

闻声不绝。

## 汉文本

尔时,世尊说如是等不可思议微妙偈时,九万二千菩萨,得无生法忍。三万六千比丘,而于诸漏心得解脱。七十二万亿那由他诸天,及六千比丘尼,一百八十万优婆塞,二千二百优婆夷等,皆发阿耨多罗三藐三菩提心。尔时,文殊师利菩萨复白佛言:唯愿世尊,为诸菩萨演说种种三昧名字,令其闻者诸根通利,而于诸法得智慧明。不为一切邪见众生之所摧伏,亦令证得四无碍辩。于一文字,而能了知种种文字。于诸文字,了一文字。复以无边辩才,为诸众生善说法要,亦令证得甚深法忍。于一刹那,了一切行,是一切行。各各复有无边行相,皆能了知。

佛言:文殊师利有三昧,名无边离垢。若菩萨得此三昧,能现一切诸清净色。复有三昧,名可畏面。得此三昧,有大威光,映蔽日月。复有三昧,名出焰光。得此三昧,能蔽一切释梵威光。复有三昧,名为出离。得此三昧,令诸众生出离一切贪恚愚痴。复有三昧,名无碍光。得此三昧,则能照曜一切佛刹。复有三昧,名无忘失。得此三昧,能持诸佛所说教法,亦能为他敷演斯义。复有三昧,名曰雷音。得此三昧,善能显示一切言音,上至梵世。复有三昧,名为喜乐。得此三昧,令诸众生喜乐满足。复有三昧,名喜无厌。得此三昧,其见闻者无有厌足。复有三昧,名专一境难思功德。得此三昧,而能示现一切神变。复有三昧,名解一切众生语言。得此三昧,善能宣说一切语言,于一字中说一切字,了

① 法声,西夏文未译。

② 菩萨,西夏文误译作"[illegible]",当作"[illegible]"。

③ "[illegible]"误倒,据原文乙正符号校正。

一切字同于一字。复有三昧，名超一切陀罗尼王。得此三昧，能善了知诸陀罗尼。复有三昧，名为一切辩才庄严。得此三昧，善能分别一切文字、种种言音。复有三昧，名为积集一切善法。得此三昧，能令众生悉闻佛声、法声、僧声、声闻声、缘觉声、菩萨声、波罗蜜声。如是菩萨住三昧时，令诸众生闻声不绝。

**29.42.5**

| | | | | | | | | |
|---|---|---|---|---|---|---|---|---|
| tśhjɨ$^{1}$ | zjọ$^{2}$ | mã$^{1}$ | śjuu$^{1}$ | śjɨ$^{1}$ | lji$^{1}$ | tha$^{1}$ | ·jij$^{1}$ | dạ$^{2}$ |
| 尔 | 时， | 文 | 殊 | 师 | 利 | 佛 | 之 | 言 |
| ·jɨ$^{2}$ | lew$^{1}$ | tjị$^{1}$ | rjur$^{1}$ | pjụ$^{1}$ | pjụ$^{1}$ | ɣie$^{1}$ | ljị$^{1}$ | ·wụ$^{2}$ |
| 谓： | 唯 | 愿 | 世 | 尊， | 威 | 力 | 以 | 加 |

尔时，文殊师利白佛言：唯愿世尊，加威护念，

**29.42.6**

| | | | | | | | | |
|---|---|---|---|---|---|---|---|---|
| bjiij$^{2}$ | bju$^{1}$ | ɣiẹ$^{2}$ | mjij$^{1}$ | nwə | ŋwo$^{2}$ | djij$^{2}$ | rjor$^{2}$ | ŋa$^{2}$ |
| 护 | 依， | 碍 | 无 | 辩 | 才 | 当 | 得 | △， |
| thjɨ$^{2}$ | tsjiir$^{1}$ | ɣa$^{1}$ | ·jij$^{1}$ | buu$^{2}$ | gjij$^{1}$ | tśhja$^{2}$ | ·ioow$^{1}$ | rjɨr$^{2}$ |
| 此 | 法 | 门 | 之 | 胜 | 殊 | 功 | 德 | △ |

令我获得无碍辩才，说此法门殊胜功德。

**29.43.1**

| | | | | | | | | |
|---|---|---|---|---|---|---|---|---|
| tshjiij$^{1}$ | phji$^{1}$ | ŋa$^{2}$ | tha$^{1}$ | dạ$^{2}$ | tjij$^{2}$ | rjijr$^{2}$ | phji$^{1}$ | bju$^{1}$ |
| 说 | 令 | △。 | 佛 | 言： | 善 | 哉！ | 意 | 随 |
| rjɨr$^{2}$ | tshjiij$^{1}$ | nja$^{2}$ | mã$^{1}$ | śjuu$^{1}$ | śjɨ$^{1}$ | lji$^{1}$ | nioow$^{1}$ | tha$^{1}$ |
| △ | 说 | △。 | 文 | 殊 | 师 | 利 | 复 | 佛 |

佛言：善哉！随汝所愿。文殊师利复

**29.43.2**

| | | | | | | | | |
|---|---|---|---|---|---|---|---|---|
| ·jij$^{1}$ | dạ$^{2}$ | ·jɨ$^{2}$ | tjɨ$^{1}$ | tjij$^{1}$ | dźiã$^{2}$ | tsjij$^{2}$ | thjɨ$^{2}$ | sju$^{2}$ |
| 之 | 言 | 谓： | 假 | 若 | 菩 | 萨， | 是 | 如 |
| [illegible] | [illegible]， | [illegible] | [illegible] | [illegible] | [illegible] | [illegible] | [illegible] | [illegible]， |
| tsjiir$^{1}$ | ɣa$^{1}$ | ɣiwej$^{1}$ | ·jiij$^{1}$ | do$^{1}$ | tshjɨɨ$^{1}$ | ·jiw$^{2}$ | njiij$^{1}$ | mjij$^{1}$ |
| 法 | 门， | 受 | 持 | 读 | 诵 | 疑 | 心 | 无， |

白佛言：若有菩萨，于此法门，受持读诵无疑惑者，

**29.43.3**

| | | | | | | | | |
|---|---|---|---|---|---|---|---|---|
| [illegible] | [illegible] | [illegible] | [illegible] | [illegible] | [illegible]， | [illegible] | [illegible] | [illegible] |
| ku$^{1}$ | thja$^{2}$ | dzjwo$^{2}$ | mjor$^{1}$ | ljụ$^{2}$ | tśhjaa$^{1}$ | kjɨ$^{1}$ | djɨj$^{2}$ | ljɨɨr$^{1}$ |
| 则 | 是 | 人 | 现 | 身 | 于， | △ | 定 | 四 |
| [illegible] | [illegible] | [illegible] | [illegible] | [illegible]， | [illegible] | [illegible] | [illegible] | [illegible] |
| mə$^{2}$ | nwə | ŋwo$^{2}$ | lhjụ$^{2}$ | rjir$^{2}$ | thjɨ$^{2}$ | tja$^{1}$ | dzjɨr$^{1}$ | bow$^{2}$ |
| 种 | 辩 | 才 | 获 | 得， | 是 | 者 | 疾 | 捷 |

当知是人于现身中，决定获得四种辩才，所谓捷疾

**29.43.4**

| | | | | | | | | |
|---|---|---|---|---|---|---|---|---|
| [illegible] | [illegible]、 | [illegible] | [illegible] | [illegible] | [illegible]、 | [illegible] | [illegible] | [illegible] |
| nwə | ŋwo$^{2}$ | zji$^{2}$ | na$^{1}$ | nwə | ŋwo$^{2}$ | mji$^{1}$ | sji$^{1}$ | nwə |
| 辩 | 才、 | 甚 | 深 | 辩 | 才、 | 无 | 尽 | 辩 |
| [illegible] | [illegible]。 | [illegible] | [illegible] | [illegible] | [illegible]， | [illegible] | [illegible] | [illegible] |
| ŋwo$^{2}$ | ŋwu$^{2}$ | rjur$^{1}$ | dźiã$^{2}$ | tśhju$^{1}$ | ɣa$^{2}$ | njiij$^{1}$ | ·ju$^{2}$ | lə |
| 才 | 是。 | 诸 | 情 | 有 | 于， | 心 | 常 | 念 |

辩才、广大辩才①、甚深辩才、无尽辩才。于诸众生，心常护念。

**29.43.5**

| | | | | | | | | |
|---|---|---|---|---|---|---|---|---|
| [illegible]。 | [illegible] | [illegible] | [illegible] | [illegible] | [illegible] | [illegible] | [illegible] | [illegible] |
| ·wejr$^{2}$ | ljọ$^{2}$ | dźjɨ | rjɨr$^{2}$ | djọ$^{2}$ | djọ$^{2}$ | kjɨ$^{1}$ | mjij$^{2}$ | ljiij$^{2}$ |
| 护。 | 所 | 行 | △ | 修 | 修 | △ | 未 | 坏 |
| [illegible] | [illegible]， | [illegible] | [illegible] | [illegible] | [illegible] | [illegible] | [illegible] | [illegible] |

① 广大辩才，西夏文未译。

·jij[1] tja[1] zji[2] tśjɨ[1] tsjij[2] ljɨ̣[1] mji[1] ljiij[2] phji[1]

将 者， 皆 悟 了 以 无 坏 令

随所修行欲毁坏者，皆能觉悟令无毁坏。

**29.43.6**

[illegible]。 [illegible] [illegible]， [illegible] [illegible] [illegible] [illegible] [illegible] [illegible]

njwi[2] tśhjɨ[1] zjọ[2] rjur[1] pjụ[1] mã[1] śjuu[1] śjɨ[1] lji[1]

能。 尔 时， 世 尊 文 殊 师 利

[illegible] [illegible] [illegible]： [illegible] [illegible]！ [illegible] [illegible]！ [illegible] [illegible]

·jij[1] ·jow[2] dạ[2] tjij[2] rjijr[2] tjij[2] rjijr[2] nji[2] thjɨ[2]

之 赞 言： 善 哉！ 善 哉！ 汝 是

尔时，世尊赞文殊师利菩萨言：善哉！善哉！汝

**29.44.1**

[illegible] [illegible] [illegible] [illegible] [illegible] [illegible] [illegible]， [illegible] [illegible]

wo[2] tshwew[1] phjo[2] kar[2] njwi[2] nja[2] ljɨ[1] dzjọ[1] zji[1]

义 趣 分 别 能 △ 也， 如 布

[illegible] [illegible] [illegible] [illegible] [illegible]。 [illegible] [illegible] [illegible] [illegible]，

mjii[1] mjijr[2] lo ljij[2] rjir[2] tśhjwɨj[1] kie[1] ·jiij[1] mjijr[2]

施 者 富 大 得。 禁 戒 持 者，

于斯义，能善分别，如布施者，获大财富。持禁戒者，

**29.44.2**

[illegible] [illegible] [illegible] [illegible] [illegible]。 [illegible] [illegible] [illegible] [illegible]

kjɨ[1] djɨj[2] mə[1] tśhjaa[1] wee[1] tjij[1] thjɨ[2] lwər[2] lhejr[2]

△ 定 天 于 生。 若 此 经 典

[illegible] [illegible] [illegible]， [illegible] [illegible] [illegible] [illegible]， [illegible] [illegible]

ɣiwej[1] ·jiij[1] njwi[2] ku[1] nwə ŋwo[2] rjir[1] kjɨ[1] djɨj[2]

受 持 能， 则 辩 才 得， △ 定

决定生天。若能受持此经典者，现得辩才，必

**29.44.3**

[illegible] [illegible]。 [illegible] [illegible] [illegible] [illegible]， [illegible] [illegible] [illegible]

| | | | | | | | | |
|---|---|---|---|---|---|---|---|---|
| mji$^{1}$ | lạ$^{1}$ | dzjọ$^{1}$ | be$^{2}$ | bji$^{1}$ | to$^{2}$ | rjur$^{1}$ | na$^{1}$ | go$^{2}$ |
| 无 | 妄。 | 如 | 日 | 光 | 出， | 诸 | 暝 | 除 |
| [illegible]， | [illegible] | [illegible] | [illegible] | [illegible] | [illegible] | [illegible] | [illegible] | [illegible]。 |
| njwi$^{2}$ | nioow$^{1}$ | dźiā$^{2}$ | tsjij$^{2}$ | po$^{1}$ | tjɨj$^{1}$ | lu$^{2}$ | tśhjaa$^{1}$ | dzuu$^{2}$ |
| 能， | 复 | 菩 | 萨 | 菩 | 提 | 座 | 于 | 坐。 |

无虚妄。如日光出，能除诸暝，亦如菩萨坐菩提座。

**29.44.4**

| | | | | | | | | |
|---|---|---|---|---|---|---|---|---|
| [illegible] | [illegible] | [illegible] | [illegible] | [illegible]， | [illegible] | [illegible] | [illegible] | [illegible]。 |
| tśhja$^{2}$ | ka$^{1}$ | dwewr$^{2}$ | śjɨj$^{1}$ | sju$^{2}$ | kjɨ$^{1}$ | djɨj$^{2}$ | ·jiw$^{2}$ | mjij$^{1}$ |
| 正 | 等 | 觉 | 成 | 如， | △ | 定 | 疑 | 无。 |
| [illegible] | [illegible] | [illegible] | [illegible] | [illegible] | [illegible] | [illegible]， | [illegible] | [illegible] |
| thjɨ$^{2}$ | lwər$^{2}$ | lhejr$^{2}$ | ɣiwej$^{1}$ | ·jiij$^{1}$ | do$^{1}$ | tshjɨɨ$^{1}$ | ku$^{1}$ | nwə |
| 是 | 经 | 典 | 受 | 持 | 读 | 诵， | 则 | 辩 |

成等正觉，决定无疑。受持读诵是经典者，现得辩才，

**29.44.5**

| | | | | | | | | |
|---|---|---|---|---|---|---|---|---|
| [illegible] | [illegible]， | [illegible] | [illegible] | [illegible] | [illegible]。 | [illegible] | [illegible] | [illegible] |
| ŋwo$^{2}$ | rjir$^{1}$ | tsjɨ$^{1}$ | thja$^{2}$ | ·wjɨ$^{2}$ | sju$^{2}$ | mã$^{1}$ | śjuu$^{1}$ | śjɨ$^{1}$ |
| 才 | 得， | 亦 | 是 | 复 | 如。 | 文 | 殊 | 师 |
| [illegible]， | [illegible] | [illegible] | [illegible] | [illegible] | [illegible]， | [illegible] | [illegible] | [illegible] |
| lji$^{1}$ | tjɨ$^{1}$ | tjij$^{1}$ | dzjwo$^{2}$ | ljụ$^{2}$ | ku$^{1}$ | ljụ$^{2}$ | tśhjaa$^{1}$ | nwə |
| 利， | 假 | 若 | 人 | 身 | 故， | 身 | 于 | 辩 |

亦复如是。文殊师利，若复有人，于现身中欲求辩

**29.44.6**

| | | | | | | | | |
|---|---|---|---|---|---|---|---|---|
| [illegible] | [illegible] | [illegible] | [illegible]， | [illegible] | [illegible] | [illegible] | [illegible]， | [illegible] |
| ŋwo$^{2}$ | kjụ$^{1}$ | kiẹj$^{2}$ | ku$^{1}$ | thjɨ$^{2}$ | lwər$^{2}$ | lhejr$^{2}$ | ɣa$^{2}$ | dźiej$^{2}$ |
| 才 | 求 | 欲 | 故， | 此 | 经 | 典 | 于， | 信 |
| [illegible] | [illegible] | [illegible]。 | [illegible] | [illegible] | [illegible] | [illegible]， | [illegible] | [illegible] |
| dzu$^{1}$ | njiij$^{1}$ | śjwo$^{1}$ | ɣiwej$^{1}$ | ·jiij$^{1}$ | do$^{1}$ | tshjɨɨ$^{1}$ | mjɨ$^{1}$ | ·jij$^{1}$ |
| 乐 | 心 | 生。 | 受 | 持 | 读 | 诵， | 他 | 之 |

才，当于此经，心生信乐。受持读诵，广为人

**29.45.1**

| | | | | | | | | |
|---|---|---|---|---|---|---|---|---|
| [illegible] | [illegible]， | [illegible] | [illegible] | [illegible] | [illegible]。 | [illegible] | [illegible]， | [illegible] |
| wạ$^{2}$ | tshjiij$^{1}$ | ·jiw$^{2}$ | ljɨ̣j$^{1}$ | mji$^{1}$ | śjwo$^{1}$ | tśhjɨ$^{1}$ | zjọ$^{2}$ | ror$^{2}$ |
| 广 | 说， | 疑 | 惑 | 勿 | 生。 | 尔 | 时， | 垢 |
| [illegible] | [illegible] | [illegible] | [illegible] | [illegible] | [illegible] | [illegible] | [illegible]： | |
| mjij$^{1}$ | ·ụ$^{2}$ | dźiã$^{2}$ | tsjij$^{2}$ | tha$^{1}$ | ·jij$^{1}$ | dạ$^{2}$ | ·jɨ$^{2}$ | |
| 无 | 藏 | 菩 | 萨 | 佛 | 之 | 言 | 谓： | |

说，勿生疑惑。尔时，无垢藏菩萨白佛言：

**29.45.2**

| | | | | | | | | |
|---|---|---|---|---|---|---|---|---|
| [illegible] | [illegible]！ | [illegible] | [illegible] | [illegible] | [illegible]、 | [illegible] | [illegible] | [illegible] |
| rjur$^{1}$ | pjụ$^{1}$ | tjij$^{1}$ | rjur$^{1}$ | dźiã$^{2}$ | tsjij$^{2}$ | tha$^{1}$ | djiij$^{2}$ | phã$^{1}$ |
| 世 | 尊！ | 若 | 诸 | 菩 | 萨、 | 佛 | 涅 | 槃 |
| [illegible] | [illegible]， | [illegible] | [illegible] | [illegible] | [illegible]， | [illegible] | [illegible] | [illegible] |
| nioow$^{1}$ | ljijr$^{1}$ | thjɨ$^{2}$ | tsjiir$^{1}$ | ɣa$^{1}$ | ɣa$^{2}$ | ·jiw$^{2}$ | ljɨ̣j$^{1}$ | njiij$^{1}$ |
| 后 | 方， | 此 | 法 | 门 | 于， | 疑 | 惑 | 心 |

世尊！若诸菩萨、佛涅槃后，于此法门，心无疑惑，

**29.45.3**

| | | | | | | | | |
|---|---|---|---|---|---|---|---|---|
| [illegible]， | [illegible] | [illegible] | [illegible] | [illegible]， | [illegible] | [illegible] | [illegible] | [illegible] |
| mjij$^{1}$ | ɣiwej$^{1}$ | ·jiij$^{1}$ | do$^{1}$ | tshjɨɨ$^{1}$ | mjɨ$^{1}$ | ·jij$^{1}$ | wạ$^{2}$ | tshjiij$^{1}$ |
| 无， | 受 | 持 | 读 | 诵， | 他 | 之 | 广 | 说 |
| [illegible]， | [illegible] | [illegible] | [illegible] | [illegible] | [illegible]， | [illegible] | [illegible] | [illegible] |
| ku$^{1}$ | ŋa$^{2}$ | thja$^{2}$ | ·jij$^{1}$ | ɣjiw$^{1}$ | ɣiwej$^{1}$ | nwə | ŋwo$^{2}$ | ljij$^{1}$ |
| 故， | 我 | 是 | 之 | 摄 | 受， | 辩 | 才 | 加 |

受持读诵，为他广说，我当摄受，加其辩才。

**29.45.4**

| | | | | | | | | |
|---|---|---|---|---|---|---|---|---|
| [illegible] | [illegible]。 | [illegible] | [illegible]， | [illegible] | [illegible] | [illegible] | [illegible]， | [illegible] |
| phjo$^{2}$ | ŋa$^{2}$ | tśhjɨ$^{1}$ | zjọ$^{2}$ | mee$^{2}$ | ljiij$^{2}$ | po$^{1}$ | sjwɨ$^{1}$ | tśjị$^{1}$ |

| | | | | | | | | |
|---|---|---|---|---|---|---|---|---|
| 令 | △。 | 尔 | 时， | 天 | 魔 | 波 | 旬， | 苦 |
| [illegible] | [illegible] | [illegible]， | [illegible] | [illegible] | [illegible] | [illegible]， | [illegible] | [illegible] |
| źjị1 | ɣa1 | sjwɨ1 | ŋwu2 | kwar1 | bjị1 | rar2 | tha1 | do2 |
| 恼 | 忧 | 思， | 啼 | 哭 | 泪 | 流， | 佛 | 处 |

尔时,天魔波旬,愁忧苦恼,悲涕流泪,来诣佛所,

**29.45.5**

| | | | | | | | | |
|---|---|---|---|---|---|---|---|---|
| [illegible] | [illegible]， | [illegible] | [illegible] | [illegible] | [illegible]： | [illegible] | [illegible] | [illegible] |
| rjɨr2 | ljij2 | tha1 | ·jij1 | dạ2 | ·ji2 | mjor1 | ljịj2 | śji1 |
| △ | 来， | 佛 | 之 | 言 | 谓： | 如 | 来 | 昔 |
| [illegible] | [illegible] | [illegible] | [illegible] | [illegible] | [illegible]， | [illegible] | [illegible] | [illegible] |
| zji2 | phju2 | po1 | tjɨj1 | ljạ1 | rjor2 | zjọ2 | tsjɨ1 | ŋa2 |
| 无 | 上 | 菩 | 提 | 证 | 得， | 时 | 亦 | 我 |

而白佛言:如来昔证无上菩提,我于尔时

**29.45.6**

| | | | | | | | | |
|---|---|---|---|---|---|---|---|---|
| [illegible] | [illegible] | [illegible] | [illegible] | [illegible] | [illegible] | [illegible]。 | [illegible] | [illegible] |
| ·jij1 | sjwɨ1 | źjị1 | ·a | śjwo1 | phji1 | ŋa2 | nioow1 | thjɨ2 |
| 之 | 忧 | 恼 | △ | 发 | 令 | △。 | 复 | 此 |
| [illegible] | [illegible] | [illegible] | [illegible] | [illegible] | [illegible] | [illegible]， | [illegible] | [illegible] |
| wjɨ2 | thjɨ2 | tsjiir1 | ɣa1 | rjɨr2 | tshjiij1 | nja2 | tsjɨ1 | gjij1 |
| 刻 | 此 | 法 | 门 | △ | 说 | △， | 亦 | 殊 |

已怀忧恼。复于今者说此法门,

**29.46.1**

| | | | | | | | | |
|---|---|---|---|---|---|---|---|---|
| [illegible] | [illegible] | [illegible] | [illegible] | [illegible]， | [illegible] | [illegible] | [illegible] | [illegible] |
| njij2 | ljij2 | tśjị1 | źjị1 | śjwo1 | ljị1 | do1 | kjị1 | zjịj1 |
| 倍 | 大 | 苦 | 恼 | 生， | 箭 | 毒 | △ | 中 |
| [illegible]。 | [illegible] | [illegible] | [illegible] | [illegible] | [illegible] | [illegible] | [illegible] | [illegible] |
| ŋa2 | sju2 | tjij1 | rjur1 | dźiã2 | tśhju1 | thjɨ2 | lwər2 | lhejr2 |
| △。 | 如 | 若 | 诸 | 情 | 有 | 是 | 经 | 典 |

倍生大苦,如中毒箭。若诸众生闻是经典,

**29.46.2**

| | | | | | | | | |
|---|---|---|---|---|---|---|---|---|
| mji$^{1}$ | ku$^{1}$ | kjɨ$^{1}$ | djɨj$^{2}$ | ·a | duu$^{2}$ | tow$^{1}$ | lo$^{1}$ | sã$^{1}$ |
| 闻， | 则 | △ | 定 | 阿 | 耨 | 多 | 罗 | 三 |
| mjiw$^{2}$ | sã$^{1}$ | po$^{1}$ | tjɨj$^{1}$ | ɣa$^{2}$ | mji$^{1}$ | lhjii$^{1}$ | lhjwo$^{1}$ | rjir$^{2}$ |
| 藐 | 三 | 菩 | 提 | 于， | 无 | 悔 | 退 | 得， |

决定当于阿耨多罗三藐三菩提，无有退转，

**29.46.3**

| | | | | | | | | |
|---|---|---|---|---|---|---|---|---|
| pa$^{2}$ | djiij$^{2}$ | phã$^{1}$ | ·o$^{2}$ | ŋa$^{2}$ | ·jij$^{1}$ | rjur$^{1}$ | kięj$^{2}$ | zji$^{2}$ |
| 般 | 涅 | 槃 | 入。 | 我 | 之 | 世 | 界， | 皆 |
| ŋa$^{1}$ | phjo$^{2}$ | nja$^{2}$ | ·jij$^{1}$ | sji$^{2}$ | mjor$^{1}$ | ljij$^{2}$ | bju$^{1}$ | wo$^{2}$ ① |
| 空 | 令 | △ | 将 | △。 | 如 | 来 | 以 | 应 |

入般涅槃。令我境界，皆悉空虚。如来应

**29.46.4**

| | | | | | | | | |
|---|---|---|---|---|---|---|---|---|
| tśhja$^{2}$ | ka$^{1}$ | dwewr$^{2}$ | tja$^{1}$ | rjur$^{1}$ | tśji$^{1}$ | dźiã$^{2}$ | tśhju$^{1}$ | ŋowr$^{2}$ |
| 正 | 等 | 觉 | 者， | 诸 | 苦 | 情 | 有 | 一 |
| ŋowr$^{2}$ | ·jij$^{1}$ | zji$^{2}$ | no$^{2}$ | rejr$^{2}$ | rjir$^{2}$ | phjo$^{2}$ | nja$^{2}$ | djij$^{2}$ |
| 切 | 之 | 咸 | 安 | 乐 | 得 | 令 | △ | △。 |

正等觉，能令一切诸苦众生，咸得安乐。

**29.46.5**

| | | | | | | | | |
|---|---|---|---|---|---|---|---|---|
| lew$^{1}$ | tji$^{1}$ | ŋa$^{2}$ | ·jij$^{1}$ | njij$^{2}$ | śjow$^{1}$、 | ljij$^{2}$ | njij$^{2}$ | ·a |

① [illegible](wo$^{2}$)，与“[illegible]”(wo$^{2}$)通假。

| | | | | | | | | |
|---|---|---|---|---|---|---|---|---|
| 唯 | 愿 | 我 | 之 | 哀 | 愍、 | 大 | 悲 | △ |
| [illegible]， | [illegible] | [illegible] | [illegible] | [illegible] | [illegible] | [illegible] | [illegible] | [illegible]， |
| śjwi$^1$ | thjɨ$^2$ | lwər$^2$ | lhejr$^2$ | ·jij$^1$ | tji$^1$ | ·wụ$^2$ | bjiij$^2$ | nja$^2$ |
| 起， | 此 | 经 | 典 | 之 | 不 | 护 | 加 | △， |

愿垂哀愍与大慈悲，不于此经加威护念，

**29.46.6**

| | | | | | | | | |
|---|---|---|---|---|---|---|---|---|
| [illegible] | [illegible] | [illegible] | [illegible] | [illegible] | [illegible]， | [illegible] | [illegible] | [illegible] |
| ŋa$^2$ | ·jij$^1$ | no$^2$ | rejr$^2$ | djɨ$^2$ | khjɨj$^1$ | sjwɨ$^1$ | tśjị$^1$ | tji$^1$ |
| 我 | 之 | 安 | 乐 | △ | 给， | 忧 | 苦 | 不 |
| [illegible] | [illegible] | [illegible]。 | | | | | | |
| śjwo$^1$ | phji$^1$ | ŋa$^2$ | | | | | | |
| 生 | 令 | △。 | | | | | | |

令我安隐，忧苦皆除。

## 汉文本

尔时，文殊师利白佛言：唯愿世尊，加威护念，令我获得无碍辩才，说此法门殊胜功德。佛言：善哉！随汝所愿。文殊师利复白佛言：若有菩萨，于此法门，受持读诵无疑惑者，当知是人于现身中，决定获得四种辩才，所谓捷疾辩才、广大辩才、甚深辩才、无尽辩才。于诸众生，心常护念。随所修行欲毁坏者，皆能觉悟令无毁坏。

尔时，世尊赞文殊师利菩萨言：善哉！善哉！汝于斯义，能善分别，如布施者，获大财富。持禁戒者，决定生天。若能受持此经典者，现得辩才，必无虚妄。如日光出，能除诸暝，亦如菩萨坐菩提座。成等正觉，决定无疑。受持读诵是经典者，现得辩才，亦复如是。文殊师利，若复有人，于现身中欲求辩才，当于此经，心生信乐。受持读诵，广为人说，勿生疑惑。

尔时，无垢藏菩萨白佛言：世尊！若诸菩萨、佛涅槃后，于此法门，心无疑惑，受持读诵，为他广说，我当摄受，加其辩才。尔时，天魔波旬，愁忧苦恼，悲涕流泪，来诣佛所，而白佛言：如来昔证无上菩提，我于尔时已怀忧恼。复于今者说此法门，倍生大苦，如中毒箭。若诸众生闻是经典，决定当于阿耨多罗三藐三菩提，无有退转，入般涅槃。令我境界，皆悉空虚。如来应正等觉，能令一切诸苦众生，咸得安乐。愿垂哀愍与大慈悲，不于此经加威护念，令我安隐，忧苦皆除。

**29.47.1**

| | | | | | | | | |
|---|---|---|---|---|---|---|---|---|
| [illegible] | [illegible]， | [illegible] | [illegible] | [illegible] | [illegible] | [illegible] | [illegible] | [illegible]： |
| tśhjɨ$^1$ | zjọ$^2$ | rjur$^1$ | pjụ$^1$ | po$^1$ | sjwɨ$^1$ | ·jij$^1$ | dạ$^2$ | ·jɨ$^2$ |

尔 时, 世 尊 波 旬 之 言 谓:

[illegible] [illegible] [illegible] [illegible] [illegible]。 [illegible] [illegible] [illegible] [illegible]

sjwɨ¹ źji̤¹ tji¹ śjwi¹ nja² ŋa² thjɨ² tsjiir¹ ɣa²

忧 恼 不 起 △。 我 此 法 于

尔时,世尊告波旬言:勿怀忧恼。我于此法

**29.47.2**

[illegible] [illegible] [illegible], [illegible] [illegible] [illegible] [illegible] [illegible] [illegible]

mji¹ bjiij² ŋa² rjur¹ dźiã² tśhju¹ njɨ² tsjɨ¹ djiij²

不 助 △, 诸 情 有 等 亦 涅

[illegible] [illegible] [illegible] [illegible] [illegible]。 [illegible] [illegible] [illegible] [illegible]

phã¹ mji¹ ·o² phjo² ŋa² mee² ljiij² po¹ sjwɨ¹

槃 不 入 令 △。 天 魔 波 旬

不作加护,诸众生等亦不涅槃。天魔波旬

**29.47.3**

[illegible] [illegible] [illegible] [illegible], [illegible] [illegible] [illegible]① [illegible], [illegible]

thjɨ² da̤² mji¹ nioow¹ njiij¹ lji̤j² rjɨr² gjiij¹ sjwɨ¹

是 语 闻 已, 心 喜 △ 跃, 忧

[illegible] [illegible] [illegible], [illegible] [illegible] [illegible] [illegible], [illegible] [illegible]

źji̤¹ zji² dzjar² xja¹ tha¹ ·ju² rjir² tśhjɨ² rjar²

恼 悉 除, 即 佛 面 前, 立 即

闻是语已,欢喜踊跃,忧恼悉除,即于佛前,忽然

**29.47.4**

[illegible] [illegible]。

mji¹ śja²

不 现。

不现。

---

① 原文献为"[illegible]",因字形相近,疑"[illegible]"之误。"[illegible]",动词趋向前缀,表示不定方。

**29.47.5**

| | | | | | | | | |
|---|---|---|---|---|---|---|---|---|
| [illegible] | [illegible]， | [illegible] | [illegible] | [illegible] | [illegible] | [illegible] | [illegible] | [illegible] |
| tśhjɨ$^{1}$ | zjo̱$^{2}$ | mã$^{1}$ | śjuu$^{1}$ | śjɨ$^{1}$ | lji$^{1}$ | dźiã$^{2}$ | tsjij$^{2}$ | tha$^{1}$ |
| 尔 | 时， | 文 | 殊 | 师 | 利 | 菩 | 萨 | 佛 |
| [illegible] | [illegible] | [illegible]： | [illegible] | [illegible] | [illegible] | [illegible]， | [illegible] | [illegible] |
| ·jij$^{1}$ | da̱$^{2}$ | ·jɨ$^{2}$ | mjor$^{1}$ | ljị j$^{2}$ | thjɨ$^{2}$ | wjɨ$^{2}$ | wa$^{2}$ | sju$^{2}$ |
| 之 | 言 | 谓： | 如 | 来 | 此 | 刻， | 何 | 如 |

尔时，文殊师利菩萨前白佛言：如来今者，有何

**29.47.6**

| | | | | | | | | |
|---|---|---|---|---|---|---|---|---|
| [illegible] | [illegible]， | [illegible] | [illegible] | [illegible] | [illegible]， | [illegible] | [illegible] | [illegible] |
| njiij$^{1}$ | bju$^{1}$ | thja$^{2}$ | po$^{1}$ | sjwɨ$^{1}$ | do$^{2}$ | ŋa$^{2}$ | thjɨ$^{2}$ | tsjiir$^{1}$ |
| 心 | 随， | 是 | 波 | 旬 | 处， | 我 | 此 | 法 |
| [illegible]， | [illegible] | [illegible] | [illegible] | [illegible] | [illegible] | [illegible]？ | [illegible] | [illegible]： |
| ɣa$^{1}$ | mji$^{1}$ | bjiij$^{2}$ | ·wụ$^{2}$ | ŋa$^{2}$ | ·jɨ$^{2}$ | nja$^{2}$ | tha$^{1}$ | da̱$^{2}$ |
| 门， | 不 | 加 | 护 | △ | 谓 | △？ | 佛 | 言： |

密意，告波旬言，我于此法，不作加护？佛言：

**29.48.1**

| | | | | | | | | |
|---|---|---|---|---|---|---|---|---|
| [illegible] | [illegible] | [illegible] | [illegible]， | [illegible] | [illegible] | [illegible] | [illegible]， | [illegible] |
| mã$^{1}$ | śjuu$^{1}$ | śjɨ$^{1}$ | lji$^{1}$ | ·wụ$^{2}$ | bjiij$^{2}$ | mjij$^{1}$ | ljị$^{1}$ | thjɨ$^{2}$ |
| 文 | 殊 | 师 | 利， | 护 | 加 | 无 | 以， | 此 |
| [illegible] | [illegible] | [illegible]， | [illegible] | [illegible] | [illegible] | [illegible]， | [illegible] | [illegible] |
| tsjiir$^{1}$ | ·wụ$^{2}$ | bjiij$^{2}$ | thjɨ$^{2}$ | nioow$^{1}$ | thja$^{2}$ | do$^{2}$ | thjɨ$^{2}$ | sju$^{2}$ |
| 法 | 护 | 加， | 是 | 故 | 彼 | 处， | 是 | 如 |

文殊师利，以无加护，加护此法，是故为彼，说如是

**29.48.2**

| | | | | | | | | |
|---|---|---|---|---|---|---|---|---|
| [illegible] | [illegible]。 | [illegible] | [illegible] | [illegible]①？ | [illegible] | [illegible] | [illegible] | [illegible]， |
| ·jɨ$^{2}$ | ŋa$^{2}$ | thjij$^{2}$ | sjo$^{2}$ | ljɨ$^{1}$ | rjur$^{1}$ | tsjiir$^{1}$ | ŋowr$^{2}$ | ŋowr$^{2}$ |

① 西夏文本“[illegible][illegible][illegible]”（何以故），汉文本无。

| | | | | | | | | |
|---|---|---|---|---|---|---|---|---|
| 谓 | △。 | 何 | 云 | 也? | 诸 | 法 | 一 | 切, |
| [illegible] | [illegible] | [illegible] | [illegible], | [illegible] | [illegible] | [illegible] | [illegible], | [illegible] |
| tśhja² | ka¹ | zjɨr¹ | bju² | zji² | mjor¹ | ɣiej¹ | wəə¹ | tsjiir¹ |
| 平 | 等 | 实 | 际, | 皆 | 如 | 真 | 属, | 法 |

言。以一切法,平等实际,皆归真如,

**29.48.3**

| | | | | | | | | |
|---|---|---|---|---|---|---|---|---|
| [illegible] | [illegible] | [illegible]。 | [illegible] | [illegible] | [illegible] | [illegible], | [illegible] | [illegible] |
| kięj² | rjir² | thwuu¹ | rjur¹ | ŋwuu¹ | dạ² | dzjar² | njɨɨ¹ | ·jij¹ |
| 界 | 与 | 同。 | 诸 | 说 | 言 | 离, | 二 | 相 |
| [illegible] | [illegible], | [illegible] | [illegible] | [illegible] | [illegible]。 | [illegible] | [illegible] | [illegible] |
| nioow¹ | tśhjwo¹ | ·wụ² | bjiij² | mjij¹ | ŋa² | thjɨ² | sju² | mji¹ |
| 因 | 故, | 护 | 加 | 无 | △。 | 是 | 如 | 无 |

同于法界。离诸言说,不二相故,无有加护。以我如是,

**29.48.4**

| | | | | | | | | |
|---|---|---|---|---|---|---|---|---|
| [illegible], | [illegible] | [illegible] | [illegible] | [illegible], | [illegible] | [illegible] | [illegible] | [illegible] |
| lạ¹ | zjɨr¹ | ɣiej¹ | dạ² | ŋwu² | thjɨ² | lwər² | lhejr² | ·jā¹ |
| 妄, | 实 | 真 | 言 | 是, | 此 | 经 | 典 | 阎 |
| [illegible] | [illegible] | [illegible] | [illegible] | [illegible] | [illegible] | [illegible] | [illegible]。 | |
| xu¹ | thji¹ | ·u² | wạ² | deej¹ | dźjij¹ | phjo² | ŋa² | |
| 浮 | 提 | 中 | 广 | 传 | 流 | 令 | △。 | |

诚实之言,无有虚妄,能令此经于阎浮提,广行流布。

**29.48.5**

| | | | | | | | | |
|---|---|---|---|---|---|---|---|---|
| [illegible] | [illegible], | [illegible] | [illegible] | [illegible] | [illegible] | [illegible] | [illegible], | [illegible] |
| tśhjɨ¹ | zjọ² | rjur¹ | pjụ¹ | thjɨ² | dạ² | ·jɨ² | dźjwa¹ | ·a |
| 尔 | 时, | 世 | 尊 | 是 | 语 | 说 | 竟, | 阿 |
| [illegible] | [illegible] | [illegible] | [illegible]: | [illegible] | [illegible] | [illegible] | [illegible] | [illegible], |
| na¹ | ·jij¹ | dạ² | ·jɨ² | thjɨ² | lwər² | lhejr² | mjiij² | tja¹ |
| 难 | 之 | 言 | 谓: | 此 | 经 | 典 | 名 | 者, |

尔时,世尊说是语已,告阿难言:此经名为

**29.48.6**

| | | | | | | | | |
|---|---|---|---|---|---|---|---|---|
| [illegible] | [illegible] | [illegible] | [illegible] | [illegible] | [illegible] | [illegible] | [illegible]。 | [illegible] |
| seew$^2$ | tshjiij$^1$ | mjij$^1$ | njɨ$^2$ | ·o$^2$ | tsjiir$^1$ | ɣa$^1$ | ŋwu$^2$ | tjij$^1$ |
| 思 | 议 | 不 | 普 | 入 | 法 | 门 | 是。 | 若 |
| [illegible] | [illegible] | [illegible] | [illegible] | [illegible] | [illegible] | [illegible], | [illegible] | [illegible] |
| thjɨ$^2$ | sju$^2$ | lwər$^2$ | lhejr$^2$ | ɣiwej$^1$ | ·jiij$^1$ | njwi$^2$ | ku$^1$ | ·jar$^1$ |
| 是 | 如 | 经 | 典 | 受 | 持 | 能, | 则 | 八 |

《普入不思议法门》。若能受持如是经典,则

**29.49.1**

| | | | | | | | | |
|---|---|---|---|---|---|---|---|---|
| [illegible] | [illegible] | [illegible] | [illegible] | [illegible] | [illegible] | [illegible] | [illegible] | [illegible] |
| khjɨ$^2$ | ljiɨr$^1$ | tụ$^1$ | tsjiir$^1$ | ɣa$^1$ | ɣiwej$^1$ | ·jiij$^1$ | rjir$^2$ | ·a |
| 万 | 四 | 千 | 法 | 门 | 受 | 持 | 与 | 一 |
| [illegible], | [illegible] | [illegible] | [illegible] | [illegible], | [illegible] | [illegible] | [illegible]? | [illegible] |
| tjịj$^2$ | do$^2$ | pha$^1$ | mji$^1$ | dju$^1$ | thjij$^2$ | sjo$^2$ | ljɨ$^1$ | ŋa$^2$ |
| 样, | 差 | 别 | 无 | 有, | 何 | 云 | 也? | 我 |

为受持八万四千法门等无差别。何以故?我

**29.49.2**

| | | | | | | | | |
|---|---|---|---|---|---|---|---|---|
| [illegible] | [illegible] | [illegible] | [illegible], | [illegible] | [illegible] | [illegible] | [illegible], | [illegible] |
| thjɨ$^2$ | lwər$^2$ | lhejr$^2$ | ɣa$^2$ | tsjij$^2$ | dar$^1$ | njwi$^2$ | ku$^1$ | tśhjɨ$^1$ |
| 此 | 经 | 典 | 于, | 通 | 达 | 善 | 故, | 尔 |
| [illegible] | [illegible] | [illegible] | [illegible] | [illegible] | [illegible] | [illegible] | [illegible] | [illegible] |
| mja$^1$ | nioow$^1$ | rjur$^1$ | dźiã$^2$ | tśhju$^1$ | njɨ$^2$ | ·jij$^1$ | ·jar$^1$ | khjɨ$^2$ |
| 少 | 及 | 诸 | 情 | 有 | 等 | 之 | 八 | 万 |

于此经,善通达已,方能为彼诸众生等,演说①八万

**29.49.3**

| | | | | | | | | |
|---|---|---|---|---|---|---|---|---|
| [illegible] | [illegible] | [illegible] | [illegible] | [illegible] | [illegible] | [illegible] | [illegible]。 | [illegible] |
| ljiɨr$^1$ | tụ$^1$ | tsjiir$^1$ | ɣa$^1$ | nẹ$^1$ | tshjiij$^1$ | njwi$^2$ | ŋa$^2$ | ·a |

① 演说,西夏译文见下一行。

| | | | | | | | | |
|---|---|---|---|---|---|---|---|---|
| 四 | 千 | 法 | 门 | 演 | 说 | 能 | △。 | 阿 |
| [illegible] | [illegible] | [illegible]， | [illegible] | [illegible] | [illegible] | [illegible] | [illegible] | [illegible] |
| na$^{1}$ | thjɨ$^{2}$ | nioow$^{1}$ | nji$^{2}$ | thjɨ$^{2}$ | tsjiir$^{1}$ | ɣa$^{1}$ | ŋa̱$^{2}$ | ŋa̱$^{2}$ |
| 难 | 是 | 故， | 汝 | 此 | 法 | 门， | 好 | 好 |

四千法门。是故阿难，汝于此法，当善

**29.49.4**

| | | | | | | | | |
|---|---|---|---|---|---|---|---|---|
| [illegible] | [illegible]， | [illegible] | [illegible] | [illegible] | [illegible]， | [illegible] | [illegible] | [illegible] |
| ·wejr$^{2}$ | ·jiij$^{1}$ | do$^{1}$ | tshjɨɨ$^{1}$ | deej$^{1}$ | dźjij$^{1}$ | tji$^{1}$ | phjɨ$^{1}$ | mjɨ̱$^{2}$ |
| 护 | 持， | 读 | 诵 | 传 | 流， | 莫 | 失 | 忘 |
| [illegible]。 | [illegible] | [illegible] | [illegible] | [illegible] | [illegible]， | [illegible] | [illegible] | [illegible] |
| nja$^{2}$ | tha$^{1}$ | lwər$^{2}$ | lhejr$^{2}$ | tshjiij$^{1}$ | dźjwa$^{1}$ | mã$^{1}$ | śjuu$^{1}$ | śjɨ$^{1}$ |
| △。 | 佛 | 经 | 典 | 说 | 竟， | 文 | 殊 | 师 |

护持，读诵流通，无令忘失。佛说是经已，文殊师

**29.49.5**

| | | | | | | | | |
|---|---|---|---|---|---|---|---|---|
| [illegible] | [illegible] | [illegible]、 | [illegible] | [illegible] | [illegible] | [illegible] | [illegible]、 | [illegible] |
| lji$^{1}$ | dźiã$^{2}$ | tsjij$^{2}$ | ror$^{2}$ | mjij$^{1}$ | ·u̱$^{2}$ | dźiã$^{2}$ | tsjij$^{2}$ | pju̱$^{1}$ |
| 利 | 菩 | 萨、 | 垢 | 无 | 藏 | 菩 | 萨、 | 尊 |
| [illegible] | [illegible] | [illegible]， | [illegible] | [illegible] | [illegible] | [illegible] | [illegible] | [illegible]、 |
| tja$^{1}$ | ·a | na$^{1}$ | nioow$^{1}$ | rjur$^{1}$ | rjur$^{1}$ | kha$^{1}$ | dzjwo$^{2}$ | mə$^{1}$ |
| 者 | 阿 | 难， | 及 | 诸 | 世 | 中 | 人 | 天、 |

利菩萨、无垢藏菩萨、尊者阿难，及诸世间天人、

**29.49.6**

| | | | | | | | | |
|---|---|---|---|---|---|---|---|---|
| [illegible] | [illegible] | [illegible]、 | [illegible] | [illegible] | [illegible] | [illegible]， | [illegible] | [illegible] |
| ·a | sew$^{2}$ | lo$^{1}$ | khjã$^{2}$ | tha$^{2}$ | pho$^{1}$ | nji$^{2}$ | tha$^{1}$ | rjɨr$^{2}$ |
| 阿 | 修 | 罗、 | 乾 | 闼 | 婆 | 等， | 佛 | △ |
| [illegible] | [illegible]， | [illegible] | [illegible] | [illegible]， | [illegible] | [illegible] | [illegible] | [illegible]。 |
| tshjiij$^{1}$ | mji$^{1}$ | zji$^{2}$ | njiij$^{1}$ | ljɨ̱j$^{2}$ | dźiej$^{2}$ | ɣiwej$^{1}$ | śjij$^{1}$ | dźji̱j$^{1}$ |
| 说 | 闻， | 皆 | 心 | 喜， | 信 | 受 | 顺 | 行。 |

阿修罗、乾闼婆等，闻佛所说，皆大欢喜，信受奉行。

**29.50.1**

| | | | | | | | | | | |
|---|---|---|---|---|---|---|---|---|---|---|
| [Tangut] | [Tangut] | [Tangut] | [Tangut] | [Tangut] | [Tangut] | [Tangut] | [Tangut] | [Tangut] | [Tangut] | [Tangut] |
| $ljịj^2$ | $lj\text{ɨ̣}^1$ | $tśiow^1$ | $lwər^2$ | $lhejr^2$ | ? | $nj\text{ɨɨ}^1$ | $\text{ɣạ}^2$ | $gj\text{ɨɨ}^1$ | $tsew^2$ | $kjịj^1$ |
| 大 | 宝 | 积 | 经 | 契 | 卷 | 二 | 十 | 九 | 第 | 论 |

《大宝积经》卷第二十九 论①

## 汉文本

尔时,世尊告波旬言:勿怀忧恼。我于此法不作加护,诸众生等亦不涅槃。天魔波旬闻是语已,欢喜踊跃,忧恼悉除,即于佛前,忽然不现。

尔时,文殊师利菩萨前白佛言:如来今者,有何密意,告波旬言,我于此法,不作加护?佛言:文殊师利,以无加护,加护此法,是故为彼,说如是言。以一切法,平等实际,皆归真如,同于法界。离诸言说,不二相故,无有加护。以我如是,诚实之言,无有虚妄,能令此经于阎浮提,广行流布。

尔时,世尊说是语已,告阿难言:此经名为《普入不思议法门》。若能受持如是经典,则为受持八万四千法门等无差别。何以故?我于此经,善通达已,方能为彼诸众生等,演说八万四千法门。是故阿难,汝于此法,当善护持,读诵流通,无令忘失。佛说是经已,文殊师利菩萨、无垢藏菩萨、尊者阿难,及诸世间天人、阿修罗、乾闼婆等,闻佛所说,皆大欢喜,信受奉行。

① [Tangut](论),为帙号。